■国家社会科学基金一般项目"政策工具视角下的古代政府治理思想及其当代价值研究"（批准号：17BGL223）阶段性成果之一

■国家社会科学基金重大项目"中国古代管理思想通史"（批准号：13&ZD081）阶段性成果之一

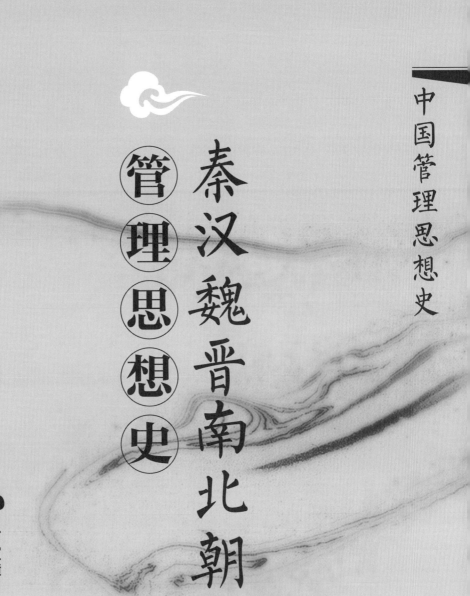

中国管理思想史

秦汉魏晋南北朝

管理思想史

方宝璋 ◇ 著

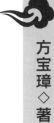

海峡出版发行集团
THE STRAITS PUBLISHING & DISTRIBUTING GROUP | 鹭江出版社

2021年·厦门

总　论

第一节　理论价值和现实意义

"中国管理思想史"系列专著包括《先秦管理思想史》《秦汉魏晋南北朝管理思想史》《隋唐五代管理思想史》《宋代管理思想史》《元代管理思想史》《明代管理思想史》《清代管理思想史》，共 7 卷，为国家社会科学基金重大项目"中国古代管理思想通史"（批准号：13&ZD081）阶段性成果。该系列专著以中国古代传统儒家修身齐家治国平天下为主线，分别阐述了先秦、秦汉魏晋南北朝、隋唐五代、宋、元、明、清历朝自我管理思想、家族管理思想、经营管理思想、国家管理思想、军事管理思想等五大方面的内容，比较系统全面地勾画了该时期管理思想的历史面貌。该系列专著侧重发掘对当代有借鉴意义的古代管理思想，为构建有中国特色社会主义的管理思想和制度提供历史借鉴。

该系列专著按自我管理思想、家族管理思想、经营管理思想、国家管理思想、军事管理思想分类论述的依据来自先秦儒家的修身齐家治国平天下思想。修身齐家治国平天下思想是中国古代的主流管理思想，具有普遍性，比较客观全面地反映了中国古代管理思想的历史面貌和本质特征。

　　该系列专著中的自我管理思想是中国传统管理思想与西方管理思想的重要区别。西方管理思想强调管理本质是通过其他人来完成工作，如福莱特（Follett）曾给管理下的经典定义是"通过其他人来完成工作的艺术"。罗宾斯（Robbins）和库尔塔（Coultar）也认为，"管理这一术语是指和其他人一起并且通过其他人来有效地完成工作的过程"[①]。似乎管理是针对其他人，而不是针对本人。与此相反，中国传统管理思想则强调修身、自律，即自我管理，而且将此作为管理的根本和逻辑起点，即首先要管好自己，然后才能管好家庭、国家乃至全天下。中国民间至今流行一句俗话：先管好自己才能管好别人。这里强调的就是自我管理。

　　该系列专著以先秦儒家的修身齐家治国平天下思想为基础，再派生出经营管理思想、军事管理思想。所谓经营管理思想，因私人经营农、工、商，或多或少带有市场经济的性质，从本质上有别于国家垄断经营的农、工、商，因此另立一类论述。军事管理思想，广义上属于国家管理思想范畴，但由于其具有特殊性，而且古代文献中这方面的资料较多，故也另立一类论述。

　　当前，世界管理学界十分重视对东方管理思想的研究，我国学界对管理思想史的研究方兴未艾。但从总体上看，有关管理思想史的研究主要侧重于经济管理思想史，而少有涉及政治、军事、文化、社会等管理思想；多侧重于国家管理思想，而少有涉及自我管理思想、家族管理思想、经营管理思想、军事管理思想。以往的研究绝大多数以某些代表人物为中心，采取传统的通史写作方法。该系列专著从自我管理、家族管理、经营管理、国家管理、军事管理的视角，以现代管理理论为指导，在尽可能多地收集资料的基础上，对古代管理思想进行比较全面、系统、深入的分专题研究。这将丰富中国古代管理思想史的研究，填补古代自我管理思想、家族管理思想、经营管理思想、国家管理思想、军事管理思想等方面研究的某些空白，如社会治理思想、古代公共事业思想、古

---

　　① 周三多、陈传明：《管理学》，高等教育出版社，2014 年，第 3 页。

代买扑思想、入中（开中）思想、经商思想等。从新的视角用新的方法深化对某些专题的探讨，提出一些新的观点，为今后的进一步研究提供更多的参考资料。

党的十八届三中全会《中共中央关于全面深化改革若干重大问题的决定》提出了"国家治理""政府治理""社会治理"等新概念（全文23次出现"治理"一词），在全面深化改革的总目标中提出"推进国家治理体系和治理能力现代化"，还有专门章节论述"创新社会治理体制"。党的十九大报告中将"推进国家治理体系和治理能力现代化"明确为全面深化改革的总目标之一。党的十九届四中全会审议通过了《中共中央关于坚持和完善中国特色社会主义制度、推进国家治理体系和治理能力现代化若干重大问题的决定》。

从广义上说，管理可涵盖治理；从狭义上说，治理是管理的更高一个层次。从狭义上的管理到治理，虽一字之差，却体现了治国理念的新变化、新要求、新跨越。狭义上的管理，简而言之，就是依赖传统公共管理的垄断和强制性质，把属下地区和人民管住、管好，全能政府色彩浓重，较少采取协作、互动的方式。而治理有整治、调理、改造的意思，更强调指导性、协调性、沟通性、互动性，彰显了社会建设的公平、正义、和谐、有序。狭义上的管理，其主体是一元的，而治理，其主体则是多元的。狭义上的管理是垂直的，治理则是扁平化的。目前，我国必须充分发挥政策工具的效用，从较单一的以管制为主的政府逐渐过渡到协调、服务、管制三者兼有的政府，从无限管理型政府逐步转变为有限服务型政府。我国现行的管理体制，是新中国成立后根据我国的政治体制、经济社会发展状况和历史文化传统等基本国情确定的。我们研究古代管理思想，就是要达到古为今用的目的，为建设中国特色社会主义管理理论和管理制度提供历史借鉴。如研究古代的民本思想，政策工具中协调、服务、管制思想就能为当前我国社会主义民主、政策工具的最有效使用提供重要的启迪。同时，研究古代管理思想，能更好地让中国传统管理思想走向世界，增强我国在国际竞争中的软实力。

第二节　国内外研究现状及发展动态分析

　　有关从自我管理思想、家族管理思想、经营管理思想、国家管理思想、军事管理思想五位一体的视角研究古代管理思想的专门论著，笔者至今尚未见到。但是，一些已出版或发表的论著，却不同程度地涉及这方面的问题。就整体上来说，大致可分为两种类型。

　　一是一些管理思想史、经济思想史或政治思想史的论著。其中，国内有关管理思想史的著作主要有：苏东水《东方管理学》，何奇《中国古代管理思想》，潘承烈《中国古代管理思想之今用》，姜杰《中国管理思想史》，吴照云《中国管理思想史》，刘云柏《中国管理思想通史》，王忠伟等《中国远古管理思想史》《中国中古管理思想史》《中国近古管理思想史》，刘筱红《管理思想史》，方宝璋《宋代管理思想》《先秦管理思想》。有关经济管理思想史的著作主要有：赵靖《中国经济管理思想史教程》、何炼成《中国经济管理思想史》、叶世昌《中国古代经济管理思想》、滕显间《中国历代经济管理反思》、方宝璋《宋代经济管理思想与当代经济管理》。有关经济思想史的著作主要有：唐庆增《中国经济思想史》、胡寄窗《中国经济思想史》、赵靖《中国经济思想通史》、侯家驹《中国经济思想史》、叶坦《富国富民论——立足于宋代的考察》。有关政治思想史的著作主要有：萧公权《中国政治思想史》、刘泽华《中国政治思想史集》、曹德本《中国政治思想史》、纪宝成《中国古代治国要论》以及数种论文集和资料选辑等。国外的主要有桑田幸三《中国经济思想史论》、上野直明《中国经济思想史》等。这些论著在某些章节或以管理理念的视角，或以管理主体、管理权力、管理组织、管理文化和管理心理的视角，或以古代儒家、法家、道家、墨家、兵家等思想流派的视角，或以政治、经济、军事、文化、社会的视角，对古代管理思想做出精辟、

独到的概括和总结，并上升到管理理论的高度加以阐述。如苏东水在《东方管理学·导论篇》中开创性地提出了概括东方管理文化本质特征的"以人为本、以德为先、人为为人"的"三为"原理，在中国管理、西方管理和华商管理的基础上形成了治国、治生、治家和治身的"四治"体系，以人本论、人德论、人为论为核心，包括人道、人心、人缘、人谋、人才"五行"管理的东方管理理论体系，并提出东方管理学的管理目标是构建和谐社会的和贵、和合、和谐。苏东水东方管理理论体系的创建，主要就是从中国古代管理思想中汲取精华。又如赵靖的《中国古代经济管理思想概论》，以"富国之学"和"治生之学"的发展为线索，为中国古代经济管理思想史这门学科建立了一种理论模式。何炼成总结的中国传统经济管理思想的基本特点是：以宏观目标的"富国之学"为基本线索，宏观经济管理的基本指导思想主要表现为义利之争、本末之争、俭奢之争。宏观经济管理方针主要有两条，一是"无为而治"，即自由放任的方针，二是"通轻重之权"，即实行国家控制的方针。潘承烈等主编的《中国古代管理思想之今用》，以先秦老子、孔子、墨子、商鞅、孟子、孙子、鬼谷子、管子、荀子和韩非子为研究对象，从他们的学说与留给后人的著作中去研究这些先人的思想，包括涉及管理方面的可资借鉴和有启迪作用的思路、哲理、观点、规律与理论等等。刘云柏在《中国管理思想通史》中将中国管理思想分为儒家、道家、法家、佛家、兵家、墨家、农家、阴阳家、杂家、名家、基督教、伊斯兰教、少数民族、纵横家、医家等派别，并分别加以历史性考察。姜以读等编著的《中国古代政府管理思想精粹》，从民为邦本、治国之道、君臣之道、行政方略、因时而立政令、礼义法度应时而变、法令者为治之本、事在四方要在中央、统华夏为一家、兵为国家大事、食货为生民之本、财赋为邦国之大本、四民之业钱货为本、教化治天下、建国教学为先、礼贤举士、用人行政并重、严吏治及交邻有道等方面，总结了古代国家管理思想精粹。

二是一些经济史、政治史、法制史等专题性的论著。其中比较有代表性的有：九卷本各卷分设主编的《中国经济通史》、白钢《中国政治制

度通史》、张晋藩《中国法制通史》、方宝璋《中国审计史稿》，以及大量专题性的断代研究专著，如张亚初、刘雨《西周金文官制研究》，安作璋、熊铁基《秦汉官制史稿》，杨鸿年《汉魏制度丛考》，王永兴《唐勾检制研究》，汪圣铎《两宋财政史》，李晓《宋代工商业经济与政府干预研究》，张文《宋代社会救济研究》，边俊杰《明代的财政制度变迁》，张显清《明代政治史》，田培栋《明代社会经济史研究》等。这些论著在宏观考察中国古代各种制度时，提出了一些对管理思想史有重要参考价值的精辟论断。如白钢在《中国政治制度通史·总论》中提出，中国从战国至清朝封建地主阶级专政的国家是以中央集权和官僚政治的形式出现，实行专制君主制，其政体运行机制，以皇帝"独制于天下而无所制"为转移，其特点主要有3个方面，即行政、军事、监察三大系统鼎立，近侍逐步政务官化，中央派出机构逐步地方政权化。

以上两类论著在其研究的主要领域，均做了全面、系统、深入的研究，做出了令人瞩目的贡献，处于领先水平。这些论著在不同程度上涉及古代管理思想，如对社会犯罪的禁戒与镇压、政府财政税收管理、盐铁茶酒专卖、对户口土地的管制、垄断货币发行、对社会的救助等思想的论述，对进一步研究管理思想有参考启示作用。但是，这些论著均只是在从事本领域研究需要时论及管理思想的某一方面，因此难免有所不足。总的说来，其不足大致有以下5个方面。

其一，以往的研究成果虽然涉及古代管理思想各方面，但都未能有意识地从自我管理思想、家族管理思想、经营管理思想、国家管理思想、军事管理思想五位一体的视角进行探讨论述。其二，绝大多数研究成果仍停留于采用传统的以某些代表人物为中心的通史叙述方法，而鲜有以现代先进的管理理论为指导。其三，鉴于以往研究中视角与方法的局限，对古代一些管理思想的分析与看法，有待于重新认识与评价。其四，古代史料浩繁分散，尤其是一些低层次人物有价值的管理思想非常零散，以往的研究对此关注不够、收集较少。除此之外，古代管理行为、政策、制度中所反映的管理思想也发掘不够。有关古代管理思想的史料发掘整

理之不足，是限制研究工作深入的另一个重要原因。

第三节　特色和创新

（一）　学术视角较新

以自我管理思想、家族管理思想、经营管理思想、国家管理思想、军事管理思想五位一体的视角，能比较深层次、客观、系统、全面地勾画先秦、秦汉魏晋南北朝、隋唐五代、宋、元、明、清时期管理思想的历史面貌，动态综合地考察历代政府管理思想得失与王朝兴衰的必然联系。

（二）　史料的完整性

该系列专著在史料收集上的明显特点是：不仅收集高层人物的主流管理思想，而且重视收集一些虽是低层人物但有价值的管理思想，并注意从管理行为、政策、制度中发掘其体现的管理思想。该系列专著所引用的材料有 50％以上是该研究领域首次使用的。

（三）　研究领域创新

该系列专著所涉及的一些专题，如古代经营管理思想、古代社会管理思想、古代公共事业思想等是以往很少有人研究的，该系列专著弥补了管理思想史研究的一些空白。

（四）　学术观点创新

对于古代的一些管理思想，学术界历来看法不一。该系列专著从自我管理思想、家族管理思想、经营管理思想、国家管理思想、军事管理思想五位一体的视角，对其进行重新评价，提出独立见解。例如：提出修齐治平是中国古代主流的管理思想，反映了东西方的不同管理逻辑起点；提出中国古代管理思想史大致可分为三个阶段：第一阶段夏商、西周、春秋、战国是古代管理思想的产生及其初成体系时期，第二阶段秦

汉、魏晋南北朝、隋唐前期是古代管理思想缓慢发展时期,第三阶段唐中叶五代、宋、元、明、清是古代管理思想成熟及变革时期;提出古代较先进的政府管理思想是在适度的管制下充分发挥协调、服务政策性工具的作用,这对当代处理好政府与市场的关系、创新行政管理方式、建设服务型政府,具有历史借鉴意义。这些都是以往研究者所未提到的。

(五) 对当代的启示

该系列专著着重发掘对当代有启示意义的古代管理思想,为党的十八届三中全会和十九届四中全会提出的完善和发展中国特色社会主义制度,推进国家治理体系和治理能力现代化提供历史的借鉴。例如:提出民本思想是古代政府管理的指导思想,在历代具有很强的路径依赖,至今对我国目前"全面深化改革,以增进人民福祉为出发点和落脚点"的改革目标有深刻的影响;提出军事力量是国家管理的基石等管理思想,对现代国家管理都具有积极的历史借鉴作用。

第四节　修齐治平:历史与逻辑的分析框架

(一) 自我管理思想

汉代《大学》中提出的修身、齐家、治国、平天下,是先秦儒家管理思想的总结。儒家所说的修身,内容相当丰富,其中主要有孔子提出的仁、义、礼、智、信,孟子提出的仁、义、诚等。孟子还将以孔子为代表的儒家修身思想概括为"四端",即仁、义、礼、智。后人在此基础上又增加了"信",成为所谓的"五常"。尔后,历代儒家学者在对前代儒家著述和思想的注释和阐发中不断发展完善丰富儒家思想,如汉代的《大学》《中庸》的作者在孔孟"诚"的基础上提出了慎独、正心、明德、格物、致知等,唐代的韩愈提出了性三品论,并将《礼记》中的《大学》篇挑选出来,列为《四书》之首。韩愈因此成为宋代理学的先驱者。宋

明理学大大发展了先秦儒家思想，成为儒学发展史上的第二个高峰，其中南宋的朱熹为集大成者，被称为儒学发展史上"矗立中道"的继往开来的人物。宋明理学援佛入儒，提出了理气、性命等新命题。

就儒家修身学说来说，经过历代发展和丰富，内容可谓洋洋大观，在此，短短的篇幅难以列举。如果要说其中最为核心的思想是什么，据笔者理解，那就是"五常"。而且"五常"之中，又以"仁"为首。孔子首先提出的"仁"，有多种含义，其中最核心的就是"仁者爱人"。按照孔子的逻辑，一个人如有"推己及人"之心，即"己所不欲，勿施于人"，即自己不想做的事，也不要强加别人做。如能做到这一点，就是起码的仁爱，其余的义、礼、智、信也就容易做到了。因此，古今中外都不例外。要建立一个美好的人类社会，其逻辑起点应是每一个人必须具有爱心，其他好的品质就容易培养了。正由于古代先哲认识到了这一点，所以都重视爱，如基督教主张博爱，佛教主张慈悲为怀、众生平等。

（二）家族管理思想

儒家所谓的齐家，总的说来，是要使家庭、家族和睦，父慈子孝，兄友弟悌，夫主妇从，上下尊卑有序。儒家齐家重视同宗同族之人通过建宗祠、编族谱、建祖坟、定期祭祀会食等以达到追根溯源，尊祖敬宗，慎终追远，从而使同宗同族之人团结在一起，互相扶持，守望相助。所以，俗话所说的"家和万事兴"是中国人齐家的共同追求。儒家也强调通过勤劳节俭而发家致富，使子孙衣食无忧，通过兴办私塾，督促鼓励子弟努力读书学习，科举致仕，进而光宗耀祖，提高本宗族的社会地位和影响力。古人在齐家中认为身教重于言教，一家人朝夕相处，父母家长应重视自己的修身，各方面做出表率，才能教育好子孙。

中国自古以来家国一体，家是小的国，国是大的家。自先秦以来，古人就主张孝治天下。古人认为：在家孝顺父母的人，在外做事当官就会忠于君主和上级领导；在家敬爱兄长爱护弟弟的人，在外处世就会和同事朋友之间相处和谐。这就是古人常说的孝子忠臣、移孝作忠。孔子以"推己及人"的逻辑思维推导，要建立起理想的大同社会，首先必须

从"老吾老以及人之老，幼吾幼以及人之幼"做起。这就是从修身、齐家而扩充至治国的实现平天下的路径。古人基于这种认识，在选拔治国人才时，非常重视将孝道作为一条重要的标准。如汉朝有"举孝廉"的制度，就是选拔有孝道、清廉品德的人担任各级官吏。

（三）经营管理思想

先秦时期，在经营管理上出现了"计然之策"和"治生之道"、君主利民、轻徭薄赋等思想。汉代，司马迁的善因论思想则提倡国家要善于利用人求利的本性引导工商业的发展。唐代，刘晏兼任盐铁使后，改革榷盐为民产、官收（官督）、商运、商销，改革漕运为官督雇佣制等，都注意通过发挥私商经营的积极性来克服官营的高成本、低效率，促进社会经济的发展，同时提高政府的财政收入。

宋代政府尝试在不同制度关系中运用协调（约定、协商、引导、劝勉、调解）的方式去控制和规范组织与个人的活动，如入中、买扑承包、雇募制思想等，出现管理思想的重心从统治到治理的转化。所谓入中（明称"开中"），就是宋、明朝廷利用茶盐等榷货换取民间商人运送军用粮草到沿边以保障军队后勤供给。所谓买扑，就是宋代私人通过向官府交纳课利，承包经营官府的酒坊、河渡、盐井、田地等。宋代，有识之士已认识到：只有工商业私营，才能提高生产者的积极性和生产效率，促进社会经济的恢复和发展；私营工商业自由竞争能使吏治廉洁、稳定社会，能在某些方面发挥政府不可替代的作用；对私营工商业应因势利导，能达到官民共利。私商经营和买扑思想是古代经营管理思想的一个重要发展，标志着我国中古管理思想开始向近古管理思想的转变。

（四）国家管理思想

中国古代在国家管理中的指导思想是以民为本，即民本思想。最高统治者在意识到"治天下者，以人为本"的前提下，在管理国家、制定政策中必须考虑保民、养民、教民、抚民、利民、爱民、得民等。民本思想渊源甚早，并对后世产生深远的影响。中国古代从先秦开始，就出现了《尚书》中的重民、"民惟邦本"，周公的保民，孔子的爱民，孟子

的民贵君轻论，荀子的君舟民水论等民本思想。春秋时期一些当政者对民十分重视，把对民政策作为管理国家成败的关键。虢国的史嚚说："国将兴，听于民；将亡，听于神。"①战国时期，重民思想又有明显的发展，其中较为突出的是孟子的"民为贵，社稷次之，君为轻"②。据荀子称，君舟民水是孔子提出来的。"君者，舟也；庶人者，水也。水则载舟，水则覆舟，此之谓也。"③汉代贾谊进一步提出"以民为命""以民为力""以民为功"等相关理念，继承了先秦儒家爱民仁政的思想，把此作为管理国家的核心思想。到了唐朝时期，唐太宗的国以民为本，明清时期黄宗羲、顾炎武、唐甄等人的民本论，特别是王夫之"不以一人私天下"的民本思想，从公与私的视角对君与民的关系做了分析。

说到底，古代民本思想都是从管理者（最高统治者和各级官吏）的角度，重视、肯定被管理者（民众）在管理国家中的最终决定作用。在政治清明的盛世，民本思想成为政府管理的指导思想。民本思想并不等于民主思想，其本质是统治者重民思想，即意识到在"民惟邦本，本固邦宁""治天下者，以人为本"的前提下，在管理国家、制定政策中首先必须考虑保民、养民、教民、抚民、利民、爱民、得民等。中国古代民本思想在管理国家实践中的具体政策体现是：其一，管理者认识到民心向背关系国家兴衰存亡，故治国必须顺民心，尊重民情、民意；其二，实施利民、惠民政策，而勿扰民、伤民，轻徭薄赋，使民致富，这样就可以得民心、得天下；其三，政府通过实施对民有利之事来引导民众，使民按照政府的政策、命令行事。总之，古代的民本思想与当代的执政为民、为人民谋福祉，其思想是一脉相承的。

德法并用是古代政府管理思想的总原则。其管理国家的基本原则是历代政府要发挥好政策工具（管制、协调、服务）的作用，必须德法并

---

① 《左传》庄公三十二年，《十三经注疏》本，中华书局，1980 年。
② 《孟子·尽心下》，《新编诸子集成》本，中华书局，2018 年。
③ 《荀子·王制》，《新编诸子集成》本，中华书局，2018 年。

用、德主刑辅，先以仁义教化"劝善"，后以法制刑杀"诛恶"，二者相济为用。

古代德法并用思想的理论依据是人性论。主张以严刑酷法为主治国的人通常认为人性是恶的，因此主张应当以刑法惩恶，才能维护国家的统治。相反，主张以德为主或为先治国的人则一般认为人性是善的，所以主张通过教化，宣传仁义礼智信、忠孝廉耻等，引导民众从善，自觉遵守道德规范，从而达到天下太平。当然，刑法也不可或缺。如没有刑法，则不能威慑企图违法犯罪者。只有以德为主以刑为辅，或先德后刑，才是治国之正道。

在政府管理中，各种政策工具必须通过各级官吏加以执行。因此，历代最高统治者为维护自己的统治，高度重视治吏。正如《韩非子·外储说右下》所指出的："吏者，民之本、纲者也，故圣人治吏不治民。"治吏的主要手段就是加强对官吏的选任与监察、考核。

古代对官吏的选拔、任用、监察、考核从时间序列上看体现了一种控制思想。其中，选任是核心。选拔侧重于事前控制，属于积极控制；如选拔出的官吏均是德才兼备的优秀人才，那就大大减小了任用官吏环节失控的概率，防患于未然。监察侧重于事中同步控制，可属于积极控制，即在官吏任职期间，如随时发现问题随时提出纠弹，及时制止任用官吏环节出现的失控，将问题防患于萌芽阶段；考核侧重于事后控制，属于消极控制，即在官吏某一阶段任职期结束时进行检查评估，这对官吏虽然有激励作用，但如发现任用官吏有失控问题，则很难弥补其造成的危害损失，同时也毁掉了一批官吏，只能起惩弊于后的作用。

（五）军事管理思想

国家必须拥有一支强大的军队，以保卫国土安全并随时对被管理者的反抗实行镇压，以此确保政府的管理意志能够得到贯彻执行。古代，国君拥有统率、指挥军队和任命将帅的最高权力。

古代的军事管理最根本、最重要的是，最高统治者，即国王或皇帝要亲自掌握全国军队的领导权、指挥权和调遣权。任何国家管理者的统

治权力的基础是拥有一支强大的武装力量作为其后盾。如果一旦失去对军队的控制，那么管理者将变成被管理者，甚至沦为阶下囚或连身家性命都不保。《管子·重令》说："凡国之重也，必待兵之胜也，而国乃重。"军事管理的主要措施，如将领选任、军队建制、领导体系、兵种建置、兵役制度、武器装备、后勤供给保障、军队纪律等，都是为了加强作为后盾的武装实力，以维护国家的长治久安，保证各项国家管理措施和政策得到贯彻和执行。

但是，最高统治者又要十分慎重使用军事力量。兵者，凶险无比也，它会带来大量人员的伤亡，财产的损失，使千里沃野成为焦土废墟。《老子》第31章云："兵者不祥之器，非君子之器，不得已而用之，恬淡为上。胜而不美，而美之者，是乐杀人。夫乐杀人者，则不可以得志于天下矣。"可见，老子认为武力战争是带来灾难的不祥东西，不是君子所使用的。如万不得已而使用它，最好要淡然处之。胜利了也不要得意扬扬，如果得意扬扬，就是喜欢杀人。喜欢杀人的，就不能在天下得到成功。当时，不仅主张清静无为的老子如此认为，即使作为杰出的军事家孙子也主张不要轻易发动战争。他在《孙子兵法》开篇就指出："兵者，国之大事，死生之地，存亡之道，不可不察也。"不言而喻，孙子认为战争关系到人民的生死、国家的存亡，因此必须予以十分谨慎的对待，切不可轻举妄动。基于这种思想，他在《谋攻》篇深刻指出："百战百胜，非善之善者也；不战而屈人之兵，善之善者也。"这就是即使发动战争百战百胜，胜利一方也要付出沉重的代价，因此不是最佳的选择。只有不发动战争而使对方屈服，这才是最佳的选项。

（六）古代政府管理政策工具的三个层面

从古代政策工具的视角看，管理国家主要有三个层面。第一层面是以政府管制为主的管理，通过命令、禁戒等手段，如通过户口和土地、租税和货币管理、盐铁酒专卖等，强制民间组织及个人遵守、服从。管制较容易实施和管理，效果具有直接性，更适应于作为处理危机的工具。但管制会限制自愿性和私人活动，可能导致经济上的无效率性、高成本、

低质量，并可能产生社会与政府的对立，甚至恶化为冲突等。古代政府管理思想认为，过分强调管制，会使整个国家和社会处于高度紧张状态，内部缺乏调节和弹性。故貌似强大巩固，其实充满危机。第二层面是以政府协调为主的管理，如通过财政性政策工具、市场性政策工具（买扑、入中、减免赋税等）调控经济活动，通过契约、劝勉、调解等途径使政府与民间组织、个人自愿平等合作，动员全社会力量共同参与，最大限度增进共同利益。政府协调为主的管理能降低政府管制的成本，提高积极性和产品质量，有效配置资源，促进经济发展，避免社会与政府、社会各阶层之间的对立引起的内耗。从短期效益看，虽然协调管理会弱化政府对经济和社会的直接控制，有时短期之内还会减少财政收入，削弱政府的权力，但从长远的眼光来看，协调富有调节机制，能缓和化解各种矛盾，使内部富有修复机制和弹性，整个国家和社会易于趋向安定和谐。第三层面是政府通过对社会的服务，即通过救助进行赈灾、救济，采取公办、公办民助、民办公助等形式，兴办公共事业等。其政策着眼点是保障弱势群体的最起码生存条件，为全体民众提供必要的公共产品，从而使社会和谐稳定。

从管理控制论的角度看，管理国家无论从主体还是从客体来说，都是人（管理者）进行的控制和对人（被管理者）进行的控制。说到底，人是核心要素，所有的管理活动都是通过人的行为来完成的。总的说来，古代的管理者依据被管理者的 3 种不同性质的行为分别采取 3 种不同的管理政策工具：对严重威胁封建统治和社会稳定的行为，政府采取镇压、禁戒等严厉管制政策，主要为达到有序的控制目标；对日常民众的经济、文化活动，政府通过价格机制进行反馈和调节，采取鼓励和引导等协调政策，从而提高全社会自愿参与的积极性，主要为达到高效的控制目标；对于灾民及老弱病残、孤独无助者，政府采取救助和兴办公共事业等服务政策，为弱势群体提供公共产品或准公共产品，保证他们的基本生存条件，主要为达到和谐的控制目标。总之，古代政策工具暗含着这样的思想理念：管理者对被管理者对抗性、非对抗性和求助性的 3 种行为分

别采取刚性（管制）、柔性（协调）和人道（服务）的 3 种性质的政策工具进行控制，从而达到长治久安的控制目标。

古代政策工具的较好发挥是，在尊重民众基本权利的适度管制下，坚持公平协调，调节化解各种社会矛盾，引导民众向善，着眼于利民、爱民的服务，兴办公共事业和社会救助，保障民众的基本生存条件，从而达到长治久安的管理目标，使国家安定和谐、经济发展、民富国强。

第五节　中国古代管理思想阶段性特征

（一）　古代管理思想形成三个阶段的主要因素

综观中国古代管理思想史，大致可分为三个阶段：第一阶段夏商、西周、春秋、战国是古代管理思想的产生及其初成体系时期，第二阶段秦汉、魏晋南北朝、隋唐前期是古代管理思想缓慢发展时期，第三阶段唐中叶五代、宋、元、明、清是古代管理思想成熟及变革时期。其原因是错综复杂的，需要进一步研究，但目前有两点主要因素是比较明显的。

其一，动荡忧患时代更能激发人们对管理思想的思考和创新。如前所述，中国古代之所以在春秋战国时期、唐中叶五代两宋、明末清初与晚清出现管理思想的繁荣局面，其中一条重要原因是这三个时期都是动荡忧患的历史时代。春秋战国诸侯国之间割据混战，生灵涂炭，人民生活处于朝不保夕的境地，促使一些有识之士对国家管理展开思考，并对此发表自己的见解，形成百家争鸣的景象。中国古代管理思想初步形成体系，对其后两千多年的古代管理思想产生了极其深远的影响。中国古代绝大多数的管理思想均可从春秋战国诸子百家中找到其渊源。唐安史之乱后藩镇割据，兵连祸结，最后形成五代十国的局面，社会仍然动荡不安。北宋虽然结束了五代十国的割据局面，但终两宋三百多年，先有北宋、辽、西夏对峙，后有南宋、金、西夏鼎立，仍然是战火连绵，天灾

人祸不断。在这种历史背景下，又激发了一些有忧患意识的人思考如何安邦治国，从而开创了古代管理思想一个新的发展时期。明末清初的改朝换代，使社会长期动荡不安，促使一些明朝遗民思考明亡的教训。晚清西方列强的侵略，使中华民族面临着生死存亡的严峻挑战，一些爱国志士师夷长技以制夷，努力学习西方的先进科学技术与政治制度、管理思想，奋力挽救民族危亡，梦想建立一个富强的中国。明末清初和晚清出现的管理变革思想，标志着中国古代管理思想向近代管理思想转变。与此相反，汉唐虽然是中国古代富庶强盛的朝代，但哲学思想和管理思想都相对缺少明显的创新，处于缓慢发展、比较沉闷的时期。究其原因，汉唐相对安定富饶的生活使人们创新管理思想的动力不足。这里必须说明的是魏晋南北朝虽然也是一个战乱的时期，但是由于进入中原的游牧民族文化层次太低，其政权更迭频繁，因此也不可能产生管理思想的创新。

其二，相对宽松自由的文化和言论环境有利于管理思想的创新。如春秋战国时期各诸侯国为在割据混战中胜出，一般都给予士人较宽松优裕的待遇，以招揽人才，为己所用。那些士人为了能受到国君的重用，也积极发表自己的安邦治国见解。这就促使当时管理思想新见迭出，异彩纷呈。赵匡胤建立宋朝后，右儒重学，优待知识分子，不杀言官，以后宋代历朝皇帝都遵循这一祖训。这使宋代大臣士人都敢于言事，评论朝政，或著书立说，授徒讲学，创立学派，从而使管理思想呈现出繁荣的景象。明末清初，时局动荡不安，明朝遗民或隐居不仕，或埋名隐姓、浪迹天涯，思考明亡的教训，从而产生了黄宗羲、顾炎武、王夫之反封建君主专制的思想。晚清时期，清廷处于内外交困的境地，无奈之下只好放宽言论限制，允许朝廷大臣以至民间士人，上书奏闻，提出抗御外侮、富国强兵的良方妙策，以挽救岌岌可危的清王朝统治，从而使一些爱国志士纷纷建言献策，引发古代管理思想向近代管理思想的转变。

（二）古代三次管理思想高潮

从上文可知，在中国古代管理思想史上，曾出现三次管理思想高潮，一次在第一阶段，即春秋战国时期，两次在第三阶段，即唐中叶五代宋

与明末清初、晚清时期。

其一，春秋战国时期，中国古代管理思想初步形成体系。春秋战国是社会大变革的时代，各种社会矛盾错综复杂。激烈的政治斗争层出不穷，从春秋时期的大国争霸到战国时期的兼并战争，从礼乐征伐自天子出到自诸侯出再到自卿大夫出，从三桓与鲁公室的斗争、田氏代齐到三家分晋，从齐威王改革、魏国李悝变法、赵烈侯改革、韩昭侯内修政教、楚国吴起变法、秦商鞅变法，再到燕昭王的改革。兼并战争与政治、经济上的剧变，对社会上的各个阶级、阶层和集团都产生了深刻的影响。人们对于当时社会大变革中的许多问题，都有自己的态度和主张、愿望、要求等。

每个诸侯国面临割据纷争的时代，都想在生死存亡的竞争中采取合乎时宜的谋略与政策，求富图强，求得生存与发展，最后消灭竞争对手。各国的国君和大贵族，都大力招揽知识分子为自己出谋划策，礼贤下士成为社会风尚。这就是所谓"诸侯并争，厚招游学"①。当时各国统治者对人才的重视，使作为知识分子阶层的士可以各持一说，在诸侯间奔走游说，"合则留，不合则去"，有相对的自由。一些略为有名的士，还收门徒讲学，"率其群徒，辩其谈说"②。这使每个学派都有发展的空间和机会。如当时的孔子就带着弟子周游列国，宣扬自己的治国主张。其后的墨子和他的弟子结成一个严密的团体，经常到各国游学。

当时的国君为了招纳智囊，谋求方略，使士为己效力，都比较礼贤下士，对知识分子比较宽容尊重。这使知识分子有比较强的独立性，敢于独立思考，敢于发表自己的见解。在这大变革的时代，各阶级、阶层和集团也纷纷在士阶层中寻找自己的代言人。这使士这一阶层大都企图用己说改造君主，使君主采纳自己的治国主张，从而得到高官厚禄。有不少思想家虽追逐荣华富贵，但更看重自己的治国抱负。

---

① 司马迁：《史记》卷 6《秦始皇本纪》，中华书局，2011 年。
② 《荀子·儒效篇》。

春秋战国时期，"官学"日趋没落，"私学"在各地产生和发展起来。在当时私学中，孔子创设的私学最为著名，影响最大。齐国的威王和宣王大兴"稷下"之学，使"稷下"成为各派学者讲学和讨论学术的中心，稷门下所设的学校称"稷下之学"。当时儒家、阴阳家、道家和其他流派的学者都聚集在此，从事议论、探讨学术。

在这时代大变革的背景下，许多杰出的人物代表不同的阶级、阶层或集团，提出了对社会变革的看法和治国的主张，初步形成了各种管理思想。例如：在自我管理上，出现了儒家的修身、明德、格物致知等思想；在家族管理上，继承发展了西周的宗法管理思想；在经营管理上，出现了范蠡（陶朱公）的"计然之策"和白圭的"治生之道"；在国家管理上，出现了儒家的仁政、民本、君舟民水、礼治、德主刑辅、选贤任能，法家的法、术、势，道家的无为而治，墨家的兼爱、非攻等思想；在军事管理上，出现了国君必须掌握军队的最高统帅权、将在外君命有所不受、严明军纪、绝对服从上级指挥、知己知彼百战不殆、国力必须以军事实力为后盾、先德后兵，应慎重使用军事力量、不战而屈人之兵等思想。总之，把中国古代的管理思想推向了一个高峰，并对以后两千多年的古代管理思想产生了极其深远的影响。中国古代绝大多数的管理思想均可从春秋战国管理思想中找到其渊源。

其二，唐中叶五代宋，开创古代管理思想一个新的发展时期。经营管理思想、国家管理思想上的新发展主要表现在：古代政府管理思想从统治到治理的转化是从唐末五代至宋中期开始和完成的，其重要标志就是政府协调为主的管理思想的出现。从先秦至隋代，政府对财政性和市场性政策工具的使用仅限于：通过赋役政策引导民众从事农业生产，限制工商业，调整社会财富的分配；通过价格杠杆，买跌卖涨，实行平准，平衡市场物价。唐宋封建商品经济发达，为顺应这一历史潮流，政府管理开始逐渐把市场激励机制、自由竞争机制和民营部门的管理方法与手段引入政府的管理，以最大限度提高财政收入，进而解决因频繁战争、军费开支巨大而引起的财政危机，从而稳定其统治地位。唐宋政府管理

思想开始逐渐发生划时代的变化,从单纯的管制性工具向市场性、财政性工具转变(当然这一转变还是相当微弱的)。在特许经营与契约管理方面,对一些传统的政府经营领域,有意识地引进市场机制。例如:对盐茶酒的专卖,从唐末刘晏发其端,至宋代朝廷全面有意识地引进市场机制,逐步探索从直接全面专卖到间接部分专卖的实践;宋代政府创造性地以高商业利润诱使商人入中,把解决沿边军需供应难题纳入市场化的体系中;明代的开中法沿袭了宋代的这一做法;五代、宋朝廷在酒坊、官田、盐井、河渡、商税场务等推行买扑承包制,通过投标竞争,激活经营机制,压缩政府管理成本,保证国家财政收入最大化,并促进市场的公平竞争和资源的合理配置。唐宋在手工业和漕运方面,完成了从官府垄断经营到承买制、从劳役制到雇募制、从定额制到抽分制的转化,激活了生产者的主动性和积极性,克服了官营垄断的僵化体制和低效率,降低管理成本,从而提高矿冶业的经营效益。在政府救助方面,顺应商人逐利的本性,利用价格杠杆,引导他们参与赈灾,从而部分解决了救灾经费和物资不足问题,节省了财政支出。

宋代以后,由于封建商品经济的发达,人们的交往日益频繁,社会关系纷繁错综,民事诉讼大量增加。朝廷对民事诉讼尽可能采取自愿平等协商的调解方式,而不采取强制性的判决方式。这在缓和社会各种矛盾,防止其激化,以封建纲常伦理教化民众,稳定社会秩序方面发挥了应有的作用。这也从侧面体现了政府管理思想从统治到治理的转化。

总之,以上各种新的管理思想在唐末五代至宋中期的出现,充分表明该时期政府管理思想从统治到治理的转化,是中国古代管理思想史新的发展时期,其结论与史学界的唐宋变革论不谋而合。

唐末五代至宋时期,自我管理思想的新发展主要表现在:韩愈的道统说和性三品论是继承传统的孔孟儒家思想而发展来的,为宋明理学开了先河。他在《原道》中指出:"斯吾所谓道也,非向所谓老与佛之道也。尧以是传之舜,舜以是传之禹,禹以是传之汤,汤以是传之文武周公,文武周公传之孔子,孔子传之孟轲。轲之死不得其传焉,荀与扬也,

择焉而不精，语焉而不详。"① 在此，韩愈为了对抗佛道两教，提出儒家思想在历史上的一个传授的系统——道统。韩愈的道统之说，孟子本已略言之，经韩愈提倡，宋明道学家将其进一步发扬光大，成为宋元明清思想界的主流，而道学亦成为宋明新儒学的新名字。韩愈在此极力推崇《大学》的主张，即修身与治国是紧密联系为一体的，修身的目的是齐家治国，要管理好国家首先必须修身齐家。他在自我管理思想方面提出了性三品的人性论。他的性三品论继承了董仲舒的性三品说，既不赞成孟子的性善论和荀子的性恶论，也不赞成扬雄的善恶相混的二元论。

唐代韩愈的性三品论对宋代的人性论产生了直接的影响，其中比较突出的是李觏提出的性三品、人五类论，周敦颐提出的性五品论，王安石提出的上智下愚中人说以及二程、朱熹提出的天命之性、气质之性等。在人性论的基础上，宋代理学家提出了各种自我管理思想。如张载认为，一个人如经历了"穷理""尽性""以至于命"3 个层次后，其精神世界便上升到一个所谓至诚至善、无思无虑、无私无欲的境界。程颐、程颢提出，"致知格物"是起点、开端、基础，而"治国平天下"则是终点、目标，通过它进行修身养性，最终才能达到治国平天下的目标。周敦颐则要求人们必须孜孜不倦追求诚，因为诚是道德的极致。他还继承了古代儒家"中庸"、道家"清静"、佛家"寂静"的思想，提出以"主静"作为修养的方法。朱熹发扬光大了二程主敬的思想，反复强调把持敬看作是涵养的根本，即"立脚去处""圣人第一义""圣门之纲领"。张九成提出的"慎独"道德境界有两层含义：一是所谓"性""天命""中"，都是指喜怒哀乐未发时"寂然不动"的心理状态；二是所谓"敬以直内"与二程、朱熹的持敬说的道德境界是相似的，而张九成的慎独说更强调一个人独居时的持敬。

唐末五代至宋时期，家族管理思想的新发展主要表现在：朱熹是继张载、程颐之后大力提倡建立新的家族制度的著名理学家。他为宋代家

---

① 韩愈：《昌黎先生文集》卷 11《原性》，上海古籍出版社，1987 年。

族制度设计了一个相当完整而十分具体的方案。除了当时已形成的家谱他没有谈到以外，大凡族长、祠堂、族田、祭祀、家法、家礼等体现宋代家族制度形态结构的主要内容，他都详细且具体地在其《朱子家礼》卷1《通礼》中提出来了。后世的家族制度，大体上就是按照朱熹设计的模式建立起来的。因此，朱熹通过族长、祠堂、族田、祭祀、家法、家礼等达到敬宗收族的思想，对后世影响极其深远。

关于族谱的体例，欧阳修的《欧阳氏谱图》包括4项内容，为谱序、谱图、传记、谱例。谱序，概述欧阳氏先世历史、得姓缘由和修谱的原因。谱图，绘制欧阳氏世系图。最后是谱例，阐述该谱的编纂原则。从谱序中我们知道，欧阳修编纂族谱采用详近亲、略远疏的著录对象原则。欧阳修主张各房支修谱，便于明确和查考，然后将修好的各房支谱合并起来，就是欧阳宗族的总族谱了。

苏洵的《苏氏族谱》包含6项内容，为谱例、族谱、族谱后录、大宗谱法、附录、苏氏族谱亭记。其中谱例，阐述谱的意义；族谱，先说明修谱的目的和叙述法则，然后是世系图；族谱后录分上、下篇，上篇为苏氏的先世考辨和叙述法则，下篇记录了苏洵"所闻先人之行"，类似人物传记；大宗谱法介绍了纂修族谱的方法，以备修大宗族谱者采用；苏氏族谱亭记记载了族谱亭的建立过程。这里值得注意的是，苏洵纂修《苏氏族谱》采用的是小宗法，全谱仅著录六代人。苏洵还提出藏谱与续修的原则是：已成谱，高祖子孙家藏一部，续增的后人至五世，续修家谱。如此往复兴修，总观起来，世系延绵，修谱不绝，宗绪不会混乱。苏洵对于族谱的世系记载表述，则采用表的方式，六代一线贯穿下来，不像欧谱五世一图。

我们如对欧、苏两谱进行比较，发现其共同点：一是编纂族谱的目的相同，即通过追本溯源、明晰世系以敬宗收族，通过记述祖先的功绩德行来教忠教孝，传承祖先遗德，光宗耀祖；二是在编纂体例上，欧、苏两谱均有谱序、谱例、世系、传记，都采用小宗谱法，详亲略疏，传记所包含的内容，一般都有名讳、字号、仕宦、为人、生卒、享年、葬

地、配偶、子数等。不同点主要是：在记述世系时，欧谱用图，苏谱用表，表述方法不同。欧谱以图表述，不论宗族传了多少世代，人丁多么兴旺，都可以便利地记录下来，但世代、人口一多，查检起来不太方便；苏谱以表表达，对族人的世系、血缘关系，令人一目了然，但若世远人众，表就不好做了。谱图、谱表，各有优劣，需要互相取长补短，故后世修谱者往往综合欧苏两家，图表并用。

欧谱和苏谱的创修，不仅出自本族的需要，而且意在为天下提供样本，起表率作用。欧、苏编纂家谱的指导思想和体例不仅影响南宋的家谱修撰，而且为元、明人修谱提供了范本，士大夫修谱纷纷遵奉欧苏思想，仿照其体例。元代徽州教授程复心于延祐元年（1314）为武进姚氏族谱作序，就主张学习欧苏谱："苏氏、欧阳氏相继迭起，各创谱式，其间辨昭穆，别亲疏，无不既详且密，实可为后世修谱者法。"[①] 历史上家谱修撰的趋势是：唐以前官修谱牒，宋以后私家自修，首自庐陵欧阳氏和眉山苏氏二家，明士大夫家亦往往仿而为之。

北宋著名的政治家、军事家、思想家和文学家范仲淹以俸禄之余购买良田，捐为范氏宗族公产，称为"义田"，又设立管理机构，称为"义庄"。义庄的功能，涉及诸多方面，但对宗族成员进行经济生活上的赈济，是其最为重要的功能之一。一是义庄的"赡族"措施，其对象并不限于贫困族人，而是惠及宗族的所有成员，如对所有族人"逐房计口给米"，"冬衣每口一匹"，"嫁女""娶妇"支钱，"丧葬"支钱等。二是义庄建立了初步的管理、监督制度。范仲淹去世后，他的几个儿子都能遵从父训，承继父亲志愿，光大父亲事业。在义庄慈善事业方面，他们不断投入钱财和精力，不断完善义庄规矩。义庄对明清家族管理思想影响深远。

唐末五代至宋时期，军事管理思想的新发展主要表现在：中国古代自西魏文帝大统十六年（550）宇文泰开创了府兵制，这一兵制一直沿用

---

① 民国《辋川里姚氏宗谱》卷1，程复心《序》。

了两百年左右，直至唐中叶府兵制被募兵制所取代。府兵一般不入民籍，而是另立军籍。当府兵者，自备弓、刀，甲、矟、戈、弩由官府供给，有的自备资装，但不负担其他课役。当府兵的农民平时务农，农隙时讲武教战，有战事时朝廷临时点将率领从各地征发的府兵出征。战事完结，兵散于府，将归于朝。这样，兵不识将，将难专兵，避免了将帅长期拥兵作乱之弊，有利于巩固中央集权和国家统一。府兵制是兵农合一的一种制度。

唐中叶，随着土地兼并的发展，均田制日趋破坏，建立在均田制基础上的府兵制难以继续实行。为了解决宿卫缺兵问题，玄宗开元十年（722），宰相张说奏请募士。翌年，取京兆、蒲、同、岐、华府兵及白丁，加上潞州长从兵，共有 12 万人，号"长从宿卫"。开元十二年（724）"长从宿卫"更名"矿骑"。矿骑的产生实际上使唐朝兵制由府兵制转入募兵制，已具有雇佣兵性质。

北宋先后设立武举和武学，其中武学之设尚是中国古代史上的首创。宋仁宗景祐元年（1034），绛州通判富弼上书仁宗，建议"于太公庙建置武学，许文武官与白身岁得入补。聚自古兵书置于学中，纵其讨习，勿复禁止。朝观夕览，无一日离乎兵战之业，虽曰不果，臣不信也"。[①] 庆历三年（1043）五月丁亥，在对西夏战争的触动下，宋仁宗始设武学。宋代的武举和武学对军队的人才建设发挥了一定的作用，使一些训练有素的军事人才源源不断地补充到各级军队中，在对敌战争中发挥骨干的作用。

唐中叶五代宋，之所以是开创古代管理思想一个新的发展时期，与社会的动荡忧患、相对宽松自由的文化和言论环境密切相关。唐安史之乱后藩镇割据，兵连祸结，最后形成五代十国局面，社会仍然动荡不安。北宋虽然结束了五代十国割据的局面，但终两宋三百多年间，社会矛盾

---

① 赵汝愚：《宋朝诸臣奏议》卷 82《上仁宗论武举武学》，上海古籍出版社，1999 年。

始终比较尖锐。据粗略估计，大致十年就发生一次较大规模的农民或士兵起义，每一年就发生一次小规模的农民或士兵起义，加上先后对辽、西夏、金和元的战争，给人民生命和财产带来很大的破坏，并严重威胁宋政权的统治。唐中叶五代宋，由于战乱不已，军费开支庞大，财政上入不敷出的危机时有发生。历代朝廷解决危机的一个重要方法就是增加苛捐杂税，横征暴敛。当这种征敛超过了一定的限度，就会对小农经济造成巨大的破坏，严重影响小农的简单再生产正常进行。面对这种局面，许多有识之士纷纷提出改革朝政措施，从而在这一时期涌现出刘晏、杨炎、周世宗、范仲淹、欧阳修、李觏、王安石、司马光、苏轼、苏辙、叶适等著名的管理思想家，提出改革朝政的各种管理思想。一些朝中大臣在治理朝政、解决财政危机中提出买扑、入中，主张私营工商业等富有创造性的理财思想。

宋朝从太祖开始，就尊儒重文，兴文教，抑武事。太宗时还特别注意从孤寒之家选拔人才，这成为宋代科举改革的一个重要原则，为国家选拔才德兼备的人才发挥了积极的作用，如北宋著名的政治家、文学家、思想家范仲淹、李觏、欧阳修、王安石、苏轼、苏辙等都是出身孤寒之家的知识分子。正如明人徐有贞在《重建文正书院记》中所指出的："宋有天下三百载，视汉唐疆域广之不及，而人才之盛过之。"宋仁宗庆历四年（1044），太学从国子学三馆中分出，单独建校。太学在宋代成为混杂士庶子弟的普通学校，是宋代学校制度的一个重大变化，扩大了接受高等教育的范围。到神宗时期，那些"远方孤寒人士"和"四方士人"没有资格进入国子学的，自然就进入太学学习。与此同时，宋廷又给太学生以优厚的经济和政治待遇。朝廷全面实行"舍选"，即"天下取士悉由学校升贡"，于是，太学成为全国士庶子弟获得参加殿试资格的主要途径。南宋初年，国子学已不复独立存在，与太学合二为一。

宋代的右文重儒政策，一方面带来了两宋文化的繁荣，在理学、文学、史学等方面都达到了一个新的高峰，另一方面也造就了一大批士大夫阶层，并广泛参与赵宋各级政权。这些士大夫有的终身从政，有的在

一生中某一时期从政，其中的绝大部分人不管是在朝还是在野，都以天下为己任，通经术，明史事，晓法律，重现实，疑经论政，批判现实，著书撰文立说，总结自己的从政经验，阐发管理思想和方略，如李觏、范仲淹、欧阳修、司马光、王安石、苏轼、苏辙、朱熹、叶适、吕祖谦等均是其中杰出的代表。

宋代自宋太祖开始就立下祖宗之法：不诛杀士大夫和言事人。宋代历朝皇帝的确比较优待知识分子，除非罪大恶极，一般不予诛杀；对上书言事、犯颜直谏之人，一般都较宽容，更不会加罪处以极刑。由于相对宽松自由的文化和言论环境，这一时期出现了一批富有管理思想和方略的名臣。如熙宁变法的论战，各种不同观点不同思想的撞击，产生了许多有价值的管理思想和理论火花。南宋孝宗对各种学派也采取宽容的态度。他喜欢苏轼的学说，却没有因此而排斥程颐的学说。吕祖谦、叶适、陆九渊、朱熹等学派的同时并存，说明了当时言论环境的宽松。

宽松的言论环境使当时的知识分子敢于关心现实问题，批判现实问题。宋代无论是程朱理学，还是陈亮、叶适的重商学派，都关心当时的现实问题，朝政的议论也呈现出前所未有的活跃局面。由此虽然形成了无休止的政党之争，但也带来政治、思想上较为自由的风气。这种风气为学术上的探讨和新管理学说的产生提供了有利的政治条件。如在较为宽松的文化政策环境中，一向为传统儒家思想所鄙视的重商思想在宋代却较为活跃。重商思想对宋代商品经济的发展和空前繁荣影响深刻，在古代经济史中占有显著的地位。

其三，明末清初和晚清，中国古代管理思想向近代管理思想转变。明末清初，在资本主义萌芽缓慢发展，封建君主专制主义愈益腐朽，王朝更迭、社会动荡的历史背景下，黄宗羲、顾炎武、王夫之等人的反专制政治思想，显露出资产阶级民主思想的端倪。黄宗羲提出：专制君主以天下为私产，实为天下大害；在专制君主社会里，只有一家之私法，天下就永远难免于乱；天下治乱的标准不是王朝的兴亡，而是民众的忧乐；应变法以救世，臣下出仕应以万民为重，置相权以分君权，设学校

以监视朝政。顾炎武提出专制君主无法使天下致治，应分权众治的政治主张。王夫之则以"不以天下私一人"的民本思想来反对封建君主专制主义。

清代末年，中国古代管理思想开始发生深刻的变化。19世纪40年代至70年代，随着鸦片战争和第二次鸦片战争以及《南京条约》《北京条约》的签订，中国开始沦为半殖民地半封建社会。与此同时，西方思想也如潮水一般涌入中国。林则徐、魏源、冯桂芬、张之洞、李鸿章等提出抵御外侮、学习西方思想。林则徐主张严禁鸦片，抵御外国侵略，了解和学习西方。魏源也主张抗击英国侵略者，"师夷长技以制夷"。冯桂芬提出向西方学习，进行改革的主张，即创办军事工业、民用工业和新式学堂的洋务思想。张之洞提出实业与军事救国、中学为体西学为用思想。

19世纪末，甲午战争的失败和《马关条约》签订后，面对民族危机日益严重，康有为提出维新变法思想：主张开民权，设议院、制度局，实现三权分立，从而改君主专制为君主立宪制；主张发展民族资本主义工商业，富国养民；主张发展新式教育，培养人才，以智富国。总之，实行自上而下的资产阶级民主改革，使中国走向富国强兵的发展资本主义的道路。梁启超提出维新变法思想：其一，改变官制，变专制制度为议院制度，这是变法的本原。其二，全面促进经济发展，兴交通，清除阻碍经济发展的不利因素。其三，废科举，兴学堂。其四，建立法制，借鉴西方各国法律以完善中国法制。其五，兴民智，实行君民共主。其六，设报馆，译西书，宣传维新变法。严复也提出维新变法，挽救民族危亡的思想。其维新思想中最突出的一个特点是借助自然科学的理论，将自然界的生存竞争，即弱肉强食，优胜劣汰，物竞天择、适者生存理论用于论证当时中国变法的必要性和紧迫性，认为中国只有变法才能由弱变强，才能"自强保种"，否则，将亡国灭种。严复还主张思想自由，提倡科学，"黜伪崇真"。

20世纪初，八国联军侵入北京，火烧圆明园，强迫清政府签订了

《辛丑条约》，中国完全沦为半殖民地半封建社会。以孙中山先生为首的资产阶级革命党人，提出了民主革命思想。其中最具代表性的是：邹容在《革命军》一文中，主张通过民主革命，推翻清朝封建专制统治，建立资产阶级民主共和国。章太炎主张，在中国推翻清王朝统治之后，应当建立资产阶级的民主共和国，并主张先"排满"，后对付帝国主义。孙中山民主革命思想的核心内容是包括民族主义、民权主义、民生主义在内的三民主义。民族主义的主要内容是推翻清王朝统治和争取民族独立，民权主义的核心内容是"推翻帝制，建立民国"，民生主义的主要内容是"一曰平均地权，二曰节制资本"。所有这些思想，标志着中国古代管理思想逐步迈向近代管理思想。

第六节　五个方面的说明

该系列专著在撰述中主要注意了五个方面的处理方式。其一，在撰述历代管理思想时，既注意其继承性，又强调其创新性。这就是说，古代的许多管理思想具有历史传承性，也就是历史依赖路径。为了反映这些管理思想的传承性，我们在阐述每一朝代相类似的管理思想时，都必须以适当的篇幅予以涉及。另一方面，对于每一朝代有特色有创新的管理思想，笔者都尽可能以较多的篇幅予以重点阐述。其二，中国古代历朝管理思想都十分丰富，即使鸿篇巨制也很难一一囊括，更何况拙著区区三百多万字，要阐述三千多年的管理思想更是难上加难。笔者只能以当代人的视角，选择其中对现实较有启示意义的管理思想加以阐述。其三，研究历史上的管理思想，应该如何应用当代的一些管理理论进行阐发，似乎在实际操作中不大容易掌握。尤其是古代的大多数管理思想，以今人的眼光来看，显得较为简单、粗糙，如用现代管理理论做太多的阐述引申，显得有悖于历史的客观情况，如不用现代管理理论阐述引申，

又有就事论事之嫌,理论分析不够。笔者尽可能根据当时的历史现实做客观的评述,点到为止,不做太多的引申。其四,在内容框架上尽可能做到先秦、秦汉魏晋南北朝、隋唐五代、宋、元、明、清卷统一。但是,由于各卷侧重点略有不同,因此,有些相同性质的内容在各卷的安排并不相同。如商税管理思想一般安排在商业管理思想方面论述,但如果本卷没有专节论述商业管理思想,那就将商税管理思想安排在赋税管理思想方面论述。其五,该系列专著各卷所引用的史料,笔者尽可能依据学术界公认比较权威的版本,如中华书局点校的二十四史,中华书局、天津古籍出版社出版的陈高华等点校的《元典章》。主要参考文献中所列的古籍版本只是该系列专著中较多引文依据的版本,并不意味着所有史料引文字句、标点均采用该版本。笔者往往还比较数家不同的点校、注疏和诠释,然后根据自己的理解和判断,择善而从之。由于篇幅和体例所限,以及该系列专著不属于考据学、训诂学的范围,其取舍理由就不一一予以说明了。

第一章
秦汉魏晋南北朝历史背景

第一节　秦汉时期的政治和经济

秦汉时期，自公元前221年秦统一至220年曹魏代汉，共经历了440余年，包括秦、西汉、王莽新朝和东汉4个朝代。

秦朝是在中国疆域内由战国后期的秦国发展起来的统一国家的朝代。公元前221年，秦始皇统一六国。秦国的统一结束了自春秋以来500年间诸侯列强分裂割据的状态，建立了中国历史上第一个多民族统一的地主阶级专制帝国。但秦王朝在始皇及二世的苛法暴政下，公元前206年在农民起义的烽火中灭亡。

秦朝灭亡以后，刘邦在萧何、韩信、张良等人的辅佐下，于公元前202年打败项羽，重新统一全国。西汉前期，社会生产力在秦末农民战争中遭受极大破坏，百废待兴。汉初的国家管理阶层普遍偏好黄老思想，采取清静无为、休养生息的政策，鼓励生产，轻徭薄赋。与此同时，汉朝也不完全排斥儒家和法家，能根据当时社会的需要兼采其中能为我所用的部分，从而形成比较合理和系统的管理思想体系，这种状况一直持续到景帝时期。公元前141年，孝景帝刘启逝世，其子刘彻即位，是为

1

武帝。由于文、景时期朝廷实行"无为而治"的指导思想，导致诸侯放任骄恣，豪强坐大，商业地主侵渔细民，割据势力已经形成；加之匈奴寇边，边境不稳，整个社会在升平的外表下潜藏着严重的危机。如何在国家物质富庶的基础上消除破坏国家统一和社会稳定的因素，使国家进一步发展强盛，这一使命就这样落到了汉武帝刘彻的身上。他采纳了董仲舒"独尊儒术""加强皇权"等思想，在实际管理中兼采法家思想，开创了西汉王朝最辉煌的功业。其后的昭帝、宣帝在管理思想方面主要承袭了武帝的王霸杂用，加强皇权；励精图治，信用贤能；恢复和发展农业生产，减轻农民负担；对外关系上兵礼交用，在用武力打败匈奴之后，改善与他们的关系。因此，国家延续了武帝时期的强盛局面，史称"昭宣中兴"。但是，在强盛的外表之下，西汉王朝潜藏着深层的危机，原因是没有从根本上解决豪强地主兼并土地的问题。到元帝即位后，社会矛盾进一步激化，西汉王朝逐渐走向衰落。其后，成帝荒淫，哀帝纵恣。至此，西汉完全衰落了。平帝为王莽所立，实为莽之傀儡。之后王莽篡位，建立新朝，虽实行政治经济改革，但西汉政权的各个方面已经病入膏肓。王莽改制结果与初衷背道而驰，反而更加剧了各种社会矛盾，终于造成绿林、赤眉大起义。

公元 25 年，西汉宗室南阳大地主刘秀在农民起义战争中崛起，重新建立汉朝，史称东汉。刘秀于建武十二年（36）再次统一全国。刘秀管理天下，有宽厚柔仁的一面，也有严厉苛刻的一面。东汉前期，要使政权巩固，社会秩序得到恢复，刘秀必须采取得当的管理政策措施。在全国统一过程中，刘秀就开始推行了一系列休养生息、务在养民、扶助贫弱的宽厚柔仁之政。鉴于西汉末年权臣当政、皇权衰落、土地兼并严重的深刻教训，刘秀在全国统一后，逐渐"以严猛为政"。之后的明帝刘庄进一步采取"严切"的措施限制公卿百官的权力，抑制打击功臣元勋等各种势力。章帝刘炟继续严切之政，虽然他也采取了一些宽松的政策，但是，从和帝开始，外戚和宦官开始当政，安帝、顺帝、桓帝诸朝都是这样。外戚、宦官之间或为了某一暂时的共同权益而互相勾结，或为了

攫取权力而相互斗争，朝政极端黑暗腐败。到了东汉后期，宦官集团进一步垄断了国家权力，灵帝成了宦官的掌中玩物，人民生活极端困苦，农民和地主阶级的矛盾愈发激化，生产关系严重地阻碍了生产力的发展，东汉政权处于崩溃的边缘。

这一时期形成和巩固了统一的封建的中央专制主义制度。皇帝具有至高无上的权力，全国的行政权、军权、财权、司法权都集中于皇帝，一切由其最后裁决。在官僚机构中，秦汉实行三公九卿制。丞相承天子之命，督率百官，助理万机，执行政务。太尉协助皇帝掌管军事。御史大夫是副丞相，掌图籍章奏，监察百官，辅佐丞相处理事务。丞相、太尉、御史大夫后来合称"三公"，他们之间互相制约，便于皇帝集权于一身。三公之下设有九卿①，分掌庶事。三公九卿称谓在两汉屡经改换，性质上也略有变化。汉武帝削弱丞相权力，令九卿不通过丞相直接向皇帝奏事，并设立"中朝"与丞相"外朝"分权。东汉光武帝加强尚书台，虽置三公，事归台阁，三公备员而已。

秦汉时期的朝廷财计机构，按其性质可分为国家财计机构和皇室财计机构两个系统。在国家财计机构方面，秦朝由治粟内史负责国家的财政经济，其下设有太仓令，负责对粮、物仓库的管理，大内则主管财物收支。西汉初仍以治粟内史掌管国家财政，后改称"大农令""大司农"。大司农下设有太仓、均输、平准、都内、籍田五令丞。太仓令负责国家粮仓的收支保管；均输令顾名思义是调剂运输；平准令负责调节物价；都内负责核算钱币收支；籍田令则负责皇帝籍田之事。大司农还有属官大司农中丞，管诸会计事②；大司农部丞，分部主诸国。东汉大司农职掌基本不变，"掌诸钱谷金帛诸货币。郡国四时上月旦见钱谷簿，其逋未毕，各具别之。边郡诸官请调度者，皆为报给，损多益寡，取相给足。"③

---

① 秦时九卿为奉常、郎中令、太仆、卫尉、典客、廷尉、治粟内史、宗正、少府。

② 班固等：《汉书》卷 24 下《食货志下》，中华书局，1962 年。

③ 范晔等：《后汉书》志 26《百官三》本注，中华书局，1965 年。

秦汉时期少府掌管皇室财政，具体负责山海池泽之税、官办手工业以及皇室的各项开支。少府之下的属官名目繁多，西汉时就有十六官令丞、三长丞、十池监等等。东汉更为繁杂，除掌管皇室吃穿住行的属官外，甚至连尚书令、尚书仆射、尚书、御史等均为其属官，可见东汉时少府已超出了掌管皇室财政的范围。西汉时与少府官职性质相同的还有水衡都尉，掌上林苑。其属下钟官、辨铜、技巧三官负责铸造五铢钱，农仓长、甘泉仓长主管君王仓储。

秦始皇统一六国后，废除了古代的封国建藩制度，在地方行政机构上，实行郡县制。汉承秦制，相沿不改。郡设郡守，县设县令或县长，为郡县的最高长官。秦郡设有"少内"，主管财物收支；县设有"都官"，兼有管理财物之权。汉朝郡设有金曹，主货币、盐、铁事；仓曹，主仓谷事；还设有少府，是"郡掌财物之府，以供太守者也。"① 县也设有金曹，主收市租，仓曹主收民租。县之少府或称小府，"主出纳，主饷粮。"②

秦祚短促。据《汉书·食货志》载，秦政府的财政收入主要是田租、口赋、盐铁之利，《睡虎地秦墓竹简》还载有刍稿、关税之征。秦行急政，其财政支出十分浩大，撇开作为一个封建国家的一般支出——皇室费用、俸禄、军费、行政事务费等不说，单修长城驰道，盖阿房宫，建骊山陵，征伐四夷，巡郡国，求神仙，其开支就将竭尽帑藏。

秦始皇统一六国后，针对各诸侯国"田畴异亩，车涂异轨，律令异法，衣冠异制，言语异声，文字异形"的情况，进行了统一文字、度量衡、货币的措施，这不仅便利了各地的经济交流，还便于封建政府加强经济核算，控制财政收支，具有重大深远的影响。

汉朝建立之初，实行了一系列休养生息政策，使社会经济迅速恢复发展起来。"汉兴七十余年之间，国家无事，非遇水旱之灾，民则人给家

① 《汉书》卷89《文翁传》颜师古注。
② 萧吉撰：《五行大义》卷5《论诸官》，上海书店出版社，1998年。

足，都鄙廪庾皆满，而府库余货财。京师之钱累巨万，贯朽而不可校。太仓之粟陈陈相因，充溢露积于外，至腐败不可食。众庶街巷有马，阡陌之间成群，而乘字牝者傧而不得聚会。"① 到西汉末年，垦田面积已有827万多顷，人口5900余万，比战国时期增加两倍以上。汉朝手工业中，冶铁业、丝织业、造纸业等都居于当时世界前列，如冶铁中的炒钢法、纺织业的提花机都具有很高的技术水平，纸的发明和大量生产更具有划时代的意义。秦汉虽然都采取了重农抑商的政策，但商业仍很繁荣，富商大贾周流天下，富埒天子，交通王侯，势力很大。

汉朝的财政收支分两个系统，田租、算赋、口赋、盐铁等收入用于封建国家俸禄、军费、行政事务费、建筑工程费等支出，而山海池泽、官办手工业的收入等用于皇室各项支出。

秦汉时期，随着封建经济的繁荣，统一的中央集权制国家财政收支的复杂化，财计机构和制度开始出现系统化，中式会计也取得了较大的发展。从出土汉简可以看出，这一时期，逐渐奠定了以"入、出"为会计记录符号的定式简明会计记录方法的基础。汉朝的上计簿除了记载户口、垦田、钱谷入出之外，还记载有关盗贼多少等情况，虽不能算为纯粹的会计报告，但它确立了中式会计报告的基本内容和形式。这些都大大有利于社会经济的发展。

第二节　魏晋南北朝时期的政治和经济

魏晋南北朝时期自220年曹丕建立魏国始，至589年隋文帝统一全国止，共历370年。其间王朝更迭频繁，割据政权林立，主要有三国（魏、蜀、吴）、西晋、东晋十六国（成汉、前赵、后赵、前秦、后秦、

---

① 司马迁：《史记》卷30《平准书》，中华书局，1959年。

西秦、前燕、后燕、南燕、北燕、前凉、后凉、南凉、北凉、西凉、夏）、南朝（宋、齐、梁、陈）、北朝（北魏、西魏、东魏、北齐、北周）等王朝。

这一时期是中国历史上政权更迭最为频繁，也是最为动荡的时期，大致分为三国两晋和南北朝两大阶段。三国即曹魏、蜀汉及孙吴三个政权。灵帝时期爆发黄巾军起义，在镇压起义的过程中地方州牧掌握了地方实权。之后朝廷内乱，董卓挟持献帝迁都长安，地方上形成群雄割据的局面。后来董卓被吕布、王允刺杀，献帝也趁机东逃并被曹操迎至许昌。曹操"挟天子以令诸侯"击败北方多个割据势力，基本控制了中国北方，但在赤壁之战中被孙刘联军打败，三国鼎立的局面形成。公元220年，曹丕称帝并改国号为魏，史称曹魏。第二年刘备亦在成都称帝，国号汉，史称蜀汉。公元229年，孙权称帝，国号吴，史称孙吴或东吴。蜀吴结成同盟对抗魏，各国疆域略有增减。公元263年，司马昭派军攻灭蜀汉。两年后司马炎废魏建晋，史称西晋。公元280年，晋灭吴，统一天下，中国历史进入两晋时期。

西晋统一的局面仅维持了十几年，惠帝时的八王之乱使西晋元气大伤，内迁诸少数族乘机崛起，五胡乱华，大批民众与世族南迁。公元316年，西晋灭亡，北方进入五胡十六国时期。公元317年，司马睿在建康建立东晋。东晋初年，皇帝和世族共享朝廷权力，先后发生了王敦之乱、苏峻之乱及桓温专政。公元383年，前秦苻坚举国南征东晋，但在淝水之战中大败，前秦很快瓦解。但是东晋后期的朋党相争、桓玄之乱及之后的孙恩、卢循起义削弱了朝廷的统治。刘裕在平定诸乱中乘势崛起，并凭借军事力量夺取帝位建立刘宋，中国历史进入了南北朝时期。

从公元420年刘裕建宋，至589年隋灭南朝陈止，因为南北政权长期对峙，故称南北朝。南朝包括前后相续的宋、齐、梁、陈四朝，北朝包括北魏、东魏、西魏、北齐和北周五朝。

这一时期，在封建政权机构中发生了巨大的变化，即由秦汉时期三公九卿制逐渐过渡到隋唐时期的三省六部制。首先，尚书省分曹主事渐趋细密，达二三十曹。朝廷庶政，均须经由尚书省。九卿职务与秦汉相比，轻重大有不同。其次，魏文帝曹丕认为东汉的尚书台权力太大，另设中书省，典掌机密，起草和发布政令。梁、陈以来，"凡国之政事，并由中书省"，"各当尚书诸曹，并为上司，总国内机要，而尚书唯听受而已。"① 但是，中书作为宫廷从官的痕迹仍十分明显，如兼修国史、掌礼乐、析疑狱等，其官署仍置于内廷。再次，晋代将汉代的侍中寺改为门下省，作为皇帝的侍从和顾问机构，长官为侍中。南北朝时，侍中曾改称纳言，盖以其出纳王言之故。当时为了限制中书省的权力，凡中书省所发出的重要诏令，皇帝都征取侍中的意见，从此门下成为参预国家大事的重要部门。但是从南北朝一直到隋初，门下省侍从的宫官色彩十分浓厚，除了出纳王言，还兼掌一大堆有关天子衣食起居等事务。大业三年（607），隋炀帝另成立一个殿内省，从此门下省才算摆脱了宫廷事务的纠缠，成为一个专司封驳的机关。

随着三公九卿制到三省六部制的转化，政府机构中管理财政的部门也发生了变化。魏晋时尚书省下的度支、金部、库部、仓部、民曹等逐渐分曹理财，事权渐重。同时，大司农、少府仍分理财政。与其理财系统相对应的地方州、郡、县也设有诸曹，如两晋时县下设有户曹、金曹、仓曹等。魏晋时，州郡还设有上计吏、上计掾等。

这一时期战乱频繁，人口流动性大，土地开垦率低，由此对劳动力的占有和争夺取代了两汉时的土地兼并，并在此基础上形成了一系列使劳动力和土地结合的土地制度和赋税制度。东汉建安九年（204），曹操下令田租亩四升，户出绢二匹、绵二斤。到曹魏时，这种办法成为定制，叫作"户调"。西晋实行占田制，规定：丁男是户主的，每户每年向国家交纳绢二匹、绵三斤；妇女或次丁男是户主的，减半交纳。北魏孝文帝实行均田制，规定一夫一妇的均田户，每年要向国家交纳户调帛一匹、粟二石，随乡土所产还要交纳丝麻等物。此外，还要为国家服徭役。

---

① 杜佑：《通典》卷21《职官三·中书省》，中华书局，2016年。

这一时期是中国古代史上最长的一次分裂和战乱，特别是北方战火弥漫，杀掠成风，人烟萧条。因此，社会经济长时间内处于停滞倒退的状况，使财经工作也受到影响。其中值得一提的是西晋时会计簿书开始由简牍向纸张过渡，这为会计的发展提供了条件。还有较为突出的是北周苏绰的"始制文案程式，朱出墨入，及计账、户籍之法"。[①] 他把户籍同会计核算结合起来，使国家财政收入更加精确、系统，为隋唐的户籍、计账之法奠定了基础。当时还规定："其牧守令长，非通六条及计账者，不得居官。"[②] 可见，掌握计账之法成为担任地方长官的必备条件。

第三节　秦汉魏晋南北朝的思想文化

一、汉初的百家余绪

如前所述，秦始皇统一六国后，在思想文化上也实行极端的专制主义，焚书坑儒，以吏为师，使春秋战国时期思想文化百家争鸣的繁荣景象骤然沉寂，一片萧条。汉初，自高帝至景帝，朝廷采取清静无为政策，百家之学，除名家、墨家未见代表思想的人物之外，各家逐渐有所复苏，尤其是道、法、阴阳、纵横家言，屡见于史籍记载。当时王国势力的强大，也在客观上促进了子学的活跃。如"（曹参）闻胶西有盖公，善治黄老言，使人厚币请之。既见盖公，盖公为言治道，贵清静而民自定……（参）治要用黄老术，故相齐九年，齐国安集，大称贤相"。[③]"（汲）黯学

---

① 令狐德棻：《周书》卷 23《苏绰传》，中华书局，1971 年。

② 《周书》卷 23《苏绰传》。

③ 《史记》卷 54《曹相国世家》。

黄老之言，治官理民，好清静……其治责大指而已，不苛小。黯多病，卧闺阁内不出，岁余，东海大治……治务在无为而已。"① "窦太后好黄帝、老子言，帝及太子诸窦不得不读黄帝、老子，尊其术。"②

从以上记载可以看出，汉初黄老思想盛行，甚至成为管理国家的主导思想，在清除秦朝急政虐民、恢复社会生产经济方面发挥了积极的作用。除此之外，当时阴阳家思想也比较盛行，如"孝武时，夏侯始昌通《五经》，善推《五行传》，以传族子夏侯胜，下及许商，皆以教所贤弟子"③，"景、武之世，董仲舒治《公羊春秋》，始推阴阳，为儒者宗"。④

法家虽然随秦朝的覆亡失去了显赫的地位，但治国必不能缺刑法，汉朝自武帝开始独尊儒术，但其实是"霸王道杂之"。"孝文帝本好刑名之言……及窦太后崩，武安侯田蚡为丞相，绌黄老、刑名百家之言。"⑤ "晁错……学申、商刑名于轵张恢先所……错为人峭直刻深。"⑥ 因此，宣帝坦言汉朝以"霸王道杂之"⑦，非效周制，故自萧何创律以来，刑名之术甚著。

秦朝统一了全国，结束了春秋战国混战的局面。汉朝进一步巩固了统一、多民族的中央集权制国家。在这种历史背景下，纵横家在汉初还曾活跃一时，如汉楚争天下，纵横之士的活动还很明显。"郦生因言六国纵横"。⑧ "陆贾以客从高祖定天下，名为有口辩士"。⑨ "（蒯）通论战国时说士权变，亦自序其说，凡八十一首，号曰《隽永》"。⑩ 至武帝时，纵

---

① 《史记》卷 120《汲黯列传》。
② 《史记》卷 49《外戚世家》。
③ 《汉书》卷 27 中《五行志》。
④ 《汉书》卷 27 中《五行志》。
⑤ 《史记》卷 121《儒林列传》。
⑥ 《史记》卷 101《晁错列传》。
⑦ 《汉书》卷 9《元帝纪》。
⑧ 《史记》卷 97《郦生列传》。
⑨ 《史记》卷 97《郦生列传》。
⑩ 《汉书》卷 45《蒯通传》。

横家才逐渐衰微。武帝曾对严助说:"具以《春秋》对,毋以苏秦纵横。"卫青也说:"自魏其、武安之厚宾客,天子(武帝)常切齿。"① 可见,由于纵横游说之士会威胁到封建专制主义中央集权制的统治,因此引起汉帝武的厌恶和禁止,游说之士渐息。

二、黄老之术与儒家之争

汉初,朝廷曾围绕着究竟是采用黄老之术还是儒家思想来管理国家展开斗争。窦太后好黄老之术,即有以道家试求统一百家之意图,和当时欲以儒家统一百家者相斗争。"(窦)太后好黄老之言,而魏其、武安、赵绾、王臧等务隆推儒术,贬道家言,是以窦太后滋不说魏其等……乃罢逐赵绾、王臧等……魏其、武安由此以侯家居"。② "孝文本好刑名之言,及至孝景不任儒,窦太后又好黄老术,故诸博士具官待问,未有进者……及窦太后崩,武安君田蚡为丞相,黜黄老、刑名百家之言,延文学儒者以百数。而公孙弘以治《春秋》为丞相封侯,天下学士靡然乡风矣"。③ 汉初,儒道斗争是统治阶级内部的一个权力斗争,也是思想界儒道何为管理国家主导思想的争论。这场斗争直到汉武帝"罢黜百家,独尊儒术",才结束了思想界的争论。

三、石渠会议

汉宣帝时,在统治集团中,开始出现反对公羊春秋的声音,所反对的中心在于"新王受命"的说法。公羊《春秋》宣扬"三统"说,认为每一个朝代,在开始的时候,都是"受天命为新王"。过了一定时期,

---

① 《汉书》卷 55《卫青传》。
② 《史记》卷 107《魏其、武安侯列传》。
③ 《汉书》卷 88《儒林传》。

"天"就要"另"命一个新王，开始一个新的朝代。《公羊春秋》的这种理论，在汉代影响很大。宣帝为了削弱《公羊春秋》的影响，甘露三年（前51），"诏诸儒讲《五经》同异。太子太傅萧望之等平奏其议，上亲称制临决焉。乃立梁丘《易》，大小夏侯《尚书》，穀梁《春秋》博士"。①这是在经学历史上很重要的一次会议，宣帝亲自参加，并以皇帝的名义作出结论。会议的结果，是在太学中设立穀梁《春秋》博士，这就叫"立于官学"，以与《公羊春秋》相对抗。公羊、穀梁两边各有5个主要发言人，结果是穀梁一派得到胜利，5个主要代表中，有2个成了博士。"由是穀梁之学大盛"。会议讨论的主要内容是"平公羊、穀梁同异"，其同在于两"传"都认为《春秋》中有孔子的"微言大义"，而它们都记载了那些"微言大义"，其异在于穀梁中没有孔子"受天命为新王"之说，例如《春秋》在哀公十四年记载"西狩获麟"。《公羊传》认为这是孔子受天命为新王的信号（"受命之符"），《穀梁传》则没有这个说法，《左传》更是平平淡淡地一笔带过。《汉书·儒林传》说，汉宣帝听说他的祖父卫太子喜欢穀梁《春秋》，他自己也学习穀梁《春秋》，并且培养了一些学习穀梁《春秋》的人。宣帝做了十几年的准备，才召集了这次会议。由于会议在石渠阁（未央殿北藏秘书的地方）举行，所以称之为石渠会议。在石渠会议中，没有《左传》的代表，可能是因为在那个时候《左传》还没有出来。

汉代自叔孙通制礼作乐以来，经义为汉治法，成了经师们荣显的专门路径。汉武帝罢黜百家定儒术为一尊的法度，首创金马门待诏的制度，显示出封建社会的法典雏形。汉宣帝甘露三年（前51）石渠阁奏议，成为封建制政权的完整法典，可惜书佚不传。

---

① 《汉书》卷8《宣帝纪》。

四、白虎观会议

东汉光武帝中元元年（56）宣布图谶于天下，进一步将经义庸俗化，完成了国教的形式。到了建初四年（79），章帝把西汉宣帝、东汉光武的法典和国教更加系统化，这就是所谓"白虎观奏议"的历史意义。① 《后汉书·鲁恭传》说，东汉章帝"深惟古人之道，助三正之微"，同书《章帝纪》载：章帝"诏曰：春秋于春每月书王者，重三正，慎三微也。律十二月立春，不以报囚。《月令》冬至之后，有顺阳助生之文，而无鞫狱断刑之政。朕咨访儒雅，稽之典籍，以为王者生杀，宜顺时气。其定律，无以十一月、十二月报囚"。此处注引《礼纬·斗威仪》说："三微者，三正之始，万物皆微，物色不同，故王者取法焉。"三正指夏商周三代正朔之月（周尚赤，十一月；殷尚白，十二月；夏尚黑，十三月）。章帝诏定刑律，要咨访儒生，稽之典籍，然后作出自己的号令，这也可以和《白虎通义》这一完整的法典互证。② 《后汉书·曹褒传》更显示出章帝制订"国宪"的具体情况："（汉章帝）元和二年下诏曰：《河图》称'赤九会昌，十世以光，十一以兴'（按：上三句话，属于《会昌符》，也见于《汉书·律历志》。'九'附会光武，'十'附会明帝，'十一'附会章帝）《尚书璇机钤》（纬书）曰：'述尧理世，平制礼乐，放唐之文'（按：与纬书本文略有出入，因汉代五经家都说汉为尧后，故这里这样说）。予（章帝）末小子，托于数终（即'十一'之数），曷以缵兴，崇弘祖宗，仁济元元……每见图书，中心恧焉……敕（曹）褒曰：'此制（指叔孙通《汉仪》十二篇）散略，多不合经，今宜依礼条正，使可施行。于南宫、东观，尽心集作。'褒既受命，乃次序礼事，依准旧典，杂以《五经》谶记之文，撰次天子至于庶人冠婚吉凶终始制度，以为百五十篇。"

---

① 侯外庐等：《中国思想通史》第二卷，人民出版社，1957年，第223—224页。
② 《中国思想通史》第二卷，1959年，第224页。

《后汉书·曹褒传》还指出汉代法典制定的演变，最后说到章帝的"国宪"："孝章永言前王，明发兴作，专命礼臣，撰定'国宪'，洋洋乎盛德之事焉！"侯外庐等认为，"章帝和曹褒的话，和《白虎通义》的年代相次，两相印证，就可以了解汉章帝的法典内容"，白虎观所钦定的奏议，也就是赋予这样的"国宪"以神学的理论根据，形成谶纬国教化的法典。① 具体地说，白虎观所钦定的奏议，其内容应是有关"天子至于庶人冠婚吉凶终始制度"，其重要特点就是"杂以《五经》谶记之文"，即以谶纬来解释、阐发法典条文。谶纬大约出现在秦、汉之际，谶是符谶、图谶，是借助于经义而附会的一种变相的隐语，从秦代开始利用这种预兆吉凶的符验，来为封建王朝的统治服务，故史称"秦谶"。纬相对经而言，是解经家在经的章句以外附会出的一套具有神秘色彩的迷信说辞，利用它来为汉代政权编造一套君权神授的根据，如汉为火德、承尧之绪等等。汉代各经有纬，史称"纬书"。因此，图谶纬书是神秘色彩的迷信和庸俗经学的混合物，具有将汉代经学国教化的性质，东汉章帝白虎观钦定经学，就是经学国教化过程中的一个重要环节。

《白虎通义》已佚，但根据其所引的经传来看，它是把《易》《诗》《书》《春秋》《礼》《乐》《论语》《孝经》以及各种逸文，与图谶纬书混合在一起，望文生义，附会曲解，构成《白虎通义》的依据。清代今文学家庄述祖指出："传以谶记，援纬证经，自光武以赤伏符即位，其后灵台郊祀，皆以谶决之，风尚所趋然也。故是书论郊祀、社稷、灵台、明堂、封禅，悉隐括纬候，兼综图书，附世主之好，以绳道真，违失六艺之本。"② 庄氏的评价是中肯的，经学发展到东汉，已经沦为庸俗经学和神秘迷信的混合物，失去了先秦儒家思想的本来面目，其典型代表就是《白虎通义》。

---

① 《中国思想通史》第 2 卷，第 224、225 页。
② 庄述祖：《形艺宦文钞》卷 5《白虎通义》，光绪本。

五、经今古文学之争论

汉高祖建立汉朝后，接受了陆贾的"逆取而以顺守之，文武并用"①的进说，并采用了叔孙通等御用儒者礼物仪形式。西汉武帝尊崇儒术，罢黜百家。西汉宣帝会诸儒于石渠阁，东汉章帝会诸儒于白虎观，讲议《五经》异同，亲临裁决。使儒学在两汉定于一尊，经学成为管理国家的主导思想，随之也成为追求利禄之捷径，于是必然引起竞争。"自武帝立五经博士，开弟子员，设科射策，劝以官禄，讫于元始，百有余年，传业者浸盛，枝叶蕃滋，一经说至百余万言，大师众至千余人，盖禄利之路然也。"② 其中影响最为广泛、延续时间最长的是今古文经学之争论。

所谓今古文经学之争论中的"今文"，即汉代通行的隶书，就如当今的楷书，人人尽识之；所谓"古文"，即汉代已不通行的籀书（篆书），不是人人皆能识读。汉代时的儒家经典，有的是用隶书写的，因此就称"今文"，有的是用篆书写的，因此就称"古文"。从表面上看，今文经学与古文经学的不同，不过是他们所根据的经典有文字上的不同，以及对经典的解释不同，实际上在学术之争的表象上，还有利益、地位之争。具体而言，起初古文经学在官学中没有地位，"不立于学官"，属于民间经学，是官方经学的反对派。今文经学则是当时政府的官方经学，立博士教授弟子。不言而喻，古文经学不可能长久处于无利无位的处境，为了争得一定的利益和地位，必然通过种种方式与今文经学展开斗争。

今古文经学之争，自刘歆请立古文尚书等博士以来，终汉之世，大者计有4次：一是西汉哀帝时，刘歆（古）与太常博士争立《古文尚书》《逸礼》《左传》。二是光武帝时，有韩歆、陈元（古）与范升（今）争立《费氏号》《左氏春秋》。三是东汉章帝时，有贾逵（古）之主《左氏传》

---

① 《史记》卷97《陆贾列传》。
② 《汉书》卷88《儒林传》。

与李育（今）主《公羊传》之争。四是在东汉末桓、灵二帝之间，有郑玄（古）与何休（今）争论《公羊》《左氏》优劣。经今古文学之争，表面上是双方争取学说之公开流传，但实质上是双方争取置博士，设弟子员，即在官学中自身学说地位的确立。所以然者，因为博士的官阶并不算小，汉初俸 400 石，其后增至 600 石，内迁可为奉常、侍中，外迁可为郡国守相、诸侯王太傅等等；弟子员年考一次，如能通一经就可以补文学、掌故的缺，考得高等的，可以做郎中。有时候还有临时的差遣，如武帝元狩六年（前 117）遣博士褚大等 6 人分循行天下是。《史记》载："自此以来，则公卿大夫士吏斌斌多文学之士矣。"由此可见，"禄利之路"对儒士的诱惑之大，竞争是难免的。

六、魏晋玄学

玄学是魏晋时期的一个哲学派，围绕着有无问题立论，又可分为 3 个派别：一派是王弼、何晏的"贵无论"，一派是裴頠的"崇有论"，一派是郭象的"无无论"。据刘孝标说，袁宏的《名士传》把魏晋时期的名士分为"正始名士""竹林名士""中朝名士"。[①] 这实际上就是把玄学的发展分为 3 个阶段。按这些名士的思想内容来说，"正始"和"竹林"应该是一个阶段，即贵无论阶段。"竹林名士"的主要代表人物阮籍和嵇康主张"越名教而任自然"，实际上是对正始玄风的一种补充，正始玄风的代表人物何晏、王弼是在自然观方面讲贵无，阮籍、嵇康则是在社会思想方面讲贵无。这种贵无表现在对于名教的批判，所以他们是互相补充的。袁宏所说的"中朝"，是指西晋中期，在这个时期出现了裴頠的崇有论和郭象的无无论。裴頠的崇有论，否定了贵无论的自然观，认为"无不能生有"，也否定了贵无论的社会政治理论，认为名教不可越。郭象的无无论否定了贵无论的自然观，但不否认贵无论所讲的玄远精神境界，认为名

---

① 刘义庆：《世说新语·文学》注，上海古籍出版社，2012 年。

教与自然不是对立的，而是统一的，认为任自然不必越名教。他也讲所谓"玄冥之境""惚恍之庭"，并且认为有了这种精神世界的人，才最宜于做社会的统治者，这就是他所说的"内圣外王之道"。他的三个主要论点是"造物无物""物之自造""内圣外王"。照这样看起来，魏晋玄学的发展，第一阶段是贵无论，第二阶段是裴頠的崇有论，第三阶段是郭象的无无论。就玄学说，贵无论是肯定，裴頠的崇有论是否定，郭象的无无论是否定之否定。①

第四节　秦汉魏晋南北朝时期的宗族制

一、秦汉宗族制

公元前 221 年，秦统一六国后，建立中央集权制，全面推行郡县制度，废除了周朝的分封制，自然宗法制也不存在了。战国时代的六国贵族在统一战争中大量消亡，但仍有相当数量保存下来，维持着族居的传统。不久，秦始皇为加强对六国贵族的监控，将六国富豪和强宗 12 万户迁到京城咸阳附近居住。

汉兴，都长安，关中人少，北有匈奴，"东有六国之族，宗强"，于是采纳刘敬"强本弱末之术"，"徙齐诸田，楚昭、屈、景，燕、赵、韩、魏后，及豪杰名家居关中"，共有"十余万口"。② "后世世徙吏二千石、高资富人及豪杰并兼之家于诸陵"。③

---

① 冯友兰：《中国哲学史新编》第四册，人民出版社，1986 年，第 41—42 页。
② 《史记》卷 99《刘敬列传》。
③ 《汉书》卷 28 下《地理志第八下》。

汉朝继承秦朝的做法，迁徙富豪贵族之家于关中，既加强了关中的力量，又能对这些富豪贵族就近进行监控，防止旧的贵族势力复活和新的豪门富家把持地方。汉武帝时又颁布了禁止强宗大姓族居的命令。总之，汉朝廷将强大的宗族析居异地，破坏其原有的血缘和地缘结合的社会关系网，使其宗族势力弱化，并将其中一些人直接迁到关中就近监控，消除了地方割据和对抗朝廷的隐患。

西汉从高祖至武帝时期，政府都十分关注地方豪强大族势力的威胁，任用酷吏打击他们。如济南瞷氏宗族三百余家聚族而居，景帝时济南守郅都"族灭瞷氏首恶"。[①] 中尉宁成也仿效郅都做法，使"宗室豪杰皆人人惴恐"。到了武帝时，朝廷大批任用酷吏，锄灭地方豪强，御史张汤、廷尉杜周、郡守周阳都是其中力行者。武帝还设十三州刺史监察地方官吏和豪强，主要职责有六条，其中第一条是禁止"强宗豪右田宅逾制，以强凌弱，以众暴寡"，第六条是禁止"阿附豪强，通行货赂"。[②] 可见打击强宗豪族是州刺史监察的主要工作之一。

汉武帝在锄灭、打击强宗豪族的同时，由于其罢黜百家、独尊儒术，以礼延儒生数百人，并实行"任子"与"资选"制度，使官吏多出自儒生和官僚、富家子弟。武帝还建立了郡国岁举孝廉的察举制度，成为士大夫仕进的主要途径。举荐孝廉的标准就是儒家的伦理。武帝还为博士弟子设太学，经过一年学习后参加考试，能通一艺以上，依成绩高低任官，其他吏员能通一艺以上，也可补官。武帝还令天下设郡国学，加上私学，使从中央到地方形成完整的教育体系。任官和学校教育体系的确立，为天下树立了读经成士为官的道路，在社会上起了一种导向的作用，如当时邹鲁一带民间就流行着这样的谚语："遗子黄金满籯，不如一经。"[③]从此社会上读经者日趋增多，形成风尚。宗族随着族内士人的增

---

① 《史记》卷122《酷吏列传》。
② 《汉书》卷19上《百官公卿表》注引《汉官典职仪》。
③ 《汉书》卷73《韦贤传》。

加，为官者也逐渐增多，使宗族的社会地位显著提高，于是出现了"士族化"，即强宗大姓的士族化和士人在政治上得势后扩大其家族的财势。至西汉后期，士族逐渐在社会上取得主导地位。与此同时，外戚在武帝之后与宗族的关系也为之一变，发生"士族化"。

与士族相关的，还有世家。所谓世家，即"世世有禄秩家"① 因家与族义可通，故世家也可称世族。世族为世代出仕之家，虽然出仕之道不必皆士，但通过军功也可当官。随着汉代多数人入官以士，于是出现士族化。士族社会地位的提高，士族也越来越世族化，于是世族与士族渐趋融合。

西汉中叶以降，随着强宗大姓势力的恢复与壮大，其重新成为地方割据的社会基础。西汉末年，群雄竞起于神州大地，各霸一方，起兵者以宗室、士族、大姓为主要依靠力量。在群雄逐鹿战争中，士族大姓举宗从征，如当时刘秀麾下就有不少豪强大族。东汉政权就是在众多豪强大族的拥戴下建立的。另外，还有一些分散各地的大族大姓则通常采取武装自保的方式，或筑营壁，组织家兵，防御寇贼，集体避难，以保全宗族和财产。

东汉建立后，光武帝刘秀为了削弱地方豪强大族的势力，巩固新建立的政权，采取了两个方面的措施：一是光武帝连续 6 次颁布释放奴婢的诏令，又 3 次下令禁止虐待奴婢，把依附豪强大族的农民控制在国家手中，削弱地方豪族势力。二是下诏州郡检核垦田顷亩和户口年纪，名曰度田，目的是防止豪族隐瞒田地和户口，偷税漏税，从而增加国家赋税收入，削减豪族的经济实力，进而控制和解散豪强武装。对于抗拒度田的大姓豪族迁徙他郡，割断其与乡土的联系，使其孤立无援，不敢为非作歹，抗拒政令。

东汉选拔人才实行察举并沿袭西汉以来的公府征辟制度。至东汉中叶章帝时，从一些人对当时选举制度的评论来看，已经出现了所谓的阀

---

① 《史记》卷 30《平准书》注引如淳曰。

阅弊端。如仲长统在《昌言》中指出："天下士有三俗，选士而论族姓阀阅，一俗。"王符也批评说："贡荐则必阀阅为前"，"以族举德"，论必以族，"人之善恶，不必世族"。① 所谓阀阅，本意是积功与经历，② 但《昌言》所说的阀阅已是门第的含义，王符表示，贡举控制在大族手中，阀阅即是士族，所以阀阅也可称门阀。一方面，门阀世族几乎垄断了当时的人才选拔；另一方面，读经、仕宦为宗族提高政治及社会地位提供了契机，累世经学便可累世公卿，造成了士族型的世族。如弘农著名的杨氏世传欧阳《尚书》之学，从杨震起，四世皆为三公。汝南袁世，从袁安起，四世中居三公之位多至 5 人。他们身兼士大夫领袖和大地主的双重身份，世居高位，控制着地方社会，门生、故吏遍天下。由于东汉提倡名节和选士为官的制度，东汉后期，在官僚士大夫中出现了一种品评人物的"清议"之风。这种"清议"类似于当代的舆论，影响着士大夫的仕途进退。如"汝南俗有月旦评"③，每月综合评论乡党人物，门阀士族及官僚提倡并逐渐控制清议，以进退人物。

东汉后期，强宗大姓经济实力大增，他们广占土地，吸收大量的依附农民以田庄形式经营农业、手工业。崔寔的《四民月令》具体地记载了田庄的生活和生产活动。首先，田庄是宗族共同体。祭祖已占有重要的地位，每年"春秋修其祖祠"，即用祖先和世系作为维系宗族的纽带。每年二、八月，祭祀祖先，墓祭与墓祠已相当普遍。族内实行经济互助，三月青黄不接时"赈赡匮乏，务施九族"，九月秋凉"存问九族，孤寡老病不能自存者，分厚彻重，以救其寒"。这些活动都是在族长的带领下进行"分施"的，十月则"纠合宗人"，典举丧祀，"以亲疏贫富为差……务先自竭以率不随"。可见，宗族赈济时族长必须起带头作用，率先垂范，宗人则各尽所能集资办理，完全是属于一种自愿参加的公益活动。

---

① 王符：《潜夫论·交举》卷 1《论荣》，中华书局，2018 年。
② 《史记》卷 18《高祖功臣侯者年表序》、《汉书》卷 66《车千秋传》及颜师古注。
③ 《后汉书》卷 68《许劭列传》。

其次，田庄是个经济实体。他们共同栽培多种农作物，饲养牲畜，设有各种手工业，甚至还负责产品的收购、买卖等。田庄的主要劳动力是族人，还有亲戚、宾客等，同时，田庄里的豪强地主还役使众多的奴婢、徒附。另外，田庄还设有武装，在动乱的时候，结坞自保。东汉末年，在政治黑暗腐朽、自然灾害频仍的情况下，加上豪强地主势力的日益扩张，造成了大量的流民及其暴动。灵帝时发生了太平道的黄巾起义，致使社会处于剧烈的动荡之中，最终形成军阀割据混战的局面，使历史进入魏晋南北朝大分裂大动荡时期。

二、魏晋南北朝的门第宗族制

曹魏时期在选择人才上实行九品中正制，具体做法是郡置中正，州置大中正，中正由在地方有名望的官员兼任，主要职责是评定人物品级，作为朝廷用人的根据。中正评定时，综合被评人物的家世和才德来定品级，然后向吏部报告被评人物的家世、状和品。其中家世，是中正答复吏部"征其人居、及父祖官名"记录其家庭背景的一个簿阀。状，是中正对被评人物才德所做的一二句概括性评语。品，是将被评人物定品级，大致说来，最初三品后来二品以上的是上品，之下为下品。朝廷依据中正评定的等级及提供的资料授予被评人物相应的职官。东汉时期发展起来的世家大族在三国时代已成为社会的基础，汉以来乡间评定人物的传统，至魏晋已演变为世家大族代表地方评定人物，因此，世家大族主要以"家世"为评定标准。到了西晋，终于形成了"上品无寒门，下品无势族"的局面。能够任高等显要官僚的上品，由高门势族垄断。九品中正制为东晋南北朝承袭，直到隋代才被废除。

在九品中正制下，士族不仅占据官职，还可以依品级占有 5 顷至 10 顷土地，特别是对于士族形成有决定性影响的还有晋户调制中的荫族及荫客规定。晋朝廷规定："各以品之高卑荫其亲属，多者及九族，少者三世。宗室、国宾、先贤之后及士人子孙亦如之。而又得荫人以为衣食客

及佃客，品第六已上，得衣食客三人，第七第八品二人，第九品及举辇、
迹禽……一人。其应有佃客者，官品第一第二者佃客无过五十（十五）
户，第三品十户，第四品七户，第五品五户，第六品三户，第七品二户，
第八品第九品一户。"①

由此可见，西晋各级官员有荫庇宗族、衣食客和佃客的特权，拥有
免役的特权，同时受荫庇者也"皆无课役"②，但对荫庇者承担义务。豪
强大族的势力是很强的，除了官员之外还有"士人子孙"的补充规定，
即使本人没有官职，多半也是在品官荫庇的亲属范围内。荫族部分虽然
对于"士人子孙"的条文只是补充，却从此确定了士人的荫族特权，并
确定了士之为族，士族的名称也就在此时开始出现。③ 荫族和免役是士族
两大特权，整个南北朝时期均是如此。

北朝时期宗族组织进一步强化。在两晋之际的战乱环境中，宗族设
立坞堡以自保的情况已十分常见。北魏孝文帝时为加强对宗族的控制，
设立了宗主督护制。孝文帝还建立汉族"士人差第阀阅"的郡姓制度：
"凡三世有三公者曰膏粱，有令、仆者曰华腴，尚书、领、护而上者为甲
姓，九卿若方伯者为乙姓，散骑常侍、太中大夫者为丙姓，吏部正员郎
为丁姓，凡得入者，谓之四姓。"④ 由官位高低划分四姓的高低。北魏还
参照郡姓制度（即北朝在其控制的中原划分各地区的大姓，如定山东地
区王、崔、卢、李、郑为大姓，关中地区韦、裴、柳、薛、杨、杜首
之），为了使鲜卑贵族"功贤之胤"，继任高官显宦，立姓族之制。据
《魏书·官氏志》记载，大姓贵族穆、陆、贺、刘、楼、于、嵇等"勿充
猥官，一同四姓"。孝文帝对于郡姓的划分，既将传统惯例具体化和制度
化，又冲破了"士族旧籍"的限制，建立了新的门阀序列。

① 房玄龄等：《晋书》卷26《食货志》，中华书局，1974年。
② 《通典》卷5《食货五》。
③ 唐长孺：《士人荫族特权和士族部伍的扩大》，《魏晋南北朝史论拾遗》，中华
书局，1983年。
④ 欧阳修：《新唐书》卷199《柳冲传》，中华书局，1975年。

　　北朝时期门阀士族一直很盛。柳芳说："故江左定氏族，凡郡上姓第一，则为右姓，太和以郡四姓为右姓；齐浮屠昙刚《类例》，凡甲门为右姓；周建德氏族以四海通望为右姓；隋开皇氏族以上品、茂姓则为右姓。"① 北齐、北周均有划分门第的标准，而且由柳芳所论可知，北朝盛行以官修为主的谱牒之学。北朝的士族等级的划分肇自北魏。当时朝廷将官方和社会习惯性的规范进一步制度化、具体化，尔后，由于北魏分裂为东、西魏，北方汉族士族也随之分为两大部分：一部分是山东郡姓，经东魏到北齐，以"质"为特色；一部分是关中郡姓，经西魏至北周，再由隋而唐，以"雄武"著称，由出仕奠定社会地位。

　　当时南方东晋南朝，士族势力也很强大。首先表现在渡江中原士族（侨姓）和东南土著士族（吴姓）的划分上。过江的侨姓士族主要是王、谢、袁、萧，东南的吴姓则是顾、陆、朱、张。东晋建元初，吴姓以土著宗族位于侨姓之上，之后由于侨姓的显赫历史和高官显宦而降至侨姓之下。士族中膏粱、华腴、四姓的划分标准也是存在的。如太原王氏的王国宝是"膏腴之族"② 琅玡王氏的王弘对颍川荀氏荀伯子说，他们二人是"天下膏粱"。③ 不过膏腴、膏粱之类词汇的原意是声华著闻、贵重无比，后转变为对当时显赫高门士族的别称。如王承出自琅玡王氏，好儒业为国子博士，"时膏腴贵游，咸以文学相尚"。④ 这里的"膏腴"，显然是高门大姓之意，而当时"四姓"也往往有右姓的意思。但是这些词汇的随意使用也说明，当时社会上存在的门第划分也不是很严格。

　　日本学者越智重明提出"族门制"的观点。他认为西晋末年社会上已形成士人上层、士人下层、庶人上层（定品第六至九品，担任下级官员者）、庶人下层4个等级，与之相对应的政治身份即甲族、次门、后门、三五门。他依据《梁书·武帝纪》中"甲族二十任官，后门三十试

① 《新唐书》卷199《柳冲传》。

② 《晋书》卷75《王国宝传》。

③ 沈约：《宋书》卷60《荀伯子列传》，中华书局，1974年。

④ 李延寿：《南史》卷22《王承传》，中华书局，1975年。

吏"之文和《梁书·朱异传》中尚书令沈约面试朱异。当时异 21 岁，旧制 25 岁方起家之语，推定甲族起家为 20 岁至 24 岁，朱异所属当为次门，其起家年龄为 25 岁至 29 岁，后门则为 30 岁以上。他还认为，《宋书·宗越》的役门即三五门，亦即《宋书·索虏传》所称发南兖州三五民丁的庶人下层。所谓旧姓，通常当为次门，即士人下层，建立军功的，称为勋门。勋门的人授官之后，即可编进次门、后门等族门。族门一般世袭，没有变化。但父亲的族门如下降，则其子须按新族门之官起家。即使有名的家族，一族之中族门也有高下，不一定完全属于甲族。属于同一族门之同一家族各支，经济状况可以有很大差别。南朝地方长官州刺史有权审定族门，而天子掌握最后决定权。他又指出，"布衣"亦可指出身次门之寒士，"寒素"亦指次门。吏部尚书掌管甲族的人事，吏部侍郎掌次门、后门的人事。南朝四品官以上为大官、五品官以下为小官，甲族也就任五品、六品官。① 所谓三五门，又称役门，是指承担徭役义务的平民宗族。而甲族、次门、后门则是铨选官员的依据。可知族门制的要害在于士族内部甲族、次门与后门的划分。

　　东晋南朝时期，江南士家大族在任官上往往垄断升迁快速的官职，秘书郎和著作郎是士族子弟起家之选，并且这些职务职闲俸重，很快就可升至令、仆。他们过着悠闲文雅的生活，吟诗作赋，谈论玄学，手执麈尾、蝇拂，显示出特殊的教养，以"文"为出名。他们喜欢封山占水设立大庄园，当时闻名的庄园有沈庆之的娄湖庄园、孔灵符的永兴庄园、谢灵运的会稽庄园等。庄园内聚族而居，兼有大量依附农民从事劳动。士族为了保持其崇高在社会地位，实行士家大族族际婚姻，耻于与寒素的平民宗族通婚。为了便于士族在入仕和婚姻时判断门第，并以保证士族的政治地位和社会地位，东晋南朝的谱牒之学发达。也正因为门第的重要性，因此伪造谱牒冒充高门之风由此而起，出现了合族与通谱的现

---

① 周一良：《评价三部魏晋南北朝史著作》，《魏晋南北朝史论集续编》，北京大学出版社，1991 年，第 181—182 页。

象。士族子弟靠家世就可在 20 岁入仕，且升迁快，久之则失去进取心，不学无术，加之士族优越的生活和过度的"文"化，造成其精神的空虚、身体羸弱。到萧梁侯景之乱时，士族束手无策，遭受沉重打击。从此南朝士族受到人们的轻视，走向衰败，代之而起的则是寒人，入仕平民宗族的政治地位逐渐提高，为国家和社会发挥越来越重要的作用。

第二章
秦汉魏晋南北朝自我管理思想

第一节　诚修身思想

一、《大学》修齐治平思想

《大学》① 是一篇论述儒家修身齐家治国平天下思想的文章，原是《小戴礼记》第42篇，相传为春秋战国时期曾子（孔子学生曾参）所作。但是，据学者考证，其实为秦汉时儒家作品，是一部中国古代讨论治国和教育理论的重要文献。经北宋程颢、程颐竭力尊崇，南宋朱熹又作《大学章句》，最终和《中庸》《论语》《孟子》并称"四书"。宋、元以后，《大学》成为学校官定的教科书和科举考试的必读书，对中国古代治国和教育理论产生了极大的影响。《大学》提出的"三纲领"（明明德、亲民、止于至善）和"八条目"（格物、致知、诚意、正心、修身、齐家、治国、平天下），强调修己是治人的前提，修己的目的是治国平天

---

① 朱熹：《四书章句集注·大学》，本目以下引文未注出处者，均见于此。

下，说明治国平天下和个人道德修养的一致性。《大学》全文文辞简约，内涵深刻，主要概括总结了先秦儒家道德修养理论及关于道德修养的基本原则和方法，对儒家政治哲学也有系统的论述，对做人、处事、治国等有深刻的启迪性。

《大学》修身齐家治国平天下的管理思想逻辑是：修身是根本，是逻辑的起点，是管理的最小范围，即仅针对自己一个人的自我管理。就如同一个圆一样，自我管理是圆心。当一个人的修身做好之后，就扩而充之，对自己的一个家庭进而一个家族进行管理。在先秦的"五伦"（君臣、父子、兄弟、夫妇、朋友）关系之中，家庭成员的关系占了"三伦"，即父子、兄弟、夫妇。如果这三种关系处理好了，就意味着一个家庭（或家族）管理好了，就可以将这个圆的范围进一步扩大，将儿子孝顺父亲的"孝"转而侍奉君主，这就是"忠"；将弟弟敬爱兄长的"悌"转而对待自己的上级，这就是"尊"；将夫妻和睦推而广之，社会上人与人之间就会和谐友爱，从而意味着一个国家就能管理好了。如果将管理一个诸侯国的圆再进一步扩大，每一个诸侯国都能管理好了，不就意味着天下太平，人人安居乐业了吗？"修齐治平"的这种管理思维逻辑，是中国古代占主导地位的管理思想逻辑，成为历代统治者管理国家的圭臬，在中国管理思想史上具有决定性的深远影响。《大学》之所以在北宋之后成为四书五经之首，其主要原因也就在于此。

"大学之道，在明明德，在亲民，在止于至善。"《大学》对儒学作了一个高度概括，提出"明明德""亲民""止于至善"3 项，即宋代儒家们所说的《大学》"三纲领"。这一概括非常准确地揭示了儒学的基本精神，也道出了《大学》的主旨。《大学》是讲治国平天下的学问，它按照孔子思想，不就事论事，而是将人的精神的弘扬和品德修养置于首位。"明明德"是发扬自己固有的德性，是激发求学者完善自己的自觉性，而不是用某种外在的、固定的道德准则束缚自己。"亲民"即"新民"，就是不仅自觉地进行自我修养，而且努力提高全体人民的道德品质，在儒家看来，这是为治国平天下的伟业奠定精神基础。"止于至善"就是要将自己

的道德品质和社会、国家的管理提升到最完美的地步，不达到最理想的境界绝不停止，实际上是一个无限的完善过程。

《大学》提出欲明明德于天下者，要经历格物、致知、诚意、正心、修身、齐家、治国、平天下8个环节，即朱熹所称的《大学》"八条目"。"古之欲明明德于天下者，先治其国；欲治其国者，先齐其家者，先修其身；欲修其身者，先正其心；欲正其心者，先诚其意；欲诚其意者，先致其知；致知在格物。物格而后知至，知至而后意诚，意诚而后心正，心正而后身修，身修而后家齐，家齐而后国治，国治而后天下平。"意思是在古代，意欲将高尚的德行弘扬于天下的人，则先要治理好自己的国家；意欲治理好自己国家的人，则先要调整好自己的家庭；意欲调整好自己家庭的人，则先要修养好自身的品德；意欲修养好自身品德的人，则先要端正自己的心意；意欲端正自己心意的人，则先要使自己的意念真诚；意欲使自己意念真诚的人，则先要获取知识；获取知识的途径则在于探究事理。《大学》第一次提出"格物"的概念，把"格物致知"列为儒家伦理学、政治学和哲学的基本范畴，从而赋予认知活动对于修身养性的精神、心理过程和治理社会与国家的实践活动的极其重要的意义。这是儒学的一个重大发展。探究事理后才能获得正确认识，认识正确后才能意念真诚，意念真诚后才能端正心意，心意端正后才能修养好品德，品德修养好后才能调整好家庭、家族，家庭、家族调整好后才能治理好国家，国家治理好后才能使天下太平。其中，修身以上，"格物、致知、诚意、正心"四者，专注于心性修养，属儒家的"内圣"之学；修身以下，"齐家、治国、平天下"，系君子之行为规范及治政之事，属儒家的"外王"之学，其意主要在彰明儒家"为政以德"的观念和"道德转化为政治"的思想。《大学》指出："物有本末，事有终始，知所先后，则近道矣。"《大学》对八条目排列了次序，这主要不是规定实行中的时间先后的次序，而是确定八条目之间的关系。它指明了只有把家庭、家族、封地管理得井井有条，才能获得经验，进而有资格治理国家；要治好家庭、家族、封地，首先要以身作则，进行自我修养；要

自我修养就要端正思想，而不能只做表面文章，仅遵守外在的行为准则；要端正思想就要做到真诚，心灵纯洁，排除种种私心杂念；而要意念诚实就要学习知识，提高认识，不至于陷入愚昧、偏执，从而避免盲目性；而掌握知识、提高认识能力，就要研究事物，以防止被他人之说误导。这说明《大学》全面地展示了明明德和治国平天下相关的主要方面，深刻地揭示了它们之间的关系，使儒家学说成为一个条理、层次分明的思想体系。

"自天子以至于庶人，壹是皆以修身为本。其本乱而末治者否矣，其所厚者薄，而其所薄者厚，未之有也。""此谓知本，此谓知之至也。"从天子到普通百姓，都要把修养品德作为根本。人的根本败坏了，末节反倒能调理好，这是不可能的。正像我厚待他人，他人反而慢待我；我慢待他人，他人反而厚待我；这样的事情还未曾有过。这就叫知道了根本，这就是认知的最高境界。《大学》把修身规定为自天子以至于庶人的一切活动的根本，这既指明天子没有特权置身于修身之外，又提出普通百姓不能降低对自己的要求，把修身当作无关紧要的事。修身就是关注自我，认识自我，审视自我，完善、发展、超越自我。这说明以修身为本就是将培育完善、发展、超越自我的自觉性置于重要的地位，这种思想能够增强个体自强不息的、内在的精神生命力。

《大学》在如何修身中，提出了"慎独"的命题。"所谓诚其意者，毋自欺也。如恶恶臭，如好好色，此之谓自谦，故君子必慎其独也！小人闲居为不善，无所不至，见君子而后厌然，掩其不善，而著其善。人之视己，如见其肺肝然，则何益矣。此谓诚于中，形于外，故君子必慎其独也。"所谓意念真诚，就是说不要自己欺骗自己。就像厌恶难闻的气味，喜爱好看的女子，这就是求得自己的心满意足。所以君子在独处时一定要慎重。小人在家闲居时什么坏事都可以做出来。当他们看到君子后，才会遮掩躲闪，藏匿他们的不良行为，表面上装作善良恭顺。别人看到你，就像能见到你的五脏六腑那样透彻，装模作样会有什么好处呢？这就是所说的心里是什么样的，显露在外表上的就会是什么样。因此，文中所提出的"慎独"的理念非常重要。所谓"独"意为独处，这里是指他人不知而只有自己知的意识活动，是指人的真实的意念。《大学》把独处时的思想活动看成是对一个人能否做到诚意的一个考验，即是否真正具有自我完善的自觉性的考验。因此儒家对人们独处时的思想活动和表现特别重视。朱熹说："必谨之于此以审其几焉。""几"是指细微难辨、微妙难言，却包含了无限可能性的东西。这表明独处的意识活动是一个人在人生的各种实际活动中向善还是向恶的关键所在，必须特别慎重对待。《大学》进一步指出，一个人独处时的思想活动虽然不为人们所知，但是它们总是要表现出来。"为人君，止于仁；为人臣止于敬；为人子，止于孝；为人父，止于慈；与国人交，止于信。"身为国君，当努力施仁政；身为下臣，当尊敬君主；身为人之子，当孝顺父母；身为人之父，当慈爱为怀；与国人交往，应当诚实，有信用。

《大学》认为要切实做到修身，首先必须"正其心"。"所谓修身在正其心者，身有所忿懥，则不得其正；有所恐惧，则不得其正；有所好乐，则不得其正；有所忧患，则不得其正。心不在焉，视而不见，听而不闻，食而不知其味。此谓修身在正其心。"如要修养好品德，则先要端正心意。心中愤愤不平，则得不到端正；心中恐惧不安，则得不到端正；心里有偏好，则得不到端正；心里有忧患，则得不到端正。一旦心不在焉，就是看了，却什么也看不到；听了，却什么也听不到；吃了，却辨别不出味道。所以说，修养品德关键在端正心意。

只有做好修身的人，才能调整好自己的家庭和家族。"所谓齐其家在修其身者：人之其所亲爱而辟焉，之其所贱恶而辟焉，之其所畏敬而辟焉，之其所哀矜而辟焉，之其所敖惰而辟焉。故好而知其恶，恶而知其美者，天下鲜矣！故谚有之曰：'人莫知其子之恶，莫知其苗之硕。'此谓身不修不可以齐其家。"如要调整好家庭和家族，则先要修养好自己的品德，为什么呢？因为人往往对他所亲近喜爱的人有偏见，对他所轻视讨厌的人有偏见，对他所畏惧恭敬的人有偏见，对他所怜惜同情的人有偏见，对他所傲视怠慢的人有偏见。所以喜爱一个人但又认识到他的缺

点，不喜欢一个人但又认识到他优点的人，是少见的。因此有一则谚语说："人看不到自己孩子的过错，人察觉不到自己的庄稼好。"这就是不修养好品德，就调整不好家族的道理。

《大学》从正反两方面论证治国必须先调整好自己的家庭和家族："所谓治国必先齐其家者，其家不可教而能教人者，无之。故君子不出家而成教于国：孝者，所以事君也；弟者，所以事长也；慈者，所以使众也……一家仁，一国兴仁；一家让，一国兴让；一人贪戾，一国作乱，其机如此。此谓一言偾事，一人定国。尧、舜帅天下以仁，而民从之。桀、纣帅天下以暴，而民从之。其所令反其所好，而民不从。是故君子有诸己而后求诸人，无诸己而后非诸人。所藏乎身不恕，而能喻诸人者，未之有也。故治国在齐其家。"要治理好国家，必须先要调整好自己的家庭和家族，因为不能教育好自己家庭和家族的人反而能教育好一国之民，这是从来不会有的事情。所以，君子不出家门而能施教于国民。孝顺，是侍奉君主的原则；尊兄，是侍奉长官的原则；仁慈，是控制民众的原则……每一家仁爱相亲，一国就会仁爱成风；每一家谦让相敬，一国就会谦让成风；如一人贪婪暴戾，一国就会大乱。它们的相互关系就是这样。这就叫作一句话可以败坏大事，一个人可以决定国家。尧、舜用仁政统治天下，百姓就跟从他们实施仁爱；桀、纣用暴政统治天下，百姓就跟从他们残暴不仁。他们命令大家做的，与他自己所喜爱的凶暴相反，因此百姓不服从。君子要求自己具有品德后再要求他人，自己先不做坏事，然后再要求他人不做。自己藏有不合"己所不欲，勿施于人"这一恕道的行为，却能使他人明白恕道，这是不会有的事情。因此，国家的治理，在于先调整好每一个家庭和家族。

"治国必先齐其家"。在儒家看来，不能教育好家人的那些人是不可能治理好国家的。其理由一是在家中都不能实行仁义道德，在国家政治生活中也就不会讲仁义道德。因此，要首先在治家的过程中培育治国所需要的那些道德品质和才干。"故君子不出家而成教于国。"理由二是，统治者治理好自己的家以后，就树立了一个榜样，产生巨大的影响，整

个社会都会来仿效,这就是"一家仁,一国兴仁;一家让,一国兴让"。相反,则是"一人贪戾,一国作乱"。

治国者要把家庭道德运用、推广到国家的政治生活之中,要以对家人的情感对待全社会的人,要在整个世界形成家庭式的秩序与和谐。《大学》提出:在家中对父母的孝,在朝廷中要用到对待君主;在家中对兄长的敬爱,在官场中要用到对待长官上;在家中对小辈的慈爱,在治国之时要用到对待下属或百姓上。《大学》特别强调统治者对待老百姓要像对"赤子"那样有一种怜爱、疼爱的柔情。其正是从这种柔情的意义上解释治国者"为民父母"的传统理念:"民之所好好之,民之所恶恶之,此之谓民之父母。"儒家力图以此减弱这一理念带有的家长专制的色彩。

要求以孝悌的道德对待君主和长上,这是一种宗法主义的观念,有利于加强封建专制主义。而把人民当成赤子,则表现了一种高高在上、俯视民众的优越感和对百姓的轻视,与现代的平等和民主的观念格格不入。但是,《大学》也竭力主张治国者应当像对家人那样,对人民有一种纯真、诚挚、深厚的爱,并以这种情感来治国,按照人民的愿望和意志来处理政务,努力使社会变得像美满的家庭那样和睦,充满温馨。这种主张虽然在封建专制社会中难以实现,但反映了古人的美好的政治理想,有利于促进古代政治的改良和人本思想的发展,即使在现代社会也被当作政治进步和革新的目标。

《大学》在齐家的基础上,通过推己及人,将修身、齐家理念用于治国平天下。"所谓平天下在治其国者:上老老而民兴孝,上长长而民兴悌,上恤孤而民不倍,是以君子有絜矩之道也。所恶于上,毋以使下;所恶于下,毋以事上;所恶于前,毋以先后;所恶于后,毋以从前;所恶于右,毋以交于左;所恶于左,毋以交于右;此之谓絜矩之道。《诗》云:'乐只君子,民之父母。'民之所好好之,民之所恶恶之,此之谓民之父母……道得众则得国,失众则失国。"要平定天下,先要治理好自己的国家。如果居上位的人敬重老人,百姓就会敬重老人;如果居上位的人敬重兄长,百姓就会敬重兄长;如果居上位的人怜爱孤小,百姓就不

会不讲信义。君子的言行具有模范作用。厌恶上级的所作所为，就不要用同样的做法对待下级；厌恶下级的所作所为，就不要用同样的做法对待上级；厌恶在我之前的人的所作所为，就不要用同样的做法对待在我之后的人；厌恶在我之后的人的所作所为，就不要用同样的做法对待在我之前的人；厌恶在我右边的人的所作所为，就不要用同样的方法与我左侧的人交往；厌恶在我左边的人的所作所为，就不要用同样的方法与我右侧的人交往。这就是所说的模范作用。《诗经》上说："快乐啊国君，你是百姓的父母。"百姓喜爱的他就喜爱，百姓厌恶的他就厌恶，这就是所说的百姓的父母……得到民众的拥护，就会得到国家；失去民众的拥护，就会失去国家。

治国者应有的思想品格和道德品质，其中最重要的是忠恕之道，即文中所说的絜矩之道：絜者，测度也；矩者，规矩与标准。絜矩之道就是根据"人同此心"的道理，以"将心比心"的方法，处理各种人际关系。根据孔子的规定，忠恕就是推己及人：己欲立而立人，己欲达而达人，己所不欲，勿施于人。这种絜矩之道对于封建专制主义和一切丑恶事物都有一种批判和抵御的作用。

关于治国者的政治道德，《大学》特别强调必须公正无私。"修其身者，人之其所亲爱而辟焉，之其所贱恶而辟焉，之其所畏敬而辟焉，之其所哀矜而辟焉，之其所敖惰而辟焉。故好而知其恶，恶而知其美者，天下鲜矣。"其非常细致地指明了特别要提防的种种妨碍公正无私的情感、心理因素：对亲近和喜欢的人不能有偏爱，对所厌恶的人不能有偏见，对所畏惧和敬重的人不能有盲目性，对所同情、怜悯的人不能有偏私。于是从中总结出了一个普遍的法则：对于他人偏爱，就会看不到其缺点，而对他人有了偏见，就会看不到其优点。

"是故君子先慎乎德。有德此有人，有人此有土，有土此有财，有财此有用。德者本也，财者末也。外本内末，争民施夺。是故财聚则民散，财散则民聚。"所以，君子应该谨慎地修养德行。具备了德行才能获得民众，有了民众才会有国土，有了国土才会有财富，有了财富才能享用。

德行为根本，财富为末端。如若本末倒置，民众就会互相争斗、抢夺。因此，财富聚集在国君手中，就会使百姓离散，财富散发给百姓，百姓就会聚在国君身边。

最后，《大学》提出政治家要有宽广的胸怀，别人有才能和本领，就像自己有一样；别人道德高尚，自己要从心里喜欢。不要像那些小人，别人有才干，就妒忌他；别人有美德，就处心积虑地压制他。要举贤荐能，罢黜不善之人。《大学》提出了"仁者以财发身"，作为"不仁者以身发财"的对照。所谓以财发身，就是首先要善于为民为国生财。文中提出的生财之大道是："生之者众，食之者寡；为之者疾，用之者舒。"然后以财造福百姓，以取得他们的拥护，不能任用"聚敛之臣"与民争利。国家应把仁义置于财利之上，"则财恒足矣。未有上好仁而下不好义者也，未有好义其事不终者也，未有府库财非其财者也……此谓国不以利为利，以义为利也。长国家而务财用者，必自小人矣。彼为善之，小人之使为国家，灾害并至。虽有善者，亦无如之何矣！此谓国不以利为利，以义为利也"。发财致富有这样一条原则：生产财富的人要多，消耗财富的人要少；生产要快，消耗要慢，这样就可以永远保持富足了。有德行的人会舍财修身，没有德行的人会舍身求财。没有居上位的人喜爱仁慈而下位的人不喜爱忠义的，没有喜爱忠义而完不成自己事业的，没有国库里的财富最终不归属于国君的……这是说，国家不应把财物当作利益，而应把仁义作为利益。掌管国家大事的人只致力于财富的聚敛，这一定是来自小人的主张。假如认为这种做法是好的，小人被用来为国家服务，那么灾害就会一起来到，纵使有贤臣，也无济于事啊！这就是说国家不要把财利当作利益，而应把仁义当作利益。

《大学》着重阐述了提高个人修养、培养良好的道德品质与治国平天下之间的重要关系。中心思想可以概括为"修己以安百姓"，并以三纲领"明明德、亲民、止于至善"和八条目"格物、致知、诚意、正心、修身、齐家、治国、平天下"为主题。《大学》提出的人生观与儒家思想有千丝万缕的联系，基本上是儒家人生观的进一步扩展。这种人生观要求

注重个人修养，怀抱积极的奋斗目标，这一修养和要求是以儒家的道德观为主要内涵的。"明德""至善"是封建主义对君主的政治要求和伦理标准，"格物""致知"等八条目是在修养问题上要求与三纲领中的政治理念和伦理思想相结合。

《大学》的基本内容主要是对以孔子代表的原始儒家思想作了一种体系性、结构性的概括和描述，以阐明儒家关于学习的内容、目标和为学的次序途径，旨在张扬儒家的君子修德之学和圣王的治国理政之道。

二、《大学》诚修身思想

有关儒家"诚"的论述，孔子已涉及，后经其徒子徒孙，而传及孟子。《孟子·离娄上》云："是故诚者，天之道也；思诚者，人之道也。至诚而不动者，未之有也；不诚，未有能动者也。"对此，朱熹注曰："此章述《中庸》孔子之言……乃子思所闻于曾子，而孟子所受乎子思者。"① 可见，朱熹认为，"诚"的思想，是孔子传之于曾子，曾子传之于子思，子思再传之于孟子。

《大学》把"诚"作为"格物"和"修身"结合的关键环节。《大学》中的修身分两个阶段：第一阶段是"格物""致知"，是获得知识的阶段，这是修身的基础。第二阶段是"诚意""正心"阶段，是进行道德思想的提高，这是修身的核心。这就是"欲诚其意者，先致其知。致知在格物。物格而后知至，知至而后意诚"。由此可知，《大学》认为"诚意"是从单纯的学习知识进入思想道德修身的"质变"阶段。先秦儒家的所谓"大学"是相对于"小学"而言。"小学"所学习的是生活的技术，如礼、乐、射、御、书、数之类是属于技术性的知识，是形而下的；而"大学"所学的才是道德修身等精神层面的知识，如《诗经》《尚书》《周礼》《乐经》《周易》《春秋》等，是形而上的。换言之，《大学》所讲的是人生和

---

① 朱熹：《四书章句集注·离娄章句上》，中华书局，2018 年。

社会的大道理，人怎样才能成为一个道德上完全的人，家庭和国家如何才能得到完善的治理，从而达到天下太平，长治久安，民众安居乐业。总之，《大学》认为，"格物""致知"，学习知识是为了修身。

《大学》认为最重要的知识是"知本"，知道"自天子以至于庶人，壹是皆以修身为本"。所谓"知之至"不是说，能够"知本"就算有完备的知识，只是说"知本"是最重要的知识，有了这种知识，就知道一切知识都是为修身服务的。为修身而求知识，一切知识都有了一个方向，一个目标。有了这个知识，就要踏踏实实、专心致志地在这个"本"上下工夫，一切为了这个"本"，这就是"诚意"。

《大学》中所说的"诚意"，主要有两个方面的要求：其一是其心必须专一。人若能对于一事物专一求之，就能达到目标，修身也是如此。如果心不专一，就乱而不正。《大学》说："心不在焉，视而不见，听而不闻，食而不知其味。"这就是说，如果心不专一，就是在面前的东西，都可能视而不见、听而不闻，即使吃在嘴里的食物，也不知道滋味，那怎么可能学习知识和进行道德思想的提高呢？因此，不言而喻，《大学》是主张对于所求的东西，必须专一而真实地求之。其举例说："《康诰》曰：如保赤子。心诚求之，虽不中，不远矣。未有学养子而后嫁者也。"这就是说，学习知识和提高道德思想如同慈母对于赤子，必须专注真心爱护之。战国时期，荀子早已提出："小物引之，则其正外易，其心内倾，则不足以决庶理矣。故好书者众矣，而仓颉独传者，壹也。好稼者众矣，而后稷独传者，壹也……自古及今，未尝有两而能精者也。"[1] 这就是说，做事情必须专一，才能把它做精做好，如果三心二意，是做不精做不好的。如同上古字写得好的人、庄稼栽种得好的人很多，但唯独仓颉和后稷将写字和栽种庄稼的技术流传下来，其原因就在于他们俩做事专一，才使事情做得特别精特别好。

其二是里外一致，表里如一。一个人如果知道以修身为本，就要真

---

[1] 《荀子·解蔽篇》，中华书局，2018 年。

心实意地去修身，不能有半点的虚假，如内外一致，"诚于中"自然"形于外"；不诚于中，外虽有形也不能发生什么作用。他是否真是如此，只有他自己知道，这就是"独"。他就是要在这些地方注意，这就叫"慎独"。

最后，主观意识要始终保持纯正的状态。经文提出的"诚意"的概念为"毋自欺"，把自我完善的自觉性归结为一个人为善动机的纯正。所谓"自欺"就是动机不纯，有邪念，却以勉强的行为做样子，或以伪装的善行、漂亮的言辞来掩饰自己心灵上的污秽，借以自欺欺人。因此，不自欺表明：行善不是为了某种功利的目的，不是做给别人看，而是以善本身为目的；行善是自己心灵的需要，是求得精神本身的满足。所以文章说："如恶恶臭，如好好色，此之谓自谦。"又如朱熹所说："皆务决去，而求必得之，以自快足于己，不可徒苟且以殉外而为人也。"① 所以，只有心灵的自谦，才能排除做给别人看的矫饰、虚伪的自欺行为，达到"诚意"的目的，从而从根本上保证有一种自我完善的自觉性。

《大学》说："古之欲明明德于天下者，先治其国。"可见，"明明德"不是一个人在书房里瞑目静坐就可以达到的，人是不能离开家、国、天下而单独成为"完人"的。所谓格物、致知、诚意、正心这些工夫，也是不能脱离家、国、天下事务而单独去做的。这些事务就是"物"，人首先需要接触这些"物"，然后致知、诚意、正心那些工夫才有着落。总之，《大学》以修身为中心，向内延伸到正心、诚意、致知、格物，向外延伸到齐家、治国，平天下。所以，"三纲领"（明明德、亲民、止于至善）和"八条目"（格物、致知、诚意、正心、修身，齐家、治国、平天下）是以修身为中心，构建起来的自我管理、家庭（家族）管理、国家管理的具有中国特色的东方管理逻辑体系。

---

① 《四书章句集注·大学章句》。

三、《中庸》诚修身思想

《中庸》相传为孔子之孙子思所作。司马迁《史记·孔子世家》记载说："子思作《中庸》。"但是据后世学者的研究，《中庸》的作者应为秦汉时期的人。《中庸》的思想，与孟子的思想最为相近，是孟子思想的进一步发挥，如所论述的命、性、诚、明诸方面，都比孟子所讲的更为详细。到了宋代时期，由于理学家们的推崇，《中庸》成为四书之一，地位仅次于《大学》。在《中庸》中，其后半部论述的内容是以诚为核心。

孟子对"诚"的论说不多，其中比较有代表性的言论是"万物皆备于我矣。反身而诚，乐莫大焉。强恕而行，求仁莫近焉"。[①] 在此，孟子认为，人的"心"和"性"跟"天"本来是一体的，所以说"万物皆备于我"。人如果能够"反求诸己"，确实达到"诚"的精神境界，这是莫大的快乐。要达到这种"诚"的精神境界，那就要让自己能做到"仁"，而做到"仁"的最好办法是"强恕"，即践行"忠恕之道"，推己及人。孟子的这段话虽然很短，但它揭示了两个有关"诚"的重要问题：一是什么是"诚"？孟子认为"诚"就是"万物皆备于我矣"。他主张人性善，认为人生来原是"心"和"性"与"天"是一体的，后来丧失了，现在要通过"反求诸己"，重新回到人的"心"和"性"跟"天"一体，就达到"诚"的精神境界了。二是如何达到"诚"？孟子认为要达到"诚"的精神境界，就是要"反求诸己"，重新找回人的"心"和"性"跟"天"一体。具体路径就是追求做到"仁"，也就是"强恕"，践行"忠恕之道"，推己及人。

《中庸》认为，修身须"知天"。它说："君子不可以不修身。思修身不可以不事亲。思事亲不可以不知人。思知人不可以不知天。"所谓"天"，《中庸》认为，"天地之道，可一言而尽也。其为物不贰，则其生

---

① 《孟子·尽心上》，中华书局，2018 年。

物不测。天地之道，博也，厚也，高也，明也，悠也，久也"。可见，《中庸》认为，"天地之道"的特点是"不贰"和"悠久"。所谓"不贰"，就是专一，而专一就是"诚"。所谓"悠久"，就是"无息"。《中庸》认为，"至诚无息"。可见，"无息"也是诚。① 不言而喻，天地之道的特点就是"诚"。所以，《中庸》指出："诚者，天之道也；诚之者，人之道也。诚者，不勉而中，不思而得，从容中道，圣人也。诚之者，择善而固执之者也。"② 这就是说，"诚"是"天道"的本然，所以"不勉而中，不思而得"。"圣人"也可以达到这个境界。但如果是一般人，则需要"勉"而后"中"，"思"而后"得"。这样努力于为"诚"，就是所谓的"诚之"，则为"人道"。

《中庸》"择善而固执之"下文说"博学之，审问之，慎思之，明辨之，笃行之……果能此道矣，虽愚必明，虽柔必强"。这样一系列的学习修身过程，就是"明"的过程。"自诚明谓之性，自明诚谓之教。诚则明矣，明则诚矣"。依照《中庸》的说法，"天命之谓性"，"性"是自"天"而来，由这一方面说"明"的过程，就是"性"的发展的过程。这是自"诚"而"明"，也就是"率性之谓道"。但另一方面"修道之谓教"，"道"又需有"教"以修之，这是自"明"而"诚"。这其实是一个过程的两个方向，构成互为因果关系，所以说"诚则明矣，明则诚矣"。"诚明"说是《中庸》对诚思想的重要发展。

《中庸》说："诚者，物之终始，不诚无物。是故君子诚之为贵。诚者，非自成己而已也，所以成物也。成己，仁也；成物，知也；性之德也，合内外之道也，故时措之宜也。"由成己而成物，就是孔子所说的"己欲立而立人，己欲达而达人"。③ 也就是孟子所说的"强恕而行，求仁莫近焉"。④ 依照《中庸》的说法，由此可以逐渐消灭"人"与"己"的

---

① 冯友兰：《中国哲学史新编》第三册，人民出版社，1985年，第117页。
② 朱熹：《四书章句集注·中庸章句》，本目以下引文未注出处者，均见于此。
③ 《论语·雍也》，中华书局，2018年。
④ 《孟子·尽心上》。

界限，"合内外之道"，最后达到"万物一体"的境界。《中庸》认为，"教"不能于"性"外更有所加，只不过是助"性"使得其尽量发展而已。"性"的尽量发展，即所谓"尽性"。《中庸》说："唯天下至诚，为能尽其性；能尽其性，则能尽人之性；能尽人之性，则能尽物之性；能尽物之性，则可以赞天地之化育；可以赞天地之化育，则可以与天地参矣。"只有天下最真诚的人才能充分发挥天赋的本性；能发挥天赋的本性，才能发挥所有人的本性；能发挥所有人的本性，才能充分发挥事物的本性；能够发挥事物的本性，才能帮助天地养育万物；可以帮助天地养育万物，才可以与天地并列。照《中庸》的说法，人、物之性都是由"天"之"所命"，同出于一源。所以能尽自己的性的人，也能"尽人之性""尽物之性"。换言之，按《中庸》的逻辑，人尽己性，也就是尽人之性、尽物之性，因为它们都同出一源。至诚之人，既无内外之分，人己之见，就已达到"万物一体"的境界。这与荀子的"人与天地参"的观点截然不同。荀子是在"明于天人之分"的前提下，区别"所以参"和"所参"两个方面。他首先肯定"天有其时，地有其财"这些客观条件，进而认为"人有其治"，能与客观世界相斗争，相配合。

在此认识的基础上，《中庸》进一步指出："唯天下至诚，为能经纶天下之大经，立天下之大本，知天地之化育。""凡为天下国家有九经。""中也者，天下之大本也。"此所谓"大经""大本"者，就是指此说。"知天地之化育"，就是赞天地之化育。"鸢飞戾天，鱼跃于渊"，就是天地之化育。人在生活中的一举一动，也都是天地之化育。人若了解其一举一动都是天地之化育，那么他的一举一动，就都是赞天地之化育。能赞天地之化育，即可以与天地参。道家常说："物物而不物于物。"《中庸》所说的"赞天地之化育"，跟道家的思想有相通之处。为天地所化育者，就是"物于物"。赞天地之化育者，则能"物物而不物于物"。

基于以上看法，《中庸》还提出，至诚的人并不一定要做与众不同的事。就他的行为说，他可以只是"庸德之行，庸言之谨"。具体而言，在古代社会中，人其实就是生活在平常的"五伦"关系（君臣、父子、夫

妇、兄弟、朋友）中，所做的事也是平常的事情，如"所求乎臣""以事君"，"所求乎子""以事父"，"所求乎弟""以事兄"，"所求乎朋友""先施之"。这些平常的事，就称为"庸"。人们虽然都从事于平常的事情，但就他的主观境界说，他可以自己觉得与宇宙同其广大，同其悠久。他可以自己觉得，如同《中庸》所说，"博厚配地，高明配天，悠久无疆"。

《中庸》的主题是"极高明而道中庸"。它的最高目标就是要达到"合内外之道"的精神境界。主观、客观的界限消失了，个体与天地合一了，万物都一体了，这就是"极高明"。这种极高明就在极平凡的生活之中。

《中庸》指出，要达到"极高明而道中庸"，最需要做到的是"诚"。"诚"就是实实在在、没有虚假。《中庸》认为："诚者，天之道也。"自然的现象和规律都是实实在在的，如刮风下雨就是实实在在、老老实实的，但人很难做到这样实实在在、没有虚假，所以要"思诚"，要"诚之"。你要饮食，也要想到别人也要饮食，还要努力使别人都能得到饮食。虽然努力可能失败，但是你要尽自己所能，不能有半点虚假。是不是真正地做到尽自己所能，没有半点虚假，只有你自己知道，因为这是你自己的精神境界，别人看不到。如果有虚假而装作没虚假，这是欺人。如果有虚假而自以为没有虚假，那就是自欺。诚需要不欺人也不自欺，而不自欺比不欺人更难。所以《大学》说："所谓诚其意者，毋自欺也。"究竟有否自欺不自欺，只有你自己知道，所以在这些地方，每个人要特别注意，这就叫"慎独"。《中庸》也指出："天命之谓性，率性之谓道，修道之谓教。道也者，不可须臾离也，可离非道也。是故君子戒慎乎其所不睹，恐惧乎其所不闻。莫见乎隐，莫显乎微，故君子慎其独也。"天所赋予人的东西就是性，遵循天性就是道，遵循道来修养自身就是教。道是片刻不能离开的，可离开的就不是道。因此，君子在无人看见的地方也要小心谨慎，在无人听得到的地方也要恐惧敬畏。隐蔽时也会被人发现，细微处也会昭著，因此君子在独处时要慎重。

《中庸》云："诚者自成也，而道自道也。诚者物之终始，不诚无物。

是故君子诚之为贵。诚者非自成己而已也，所以成物也。成己，仁也；成物，知也。性之德也，合外内之道也，故时措之宜也。"真诚，是自己成全自己。道，是自己引导自己。真诚贯穿万物的始终，没有真诚就没有万物。因此，君子把真诚看得非常珍贵。真诚，并不只是成全自己就结束了，还要成全万物。成全自己是仁义，成全万物是智慧。这是发自本性的德行，是结合了内外的道，因此，在任何时候实行中庸之核心在于"诚"。《中庸》提出了"诚明"之论。"自诚明，谓之性；自明诚，谓之教。诚则明矣，明则诚矣"。由真诚达到通晓事理，这叫天性。由通晓事理达到真诚，这叫教化。真诚就会通晓事理，通晓事理就会真诚。其认为自然之诚，自然就明，这是天性。人为的使人明白诚，这是教育。天道人性合而为一，化育相参就是诚。或虽偏于一隅，持一技之长而乐守不移者，亦可谓有诚。久而久之，大而广之，自然近道。《中庸》并未对"诚"下明确的定义。综观《中庸》全书，当为修道之"透"意。"透"，即融会贯通，炉火纯青的程度。至诚可以出神入化，精识万事万物之理。修中庸之道达到诚时，自然合乎万物之道、万时之道。无论万事万物如何变化，时间如何推移，大道总是适合其用、适得其宜。一贯的融通，道才能久远适用，甚至可以"不见而章，不动而变，无为而成"。天之所以为天，就在于天庄穆岿然、永不停止，就在于天永远是诚、是纯。贤人君子就应该秉承天道而行，"尊德性而道问学，致广大而尽精微，极高明而道中庸，温故而知新，敦厚以崇礼。是故居上不骄，为下不倍；国有道，其言足以兴；国无道，其默足以容"。能如此作为者就是当之无愧的贤人君子。当然，君子贤人还要做到不凝滞于物，而能与世推移。《中庸》要人们不固守废弃之事理，要因时而宜，又不要丢掉了基本遵循，即不要失去中庸之道。要包纳多元思想，要宽容道不同者。这才是中庸之为大，得到君子胸怀之为广。总之，《中庸》的"诚"修身思想，对后世宋明理学影响很大，并成为封建社会的主导思想，成为封建士大夫修身养性的圭臬。

第二节 孝的思想

一、先秦孝思想的发端

中国人注重孝道由来已久。殷人卜辞中，未见到"孝"字。但至西周时期，"孝"在西周金文以及有关文献中屡见不鲜。如《克鼎》中有"显孝于申（神）"，《宗周钟》说："祖孝先王……降余多福，余孝孙三寿惟利"等。古文献中有关周代"孝"的记载则更比比皆是，如《周书·酒诰》就明确表明，自西周出现"孝"字，其意就是对父母的孝养："用孝养厥父母。"《周书·康诰》则已将孝养父母，友爱兄长并称："不孝不友。"《诗经·大雅》中周人将德孝并称："有孝有德"，可见在当时，人们将孝视作一种很高尚的道德规范。同书《周颂·闵予小子》将孝作为一种优良的传统，祈求世世代代继承："於乎皇考，永世克孝……於乎皇王，继序思不忘。"《诗经·大雅·既醉》也表达了这种思想："威仪孔时，君子有孝子，孝子不匮，永锡尔类。"

孔子推崇周礼，所以认为孝是"仁"的根本。孔子"仁"的最核心的内容是"爱人"，父母亲是最亲近的人，也是最值得爱的人。如果一个人连自己的父母亲都不爱，那还会爱什么人呢？因此，仁爱必须从事亲做起，也就是从孝顺父母做起。简言之，"仁"是"修身"所要达到的最高标准。仁的核心内容是"爱"。这个爱是从亲子之爱扩充出来的。所以"为仁"必须从事亲开始，也就是说，修身必须从事亲开始。正是基于这种逻辑思维，孔子说："孝悌也者，其为仁之本欤！"①

---

① 《论语·学而》。

在当时传统的"礼"之中,一个人的父母死了,他要为父母服丧3年,称为"三年之丧",这是古代最重的丧礼。春秋时期,礼崩乐坏,传统的周礼受到批判,孔子的学生宰予也动摇了,主张废"三年之丧"。孔子对此批评说:"予之不仁也!子生三年,然后免于父母之怀。夫三年之丧,天下之通丧也。予也,有三年之爱于其父母乎?"① 孔子在此不直接批评宰予的主张不孝,而是说他不仁。因为孔子认为,人对父母有最深最真心的敬爱之情。"子生三年,然后免于父母之怀",那么父母去世,理所当然应以"三年之丧"来表达对父母的养育之恩。宰予主张废"三年之丧",这是对父母的不孝,也是最大的不仁。

战国时期孟子把孝提到更高的理论层面上,把孝敬父母作为人的最基本的五种关系之一,即五伦之一:君臣、父子、夫妇、兄弟、朋友。他认为,五伦之中,君臣、父子这两伦最重要,即后世所谓的忠、孝也。当时的道家和墨家,对这两伦有所破坏,孟子对此予以尖锐、猛烈的批判:"杨氏为我,是无君也;墨子兼爱,是无父也。无父无君,是禽兽也。"② 孟子骂杨氏、墨子如禽兽,用词可谓重也,他自己也察觉到了,所以自我辩解说,"能言距杨墨者,圣人之徒也";"(予)岂好辩哉,予不得已也"。③ 孟子之所以对杨、墨抨击如此之激烈,其原因是他认为孝是最基本的道德,儿子对于父亲是必须绝对服从的。如孟子就十分推崇舜的孝道,常称赞舜是个大孝子。据他说,舜的父亲瞽瞍很不慈,总是虐待舜,可是舜对他百依百顺。孟子的学生提出一个假设的问题:假如舜为天子,皋陶当法官,瞽瞍杀了人,舜该怎么办?孟子说,皋陶当然还是把瞽瞍抓起来,舜也不能下命令叫皋陶释放他的父亲,他只好自己不当天子了,把他的父亲从监狱里偷偷放出来,然后背着父亲躲到边远的地方,同父亲快活地过一辈子。由此可见,孟子认为孝顺父母高于一

---

① 《论语·阳货》。
② 《孟子·滕文公下》。
③ 《孟子·滕文公下》。

切，甚至可以放弃王位。

由于孟子将孝看作是人的最基本的道德，居于五伦之二，所以他所主张的"仁政"（即"王政"）就是要实行"推己及人"的措施，其中首先是"老吾老，以及人之老；幼吾幼，以及人之幼。天下可运于掌"。① 可见，孟子把孝作为他推行仁政的首要措施之一。

二、汉代《礼记》中的孝思想

《礼记》又名《小戴礼记》《小戴记》，成书于西汉，为西汉礼学家戴圣所编。到了东汉，社会上出现了两种选辑本：一是戴德的 85 篇本，习称《大戴礼记》；二是戴德的侄子戴圣的 49 篇本，习称《小戴礼记》。《大戴礼记》流传不广，北周卢辩曾为之作注，但颓势依旧，到唐代已亡佚大半，仅存 39 篇，《隋书》《唐书》《宋书》等史乘的《经籍志》甚至不予著录。《小戴礼记》则由于郑玄为之作了出色的注，而畅行于世，故后人径称之为《礼记》。《礼记》是中国古代一部重要的典章制度选集，共 20 卷 49 篇。书中内容主要写先秦的礼制，体现了先秦儒家的哲学思想（如天道观、宇宙观、人生观）、教育思想（如个人修身、教育制度、教学方法、学校管理）、政治思想（如以教化政、大同社会、礼制与刑律）、美学思想（如物动心感说、礼乐中和说）。《礼记》是研究先秦社会和思想的重要资料，是一部儒家思想的资料汇编。

到了汉代，周礼与孔子、孟子的孝的思想进一步发展，更加理论化与系统化，主要表现在《礼记》一书中孝的思想。《中庸》为《礼记》中的一篇，其在文中提出："仁者，人也；亲亲为大。""故君子不可以不修身；思修身，不可以不事亲；思事亲，不可以不知人；思知人，不可以不知天。"后面这一段话，就是对"仁者，人也"前面一句话的诠释，而且是从理论层面上进行逻辑推理。《中庸》认为，"仁"是"修身"所要

① 《孟子·梁惠王上》。

达到的最高标准。仁的核心内容是仁爱，这个爱是从亲子之爱扩充到人与人之间的大爱。"为仁"必须从事亲开始，也就是说，修身必须从事亲开始。要想把事亲做到完全的程度，那就必须先了解人之所以为人的道理，懂得人与禽兽的根本区分（故孟子批评杨、墨无君无父是禽兽，道理就在于此）。这就叫作"知人"。这个"知人"不是一般意义上的"知人善任"的那个"知人"，而是对人之所以作为人本质上的认识和理解。人之所以作为人是和"天"联系在一起的，所以要想对"人"有所认识和理解，不可以对天没有认识和理解。这就是"思知人不可以不知天"。从这句话可以看出，这里所说的"知人"，不是一般意义上的那种"知人"，而是从哲学层面上以"知天"为前提的"知人"。

汉代时，孝的思想更加系统化。照当时儒家的说法，孝子"嗣亲"之道，可分为两个方面：一为肉体方面，二为精神方面。其肉体方面，又可分为三个方面。一是养父母的身体，即赡养父母。二是须生子生孙以续传父母的生命。儒家认为，结婚的功用，主要是为了传宗接代，生子生孙，以继承祖先的生命和事业，为其"万世之嗣"。子孙若能完成这样的任务，就是能"嗣亲"，即为孝子贤孙。孝子"嗣亲"之道，即是孝道。在孝的内容中，这一方面特别重要。孟子说："不孝有三，无后为大。"[1] 可见，从战国时期开始，人们认为如没有完成传宗接代的任务，是最大的不孝。三是必须慎重保护自己的身体，因为这是父母给予我们的身体。《礼记·祭义》指出："天之所生，地之所养，无人为大。父母全而生之，子全而归之，可谓孝矣。不亏其体，不辱其身，可谓全矣。故君子顷步而弗敢忘孝也。"这就是说，为了保护父母给予我们的身体，甚至危险一点的事情都不可作了。

精神方面的孝，概括言之，就是"先意承志，谕父母于道"。[2] 为子孙者，要能顺从父母的意志，故孝与顺相提，即由于此。但是，如果父

---

① 《孟子·离娄上》。
② 《礼记·祭义》，影印《十三经注疏》本，中华书局，1980 年。

母有错误的地方，为子孙者应当尽力规劝。精神上的孝更主要的是继承发扬祖先的事业。《中庸》说："舜其大孝也欤！德为圣人，尊为天子，富有四海之内。宗庙飨之，子孙保之。""武王周公，其达孝矣乎！夫孝者，善继人之志，善述人之事者也。春秋修其祖庙，陈其宗器，设其裳衣，荐其时食……践其位，行其礼，奏其乐。敬其所尊，爱其所亲。事死如事生，事亡如事存，孝之至也。"这就是说，西周时期，当春秋祭祀的时候，子孙们把祖先的庙堂收拾一新，摆开祭祀用的器皿，把祖先父母穿过的衣服陈列出来，献上合乎时令的食品。子孙们站在从前祖先父母站过的位置上，行他们所行的礼，奏他们所奏的乐，尊敬他们所尊敬的人，关爱他们所关爱的人。他们虽然已不在世了，但是子孙仍然像他们在世时一样，侍奉他们。这样使他们仍然活在子孙们的心中。

《礼记》认为，这种精神方面的孝是"大孝""达孝"，较肉体方面的孝更为重要。《祭义》指出："孝有三：大孝尊亲，其次弗辱，其下能养。"这就是孝有三种：能使父母因自己而受到人们的尊敬，这就属于大孝；其次是不使父母因自己而受到人们的辱骂；再次是在生活上能养活父母。显然，前两个层面是精神方面的孝，属于较高层次的孝，而第三层面则属于物质层面的孝，属于较低层次的孝。

汉代孝思想不仅理论化和系统化，而且其另一个重要发展是进一步政治化。中国古代社会里，家国同构，国是家的放大，家是国的缩影。在一个家庭里，你如能孝顺父母，那么如将孝加以放大，在整个国家中，你就会忠于国君。因此忠、孝是密切结合在一起的。在孟子的五伦中，君臣、父子是最重要的两伦，与臣忠君、子孝父是同一性质的意思。汉代《大戴礼记·本命》篇则把这种关系进一步明确，并将家族血缘伦理与国家政治伦理紧密联系和结合在一起。"资于事父以事君而敬同。贵贵，尊尊，义之大者也……资于事父以事母而爱同。天无二日，国无二君，家无二尊，以一治之也"。《孝经》也有与《大戴礼记》相类似的论述："资于事父以事母而爱同，资于事父以事君而敬同。故母取其爱，而君取其敬，兼之者，父也。故以孝事君则忠，以敬事长则顺。忠顺不失，

以事其上，然后能保其禄位而守其祭祀，盖士之孝也。"由此可见。《大戴礼记·本命》和《孝经》都将儿子孝顺父亲、臣子忠于国君等同看待，治家与治国、治天下等同看待。父亲是家庭最高的主宰，儿子对之只有服从。国君是国家最高的主宰，臣子对之只有服从。两者在原则、性质上是一样的，这样就把"孝"与"忠"紧密联系结合在一起。换言之，就是把族权和政权紧密联系结合在一起，构成了中国古代社会管理上的特点，有别于中世纪西欧和阿拉伯帝国神权与政权结合在管理上的特点。

孝道作为人的一种修身行为，反映了人作为一种理性动物特有的道德品质。自然界的动物出于繁衍后代的天性，懂得爱护自己的子女，但是不懂得爱护自己的父母，即不懂得孝。孝是人类发展到一定的阶段，懂得感激父母的养育之恩时才产生的，因此可以说是一种后天理性的爱。到了人类进入氏族社会之后，孝逐渐以家作为出发点，以家作为基础。孝成为一个人的道德规范和修养，成为人的修身目标，成为人的爱的起点。当人类社会进入氏族公社后期，国家产生之后，家的内容逐渐扩大，在中国上古时代，出现了家国共构的历史现象。西周时期，以姬姓家族为中心的西周王朝建立，《周礼》中记载的周天子家臣也就是西周王朝的大臣，分封制就是以宗法制度为基础的姬姓家族以及少数功臣对西周王朝的统治。孝道随着家的内容的逐渐扩大，至迟从西周开始，逐渐从血缘家庭（或家族）伦理，与国家政治逐渐联系结合，终于形成了君臣、父子（或忠孝）一体的思想。这一思想至西汉时期逐渐理论化、系统化和政治化，大大超出了个人修身的范畴，甚至随着秦汉封建大一统帝国的形成，打破了春秋战国时代诸侯国的范围，随着修身齐家治国平天下思想的出现而出现。《礼记·礼运篇》甚至提出了"圣人耐以天下为一家，以中国为一人"的思想。到了后世宋明的道学家，对这一思想继续加以扩展。北宋张载的《西铭》则提出以宇宙为一家，以乾坤为父母的思想，人的一切道德行为，都是向乾坤尽孝。这就把孝道的范围扩充到最大的限度。但这并不说明这些道学家已经打破了家的范围，只是说明他们仍然是用封建的家的观念来理解世界和宇宙，来诠释孝的道德规范

和行为。由于历史的进步，每个时代的孝的观念和思想都有其局限性，但是孝作为人类一种后天的理性的爱，永远是值得肯定和赞扬的。一个有孝心的人，再坏也坏不到哪里，因为他（她）至少还有爱；相反，一个没有孝心的人，再好也好不到哪里，因为他（她）连自己的父母都不爱了，哪还会在这世界上爱多少个人呢？

第三节　性、命论

一、董仲舒的人性论

董仲舒（前179—前104），广川（河北省景县西南部）人，西汉著名的经学家、思想家。汉景帝时任博士，汉武帝时先后任江都王相、胶西王相。元光元年（前134），董仲舒上《举贤良对策》，系统地提出了"天人感应""大一统"和"罢黜百家，独尊儒术"的主张，得到汉武帝的采纳。从此，儒家学说成为古代官方的主导思想，影响相当深远。董仲舒晚年居家著述，今存有《春秋繁露》《举贤良对策》等著述。

董仲舒于其天人感应论的基础上，认为：宇宙是有意志的，整个宇宙的运行和变化有一个总的目的，宇宙间每个事物的生长变化也都有一个目的，并且为其总目的服务。董仲舒还进一步指出，宇宙的最后目的是生人和建立封建社会。他认为，人是天的副本，是宇宙的缩影，因而人也是天地精华的体现。他说："莫精于气，莫富于地，莫神于天。天地之精所以生物者，莫贵于人。"因为人是万物中最为高贵的，所以其头向上当天，与植物之头（根）向地，其他动物之头"旁折"（横向）不同。"所取天地少者，旁折之；所取天地多者，正当之。此见人之绝于物而参

天地"。①

就人的心理方面来说，董仲舒认为，人的心有性有情，与天的有阴有阳相当。他说："身之有性情也，若天之有阴阳也。言人之质而无其情，犹言天之阳而无其阴也。"性表现于外为仁，情表现于外为贪。他指出："人之诚，有贪有仁。仁、贪之气，两在于身。身之名，取诸天。天两有阴、阳之施，身亦两有贪、仁之性。"②

由于董仲舒的人的性情与天的阴阳是相对应的，因此他进一步指出，人的性和情是先天就具有的资质。所谓"如其生之自然之资谓之性。性者，质也"。"天地之所生，谓之性情，性情相与为一瞑，情亦性也"。③另一方面，性和情又是人的"质"中的两个对立物。这种对立与天的阴阳对立相副。由此可见，董仲舒的天的阴阳与人的性情包含有初步的辩证统一的思想，天的阴阳与人的性情既统一又对立，共同构成一个矛盾的统一体。

董仲舒作为西汉时正统的大儒，继承了孟子的性善论，认为人有先天的善质。但是，他的善质说与孟子的又有所不同，认为在人的"质"中，是以性为主，情为从。换言之，就是以仁为主，以贪为从，也就是说，人的"质"的主要部分是善的。这与天有阴阳是一样的，天在阴阳两个对立面中，阳为主，阴为从。在这一点上，人与天也是相对应的。

董仲舒虽然主张善质说，肯定人有善质，但是他又着重指出，不能认为人性本来"已善"。既然人的"质"中，有性有情，有仁有贪，而且"性情相与为一瞑，情亦性也"，那么，就不能简单地肯定"性已善"。"谓性已善，奈其情何?"④ 他比喻说："善如米，性如禾。禾虽出米，而禾未可谓米也。性虽出善，而性未可谓善也。"⑤ "性有似目，目卧幽而

---

① 董仲舒:《春秋繁露·人副天数》，中华书局，2018 年。
② 《春秋繁露·深察名号》。
③ 《春秋繁露·深察名号》。
④ 《春秋繁露·深察名号》。
⑤ 《春秋繁露·实性》。

瞑，待觉而后见。当其未觉，可谓有见质，而不可谓见。今万民之性，有其质而未能觉，譬如瞑者待觉，教之然后善。当其未觉，可谓有善质，而不可谓善，与目之瞑而（不）觉，一概之比也。"① 这就是说，要把人的"善质"与"善"区别开来。人有善质，但还不能认为"性固已善"，就好像禾并不就是米，目并不就是见一样。

如上所述，董仲舒的人性的善质说与孟子的性善论有所不同。对此，董仲舒又做了进一步的说明。他说："或曰：'性有善端，心有善质，尚安非善？'应之曰：'非也。茧有丝，而茧非丝也。卵有雏，而卵非雏也。比类率然，有何疑焉？'天生民有六经，言性者不当异。然其或曰性也善，或曰性未善。则所谓善者，各异意也。性有善端，动之爱父母，善于禽兽，则谓之善。此孟子之善。循三纲五纪，通八端之理，忠信而博爱，敦厚而好礼，乃可谓善，此圣人之善也……夫善于禽兽之未得为善也，犹知于草木而不得名知……圣人以为，无王之世，不教之民，莫能当善。善之难当如此，而谓万民之性皆能当之，过矣。质于禽兽之性，则万民之性善矣；质于人道之善，则民性弗及也……吾质之命性者，异孟子。孟子下质于禽兽之所为，故曰性已善；吾上质于圣人之所为，故谓性未善。善过性，圣人过善。"② 在此，董仲舒认为，他的善质说与孟子的性善论的不同，首先在于所确定的"善"的标准不同：孟子"善"的标准很低，只要是人有别于禽兽的爱父母之心，就可称之为善；而董仲舒"善"的标准很高，必须达到圣人所规定的忠信、博爱、敦厚、好礼的标准，才可称为善。所以一般平民百姓没经过"圣王"的教化，都达不到这个善的标准，所以都不能称之为善。孟子的性善论其实也并非主张"性已善"，他的本意是使人的性中已有的善端充分发展才能成为"已善"。董仲舒提出"善质"与"善"的区别，并且提高孟子善的标准，主张以圣人规定的善的标准来衡量，其目的在于强调广大民众应接受

① 《春秋繁露·深察名号》。
② 《春秋繁露·深察名号》。

"圣王"的教化,认真学习和严格服从"三纲五纪"这些封建道德规范,从而通过修身真正达到圣人所规定的善的标准。

董仲舒之所以强调"性未善",主要是要强调封建教化对人后天封建道德规范形成的作用。他说:"天地人,万物之本也。天生之,地养之,人成之。"① 可见,人的作用是完成天地的未竟之功,即通过后天的"圣王"的教化和自己的学习,来使自己达到圣人所要求的"善"的标准。

董仲舒又认为,他所说的性,是就普通人之质而言。人也有生而即不仅有善端的,也有生而即几乎无善端的。他指出:"名性,不以上,不以下,以其中名之。"② "圣人之性,不可以名性,斗筲之性,又不可以名性。名性者,中民之性。中民之性,如茧如卵,卵待覆二十日而后能为雏;茧待缲以涫汤而后能为丝,性待渐于教训而后能为善。"③ 可见,董仲舒认为"圣王"教化的对象是广大"中民之性"的民众,少数天生性善和性恶的人是不必接受教化的。他的这一思想,其实是来自孔子的"惟上智与下愚不移"的说法。而且如上文所述,董仲舒还认为,人的情是贪,是恶的,与性(仁)同时存在于人的质中。这可能又是受到荀子性恶论的影响。因此,可以说,董仲舒的人性论,是以孟子的人性论为主,又吸收了孔子和荀况的说法。

董仲舒认为,在这种教化中,"王"是天所立以教民的。他说:"民之号,取之瞑也。使性而已善,则何故以瞑为号?以实者言,弗扶将,则颠陷猖狂,安能善?"因此他又说:"天生民性,有善质而未能善,于是为之立王以善之,此天意也。民受未能善之性于天,而退受成性之教于王。王承天意,以成民之性为任者也。今案其真质,而谓民性已善者,是失天意而去王任也。万民之性苟已善,则王者受命尚何任也?"④

在天人感应的理论基础上,董仲舒把这种"教化"看作也是与"天"

---

① 《春秋繁露·立元神》。

② 《春秋繁露·深察名号》。

③ 《春秋繁露·实性》。

④ 《春秋繁露·深察名号》。

相对应的。他认为人之心有情有性，与天之有阴有阳相对应。"身之有性情也，若天之有阴阳也。言人之质而无其情，犹言天之阳而无其阴也。"① 依照董仲舒所说，天"任阳不任阴"，人亦应该以"性禁情"。"是以阴之行不得干春夏，而月之魄常厌于日光，乍全乍伤。天之禁阴如此，安得不损其欲而辍其情以应天。天所禁而身禁之，故曰身犹天也。禁天所禁，非禁天也。"② 人必禁天所禁，这样才合乎封建道德。封建道德是"人之继天而成于外也，非在天所为之内也。天所为，有所至而止。止之内谓之天，止之外谓之王教。王教在性外，而性不得不遂，故曰性有善质，而未能为善也"。③ 董仲舒把封建社会秩序和道德标准说成是"王道"，又把"王道"和"王""王教"说成是"天意"的表现。这是他的"奉天"理论的又一作用。

总之，董仲舒的"善质"说虽然具有天人感应论的神秘色彩和封建的"圣王"教化说教，但是他强调人的后天的教化作用，对于一个人必须接受教育和坚持学习、修身，还是有较大的积极作用的。

二、《淮南子》的人性论

淮南王刘安（前179—前122），西汉时期文学家、古琴演奏家、发明家。汉高祖刘邦之孙，16岁时袭封为淮南王。他好读书鼓琴，潜心于治国安邦之术和著书立说，礼贤下士，与众门客撰写《淮南子》（又名《淮南鸿烈》）一书。该书内容广泛，涉及哲理、政治、管理、伦理、文学、史学、天文地理、农业水利、物理、化学、医学养生诸领域。总体而言，《淮南子》整体体现了道家思想，在管理方面提倡"无为而治"。《淮南子》是中国思想史上划时代的学术巨著。

---

① 《春秋繁露·深察名号》。
② 《春秋繁露·深察名号》。
③ 《春秋繁露·实性》。

　　《淮南子》一书由于出于众人之手，所以前后观点不一的地方时有所见。其在有些地方认为人的本性是纯朴天真的。人性如一张白纸，染上什么颜色，就成为什么颜色，强调后天生活环境对人性的影响。"原人之性，芜秽而不得清明者，物或堁（尘土）之也。羌、氐、僰、翟，婴儿生皆同声，及其长也，虽重象，狄鞮（重译），不能通其言，教俗殊也……夫素之质白，染之以涅则黑；缲之性黄，染之以丹则赤。人之性无邪，久湛于俗则易。易而忘本，合与若性。"① 这就是说，羌、氐、僰、翟等各民族，其所生婴儿的声音是一样的，但是长大后，其语言截然不同，如没有借助翻译，彼此根本听不懂。这种现象说明后天的环境对人的影响是很大的。这就如同人性一样，后天受到周围因素的影响，外边环境可以与人性同化成为性的一部分。《淮南子》所论述的这种观点，同告子、墨子的说法十分相似，但是与儒家孟子、荀子的人性论不大相同。《淮南子》说人性纯朴天真，是说人性如同一面镜子，没有尘垢，既没有仁义的属性，也没有好利争夺的本性。换言之，人性先天是无善无恶的。而孟子的性善论认为人的善的品质是先天的，恶是后天环境的产物。荀子则恰恰相反，认为人性的恶是生来具有的，而人的善的品质是后天教养的结果。《淮南子》扬弃了这两种说法，认为人性先天无所谓善恶，是一张白纸，接近于善恶都是后天环境影响的结果。这个结论，《淮南子》中虽然没有明确地指出，但其思想确乎是朝这个方向发展的。

　　《淮南子·修务训》中集中论证了人的品质和才能是后天环境磨炼的产物。它批判了先秦道家认为人性不可改变，也不应该改变的宿命论的观点。它指出："世俗废衰，而非学者多。人性各有所修短，若鱼之跃，若鹊之驳，此自然者，不可损益。吾以为不然。"它举马为例说："故其形之为马，马不可化。其可驾御，教之所为也。马，聋虫也，而可以通气志，犹待教而成，又况人乎？"这是说，马的形状是不可改变的，但是马的天生野性是可以根据人的驾御需要而驯服的。更何况人性，可以因

---

　　① 《淮南子·齐俗训》，中华书局，2018 年。

教而改变。

在此认识的基础上,《淮南子·修务训》进一步提出:"夫纯钩（依王念孙校）鱼肠之始下型,击则不能断,刺则不能入。及加之砥砺,摩其锋锷,则水断龙舟,陆剸犀甲。明镜之始下型,朦然未见形容,及其粉以玄锡,摩以白旃,鬓眉微豪,可得而察。夫学,亦人之砥锡也,而谓学无益者,所以论之过。"这是说,剑和镜,刚从范型出来的时候,也是不锋利不明亮的,只有经过磨炼加工,才能变得锋利明亮且成为利剑和明镜。人如不经过学习修身,则不可能成为品质高尚和有才能的人。《淮南子》还认为,人的才智都各有长处和短处,虽圣贤也不能例外。"知者之所短,不若愚者之所修,贤者之所不足,不若众人之有余。何以知其然?夫宋画吴冶,刻刑镂法,乱修曲出,其为微妙,尧舜之圣不能及。"① 这是因为,有些人在某一方面经过学习锻炼,这些人在某一方面就具有了特长,即使那些很聪明的人,如在这些方面没经过学习锻炼,也不如他们擅长。《淮南子》还指出,有没有后天的学习是人类和其他动物的区别所在。其他动物只是依靠本能而生存,人类则可以通过学习和锻炼增强自己的本领,所以才能战胜其他动物。"其（其他动物）爪牙虽利,筋骨虽强,不免制于人者,知不能相通,才力不能相一也。各有其自然之势,无禀受于外,故力竭功沮。"依据以上的论述,《淮南子》最后得出的结论是:"今使人生于辟陋之国,长于穷櫚漏室之下,长无兄弟,少无父母,目未尝见礼节,耳未尝闻先古,独守专室而不出门,使其性虽不愚,然其知者必寡矣。"② 这就是一个人即使再聪明,但如果生活于与世隔绝的地方,没有接受父母兄弟及其他的教育,待其长大以后,其知识储备肯定是很少的。

《淮南子》的人性论强调把人的品质和才能看作是后天环境养成的,是后天教化、学习和锻炼的结果。其把后天的学习和锻炼提高到首要的

① 《淮南子·修务训》。
② 《淮南子·修务训》。

地位，重视感官经验和生活中的实践锻炼。这是《淮南子》关于人和自然关系的理论在人性论方面的表现。这种人性论与董仲舒以天人感应论为基础的人性论相比，显然有其进步的地方。董仲舒虽然也强调人的后天的教化，但他仍然肯定了人有先天的"善质"，至于教化，则又完全归于"圣王"的身上，而"圣人之性"是不待教化，天生"过善"的。《淮南子》则不同，把人的后天教育归之于一个人在生活环境中的学习与锻炼，对前人经验的继承，并且认为统治者同样需要学习，并不可能不待教化，天生"过善"。"自人君公卿，至于庶人，不自强而功成者，天下未之有也。《诗》云：'日就月将，学有缉熙于光明'，此之谓也。"[①] 总之，《淮南子》作者与董仲舒，在人性论上孰优孰劣，岂不一目了然了吗？

三、王充的人性论

王充（27—约97），字仲任，会稽上虞（今属浙江）人。东汉思想家、文学批评家。

王充出身"细族孤门"，自小聪慧好学，博览群书，擅长辩论。后来离乡到京师洛阳就读于太学。为人不贪富贵，不慕高官。曾做过郡功曹、州从事等小官。后罢官还家，专意著述。

王充是汉代道家思想的重要传承者与发展者。其思想以道家的自然无为为立论宗旨，以"天"为天道观的最高范畴，以"气"为核心范畴，由元气、精气和气等自然气化构成了庞大的宇宙生成模式，与天人感应论形成对立之势。王充虽是汉代道家思想的主张者，但与汉初王朝所标榜的"黄老之学"以及西汉末叶民间流行的道教均不同。其代表作品《论衡》，是中国历史上一部重要的思想著作。

王充作为唯物主义思想家，在自然观方面，认为元气是构成万物的

---

① 《淮南子·修务训》。

原始物质。在关于人性的问题上，他企图用元气来说明人性的善恶。他指出："小人君子，禀性异类乎？譬诸五谷皆为用，实不异而效殊者，禀气有厚泊（薄），故性有善恶也。残则受仁（原作授不仁，依吴承仕校改）之气泊，而怒则禀勇（气）渥也。仁泊则戾而少愈（慈），勇渥则猛而无义。而又和气不足，喜怒失时，计虑轻愚。妄行之人，罪故为恶。人受五常，含五脏，皆具于身。禀之泊少，故其操行不及善人。犹（酒）或厚或泊也，非厚与泊殊其酿也，曲蘖多少使之然也。是故酒之泊厚，同一曲蘖；人之善恶，共一元气。气有少多，故性有贤愚。"① 王充认为，人在初生时禀受的元气，厚薄不一，有多有少。因此，造成人的性也有贤愚、善恶的不同。

王充在人性问题上，贯彻他关于气的理论，企图用自然的原因，说明与社会现象有关的问题。他认为，人性是由气构成的，这具有唯物主义的思想。但是他又说，气的厚薄能决定性的善恶，那就是认为气有善恶的性质。另外他又明白地说，气有"仁之气""勇之气"及"和气"。这又使人感到，他的元气不纯粹是物质性的。

王充在论述人性问题时，其一个显著的特色是他带着批判性的眼光，对他之前的各派人性思想进行评论。他列举了先秦孟子为代表的性善说及以荀子为代表的性恶说，认为这两种学说都"未为得实"，但又都"亦有所缘"，即虽然都不符合客观事实，但都有一定的事实为依据。他也列举了告子的性无善恶说，认为也"未得实"，但也是"有缘"。他还列举了周人世硕的性有善有恶说，认为"人性有善有恶，举人之善性，养而致之则善长；恶性，养而致之则恶长"。这就是说，人"有性善，有性不善"，如果注意扬长避短，培养其性善的方面，这个人就变善；相反，如任其发展性恶的方面，这个人就变恶。王充最后还列举了西汉董仲舒和刘向关于人性的观点。他们都认为，人有性有情。董仲舒认为性善情恶，刘向则认为性内情外，"性生而然者也，在于身而不发；情接于物而然者

---

① 　王充：《论衡·率性》，中华书局，2018 年。

也，形出（原作出形）于外。形外则谓之阳，不发则谓之阴。"王充批评董仲舒的人性论说："夫人情性，同生于阴阳。其生于阴阳，有渥有泊。玉生于石，有纯有驳。情性（生）于阴阳，安能纯善？"这就是说，因为各人所受的阴阳之气厚薄不同，所以其情性也都有善恶不同，不能认为性都是善的，情都是恶的。王充批评刘向说："不论性之善恶，徒议外内、阴阳，理难以知。"① 他认为刘向虽然对于性、情作了内外、阴阳的区别，却没有解决性的善恶问题。

王充在评论了以前各派对人性的论述之后，对此进行了总结："自孟子以下，至刘子政（刘向），鸿儒博生，闻见多矣，然而论情性竟无定是。唯世硕、公孙尼子之徒，颇得其正……实者，人性有善有恶，犹人才有高有下也；高不可下，下不可高，谓性无善恶，是谓人才无高下也……九州田土之性，善恶不均，故有黄赤黑之别，上中下之差；水潦不同，故有清浊之流，东西南北之趋。人禀天地之性，怀五常之气，或仁或义，性术乖也；动作趋翔，或重或轻，性识诡也。面色或白或黑，身形或长或短，至老极死，不可变易，天性然也。余固以孟轲言人性善者，中人以上者也；孙卿言人性恶者，中人以下者也；扬雄言人性善恶混者，中人也。若反经合道，则可以为教，尽性之理，则未也。"② 由此可见，王充认为历史上的人性善、人性恶之论都有一定的偏颇，人性有善有恶才是比较符合客观事实的，就像田土有黄赤黑之别、上中下之等级，水有清浊之分、东西南北之趋，人之才能有高下，禀性有各种不同，面色有白黑、身形有长短差别等。正因为人性有善有恶，所以必须特别重视后天教育和环境对人性的影响。王充指出："论人之性，定有善有恶。其善者，固自善矣；其恶者，故可教告率勉，使之为善。凡人君父审观臣子之性，善则养育劝率，无令近恶；近恶则辅保禁防，令渐于善。

---

① 《论衡·本性》。

② 《论衡·本性》。

善渐于恶，恶化于善，成为性行。"① 可见，王充认为教育可以改变人本性，使人性善的人得到教育鼓励，变得更善；人性恶的人经过教育约束，逐渐变善。另外要注意环境对人性的影响，使人不要接触恶的人或事物，应接触善的人或事物。正如"蓬生麻间，不扶自直，白纱入缁，不练自黑。彼蓬之性不直，纱之质不黑，麻扶缁染，使之直黑。夫人之性犹蓬、纱也，在所渐染而善恶变矣"。② 这就是说，人的本性就像蓬、纱一样，会随着环境的不同而发生变化。王充认识到，人是教育和环境的产物，重视教育和环境对人性起重要（有时甚至是决定性）的作用。显然，这种人性论对教育和学习来说，是有很大的积极意义的。

四、郭象的性、命思想

郭象（252—312），字子玄，河南洛阳人。西晋玄学家。少有才理，好《老子》《庄子》，能清言，常闲居。辟司徒掾，稍迁黄门侍郎。东海王司马越引为太傅主簿，甚见亲委。任职专权，为时论所轻。力倡"独化论"，主张"名教即自然"。

郭象所讲的"自然"，可以从"性"这一方面讲，也可以从"命"这一方面讲。如从"性"这一方面讲，一切事物都是"自己而然"（自然）的，好像是很自由自在。但是，如从"命"这一方面讲，则是自然对于事物的一种决定，一种限制。这就是郭象所说的"理有至分，物有定极"。郭象讲"性""命"，讲"性"的文字不多，主要侧重于讲"命"。

郭象所讲的"性"就是一个事物之所以那样子的规定性。例如，大鹏能高飞九万里，小鸟只能飞几十尺，这都是由它们的"性"所决定的，它们只能在自己的"性"所决定的范围之内活动，这就是"物有定极"。它们的活动范围虽然有大有小，但它们如果都能顺着自己的性所决定的

---

① 《论衡·率性》。
② 《论衡·率性》。

范围活动发展，就都能逍遥自得，都很幸福。每一个事物都有它的"性"的活动范围，这个活动范围就是它的"自得之场"。九万里的高空是大鹏的"自得之场"，几十尺的林间则是小鸟的"自得之场"。"场"有大小不同，但大鹏小鸟在各自的"场"内同样自得。相反，如果离开了各自的"场"，就可能不能自得了。如大鹏的身体那么大，两翼那么广，必然要升到九万里的高空后才能平飞，如果将其置于几十尺林间的小鸟"自得之场"，怎么可能飞得起来，更遑论逍遥自得了。《庄子》第一篇的题目是《逍遥游》，郭象诠释这个题目说："夫小大虽殊，而放于自得之场，则物任其性，事称其能，各当其分，逍遥一也。岂容胜负于其间哉？"郭象的这种理论就是玄学家所提倡的"任自然""顺性"的理论根据。

《庄子·人世间》有一句话说："知其不可奈何而安之若命，德之至也。"郭象注曰："知不可奈何者命也而安之，则无哀无乐。何易施之有哉！故冥然以所遇为命，而不施心于其间，泯然与至当为一，而无休戚于其中。""不可奈何"是郭象对"命"的定义。一个人在一生的经历中，总会遇到一些仅凭个人的力量无法左右的事情，这就是所谓"无可奈何"，也就是俗话常说的命里注定，不可改变，这就是"命"。

郭象在这里说到"所遇为命"，这个"遇"就是荀子所说的"节遇之谓命"那个"遇"。就如一群人一起从山下走过，其中一个人正好被山上滚下的石头砸中。对于这个人来说，这就是突如其来发生的，谁也无法预见、无法预先防范的"不可奈何"的不幸之事，这就是命。从这个意义上说，命就是偶然，好像王充所说的"幸偶"。王充举例说，一个人从草地上走过，有些草因被践踏而受到损伤，有些草没有被践踏所以完好。为什么偏偏这几棵草被践踏，偏偏那几棵草不被践踏，这没什么道理好分析。只能说，这几棵草不幸偶然被践踏，那几棵草幸而偶然不被践踏。被践踏与不被践踏，完全是出于偶然。就草来说，幸与不幸，就是荀子所说的"节遇"，也就是这几棵草恰好碰在这个节骨眼上，这就是它们的"命"。

不可奈何的事，还不止此。《庄子·逍遥游》"搏扶摇而上者九万里"之句，郭象注曰："夫翼大则难举，故搏扶摇而后能上，九万里乃足自胜

耳。既有斯翼，岂得决然而起，数仞而下哉！此皆不得不然，非乐然也。"他认为，大鹏的两翼既然那么广，必然要升到九万里的高空然后才能平飞。它之所以那样，也是不得已而这样，并不是它自己愿意这样，这也是无可奈何的事情，这就是命。从这个意义上说，命又是不得不然，是必然。

总之，不可奈何的事，有些是不期然而然，这是偶然；有些是不得不然，这是必然。

《庄子·德充符》有一条说："仲尼曰：死生存亡、穷达贫富、贤与不肖……是事之变，命之行也。"郭象注曰："其理固当，不可逃也。故人之生也，非误生也。生之所有，非妄有也。天地虽大，万物虽多，然吾之所遇适在于是，则虽天地、神明，国家、圣贤，绝力、至知而弗能违也。故凡所不遇，弗能遇也。其所遇，弗能不遇也。凡所不为，弗能为也。其所为，弗能不为也。故付之而自当矣。"郭象指出，天地这么广大，万物如此之多，我之所以恰好是这个样子，这不是说由于什么差错，也不能说没有什么根据。凡是一个人生出来，都不是错误地生出来，而且他生出来以后，所遇到的事情，都是有根据的。这都是合乎常理的，因此是不可逃避的。无论什么东西，不管有多大的力量和智慧，都是不能违背这种常理的。凡是一个人所没有遇到的情况，都是他不能遇到的，他所遇到的情况，又都是他所不能不遇到的；凡是他所不做的事情，都是他不能做的；凡是他所做的事情，又都是他不能不做的。郭象甚至认为："夫物皆先有其命，故来事可知也。是以凡所为者，不得不为，凡所不为者，不可得为。而愚者以为之在己，不亦妄乎？"[①] 这就是说，人一生的命决定了你将来做什么。所以命决定你做什么，你就能做什么，决定你不做什么，你就不能做什么。愚蠢的人以为做什么由自己决定，那是狂妄无知。

郭象认为，在那么广大的天地和众多的事物之中，就一个事物来说，

---

① 《庄子·则阳》"夫灵公之为灵也久矣"注，中华书局，2018年。

其偏偏是那样一个事物，只能说它是"自己而然"。所谓"自己而然"，也就是"独化"。每一个事物都是"自己而然"，这就是自然。就一个事物的总体来说，不能确切地指定某一事物是它所以是那个样子的原因。但是，如果把它所以是那个样子的因素分别来看，每一个因素都有它一定的理由或根据。从总体来看，一个事物之所以是那个样子，又是"理之当然"。自然和当然是一种事物的两个方面，是统一的。《庄子·逍遥游》讲到大鹏之大，郭象注曰："直以大物，必自生于大处，大处亦必自生此大物。理固自然，不患其失，又何厝心于其间哉？"[1] 大鹏必然要高飞到九万里，小鸟也必然只飞高几十尺。这是自然的事，也就是"理之当然"，自然是不会错的。从表面上看，郭象的这种观点似乎是一种宿命论，或者说是必然论。其实质上，他认为命是不可奈何，但在不可奈何之中，既有一部分必然，也有一部分偶然，总而言之是自然。而且一种事物存在的必然和偶然，往往不是主观意识所能觉察的，这就是郭象所说的"块然自生"。"块然"意为不识不知的状态，这种不识不知的生活，郭象称之为"忘生之生"。他说："理有至分，物有定极，各足称事，其济一也。若乃失乎忘生之生，而营生于至当之外，事不任力，动不称情，则虽垂天之翼不能无穷，决起之飞不能无困矣。"[2] 这就是说，理有一定的分寸，每一种事物的能力都有一定的界限。一个事物，如按照理的分寸在自己力所能及的界限内活动，就能应对自己面临的问题。这就是"至当"。在这一点上，任何事物都是这样的。如照这样生活下去，就是"忘生之生"。否则，如不按理的分寸和超出自己的能力界限，所有的活动都将遭到失败。

郭象在《庄子·德充符》中说道："知不可奈何而安之若命，唯有德者能之。游于羿之彀中。中央者，中地也；然而不中者，命也。"这句话注曰："羿，古之善射者。弓矢所及为彀中。夫利害相攻，则天下皆羿

---

① 《庄子·逍遥游》"南冥者，天池也"注。
② 《庄子·逍遥游》"且夫水之积也"注。

也。自不遗身忘知，与物同波者，皆游于羿之彀中耳……则中与不中，唯在命耳。而区区者各有所遇，而不知命之自尔。故免乎弓矢之害者，自以为巧，欣然多已，及至不免，则自恨其谬，而志伤神辱。斯未能达命之情者也。夫我之生也，非我之所生也，则一生之内，百年之中，其坐起、行止、动静、趣舍、情性、知能，凡所有者，凡所无者，凡所为者，凡所遇者，皆非我也，理自尔耳。而横生休戚乎其中，斯又逆自然而失者也。"他认为，羿作为古代的一位著名善射者，"彀中"就是指他的箭所能射中的范围。一个人如果在羿的所能射中的范围内活动，他随时都有被射中的危险。社会中的人都有利害冲突，每个人都把另外一些与自己有利害冲突的人作为箭靶子，这意味着每一个人都在与自己有利害冲突人的彀中。按照郭象的说法，除了少数超越利害关系之上的人之外，其余的人，既都是羿，又都是羿的靶子，即都想射中与自己有利害冲突的人，又随时都有被与自己有利害冲突的人射中的危险。有些人被射中了，有些人没有被射中，这都是命。但是，有些人因见识所限，看到众人的遭遇不同，不明白这是由命（即"理"、必然）所决定的。有些人因没被射中而沾沾自喜，以为是自己很了不起。有些被射中的人，则为自己的错误悔恨，唉声叹气。这些都是不了解命的人。众人应该懂得，自己之所以有这样的生命，并不是由自己决定的，也并不是出于自己的自由意志。所以在自己的一生中，自己会干这或会干那、自己干这或干那，会有这或有那，会遇到这或遇到那，都不是由自己主观愿望所决定的，而是出于命。如果懂得了这个规律，自己就不该感到欢喜或悲伤。如果有这种欢喜悲伤之情，那就违反了自然，是错误的。

第四节　学习修身思想

一、《大学》与《中庸》学习思想

早在两千多年前的《大学》中就说："知止而后有定，定而后能静，静而后能安，安而后能虑，虑而后能得。"《大学》的宗旨，在于弘扬高尚的德行，在于关爱人民，在于达到最高境界的善。知道要达到"至善"的境界方能确定目标，确定目标后方能心地宁静，心地宁静方能安稳不乱，安稳不乱方能思虑周详，思虑周详方能达到"至善"。如从做学问的的角度来看，"定而后能静，静而后能安，安而后能虑，虑而后能得"也可理解为一个人如要做学问，就必须能静得下心来，思考一些问题，然后有所发现。可见，内心浮躁是做不了学问的。正如清代孙嘉淦在为董天工修撰的《董天工武夷山志》作的序中所云："当晦庵讲学武夷时，自辟精舍，令诸从游者诵习其中，亦惟是山闲静远少避世纷，与二三子可以专意肆力于身心问学中，非必耽玩溪山之胜，与谢公屐履同疲敝于清泉白石间者比。"

据笔者观察，做学问的人一般都不会太热衷于追求物质享受，且耐得住寂寞。因为一个人如果整天迎来送往，灯红酒绿，轻歌曼舞，那怎么可能静下心来思考问题呢？如果一个人的物质生活太丰富了，那是很难抵挡住那么多的诱惑，哪有时间和心思花在做学问上。人们称赞古代学者安贫乐道，说的就是这个道理。

《大学》所说的"修身"方法，首先是要"格物"。但是，关于"格物"，《大学》没有明确的解释。《尔雅·释诂》说："格者，至也。"郑注："格，来也；物，犹事也。"《尔雅》释"格""来"都为"至"。"来"

也有"至"的意思，"至物"或"来物"，都是说与外在的事物相接触。
《大学》认为，这是"致知"的首要条件。《荀子》中没有"格物"一词，
但在《劝学篇》表达了学习知识离不开对外物的接触。这可帮助我们加
深对《大学》"格物"一词的理解。荀子说："吾尝终日而思矣，不如须
臾之所学也。吾尝跂而望矣，不如登高之博见也……君子生非异也，善
假于物也。""假物"意为凭借外物（古时假、格二字可互通，"格物"也
可理解为"假物"）。荀子还说："凡观物有疑，中心不定，则外物不清。
吾虑不清，则未可定然否也……水动而景摇，人不以定美恶；水势玄
也……有人焉，以此时定物，则世之愚者也。彼愚者之定物，以疑决疑，
决必不当。夫苟不当，安能无过乎？"① 这是说，要获得知识，不能被感
觉到的表面现象所迷惑，要用正确的方法和正确的思维来对待外物，才
能得到外物的真象。荀子在这里提到的"观物""定物"，属于"格物"
的范畴，即要获得正确的认识，离不开对外物的接触。荀子还明确地说：
"士至而后见物，见物然后知是非之所在。"这里所提到的至物、"见物"，
意思是士人必须与外物接触，然后才能知道事物的正确与否。总之，我
们通过《荀子》一书中的这些论述，可侧面地了解到，《大学》中所说的
"致知在格物"与"物格而后知至"，就是获取知识的途径在于与外物接
触，然后探究其中的事理。

《大学》提出欲明明德于天下者，要经历格物、致知、诚意、正心、
修身、齐家、治国、平天下八个环节（即朱熹所称的大学"八条目"）。
"古之欲明明德于天下者，先治其国。欲治其国者，先齐其家；欲齐其家
者，先修其身；欲修其身者，先正其心；欲正其心者，先诚其意；欲诚
其意者，先致其知；致知在格物。物格而后知至，知至而后意诚，意诚
而后心正，心正而后身修，身修而后家齐，家齐而后国治，国治而后天
下平。"在古代，意欲将高尚的德行弘扬于天下的人，则先要治理好自己
的国家；意欲治理好自己国家的人，则先要调整好自己的家庭；意欲调

---

① 《荀子·解蔽》。

整好自己家庭的人，则先要修养好自身的品德；意欲修养好自身品德的人，则先要端正自己的心意；意欲端正自己心意的人，则先要使自己的意念真诚；意欲使自己意念真诚的人，则先要获取知识；获取知识的途径则在于探究事理。《大学》第一次提出"格物"的概念，把格物致知列为儒家伦理学、政治学和哲学的基本范畴，从而赋予认知活动对于修身养性的精神、心理过程和治理社会与国家的实践活动的极其重要的意义。这是儒学的一个重大发展。探究事理后才能获得正确认识，认识正确后才能意念真诚，意念真诚后才能端正心意，心意端正后才能修养好品德，品德修养好后才能调整好家族，家族调整好后才能治理好国家，国家治理好后才能使天下太平。其中：修身以上，"格物、致知、诚意、正心"四者，专注于心性修养，属儒家的"内圣"之学；修身以下，"齐家、治国、平天下"，系君子之行为规范及治政之事，属儒家的"外王"之学；其意主要在彰明儒家"为政以德"的观念和"道德转化为政治"的思想。文章指出："物有本末，事有终始，知所先后，则近道矣。"《大学》对八条目排列了次序，其意不是规定实行中的时间先后的次序，而是确定八条目之间的关系。它指明：只有把家庭、封地管理得井井有条，才能获得经验，进而有资格治理国家；要治好家庭、封地，首先要以身作则，进行自我修养；要进行自我修养就要端正思想，而不能只做表面文章，遵守外在的行为准则；要端正思想就要做到真诚，心灵纯洁，排除种种私心杂念；而要意念诚实就要学习知识，提高认识，不至于陷入愚昧、偏执，从而避免盲目性；而要掌握知识、提高认识能力，就要研究事物，以防止被他人之说误导。说明《大学》全面地展示了同明明德和治国平天下相关的主要方面，深刻地揭示了它们之间的关系，使儒家学说成了一个条理分明的思想体系。

　　《大学》中的格物致知思想，为中国古代教育和学习开创了新的命题，正由于其在文中语焉不详，如格物究竟具体如何"格"之，格物的具体内容是什么，如何通过格物而达到致知等一系列问题，为后世留下了广阔的探讨空间，成为中国古代思想史上的重要问题。

《中庸》提出："博学之，审问之，慎思之，明辨之，笃行之。有弗学，学之弗能弗措也；有弗问，问之弗知弗措也；有弗思，思之弗得弗措也；有弗辨，辨之弗明弗措也；有弗行，行之弗笃弗措也。人一能之己百之，人十能之己千之。果能此道矣。虽愚必明，虽柔必强。"要广泛地学习，仔细地询问，审慎地思考，清晰地分辨，忠实地实践。要么就不学，学了没有学会就不中止；要么就不问，问了还不明白就不中止。要么就不思考，思考了还不懂得就不中止；要么就不辨别，辨别了还不分明就不中止；要么就不实行，实行了但不够忠实就不中止。别人一次能做的，我用百倍的工夫，别人十次能做的，我用千倍的工夫。如果真能这样做，即便愚笨也会变得聪明，即使柔弱也会变得刚强。

《中庸》还提出："君子尊德性而道问学，致广大而尽精微，极高明而道中庸。温故而知新，敦厚以崇礼。是故居上不骄，为下不倍；国有道，其言足以兴；国无道，其默足以容。《诗》曰：'既明且哲，以保其身。'其此之谓与！"君子应当尊奉德行，善学好问，达到宽广博大的境界同时又深入到细微之处，达到极端的高明同时又遵循中庸之道。温习过去所学习过的从而获取新的认识，用朴实厚道的态度尊崇礼仪。

《大学》中强调定、静、安、虑，《中庸》中强调博学、审问、慎思、明辨、笃行，对中国古代良好学风和教学方法的形成影响极为深远。使古代莘莘学子和知识分子恪守安贫乐道的价值观，宁静淡泊，专心致志于学习，仔细地询问、审慎地思考学习中遇到的问题，清晰地分辨，忠实地实践，从而有所收获，有所创见，推动中华传统文化生生不息，与时俱进，不断创新，数千年来从未间断，至今显示出勃勃生机，屹立于世界各国各民族文化之林。

《大学》中的格物、致知是为了更好地在掌握知识后上升到诚意、正心，从而达到修身的目的，并进一步让自己在齐家、治国、平天下中贡献自己的才华。而《中庸》也认为一个人学习、修身的目的是使自己达到宽广博大境界的同时又深入细微之处，达到极端的高明同时又遵循中庸之道，使自己成为治国的栋梁之材。总之，这确定了中国古代知识分

子的学习价值观主要是要达到兼济天下的目标，对中国古代教学目标的形成影响极为深远。

二、贾谊有关礼、法争论中的学习思想

贾谊（前200—前168），西汉洛阳（今河南洛阳东）人，是汉初著名的思想家、政论家，世称贾生。贾谊少年时就博览群书，熟读诸子书籍，尤其深受儒家思想的影响，以善文为郡人所称。文帝时任博士，迁太中大夫，受大臣周勃、灌婴排挤，谪为长沙王太傅。3年后被召回长安，为梁怀王太傅。梁怀王坠马而死，贾谊深自歉疚，抑郁而亡，时仅33岁。世人亦称之为贾长沙、贾太傅。

贾谊著作主要有散文和辞赋两类，深受庄子与列子的影响。其散文的主要文学成就是政论文，其评论时政的风格朴实峻拔、议论酣畅，代表作有《过秦论》《论积贮疏》《陈政事疏》等。其辞赋皆为骚体，形式趋于散体化，是汉赋发展的先声。

春秋以来礼与法的争论一直延续到西汉时期。对此，西汉初年的贾谊对此发表了自己的见解，其中涉及对教育与学习的看法。他指出："夫礼者，禁于将然之前；而法者，禁于已然之后。是故法之所用易见，而礼之所为生难知也。若夫庆赏以劝善，刑罚以惩恶，先王执此之政，坚如金石，行此之令，信如四时，据此之公，无私如天地耳，岂顾不用哉？然而曰：'礼云礼云者，贵绝恶于未萌，而起教于微眇，使民日迁善远罪而不自知也。'孔子曰：'听讼，吾犹人也，必也使毋讼乎！'为人主计者，莫如先审取舍。取舍之极定于内，而安危之萌应于外矣。安者，非一日而安也；危者，非一日而危也；皆以积渐然，不可不察也。人主之所积，在其取舍。以礼义治之者，积礼义；以刑罚治之者，积刑罚。刑罚积而民怨背，礼义积而民和亲。故世主欲民之善同，而所以使民善者或异。或道之以德教，或驱之以法令。道之以德教者，德教洽而民气乐；

驱之以法令者，法令极而民风哀。哀乐之感，祸福之应也。"① 贾谊在此首先比较礼治与法治在管理国家中的不同效果：一是礼治能够"禁于将然之前"，即防患于未然；而法治能够"禁于已然之后"，即惩弊于事后。二是礼治见效不明显，而且在民众不知不觉中进行："起教于微眇，使民日迁善远罪而不自知也。"法治见效明显，而且使民众都能知晓遵守："法之所用易见……行此之令，信如四时，据此之公，无私如天地耳。"三是礼治能使民众心服口服，产生亲和力："以礼义治之者，积礼义……礼义积而民和亲。"法治采用刑罚，容易使民产生怨恨："以刑罚治之者，积刑罚，刑罚积而民怨背。"从贾谊比较的这 3 点来看，贾谊显然认为礼治优于法治。而且他进一步指出，礼治之所以优于法治一个很重要的原因，就是教育在礼治中发挥了主要的作用：虽然教育效果好像不明显，"起教于微眇"，但是"道之以德教者，德教洽而民气乐"。相反，如一味地用刑罚，"驱之以法令者，法令极而民风哀"。这正是孔子所说的："道之以政，齐之以刑，民免而无耻；道之以德，齐之以礼，有耻且格。"② 但是，贾谊并不主张管理国家完全不用"法"，只是主张应把重点放在"礼"上。因为他认为，"法"仅能使老百姓不敢"为非"，而"礼"则能使老百姓从根本上没有"为非"的想法，这就是"礼"和"教化"的作用。人的品质是随着所受的教育的不同而改变的，可以使人"绝恶于未萌"。他引用孔子的话说："少成若天性，习惯如自然……化与心成，故中道若性。""夫胡粤之人，生而同声，嗜欲不异，及其长而成俗，累数译而不能相通行者，有虽死而不相为者，则教习然也。"③ 贾谊认为"礼"不是人生来就知道的，是后天学来的。在这一方面，他与荀子是一致的。他不像孟子那样，认为人生来都有"善端"，教育只是将其扩而充之，而是与荀子观点相似，认为习就可以成为性。因此他注重"习"，注重

① 《汉书》卷 48《贾谊传》。
② 《论语·为政》。
③ 《汉书》卷 48《贾谊传》。

"礼"，主张通过后天的教化和学习，来使人性变善。

贾谊的这种注重"习"注重"礼"，而且"礼""法"并用的思想，与当时西汉王朝的统治政策是比较一致的。汉宣帝说："汉家自有制度，本以霸王道杂之。奈何纯任德教。用周政乎？"①

第五节　义利之辨思想

一、先秦义利之辨思想渊源

义利之辨是中国古代自先秦就已经开始的思想史上一个重要问题，一直到宋明时的理学家，仍然关注这个问题，并引发争论。以今人的眼光看，这个问题其实在很大程度上是一个人的价值观，所以历经两千多年，一直引起人们的关注和讨论。

据目前所知，义利之辨问题最早是由孔子提出的："君子喻于义，小人喻于利。"② 孔子的这句话曾遭到激烈的批评，其实这句话的意思是：只有"君子"才明白什么是"义"，而"小人"只是懂得穿衣吃饭、柴米油盐的事情，这些都是"利"。笔者觉得这句话没有什么很大的问题。而且直到现代，只有那些有境界有思想的人（君子）才懂得才会去追求"义"，而那些没境界没思想的人还不是整天忙着追"利"，甚至为了追"利"，可以不择手段，什么坏事都干得出来，哪里有想到"义"？当然，由于时代的局限，孔子对义、利的理解也有偏颇的地方。如孔子的一个学生樊迟说他想要学种地、种菜，孔子就骂他是"小人"，说君子所做的

①　《汉书》卷9《元帝纪》。
②　《论语·里仁》。

事是管理国家和老百姓，为什么不学君子所要做的事，而偏要做小人（老百姓）所要做的事呢？① 由此可见，孔子轻视种庄稼、种菜之类的体力劳动。他认为这些事不该由读书人（君子）来做，而应该由小人（劳动人民）来做。君子如做这种事情，就是有失身份，丢了架子，这是没出息的。这是其局限性。但孔子认为读书人要追求"义"，不要关注"利"，要注重自己价值观的修养，还是有进步意义的。

孟子也注意到义利之辨问题，但是他不用义辨来分别，而是用"善"与"利"来分别。他说："鸡鸣而起，孳孳为善者，舜之徒也。鸡鸣而起，孳孳为利者，跖之徒也。欲知舜与跖之分，无他，利与善之间也。"② 舜与跖是孟子常提到的两个在道德上的极端典型。舜是"善"的典型，跖是"利"的典型。为善者不一定就是舜，但他是"舜之徒"；为利者不一定就是跖，但他是"跖之徒"，也就是说可以发展成为舜或跖。孟子这里所做的区分，主要是从道德层面上做的分别。

孟子喜欢将道德层面上的议题引申到管理国家政治层面上，如他讲道德层面上的"仁"，就会引申到管理国家政治层面上的"仁政"。他讲道德层面上的善、利，同样也引申到管理国家中的"上下交征利"现象。孟子曾向梁惠王说："王曰：'何以利吾国？'大夫曰：'何以利吾家？'士庶人曰：'何以利吾身？'上下交征利而国危矣。万乘之国，弑其君者必千乘之家。千乘之国，弑其君者，必百乘之家。万取千焉"，"千取百焉，不为不多矣。苟为后义而先利，不夺不餍。未有仁而遗其亲者也，未有义而后其君者也，王亦曰仁义而已矣，何必曰利？"③ 文中的万乘之国、千乘之国指的是当时的诸侯国的国君，千乘之家、百乘之家，指的是当时国君之下的大臣贵族。战国时期，人们习惯于用一国一家拥有的战车数量来说明一国一家的总体实力。万乘之国中有千乘之家，这个千乘之

---

① 《论语·子路》。
② 《孟子·尽心上》。
③ 《孟子·梁惠王上》。

家就是"万取千焉",千乘之国中有百乘之家,这个百乘之家就是"千取百焉"。

他们所取得也不能算不多,但是,好利的人总认为自己所取得的少,总想再取得多一些。所以,如果把"利"放在第一位,千乘之家必然要篡夺万乘之国,百乘之家必然要篡夺千乘之国。至于一般的平民,也都想着什么事对他自身有利,这就是所谓"上下交征利"。孟子认为,如果每个家庭每个国家都这样,必然会导致"天下大乱"。因为,如果人人都把"利"放在第一位(即先利),那整个社会就"不夺不餍",非把别人所有的都夺过来,是不会满足的。

二、西汉董仲舒的义利之辨思想

西汉董仲舒在义利之辨中提出一个著名的观点:"正其谊(义)不谋其利,明其道不计其功。"① 董仲舒这句名言,为后世许多人经常引用,影响深远。在董仲舒看来,义和利的问题,包含着道德行为和物质利益的关系问题。对此,他解释说:"天之生人也,使人生义与利。利以养其体,义以养其心。心不得义不能乐,体不得利不能安。"② 这里所说的"义",是指道德的原则,"利"则指物质生活的利益。从此可以看出,董仲舒认为义和利,对人说来都是不可缺少的。但是,他接着又说:"体莫贵于心,故养莫重于义。义之养生人大于利。"这就说虽然义和利两者都是不可缺少的,但是,归根结底,义比利更为重要。"夫人有义者,虽贫能自乐也。而大无义者,虽富莫能自存……民不能知而常反之,皆忘义而殉利,去理而走邪,以贼其身而祸其家。此非其自为计不忠也,则其知之所不能明也。"③

---

① 《汉书》卷56《董仲舒传》,《春秋繁露·对胶西王越大夫不得为仁》篇作"正其道不谋其利,修其理不急其功"。

② 《春秋繁露·身之养莫重于义》。

③ 《春秋繁露·身之养莫重于义》。

董仲舒的义和利与他的志和功、经和权两对范畴是有内在联系的，是他伦理学中的三对范畴。所谓"志"是指行为者的主观动机，"功"是行为的效果。当时，主张动机论的注重"志"，主张效果论的注重"功"。董仲舒明确主张"动机论"，认为"《春秋》之听狱也，必本其事而原其志。志邪者不待成，首恶者罪特重，本直者其论轻"。① 《公羊传》讲到《春秋》"书法"中"及"与"暨"的区别时说："及犹汲汲也，暨犹暨暨也。及，我欲之；暨，不得已也。"② 何休注曰："举及、暨者，明当随意善恶而原之。欲之者，善重，恶深；不得已者，善轻，恶浅；所以原心定罪。"这是说，如果一个人有为善或为恶的动机，有意识地主动为善或为恶，这样，他所为的善就应该受到更大的赞扬（"褒"），他所为的恶也应该受到更大的惩罚（"贬"）。如果一个人没有为善或为恶的动机，是被迫为善或为恶，那么他所为的善就应该受到比较小的赞扬，他所为的恶就应该受到比较轻的惩罚。这就是基于动机论的"原心定罪"，也就是董仲舒所说的"本其事而原其志"。

董仲舒还指出："志邪者不待成。"意思是说，只要一个人有了邪志，就马上应予以惩罚，不必待其成为行动。《公羊传》昭公元年说：《春秋》"贬陈侯之弟招"。其理由是"言将自是弑君也。今将尔，词曷为与亲弑者同？君亲无将，将而必诛焉"。这就是说，不但已经弑君的要诛，就是将弑君的也要诛。

董仲舒在伦理学中的第三对范畴是"经"和"权"。所谓"经"，就是一般的原则；所谓"权"，就是原则的灵活运用。孔子也讲"权"："可与共学，未可与适道；可与适道，未可与立；可与立，未可与权。"③ 他认为，有些人有志于学，但他所要学的未必是"道"。有些人虽然有志于学道，但未必能"立于礼"。有些人虽然能"立于礼"，但往往把礼当成

---

① 《春秋繁露·精华》。
② 《春秋公羊传》隐公元年，影印《十三经注疏》本，中华书局，1980 年。
③ 《论语·子罕》。

一种死的规则。如执着于死的规则而不知道变通、权宜,对于礼不能灵活地运用,胶柱鼓瑟,那就是"未可与权"。应用的灵活性,在表面上看起来,好像与"礼"的原则性有违背,但是在本质上正是同原则相符合。这种在具体实践中的"灵活性",其实是更好地维护了"礼"的原则性。用现代的话来说,这就是对人对事必须"具体问题具体分析",实事求是。孟子也讲"礼"与"权":"男女授受不亲,礼也;嫂溺则援之以手者,权也。"在这里,"礼"是指一般的规范,"权"是指对一般规范的变通。孔子和孟子所谈的关于"经"和"权"的问题,至西汉董仲舒对这个问题做了更为详细的论述。他发展了孔子和孟子的这一思想,提出"反经而合乎道曰权"。这就是说,道是原则性,权是灵活性。灵活性在表面上有时似乎是违反了原则性,但实际上正是与原则性相符合。

春秋时期,晋国同齐国打仗,齐国战败,齐顷公被围。他的部将逢丑父,冒充齐顷公被擒,使齐顷公得以逃脱。晋军判逢丑父以"欺三军"之罪,把他杀了。[①] 董仲舒在《春秋繁露·竹林》中讨论了这个问题,逢丑父虽然杀其身以生其君,但是不算是"知权"。他认为:"丑父欺晋,祭仲许宋,俱枉正以存其君。然而丑父之所为,难于祭仲,祭仲见贤而丑父犹见非,何也?"这是因为"是非难别者在此。此其嫌疑相似而不同理者,不可不察。夫去位而避兄弟者,君子之所甚贵。获虏逃遁者,君子之所甚贱。祭仲措其君于人所甚贵以生其君,故《春秋》以为知权而贤之。丑父措其君于人所甚贱以生其君,《春秋》以为不知权而简之。其俱枉正以存君,相似也,其使君荣之与使君辱不同理。故凡人之有为也,前枉而后义者,谓之中权,虽不能成,《春秋》善之,鲁隐公、郑祭仲是也。前正而后有枉者,谓之邪道,虽能成之,《春秋》不爱,齐顷公、逢丑父是也。"

董仲舒在此以封建道德规范对"权"的标准界定作了分析,指出郑祭仲的行为是"反于经然后有善",即使其君获得逊让的好名声,所以他

---

① 《春秋》成公二年,影印《十三经注疏》本,中华书局,1980年。

的行为是符合"权"的标准的，故算是"中权"。这种行为，就其封建道德价值观来说，是善的行为，其结果也是好的。相反，逢丑父的行是"反于经"然后不能有善，即使其君受辱而为"人所甚贱"，所以他的行为不符合"权"的标准，故不能算是"中权"。这种行为，就其封建道德价值观来说，是恶的行为，其结果也是不好的。

基于以上认识，董仲舒进一步为行权划出一定的范围。他指出："夫权虽反经，亦必在可以然之域。不在可以然之域，故虽死亡，终弗为也。"① 可见，董仲舒认为，行权有一定的范围，即"可以然之域"，如果超过了这个范围，虽然生死攸关，也是不可以行权的。这是因为"诸侯在不可以然之域者，谓之大德；大德无逾闲者谓正经。诸侯在可以然之域者谓之小德，小德出入可也。权，谲也，尚归之以奉巨经耳"。② 孔子弟子子夏说："大德不逾闲，小德出入可也。"③ 董仲舒以子夏的这段话来诠释经、权。经是大德，在不可以然之域，也就是说，在不可以行权的范围之内，这是在任何情况下都必须遵守的。权是小德，小德是在可以行权的范围之内。在这个范围之内，可以行权，行权必然要违反一些原则，但违反这些原则的目的，是为了符合更高的原则，即"尚归之以奉巨经耳"。

总之，董仲舒在讨论伦理学中的义和利、志和功、经与权三对范畴中，认为义、志、经是主要的，利、功、权是次要的，可见他是注重精神、原则层面的，而相对轻视物质、功利层面的，这对于一个人修身是有一定的积极意义的。

三、《大学》与"文学贤良"的义利之辨

《大学》的中心是讲三纲领（明明德、亲民、止于至善）和八条目

---

① 《春秋繁露·玉英》。
② 《春秋繁露·玉英》。
③ 《论语·子张》。

（格物、致知、诚意、正心、修身、齐家、治国、平天下），但其在末尾，却对当时管理思想中的"以利为利"提出尖锐的批判，主张应该"以义为利"。《大学》指出："生财有大道，生之者众，食之者寡，为之者疾，用之者舒，则财恒足矣……未有府库财非其财者也。孟献子曰：畜马乘，不察于鸡豚。伐冰之家，不畜牛羊。百乘之家，不畜聚敛之臣。与其有聚敛之臣，宁有盗臣……此谓国不以利为利，以义为利也。"大学的这段话，据一些学者的观点，不是无的放矢，而是有所指的。如果同西汉的盐铁会议联系起来，这段话与盐铁会议中"文学贤良"的义利思想是非常相似的，而且所批判的聚敛之臣很明显就是御史大夫桑弘羊。

　　西汉的盐铁会议，其争论的中心议题就是围绕着盐铁官营的义利问题，正如《盐铁论》结尾所云："余睹盐铁之义，观乎公卿、文学、贤良之论，意指殊路，各有所出，或上仁义，或务权利。"① 当时参加会议的两方面人员，一边是以丞相、御史（《盐铁论》一书中统称为"大夫"）为代表的当权派，主张盐铁官营。另一边是地方推荐的"文学贤良"，是在野的反对派，主张盐铁民营。换言之，当时从义利的角度上看，"大夫"和"文学贤良"的根本分歧是"大夫"主张"务权利"，"文学贤良"主张"上仁义"。显然，这里的义利之辨已大大超出了个人修身的层面，而上升到管理国家的层面。有关盐铁官营还是民营的争论详见拙著第五章第七节第一部分关于"汉武帝时期盐铁酒专卖和均输平准思想"中的介绍，这里仅涉及其中的义利思想。"大夫"认为："夫权利之处，必在深山穷泽之中，非豪民不能通其利。异时，盐铁未笼，布衣有胸邪，人君有吴王，皆盐铁初议也。吴王专山泽之饶，薄赋其民，赈赡穷乏，以成私威。私威积，而逆节之心作……今放民于权利，罢盐铁以资暴强，遂其贪心，众邪群聚，私门成党，则强御日以不制，而并兼之徒奸形成也。"② 汉武帝晚年，由于抗击匈奴，连年用兵，加上统治集团的奢侈，

---

① 桓宽：《盐铁论·杂论》，天津古籍出版社，1983 年。
② 《盐铁论·禁耕》。

导致财政困难，所以必须"兴盐铁，设酒榷，置均输，蓄货长财，以佐助边费"。① 另外，当时富商大贾、豪强势力膨胀后，和地方诸侯割据势力勾结，严重威胁朝廷的统治，因此，"大夫"的盐铁官营，"务权利"政策符合当时朝廷的需要，势在必行。但是盐铁官营必然导致管理成本高、效率低下、质量差、价格高等弊端，对社会经济的长期发展来说是不利的。"文学"则认为："窃闻治人之道，防淫佚之原，广教道之端，抑末利而开仁义。毋示以利，然后教化可兴，风俗可移也。今郡国有盐铁、酒榷、均输，与民争利。散敦厚之朴，成贪鄙之化。是以百姓就本者寡，趋末者众。夫文繁则质衰，末盛则质亏。末修则民淫，本修则民悫。民悫则财用足，民侈则饥寒生。愿罢盐铁酒榷均输，所以进本退末，广利农业，便也。"②"文学"从传统的儒家思想着眼，认为管理国家最根本的措施是要"开仁义"，使民风敦厚淳朴，专心于农业生产，生活节俭，就能使国家财用充足，民众丰衣足食。因此，朝廷在管理国家中不可以表现出自己好利，"毋示以利"，更不可"与民争利"。而盐铁专卖、酒榷，不但是示民以利，而且更是"与民争利"。其结果是在经济上造成重末抑本，使老百姓趋商弃农，从而导致粮食生产不足，使老百姓经商变得不老实，难以统治。从长远的眼光看，在封建社会时期管理国家倡导仁义，重视农业生产，主张盐铁民营，是符合历史发展规律的，对国家长治久安、社会经济发展都是有积极意义的。但是，"文学"的这些主张难以在短期内解决汉武帝晚年所面临的财政困难和地方割据分裂势力的威胁，所以注定不会被采纳实施。

从上引《大学》的"生财有大道"这段话与《盐铁论》中"文学"的主张相对照，可以清楚地看出，两者的思想是一致的。所以，冯友兰推测，《大学》的作者就是参加盐铁会议的许多"文学"中的一员。③ 其

---

① 《盐铁论·本议》。
② 《盐铁论·本议》。
③ 《中国哲学史新编》第三册，第 185 页。

思想共同点大致主要有 3 个方面：一是两者都主张以仁义作为治国的主导思想。《大学》反对治国"以利为利"，主张应"以义为利"，具体而言，就是通过格物、致知、诚意、正心、修身、齐家、治国、平天下来管理国家。"文学"则主张"广教道之端，抑末利而开仁义，毋示以利，然后教化可兴，风俗可移也"。二是两者都主张发展农业生产，提倡节俭，即开源节流，使民众生活富足。《大学》主张"生财有大道，生之者众食之者寡，为之者疾，用之者舒，则财恒足矣"。"文学"则认为"末修则民淫，本修则民悫。民悫则财用足，民侈则饥寒生。愿罢盐铁酒榷均输，所以进本退末，广利农业，便也"。三是两者都反对重敛百姓，主张藏富于民。《大学》作者尤其痛恨"聚敛之臣"，故提出"与其有聚敛之臣，宁有盗臣"，批判了聚敛之臣所说的"未有府库财非其财者也"的论调。这是说一个皇帝统治着全国，在全国之中无论哪一个府库里的财，都是他的财。何必把全国的财都聚在"大司农"的手里，由他自己支配才算是他的财呢？"文学"则反对当时"郡国有盐铁、酒榷、均输，与民争利。散敦厚之朴，成贪鄙之化"；主张"罢盐铁、酒榷、均输"，还利于民。

四、王弼的德、仁义、礼思想

王弼（226—249），字辅嗣，山阳高平（今山东省微山县）人。中国古代经学家、哲学家，魏晋玄学的代表人物及创始人之一。王弼明察聪慧，爱好《老子》，通辩能言。曾任尚书郎，文名盖世。联合何晏、夏侯玄等同倡玄学清谈，清正高傲，"颇以所长笑人，故时为士君子所疾"。其作品主要包括解读《老子》的《老子注》《老子指略》及解读《周易》思想的《周易注》《周易略例》四部，其中《老子指略》《周易略例》是王弼对《老子》《周易》所做的总体性分析的文章。

《老子》第 38 章说："上德不德……而扔之。"王弼对这一章作了一段较长的注，比较系统地表达了自己对德、仁义和礼的理解。王弼对德

的注释说："德者，得也。常得而无丧，利而无害，故以德为名焉。何以得德？由乎道也。何以尽德？以无为用。以无为用则莫不载也。故物，无焉，则无物不经；有焉，则不足以免其生。是以天地虽广，以无为心；圣王虽大，以虚为主……故灭其私而无其身，则四海莫不瞻，远近莫不至。殊其己而有其心，则一体不能自全，肌骨不能相容。是以上德之人，唯道是用，不德其德，无执无用，故能有德而无不（"不"字疑衍）为。不求而得，不为而成，故虽有德而无德名也。"

王弼认为天地万物和人类社会都有"所由之宗"。天地万物的"所由之宗"，就是"万物之宗"，也就是"道"。人类也有"所由之宗"，称为"德"。也可以说，"德"是天地万物这一类中所有的每一个体之所得于道者。王弼在注释中对德的理解"德"就是"得"，所以他推导说，道家推崇"无"，如能做到"以无为用"，"灭其私而无其身"，就可以承载下任何事物，即"莫不载也"。如果能做到这点，就是"不德其德，无执无用"，就能"不求而得，不为而成"，最终因无用、无私、无身、不求、不为而真正达到"有德而无为"的境界。

王弼在对"德"的注释基础上，接着对仁义和礼进行诠释。他说："凡不能无为而为之者，皆下德也，仁义礼节是也。"显然，王弼在此把德分为上德和下德，其区别在于"无为"为上德，"为之"（即有为）为下德，而"仁义礼节"则属于有为的下德。他认为，"为之"就是不能"以无为用"的表现。上仁、上义都是为之，其区别在于"有以为"和"无以为"。上仁讲爱，"爱之无所偏私，故上仁为之而无以为也"。上义"忿枉佑直，助彼攻此，物事而有以心为矣（'有以心为'应作'有心以为'），故上义为之而有以为也"。可见，上仁和上义的分别，在于有没有偏私，这就是"无以为"和"有以为"的区别。

至于礼，王弼的看法是："夫礼也，所始首于忠信不笃，通简不阳，责备于表，机微争制。夫仁义发于内，为之犹伪，况务外饰而可久乎。故夫礼者，忠信之薄而乱之首也。"王弼认为，礼是一种外表用于装饰的东西，是从外边人为加上去的，不像仁义是从人的内心发出来的。仁义

发自人的内心犹是"伪"，更何况礼是从外边人为加上的，那更是"伪"的。因此，王弼指出，礼的特点是一种人为规定的条条框框，清规戒律，是一种"伪"。这种"伪"是人为的，也就是虚伪。正因为礼是一种人为的条条框框，所以人如果越注意遵守这些人为的条条框框，就越虚伪。所以王弼大胆地断言，礼是"忠信之薄而乱之首"。礼的出现，表明人的忠信越来越少，它助长了虚伪，所以成为"乱之首"。

其实，王弼并不是从根本上否定礼，他所否定的只是汉末所流行的虚伪的名教教条。他认为不仅礼必须"以无为用"，就是仁义也必须"以无为用"。"故仁德之厚，非用仁之所能也；行义之正，非用义之所成也；礼敬之清，非用礼之所济也。载之以道，统之以母，故显之而无所尚，彰之而无所竞。用夫无名，故名以笃焉；用夫无形，故形以成焉。守母以存其子，崇本以举其末，则形名俱有而邪不生，大美配天而华不作。故母不可远，本不可失。仁义，母之所生，非可以为母。形器，匠之所成，非可以为匠也。舍其母而用其子，弃其本而适其末，名则有所分，形则有所止。虽极其大，必有不周；虽盛其美，必有患忧。功在为之，岂足处也。"① 这里的"非用仁之所能""非用义之所成""非用礼之所济""无所尚""无所竞""无名""无形"，都是在说明实行仁义，遵循礼都要"以无为用"。如果不能"以无为用"，不但礼变成坏事，仁义也不可行。如果能"以无为用"，不仅仁义可行，礼也不生邪，变成好事了。

王弼的"以无为用"，从字面上看起来比较玄虚，好像说不通，"无"既然是无，还有什么"用不用"可说呢？根据他上边的论述，其实他所谓的"无"，其内容有特定的指向，就是无私和无伪。所以"以无为用"，其实是确有其内容，换言之就是以无私为用，以无伪而用。

这些无私和无伪的内容，直至宋明道学才明白地揭示出来。宋明道学，严格分别所谓"义利之辨"，认为这是一切道德的根本。他们认为，义利之辨其实就是公私之别，不论人的什么行为，只要是为"公"的，

---

① 王弼注：《老子道德经注校释》三十八章注，中华书局，2018 年。

就是"义";只要是为"私"的,就是"利"。为义的是君子,为利的是小人。《孟子》和《中庸》都以"诚"为最高的范畴,甚至认为"不诚无物",宋明道学家更是发挥了这种思想。魏晋玄学家用的思维方式不同于传统的儒家的思维方式,他们用的是"无为""无用"的思维方式,使习惯于传统儒家思维方式的人觉得玄学家所讲的内容很玄虚,实际上他们所讲的不少内容并没有脱离当时的历史现实,如对名教的否定,还是有参考价值的。

第六节　名教与自然思想

一、嵇康的"越名教而任自然"思想

嵇康(224—263,一作223—262),字叔夜,谯国铚县人,三国时期曹魏思想家、音乐家、文学家。曹魏时嵇康拜官郎中,授中散大夫,世称"嵇中散"。司马氏掌权后,隐居不仕,拒绝出仕。景元四年(263),因受司隶校尉锺会构陷,而被大将军司马昭处死。嵇康与阮籍等人共倡玄学新风,主张"越名教而任自然""审贵贱而通物情",成为"竹林七贤"的精神领袖,名列"竹林名士"之一。

嵇康自幼聪颖,博览群书,广习诸艺,尤为喜爱老庄学说。工诗善文,其作品风格清峻,反映出时代思想,并且给后世思想界、文学界带来许多启发。他注重养生,曾著《养生论》,今有《嵇康集》传世。

《嵇康集》卷6《释私论》阐述了嵇康著名的"越名教而任自然"的思想,反映了魏晋玄学反对当时封建礼教的叛逆思想,以下对此略作

介绍。①

嵇康在《释私论》中说:"夫称君子者,心无措乎是非,而行不违乎道者也。何以言之?夫气静神虚者,心不存于矜尚;体亮心达者,情不系于所欲。矜尚不存乎心,故能越名教而任自然;情不系于所欲,故能审贵贱而通物情。物情顺通,故大道无违;越名任心,故是非无措也。是故言君子,则以无措为主,以通物为美。言小人,则以匿情为非,以违道为阙。何者?匿情矜吝,小人之至恶,虚心无措,君子之笃行也。"

嵇康在此从两个层面来论述"君子"应该如何面对现实的生活,其中第一个层面是应该处理好个人与社会的关系。嵇康认为,人虽然作为社会的一员,但应该"越名教而任自然"。这就是说,一个人应该顺着自己的自然本性生活,不必要顾及名教所规定的那些条条框框、清规戒律。要做到这一点,关键是"心无措乎是非",就是不要在乎理会社会的批评或赞扬。用现代的一句话来说,就是"走自己的路",不要在乎别人的评价。第二个层面是应该处理好人与宇宙的关系。这是针对人与物的关系来说的。在这个关系中,人应该"审贵贱而通物情"。嵇康认为,要做到这点,人必须做到"情不系于所欲",即对大自然不要有所欲求,就能"物情顺通"。人与大自然和谐共处,顺其自然,与大道无违了。

嵇康认为判断一个人的是非善恶的主要标准还是在于公私之分。他指出:"故论公私者,虽云志道存善,心无凶邪,无所怀而不匿者,不可谓无私。虽欲之伐善,情之违道,无所抱而不显者,不可谓不公。今执必公之理,以绳不公之情,使夫虽为善者,不离于有私;虽欲之伐善,不陷于不公,重其名而贵其心,则是非之情,不得不显矣。是非必显,有善者无匿情之不是,有非者不加不公之大非。无不是则善莫不得,无大非则莫过其非,乃所以救其非也。非徒尽善,云所以厉不善也。"在此,嵇康以辩证的方法,通过分析"显情"与"匿情"来说明公私的表现。一个人虽然行的是善事,但是他行善的思想感情都被自己隐藏起来

---

① 本目以下引文未注出处者,均见于《释私论》。

而不公开，这就是"匿情"，说明这些人仍然有私。有些人虽然有"矜尚""违道"等不好的行为，但是他的思想感情都是公开的，对自己的所作所为都不隐瞒，这就是"显情"，因此这些人还是有公的。嵇康主张，有善者懂得这个道理，就可以不匿情而真正成为有公。有非者懂得这个道理，知道自己虽然有错，但因显情还不是不公。这样有善者更加为善，有非者可以知错而改也转变为善。

嵇康还举汉朝第五伦的事例来说明"显情"是公而不是私。第五伦说，他的侄子有病，他一夜去看10次，可是看了以后，还是睡得很好。可是他的儿子有病，他就没去看这么多次，可是夜里睡不着觉。因此他承认自己有私，不能无私。嵇康说，第五伦是有非，但不是私。因为他能够显情，把自己的思想感情完全说出来，不隐瞒，这就是公而不是私。"今第五伦有非而能显，不可谓不公也。所显是非，不可谓有措也。"这就是说，第五伦有错误，但他自己能把它说出来，这就是公。他公开承认自己的错误，而不怕别人的耻笑，这就是"心无措乎是非"。

嵇康认为："夫公私者，成败之途而吉凶之门乎……栖心古烈，拟足公涂。值心而言，则言无不是。触情而行，则事无不吉。于是乎同（情）之所措者，乃非所措也。俗之所私者，乃非所私也。言不计乎得失而遇善，行不准乎是非而遇吉，岂（其）公成私败之数乎。"在此，嵇康特别强调"值心而言""触情而行"。就是说，人应该想说什么就说什么，想做什么就做什么。这就是"任自然"。任自然不伪，是"显情"，所以必定是属于"是"的。如果一个人想说什么而不说，想做什么而不做，这就是不任自然。不任自然是"伪"，是"匿情"，所以必定是属于"非"的。明白了这个道理就能知道，一般人所说的是非并不是真正的是非。一般人认为是私的，并不是真正的私。一个人如能够做到"值心而言""触情而行"，就可以"寄胸怀于八荒，垂坦荡以永日，斯非贤人君子高行之美异者乎"。这就是"越名教而任自然"的人的精神境界。

嵇康的"越名教而任自然"也带有一定的因果报应思想，认为善恶是非和成败吉凶是有对应关系的，这就是"值心而言，则言无不是"，

"触情而行，则事无不吉"。在他所处的西晋司马氏当权时代，其封建政治是比较黑暗的。司马氏在篡位过程中，打击迫害曹魏君臣和正直之士，因言行招祸之事屡见不鲜，嵇康本人也因得罪晋王司马昭而被杀。所以，怎么有可能如嵇康所说的想怎么说就怎么说就是对的，想怎么做就怎么做就是吉利的。在那样的黑暗的政治生态环境下，其结果往往与嵇康所说的相反。无数历史事实说明，嵇康的因果论是错误的。嵇康虽然主观上希望善恶是非与成败吉凶是相对应的，即善有善报、恶有恶报，任自然者吉、非任自然者凶，但现实往往事与愿违。其实嵇康对此有着清醒的认识，所以，既然决定自己要"任自然而越名教"，想说什么就说什么，想做什么就做什么，"心无措乎是非"，就不惧招来是非，遭到迫害，甚至是杀身之祸。这就是"言不计乎得失"，"行不准乎是非"。显然，虽然他的主观愿望很美好，但对自己的言行是不计得失是非的。嵇康是这么说的，也是这么做的，真正践行了言行一致、表里如一。

山涛是当时的一位大官，嵇康的朋友。他向朝廷推荐嵇康以自代。嵇康对当时司马氏当权不满，抱着不合作的态度。当听到这个消息后，对山涛大为恼火，写了一封信给他。这就是历史上有名的《与山巨源绝交书》。在这封信中，嵇康阐述了自己"任自然"的思想和日常习惯："少加孤露，母兄见骄，不涉经学。性复疏懒，筋驽肉缓，头面常一月十五日不洗，不大闷痒，不能沐也。每常小便而忍不起，令胞中略转乃起耳。又纵逸来久，情意傲散，简与礼相背，懒与慢相成，而为侪类见宽，不攻其过。又读《庄》《老》，重增其放。故使荣进之心日颓，任实之情任笃。此由禽鹿，少见驯育，则服从教制。长而见羁，则狂顾顿缨，赴汤蹈火。虽饰以金镳，飨以嘉肴，愈思长林而志在丰草也。"最后，他检讨自己的行为说："有必不堪者七，甚不可者二。"① 在这封信中，他毫不顾忌地说出了自己想说的话，说出了自己违背名教的自然之性和生活习惯，断然拒绝了山涛的推荐，表明自己不愿与司马氏当权派合作。这就

---

① 《嵇康集校注》卷2，人民文学出版社，1962年。

是"越名教而任自然""心无措乎是非",也就是"显情"。

当时有一个人叫张邈,字辽叔,作了一篇《自然好学论》文章,提出了人自然而然喜欢学习孔子经典的观点。嵇康针锋相对,写了一篇《难自然好学论》,批评了张辽叔的看法。他说:"六经以抑引为主,人性以从欲为欢。抑引则违其愿,从欲则得自然。然则自然之得,不由抑引之六经;全性之本,不须犯情之礼律。故仁义务于理伪,非养真之要术;廉让生于争夺,非自然之所出也。"①嵇康认为,六经对于人的欲望,是以抑制、引导为主的,但是人性是喜欢从心所欲,而不喜欢受到引导,更是不愿意被压抑。这是因为压抑、引导违反人的意愿,从心所欲则是得其自然。所以说仁义出于理性的虚伪,不是养真的方法;廉让的产生是因为人类社会有了争夺,不是出于自然。因此,他主张,人不必学习六经的抑制和引导,应从心所欲,得于自然,用不着违反人的情欲的礼律。

二、嵇康的"心不违乎道"思想

嵇康的"越名教而任自然"思想主要是解决人与社会关系的问题,而关于人与宇宙的关系,他则提出"心不违乎道"的思想。嵇康曾作有《养生论》,向秀则写了《难养生论》,对此提出不同的见解。嵇康又提出反驳,写了《答难养生论》。在这场针锋相对的辩论中,双方各自提出对待富贵的态度问题,并涉及如何看待人与宇宙的关系问题。嵇康说:"世之难得者,非财也,非荣也,患意之不足耳。意足者,虽耦耕畎亩,被褐啜菽,莫不自得。不足者,虽养以天下,委以万物,犹未惬。然则足者不须外,不足者无外之不须也。无不须,故无往而不乏。无所须,故无适而不足。不以荣华肆志,不以隐约趋俗,混乎与万物并行,不可宠辱,此真有富贵也。故遗贵,欲贵者贱及之,故忘富,欲富者贫得之,

①《嵇康集》卷7。

理之然也。今居荣华而忧，虽与荣华偕老，亦所以终身长愁耳。故老子曰：'乐莫大于无忧，富莫大于知足。'此之谓也。"①

嵇康这里主要讨论了富贵的两个问题：一是富贵与欲望的关系。他认为，在欲望上知道满足的人，就是最富有的人。这就是"富莫大于知足"。二是懂得把自己放在宇宙万物之间，与之平等相处，作为万物中之一物的人，才是真正地拥有富贵。这就是"混乎与万物并行，不可宠辱，此真有富贵也"。《世说新语》载：竹林七贤之一的阮咸有一次宴请他的族人，用大盆盛酒，大家一起围绕着盆子喝。他家里的猪也跑来喝，众人也不在意，与猪一块喝。这就是嵇康所说的"混乎与万物并行"的意思。

嵇康还注意将人的欲望分为内、外，也就是说"欲"和"所欲"。"欲"是内，就是说人的欲望由内心产生。"所欲"是外，即"情不系于所欲"，就是"不须外"，这就是说内心不知道满足，即使外部给你再多，也是不满足的。嵇康批评世俗中的人说："上以周、孔为关键，毕志一诚；下以嗜欲为鞭策，欲罢不能。驰骋于世教之内，争巧于荣辱之间。"他认为这些人都是"情系于所欲"，受外界的诱惑，所以不知道满足。这是因为世俗的人恋于外部的世俗之乐，他们在内心没有寄托。"此皆无主于内，借外物以乐之。外物虽丰，哀亦备矣。有主于中，以内乐外，虽无钟鼓，乐已具矣。故得志者，非轩冕也；有至乐者，非充屈也（'充屈'疑应作'充悦'。本篇上文云："若以充悦为贤，则未闻鼎食有百年之宾也。"这里指可以充腹悦口的好吃的东西）。得失不以累之耳。"这就是说，如内心有一片净土，有所寄托，即使没有悦耳的钟鼓之乐，没有飞黄腾达的高官，没好吃的山珍海味，内心还是很快乐的。

嵇康还认为无乐就是至乐。他举例说，一个人的父母得病而痊愈了，这固然值得高兴快乐，但这种高兴快乐宁可不要。因为如果父母不得病那岂不更好，更值得高兴快乐。"父母有疾，在困而瘳，则忧喜并用矣。

---

①　《嵇康集》卷 4《答难养生论》。

由此言之，不若无喜可知也。然则（无）乐岂非至乐邪？"①

总之，嵇康认为"行不违乎道"的精神境界就是知足常乐，把自己当作万物中的一员，看淡富贵荣华。这样，就可以"顺天和以自然，以道德（老庄所说的道德，非一般所谓的道德）为师友，玩阴阳之变化，得长生之永久，任自然以托身，并天地而不朽者，孰享之哉"。（同上）这是一种精神境界，这里所说的"长生""永久""不朽"，都是有这种精神境界的人所有的自觉，并不是说有这种精神境界的人就可以像神仙那样长生不死。②嵇康认为长生不死的神仙是有的，但是认为神仙"似特受异气，禀之自然，非积学所能致也"。③如果养生得法，是可以益寿延年，活到数百岁或千余岁，这是积学所能达到的。嵇康认为，人的精神和肉体是互相依赖互相影响的，所以养生的最好方法是从精神和肉体两方面同时下手。他指出："是以君子知形恃神以立，神须形以存，悟生理之易失，知一过之害生。故修性以保神，安心以全身，爱憎不栖于情，忧喜不留于意，泊然无感而体气和平。又呼吸吐纳，服食养身，使形神相亲，表里俱济也。"④嵇康在此强调的就是形神交养，而且更强调的是养神，因为养神是必要条件，但又不是充足条件，所以还要加上呼吸吐纳服食的养形条件。

嵇康论精神境界时，其要点就是超越。他在一首琴歌中唱道："齐万物兮超自得。"万物本是不齐的，不齐就任其不齐，这就是所谓"以不齐齐之"。如果一个人能够以这种态度齐万物，就能超越自得，就能在社会中"越名教而任自然"，在宇宙间"超万物而自得"。他认为，这就是最高的精神境界，要达到这个境界，就要超越个体所受的限制。在两晋时

---

①　《嵇康集》卷 4《答难养生论》。

②　冯友兰：《中国哲学史新编》第四册，人民出版社，1986 年，第 83 页。

③　《嵇康集》卷 4《答难养生论》。

④　《嵇康集》卷 4《答难养生论》。

期，与嵇康"齐万物"相对应的是"齐彭殇"① 思想，意在超越人的生死。嵇康主张，"齐万物"的具体路径就是"释私"，必须达到《庄子·逍遥游》中所说的"至人无己，神人无功，圣人无名"。其中关键是"无己"，也就是"释私"。

三、郭象的"名教"与"自然"思想

如上文第三节第四目所述，郭象认为"圣人"出于自然，是学不来的，所以反对学习"圣人"。当时社会的大患，在于学圣人。郭象指出，圣人既然要统治社会，就必定要制定礼乐典章制度等。可是圣人制定的这些礼乐典章制度，只是他们解决具体问题时留下的一种痕迹，好像是走路的人留下的足迹。历史上，圣人已经走过去了，人们要学他们，所学的只是那些留下的脚印而已。"圣人者，民得性之迹耳，非所以迹也……夫圣迹既彰，则仁义不真，而礼乐离性，徒得形表而已矣。有圣人即有斯弊，吾若是何哉！"② 郭象认为，圣人不可学，如执意要学，只能学其迹，那也仅仅只是一种"形表"，即属于形式上的表面的东西，所学的就是不真实的，也是违反人的本性的。

郭象又说："夫先王典礼，所以适时用也。时过而不弃，即为民妖，所以兴矫效之端也。"③ "夫礼义，当其时而用之，则西施也。时过而不弃，则丑人也。"④ 他认为，传统的道德礼教，都是古代圣人用以解决当时的现实问题而制定的，以后过时了，就弃而不用了。对于当时来说，这些传统道德礼教都是很好的，合乎当时的情况。但是社会在不断地变化，如现在还守着这些旧道德礼教，不想弃而不用，那就是"矫效"，就

---

① 王羲之：《兰亭序》，《全上古三代秦汉三国六朝文》第二册《全晋文》卷26，中华书局，1958年。

② 《庄子·马蹄》"及至圣人……而天下始分矣"注。

③ 《庄子·天运》"围于陈蔡之间"注。

④ 《庄子·天运》"彼知矉美而不知矉之所以美"注。

像美人西施一样，过时了就变成丑女了。

从郭象的以上言论看，好像他是反对传统名教的，其实不然，他只是反对盲目地学习那些过时的道德礼教。他还是维护"圣人"和"圣道"的。《庄子·胠箧》篇说："天下之善人少而不善人多，则圣人之利天下也少，而害天下也多。"郭象注曰："信哉斯言。斯言虽信而犹不可亡（无）圣者，犹（由）天下之知未能都亡，故须圣道以镇之也。群知不亡，而独亡于圣知，则天下之害，又多于有圣矣，然则有圣之害虽多，犹愈于亡圣人之无治也。虽愈于亡圣，故未若都亡之无害也。甚矣，天下莫不求利，而不能一亡其知，何其迷而失致哉！"他认为，庄子的话虽然是对的，但是，天下还是不可以没有圣人。因为天下人都有知识，如没有圣道镇住他们，那对天下的危害更大，天下人的思想就会陷入混乱，那就变成"无治"了。有圣人固然有害，但是无治之害比有圣人之害更大得多。当然，最好的状态是没有圣人，天下人也都没有知识。如做不到这点，只能两害相权取其轻，故不能没有圣人。但是，对于这个道理，天下人都不了解。

对于名教，郭象也是只反对传统名教的那些教条，并不从根本上反对名教。他认为："夫知礼意者，必游外以经内，守母以存子，称情而直往也。若乃矜乎名声，牵乎形制，则孝不任诚，慈不任实，父子兄弟，怀情相欺，岂礼之大意哉？"① 郭象这里所谓的"外"，就是指礼教的形式，所谓"内"，就是指人的本性。这个本性也就是自然。他认为，本性是"母"，形式是"子"，也就是说本性是内容，礼是形式。郭象并不反对形式，只是反对没有内容的形式。他也并不反对封建的孝慈，只是反对虚伪形式下的孝慈。因为这种虚伪形式下的孝慈，已经沦为父子互相欺骗的工具。

郭象的这种孝慈观念，在当时社会上也有不同的反映。如《世说新语·任诞》记载说，竹林七贤之一阮籍平时对母亲很孝顺，但是，在母

---

① 《庄子·大宗师》"二人相视而笑曰：'是恶知礼意'"注。

亲逝世的时候，却不按传统的礼节办丧事。裴楷吊祭，则完全按照传统的礼节。有人问裴楷，为什么这样。裴楷回答说："（阮）籍方外之人，故不崇礼制。我辈俗中人，故以仪轨自居。"由此可见，当时郭象不赞同阮籍的做法，认为对此应当"游外以经内"，把礼的形式和内容结合起来，既要把礼的内容充实，又要保存礼的形式，礼的形式也是不可少的。这就是要想"守母"，也不能"弃子"，而且按他的主张，"游外"正是所以"经内"，"守母"正是所以"存子"。

郭象虽然认为，把圣人之迹都保存下来，这是很大的弊病，但是，这又是不得不为之的办法。他指出："今之以女为妇而上下悖逆者，非作始之无理，但至理之弊，遂至于此。"① 即有人把自己的女儿作为妻子，像这样悖逆的事，也是"理"的流弊。但是，有一个理就有一种流弊，这是没有办法的事情。"不能大齐万物而人人自别，斯人自为种也。承百代之流，而会乎当今之变，其弊至于斯者，非禹也，故曰天下耳。言圣知之迹非乱天下，而天下必有斯乱。"② 过去历史上的或好或坏，或治或乱，都不是某个人或某一件事情所能负责的。如要负责，那就是整个社会的责任，甚至于整个世界的责任，整个宇宙的责任。所以圣知之迹并不能够乱天下，天下之乱不是由于圣知之迹。

在郭象看来，凡是存在的事物，都是出于必然、自然、不得不然、不得已而然，因为"至理"就是那个样子。有些事情看起来虽然不是很好，也许还很坏，但那是"至理之弊"。有了那个至理，就必然有那个弊，谁也无法避免。所以按他的说法，不但合理的事情是合理的，就是不合理的事情，也是合理的。这有点像黑格尔所说的，存在就是合理。

郭象觉察到，人类社会之中，有一种不可抑制的的潮流，不得已的形势，必然之势。圣人的统治，就是顺从这种必然之势。"夫高下相受，不可逆之流也。小大相群，不得已之势也。旷然无情，群知之府也。承

---

① 《庄子·天运》"其作始有伦而今乎妇女"注。
② 《庄子·天运》"人自为种而天下耳"注。

百流之会，居师人之极者，奚为哉？任时世之知，委必然之事，付之天下而已。"①

郭象之所以提出这种观点，其用意在于证明封建等级制度是合理的。他认为社会必须有一个最高统治者："千人聚，不以一人为主，不乱则散。故多贤不可以多君，无贤不可以无君。此天人之道，必至之宜。"② 这是说，人聚在一起，如果没有一个统治者，结果有两种可能：一是乱，二是散。这两种可能都是人们不希望看到的，所以必须要有一个有才能的人来领导管理他们。如果有才能的人很多，那也只能有一个统治者。如果一时没有有才能的人，那也不能没有一个统治者。这就是说，不但圣贤统治别人是合理的，就算是愚蠢的人统治别人也是合理的。

郭象认为，社会中有各种各样的事情，人生来就有各种各样的能力。有哪样能力的人就做哪一种事，这样的安排就是合乎人的本性，就是出于自然。他指出："故知君臣上下，手足外内，乃天理自然，岂真人之所为哉！"③ "夫时之所贤者为君，才不应世者为臣，若天之自高，地之自卑，首自在上，足自居下，岂有递哉？虽无错于当，而必自当也。"④ 这就是说，有才能的人统治别人，无才能的人被人统治，这是天经地义的事。就好像天在上面，地在下面，头在上面，脚在下面，不能互相轮换，这是自然规律。

---

① 《庄子·天运》"以知为时者，不得已于事也"注。
② 《庄子·人间世》"臣之事君，义也"注。
③ 《庄子·齐物论》"如是皆有为臣妾乎"注。
④ 《庄子·齐物论》"其递相为君臣乎"注。

第七节　有关圣人的思想

一、魏晋有关圣人"有情""无情"的讨论

魏晋时期，士人们所热衷讨论的一个话题是圣人究竟是"有情"还是"无情"，其中又以何晏和王弼为代表。据何劭的《王弼传》记载："何晏以为圣人无喜、怒、哀、乐，其论甚精，锺会等述之。弼与不同。"① 由此可知，何晏的观点是认为圣人是"无情"的，而王弼则不同，认为圣人是"有情"的。

何晏有关圣人"无情"的论说，我们可以从他的《论语集解》中得到进一步的具体细节。孔子说："回也其庶乎，屡空。"② 在《论语集解》中何晏注曰："一曰：屡，犹每也。空，犹虚中也。""回"就是孔子最喜欢的学生颜回。"虚中"就是说中心是空虚的。颜回"虚空"，就是说他还不能始终如一地"持续空"，而只是间断地"屡次空"。后来的玄学家，就这一点作了发挥。如顾欢指出："夫无欲于无欲者，圣人之常也。有欲于无欲者，圣（贤）人之分也。二欲同无，故全空以目圣。一有一无，故每虚以称贤。贤人自有观之，则无欲于有欲；自无观之，则有欲于无欲。虚而未尽，非屡如何？"③ 顾欢认为，空就是无欲，心中没有任何欲望。贤人追求心中没有任何欲望，其实这个追求仍然还是一种欲望，所以他心中还是有欲望的。圣人连心中没有欲望都不追求，这才是心中真

---

① 陈寿：《三国志》卷 28《魏书·锺会传》注引，中华书局，1959 年。
② 《论语·先进》。
③ 何晏：《论语集释》，中华书局《新编诸子集成》本，第 1009 页。

正没有任何欲望。圣人和贤人的区别就在于这里。因此圣人"常空"，而贤人只是"屡空"。

太史叔明说："按其遗仁义，忘礼乐，隳支体，黜聪明，坐忘大通，此忘有之义也。忘有顿尽，非空如何。若以圣人验之，圣人忘忘，大贤不能忘忘，不能忘忘，复为未尽。一未一空，故屡名生也焉。"① 太史叔明认为，空就是忘有。贤人也能忘有，但是他还在想着忘有，意味着他还没有彻底忘掉忘有这件事，所以他心中还不是真正的空。圣人不但忘有，而且把忘有这件事也彻底忘了，所以他心中才是真正的空。因此，贤人只能是"屡空"。太史叔明在此所指的贤人是颜回，圣人是孔子。

汉朝的谶纬经学家，已经开始将孔子神化，把他吹捧为神，是跟人完全不同的。当时已经有将儒家演变为宗教的倾向，称儒家为"孔子之道"，视孔子为教主，将其视作一种宗教。魏晋玄学家却一反汉朝将孔子神化的倾向，仍然将孔子视为人，只是超乎一般人之上的圣人。其不同就在于圣人"无情"，即孔子无喜、怒、哀、乐等情感。

当时有关圣人"无情"（"忘情"）的观念在士人之间颇为风行。《世说新语·伤逝》记载说，王戎的小儿子死了，他很悲痛说："圣人忘情，最下不及情，情之所钟，正在我辈。"同书《言语》也记载说，顾和领着他孙子和外孙子到一个庙里，看释迦牟尼临死时的像。在这个像中，释迦牟尼的弟子，有的哭，有的不哭。顾和问孙子和外孙，为什么有的弟子哭，有的不哭？外孙说："被亲故泣，不被亲故不泣。"孙子则回答说："不然，当由忘情故不泣，不能忘情故泣。"由此可知，"无情"（"忘情"）说，在魏晋时期几乎达到了妇孺皆知的普及程度。

顾欢认为，"空"是"无欲"，这个"无欲"当然也包括无情。太史叔明说"空"是"忘有"，这个"忘有"当然也包括忘情。王戎说"圣人忘情，最下不及情"，他所说的"忘情"，也就是无情，即忘掉一切情感，无喜怒哀乐。照当时士人的评判标准，无情比有情高。玄学家一般都认

---

① 何晏：《论语集释》第 1009 页。

为，"与无同体"，所以一切欲望感情，也都"无"了，也就是"无私""无欲""无情"。这就是"虚中"，也就是"空"。

何晏认为，"圣人无喜怒哀乐"，贤人还是有喜怒哀乐的。《论语·雍也》说，颜回"不迁怒，不贰过"。何晏注曰："凡人任情，喜怒违理，颜渊任道，怒不过分。迁者，移也。怒当其理，不移易也。"[1] 按照何晏的解释，颜回同一般人不同之处并不在于他在任何时候都不会发怒，而是在于他能"怒当其理""怒不过分"。这就是说，颜回发怒不是无理地乱发，而是有理的，而且都怒得恰如其分。对于"圣人无喜怒哀乐"，何晏的看法大概与顾欢、太史叔明是一致的，认为圣人的心就像一块砖瓦、石头一样，没有喜怒哀乐的情感。

有关王弼对圣人"有情"还是"无情"的看法，何劭的《王弼传》中有一些记载：王弼"以为圣人茂于人者神明也，同于人者五情也，神明茂故能体冲和以通无，五情同故不能无哀乐以应物，然则圣人之情，应物而无累于物者也。今以其无累，便谓不复应物，失之多矣"。王弼基于这种圣人并非无情的认识，指出："夫明足以寻极幽微，而不能去自然之性。颜子之量，孔父之所预在，然遇之不能无乐，丧之不能无哀。又常狭斯人，以为未能以情从理者也，而今乃知自然之不可革。"[2]

显然，王弼与当时大多数士人认为圣人无情的看法是相反的。他认为，圣人超乎常人之处主要是其智慧。其在情感方面与常人一样也具有"五情"。因此，圣人在与外物接触的时候，也有各种情感的反应，因此说，圣人是有情的，而并非无情。但是，圣人的情感与常人也有不同的地方，就是虽然有所反应，但是不受情感的影响干扰。也就是说，他的精神境界，还是平静的，还是与"无"相同的。这就是"应物而无累于物者也"。王弼认为，因为圣人也有情感，就认为其仍然是为情感所影响干扰，精神境界不得保持平静，这是不对的。但是，因为圣人的精神境

---

① 《论语集解·雍也》何晏注，中华书局，2018 年。
② 《三国志》卷 28《魏书·锺会传》注引。

界总是平静的，就断定他与外物接触时，在情感上完全没有反应，这也是不对的。王弼举例说，他自己原来认为圣人无喜怒哀乐。后来他才认识到，其实喜怒哀乐是人的自然之性，圣人也是人，也有自然之性，这是不能改变的。孔子遇到自己的得意弟子颜渊，不也表现出喜欢吗？在颜渊去世的时候，不也悲哀吗？这不正是说明圣人也有喜怒哀乐，也有情吗？王弼认为，圣人有情感但不受其影响干扰，这就是"以情从理"。比如说，人有生有死，这是自然的规律。生的时候用不着欢喜，死的时候也用不着悲哀，认为这是理所当然。可以设想，如果懂得这个道理，人对于生死就没有什么可值得欢喜和悲哀的了。这就是"以情从理"。人对于事物的理解，尽可极其细微深刻，随着人的智慧的差别而不同，但是喜怒哀乐的情感是人的"自然之性"，圣人与常人都是有的。

王弼在"以情从理"的认识下，还指出圣人的喜怒当理不过分。人们只有在完全无私的精神状态中，他的喜怒才能当理不过分。如果有私，他的喜怒就会不当理且过分，那就不是对于外物的自然反映，而是"伪"了。

魏晋时期有关圣人"无情""有情"的讨论，宋明道学家仍然有所关注。如程颐写给张载的《定性书》中，就谈到这个问题。他说："君子之学莫若廓然而大公，物来而顺应。""圣人之喜，以物之当喜；圣人之怒，以物之当怒。是以圣人之喜怒，不系于己，而系于物也。"由此可知，程颐的观点与魏晋士人如出一辙。这就是说，圣人无私，"廓然而大公"，故能"物来而顺应"，也就是遇到当喜的事就喜，当怒的事就怒。所谓"当"，就是"当理"，也就是在理，符合道理。

宋明的道学家都是批判玄学的，但他们之间的共同之处也还是不少。其共同之处是他们都讲到人的最高境界，即天地境界。魏晋贵无论的缺点是把这种精神境界和社会伦常日用对立起来了。正如冯友兰精辟地指出，"玄学是极高明而不道中庸"。① 宋明道学则遵循儒家"极高明而道中

---

① 《中国哲学史新编》第四册，第 74 页。

庸"的路径，教人在社会的伦常日用中修身而达到天地境界，这就使道学有广泛的受众，有很大的实用性和可操作性，成为封建社会的主导思想。

二、郭象有关"圣人"的思想

郭象认为"圣人"都是天生的，就是所谓的天才和超天才。圣人之所以有超乎常人之上的才能，完全是出于自然，不是常人的能力所能达到的。而且连圣人自己也不知道自己会有那么大的才能，这就是所谓的不知其然而然。正如近代著名思想家龚自珍所说的："自有仙才自不知。"郭象在《庄子·人间世》"是万物之化也"中注曰："言物无贵贱，未有不由心知耳目以自通者也。故世之所谓知者，岂欲知而知哉？所谓见者，岂为见而见哉？若夫知见可以欲而为得者，则欲贤可以得贤，为圣可以得圣乎？固不可矣。而世不知知之自知，因欲为知以知之，不见见之自见，因欲为见以见之；不知生之自生，又将为生以生之。故见目而求离朱之明，见耳而责师旷之聪。故心神奔驰于内，耳目竭丧于外，处身不适，而与物不冥矣。不冥矣，而能合乎人间之变，应乎世世之节者，未之有也。"

郭象认为，所谓顺自然，所谓无为，并不是什么事都不做，也不是什么知识也不要。他指出："夫无以知为而任其自知，则虽知周万物而恬然自得也。"[①] "知而非为，则无害于恬。恬而自为，则无伤于知。斯可谓交相养矣。二者交相养，则和理之分岂出它哉。"[②] 这是说"圣人"是无所不知的。但是他不是故意求知，而是本性的自然发展。所以，他显然无所不知，可是他的心仍是恬然自得的。他的知不是出于故意，他的恬然也不是出于故意，所以能够做到知和恬然各不相妨，都是无为，不是有为。

---

① 《庄子·缮性》"谓之以知养恬"注。
② 《庄子·缮性》"知与恬交相养"注。

郭象所说的任自然，也并非老庄所说的"返朴还淳"，回到原始社会。他说："苟以不亏为纯，则虽百行同举，万变参备，乃至纯也。苟以不杂为素，则虽龙章凤姿，情乎有非常之观，乃至素也。若不能保其自然之质，而杂乎外饰，则虽犬羊之鞟，庸得谓之纯素哉？"① 郭象认为，所谓纯、素的衡量标准，就是顺其自然，要看其是否对自然的本质有所改变，有所混杂。如果没有改变，无论每天应付多少事，仍然还是纯。如果没有混杂，虽然有非常好看的形状和色彩，仍然还是素。例如龙、凤，生下来就是艳丽多姿的，但这是它们的"自然之质"天生如此。如果没有天生的"龙章凤姿"，却还要涂脂抹粉，扭捏作态，想把自己打扮成自以为美的样子，那只能是东施效颦，更显其丑了。

宋代的大文豪苏轼也说道："夫昔之为文者，非能为之为工，乃不能不为之为工也。"② 苏轼对文学创作的这种认识，倒是与郭象的看法不谋而合。这就是说，文学家的作品，都是不得不作的。文学家之所以成为文学家，是出于不得已，是不得不然。换言之，并不是故意而为之，为了写文章而写文章。按郭象的说法，自然和必然是一回事，不得已而然，就是自然而然，也就是不得不然、顺其自然。

郭象基于圣人、天才是出于自然的思想，认为天才是不能学的，不能摹仿的。一般人可以照着天才的话学着说一遍，但这没什么意义。他说："非以此言为不至也，但能闻而学者，非自至耳。苟不自至，则虽闻至言，适可以为经，胡可得至哉！故学者不至，至者不学也。"③ 这是说，有些话说得很好，有些人听见后学着说这些话，可是他并没有真正表达了这些话所表示的真理。他既然只是学着说，所以这些话就仅成为一种教条。真正懂得真理的人，就不需要学；需要学的人，却不懂得真理。

郭象认为，最不好的事情是人不安于自己的本性而盲目摹仿别人，

---

① 《庄子·刻意》"故素也者，谓其无所与杂也"注。
② 《东坡集》卷24《南行前集叙》，燕山出版社，2009年。
③ 《庄子·庚桑楚》"吾固告汝曰能儿子乎"注。

妄图做自己力所不能及的事情。用郭象的话说，这就是"矫效"。"矫"就是矫揉造作，"效"就是摹仿。事物各有自己的本性，如违背自己的本性摹仿别人，就是矫揉造作、东施效颦，不但不能给人带来幸福，而且会给自己带来痛苦。"矫效"的起因是因为人有羡欲。"夫物未尝以大欲小，而必以小羡大。故举小大之殊各有定分，非羡欲所及，则羡欲之累可以绝矣。夫悲生于累，累绝则悲去。悲去而性命不安者，未之有也。"①这是说，一个人不安于自己的本性，妄想做他力所不能及的事，就是"羡欲"。有"羡欲"，即想得到而又得不到，就有"累"，有"累"就有"悲"，所以"羡欲"是痛苦的根源。

郭象在这种认识的基础上，建议世人止乎本性，不要求本性以外的事情，因为本性以外的事情是不可求的。就好像圆的东西生来就是圆的，方的东西生来就是方的，鱼生来就是鱼，鸟生来就是鸟。方的想变成圆的，鱼想把自己变成鸟，都是不可能的。一个人往往喜欢摹仿别人，其实摹仿得越多，自己的本性就丧失得越多。这都是有所"偏尚"，即"羡欲"，只有齐物才可以不受"偏尚"之累。

郭象还进一步主张，人应该发挥自己本性之所长，避开自己本性之所短，即扬长避短，把自己力所能及的事情做好。这样做事情既很轻松，又能趋利避害。"足能行而放之，手能执而任之，听耳之所闻，视目之所见，知止其所不知，能止其所不能，用其自用，为其自为，恣其性内，而无纤芥于分外，此无为之至易也。无为而性命不全者，未之有也；性命全而非福者，理未闻也。故夫福者，即向之所谓全耳，非假物也，岂有寄鸿毛之重哉！率性而动，动不过分，天下之至易者也；举其自举，载其自载，天下之至轻者也。"②"举其性内，则虽负万钧而不觉其重也；外物寄之，虽重不盈锱铢，有不胜任者矣。为内，福也，故福至轻；为

---

① 《庄子·逍遥游》"而彭祖乃今以久特闻"注。
② 《庄子·人间世》"福轻乎羽，莫之知载"注。

外，祸也，故祸至重。祸至重而莫之知避，此世之大迷也。"① 这就是说，人的手足耳目以及心知，都是自然的能力，都有其自然的限制。这些能力的强弱和限制，各个人都有所不同。每个人都应该在自己能力的范围内发挥自己的作用，这就是顺应自然，就是无为。如果在自己的能力范围之外，稍微增加一点，这就是有为，就是违反自然。顺应自然就可以使性命保全。如果一个人按照自己的本性活动，那么他的活动一点也不超出自己本性的能力范围，这是最容易的事情。如果在自己本性的能力范围之外，哪怕是超过一点，那也是会变得很困难的。比如一个人能举起 50 斤重的东西，他举 50 斤就不觉得吃力，但如果超过 50 斤，哪怕是加上一两斤，他就觉得吃力了。前者是无为，顺应自然，所以有福；后者则是有为，没有顺应自然，所以有祸。世上的人往往不要无为，而偏要有为。这是执迷不悟啊！

---

① 《庄子·人间世》"祸重乎地，莫之知避"注。

第三章
秦汉魏晋南北朝家族管理思想

第一节　家庭经济管理思想

一、家庭经济生产

（一）家庭农业生产

秦汉魏晋南北朝时期，农民家庭经济的基本结构是"耕织结合"，并配合饲养及其他家庭副业。但如具体到不同地区和不同家庭，生产内容的构成和组合则多种多样。就总体上来说，种植业的主要内容是粮食生产。这一时期的主要粮食作物还是粟、麦、稻、菽、黍、麻等，但不同作物的地位较之前代有所变化。大体上，北方地区以粟为主，粟是当时的主粮，被誉为"百谷之长"，麦类的地位有明显的上升。南方地区主要种植水稻，北方也有水稻生产，但比较少。大豆也是重要粮食作物，它的重要性主要表现在预防灾荒、加工副食品等方面。黍和麻在粮食结构中的地位有明显下降。蔬菜种植也很重要，北方所种植的蔬菜主要有葵、韭、瓜、瓠、芜、菁、芥、大葱、小葱、胡蒜、小蒜、杂蒜、薤、蓼、

苏、蕺、荸、苜蓿、芋、蒲笋、芸苔等，以及若干豆类，其中包括有若干从外国传入的蔬菜。衣料作物种植主要是桑树、麻类等，此外还有用作染料的作物茜草和蓼蓝等。

这一时期，北方地区的土地耕作已经走向精耕细作，落后的缦田法逐渐被废弃，先进的垄作法、代田法逐渐被推广，还有针对北方自然环境、集中进行肥水管理的高度精细的农作方法——区田法也被发明出来，提高了单位面积产量。为了获得充足的衣食之源，农民运用新的耕作方法和种植技术，日益重视提高土地利用效率，注重针对农时季节、作物搭配进行巧妙安排，实行多种作物轮作、间作和套种，以实现一岁多收。由于经济力量薄弱、科学技术有限，农民家庭在很大程度上还是靠天吃饭，因此，他们努力采取比较稳妥的经营策略，实行多种粮食作物兼种，以规避由于自然灾害所导致的歉收风险，防备灾荒。如《氾胜之书》就主张五谷兼种，特别要求用一定比例的土地种植，不易受灾、产量较高的豆类，甚至还主张种植一些被视为杂草的稗子，因为这些植物的籽粒可食，并且抗灾能力较强。

这一时期家庭还种植多种果树和竹木。常见的果树，北方主要有枣、栗、桃、李、梨、杏，南方则有橘、柚等，岭南则有多种热带果品，并且核桃、葡萄和石榴等外来果树也开始种植。某些果树如枣、栗等，也可作为甜食和粮用。竹、木栽培也是很多农家获得经济收入的重要途径，一些人甚至因为经营、贩卖竹木而发财致富，其财产可富比千户侯和千乘之家。

总之，这一时期的种植业是一个包括众多粮食、蔬菜、衣料和果木在内的栽培体系，众多作物的栽培，为农民提供了多样化经营选择。至于每一个具体家庭采用怎样的作物栽培组合，则视具体地区的自然条件以及各个家庭的能力和兴趣而定，没有定规，各有不同。

（二）家庭纺织业

这一时期的绝大多数家庭，在通过种植麻类和栽桑养蚕获得必需的原料之后，纺织工作由妇女承担。家庭中10岁以上的女性都要掌握必要

的纺织技术。在农忙季节，妇女要为男人们送水送饭，甚至还要直接参与田间劳作，不能集中精力从事纺织；到了冬季农闲时，则常常夜以继日地进行绩织，为一家老小准备足够的衣物。史载："冬，民既入，妇人同巷，相从夜绩，女工一月得四十五日。必相从者，所以省费燎火，同巧拙而合习俗也。"[1]

《汉书》在此虽然是追述前代的情况，但也基本上反映了汉代家庭生产的实际情况。当时的绩织工作，往往是家庭中甚至邻里之间多位女子一起进行的，这样做一方面是为了节省照明用的"燎火"，另一方面是为了互相学习、交流绩织技术经验，还可使这种辛苦的工作不至于过分枯燥乏味。据有关学者研究：西汉时期，一名妇女平均能织出 5 尺布帛；东汉时期绩织技术有所提高，有的妇女每天能织 13 尺多。[2] 她们通过辛苦劳动，使家庭成员不致遭受寒冷之苦，支撑着家庭经济的半壁江山。

（三）家庭其他副业活动

在农闲季节，家庭所开展的其他副业活动，种类繁多，不可尽举，大抵视不同家庭的具体条件而定。每个家庭通常多多少少都会有一些加工酿造，比如酿酒、造酱、做豉、酿醋等，除了供家用之外，剩余部分可拿到市场上售卖，换得一些现钱。在条件适宜的地区，农民还会从事一些樵采、渔捕活动，以补贴家庭生计。在人口稀少的偏僻地区，这些活动的经济收入可能在家庭经济中占据了相当大的权重，成为主要的生活来源。即使在经济发达的地区，采集药材和野菜也成为有些家庭的主要收入。

从总的来说，当时大多数农民家庭的经济活动都是比较综合的，广大农民为了满足家庭生活的各种需要，同时为了充分利用家庭劳动力条件和四时季节，家庭生产都不是单一的。多种经营不仅可以扩大收入来

---

① 《汉书》卷 24 上《食货志上》。

② 许倬云：《汉代农业：中国早期农业经济的形成》，江苏人民出版社，2019年，第 136 页。

源，而且可以减少生活风险，是个体农民家庭解决生计所必须采用的经济策略。正因为如此，当时的农民家庭生产面貌，并非单一的农耕种植，也不仅仅是耕织结合，而是一种小型经济的综合体系。① 值得注意的是，地方官员在指导和帮助百姓解决生计时，也鼓励他们通过多种途径增加收入来源。如《汉书》卷89《循吏·龚遂传》载：龚遂在齐地担任地方官时，"见齐俗奢侈，好末技，不田作，乃躬率以俭约，劝民务农桑，令口种一树榆、百本薤、五十本葱、一畦韭，家二母彘、五鸡。民有带持刀剑者，使卖剑买牛，卖刀买犊，曰：'何为带牛佩犊！'春夏不得不趋田亩，秋冬课收敛，益蓄果实菱芡。劳来循行，郡中皆有蓄积，吏民皆富实"。显然，龚遂之所以能作为一位优秀的地方官载入《循吏传》，其突出的政绩主要就是能够很好地引导农民家庭多种经营，不仅让农民勤于耕作增加粮食生产，而且令农民种植榆树、蔬菜，养殖牛、猪、鸡等家畜家禽，使齐地家家户户都有积蓄，丰衣足食。在一些人口较多、经济实力较强的家庭中，生产项目就更加多样化和更具有规模化。比较典型的如东汉时期樊宏之父樊重"世善农稼，好货殖……其营理产业，物无所弃，课役童隶，各得其宜，故能上下戮力，财利岁倍，至乃开广田土三百余顷，其所起庐舍，皆有重堂高阁，陂渠灌注。又池鱼牧畜，有求必给。尝欲作器物，先种梓漆，时人嗤之，然积以岁月，皆得其用，向之笑者咸求假焉。资至巨万，而赈赡宗族，恩加乡闾"。② 樊重作为一位占田300余顷的大地主，拥有众多佃户、农奴，除主营耕织外，还兼营畜牧、养鱼、栽种树木和制造器物等。由于善于经营，他不仅自己发家致富，而且赈济宗族，恩加乡闾。由此可见，其之所以能够致富，有一个很重要的原因是懂得多种经营，广开财源。

中国古代是农业社会，大部分地区四季分明，寒暑变化明显，使人

---

① 王利华：《中国家庭史》第一卷《先秦至南北朝时期》，广西人民出版社，2013年，第332—333页。

② 《后汉书》卷32《樊宏传》。

们的生产、生活具有明显的季节性，人们认识到必须根据季节的变化、植物的生长规律，科学合理地安排农业生产，才能取得好的收成。早在先秦时期，《诗经·豳风·七月》《礼记·夏小正》《礼记·月令》《吕氏春秋·十二纪》等就一年四季的生产和生活有相当系统的安排，形成了中国古代社会活动的"月令图式"。这种"月令图式"既深刻影响了国家政治，也广泛深入地影响了普通家庭的经济生产和日常生活。

（四）《四民月令》中家庭生产和生活

崔寔（约102—约170），字子真，又名台，字元始，冀州安平（今河北省衡水市安平县）人。祖父崔骃，是东汉著名农学家、文学家、史学家。父亲崔瑗，"锐志好学""诸儒宗之"，擅长书法，曾任济北相。崔寔在桓帝时曾两次召拜为议郎，并曾"与边韶、延笃等著作东观"。后出任五原太守，又复拜辽东太守，最后召为尚书。不到一年因党祸，免归。崔寔为官清廉，逝世时"家徒四壁立，无以殡殓"。"所著碑、论、箴、铭、答、七言、词、文、表、记、书凡十五篇"。[①] 其中代表作为《四民月令》和《政论》。

崔寔在总结家政管理经验的基础上，将月令精神贯彻于家庭，编写成了《四民月令》[②] 一书，成为中国古代最早的一部采用月令图式编写、用以指导家政安排的家庭生活通书。他将一个家庭每年要做的重要事情，分别记载在12个月里，其用意是要将月令规范家庭化，以便推广普及到"四民"经济生产和日常生活之中。从《四民月令》残存的文字中，我们可以较具体地了解到，汉代农民家庭围绕着农事一年十二个月是如何展开丰富多样的生产和生活，也可清楚地看到以农耕为主要生计来源的家庭是如何严格依据季节变化来安排各项家庭事务的。而且该书所记录的内容源于一个拥有较多人口和较大产业的大家庭或家族，而不是一个普通的农民小家庭，所以其中的一些安排难免不适合普通农民小家庭，但

---

① 《后汉书》卷52《崔骃列传》。
② 《全上古三代秦汉三国六朝文》第二册，《全后汉文》卷47《四民月令》。

是其基本原则和理念则与普通农民小家庭在一年四季生产和生活上遵循这套时令节律安排是一致的。兹将《四民月令》残文中一年十二个月中（以下所有月份均为农历）家庭主要生产和生活简要胪列如下，以了解汉代农民家庭根据季节变化对生产和生活事务的巧妙安排。一月份是百卉萌动，蛰虫启户，雨水之时，地气上腾，土长冒橛，陈根可拔，急菑强土黑垆之田。可种粮食作物春麦、䄷豆，尽二月止，还可种各种蔬菜瓜、瓠、葵、薤、芥、大葱、小葱、苜蓿、杂蒜、蓼、苏、芋、韭等。自朔暨晦，可移诸树竹、漆、桐、梓、松、柏、杂木，唯有果实者，及望而止。自正月以终季夏，不可以伐竹木，必生蠹虫。这个月还可令女红促织布。令典馈酿春酒、作诸酱。上旬炒豆，中旬煮之。以碎豆作末，都至六七月之交分以藏瓜，可以作鱼酱、肉酱、清酱。二月份阴冻毕释。春分中，雷且发声。可菑美田、缓土及河渚水处。可种植粮食禾、大豆、苴麻、胡麻，还可种地黄。是月也，榆荚成。及青收，干以为旨蓄；色变白，将落，可收为䤖酱、酱。自是月尽三月，可以掩树枝，收薪炭。可以采桃花、茜，及栝楼、土瓜根。其滨山可采乌头、天雄、天门冬。二月蚕事未起，令缝人浣冬衣，彻复为袷，其有羸帛，遂为秋服。是月可枲粟、黍、大小豆、麻、麦子。三月份清明、谷雨。杏花盛，可菑白沙轻土之田。时雨降，可种粳稻及稙禾、苴麻、胡豆、胡麻。昏参夕，桑葚赤，可种大豆，谓之上时。三月桃花盛，农人候时而种也。清明后十日封生姜，至立夏后芽出，可种之。时雨降，别小葱。榆荚落，可种蓝。三日以及上除，可采艾、乌韭、瞿麦、柳絮。清明时，命蚕妾治蚕室，涂隙穴，具槌、梼、箔、笼。谷雨中，蚕毕生，乃同妇子，以勤其事。三月可枲黍，买布。四月份立夏。蚕入簇，时雨降，可种黍禾，谓之上时，及种大小豆、胡麻。立夏后，蚕大食，可种生姜。收芜菁及芥、葶苈、冬葵、莨菪子。布谷鸣，收小蒜。别小葱。取鲖鱼作酱，也可作醢、酱。茧既入簇，趣缲，剖线，具机杼，敬经络。草始茂，可烧灰。可作枣糒。是月可粜穬麦及大麦，收敝絮。五月份，芒种后，阳气始亏，阴匿将萌，暖气始盛，虫蠹并兴。时雨降，可种胡麻。先后日各五日，可种禾及牡

麻。先后各二日，可种黍。是月也，可别种稻及蓝。尽夏至后二十日止。六月，可蓄麦田。是月刈英刍。曝干麸屑，置窨中，密封，至冬可以养马。麦既入，多作糒，以供出入之粮。可作登酱及醢酱。是月可粜大小豆、胡麻。籴穬、大小麦。收敝絮及布帛，日至后可粜麸屑。六月份大暑。趣耘锄，毋失时。是月六日，可收葵。中伏后可种冬葵、芜菁、冬蓝、小蒜，别大葱。大暑中后，可蓄瓠、藏瓜，收芥子，尽七月止。命女红织缣练。可烧灰，染青绀诸杂色。廿日，可捣择小麦硙之，作曲。七月份处暑。蓄麦田。可种芜菁及芥、苜蓿、大小葱、小蒜、胡葱，别薤。藏韭菁，收柏实，是月四日，命置曲室，具箔、槌、槌，取净艾。六日，馔治五谷、磨具。七日，遂作曲，作干糗。处暑中，向秋节，浣故制新，作袷薄，以备始凉。是月可粜大小麦豆，收缣练。八月份白露秋分，暑小退，风戒寒。凡种大小麦，得白露节，可种薄田。秋分种中田，后十日，种羡田。唯穬，早晚无常。可种大小蒜、芥。可断瓠作蓄瓠，收韭菁，作捣齑，可种干葵、苜蓿，刈萑苇、刍茭。是月八日，可采车前实、乌头、天雄及王不留行。是月趣练缣帛，染彩色。擘绵，治絮，制新，浣故。及韦履贱好，预买以备冬寒。粜种麦，籴黍。九月份，治场圃，涂囷仓，修窦窖。藏茈姜、蘘荷，作葵菹、干葵。采菊花，收枳实。十月份，五谷既登，家备储蓄。可收芜菁、藏瓜，别大葱，收栝楼。是月渍曲，曲泽，酿冬酒。作脯腊、凉饧，煮暴饴。可析麻，趣绩布缕，作白履、"不惜"（草履之贱者）。是月可卖缣帛、敝絮，籴粟、豆、麻子。十一月份冬至，阴阳争。伐竹木。买白犬养之以供祖祢。是月籴粳稻、粟、豆、麻子。十二月份，合耦田器，养耕牛，选任田者，以俟农事之起。

从《四民月令》中对汉代农民家庭生产和生活的安排可以看出，其主要特征有3个方面。其一，严格按照气候变化安排农业生产活动。由于我国绝大部分地区四季分明、寒暑变化明显等自然条件和农业社会的传统，农民家庭农业生产严格按照节气变化安排一年的生产劳动，甚至有的生产活动精确到某月某日开始至某月某日结束。其二，提倡多种经

营，追随农业生产节奏。从总体上说，我国古代虽然是男耕女织的自给自足的农业社会，但准确地说，农民为了维持生计或使生活过得更好一些，总是积极开展多种经营。除了栽种粮食作物之外，还种植各种蔬菜、水果、树木，采集各种可食用的植物、中草药、牲畜饲料，砍伐林木，收薪炭，饲养各种畜禽、鱼类。妇女则养蚕织衣酿酒、醋，做各种酱料、脯腊等。这些家庭副业的原料来自农业，为了不影响农业生产，对此生产活动的安排必须追随农业生产的节奏，甚至连农民家庭的籴粜买卖交易也要遵循各种农作物的成熟周期及农业生产的时间安排。其三，科学合理安排农忙农闲时间。由于古代一年四季十二个月生产活动忙闲较明显，所以当时人们已经能够较科学合理地安排农忙农闲时间。一年之中除七月盛夏和冬季十一、十二月较清闲外，其余九个月都较忙。七月盛夏，农民几乎没有什么大田生产活动，只是在自己的园圃中种些蔬菜，以供日常食用。这一月农民主要在家作曲酿酒，浣故制新，作袷薄，以备天气转凉时使用。这种盛夏少安排生产活动，也有利于养生。而冬季十一月、十二月以及来年的一月农闲时分，农民则忙于祭祀、督促儿童学习（有关祭礼、家学这些内容详见本章二三两节论述），以及亲友交往、举办婚礼等。农忙时节由于农作物生长有季节性，所以农民就集中全力于田间耕作劳动，甚至连妇女儿童也要参与。

北朝时期北魏与东魏之际的高阳郡太守贾思勰著有《齐民要术》，为这一时期一部杰作的农学著作。其中对农民家庭的农业生产经营提出了一些有价值的思想，兹简要缕述如下。其一，他反复引述前贤之论和民间俗语，强调"勤力"从事农业生产和在日常生活中"节用"对增加收入和维持生计的重要性。他说："传曰：'人生在勤，勤则不匮。'语曰：'力能胜贫，谨能胜祸。'盖言勤力可以不贫，谨身可以避祸。"① 又引《淮南子》曰："田者不强，囷仓不盈；将相不强，功烈不成。"又引《仲长子》曰："天为之时，而我不农，谷亦不可得而取之。青春至焉，时雨

---

① 贾思勰：《齐民要术》卷首《序》，中华书局，1940 年，本自然段引文均见于此。

降焉，始之耕田，终之簠簋，惰者釜之，勤者钟之。矧夫不为，而尚乎食也哉？"又引《谯子》曰："朝发而夕异宿，勤则菜盈倾筐。且苟有羽毛，不织不衣；不能茹草饮水，不耕不食，安可以不自力哉？"贾思勰在《序》中之所以不厌其烦地引述前贤之论和民间俗语，意在强调农业生产必须通过勤劳耕作，将"勤力"贯彻于各个不同的生产环节，才能获得好的收成。至于"节用"的重要性，他说："夫财货之生，既艰难矣，用之又无节；凡人之性，好懒惰矣，率之又不笃；加之政令失所，水旱为灾，一谷不登，胔腐相继。古今同患，所不能止也。嗟乎！且饥者有过甚之愿，渴者有兼量之情。既饱而后轻食，既暖而后轻衣。或由年谷丰穰，而忽于蓄积；或由布帛优赡，而轻于施与。穷窘之来，所由有渐。故《管子》曰：'桀有天下，而用不足；汤有七十里，而用有余，天非独为汤雨菽、粟也。'盖言用之以节。"显然，贾思勰认为，无论是在财物充足还是财物不足之时，对于一个家庭还是对于整个国家来说，"节用"都是十分重要的。

其二，强调农业生产要"顺天时，量地利"。贾思勰既注重在农业生产中要发挥人的主观能动性，"天为之时，而我不农，谷亦不可得而取之"，也强调必须遵循客观自然规律，不能单凭主观意愿办事。他指出："顺天时，量地利，则用力少而成功多。任情返道，劳而无获。"[1]"任情返道"犹如"入泉伐木，登山求鱼，手必虚。迎风散水，逆坂走圜，其势难。"正是在这一原则的指导下，《齐民要术》根据节令、气候、土壤和作物特性的变化与差异，科学合理地安排、掌握各项农事活动。

其三，强调精耕细作和集约经营。魏晋南北朝时期，中国北方由于长期战乱的影响，劳动力不足，土地荒芜，农业生产趋于粗放。贾思勰针对这种情况，提出"凡人家营田，须量己力，宁可少好，不可多恶"[2]的经营理念，即需根据自家的生产能力，掌握适度的经营规模，这样才

---

① 《齐民要术》卷1《种谷第三》。

② 《齐民要术》卷首《杂说》。

能取得较好的经营效果。他引用农谚说："顷不比亩善""多恶不如少善"。① 这就是说耕田种地不要贪多，要精耕细作和集约经营，讲求效益。

其四，农业生产要多种经营、综合发展和灵活应变。贾思勰在讨论农家生产时，并不仅局限于种植业，更不仅仅是粮食种植，而是农、林、牧、渔、手工业和交换贸易等多种经营的综合。他主张通过灵活多变的生产安排，充分利用土地和劳动力资源，将粮、桑、菜、果、林木、牧养、加工等有机地结合起来，以寻求最大的经济效益。他十分重视不同经营项目的经济效益比较，对那些投资少、风险小而收效快、收益高的项目特别加以提倡。如关于蔓菁的种植，他就做了这样的估算：栽种百亩蔓菁，一年可收三茬，以籽换谷所获之利即胜于千亩谷田，叶、根的收入尚未计算在内。关于林木种植，他认为："既无牛犁种子人功之费，不虑水旱风虫之灾，比之谷田劳逸万倍。"林木种植既可解决自家薪柴和用料需要，剩余薪、木还可运往市场出售，"其利十倍"。② 在其他多种项目的论说中，贾思勰都从对比经济效益和综合效益的角度来进行分析。

贾思勰虽然有传统的重农轻商思想，认为"舍本逐末，贤哲所非，日富岁贫，饥寒之渐"，对"商贾之事，阙而不录"。但是，他并不是用狭隘的自然经济的眼光来看待"以农治生"。相反，他十分重视作物种植、畜禽饲养、食品加工等产品的市场价格和利润，并根据市场行情和价格涨落来精心安排各种农民家庭生产。如他提出的"冬种葵法"，以"近州郡都邑有市之处，负郭良田三十亩"种植葵菜，随时摘卖。至次年三月初，拔菜卖之，"一升葵，还得一升米"，"一亩得葵三载，合收米九十车。车准二十斛，为米一千八百石"。又至九月，"指地卖，两亩得绢一匹"。③ 又如"多种蔓菁法"称："近市良田一顷，七月初种之。""一顷取叶三十载，正月、二月，卖作齑菹，三载得一奴。收根依塈法，一顷

---

① 《齐民要术》卷1《种谷第三》。
② 《齐民要术》卷5《种榆白杨第四十六》。
③ 《齐民要术》卷3《种葵第十七》。

收二百载，二十载得一婢"。① 贾思勰所规划的这些经济作物种植经营设想，明显带有商品经济生产的性质，其经济效益显然高于农民自给自足的自然经济的生产效益。其对当时北方地区的农民，特别是田产较多的地主之家种植可观面积的蔬菜，用于市场销售、谋取利润，是很不错的一种"以农治生"的选择。由此可见，作者所反对的，只是对国计民生不利的单纯商贾牟利，对于具有商品生产性质的农业经营，则是支持和鼓励，并将其视为治家谋生的好途径。他的这些经营理念，能根据市场行情安排某些盈利性的生产项目，至少是城郭市集附近农民家庭较为先进的治生策略之一。

但是，必须指出的是，魏晋南北朝时期，由于战乱的影响，商品货币经济明显衰退，力图通过家庭生产而自给自足，乃是当时一种合理的生计策略。正如《颜氏家训·治家第五》所云："生民之本，要当稼穑而食，桑麻以衣。蔬果之畜，园场之所产；鸡豚之善，埘圈之所生。爰及栋宇器械，樵苏脂烛，莫非种殖之物也。至能守其业者，闭门而为生之具以足，但家无盐井耳。"但是，当时普通农民家庭的经济规模较小，不可能像《齐民要术》所设想的那样开展那么多的生产项目，只能根据家家户户的具体人力、财力和土地占地情况，有选择性地经营其中的某些生产项目。换言之，《齐民要术》只是向当时的农民家庭提供了谋取生计的众多"可能选择"，而并非当时每个家庭的生产经营项目都是如此复杂多样的。

二、数世共财与分家思想

秦代、西汉时期，数世共财的家庭，在史籍记载中还难以见到。目前所见到的事例均在东汉时期，而且一般是兄弟共财、三世共财。如：樊宏之父樊重，"世善农稼，好货殖。重性温厚，有法度，三世共财，子

---

① 《齐民要术》卷3《蔓菁第十八》。

孙朝夕礼敬，常若公家"。① "（蔡邕）与叔父从弟同居，三世不分财，乡党高其义"。② 缪彤"少孤，兄弟四人，皆同财业。及各娶妻，诸妇遂求分异，又数有斗争之言。彤深怀愤叹，乃掩户自挝曰：'缪彤，汝修身谨行，学圣人之法，将以齐整风俗，奈何不能正其家乎！'弟及诸妇闻之，悉叩头谢罪，遂更为敦睦之行。"③ "（崔）瑗字子玉，早孤，锐志好学，尽能传其父业……家贫，兄弟同居数十年，乡邑化之。"④

从以上所引诸例来看，数世共财的家庭往往是比较富裕的家庭，而且不像后世有的家庭达五六世甚至八九世共财的，其仅有二世或三世共财的，而且即使二世、三世共财的家庭在当时也已经不多见，所以才会被邻里乡党"高其义""乡邑化之"，并因此被史书记载下来而流传后世。东汉时期，"兄弟共财""三世同财"家庭之所以出现并逐渐增多，一方面由于社会经济与政治结构在悄然发生变化，另一方面更由于儒家伦理日益受到推崇，孝友之举通过社会舆论和察举制度得到了广泛的宣传和提倡。不过，迄东汉末年，即使在上层社会之中，孝友之举更多的是表现为兄弟亲族之间的"推财"或"散财"举动，而"别财异居"则是一种普遍的观念和行为。所以《后汉书》卷6《许荆传》说："礼有分异之义，家有别居之道。"因此，在整个秦汉时期，已婚兄弟别财异居乃是理所当然的事情，是一种社会常态，而共财别居则是一种非常态的情况而受到称道。

早在战国时期，秦国商鞅变法内容之一就是强制实行分家析户的政策，强迫已婚兄弟各立门户，组织核心家庭。值得注意的是，商鞅变法是通过经济手段来推行这一政策的，其规定："民有二男以上不分异者，倍其赋。"⑤ 也就是说，如果一个家庭有两个以上的成年已婚兄弟，就必

---

① 《后汉书》卷32《樊宏传》。
② 《后汉书》卷60下《蔡邕传》。
③ 《后汉书》卷81《独行·缪彤列传》。
④ 《后汉书》卷52《崔骃传》。
⑤ 《史记》卷68《商君列传》。

须分家过日子，否则一个人要承担两个人的赋役。这种政策无疑将秦国的农民家庭强制性地析分到最小的单位——核心家庭。

与此同时，对秦国父子兄弟同室而居的陋习，商鞅也大力进行改革，"令民父子兄弟同室内息者为禁"。① 实行这一禁令，固然主要是针对父子兄弟同室而居容易导致两性关系混乱的状况，但同时也促进了兄弟分家、家庭小型化。

由于推行了上述两项的改革措施，秦国的家庭结构和生活习俗发生了重大的变化，由父权家长制大家庭向个体小家庭转变较之六国都更为彻底。秦国统一以后，有关法令与措施进一步推行到全国，对春秋战国以来的家庭变革产生了很大的促进作用。正因为如此，我们从秦简《封诊式》等材料所见到的秦代家庭，其规模都很小，父母在而兄弟"生分"各立家户，成为很普遍的现象。正如西汉初年贾谊所说，由于推行分家析户政策，"故秦人家富子壮则出分，家贫子壮则出赘"②，父亲与儿子的家产器物也是严格分开的，甚至不愿意互相借用。

秦代在分家析户时如何分割财产，目前还未发现有关的材料，但可以肯定的是，分家之后，即使是父子之间，财产也是明确分开的，从大家庭分离出来的小家庭拥有各自财产的所有权和支配权，不仅儿子不能占用父母家的财产，父母也不能随便使用儿子家的器物和财产。这种家庭财产私有权不仅为社会所普遍接受，而且得到了国家法律的保护。云梦睡虎地出土的秦简《法律答问》中的有关规定证明了这一历史事实："父盗子，不为盗。"③ 律文虽然明确规定，父亲盗取儿子的财物，不以偷盗论罪，但是，这样的规定则反映出，秦代在父子分家后，各自拥有自己的独立财产，互相不能随意占用。《法律答问》中另一条规定曰："可（何）谓家罪？父子同居，杀伤父臣妾、畜产及盗之，父已死，或告，勿

---

① 《史记》卷68《商君列传》。

② 《汉书》卷48《贾谊传》。

③ 睡虎地秦墓竹简整理小组整理：《睡虎地秦墓竹简》，文物出版社，1978年，第98页。

听，是胃（谓）家罪。"① 对于秦朝这条有关家庭财产的法律规定，我们可以做 3 种可能予以分析理解。一是在父子同居的家庭中，儿子杀伤父亲的臣妾或盗窃父亲的畜产等家产，如果父亲已死亡，即使有人告发儿子，官府也不加处罚，因为此时儿子因父亡已经成为家庭财产的合法继承人。二是如果在父子同居的家庭中，父亲尚在世，儿子因杀伤父亲的臣妾或盗窃父亲的畜产等财产而被告发，则官府要对这个儿子治罪。因为此时的财产所有者是父亲而不是儿子，尽管儿子作为家庭成员之一也拥有家庭财产的享用权。三是如果父子并非同居，儿子杀伤父亲的臣妾或盗窃父亲的畜产等财产而被告发，这个儿子肯定要被官府治罪。因为如果父亲在世，他就不可能是财产的所有者；如果父亲亡故，财产的继承人可能是他的兄弟中与父亲同居者，即使他也享有一定的财产继承权，也不是唯一的继承人。由此可见，秦朝的家庭财产所有权是很明确的，并严格受到法律的保护。

汉初贾谊对秦人的批评，同样证明分家之后的小家庭对各自的财产具有明确的所有权，即使在父母和子媳之间，对方家中的日用器物也不愿意随便借用。贾谊批评说：秦朝人父子兄弟分家后，儿子如果"借父耰锄，虑有德色；母取箕帚，立而谇语。抱哺其子，与公并倨；妇姑不相悦，则反唇而相稽。其慈子耆（引按：耆，同嗜）利，不同禽兽者亡几耳"。② 父母与子媳之间你我财产、器物都分得如此清楚，不能随便借用，兄弟姊娌之间就更不用说了。此类秦俗之所以遭到汉朝人的诟病，是因为秦人过度讲究小家庭的私利，对亲情关系造成了严重的伤害。对于有儒家传统思想的汉朝人来说，是无法理解和容忍的。

然而，秦和西汉初期，一旦"分家析产"成为一种社会普遍的现象，小家庭各顾私利，父母、子女、兄弟互不相恤，因为争夺财产而发生亲情关系紧张，甚至严重冲突的事情，必然是难以避免的。所以贾谊又进

---

① 《睡虎地秦墓竹简》第 119 页。
② 《汉书》卷 48《贾谊传》。

一步指出："曩之为秦者，今转而为汉矣。然其遗风余俗，犹尚未改。今世以侈靡相竞，而上亡制度，弃礼谊，捐廉耻，日甚，可谓月异而岁不同矣。逐利不耳，虑非顾行也，今其甚者杀父兄矣。"① 虽然贾谊是举极而言事，但家庭中父母兄弟因经济利益冲突而导致分家之后亲属之间感情淡薄，甚至反目为仇的事情是屡见不鲜的。例如，西汉开国皇帝刘邦起事之前已与父母、兄弟分家，经济方面是异则别爨的。这位刘仨儿素来游手好闲，不务正业，不治产业，其父看不惯，因此不喜欢他而偏爱持家勤谨的刘二。对此，刘邦一直耿耿于怀。所以当他打下江山，当上了皇帝之后，竟在一次宴会上当着众多诸侯、大臣面对父亲以言相讥："始大人常以臣无赖，不能治产业，不如仲力。今某之业所就孰与仲多？"② 其洋洋得意和对老父的讥讽之意溢于言表。更让刘邦伤感情的是大嫂对他的态度："始高祖微时，尝辟事，时时与宾客过巨嫂食。嫂厌叔，叔与客来，嫂详（佯）为羹尽，栎釜，宾客以故去。已而，视釜中尚有羹，高祖由此厌其嫂。"③ 因为这件事，刘邦多年来一直耿耿于怀，所以后来分封宗室子弟，大嫂的儿子只封了个颉羹侯。刘邦的大嫂之所以在小叔子生活上有困难时做出不顾情理的事情，很显然是由于他们兄弟已经分家，在经济上已各自独立了。

由于人的私利的驱动，西汉时期，"生分"现象在不少地区相尚成俗，因而遭到班固的批评："河内……俗刚强，多豪桀侵夺，薄恩礼，好生分"；颍川"民以贪遴争讼生分为失"，"好争讼分异"。班固将"生分"归因于风教不善固然有一定的道理，但好私争利乃是人的本性，更是深层次的根本原因，非君子的道德教代所能彻底改变的。在两汉时期，经济利益始终是亲属关系（包括分家前和分家后的亲属关系）的主要症结。在分家析产中务求多得，甚至因争财产而起殴讼，分家之后经济各自独

---

① 《汉书》卷 48《贾谊传》。
② 《史记》卷 8《高祖本纪》。
③ 《史记》卷 50《楚元王世家》。

立，父子、兄弟不相顾恤，甚至形同陌路，应该是当时社会的一种普遍现象。

与贾谊、班固等人持否定态度不同的是，西汉初年的陆贾似乎能较适应时代的变化，对析分家庭财产采取一种顺俗通变的态度。"孝惠时，吕太后用事，欲王诸吕，畏大臣及有口者。贾自度不能争之，乃病免。以好畴田地善，往家焉。有五男，乃出所使越橐中装，卖千金，分其子，子二百金，令为生产。贾常乘安车驷马，从歌鼓瑟侍者十人，宝剑直百金，谓其子曰：'与女约：过女，女给人马酒食极欲，十日而更。所死者，得宝剑车骑侍从者。一岁中以往来过它客，率不过再过，数击鲜，毋久溷女为也。'"[1] 为了使自己得到很好的照顾和防止被儿子们弃而不顾，身为汉初重臣的陆贾竟然还要采取这种欺骗的做法，类似于今天某些可怜见儿的父母们的做法，真令人感叹亲情的淡薄与冰冷。

上引陆贾诸子分家也是"生分"，但他分给儿子们的，只是出卖自己出使南越的"橐中装"所得千金，而不是他的全部财产，其车马、侍者和价值百金的宝剑以及可能未提及的田产却都没有分，这些部分归谁所有，则要看以后儿子们对他如何供养再决定给谁。陆贾在分家过程中，财产是诸子均分，没有出现某个儿子多得而其他儿子少得的情况。由于陆贾诸子分家是"生分"，分家以后陆贾还要继续过日子，所以第一次分家并未将所有的家庭财产都分完，而是留下了相当一部分，这些没有分割的家产以后还要进行再分配或者再确定继承人。事实上，诸子均分和以后二次或多次分财，乃是两汉时期常见的分家析产方式。

尽管"秦人家富子壮则出分，家贫子壮则出赘"，直到西汉时期"生分"现象仍相当普遍，并且分家后的经济和财产即使在父子之间也是各自独立的，这并不意味着所有已婚的儿子都要与父母分家另过。事实上秦简《法律答问》已经暗示，秦代与父母同居的儿子包括了已婚者，如果自己没有儿子，还要从兄弟那里选一个"为后"，并与之同居。这些情

---

① 《汉书》卷 43《陆贾传》。

况说明，独子通常可能并不与父母分家，在多子的情况下，父母很可能与其中的一个儿子共同生活。这个儿子极有可能是史书中一再提及的"为父后者"。他是父亲门户的直接指定的继承人，享有比其他出分兄弟更多的财产继承权。当然，在赡养父母方面，也必须承担更多的责任。

秦汉时期的"分家折产"需遵循一套法律（或者参以习俗）的程序。湖北《张家山汉墓竹简》称："民欲先令相分田宅、奴婢、财物，乡部啬夫身听其令，皆参辨券书之，辄上如户籍。有争者，以券书从事；毋券书，勿听。所分田宅，不为户，得有之，至八月书户，留难先令，弗为券书，罚金一两。"① 可见，当时分家遵照"先令"（先人遗嘱）对田宅、奴婢、财物等进行分配，有"乡部啬夫"参与作证并立下"券书"。如发生财产争议，以"券书"为准。如没有立"券书"，官府不予受理。新分出的家庭自当另立门户，同时还需经过每年八月份国家户籍登记后正式成为一家新的"编户"。如果分家时不按照先人遗嘱，不立券书，则要受到"罚金一两"的处罚。秦汉时期户籍管理实行"八月案比"，即在秋季八月对户口进行查验和登记，其中一项重要工作就是登记新户。《张家山汉墓竹简》又云："民欲别为户者，皆以八月户时，非户时勿许。"② 登记后的新户，在法律上才得到国家的正式承认。

---

① 张家山二四七号汉墓竹简整理小组：《张家山汉墓竹简》，文物出版社，2001年，《二年律令·户律》简334—336及简345。

② 《张家山汉墓竹简》，《二年律令·户律》简345。

第二节　家族管理思想

一、秦汉魏晋南北朝时期的家族

秦汉时期，人们仍然沿袭周代的宗法制度，喜欢聚族而居。秦祚短促，史籍记载很少，具体情况后世不甚了解，但其宗族观念还是比较强烈的。如秦朝实行的酷刑，比较常见的就有"族诛"，犯罪分子如罪行严重，动辄株连族人，进行"族诛"。如丞相李斯，因遭赵高陷害，而惨遭"族诛"。两汉、魏晋时期也多有三族、五族、九族等词出现在史籍记载中。如《汉书·高帝纪下》载："诏敢有随王，罪三族。"集解引张晏曰："父母、兄弟、妻子也。"如淳曰："父族、母族、妻族也。"这里两者对三族的解释略有不同：前者仅限于本宗，含妻子，后者兼及同族与妻族。沈家本则认为三族当以本宗为断。① 史籍中三族、五族也称为"三属""五属"。《后汉书·章帝纪》载：元和元年（84）诏："往者妖言大狱，所及广远，一人犯罪，禁至三属，莫得垂缨仕宦王朝。"《后汉书·党锢列传》载：东汉后期诛连党人，"免官禁锢，爰及五属"。"党人锢及五族"。可见，五族是服属的概念，即五服之内的族人，五属与五族同义。五属、五族又称五宗，均指五服之系而言。《后汉书·宦者传》载：东汉后期刑法"叁夷五宗"，李贤注曰："五宗，五服内亲故也。"指的正是这种情况。魏晋时期，仍然承袭秦汉夷灭三族的刑法，并明确记载三族不包括妻族。陈啸江据干宝《晋纪》记载法律制裁毋丘俭家族不及出嫁的女子，"那女子的夫家犯罪，自无反及母家之理"。又据《晋书·明帝本

---

① 沈家本：《历代刑法考·刑法分考一七》，中华书局，1985年。

纪》载："复三族法，惟不及妇人"，则妇人尚不坐及，何况为其母家呢？所以他认为魏晋时期的三族只限于罪人的本宗。① 晋朝时期还有人以诛灭五族相威胁的，如长沙王发兵收齐王冏时，称"大司马谋反，助者诛五族"。② 河间王矫诏讨刘舆时也称："敢有举兵距（拒）违王命，诛及五族。"③ 根据汉代使用五服及魏晋三族的情况，以上两例中的"五族"也应是五服之意。

关于九族的范围，两汉的人对宗族的理解是在五服之内的父系宗族范围。西汉初年，人们就认为"五族"即是五服之内的父系宗族。贾谊在《新书·六术篇》中说："人之戚属，以六为法。人有六亲……六亲有次，不可相逾，相逾则宗族挠乱，不能相亲。"这里的"六亲"，是指"父、昆弟、从父昆弟、从祖昆弟、从曾祖昆弟、族昆弟"。即五世之亲，未出九族范围。东汉班固在《白虎通·宗族》中对族也做过诠释："族者何也，族者凑也，聚也。谓恩爱相流凑也。上凑高祖，下至玄孙，一家有吉，百家聚之，合而为亲，生相亲爱，死相哀痛，有会聚之道，故谓之族。"把九族释为"族"，亦即宗族，即同父系宗族。就东汉社会宗族的实际情况来看，也往往视宗族为"九族"。《后汉书·郭伋列传》载："（郭）伋以老病上书乞骸骨。二十二年，征为太中大夫，赐宅一区，及帷帐钱谷，以充其家，伋辄散与宗亲九族，无所遗余。"显然，这里是将"宗亲"等同于"九族"的，两者相提并论。《后汉书·循吏列传》载：童恢"父仲玉，遭世凶荒，倾家赈恤，九族乡里赖全者以百数"。此九族应该也是指宗族。张鹤泉指出："东汉宗族所能包容的族人范围，只是上到高祖，下至玄孙的宗族。如果超出这个范围，就没有宗亲关系了，也就不成其为族人。"④ 但是，常建华则认为："东汉的宗族主要指九族之内

---

① 陈啸江：《魏晋时代之"族"》，《史学专刊》第1卷第1期，1935年。
② 《晋书》卷59《齐王冏传》。
③ 《晋书》卷62《刘舆传》。
④ 张鹤泉：《东汉宗族组织试探》，《中国史研究》1993年第1期。

的族亲，但似乎出此范围就不成为族人的结论或许有些绝对。"① 他列举数条史料比较信服地说明了这个结论：如《后汉书·荀彧列传》载：东汉末年颍川人韩融"将宗亲千余家避乱密西山中"，拥有千余家宗亲之族，是五服九族难以容纳的。又如《后汉书·耿纯列传》载："会王郎反，世祖自蓟东南驰，纯与从昆弟䜣、宿、植共率宗族宾客二千余人，老病者皆载木自随，奉迎于育。"《三国志·魏书·许褚传》说：许褚在汉末"聚少年及宗族数千家，共坚壁以御寇"。《三国志·吴书·贺齐传》也说："吴郡余杭民郎稚合宗起贼，复数千人。"这里的人数达"二千余人""数千家""数千人"，除"宾客""少年"外，宗族当是其主体，人数应占多数，很可能也有九族之外的族人。

南朝时的宗族除九族外，也包括超出九族范围的人。《颜氏家训·风操篇》说："凡宗亲世数，有从父，有从祖，有族祖。江南风俗，自兹以往，高秩者，通呼为尊，同昭穆者，虽百世犹称兄弟；若对他人称之，皆云族人。"可见，当时的宗族主要指九族，但也包括超出了九族的普通族人。

二、汉代宗族的管理思想

目前，虽然在史籍中未发现汉代有关于族长的记载，但是当时已经出现相当于后世族长的人，对自己的宗族进行管理。他们对族人拥有一定的权力，率领宗族共同行动，是宗族的首领。他们对本族的权力，主要体现在 5 个方面。

1. 对宗族财产和生产的管理。

东汉开国元勋邓禹西征关中时，军粮匮乏，王丹"率宗族上麦二千斛"。② 可见，王丹拥有处置宗族财产的权力。《艺文类聚》卷 64 引《东

---

① 常建华：《中华文化通志·宗族志》，上海人民出版社，1998 年，第 156 页。
② 《后汉书》卷 27《王丹列传》。

观汉记·耿纯传》说："耿纯率宗族归光武，时郡国多降邯郸，纯兄归烧宗家庐舍。上以问纯，纯曰：'恐宗人宾客，卒有不同，故焚烧庐舍，绝其反顾之望。'"这也是宗族首领拥有支配族人财产的权力，故可独自决定对"宗家庐舍"予以焚烧。东汉时大族拥有田庄，田庄主人与宗族首领一般应是同一个人，也就是说，宗族首领负责管理田庄的经济和组织生产。如樊重"营理产业，物无所弃，课役童隶，各得其宜，故能上下戮力，财利岁倍，至乃开广田土三百余顷"。① 可见，宗族首领负责领导、组织本宗族的农业生产。

2. 对族人进行教育。

东汉初年，邓禹家族是著名的大家族，邓禹及其继嗣者都严格"教训子孙，皆遵法度，深戒窦氏，检敕宗族，阖门静居"。② 还有如外戚梁氏家族，梁商经常"检御门族，未曾以权盛干法"。③ 邓、梁二族中高官显宦往往就是本宗族的首领，负有检查族人的行为并对其进行严格的管教，以防止不肖族人依仗权势、胡作非为，败坏家族名声，甚至给整个家族招来横祸。

3. 战乱时率宗族迁徙及经营自保。

东汉末年，颍川人韩融为避董卓之乱，"将宗亲千余家避乱密西山中"。④《后汉书·耿纯列传》载："会王郎反，世祖自蓟东南驰，纯与从昆弟䜣、宿、植共率宗族宾客二千余人，老病者皆载木自随，奉迎于育。"耿纯统率宗族行动，其身份当是宗族首领。王莽末年，天下大乱，樊宏率"与宗家亲属作营堑自守，老弱归之者千余家"。⑤

4. 宗族赈济。

西汉时期，庐江人朱邑"身为列卿，居处俭节，禄赐以共九族乡党，

---

① 《后汉书》卷 32《樊宏列传》。
② 《后汉书》卷 16《邓寇列传》。
③ 《后汉书》卷 34《梁统列传》。
④ 《后汉书》卷 70《荀彧列传》。
⑤ 《后汉书》卷 32《樊宏列传》。

家亡余财"。① 到了东汉，这种赈济族人的现象已经比较普遍。如见于《后汉书》散财赈族的事例，此举数条以见一斑：如廉范"广田地，积财粟，悉以赈宗族朋友"。② 荀淑"产业每增，辄以赡宗族知友"。③ 任隗"所得奉秩，常以赈恤宗族，收养孤寡"。④ 宣秉"所得禄奉，辄以收养亲族。其孤弱者，分与田地"。⑤ 郭伋将帷帐、钱谷"散与宗亲九族，无所遗余"。⑥ 杨恽"受父财五百万，及身封侯，皆以分宗族"。⑦ 童仲玉"遭世凶荒，倾家赈恤，九族乡里赖全者以百数"。⑧ 刘翊周施"乡族贫者，死亡则为其殡葬，嫠独则助营妻娶"。⑨ 从以上事例我们可以得出以下几点认识：一是赈济的对象虽然有称为"宗族""亲族""宗亲""九族""乡族"者，但其实绝大多数是指同族之人，以及极少数是指同乡之人。散财赈济族人的多为高官显宦或富豪，才有巨大的财力作为支撑。而且这些高官显宦或富豪由于其权势、社会地位和财力，必然是宗族的首领，至少也是宗族中举足轻重的重要人物。二是捐献物有俸禄、田地、粮食、钱币、帷帐等，必须特别值得注意的是廉范、宣秉以"田地"赈恤宗族，荀淑以"产业"赡宗族，可能是宗族义田、族田等设置的嚆矢。三是赈济的方式有平时收养亲族孤寡，赈赡宗族中孤弱者；也有是无区别贫富地"散与宗亲九族"，"皆以分宗族"；还有是凶荒时赈恤九族中无法存活者，或死而无力安葬者，或孤独无力婚娶者。

《四民月令》也较具体地记载了当时宗族首领赈恤宗族活动的一些细节：如在每年青黄不接的三月，"赈赡穷乏，务施九族，自亲者始"。而

---

① 《汉书》卷89《朱邑传》。

② 《后汉书》卷31《廉范列传》。

③ 《后汉书》卷62《荀淑列传》。

④ 《后汉书》卷21《任隗列传》。

⑤ 《后汉书》卷27《宣秉列传》。

⑥ 《后汉书》卷31《郭伋列传》。

⑦ 《后汉书》卷66《杨恽列传》。

⑧ 《后汉书》卷76《童恢列传》。

⑨ 《后汉书》卷81《刘翊列传》。

在秋凉已至的九月，"存问九族，孤寡老病不能自存者，分厚彻重，以救其寒"。至十月秋收之后，"乃顺时令，敕丧纪，同宗有贫窭久丧不堪葬者，则纠合宗人，共与举之。以亲疏贫富为差，正心平敛，无相逾越，先自竭以率不随"。赈恤匮乏、孤寡老病者及救寒助葬是宗族内部主要的养赡活动，这些活动的资财主要由宗族首领自愿承担提供，有些则是首领"纠合宗人，共与举之"，所需资财"以亲疏贫富为差"，带有族人集财互助的性质。

5. 宗族祭祀。

战国时期，战争使得诸侯国内大宗族的宗庙受到严重破坏，西汉王朝建立后，欲恢复周代的宗庙制度，但因承"亡秦绝学之后"，所以具有"祖宗之制因时施宜"的特点。①

西汉皇帝宗庙制度的内容主要有以下 4 个方面：一是郡国庙的问题。西汉初期恢复了分封制，诸侯国设置了祭祀天子的郡国庙。高祖时，令诸侯国的国都皆立太上皇庙。惠帝时尊高帝庙为太祖庙，景帝又尊孝文庙为太宗庙，并令行所及曾经巡历过的郡国各立太祖、太宗庙。宣帝时又尊孝武帝庙为世宗庙，武帝巡狩过的郡国皆立世宗庙。西汉前中期，郡国设皇帝宗庙成风，至宣帝立世宗庙时，"凡祖宗庙在郡国六十八，合百六十七所"。② 地方长官包括诸侯及郡守，按一定时序祭祀这些宗庙。诸侯上祭天子，即小宗祭祀大宗，与周朝宗法制下的宗庙制度不符合。元帝时罢了郡国祖宗庙。二是将宗庙建于陵墓旁边。汉朝至元帝时，"京师自高祖下至宣帝，与太上皇、悼皇考各自居陵旁立庙……又园中各有寝、便殿。日祭于寝，月祭于庙，时祭于便殿"。③ 三是定毁庙之制。元帝光和五年（182）定汉高祖为汉太祖，文帝为太宗，世世承祀，其余五庙而迭毁。哀帝时又确立武帝为世宗，"是以终汉之世，尊高帝为太祖，

---

① 《汉书》卷 73《韦贤传》。
② 《汉书》卷 73《韦贤传》。
③ 《汉书》卷 73《韦贤传》。

文帝为太宗，武帝为世宗，余各以次迭迁"。① 四是国庙之外另立亲庙。东汉时，光武帝刘秀于建武二年（26）正月壬子立高庙于洛阳，"乃合高祖以下至平帝为一庙，藏十一帝主于其中。元帝次当第八，光武第九，故立元帝为祖庙，后遵而不改"。② 建武三年（27），又立亲庙于洛阳。祀父南顿君以上至春陵节侯四世。建武十九年（43），张纯与朱浮主张罢四宗庙。戴涉、窦融建议："宜以宣、元、成、哀、平五帝四世代今亲庙，宣、元皇帝尊为祖、父，可亲奉祠……以明尊尊之敬，亲亲之恩。"光武帝从之。"是时宗庙未备，自元帝以上，祭于洛阳高庙，成帝以下，祠于长安高庙，其南顿四世，随所在而祭焉"。③ 诸侯、列侯也有自己的宗庙制度。哀帝即位后，欲立他的生父共王庙于长安，师丹反对说："今共皇长为一国太祖，万世不毁"，如果为其立庙于京师，是"空去一国太祖之不堕之祀，而就无主当毁不正之礼"。④ 可见，汉代地方诸侯有一定的庙制。汉代列侯的庙制应与诸侯基本相同。如金日磾在宣帝时受封为侯，传子赏，赏无后，金当继承金赏。金日磾侄安上，受封都成侯，传子常，常亦无后，金钦继承金安上。金钦曾鼓动金当为其父祖立庙，而不祭其从祖金赏。"当名为以孙继祖也，自当为父、祖立庙。赏故国君，使大夫主其祭"。金钦的做法遭到甄邯的弹劾："赏见嗣日磾，后成为君，持大宗重，则《礼》所谓'尊祖故敬宗'，大宗不可以绝者也……当即如其言，则钦亦欲为父明立庙而不入夷侯常庙矣。"⑤ 可见，当时人们认为列侯有庙祀，大宗不可绝嗣，金当、金钦即为他人大宗之后，不可以祭祀亲生的祖、父。由此可知，诸侯与列侯的宗庙均源于周朝的宗庙礼制。

士大夫与豪族在家里的厅堂中祭祖。东汉人李尤的"堂铭"说："因邑制宅，爰兴殿堂……家以师礼，修奉蒸尝，延宾西阶，主近东厢，宴

---

① 朱礼：《汉唐事笺·宗庙》，中华书局，1991 年。
② 《后汉书》卷 1 上《光武帝纪》引《汉礼制度》。
③ 《后汉书》卷 35《张纯列传》。
④ 《汉书》卷 86《师丹传》。
⑤ 《汉书》卷 68《金日磾传》。

乐嘉客，吹笙鼓簧。"① 可见，厅堂是家族行礼的场所，祭祖是其重要的礼仪。反映东汉豪族生活的《四民月令》也有类似的记载："正月之朔，是谓正旦，躬率妻孥，洁祀祖祢。及祀日，进酒降神毕，乃室家尊卑；无大无小，以次列于先祖之前，子妇曾孙，各上椒柏酒于家长。称觞举寿，欣欣如也。"② 似乎东汉时在家中祭祖逐渐流行。

秦汉时期除了在宗庙、居家祭祀祖先之外，还在祖先坟墓祭祀祖先的，称之为墓祭。对于墓祭的起源，清代史学家赵翼认为墓祭开始于春秋战国之际。对此，他列举了一系列确凿的历史记载，得出了令人信服的结论："按《周礼·小宗伯》虽有成葬而墓祭之文，乃葬日，孝子先归虞祭，而使有司在墓一祭地神，实非祭先祖。《冢人》所云，凡祭墓为尸；《檀弓》所云，有司设尊于墓左，亦然。其祭先祖于野者，特《曾子问》望墓为坛以时祭耳，然亦以宗子出奔，庶子不敢主祭于庙，故然……《史记》：'武王上祭于毕'，马融以毕为文王墓地名，其后武王、周公亦皆葬此，然司马贞、林有望以为祭毕星而非祭墓。又按《竹书纪年》：'纣六纪，文王初禴于毕'，则文王已祭毕，非祭墓可知也……《孟子》东郭墦间之祭，虽属设词，然其时必已有此俗。《史记》：孔子没，鲁世世相传以岁时奉祠孔子冢，是春秋、战国时已开其端。"③ 上引《曾子问》史料表明，墓祭只有在宗子出国的时候，庶子因无爵不能到宗庙祭祀，而临时采用的补救方法。由于这是临时的权宜办法，所以是"望墓为坛以时祭"。春秋、战国之际，随着墓祭的开始推行，临时性的祭坛演变为常久祭墓用的祭坛。《史记·孔子世家》集解注引《皇览》曰：孔子"冢前以瓴甓为祠坛"，此种设坛祭墓的礼俗，到汉代还很流行。上引《孟子》"墦间之祭"，讲的是齐人到国都临淄的东郭以外的墓祭区讨酒肉的故事，可见当时的人在冢墓间用酒肉致祭是经常普遍的事情，祭墓在

---

①　《艺文类聚》卷 63，中华书局，1965 年。

②　《全上古三代秦汉三国六朝文》第二册，《全后汉文》卷 47《四民月令》。

③　赵翼：《陔余丛考》卷 32《墓祭》，商务印书馆，1957 年。

民间已经成为习俗。

至少从秦汉之际开始，墓祭已被称为"上冢"或"上墓"，且被固定安排在岁时节日进行。如秦汉之际的张良曾"每上冢伏腊，祠黄石"。[①] "黄石"，据说由传授张良兵书的老父所变；"伏腊"，是指伏日和腊日。张良是在夏、冬两季进行伏祭和腊祭。元帝时，大臣萧望之自杀，皇帝"每岁时，遣使者祠祭望之冢，终元帝世"。[②] "岁时"就是说元帝每年定时派遣使者对萧望之进行墓祭。

汉代官员欲回乡上冢，需向皇帝上书请求批准。如楼护为谏大夫，"过齐，上书求上先人冢"。[③] 皇帝也常常下诏恩赐功臣"归家上冢"或"过家上冢"，此种做法尤以东汉光武帝为最。[④]

西汉中期以后，随着豪门大族的形成和发展，墓祭成为会集宗族、宾客、故人，强化豪门大族势力、提高本宗族在当地的影响和扩大社会关系网的一种手段。如上引西汉人楼护上先人冢，"因会宗族、故人，各以亲疏与束帛，一日散百金之费"。[⑤] 又如东汉光武帝诏令阳夏侯冯异"归家上冢，使太中大夫赍牛酒，令二百里内太守、都尉以下及宗族会焉"。[⑥] 官员归里上冢会集宗族这一现象表明，祭祖具有团结宗族的重要功能，官员受到族人的尊敬，在族中享有很高的地位，能凝聚族人在其周围。同时，各地方官对归里的高官显宦必须尊重，使其宗族也大大提高了在地方上的地位。

东汉明帝时，依照豪族、士族的上冢习俗，创设了上陵礼。东汉初，"光武令诸功臣王常、冯异、吴汉等皆过家上冢，又遣使者祭窦融父冢，明帝遂有上陵之制"。[⑦] 根据儒家礼制，汉代一年四季都有奉祭先人的祭

① 《史记》卷55《留侯世家》。

② 《汉书》卷78《萧望之传》。

③ 《汉书》卷92《楼护传》。

④ 见《后汉书》所载王常、岑彭、吴汉、韦彪、冯异诸传。

⑤ 《汉书》卷92《楼护传》。

⑥ 《后汉书》卷17《冯异列传》。

⑦ 《陔余丛考·墓祭》。

祀，在不同季节都要向亡故的亲人荐献时新食品。董仲舒《春秋繁露·四祭》云："古者岁四祭。四祭者，因四时之所生孰，而祭其先祖父母也。故春曰祠，夏曰礿，秋曰尝，冬曰蒸。此言不失其时，以奉祭先祖也。过时不祭，则失为人子之道也。祠者，以正月始食韭也；礿者，以四月食麦也；尝者，以七月尝黍稷也；蒸者，以十月进初稻也。"

汉代的祭祀虽遵古制，但也有些重大变化。崔寔《四民月令》对一年之中各种祭祀的时间和礼节有具体的记载。兹节录如下以见一斑：正月："及祀日（元旦），进酒降神毕，乃家室尊卑，无大无小，以次列于先祖之前"。"百卉萌动，蛰虫启户，乃以上下，祀祖于门，道阳出滞，祈福祥焉"。"又以上亥祠先稼及祖祢，以祈丰年"。二月："祠太社之日，荐韭卵于祖祢。前期齐、馔、扫、涤，如正祀焉。其夕又案家簿馔祠具，厥明于冢上荐之；其非冢祀良日，若有君命他急，筮择冢祀日"。五月："夏至之日，荐麦鱼于祖祢。厥明祠冢。前期一日，馔具，齐，扫涤，如荐韭卵"。六月："初伏，荐麦瓜于祖祢。齐、馔、扫涤，如荐麦鱼"。八月："筮择月节后良日，祠岁时常所奉尊神。前期七日，举家毋到丧家及产乳家；少长及执事者悉斋，案祠簿馔，扫涤，务加谨洁。""是月也，以祠太社之日，荐黍豚于祖祢。厥明祀冢，如荐麦鱼"。十一月："冬至之日，荐黍羔，先荐玄冥，以及祖祢。（齐、馔、扫涤，如荐黍豚）"。"买白犬养之，以供祖祢"。十二月："及腊日，祀祖（荐稻雁。前期五日杀猪，三日杀羊。前除二日，齐、馔、扫涤，遂腊先祖、五祀。""其明日，又祀，谓之蒸祭。""后三日，祀冢。""是月也，群神频行，大蜡礼兴。乃冢祠君、师、九族、友朋，以崇慎终不背之义）"。

从以上《四民月令》记载可以看出，当时的家庭祭祀，虽然包括对其他各类神祇（如道路神、井神、农神之类，以及君、师、朋友）的祭祀，但主要是祭享本家的祖先。其用意在于"崇慎终不背之义"也。对祖先的祭享虽然有不同形式，"祀冢"即墓祭乃是主要的方式。"祀冢"的日期大体是固定的，但遇到应当祭祀的日期非吉日或由于其他原因不能按时祭祀，则"筮择冢祀日"，通过卜筮来另选日子。在一些大家庭或

者家族中，由于亡故的先祖人数较多，还专门设有"冢簿"，其内容可能是记载祖先坟墓的位置、墓主名字及其家庭身份与地位等，在举行大型祭祖活动时，按此簿册次第而行祭享。祭祀之前不仅要备办各种祭品、祭具，还要齐、馔、扫涤，务求洁敬；有时还要专门酿酒、畜养以供祭祠之用。家庭中所有成员，不论男女老少大小，都要参加。上流社会和低层社会，都是如此。

秦汉时期，由于墓祀已成为祖先祭祀的主要形式，故父祖先人的坟墓日益受到人们的重视，逐渐成为家园故土的代名词，成为一个重要的文化象征。如果由于移民、徭役、战争等等导致百姓远弃先祖坟墓，则恐人心不稳。如西汉元帝永光四年（前40），诏曰："顷者有司缘臣子之义，奏徙郡国民以奉园陵，令百姓远弃先祖坟墓，破业失产，亲戚别离，人怀思慕之心，家有不安之意。"① 在社会动荡、人口离散之时，每有人"守冢不去"，即使家族被迫迁徙，也要留下一些人守护祖坟。如果有亲人丧葬于异地，子孙也往往因此不归故里。掘人之冢，或先人冢墓为人所掘，那是极为严重的事情。

总之，秦汉时期的各种家庭祭祀，既表达了当时人们对祖先、神灵的敬畏之情，也反映了对家庭幸福生活的一种期待和理解。其中的墓祭又是人们对家乡故土的一种根的追寻，体现了中华民族慎终追远的精神文化。这一时期所出现的种种祭祀习俗，在中国历史上曾长期传承，有的至今还一直延续。

三、魏晋南北朝宗族管理和宗主督护制思想

（一）宗族管理

自东汉开始，古代家庭结构开始出现一些变化，其中比较明显的一点是家庭规模呈现出逐步扩大的迹象。一方面是豪强地主控制下的没有

---

① 《汉书》卷9《元帝纪》。

独立户籍的依附人口逐渐增多，"编户"与"家庭"的同一性开始发生动摇；另一方面是兄弟婚后继续与父母同居共籍，因符合儒家所提倡的孝悌伦理，逐渐得到了国家的默许。至三国以后，官僚、豪族大量庇荫依附人口的现实，更在一定程度上得到了国家的承认，庇荫人口成为国家法律许可的一种政治特权，尽管国家根据官品高低规定允许庇荫的人数，试图对严重的人口庇荫现象加以限制以保证赋役来源。曹魏还"除异子之科，使父子无异财也"。① 这标志着"商鞅变法"以后所实行的禁止父母与多个已婚儿子同居共户的律法被废除了。多子的百姓家庭不再需要父子"生分"，父母与两个以上已婚儿子同居共籍组成联合家庭，得到了法律的正式许可。不仅如此，累世同居在魏晋以后还被视为孝悌伦理的榜样，受到社会舆论赞扬和国家的表彰。这些变化，为魏晋南北朝家庭结构的变化和规模的扩大提供了一定的法律和道德空间。汉末以降的军阀混战与社会动乱，使个体小家庭需通过血缘纽带组织成家族或宗族，以便在守望相助、互帮互保中获得生存保障，并应对国家无度征发的赋役。所有这些，为当时家庭结构的复杂化和规模的扩大，提供了必要与可能的条件。

这一时期，出现了不少人口众多的大家庭或家族，这就是史籍中屡见不鲜的"百口之家"。严格地说，如果这些大家是"同居共财合爨"，那就属于人口众多的超大型家庭；如果只是"累世同居"，并没有"共财合爨"，那么只能属于一个家族。其中一些大家庭或大家族得到了很好地管理，数代和睦相处，共同辛勤劳作，丰衣足食，得到了社会的称赞和推崇。兹举数例以见一斑：

《魏书》卷47《卢玄传》载："及渊、昶等并循父风，远亲疏属，叙为尊行，长者莫不毕拜致敬。闺门之礼，为世所推。谦退简约，不与世竞。父母亡，然同居共财，自祖至孙，家内百口。在洛时有饥年，无以自赡，然尊卑怡穆，丰俭同之。亲从昆弟，常旦省谒诸父，出坐别室，至暮乃

---

① 《晋书》卷30《刑法志》。

入。"博陵安平人李儿，"七世共居同财。家有二十二房，一百九十八口，长幼济济，风礼著闻。至于作役，卑幼竞集"。①《宋书》卷58《谢弘微列传》载：东晋安帝"义熙八年（412），（谢）混以刘毅党见诛，妻晋陵公主改适琅邪王练，公主虽执意不行，而诏其与谢氏离绝，公主以混家事委之弘微。混仍世宰辅，一门两封，田业十余处，僮仆千人，唯有二女，年数岁。弘微经纪生业，事若在公，一钱尺帛出入，皆有文簿。迁通直郎。高祖受命，晋陵公主降为东乡君，以混得罪前代，东乡君节义可嘉，听还谢氏。自混亡，至是九载，而室宇修整，仓廪充盈，门徒业使，不异平日，田畴垦辟，有加于旧。东乡君叹曰：'仆射平生重此子，可谓知人。仆射为不亡矣。'中外姻亲，道俗义旧，见东乡之归者，入门莫不叹息，或为之涕流，感弘微之义也。性严正，举止必循礼度，事继亲之党，恭谨过常。伯叔二母，归宗两姑，晨夕瞻奉，尽其诚敬。内或传语通讯，辄正其衣冠。婢仆之前，不妄言笑，由是尊卑小大，敬之若神。"

从以上所引三例我们可以看出，一个大家庭要维持数代同居共财合爨殊非易事。从世道事理来说，兄弟长大成人之后"分家析产"，各求自立门户、自谋生计乃是常理常情，因此，当时要做到这一点，对一个大家庭必须有良好的管理。一是要维持这样的一个大家庭，必须有良好的家规门风，来保持父慈子孝、兄弟友爱、闺门雍穆。如上举卢渊、卢昶一家就很孝顺，"常旦省谒诸父，出坐别室，至暮乃入"。"亲从昆弟"，"闺门之礼，为世所推"。他们还讲求"谦退简约"，虽然尊卑上下有序，但"丰俭同之"，在物质生活上则一律平等。又如上引李儿一家也是以儒家礼教治家，大家庭中如有什么劳作的事情，无论尊卑老幼，大家都会争先恐后自觉参与。二是一个大家庭要数世维持共财合爨，经济管理是一个很重要的问题。许多大家庭无法数代共财合爨，往往是经济上出现矛盾而分家。上引谢弘微受晋陵公主委托代理谢混大家业，在经济上就设置会计账簿，对家庭一钱尺帛的收支都要予以登记管理。在他代理的9

---

① 李延寿：《北史》卷85《节义列传》，中华书局，1974年。

年中，谢混的大家产业运作井井有条，农业生产也有一定的发展。"田畴垦辟，有加于旧"；"室宇修整，仓廪充盈"。三是治家中要身教重于言教。谢弘微接受晋陵公主委托之后，"经纪生业，事若在公""性严正，举止必循礼度"，所以他虽然是代理谢混家业，但是"尊卑小大，敬之若神""门徒业使，不异平日"。

（二） 宗族祭祀

魏晋南北朝的宗庙礼制先声是曹操建立诸侯庙。东汉献帝建安十八年（213）曹操受封为魏公，"始建宗庙于邺，自以诸侯礼立五庙"。[①] 曹操以"魏公"身份，比拟诸侯礼而建五庙，在汉代史无前例。两晋南朝宗庙制度一脉相承，以下分诸侯宗庙、官僚宗庙与一般士大夫祭祖 3 个方面略作介绍。

1. 诸侯宗庙。

晋朝的诸侯皆立有宗庙，武帝时册立司马攸为齐王，其文说："茂哉无怠，以永保宗庙。""备物典策，设轩悬之乐，六佾之舞。"这就是诸侯宗庙之礼。迨司马攸去世后，"诏丧礼依安平王孚故事，庙设轩悬之乐"。[②] 可见，当时诸侯已普遍立有宗庙。武帝时，中山王司马睦希望能立祢庙，结果在朝中引起争论。虞喜在论及此事时曾说："今士庶始封之君，尚得上祭四代，不拘于嫡，以贵异之。况已尊同五等，更嫌不得其均用丰礼，并祭四代，所以宠之。"[③] 当时异姓诸侯不论嫡庶，皆可上祭四代。诸侯家庙岁祭五次，刘宋孝武帝大明七年（463）有司奏："晋陵国刺：孝王庙依庐陵平王等国例，一岁五祭。"[④]

2. 官僚宗庙。

西晋时太尉荀顗"秩尊，其统宜远，亲庙有四"[⑤]。"亲庙有四"是指

---

① 《宋书》卷 16《礼三》。
② 《晋书》卷 38《齐王攸传》。
③ 《通典》卷 51《兄弟俱封各得立祢庙议》。
④ 《宋书》卷 17《礼四》。
⑤ 《通典》卷 88《孙为祖持重议》。

异姓始封者只立亲庙，如诸侯只立四庙，是虚始祖之位，待始封者逝世后，方备满五庙之礼。可见荀颢因系高官，依诸侯礼立五庙。东晋时，官员立庙的标准是用当时官阶九品等级来换算先秦分封等级制的。《通典》卷48《诸侯大夫士宗庙》载："王氏问谢沈云：'祖父特进、卫将军、海陵亭恭侯，应立五庙不？'沈答：'亭侯虽小，然特进位高，似诸侯也。'又问：'曾祖父侍御史，得入特进恭侯庙不？'答：'父为士，子为诸侯，尸以士服，祭以诸侯之礼。御史虽为士，应自入恭侯庙也。'"谢沈在此就是根据当时官品同先秦礼制加以比较、换算而回答的。东晋特进是二品，所以谢沈说特进位高似诸侯，可以依诸侯礼立五庙。当时御史官六品相当于先秦的上士，本身没有资格立五庙，但是可以因儿子为诸侯而入五庙。另一方面，从谢沈的疑问也可知，东晋没有制订出明确严格的立庙品级标准。东晋时江州刺史王凝之说："宗庙之设，各有品秩。"[①] 范宁不依品秩自置家庙，任其所属十五县仿古封地之礼，设宗庙、社稷，因违反"礼典"而获罪。当时所谓"礼典"，就是礼经。宗庙礼制是封建等级制度的重要组成部分，有着严格的等级标准和限制，国家不允许官员违礼建庙，目的在于维护封建等级制度。

3. 一般士大夫的祭祖。

东晋南朝士大夫多在家内祭祖，当时士大夫在家内祭祖的礼仪大致是："今（士大夫）无庙，其仪，于客堂设亡者祖坐，东向；又为亡者坐于北，少退……再拜，还房。遂撤之。自袝之后，唯朔日月半殷奠而已，其馈如来时仪，即日撤之。"[②] 由于当时一般士大夫多无庙，袝庙之礼，无法行于庙堂。所以袝庙之日，置神主于客室，礼毕撤之。时人贺循撰有《祭仪》，规定士大夫祭祖之仪："祭日，主人、群子孙、宗人、祝、史，皆诣厅事西面立，以北为上。"[③] 可见，当时厅事是一般士大夫进行

---

① 《晋书》卷75《范宁传》。
② 《通典》卷87《袝祭》。
③ 《通典》卷48《诸侯大夫士宗庙》。

祭祖仪式的场所。《太平御览》卷185《厅事》也主张一般士大夫在厅事祭祖。南朝刘宋崔凯论祔庙时说："祔祭于祖庙，祭于祖父……其辞曰：'……用荐祔事，适尔皇祖某甫……'今代皆无庙堂，于客堂设其祖座。"① 上引中的"客堂"与"厅事"，都是用来祭祖的场所。崔凯的主张还表明，客室中祭祀的对象是父、祖两代，其依据就是士二庙的先秦礼制。史籍所载当时的祭祖实例，也证明了人们是按上述规定祭祖的。如东晋人殷仲堪就丧期内是否可以行祭祖的吉礼，问于庾睿，从问话中可知殷氏有五等爵但未立庙，"常以厅事为烝尝之所"，殷仲堪是宗子，与弟同住，所以祭祖时，与身为"支子"的弟弟"共家"祭祀，共有的厅事是其祭祖场所。至于祭祀的时间，贺循说："祭以首时及腊，岁凡五祭"，② 即四季的首月一、四、七、十加上腊月的十二日祭祖。

关于北朝的宗庙制度，据一些学者的研究，北魏宣武帝正始年间曾制定律令，其中含有《祀堂令》，这是北魏第一次规定庙制。后来，似乎是"太用古制"而未颁行，徒有虚文而已。③ 北魏孝明帝神龟元年（518），灵太后之父司徒胡国珍薨，赠太上秦公。当时拟其庙制时产生问题：一是胡国珍为始封君，即宗庙的太祖。立庙时胡国珍已死，庙主是其子。如果胡国珍子立五庙，以胡国珍居太祖之位，其余亲庙是胡国珍的祖到五代祖，以家族秩序而言，胡国珍有僭越之嫌。二是胡国珍本是袭父胡渊之爵，其后别封为诸侯，如今为胡国珍立庙，其父胡渊须入胡国珍之庙，且亲近毁庙，是否可行。对此，太学博士王延业主张应立四庙，而胡国珍此时只能置于祢位，待之"世世相推"，依次毁庙，到了胡国珍的玄孙祔庙时，方居太祖之位，以备五庙之礼。而且胡国珍本是袭父爵，如今别封诸侯，父胡渊须入其庙受祀，随亲尽毁庙。原因是诸侯、大夫尊不相埒。最后王延业的看法在清河孝王元怿的支持下成为定制，

---

① 《通典》卷87《祔祭》。
② 《通典》卷48《诸侯大夫士宗庙》。
③ 甘怀真：《唐代家庙礼制研究》，台北商务印书馆1991年，第27—28页。

即"定立四主，亲止高曾，且虚太祖之位，以待子孙而备五庙焉"。① 此后，唐朝的《开元礼》也承袭了这种规定。元怿还说："比来诸王立庙者，自任私造，不依公令，或五或一，参差无准……相国之庙，已造一室，实合朝令。"② 可见，其所论诸侯五庙，是一堂五室的同堂异室制，而不是独立的五个庙，此后唐朝也是如此。当时诸王立庙非常普遍，且格式不一。

北齐武帝河清三年（564），朝廷"大抵依魏晋故事"制定"河清令"，③ 这是现存最早的详载家庙制度的令文。《隋书》卷7《礼仪二》所载"河清令"规定：当时官员一品、二品，相当于先秦分封诸侯，可置五庙；官员三品、四品、五品，相当于先秦卿大夫，可置三庙；官员六品、七品，相当于先秦上士、中士，可置二庙；官员八品、九品及庶，置寝，祭祖父二世。而且还规定，庙的形制依"宅堂之制"，即仿照令制中对为官之人住家的建筑形式作了规定，"其间数各依庙多少为限"；"其牲皆子孙见官之牲"。"河清令"基本上依执事官为标准，还对"王及五等开国"特别优待。河清令中有关家庙的规定，是隋唐立法的蓝本。

两汉盛行厚葬，自三国曹魏开始，鉴于汉末"自丧乱以来，坟墓无不发掘，皆由厚葬"④ 的教训，兴起了薄葬之风。"汉以后，天下送死奢靡，多作石室石兽碑铭等物。建安十年魏武帝以天下凋敝，下令不得厚葬，又禁立碑。"⑤ 曹丕留下的终制也规定："无为封树，无立寝殿，造园邑，通神道。"⑥ 晋袭曹魏之风，宣、景、文诸帝均无厚葬，东晋帝后亦大多如此。在当时薄葬之风的影响之下，有人提出取消墓祭之制。晋皇甫谧自为葬送之制，告诫家人"礼不墓祭，但月朔于家设席以祭，百日

---

① 魏收：《魏书》卷108之二，中华书局，1974年。

② 《魏书》卷108之二。

③ 《晋书》卷25。

④ 《三国志》卷5《魏书·文德郭皇后》。

⑤ 《宋书》卷15《礼二》。

⑥ 《三国志》卷2《魏书·文帝纪》。

而止。临必昏明，不得以夜。制服常居，不得墓次”。[①] 但是这种主张并未改变当时的习俗，北朝的官员经常告假回乡扫墓，“动历十旬”，离任长达百日之久。[②]

（三） 宗主督护制

东汉以降，各地宗族势力崛起。东汉末年和晋末的长期战乱，更使宗族增加了向心力，普通农民个体小家庭为了自身的安全，必须投靠强宗大姓门下，得到他们的庇护。强宗大姓为了壮大自己的势力，对抗军阀割据势力，也必须众多的同宗同族农民为其修筑坞壁，充当家兵，自保于一方。

在战乱频仍、群雄逐鹿的年代，这种坞壁实际上成为屯聚自保的宗族军事组织。坞壁有主持者，称为坞主、垒主等，实际上就是宗族的首领、宗族军事组织的指挥者。战乱时将宗族军事组织化，早在王莽末年就已出现。当时天下大乱，樊宏率“宗家亲属作营堑自守，老弱归之者千余家”。[③] 这里的“作营堑自守”，实际上已将宗族军事组织化了。这种做法在东汉末年黄巾起义后长江以南地区尤为常见，当时结聚宗族而成的队伍称为宗部或宗伍，朝廷则常称之为宗贼。他们的首领既是宗族首领又是军事组织指挥，故称为宗帅。当时江西宗部盛行，如《三国志》卷49《吴书·太史慈传》注引《江表传》记载说：“慈见策曰：‘华子鱼良德也，然非筹略才，无他方规，自守而已。’又丹杨（阳）僮芝自擅庐陵，诈言被诏书为太守。鄱阳民帅别立宗部，阻兵守界，不受子鱼所遣长吏，言：‘我以别立郡，须汉遣真太守来，当迎之耳。’子鱼不但不能谐庐陵、鄱阳，近自海昏有上缭壁，有五六千家相结聚作宗伍，惟输租布于郡耳。发召一人遂不可得，子鱼亦睹视之而已。”由此可见，江西鄱阳宗部在其首领率领下阻兵守界，以别立郡，俨然成为地方政权。江西

---

① 《晋书》卷 51《皇甫谧传》。
② 《魏书》卷 21 上《高阳王传》。
③ 《后汉书》卷 32《樊宏列传》。

秦汉魏晋南北朝管理思想史

鄱阳宗伍聚集坞壁，成为武装的宗族军事组织。除此之外，江苏、浙江、安徽一带也有宗族军事组织，如《三国志》卷46《吴书·孙破虏讨逆传》引《江表传》说："丹杨（阳）、宣城、泾、陵阳、始安、黟、歙诸险县大帅祖郎、焦已及吴郡乌程严白虎等。"可见，祖郎等人都是宗帅。由于江南宗族武装盛行，成为地方不可忽视的军事力量，所以正如唐长孺所指出的："孙吴的建国乃是以孙氏为首的若干宗族对于另外各个宗族集团即宗部的胜利。"①

北魏时期壮大起来的鲜卑族拓跋珪对中原实行了武力征服，然而其对河北、山西的实际控制，只能局限于军府、行台这些屯兵处，广大地区的真正控制者是占据坞堡的强宗大族。当时"一宗近将万室，烟火连接，比屋而居"。② 如李显甫为"豪侠知名，集诸李数千家于殷州西山，开李鱼川方五六十里居之，显甫为其宗主"。③ 这里的所谓宗主，也就是坞主、垒主。李鱼川的李氏宗族有数千家，是一个规模较大的宗族军事组织。战乱时期，这种强宗大族当有一定的数量。这一时期，宗族首领还有其他名称。如北魏河东强族薛氏，同姓有三千家，薛广曾为"宗豪"。④ 南朝和北朝都有"宗长"之称。南齐刘氏有"宗长"⑤，西魏、北周时期，宇文泰下令随其入关"诸姓子孙有功者，并令为其宗长"。⑥

北魏明元帝拓跋嗣继位后，鉴于靠迁徙汉民和军事占领无法真正控制中原，于是改弦更张，采取联合汉族强宗大族的政策。永兴五年（413），拓跋嗣大赦反抗者，从而缓和了同汉族强宗大族的关系，稳定了政局。此后不久，北魏又在河北、山西等地实施"立宗主、主督护"制度。宗主正式成为国家承认的宗族首领，督护是方镇属官，宗主督护制

---

① 唐长孺：《孙吴建国及汉末江南的宗部与山越》，《魏晋南北朝史论丛》，生活·读书·新知三联书店，1955年，第26页。

② 《通典》卷3《乡党》引宋孝王《关东风俗传》。

③ 《北史》卷33《李灵附李显甫列传》。

④ 《宋书》卷88《薛安都列传》。

⑤ 萧统：《文选》卷40《奏弹刘整文》，中华书局，1977年。

⑥ 《隋书》卷33《经籍二》。

134

就是以宗主行使督护地方。宗主主要负责本族按"九品差调"的规定完成国家的赋役,[①] 是战乱时期国家利用宗族行使地方行政权力的一种策略。但是,由于宗族势力本身就很强大,设立宗主更使其组织化且具有国家认可的正当性,所以荫附户很多,而且逃避国家的赋役,民"多隐冒,五十、三十家方为一户"正反映了当时的这种状况。[②] 宗族首领甚至"率其宗族拒战"[③],公然武装抗拒国家对他们赋役的征发。

北魏孝文帝太和九年(485),"令邻、里、党各置一长,五家为邻,五邻为里,五里为党。四年,造户籍"。[④] 于是设立三长制取代宗主督护制。三长的职责是负责户口、赋役、农桑等事项。[⑤] 它是一种地域组织,而非血缘组织,改变了直接由宗族首领负责地方事务的做法,这样"立三长,则课有常准,赋有常分,包荫之户可出,侥幸之人可止"。[⑥] 三长的设立使政府从强宗大族手中夺回荫附的劳动人口,加强了对基层社会的控制。宗主督护制实行和停止的历史表明,当时宗族组织有了相当的发展,使得当时的北魏政权不能无视它的存在。

魏晋南北朝地方豪族力量之强盛,对当时的社会政治、军事、经济和文化产生了重要的影响。若从家庭、家族的层面来看,其影响是多方面的。积极方面的影响,主要有两个方面:一是在当时社会动荡不安的局势下,宗族和家族作为基层社会的组织力量,为底层民众提供了一定的安全保障。在战乱时期,民众无论是在本土据险而守,还是流徙异地他乡,通常都是以宗族组织中的某一有财力、有社会地位的杰出人物为核心而团结起来,结成具有显著血缘关系的社会共同体,并且往往拥有私人武装力量,以应对兵匪劫掠和各种矛盾、纷争。如东汉末年天下大

---

① 《北史》卷 100《李冲传》。
② 《北史》卷 100《李冲传》。
③ 《魏书》卷 53《李孝伯附李安世列传》。
④ 萧子显:《南齐书》卷 57《魏虏传》,中华书局,1972 年。
⑤ 《魏书》卷 110《食货志》。
⑥ 《北史》卷 100《李冲传》。

乱之际，右北平无终人田畴率领宗族及其他附从民众数百人，进入徐无山中，"营深险平敞地而居，躬耕以养父母。百姓归之，数年间至五千余家"。① 西晋永嘉之乱后，中原动荡，饥馑荐臻，素为乡里所重的郗鉴被推举为首领，"于时所在饥荒，州中之士素有感其恩义者，相与资赡，鉴复分所得，以恤宗族及乡曲孤老，赖而全济者甚多，咸相谓曰：'今天子播越，中原无伯，当归依仁德，可以后亡。'遂共推鉴为主，举千余家俱辟难于鲁之峄山"。② 二是宗族和家族组织生产活动，救恤贫弱族众。在古代农业社会，由于生产力的限制，广大农民个体家庭经济十分脆弱，在天灾人祸的打击下很容易破产消亡。魏晋南北朝时期，由于社会动荡，经济凋敝，生产力下降，灾荒连连，许多普通农民家庭失去了最基本的生产条件和力量，因此，需要依靠宗族和家族的力量组织生产活动，更需要同宗亲族之间的互助互济。当时不论是北方地方地区的坞堡经济，还是南方社会的庄园经济，虽然都具有剥削和奴役的性质，但从一定意义和程度上说，都具有组织生产和互助的功能。尤其是在兴修水利、抗洪防旱等重大事务中，农民个体家庭是无法承担的，只能依靠集体的力量，这时以血缘纽带连结的宗族和家族组织自然就承担起了这种功能。与此同时，除累世同居共财大家庭外，向同宗同族的贫苦家庭施散财物、通其有无，以及收养和赈恤同宗同族的孤老贫弱，在这个动荡的时期尤其被视为一种应尽的道德义务，"敬宗收族"的伦理精神得到了较普遍的体现。当时许多宗族首领或官员、富豪向宗亲九族赈济，收恤亲族和抚赡幼孤的义举，于史籍中屡见不鲜。如三国时荀彧"禄赐散之宗族知旧，家无余财"③。晋朝时魏舒"禄赐散之九族，家无余财"④。西晋末永嘉之乱后，郗鉴被推举为宗族首领，在饥荒之时，"复分所得，以恤宗族及乡

---

① 《三国志》卷 11《田畴传》。
② 《晋书》卷 67《郗鉴列传》。
③ 《三国志》卷 10《荀彧传》。
④ 《晋书》卷 41《魏舒列传》。

曲孤老，赖而全济者甚多"①。南朝时陆琼"四时禄俸，皆散之宗族"②。北朝时房景远"频岁凶险，分赡宗亲"③。

但是，强盛的地方豪族力量也带来了负面的影响，即宗族和家族组织对个体家庭的控制和束缚力大大增强了。为了协调宗族内部的利益关系，维护宗族内部的团结，宗族首领往往制定禁令誓约，对族众进行约束。如田畴在被族众推举为首领之后，"乃为约束相杀伤、犯盗、诤讼之法，法重者至死，其次抵罪，二十余条。又制为婚姻嫁娶之礼，兴举学校讲授之业，班行其众，众皆便之，至道不拾遗"。④ 庾衮成为首领后，亦与族众誓约："无恃险，无怙乱，无暴邻，无抽屋，无樵采人所植，无谋非德，无犯非义，戮力一心，同恤危难。"其誓约受到族众的遵从，"于是峻险厄，杜蹊径，修壁坞，树藩障，考功庸，计丈尺，均劳逸，通有无，缮完器备，量力任能，物应其宜，使邑推其长，里推其贤，而身率之，分数既明，号令不二，上下有礼，少长有仪，将顺其美，匡救其恶"。⑤ 不言而喻，在这种特殊的情况下，个人和家庭必须服从宗族的集体利益，个体家庭的独立性和自主性在不同程度上会受到削弱和限制。

由于这一时期家族和宗族组织的普遍和强盛，家庭与国家之间的关系也发生了变化。一方面，大量的普通百姓家庭并不直接受控于国家权力，而是处于宗族和家族组织的庇护之下，不具备汉代家庭那样的独立法律地位，所谓"千丁共籍""百室合户"正是对处于一些宗族和家族组织庇护下的普通百姓家庭的真实写照。对于这种社会事实，国家政权的态度是矛盾的：一方面国家需要利用地方宗族和家族作为地方基层组织来维持社会秩序，故对所谓累世同居共财的世家大族予以表彰；另一方面，国家对各地强宗豪族荫占户口，与国家争夺劳动力、削弱国家赋役

---

① 《晋书》卷 67《郗鉴列传》。

② 《南史》卷 48《陆慧晓附琼列传》。

③ 《北史》卷 39《房景远列传》。

④ 《三国志》卷 11《魏志·田畴传》。

⑤ 《晋书》卷 88《庾衮列传》。

征发，甚至与朝廷分庭抗礼，也表现出高度的警惕与疑忌，力图加以控制和削弱。在这种矛盾的关系中，宗族命运与家庭命运是紧密联系在一起的，当强宗豪族与朝廷矛盾公开化、发生激烈斗争时，个体家庭往往选择站在强宗豪族一边。因为如果强宗豪族获得胜利，往往泽及同族每一个家庭；如果强宗豪族失败，常常要殃及同族的每一个家庭。

魏晋南北朝时期，人们对"家"与"门户"的理解远非局限于个体家庭，而且是着眼于整个家族乃至宗族。当时社会对个人行为的规范与约束，不仅仅是为个体家庭着想，而且是着眼于整个宗门族党的声誉与安全；对个人的教育与扶持，亦不仅仅是为了小家庭利益，而是立足于整个"门户"的兴旺发达，个人、家庭、家族乃至宗族，遂成为一个不可分割的利益共同体。① 在中国古代这一时期，这种宗族、家族和家庭的观念对后世影响深远。

第三节 家庭教育与家训思想

一、秦汉家庭教育思想

（一）胎教思想

秦汉时期继承周代的胎教之法，仍然重视胎教。在《胎产书》指出：怀孕的第三个月是胎儿发育的关键，受母体和外界的影响很大，在这个时期，孕妇要多见仪表端庄的君子和王公大人，避免接触奇形怪状的人，不要看沐猴，不要食兔肉。如果想生男孩，就要常弄弓箭和看公马、雄

---

① 王利华、张国刚：《中国家庭史》第一卷《先秦至南北朝时期》，广东人民出版社，2007年，第473页。

虎；如果想生女孩，就要常佩戴簪子、耳环及珠子之类的东西，是为"内象成子"。这些主张源于《礼记》中的"胎教之法"，虽然带有浓厚的迷信色彩，但反映了人们已经注意到从一个人生命的开始就应对其进行教育的重要性。

贾谊撰有《胎教》篇，提出了较系统的"胎教"主张。他认为：胎教是人生之始，"君子慎始"，所以对子女的教育须从胎教开始，并且要谨慎从事，否则，"失之毫厘，差之千里"。贾谊注意到：父母的道德操行对子女有至关重要的影响，要慎选婚娶对象，"必择孝悌，世世有行义者"；要给怀孕母亲提供一个良好的生活环境，以利于胎儿发育；在怀孕期间，母亲必须言行端正、心情舒畅，"立而不跛，坐而不差，（笑而不喧），独处不倨，虽怒不骂，胎教之谓也"。①

继贾谊之后，刘向借总结"周室三母"胎教经验，提出了"必慎所感"的胎教思想："古者妇人妊子，寝不侧，坐不边，立不跸，不食邪味，割不正不食，席不正不坐，目不视于邪色，耳不听于淫声，夜则令瞽诵诗、道正事。如此则生子形容端正，才德必过人矣。故妊子之时，必慎所感，感于善则善，感于恶则恶，人生而肖万物者，皆其母感于物，故形音肖之。"② 尽管如此，从现在科学的眼光来看，妇女在怀孕期间注意饮食、言行举止和情绪，对优生优育来说还是有必要的。即使像王充这样坚决反对禁忌迷信的思想家，也认为妇女在怀孕期间应该各方面谨慎小心，有所禁忌，这样对胎儿发育成长及今后长大成人都是有影响的。人有三命，"亦有三性：有正，有随，有遭。正者，禀五常之性也；随者，随父母之性也；遭者，遭得恶物象之故也。故妊妇食兔，子生缺唇。《月令》曰：'是月也，雷将发声。'有不戒其容者，生子不备，必有大凶。暗聋跛盲，气遭胎伤，故受性狂悖。羊舌似我初生之时，声似豺狼，长大性恶，被祸而死。在母身时，遭受此性，丹朱、商均之类是也。性

① 贾谊：《新书·胎教》，中华书局，2018 年。
② 刘向：《古列女传》卷1《母仪传》，台湾商务印书馆影印文渊阁四库全书本。

命在本，故《礼》有胎教之法：子在身时，席不正不坐，割不正不食，非正色目不视，非正声耳不听。及长，置以贤师良傅，教君臣父子之道。贤不肖在此时矣。受气时，母不谨慎，心妄虑邪，则子长大，狂悖不善，形体丑恶。"[1]

总之，上述无论是《胎产书》的作者，还是贾谊、刘向、王充的胎教思想，其观点的理论基础是一样的，即妇女在怀孕期间，对外界的感知和自己的心态会对胎儿产生影响，因此，孕妇应接受真、善、美的东西，调整好心态，就能达到优生的目的。

（二）家庭教育主要由父辈承担

在秦汉时期，对家庭子女的教育主要由父亲承担。父亲通常比较严厉，在子女面前扮演立规矩、施责罚的角色，这从时人对"父"字的诠释可以看出。《白虎通义·三纲六纪》指出："父子者何谓也？父者，矩也，以法度教子也。"《说文》"又部"亦云："父，矩也，家长率教者，从又举杖。"《韩诗外传》则更具体概括父亲在家庭中的角色："为人父者，必怀慈仁之爱以畜养其子，抚循饮食以全其身。及其有识也，必严居正言以先导之；及其束发也，授明师以成其技。十九见志，请宾冠之，足以死其意；血脉澄静，聘内以定之。信承亲授，无有所疑。冠子不言，发子不答，听其微谏，无令忧之。此为人父之道也。"也就是说，从孩子刚刚懂事开始，父亲就要"严居正言"，以身作则，对子女进行正确引导，在子女不同的人生成长阶段施以相应的教育。

在中国古代传统父权家长制的观念下，父亲对儿子的教育，并不限于未成年之前，即使成年之后，也是时时加以训诫。如当儿子刘歆受到皇帝召见并授予黄门侍郎之职时，刘向作《诫子书》，引用董仲舒"吊者在门，贺者在闾"，"贺者在门，吊者在闾"之语，谆谆告诫儿子福祸相倚的道理，提醒他不可得意忘形，为人处事必须处处小心，谦虚谨慎。[2]

---

[1] 《论衡·命义》。

[2] 刘清之：《戒子通录》卷3《幼训》，台湾商务印书馆影印文渊阁四库全书本。

又如经学大师郑玄因自己年迈，将家事交给儿子益恩管理，也特别作书训诫：一是要求儿子"勖求君子之道，研钻勿替，敬慎威仪，以近有德"，做一个有道德修养的人。二是要求儿子完成自己未能完成的几件大事。三是告诉儿子，家境已是今不如昔，希望儿子能"勤力务时，无恤饥寒，菲饮食，薄衣服"。① 如果父亲早亡，伯叔则有责任对侄子进行教育引导。如东汉时马援之兄去世之后，留下马严、马敦两个儿子，马援就自然地承担起教育这两个侄子的责任。针对侄子俩"喜讥议而通轻侠客"的毛病，马援作书训诫说："吾欲汝曹闻人过失，如闻父母之名，耳可得闻，口不可得言也。好论议人长短，妄是非正法，此吾所大恶也，宁死不愿闻子孙有此行也。汝曹知吾恶之甚矣，所以复言者，施衿结缡，申父母之戒，欲使汝曹不忘之耳。"马援希望他们学习"龙伯高敦厚周慎，口无择言，谦约节俭，廉公有威"，而不要仿效杜季良"豪侠好义"，一味讲哥们儿义气。② 东汉另一位名将张奂，在兄长去世之后，也很自然地承担起教育兄长之子张仲祉、张叔时的责任，针对仲祉在乡里"轻傲耆老，侮狎同年，极口恣意"的不良行为，张奂写了《诫兄子书》，对他进行循循劝导。③ 上引马援、张奂由于是教育侄子，所以对他们还比较客气，不敢如教育儿子那么严厉。淳于恭则与他们不同，教育侄儿与儿子一样严厉，动辄责备捶击。史载：淳于恭"养兄崇孤儿，教诲学问，时不如意辄呼责，数以捶自击其胫，欲感之。儿惭负，不敢复有过"④。

（三）对女子的教育

由于性别的差异，古代儿子和女儿长大成人以后，分别要承担不同的社会和家庭角色，因此，自先秦以来，对子女的教育就是"男女有别"，在施教的方式和内容上有较大的不同。汉代随着"三纲五常"伦理

---

① 《后汉书》卷 35《郑玄列传》。

② 《后汉书》卷 24《马援列传》。

③ 《艺文类聚》卷 23《鉴诫》。

④ 班固、陈宗等：《东观汉记》卷 18《淳于恭传》，台湾商务印书馆影印文渊阁四库全书本。

思想的确立,"男尊女卑""夫为妻纲"逐渐成为社会的主流观念,家庭对女子的教育,也以儒家提倡的妇德、妇言、妇容、妇功为基本内容,除向她们传授基本的女工和中馈技艺之外,通常还要教育她们婚后应如何顺从丈夫、孝敬公婆、维护家庭和睦等。东汉时期班昭著有《女诫》,是现存最早的系统论述女子教育的著述,标志着中国传统家庭女性教育的基本规范和模式业已形成,对中国传统女性产生了重大的影响。班昭出身名门,父班彪、兄班固均为东汉著名的史学家,具有深厚的家学渊源。她博学多才,班固去世后,奉诏续修《汉书》,竟成其功。经学大师马融亦尝"伏于阁下,从昭受读"。班昭不仅才学出众,而且十分贤德,14 岁嫁为曹世叔妻,恪守妇道,史称"曹大家"。

班昭在晚年患病之际撰写《女诫》,既是对儒家妇道伦理的理解和发挥,也是对自己人生道德实践的总结。全书共分 7 章,即卑弱、夫妇、敬慎、妇行、专心、曲从、和叔妹,全面论述了作为人妇所应持守的人伦准则和行为规范。她写这部书的目的和意图是:"鄙人愚暗,受性不敏,蒙先君之余宠,赖母师之典训,年十有四,执箕帚于曹氏,于今四十余载矣。战战兢兢,常惧黜辱,以增父母之羞,以益中外之累。夙夜劬心,勤不告劳,而今而后,乃知免耳。吾性疏顽,教道无素,恒恐子榖负辱清朝,圣恩横加,猥赐金紫,实非鄙人庶几所望也。男能自谋矣,吾不复以为忧也,但伤诸女方当适人,而不渐训诲,不闻妇礼,惧失容它门,取耻宗族。吾今疾在沉滞,性命无常,念汝曹如此,每用惆怅,间作《女诫》七章,愿诸女各写一通,庶有补益,裨助汝身。去矣,其勖勉之!"

由此可见,她写这部《女诫》,是出于一个母亲对未出嫁女儿们未来生活是否幸福的牵挂和忧虑。班昭谆谆教导女儿,为人之妇,要以卑弱为根本。所谓"卑弱",就是要"谦让恭敬,先人后己,有善莫名,有恶莫辞,忍辱含垢,常若畏惧"。体现在日常生活中,则须"执勤",即"晚寝早作,勿惮夙夜,执务私事,不辞剧易,所作必成,手迹整理";同时尽到妇人"继祭祀"的责任,"正色端操,以事夫主,清静自守,无

好戏笑，洁齐酒食，以供祖宗"。

她教导女儿要谨修"妇德""妇言""妇容""妇功"四行。她认为，妇德不必才明绝异，只要"清闲贞静，守节整齐，行己有耻，动静有法"，即是妇德；妇言不必辩口利辞，只要"择辞而说，不道恶语，时然后言，不厌于人"，即是"妇言"；妇容不必颜色美丽，只要"盥浣尘秽，服饰鲜洁，沐浴以时，身不垢辱"，即是"妇容"；妇功不必工巧过人，只要"专心纺绩，不好戏笑，洁齐酒食，以奉宾客"，即是"妇功"。"此四者，女人之大德，而不可乏之者也"。

古代一个家庭是否幸福，最关键的因素是已婚女性必须能与丈夫的家人和睦相处，即要处理好夫妻、婆媳、姑嫂之间的关系，如这些关系处理不好，就会导致妇女婚后生活的不幸福。对此，班昭也特别忧心，反复陈说女子"以夫为天"的道理，特别告诫女儿：要得到丈夫的欢心，除了对他本人"专心正色"之外，还要对其家人敬慎、谦顺、曲从，因为"夫虽云爱，舅姑云非，此所谓以义自破者也"；"妇人之得意于夫主，由舅姑之爱己也。舅姑之爱己，由叔妹之誉己也。由此言之，我臧否誉毁，一由叔妹，叔妹之心，复不可失也"。①

总之，班昭对女儿的上述教导，都是以儒家礼教为准则的，虽然讲的都是大道理、大原则，但并不空洞，而是有非常具体、切合实际的要求。这些内容反映了东汉上层社会尤其是深受儒家思想影响的士大夫家庭中女子教育的基本理念和主流意识。

东汉时，与班昭《女诫》成为姊妹篇的是蔡邕的《女训》。蔡邕作为当时卓越的文学艺术家，以优美的文笔，深刻阐述了家庭伦理思想，从具体生活细节入手，以小见大，对女儿进行教导，具有很高的家庭教育和美学价值。

蔡邕针对当时上流社会女子"务在奢丽，志好美饰，帛必薄细，采

---

① 《全上古三代秦汉三国六朝文》第二册《全后汉文》卷74《女诫》，又见《后汉书》卷84《列女·曹世叔妻列传》。

必轻浅,或一朝之晏,再三易衣"的奢华风气,告诫女儿说,不能只顾外表容貌的美好,更应讲究培养自己的心灵之美,注意内心的道德修养。"夫心犹首面也,是以甚致饰焉。面一旦不修饰,则尘垢秽之;心一朝不思善,则邪恶人之。人咸知饰其面,而莫修其心,惑矣!"在蔡邕看来,修心比饰容更为重要,"夫面之不饰,愚者谓之丑;心之不修,贤者谓之恶。愚者谓之丑犹可,贤者谓之恶,将何容焉?"他要求女儿在追求容貌之美时,时刻注意内心的端正纯洁,做到表里如一,身心俱美。"故览照拭面则思其心之洁也,傅脂则思其心之和也,加粉则思其心之鲜也,泽发则思其心之顺也,用栉则思其心之理也,立髻则思其心之正也,摄鬓则思其心之整也"。

蔡氏父女都是当时闻名的音乐家,调瑟鼓琴是他们家庭生活的一项重要内容。所以蔡邕在《女训》中,专门对女儿谈了调瑟鼓琴的礼节:"舅姑若命之鼓琴,必正坐操琴而奏曲;若问曲名,则舍琴兴而对,曰某曲;坐若近,则琴声必闻,若远,左右必有赞其言者。凡鼓小曲,五终则止,大曲,三终则止,无数变曲,无多少,尊者之听未厌,不敢早止。若顾望视他,则曲终而后止,亦无中曲而息也。琴必常调,尊者之前不更调张,私室若近舅姑,则不敢独鼓,若绝远,声音不闻,鼓之可也。鼓琴之夜,有姊妹之宴则可也。"由此可见,汉代家庭教育中对子女行为规范的要求,通常都是非常具体和细致的,有时甚至会达到过于烦琐的地步。如单调瑟鼓琴,就要求演奏时坐姿要正;回答公婆询问曲名,要停止演奏起身礼貌地说;凡演奏小曲,五遍就要停止,大曲三遍就要停止,不要让听者厌烦。如演奏曲子,要曲终而止,不要演奏一半就随意停止。如果演奏琴的房间离公婆休息的房间太近,则不要调瑟鼓琴,以免影响公婆休息;如公婆听不到声音,则可以演奏。如姐妹聚在一起举行家宴,则可演奏琴助兴。①

---

① 《全上古三代秦汉三国六朝文》第二册《全后汉文》卷 74《女训》,又见《太平御览》卷 577《乐部》十五。

（四）家学家传

秦朝统一六国之后，推行文化专制政策，"有欲学者，以吏为师"[①]，私学受到沉重的打击。但民间一些家庭仍然重视对子女的教育培养，利用自身家庭的一些家学渊源、世代相传的家庭某一传统，采取家内秘密传授的方式。如项羽幼年曾先后在叔父项梁的强迫下学书、学剑，但他认为学习这些知识和技能没有什么出息，想学"万人敌"，项梁于是授之兵法。《史记》卷7《项羽本纪》载："项籍少时，学书不成，去学剑又不成。项梁怒之。籍曰：'书足以记名姓而已。剑，一人敌，不足学，学万人敌。'于是项梁乃教籍兵法。"又如西汉时期，张汤父为长安丞，"出，汤为儿守舍。还，鼠盗肉，父怒，笞汤。汤掘熏得鼠及余肉，劾鼠掠治，传爰书，讯鞫论报，并取鼠与肉，具狱磔堂下。父见之，视文辞如老狱吏，大惊，遂使书狱"。[②] 显然，张汤之所以走上狱吏的道路，成为汉代著名的法狱专家，是由于先从父亲的审案断狱中耳濡目染，掌握了一定的法律知识，后来又进一步跟随父亲学习、实践，终于熟练掌握了这门知识。著名的《史记》作者司马迁，出身于史官世家，其父司马谈即是汉朝廷史官。司马迁之所以能够修成名垂千古的《史记》，固然与其父临终时嘱托有关，但更重要的是从小就从父亲及其他长辈那里学习到了丰富的历史知识和史书的修纂方法及学识。

自西汉武帝采纳董仲舒的建议，"罢黜百家，独尊儒术"之后，儒家经学教育逐渐成为主流。学习儒家经术以图谋取一官半职，在整个社会已翕然成风。对此，班固总结说："自武帝立《五经》博士，开弟子员，设科射策，劝以官禄，讫于元始，百有余年，传业者浸盛，支叶蕃滋，一经说至百余万言，大师众至千余人，盖禄利之路然也。"[③]

由于这一转变，汉代家庭对子弟的教育，转而以儒家经学为主，出

---

① 《史记》卷87《李斯列传》。
② 《汉书》卷59《张汤传》。
③ 《汉书》卷88《儒林传》。

现了不少"累世家学",家学的传承成为争取和维护家庭和家族政治利益和社会地位的重要手段。尽管汉代国家开办的京师太学规模不断扩大,在地方也有学官的设置,但能够进入官学的人毕竟很有限,大多数人家的子弟教育还是要通过私学。然而,要延请教师到家中教授子弟,无疑是需要很大的经济投入,是一般家庭难以承受的;而备办资装,遣送子弟前往各地求学,对于普通家庭来说,恐怕也是非常不易的。在这样的情况下,一些有条件的家庭,通过自家内部父传子、长教幼,可以比较不受年龄的限制,而且是最为经济的一种子女教育方式,在两汉时期最为普遍。从《汉书》《后汉书》的记载可见,当时子承父业、兄弟相继者比比皆是,并且自西汉开始,已有不少经术在一些家庭或家族中世代相传,形成所谓"世传家学"或"累世家学"的现象。如《汉书》卷88《儒林传》载:士孙张学梁丘《易》,"家世传业";韦贤治《诗》,传子玄成,玄成及兄子赏以《诗》授哀帝,"由是鲁《诗》有韦氏学";伏理游君学齐《诗》于匡衡,从此"家世传业";徐良游卿学《大戴礼》,"家世传业";桥仁季卿学《小戴礼》,亦"家世传业";琅邪王中学《公羊春秋》,"家世传业"。此外如匡衡一家,不仅衡为诗学名家,"子咸亦明经,历位九卿。家世多为博士者"。① 这种世传家学的现象,一直延续到东汉,在《后汉书》卷79《儒林列传》记载中,各经传承脉络清晰可见。如关于《尚书》学的传承,欧阳氏"自欧阳生传《伏生尚书》,至歙八世,皆为博士",形成《尚书》欧阳氏学;西汉时期,夏侯都尉由济南张生传得《尚书》,"都尉授族子始昌,始昌传族子胜,为大夏侯氏学;胜传从兄子建,建别为小夏侯氏学"。又如《春秋》学的传承,甄宇"传业子普,普传子承,承尤笃学,未尝视家事,讲授常数百人,诸儒以承三世传业,莫不归服……子孙传学不绝"。经学不但在有的家庭中祖、父、子世代相传,甚至是男女老幼悉皆习诵。如桓谭在《新论·离事》中提道:"刘子政、子骏、子骏兄弟子伯玉三人,俱是通人,尤珍重《左氏》,教授子

---

① 《汉书》卷81《匡衡传》。

孙，下至妇女，无不读诵者，此亦蔽也。"大体上说来，西汉时期一些家庭往往专攻一经，东汉时期则每见诸经兼通的情况，显然后者不再完全通过家庭内部的父子相传和长幼相授。世代相传的专攻家学，则东汉似乎不及西汉。

（五）以孝治天下

秦朝虽然是以法家思想治国，焚书坑儒，但是儒家提倡的孝思想仍然作为家庭伦理的内容之一，为统治者所利用，并未受到排斥。虽然汉初贾谊所描述的秦代家庭关系中有借父耰锄，虑有德色；母取箕帚，立而谇语；妇姑不相说，则反唇而相稽等现象，与儒家所倡导的"子孝""妇顺"是完全背道而驰的，但秦朝许多法令规定仍然体现了"孝"的原则和男性家长的权威。如《睡虎地秦墓竹简》对此有明确的反映，其《为吏之道》明确指出："为人父则兹（慈），为人子则孝，能审行此，无官不治，无志不彻，为人上则明，为人下则圣"；"父兹（慈）子孝，政之本殹（也）"。[①] 这与儒家经典所说的并无二致。该书记载有若干规定和案例，反映当时对子孙"不孝"之罪也是要实施严厉惩罚的。例如《法律答问》云："免老告人以为不孝，谒杀，当三环之不？不当环，亟执勿失。"[②] 这就是说，已免除劳役义务的老人（60岁以上）控告儿子不孝，要求处以死刑，是否应该原宥？不能。应立即拘捕，不要让他逃走。《封诊式》中的一份《告子·爰书》记录了这样一个案例："某里士五（伍）甲告曰：'甲亲子同里士五（伍）丙不孝，谒杀，敢告。'即令令史己往执。令史己爰书：与牢隶臣某执丙，得某室。丞某讯丙，辞曰：'甲亲子，诚不孝甲所，毋（无）它坐罪。'"在这个案例中，父亲甲控告儿子丙不孝顺，要求将丙处以死刑。司法官吏根据法律规定，立即派人捉拿了丙并进行了审讯。审讯的结果是：丙是甲的亲生儿子，对甲的确不孝顺，但没有犯过其他罪。丙最后是否因为不孝而被处死，不得而知。《法

---

① 《睡虎地秦墓竹简》，第169页。
② 《睡虎地秦墓竹简》，第117页。

律答问》又说:"殴大父母,黥为城旦舂。今殴高大父母,可(何)论?比大父母。"① 也就是说,秦律规定不但子不孝于父要受到处罚,孙子殴打祖父母、曾孙殴打高祖父母,也要处以重刑。

秦朝单凭法令的强制约束,是很难使广大的普通百姓家庭真正地尊老、养老的。由于秦国自"商鞅变法"开始,强制实行成年儿子与父母分家政策,即所谓的父子"生分",使父子分家之后,父子家庭的财产和经济生活各自独立,难免导致了亲情的疏远淡漠。父子在生活上彼此互不顾恤,还经常因经济问题而产生矛盾纠纷,甚至发生父子相盗。所以当时秦朝如没有消除经济上的父子矛盾问题,单靠法律规定,是很难养成孝敬老人的社会风气。因此,贾谊所批评的不孝"秦俗",是客观存在的,并不完全是意气之论。

与秦代做法不同,汉代重视从多方面进行道德教化和利益诱导,使社会形成尊老养老的风尚。汉代随着儒家正统地位的确立,《孝经》中所提出的"以孝治天下"的统治理念,在汉代得到了充分的实践。孝在当时朝廷政治和社会伦理处于核心的地位。在汉代人的观念中,孝已成为上自皇帝、下至贩夫走卒公认的美德,朝廷以重孝相标榜,皇帝、后妃、诸王的谥号,例皆冠有"孝"字;各类孝行举动和孝子顺妇,得到社会舆论的普遍称赞和尊重。

对老人的孝养首先落实于家庭对老人的"孝养",使之安度晚年。在西汉著名的"盐铁会议"上,"文学"与"丞相史"之间曾就"孝养"问题展开讨论,代表了当时社会对这个问题的两种不同看法。

> 丞相史曰:"盖闻士之居世也,衣服足以胜身,食饮足以供亲,内足以相恤,外不求于人。故身修然后可以理家,家理然后可以治官。故饭蔬粝者,不可以言孝;妻子饥寒者,不可以言慈;绪业不修者,不可以言理。居斯世、行斯身,而有此三累者,斯亦足以默矣。"

---

① 《睡虎地秦墓竹简》,第111页。

文学曰："善养者不必刍豢也，善供服者不必锦绣也。以己之所有，尽事其亲，孝之至也。故匹夫勤劳，犹足以顺礼，歠菽饮水，足以致其敬。孔子曰：'今之孝者，是为能养，不敬，何以别乎？故上孝养志，其次养色，其次养体。贵其礼，不贪其养，礼顺心和，养虽不备，可也。'《易》曰：'东邻杀牛，不如西邻之禴祭也。'故富贵而无礼，不如贫贱之孝悌，闺门之内尽孝焉，闺门之外尽悌焉，朋友之道尽信焉。三者，孝之至也。居家理者，非谓积财也，事亲孝者，非谓鲜肴也，亦和颜色、承意尽礼义而已矣。"

丞相史曰："八十曰耋，七十曰耄。耄，食非肉不饱，衣非帛不暖。故孝子曰：甘毳以养口，轻暖以养体。曾子养曾晳，必有酒肉。无端绂，虽公西赤不能以为容。无肴膳，虽闵、曾不能以卒养。礼无虚加，故必有其实然后为之文。与其礼有余而养不足，宁养有余而礼不足。夫洗爵以盛水，升降而进粝，礼虽备，然非其贵者也。"

文学曰："周襄王之母非无酒肉也，衣食非不如曾晳也，然而被不孝之名，以其不能事其父母也。君子重其礼，小人贪其养。夫嗟来而招之，投而与之，乞者由不取也。君子苟无其礼，虽美不食焉。故礼主人不亲馈，则客不祭。是馈轻而礼重也。"

丞相史曰："孝莫大以天下一国养，次禄养，下以力。故王公人君，上也，卿大夫，次也。夫以家人言之，有贤子当路于世者，高堂邃宇，安车大马，衣轻暖，食甘毳。无者，褐衣皮冠，穷居陋巷，有旦无暮，食蔬粝荤茹，腊腊而后见肉。老亲之腹非唐园，唯菜是盛。夫蔬粝，乞者所不取，而子以养亲，虽欲以礼，非其贵也。"

文学曰："无其能而窃其位，无其功而有其禄，虽有富贵，由跖、跷之养也。高台极望，食案方丈，而不可谓孝。老亲之腹非盗囊也，何故常盛不道之物？夫取非有非职，财入而患从之，身且死祸殃，安得腊腊而食肉？曾参、闵子无卿相之养，而有孝子之名；周襄王富有天下，而有不能事父母之累。故礼菲而养丰，非孝也。掠困而以养，非孝也。"

丞相史曰："上孝养色，其次安亲，其次全身。往者，陈余背汉，斩于泜水；五被邪逆，而夷三族。近世，主父偃行不轨而诛灭，吕步舒弄口而见戮，行身不谨，诛及无罪之亲。由是观之，虚礼无益于己也。文实配行，礼养俱施，然后可以言孝。孝在实质，不在于饰貌；全身在于谨慎，不在于驰语也。"①

从丞相史与文学之间的争论可以看出，双方都将子女对父母的孝养视为天经地义的事情，对孝养父母之道都持肯定的态度。所不同的是，双方在什么是最好的孝养、如何孝养等问题上看法有分歧。总体而言，文学坚持先秦儒家"养之以礼"的孝道观念，重视精神上的孝养，认为即使物质生活并不理想，只要"以己之所有，尽养其亲"，使父母心情愉快，即是"孝之至也"；相反，如果养之不以礼，不是真心善待父母，即使物质生活条件再优裕，"礼菲而养丰"，也不能称之为孝。因此，文学的孝养观念是："上孝养志，其次养色，其次养体。"与文学相反，丞相史更注重物质生活上给予父母以很好的衣食奉养，更强调实际，认为"孝在实质，不在于饰貌"，如果父母"褐衣皮冠，穷居陋巷，有旦无暮，食蔬粝荤茹，滕腊而后见肉"，即使有再多的虚礼，亦"非其贵也"。当然，丞相史也不是完全反对"养之以礼"，只是认为孝应该"文实配行，礼养俱施"，但必须首先在物质生活上使父母得到满足，"然后可以言孝"。

两汉史籍中记录了不少孝行故事，其中关于孝养的故事，大致有如下4种类型。一是贫家孝子勤苦谋生，奉养老母，或在家计不足时，宁愿自己吃苦受累也要保证父母的衣食饱暖。如东汉孙期"家贫，事母至孝，牧豕于大泽中，以奉养焉"②。班超家贫，到了洛阳以后，"为官写书，受直以养老母"③。黄香"父为郡五官，贫无奴仆，香躬执勤苦，尽心供养，冬无被裤，而亲极滋味。暑即扇床枕，寒即以身温席"④。二是

---

① 《盐铁论·孝养》。
② 《后汉书》卷79上《儒林列传》。
③ 《后汉书》卷47《班超列传》。
④ 《艺文类聚》卷20《人部》四引《东观汉记》。

子媳克服各种困难，想方设法满足父母的生活需要，包括某些特殊的生活嗜好。如"会稽人顾翱，少失父，事母至孝。母好食雕胡饭，常帅子女躬自采撷，还家，导水凿川，自种供养，每有赢储"①。广汉人姜诗"事母至孝，妻奉顺尤笃。母好饮江水，水去舍六七里，妻常溯流而汲……姑嗜鱼脍，又不能独食，夫妇常力作供脍，呼邻母共之"②。三是父母生病时，孝子尽力奉养。如蔡邕之母曾经重病3年，"邕自非寒暑节变，未尝解襟带，不寝寐者七旬"③。樊儵"事后母至孝，母尝病痈，儵昼夜匍伏不离左右，至为吮痈"④。四是父辈已亡，孙子承担赡养祖父母的责任。如东汉"虞诩……早孤，孝养祖母。县举顺孙，国相奇之，欲以为吏。诩辞曰：'祖母九十，非诩不养。'相乃止"。

魏晋南北朝时期，有关孝治天下的观念继续在社会上形成风尚，养老侍亲、善事父母，对他们恪尽孝养之责，在当时成为孝道伦理的主要内容之一。这一时期史籍记载的孝养故事，与汉代基本相似，如孝子勤苦谋生，给老人们提供轻暖衣衿和美食旨味，使无饥寒之忧；孝子对父母恭顺色养，使他们精神愉悦；当老人身患疾病时，孝子衣不解带，食不甘味，精心守护，亲奉汤药。

这一时期由于兵荒马乱、社会动荡，民生为艰，家庭（特别是那些贫困家庭）在孝养老人方面遇到了比安定时期更大的困难，即如何满足老人们的物质生活需要，使他们免受饥馁寒冷之苦。晋人王祥卧冰求鲤奉养继母朱氏、王延隆冬寻汾叩冰求鱼奉养继母卜氏的故事，出现于这一时期，是有其特定的时代背景，并不是偶然的。一些士人为了奉养亲老，不得不自操苦业，如做小买卖和小手艺、当雇工、代人抄书以谋生等。如郭原平"又禀至行，养亲必己力。性闲木功，佣赁以给供养。性谦虚，每为人作匠，取散夫价。主人设食，原平自以家贫，父母不办有

---

① 葛洪：《西京杂记》卷5，台湾商务印书馆影印文渊阁四库全书本。

② 《后汉书》卷84《列女传》。

③ 《后汉书》卷60下《蔡邕列传》。

④ 《东观汉记》卷11《樊儵传》。

肴味，唯餐盐饭而已。若家或无食，则虚中竟日，义不独饱，要须日暮作毕，受直归家，于里中买籴，然后举爨。父抱笃疾弥年，原平衣不解带，口不尝盐菜者，跨积寒暑，又未尝睡卧"①。当时有些一贫如洗之家，为了养亲，甚至不得不活埋刚生下来的婴儿或卖妻，惨不忍睹！如南朝刘宋时，郭世道"生而失母，父更娶，世道事父及后母，孝道淳备。年十四，又丧父，居丧过礼，殆不胜丧。家贫无产业，佣力以养继母。妇生一男，夫妻共议曰：'勤身供养，力犹不足，若养此儿，则所费者大。'乃垂泣瘗之。母亡，负土成坟，亲戚咸共赙助，微有所受"②。陈朝时，徐孝克"性至孝，遭父忧，殆不胜丧，事所生母陈氏，尽就养之道。梁末，侯景寇乱，京邑大饥，饿死者十八九。孝克养母，饘粥不能给。妻东莞臧氏，领军将军臧盾之女也，甚有容色。孝克乃谓之曰：'今饥荒如此，供养交阙，欲嫁卿与富人，望彼此俱济，于卿意如何？'臧氏弗之许也。时有孔景行者，为侯景将，富于财，孝克密因媒者陈意，景行多从左右，逼而迎之，臧涕泣而去，所得谷帛，悉以供养。孝克又剃发为沙门，改名法整，兼乞食以充给焉。臧氏亦深念旧恩，数私致馈饷，故不乏绝。后景行战死，臧伺孝克于途中，累日乃见，谓孝克曰：'往日之事，非为相负，今既得脱，当归供养。'孝克默然无答。于是归俗，更为夫妻"③。

以上这些孝养的卓行，是属于极端的典型，当时一般寒族、妇女的孝养事迹，在史籍中亦时有所见。如"晋陵吴康之妻赵氏，父亡弟幼，遇岁饥，母老病笃。赵诣乡里告乞，言辞哀苦，乡里怜之，各分升米，遂得免"④。又"诸暨东洿里屠氏女，父失明，母痼疾，亲戚相弃，乡里不容。女移父母远住苧罗，昼采樵，夜纺绩，以供养。父母俱卒，亲营殡葬，负土成坟"。再如"会稽寒人陈氏，有三女，无男，祖父母年八九

---

① 《宋书》卷 91《郭原平列传》。
② 《宋书》卷 91《郭世道列传》。
③ 姚思廉：《陈书》卷 26《徐陵附弟孝克列传》，中华书局，1972 年。
④ 《南史》卷 73《孝义传》，本自然段引文均见于此。

十，老无所知，父笃癃病，母不安其室。遇岁饥，三女相率于西湖采菱茆，更日至市货卖，未尝亏怠，乡里称为义门，多欲娶为妇"。

有些士人为了让老人免于孤寂，安度晚年，拒绝朝廷辟召或者弃官归家，承欢膝下，亲自奉养。先秦儒家经典《礼记·王制》就规定："八十，一子不从政；九十，其家不从政。"这种孝养观念在魏晋南北朝时期仍然深入人心。如时人盛彦，"母王氏因疾失明，彦每言及，未尝不流涕。于是不应辟召，躬自侍养，母食必自哺之。母既疾久，至于婢使数见捶挞。婢忿恨，伺彦暂行，取蛴螬炙饴之。母食以为美，然疑是异物，密藏以示彦。彦见之，抱母恸哭，绝而复苏。母目豁然即开，从此遂愈"。① 又如甄琛，先因父母年老，"常求解官扶侍，故孝文授以本州长史。及贵达，不复请归，至是乃还供养"②。还有士人为养亲而辍学的，如韩怀明十岁时，"母患尸疰，每发辄危殆"，怀明寒夜"于星下稽颡祈祷"，感动神灵，母病得以平复，后从南阳刘虬求学，因感老师丧亲之哀，"即日罢学，还家就养"，"家贫，常肆力以供甘脆，嬉怡膝下，朝夕不离母侧"③，直至其母年九十以寿终。早在汉代，人们就强调"色养"，主张"上孝养色，其次安亲，其次全身"。孝子贤孙承欢膝下，让老人家享受天伦之乐，这是家庭生活的最大幸福。然而家庭矛盾总是难以避免，特别是婆媳之间最不容易相处和谐，但传统伦理的要求是媳妇几乎必须无条件地依顺，能否取悦姑舅很大程度上决定媳妇与丈夫的关系，甚至是否会遭到休弃。如孝子刘瓛虽然40多岁才在别人的帮助下娶王氏女为妻，甚不容易，但因"王氏椓壁挂履，土落孔氏床上，（其母）孔氏不悦，瓛即出其妻"。④ 刘瓛这样做，以今天的眼光看，未免太过分，不近情理，但是在当时人的观念中，"上孝养色"，王氏违背了这一礼教原则，不符合当时对媳妇的孝养要求，丈夫就理所当然可以休弃。

---

① 《晋书》卷88《盛彦传》。

② 《北史》卷40《甄琛列传》。

③ 姚思廉：《梁书》卷47《韩怀明传》，中华书局，1973年。

④ 《南齐书》卷39《刘瓛列传》。

俗话说，久病床前无孝子。老人年迈体衰，易患疾病，善待长期患病的老人是孝养的重要表现。在史籍中，这一时期也涌现出一批辛苦照顾侍候生病父母的孝子。如上举孝子刘瓛祖母"病疽经年，手持膏药，渍指为烂"，被家人誉为"今世曾子"。① 有的孝子为使老人康复，四处寻医问药，甚至亲自钻研医学。如晋朝人殷仲堪"父病积年，仲堪衣不解带，躬学医术，究其精妙，执药挥泪，遂眇一目。居丧哀毁，以孝闻"②。然而，由于当时科学技术的限制，医疗条件还是很落后，更多人只能依赖虔诚祈祷，期盼孝心能感天动地，出现奇迹，使老人能够康复。如晋代人颜含"少有操行，以孝闻"，其兄患病死而复生，但长年不能康复，"含乃绝弃人事，躬亲侍养，足不出户者，十有三年"。"二亲既终，两兄继没，次嫂樊氏因疾失明，含课励家人，尽心奉养，每日自尝省药馔，察问息耗，必簪屦束带。医人疏方，应须髯蛇胆，而寻求备至，无由得之，含忧叹累时。尝昼独坐，忽有一青衣童子年可十三四，持一青囊授含。含开视，乃蛇胆也。童子逡巡出户，化成青鸟飞去。得胆，药成，嫂病即愈。由是著名"。③ 又如北周人张元16岁时，"其祖丧明三年，元恒忧泣，昼夜读佛经，礼拜以祈福佑。后读《药师经》，见盲者得视之言，遂请七僧，然七灯，七日七夜，转《药师经》行道。每言：'天人师乎！元为孙不孝，使祖丧明。今以灯光普施法界，愿祖目见明，元求代暗。'如此经七日。其夜，梦见一老公，以金鎞治其祖目……于梦中喜跃，遂即惊觉，乃遍告家人。居三日，祖果目明。其后祖卧疾再周，元恒随祖所食多少，衣冠不解，旦夕扶侍"。④ 以现在的科学眼光来看，这些因诚孝而感动神灵从而出现奇迹的故事都是出于编造，但从孝道思想发展的历史来看则具有重要标志性意义，标志着"孝感"观念的兴起。从此，这个观念一直镶嵌在国人精神灵魂的最深处，对中国传统文化的

① 《南齐书》卷39《刘瓛列传》。
② 《晋书》卷84《殷仲堪列传》。
③ 《晋书》卷88《颜含传》。
④ 《周书》卷46《张元传》。

发展演变，有着十分广泛而持久的影响。"孝感"观念在魏晋南北朝时期兴起，应与佛道和灵药信仰是有关系的。①

二、《颜氏家训》的家庭教育思想

汉代上层社会有文化的人，除了在日常生活中的言传身教外，还常常以"诫""训"的文字形式对子女进行教育，如以上所介绍的东汉班昭的《女诫》和蔡邕的《女训》。从史籍记载可以看出，两汉时期所出现的以手书训诫文字对后辈加以教导的方式，到了魏晋南北朝时期，家庭教育中更是普遍采用，并且逐渐发展到成为针对所有儿女而作的"家诫"或"家训"。因此，这一时期，"家诫"或"家训"在数量和质量上都得到了进一步的发展，见于当时文献的"家诫""诫子书"之类，达数十种之多，如诸葛亮有《诫子书》《诫外生书》，嵇康有《家诫》，王肃有《家诫》，王修有《诫子书》，王褒有《幼训》，王昶有《家诫》，羊祜有《诫子书》，荀爽有《女诫》，程晓有《女典篇》，李充有《起居诫》，陶渊明有《诫子书》，王僧虔有《诫子书》，徐勉有《诫子崧书》，颜延之有《庭诰》，魏收有《枕中篇》，刁雍有《教诫》，张烈有《家诫》等。在当时官宦士人家庭中，长者撰写训诫文字教育子弟，几乎成为一种社会时尚。这些训诫文字的内容，不外乎教导子孙们：在外应当谨慎地处世行事，与人为善，不要招惹是非，应避灾远祸；在家应和睦相处，互相扶持，维护家庭成员之间的团结，勤俭持家，治生理财，戒除恶习等等。这些"家诫"或"家训"：有的针对某个具体问题而作，如曹魏时期王肃的《家诫》，专门谈饮酒问题；有的向子女后代训示为人处世的大原则，如西晋嵇康的《家诫》，谈人生"守志"问题。到了北朝时期，最终出现了《颜氏家训》这样全面综合的家训经典著作。

---

① 王利华，张国刚主编：《中国家庭史》第一卷《先秦至南北朝时期》，广东人民出版社，2007年，第556页。

　　这一时期，在众多的家训、家诫中，又以北齐时期颜之推的《颜氏家训》最为突出。

　　颜之推（531—？），字介，琅琊临沂人，九世祖颜含从晋元帝东渡，其家遂居南朝，其家学世善《周官》《左氏》学。颜之推早传家业，又习《礼》《传》，博览群书，无不该洽，历仕梁、北齐、北周、隋朝，熟悉南北社会的家事和风俗人情。颜之推所著《颜氏家训》是中国历史上最早并且完整地保存到今天的综合性家训，对后代家庭教育产生了深远的影响。宋人陈振孙《直斋书录解题》称"古今家训，以此为祖"。是书凡7卷20篇，为《序致》《教子》《兄弟》《后娶》《治家》《风操》《慕贤》《勉学》《文章》《名实》《涉务》《省事》《止足》《诫兵》《养生》《归心》《书证》《音辞》《杂艺》和《终制》等，从子女教育、家庭关系、治家理生、道德风操、学问文章、处世行事和养生之道、宗教信仰等各个方面，对子孙进行谆谆教导，从而为后世留下了一份珍贵的家庭教育文献。

　　颜之推在该书开篇《序致》中，首先开宗明义地阐明自己撰写这部家训的目的是总结前人有关家庭教育的思想，吸取自己早年没有很好接受家庭教育的教训。他指出："夫圣贤之书，教人诚孝，慎言检迹，立身扬名，亦已备矣。魏晋以来，所著诸子，理重事复，递相模效，犹屋下架屋，床上施床耳。吾今所以复为此者，非敢轨物范世也，业以整齐门内，提撕子孙。"他认为，前人有关家庭教育的著述已经很多，而且多数是重复类似的，所以自己想对此进行整理总结，用于教育后世子孙。而且由于自己幼年时家庭遭遇巨变，所以"吾家风教，素为整密"，但是因二兄又"有仁无威"、训教不切，以致沾染了许多不良的习气，难以尽行荡涤，现在深自悔恨。所以到了晚年进行反思，并将其撰写成书，希望子孙引为前车之鉴。由此可见，《颜氏家训》是颜之推对前人家庭教育思想的总结和自己一生未很好接受家庭教育教训的反思，可谓是理论与实践、历史与现实相结合的产物。在《教子》篇中，颜之推不仅指出了子女教育的重要性，认为"上智不教而成，下愚虽教无益，中庸之人，不教不知也"，提出了子女教育的几个重要思想原则。

从《颜氏家训》可以看出，当时家庭教育的内容是很广泛的，但如概括起来，大体上还是德智体三个方面。在德育方面，颜之推坚持儒家传统价值观，以"行诚孝""履仁义"作为理想人格标准来要求子孙。他认为，在当时动乱的时代，躲避祸患、寻求身家性命安全固然重要，但诚孝、仁义重于身家性命。他在《养生》篇指出："夫生不可不惜，不可苟惜。涉险畏之途，干祸难之事，贪欲以伤生，谗慝而致死，此君子之所惜哉。行诚孝而见贼，履仁义而得罪，丧身以全家，泯躯而济国，君子不咎也。"他在《止足》篇则以"少欲知足""谦虚冲损"训导子孙。颜氏以诚孝、仁义、止足、谦冲为指导思想，将其运用于具体的治家、处世、为官之中，而不是停留于空洞无物的说教，从各方面提出了不少具体的要求。例如，"仕宦不可过二千石，婚姻勿贪势家"，不多蓄奴婢、厚积资财和广置田宅，治家理生要宽严适度，"俭而不吝"，与人交往、立身官场，则敬慕贤哲，严守风操，谨言慎行，勿图虚名，等等。

由于颜氏重视对子女的德育教育，因此主张以经术正业为主教育子女，教之以正道，反对单纯以雕虫小技、鄙陋之术教育子女。他说："齐朝有一士大夫，尝谓吾曰：'我有一儿，年已十七，颇晓书疏，教其鲜卑语及弹琵琶，稍欲通解，以此伏事公卿，无不宠爱，亦要事也。'吾时俯而不答。异哉，此人之教子也！若由此业，自致卿相，亦不愿汝曹为之。"① 在此，颜之推鄙视学习鲜卑语和琵琶是不对的，但颜氏重视应让青少年首先通过学习儒家经典来树立诚孝、仁义的价值观，反对通过学习鲜卑语、琵琶投鲜卑贵族所好，作为进身之阶的庸俗功利主义的学习目的，则是值得肯定的。

在智育方面，颜之推重视对子女文化知识和生活技能的教育。《颜氏家训》中的《勉学》《文章》《名实》《书证》《音辞》和《杂艺》诸篇，均有关于这方面的论述。其中《勉学》篇可谓是文化知识和技能教育方面的总论。首先，颜之推从立业谋生的角度来论说文化知识和生活技能

---

① 《颜氏家训集解·教子》，中华书局，2018 年。

教育的重要性，指出："人生在世，会当有业：农民则计量耕稼，商贾则讨论货贿，工巧则致精器用，伎艺则沉思法术，武夫则惯习弓马，文士则讲议经书。"① 也就是说，农民、商贾、手工业者、伎艺、将士、文人等各行各业的人都必须精通本行业的知识或技能，才能在社会上获得生存。他批评当时贵游子弟不学无术，"饱食醉酒，忽忽无事，以此销日，以此终年"，仅凭"家世余绪"谋得"一阶半级"，是无法在世上安身立命的。他特别重视学习文化知识，尤其是儒家经典，谆谆告诫子孙说："父兄不可常依，乡国不可常保，一旦流离，无人庇荫，当自求诸身耳。谚曰：'积财千万，不如薄伎在身。'伎之易习而可贵者，无过读书也。""虽百世小人，知读《论语》《孝经》者，尚为人师；虽千载冠冕，不晓书记者，莫不耕田养马。以此观之，安可不自勉耶？若能常保数百卷书，千载终不为小人也。""夫明六经之指，涉百家之书，纵不能增益德行，敦励风俗，犹为一艺，得以自资……世人不问愚智，皆欲识人之多，见事之广，而不肯读书，是犹求饱而懒营馔，欲暖而惰裁衣也"。颜氏虽然强调教子学习应趁早，但认为早年因故失学者到晚年也可继续学习："幼而学者，如日出之光；老而学者，如秉烛夜行，犹贤乎瞑目而无见者也。"

颜之推还提出，读书学问应求真知、得提高智力开拓视野并且知而能行。"夫所以读书学问，本欲开心明目，利于行耳。"他批评"世人读书者，但能言之，不能行之，忠孝无闻，仁义不足；加以断一条讼，不必得其理；宰千户县，不必理其民；问其造屋，不必知楣横而棁竖也；问其为田，不必知稷早而黍迟也；吟啸谈谑，讽咏辞赋，事既优闲，材增迂诞，军国经纶，略无施用；故为武人俗吏所共嗤诋，良由是乎！"他认为，学习是为了"求益"，应保持谦逊的态度，如果像一些人才读数十卷书，"便自高大，凌忽长者，轻慢同列；人疾之如仇敌，恶之如鸱枭。如此以学自损，不如无学也"。他主张，"学之兴废，随世轻重"，既反对

---

① 《颜氏家训集解·勉学》，以下引文未注出处者，均见于此。

死守章句和烦琐注疏，也不赞成玄学的空谈虚论，提倡读书学问应像前贤那样，"上明天时，下该人事"，"兼通文史，不徒讲说"，以期济世致用。

在《勉学》篇中，颜之推教导子孙学习文化知识要"勤学""好问"，既要"博闻"，又要"专精"；要注重文字"小学"，打好文字功底；学习"必须眼学，勿信耳受"，即要眼见为实，不要道听途说。在平常的家庭教育中，他在儿女子孙很小的时候，就对他们要求非常严格，以使他们养成良好的习惯。"吾家儿女，虽在孩稚，便渐督正之；一言讹替，以为己罪矣。云为品物，未考书记者，不敢辄名，汝曹所知也。"① 由此可见，颜氏对后代子孙的家庭教育并非只是虚言泛论，而且非常具体地落实到日常生活中的方方面面。

在体育方面，颜之推主张采取一定的方法进行养生健体："若其爱养神明，调护气息，慎节起卧，均适寒暄，禁忌食饮，将饵药物，遂其所禀，不为夭折者，吾无间然。诸药饵法，不废世务也。"② 在此他主要强调通过体育锻炼来调节人的气息、遵守饮食起居规律来调养身体，并且适当服用一些药物来滋补身体，这样就会健康长寿。他还列举了自己和他人的事例，说明适当饵服药物和进行一些锻炼对身体健康的益处。此外，他还提出养生应以防病为先、有目标的养生和内外兼养等观念，至今对养生保健仍有参考价值："夫养生者先须虑祸，全身保性，有此生然后养之，勿徒养其无生也。"③ 前人或"养于内而丧外"，或"养于外而丧内"，或"以傲物受刑"，或"以贪溺取祸"，这些教训都当引以为戒。

颜之推在《颜氏家训》中还就子女教育提出了 6 个方面较有价值的原则：其一，教子以正道。颜氏主张以经术正业教育子女，反对雕虫小技、鄙陋之术。如前所述，他主张学习儒家经典，重在培养子孙"重诚

① 《颜氏家训集解·音辞》。
② 《颜氏家训集解·养生》。
③ 《颜氏家训集解·养生》。

孝""履仁义"的理想人格，这是认识到了教育的根本。

其二，重视家中尊长对卑幼的潜移默化作用。颜氏认为，家中的尊长，如父、兄和丈夫，应通过正确的言行举止，对卑幼者子、弟和妻子进行潜移默化的身教影响教育，这就是当时所谓的"风化"。由于时代的局限，他将妻子定为家中的"卑"的对象，是典型的重男轻女思想，但重视家庭教育中身教的作用还是有价值的。他在《治家》篇中说："夫风化者，自上而行于下者也，自先而施于后者也。是以父不慈则子不孝，兄不友则弟不恭，夫不义则妇不顺矣。父慈而子逆，兄友而弟傲，夫义而妇陵，则天之凶民，乃刑戮之所摄，非训导之所移也。"

其三，教子"当及婴稚"，即主张早教。颜氏举例说明先秦"胎教之法"和"师""保"制度的必要性，引用孔子"少成若天性，习惯如自然"和民间俗谚"教妇初来，教儿婴孩"之语，论证了早教的特殊意义，指出：凡庶之家纵然不能像古代王室那样行"胎教之法"和师、保制度，但是亦"当及婴稚，识人颜色，知人喜怒，便加教诲，使为则为，使止则止。比及数岁，可省笞罚"。而且不但在行为规范方面要早教，文化知识方面亦要趁早教育。他在《勉学》篇中指出："人生小幼，精神专利，长成已后，思虑散逸，固须早教，勿失机也。"这就是说小孩子思想单纯，注意力集中，学习效率高，而长大成人了，思想复杂，注意力不容易集中，学习效率低。所以教育要重视早教，不能错过学习的最佳时间。

其四，教育子女要严慈相济。颜氏指出："父母威严而有慈，则子女畏慎而生孝矣。"[①]"父子之严，不可以狎；骨肉之爱，不可以简。简则慈孝不接，狎则怠慢生焉"。这就是说，父母对子女的教育，一方面要有威严，子女才会因畏惧而遵从教导。但是另一方面也要对子女慈爱，才会培养父母与子女之间的感情，子女长大后才会孝顺父母，慈爱子女也是不能忽视的。从总体上说，他更倾向于教子要威严，反对溺爱。他说："吾见世间，无教而有爱，每不能然。饮食运为，恣其所欲，宜诫翻奖，

---

① 《颜氏家训集解·教子》，本目以下引文未注出处者，均见于此。

应诃反笑，至有识知，谓法当尔。骄慢已习，方复制之，捶挞至死而无威，忿怒日隆而增怨，逮于成长，终为败德。"这就是说，教育子女，如果从小就娇生惯养，过分溺爱，养成了不良的品质习惯，那么到长大了再进行严厉教管，已经为时已晚，即使将其捶挞至死也无济于事。因此，颜氏指出："凡人不能教子女者，亦非欲陷其罪恶，但重于诃怒。伤其颜色，不忍楚挞惨其肌肤耳。当以疾病为谕，安得不用汤药针艾救之哉？又宜思勤督训者，可愿苛虐于骨肉乎？诚不得已也。"他认为父母教育子女该打骂时也要打骂，就像治病该用汤药针艾时就要用汤药针艾来救治。父母这样做，也是出于万不得已啊！他还列举了许多前代和当世的正反事例，说明严教之利与溺爱之弊。

其五，对家中子女要均爱且不偏宠。对家中子女，许多父母都会偏爱听话有出息的，而讨厌不听话没出息的。颜氏认为，如果身为父母对子女有偏宠，这将会带来祸害，如历史上的共叔、赵王、刘表、袁绍等家庭就是如此。他说："人之爱子，罕亦能均；自古及今，此弊多矣。贤俊者自可赏爱，顽鲁者亦当矜怜，有偏宠者，虽欲以厚之，更所以祸之。共叔之死，母实为之。赵王之戮，父实使之。刘表之倾宗覆族，袁绍之地裂兵亡，可为灵龟明鉴也。"其实即使是一般平民百姓的家庭，如果父母偏宠某一两个子女，对教育子女也是不利的，容易引起家庭矛盾和纠纷。

其六，青少年应慎交游，近善远恶。颜氏认为，青少年思想尚不成熟，自制力也不强，很容易受周围人的影响，因此必须慎交游，近善远恶。他在《慕贤》篇说："人在年少，神情未定，所与款狎，熏渍陶染，言笑举动，无心于学，潜移暗化，自然似之；何况操履艺能，较明易习者也。是以与善人居，如入芝兰之室，久而自芳也；与恶人居，如入鲍鱼之肆，久而自臭也。墨子悲于染丝，是之谓矣。君子必慎交游焉。"[①]

《颜氏家训》所阐述的家庭教育内容和原则，在魏晋南北朝时期是比

---

① 《颜氏家训集解·慕贤》。

较全面系统的，并具有代表性。这一时期，虽然道家思想比较活跃，佛教亦大量传入中原和江南地区，玄学思想深受道家和佛教的影响，但是在家庭教育中，绝大多数的家庭仍然是以儒家思想来教育子女的，如教导子女要孝悌仁义，努力学习，勤谨治家，虚心谨慎。即使当时像阮籍、嵇康那样的狂狷之士，自己本身不拘小节，放荡不羁，但是骨子里仍然希望子弟学习儒家经典，按照儒家礼教的伦理规范来为人处事。《魏书》作者——史学家魏收本人轻薄无行，甚为时论所讥，但在《枕中篇》中，却训诫子侄要先人后己、淡泊名利、谨小慎微、善言端行、虚怀若谷。①其实这种现象并不奇怪，因为传统儒家所倡导的仁义礼智信等是超越时代的普世价值观，一个人要立足于社会，必须遵循这些道德规范和思想观念。颜氏家族之所以能家学世传，才俊辈出，正是由于在家庭教育中高度重视以儒家经术教育子女。

---

① 《北史》卷 56《魏收列传》。

第四章
秦汉魏晋南北朝经营管理思想

第一节　秦代协调劝勉思想

　　总的说来，秦朝是实行重农抑末政策的。如《琅琊刻石》有"勤劳本事，上农除末，黔首是富"① 的记载。秦朝采取了一些歧视、限制商人的政策措施。但在这总的管理方略下，秦朝也有政策的灵活性。如秦国在统一六国前，曾经采取商鞅的农战政策，重农抑商；统一六国后，农战政策有所调整。李斯在《焚书奏》中说："今天下已定，法令出一，百姓当家，则力农工。"② 可见是农工并举，不仅提到了农，而且强调工，工与农处于同等重要的地位。《史记·货殖列传》则记载，秦始皇重视因畜牧而致富的乌氏倮和因开采丹穴致富的寡妇清。他"令倮比封君，以时与列臣朝请。而巴寡妇清，其先得丹穴，而擅其利数世……能守其业，用财自卫……秦皇帝以为贞妇而客之，为筑女怀清台"。中国自先秦开始，就是一个农业经济为主的国家。上古就有神农教民稼穑和蓺五谷的传说。《尚书·无逸》亦记载先民"稼穑之艰难"。可见以农业经济为主

---

　　①　《史记》卷 6《秦始皇本纪》。
　　②　《史记》卷 6《秦始皇本纪》。

的国民经济以及在此基础上产生的农本思想是我国固有的传统思想。李斯在《焚书奏》中并非一般地强调以农为本，而是主张农工并重；秦始皇将因畜牧而致富的乌氏倮与众朝廷大臣同等对待，为因开采丹穴而致富的寡妇清修筑女怀清台。这是对他们极高的褒奖，也是一个很明确的政策导向，即秦王朝不仅重视发展农业，而且鼓励发展畜牧业和矿冶业。这是有其特定历史意义的。

因为到了秦代，不但以副业形式出现的农村手工业大量存在，而且出现了独立于农业之外的冶铁、煮盐等手工业生产，这些独立于农业之外的手工业往往规模大、经济实力强，影响力广泛，所以才会引起最高统治者和朝廷重臣的注意和重视，对管理方略做出适当的调整，即农工并重，通过皇帝的褒奖来提高他们的政治地位和社会地位，目的在于引导民众积极参与农业之外的其他生产行业，如畜牧业和矿产开采业。

秦朝统一六国后，在田地和赋税制度上实行"黔首自实田"，进一步将战国时期秦国商鞅变法的废井田、开阡陌进行下去。清人俞正燮在其《癸巳类稿》卷3《王制东田名制解义》中就指出，"黔首自实田"实际上是"续开商鞅未开之阡陌"。《睡虎地云梦秦简》中大量关于秦代法律的记载，统称《秦律》，其中与土地制度直接有关的《田律》，有这样一段条文："入，顷刍稿，以其受田之数，无垦（垦）不垦（垦），顷入刍三石、稿二石。"其意是说，老百姓经过"自实田"，可以得到田地若干顷，但受田之后，不论开垦与不开垦，一律要按受田顷数以每顷刍三石、稿二石的税率向国家缴纳租赋。《淮南子·泛论训》有"秦之时，入刍稿"的记载，《田律》的出土，证明《淮南子》的记载是可信的。这反映了秦统一六国后，进一步以立法形式确定了封建地主土地所有制，并且以实物地租取代劳役地租。农民已获得了相对"自由"的身份，并得到了有关法律的保障。这对提高广大农民的生产积极性，解放农业生产力，发挥了巨大的积极作用。正如《吕氏春秋·审分》所深刻指出的："今以众地者，公作则迟，有所匿其力也；分地则速，无所匿迟也。"这就是说，过去土地国有，奴隶为奴隶主耕作，生产积极性不高；现在一旦土地归

农民所有，农民向国家交纳完赋税，其余收入归自己所有，生产积极性就会大大提高。总之，"黔首自实田"对提高农民生产积极性，有很大的推进作用，促进了社会生产力的发展。

秦统一六国后，并不一味地采取暴力的手段肃清六国的残余势力，而是常常采取恩威兼施、文武并用的策略，既有用暴力强制，又有用经济利益引导。如始皇二十六年（前221），战乱方休，天下始定，为了镇压六国残余势力，防止叛乱阴谋，秦王朝曾"徙天下豪富于咸阳十二万户"，[①] 所采取的措施十分严厉果断。但是，尔后的数次迁徙民众，则又采取相对温和的策略，给予一定的经济优待，加恩行惠，以安定人心。始皇二十八年（前219）对迁往琅邪的三万户各给以"复十二岁"，即免除十二年徭役的优待；始皇三十五年（前212），又对迁往郦邑的三万户和迁往云阳的五万户各给以"复，不事十岁"的优惠，即免除徭役十年；始皇三十一年（前216），还"赐黔首里六石米、二羊"的物质奖励，以示在经济上优惠、安抚百姓。这种怀柔政策的应用，收到了良好的效果，出现了"平定海内，放逐蛮夷，日月所照，莫不宾服"的安定大一统局面，形成了一种"皆遵度轨，和安敦勉，莫不顺令"[②] 的社会和谐景象。很遗憾，秦王朝的这种治国方略没有得到很好的坚持贯彻。

李斯在秦统一六国后采取以经济手段为政治目的服务的思想，源于战国时期的荀子。李斯是荀子的学生，故师承其老师的这一思想，荀子是这一策略的最早倡导者。[③]《荀子·王制》主张："勉之以庆赏，惩之以刑罚"，就是这种管理方略的总原则。在这种总原则指导下，"以善至者，待之以礼；以不善至者，待之以刑"。这就是通过一手以经济利益诱导，一手暴力强制的手段，来消除瓦解全国不安定的因素，使民众服从秦王朝的统治，巩固大一统的局面。

---

① 《史记》卷6《秦始皇本纪》。
② 《史记》卷6《秦始皇本纪》。
③ 上海社会科学院经济研究所经济思想史研究室：《秦汉经济思想史》，中华书局，1989年，第29页。

第二节　汉代协调劝勉思想

一、汉代"与民休息"思想

战国时期的长期兼并战争以及秦末的农民大起义和后来的楚汉战争，使中国北方地区成为一片焦土，加上秦统一后的暴政、繁重的徭役和赋敛，使社会经济遭到严重的破坏，农村凋敝，田地荒芜，城市荒芜，人口锐减。"汉高帝定天下，人之死伤亦数百万……方之六国，十分无三"。① 物资奇缺，物价飞涨，"米至石万钱，马至匹百金"，② 广大百姓"无盖藏"，陷入"大饥馑"以至"人相食，死者过半"③ 的惨况。

在这样的历史背景下，汉高祖刘邦博采众议，特别是听取了谋臣陆贾"居马上得天下"而不能"以马上治天下"的意见后，决定改变秦朝"马上治天下"的暴力统治，实行"与民休息"的政策，来代替秦王朝的农战政策。西汉初年，所谓"与民休息"的政策主要包括 3 个方面，即重农、轻徭薄赋和崇俭。以下分别予以简要阐述。

其一，重视农业生产。西汉初年，农村残破，田地荒芜，粮价飞涨，灾荒时人相食，死者过半。因此，西汉王朝要维持统治，首先必须恢复和发展农业生产，解决普通百姓最起码的衣食问题。楚汉战争时期，丁壮劳动力大部分被征从军打仗，农业劳动力极度缺乏。刘邦打败项羽军队、建立西汉王朝后，即时大量地复员将士回乡务农，并给予免除徭役

---

① 《通典》卷 7《食货七》。
② 《汉书》卷 24 下《食货志下》。
③ 《汉书》卷 24 上《食货志上》。

若干年、分配给土地和宅园的优惠待遇。"夏五月，兵皆罢归家。诏曰：诸侯子在关中者复之十二岁，其归者半之。"对解甲归田的有功将士，还按军功大小奖赏其不同数量的土地和宅舍，"以有功劳行田宅"。①

西汉政府除了通过复员军队将士来增加农村劳动力外，还多方采取措施，鼓励民众到乡下务农。如朝廷以优惠政策引导战争时期流亡山泽的百姓返乡从事农业生产，帮助那些因饥饿无法生存而卖身为奴的人，恢复其自由人的身份。朝廷下令"复故爵田宅"，"民前或相聚保山泽，不书名数。今天下已定，令各归其县，复故爵田宅，吏以文法教训辨告，勿笞辱。民以饥饿自卖为人奴婢者，皆免为庶人"。②

秦末汉初，由于连年战争，人口锐减，汉高祖刘邦采取鼓励人们多生育的措施，以增加劳动力。公元前200年，他下令：凡"民产子，复勿事二岁"。③ 公元前189年，朝廷又规定："女子年十五以上至三十不嫁，五算。"④ 总之，通过对生育一个儿子免除2年徭役和女子到15岁至30岁还不嫁人要承担赋税5算的惩罚来鼓励人们早婚、多生育，以此来解决农村缺乏劳动力的问题。

西汉政府除采取各种措施增加农村劳动力来发展农业生产外，还通过各种途径来鼓励百姓的农业生产积极性。皇帝一再颁发"劝农"诏书，并亲自参加籍田大礼，以表示重视农业生产，号召广大民众努力耕作。从汉文帝二年（前178）至汉景帝三年（前141）的37年中，朝廷就颁发了10次劝农诏书，并且一再强调农业生产是立国之本，皇帝亲自籍田，做出表率，鼓励百姓努力生产粮食。"夫农，天下之本也，其开籍田，朕亲率耕，以给宗庙粢盛。"⑤ 西汉政府还通过各种奖励办法来引导百姓努力耕种。如让各地保举"孝悌力田"者，给予"复其身"的奖励，即如

---

① 《汉书》卷1下《高帝纪下》。

② 《汉书》卷1下《高帝纪下》。

③ 《汉书》卷1下《高帝纪下》。

④ 《汉书》卷2《惠帝纪》。

⑤ 《汉书》卷4《文帝纪》。

果某人孝敬父母、努力耕种，就会受到免除徭役的优待。汉文帝还采纳了晁错的建议，实行"入粟拜爵"的政策，以百姓交纳粟到边疆数量的多少，相应奖励给不同级别的爵位。"于是文帝从错之言，令民入粟边，六百石爵上造，稍增至四千石为五大夫，万二千石为大庶长，各以多少级数为差。"① 西汉政府不仅用奖励的办法鼓励人们纳粟边疆，而且实行"入粟赎罪"的政策，即允许按犯罪的重轻缴纳不同数量的粮食，即可赎免刑罚。

西汉王朝的重农政策与秦朝农战政策的相同一点是通过"抑末"来达到重农。即通过降低商人的社会地位，歧视商人，加重商人的税收，使一些人放弃经商而从事农业生产。如汉高祖建立西汉王朝之初，就明令"贾人不得衣丝乘车，重租税以困辱之"。② 惠帝、高后时，仍规定"市井子孙亦不得为官吏"。③

其二，实行轻徭薄赋政策。汉初统治者吸取秦朝赋役繁苛严重破坏了农业生产，激起农民大起义，从而导致秦朝迅速覆灭的历史教训，实行轻徭薄赋的政策，其目的是既能减轻农民赋役负担，缓和社会矛盾，又能通过减轻农民田赋，鼓励百姓从事农业生产。汉高祖刘邦即位以后，"约法省禁，轻田租，什五而税一，量吏禄，度官用，以赋于民"。④ 但是，由于汉初对匈奴战争的需要，什五税一赋税政策并没有得到切实的贯彻。到了惠帝时，才明确执行什五税一，"减田租，复什五税一"。⑤ 这个税率比起秦王朝的"泰半之赋""二十倍于古"的田赋要轻多了。汉文帝、汉景帝时期，社会经济得到迅速恢复和发展，国家财政收入增加，国库逐渐充裕，西汉政府就进一步减轻田赋。汉文帝二年（前178）和十二年（前168）又两次下诏减当年田赋为三十税一。汉文帝十三年（前

---

① 《汉书》卷 24 上《食货志上》。
② 《汉书》卷 24 下《食货志下》。
③ 《汉书》卷 24 下《食货志下》。
④ 《汉书》卷 24 上《食货志上》。
⑤ 《汉书》卷 2《惠帝纪》。

167），甚至下诏全免天下田赋。到了景帝二年（前155），三十税一终于确定为西汉一代田赋定制。汉初小土地所有者较多，自耕农大量存在，土地兼并不严重。因此，田赋较轻，对农业生产的恢复与发展是有利的。

相比于西汉的十五税一、三十税一的田赋来说，徭役还是比较重的。西汉朝廷规定，男丁一生要到郡国服役一年，戍边或到京城服役一年。但是由于西汉前期数十年相对和平稳定，朝廷对匈奴实行和亲政策，对南越也采取和平统一的方略，这就大大减轻了战争对民众所带来的沉重徭役负担。相对于秦王朝滥征大量劳役修长城、阿房宫、秦始皇陵、驰道、灵渠等，"力役二十倍于古"的超负荷徭役来说，西汉王朝的徭役应该说已经大大减轻了。

其三，汉初统治者崇尚"俭朴"。西汉初期的几位统治者对秦王朝因穷奢极欲所造成的赋役繁苛、民不聊生，最终葬送在农民大起义之中有切身的深刻认识，懂得要轻徭薄赋，让民众有基本的生存和再生产条件，懂得统治者应该以俭治国、撙节开支。如汉高祖刘邦就曾责问萧何营造未央宫过于华丽，忘记了"天下匈匈，劳苦数岁，成败未可知，是何治宫室过度也？"[1] 文景之治时的汉文帝更是在历代帝王中一向以"俭朴"著称。"孝文帝从代来，即位二十三年，宫室苑囿狗马服御无所增益，有不便，辄弛以利民。尝欲作露台，召匠计之，直百金。上曰：'百金中民十家之产，吾奉先帝宫室，常恐羞之，何以台为！'上常衣绨衣，所幸慎夫人，令衣不得曳地，帏帐不得文绣，以示敦朴，为天下先。治霸陵皆以瓦器，不得以金银铜锡为饰，不治坟，欲为省，毋烦民。"[2] 这些记载虽然有夸大溢美之词，但西汉初期君臣为了减轻民众赋役负担，崇尚俭朴，应该还是符合历史事实的。

西汉初期的统治者，吸取秦王朝仅历二世而亡的历史教训，改弦更张，采取"与民休息"的政策，历史证明对恢复和发展社会经济、改善

① 《汉书》卷1下《高帝纪下》。

② 《史记》卷10《文帝本纪》。

民生、稳定社会秩序，发挥了重要的积极作用。经过几十年的时间，至汉武帝即位前的文景之治，西汉社会呈现出一片繁荣景象。"汉兴七十余年之间，国家无事，非遇水旱之灾，民则人给家足，都鄙廪庾皆满，而府库余货财，京师之钱累巨万，贯朽而不可校。大仓之粟陈陈相因，充溢露积于外，至腐败不可食。众庶街巷有马，阡陌之间成群，而乘字牝者摈而不得聚会。守闾阎者食粱肉，为吏者长子孙，居官者以为姓号。"①

二、汉初黄老之学"无为而治"思想

西汉前期与民休息政策的思想基础是黄老之学的"无为而治"思想。所谓黄老之学，学界有不同的认识。多数人认为，黄老之学起源于战国后期而盛行于西汉初期。其学派假托黄帝立言，对老子之学也有汲取改造，属于一种新道家，成为汉初管理国家的指导思想。1973年12月，长沙马王堆三号汉墓出土的帛书《老子》乙本卷前有《经法》《十六经》《称》《道源》4篇古佚书，可能就是黄老之学的著述。

黄老之学虽然对先秦道家有所继承，保持了"无为而治""无为而无不为"的命题，但是从性质与出发点上与先秦道家很大的不同。先秦道家面对春秋战国时期社会的大变革，采取消极的办法来应对，防止社会矛盾的发展和激化，反对诸侯国之间的战争。他们在物质生活方面倡导"寡欲"和"知足"，憎恶工艺技巧，要"绝圣弃智"，甚至幻想人类社会回到"小国寡民""鸡犬之声相闻，老死不相往来"的原始状态。而汉初的黄老之学则融合了先秦阴阳家、儒家、墨家、名家、法家的观点为己所用，并且与时俱进，使自己的学说能适合时代的变迁与需求，主张简约而易于操作，事半而功倍。这一思想适应了汉初社会经济凋敝，亟待与民休养生息，恢复与发展农业生产的需要。正如司马谈在《论六家要旨》中所说的："道家使人精神专一，动合无形，赡足万物。其为术

---

① 《史记》卷30《平准书》。

也，因阴阳之大顺，采儒墨之善，撮名法之要，与时迁移，应物变化，立俗施事，无所不宜，指约而易操，事少而功多。"①

黄老之学"无为而治"思想，体现在管理方面就是：对私人的经济活动不要"烦"和"扰"，国家不要过多地干预，应当顺其自然；应当节用民力，使农民生产有时，薄赋敛，使百姓富裕。"人之本在地，地之本在宜，宜之生在时，时之用在民，民之用在力，力之用在节"。"知地宜，须时而树。节民力以使，则财生。赋敛有度，则民富"。②

黄老之学反对繁刑苛法，主张"号令成俗"，让老百姓自觉遵守国家法令政策，省刑少罚。"刑无罪，祸皆反自及也"。③ "民富则有耻，有耻则号令成俗而刑罚不犯，号令成俗而刑罚不犯则守固战胜之道也"。④

黄老之学还反复告诫统治者要崇俭，不要奢侈无度，否则，将会导致动乱，王朝覆灭。"知王术者，驱骋驰猎而不禽荒，饮食喜乐而不湎康，玩好景好而不惑心"。⑤ "黄金珠玉藏积，怨之本也。女乐玩好燔材，乱之基也。守怨之本，养乱之基，虽有圣人，不能为谋"。⑥

总之，黄老之学的无为而治（轻徭役，薄赋敛；简刑轻罚；崇奉节俭，反对奢侈无度）思想与西汉前期的与民休息（重农，轻徭薄赋，崇尚俭朴、搏节开支）政策是相一致的。这一思想由汉初的陆贾倡议，刘邦、萧何制定制度和政策，实行"清静无为"与"与民休息"的治国方略。惠帝在位时，丞相曹参"萧规曹随"，继续实行"无为而治"与"与民休息"的国策。尔后，文帝、景帝和窦太后（文帝皇后）都尊崇黄老。刘向说："文帝本修黄老之言，不甚好儒术，其治尚清静无为。"⑦ 长期担

---

① 《史记》卷 130《太史公自序》。
② 《经法·君正》，文物出版社，1976 年。
③ 《经法·亡论》。
④ 《经法·君正》。
⑤ 《经法·六分》。
⑥ 《经法·四度》。
⑦ 《风俗通义·正失》，中华书局，2010 年。

任丞相的陈平"本好黄帝、老子之术"。① 景帝生母窦太后"好黄帝、老子言，帝及太子诸窦，不得不读《黄帝》《老子》，尊其术"。一直到汉武帝即位初期，由于祖母窦太后的干预，朝廷管理仍然以黄老之学思想为指导，儒学博士仍然得不到重用。"孝文帝本好刑名之言。及至孝景，不任儒者，而窦太后又好黄老之术，故诸博士具官待问，未有进者"。②

三、陆贾道莫大于无为思想

陆贾（约前240—前170），汉初楚国人，著名的思想家、政治家。早年随刘邦平定天下，因能言善辩常出使诸侯。汉朝建立后，陆贾被任命为太中大夫，在诛杀诸吕、迎立文帝的政治斗争中起到了重要的作用。他是汉高祖的重要谋臣之一，对西汉王朝的建立以及在西汉政权和平统一南越和平定诸吕叛乱方面作出突出贡献。其著作有《新语》《楚汉春秋》。

西汉初年，汉高祖刘邦和朝廷大臣对如何避免重蹈秦亡覆辙、稳定和巩固汉政权统治，成为亟待解决的国家管理问题。在这关键的历史决择时机，陆贾提出了著名的"居马上得之，宁可以马上治之"③ 的论断。这就是说秦王嬴政"奋六世之余烈"，奉行自商鞅变法以来的法家农战政策，凭借雄厚的经济和军事力量，以武力征服了六国，统一了天下，这就是"居马上得天下"，从而证明法家农战政策的有效性。但是，"离战国而王天下"之后，秦始皇变本加厉，继续坚持把兼并战争时期推行的一套政策推向极端，"以马上治天下"，最终导致秦二世的迅速灭亡。秦统一六国后，"设刑罚，为车裂之诛，以敛奸邪。筑长城于戎境，以备胡越。征大吞小，威震天下，将帅横行，以服外国。蒙恬讨乱于外，李斯治法于内"。"骄奢靡丽，好作高台榭，广宫室"。④ 穷兵黩武，开疆拓土，

---

① 《史记·陈丞相世家》。
② 《史记》卷121《儒林列传》。
③ 《史记》卷97《陆贾列传》。
④ 陆贾：《新语·无为》，中华书局，2018年。

奢侈靡费，不恤民力，仍然以"坚甲利兵，深刑刻法"的暴力来镇压民众的反抗。这种严刑暴政只会给民众带来深重的灾难，从而激起更大更激烈的反抗，将秦王朝葬送在农民大起义之中。历史昭示"马上治天下"是行不通的。

陆贾深刻分析了秦迅速灭亡的历史教训，提出了马上得天下而不能马上治天下的名言。即夺取政权和巩固政权是性质不同的两个问题，因此必须采取不同的方式加以解决。在这种认识下，陆贾提出管理国家必须"道莫大于无为"的理念。他通过正反两方面的历史事例对"无为而治"作出诠释。"昔舜治天下也，弹五弦之琴，歌《南风》之诗，寂若无治国之意，漠若无忧天下之心，然而天下大治"。周公是"师旅不设，刑格法悬，而四海之内，奉供来臻，越裳之君，重译来朝"。他们都是实行无为而天下大治的典范。相反，秦王朝统一六国后，则继续兴作兵革，赋役繁苛，严刑峻法，其结果是"事愈烦天下愈乱，法愈滋而奸愈炽，兵马益设而敌人愈多"。陆贾主张实行"无为而治"，就是不要"举措暴众"，不要"用刑太极"。必须以道德教化民众，使他们远离犯罪，从心里自觉遵纪守法。"民不罚而畏，不赏而劝，渐渍于道德"。①

陆贾在"无为而治"思想中还主张"采儒墨之善"，实行仁义之治。"故圣人怀仁仗义，分明纤微，忖度天地，危而不倾，佚而不乱者，仁义之所治也。""握道而治，据德而行，席仁而坐，杖义而强……夫谋事不并仁义者后必败，殖不固本而立高基者后必崩"等。② 他主张在"无为而治"中实行儒家的仁义之治，其目的就是要求统治者"省法约禁""与民休息"，不要过多地干涉老百姓的正常生活。

陆贾在《新语》一书中没有专门篇章正面阐述重农的措施，但从多处对"弃本趋末"行为的谴责可以看出，他是重视农业生产的。他对于那些"五谷养性而弃之于地，珠玉无用而宝之于身"，"释农桑之事，入

---

① 《新语·无为》。
② 《新语·道基》。

山海，采珠玑，求瑶琨，探沙谷……散布泉，以极耳目之好"的行为，都认为是以"快淫邪之心"的荒谬之举。① 所以"舜弃黄金于崭岩之山，损珠玉于五湖之渊"，都是为了杜绝淫邪之欲。陆贾认为，治天下之道应当对背离本业趋向末业的行为"调其本""正其形"，因为"养其根者则枝叶茂"。②

陆贾在《新语》中，崇俭的观点十分鲜明。他指出，在"古今成败之国"的历史借鉴中，统治者的骄奢纵欲是国家灭亡的一个重要原因。如秦始皇"骄奢靡丽，好作高台榭，广宫室"③；"楚平王奢侈纵恣……驾百马而行，欲令天下人饶财富利，明不可及"；鲁庄公更是"一年之中，以三时兴筑作之役……刻桷丹楹，眩曜靡丽，收民十二之税，不足以供邪曲之欲……财尽于骄淫，力罢于不急，上困于用，下饥于食……于是为齐、卫、陈、宋所伐"④。因此，他认为管理者管理奢侈的办法，必须"应之以俭"⑤。

陆贾之所以把统治者奢侈纵欲作为亡国的重要原因，是因为统治者奢侈纵欲必然要"疲百姓之力"，结果引起社会动荡不安。他主张"富安天下"，即圣明的君主如能崇俭，"不兴无事之功""不藏无用之器"，就可以"稀力役而省贡献"，实行轻徭薄赋政策。⑥ 面对西汉初年社会经济凋敝的情况，陆贾主张"损上而归之于下"，⑦应当让百姓富裕起来，藏富于民，国家财政自然也会富足起来。总之，陆贾的理念是统治者如果能够崇俭，就必然反对奢侈纵欲，就不会横征暴敛来满足自己的奢侈纵欲，相反，就会不兴无事之功、不藏无用之器，实行轻徭薄赋政策，让农民努力从事农业生产，富裕起来，从而国家也会富强起来，天下太平

---

① 《新语·本行》。
② 《新语·术事》。
③ 《新语·无为》。
④ 《新语·至德》。
⑤ 《新语·无为》。
⑥ 《新语·本行》。
⑦ 《新语·辨惑》。

安定。

四、《淮南子》"省事""节欲"思想

淮南王刘安与其门客撰写的《淮南子》一书也反复阐述黄老之学的天道无为，不为物先，清心寡欲思想，并对无为做了新的诠释。刘安等人批判了把"无为"消极地理解为"无所作为"或"漠然不动"的思想："或曰：'无为者，寂然无声，漠然不动，引之不来，推之不往。如此者，乃得道之像。'吾以为不然。"刘安等人认为，所谓无为，就是不要让"私志""嗜欲"妨碍"公道"或"正术"，就是要去私去欲，循理而动。"若吾所谓无为者，私志不得入公道，嗜欲不得枉正术，循理而举事，因资而立（功），（推）自然之势，而曲故不得容者，事成而身弗伐，功立而名弗有，非谓其感而不应，（迫）而不动者。"①

刘安等人的"无为"体现在管理思想上就是主张"省事""节欲"，从而达到"足用""安民"。他们提出："为治之本，务在安民；安民之本，在于足用；足用之本，在于勿夺时；勿夺时之本，在于省事；省事之本，在于节欲。"② 刘安等人还特别强调，圣君明主只要减政省刑，廉洁崇俭，取用有节，不随意干涉老百姓的经济活动，广大人民就有发展经济的积极性，会充分发挥自己的聪明才智，进行农业生产，增加社会财富。"清静无为，则天与之时；廉俭守节，则地生之财"。③ "天有明，不忧民之晦也，百姓穿户凿牖，自取照焉；地有财，不忧民之贫也，百姓伐木芟草，自取富焉"。④ 与此同时，刘安等人对商鞅、申不害、韩非所谓富国强兵、严刑酷法的管理思想进行猛烈的批判："若夫申、韩、商鞅之为治也，挦拔其根，芜弃其本，而不穷究其所由生……斩艾百姓，

①　《淮南子·修务训》。
②　《淮南子·诠言训》。
③　《淮南子·主术训》。
④　《淮南子·诠言训》。

殚尽太半，而忻忻然常自以为治，是犹抱薪而救火，凿窦而（止）水。"①"商鞅之法亡秦，察于刀笔之迹，而不知治乱之本也。"② 他们认为商鞅、韩非、申不害之流不知道"安民之用"是治国之本，而"嗜欲多事"是动乱之源。

刘安等人把"节欲""省事"与"嗜欲""多事"作为评判"仁君明主"和"贪主暴君"的重要标准，指出前者"取下有节，自养有度"，而后者则"侵渔其民，以适无穷之欲"。如他们指出，汉初以来实行"无为""省事""节欲"的政策，采取了劝农、轻徭薄赋、崇俭不为物欲所惑、顺乎天地之性的措施，成功地实现了"安民足用""国固邦治"的治国目标。相反，刘安等人对历代统治者的"多事"和"嗜欲"进行严厉地批判。"人主好高台深池，雕琢刻镂，黼黻文章，绨绤绮绣，宝玩珠玉，则赋敛无度，而万民力竭矣。"③"末世之政，田渔重税，关市急征，泽梁毕禁，网罟无所布，耒耜无以设，民力竭于徭役，财用殚于会赋。"统治者为了满足自己的嗜欲奢侈，对民众赋敛无度，竭于徭役，其结果是使民众"居者无食，行者无粮，老者不养，死者不葬，赘妻鬻子，以给上求"。④ 如果统治者迷途不知返其本，求其源，变本加厉，在政治上再实行严刑苛法，那就等于火上浇油，招致动乱覆灭。"上好取而无量，下贪狠而无让，民贫苦而忿争，事力劳而无功。智诈萌兴，盗贼滋彰……削薄其德，曾累其刑，而欲以为治，无异于执弹而来鸟，捭棁而狎犬也，乱乃愈甚。"因此，刘安等人主张西汉王朝要轻徭薄赋，"除刻削之法，去烦苛之事"。⑤ 朝廷向老百姓征收赋税，要以他们的实际承受能力为依据，"人主租敛于民也，必先计岁收，量民积聚，知饥馑有余不足之数，

---

① 《淮南子·览冥训》。
② 《淮南子·泰族训》。
③ 《淮南子·主术训》。
④ 《淮南子·本经训》。
⑤ 《淮南子·览冥训》。

然后取车舆衣食供养其欲"。①

五、晁错的"人情论"和贵粟劝农思想

晁错（约前205—前154），颍川（今河南禹州）人，西汉政治家、文学家。早年学习申不害、商鞅的学说，文帝时曾任太子舍人、博士、太子家令，曾先后向文帝上《言兵事疏》《论贵粟疏》《守边劝农疏》《募民实塞疏》《贤良对策》等。景帝时，先后任内史、御史大夫。因上疏"削藩"，吴楚七国以"诛晁错，清君侧"为名发动叛乱，晁错因此而被杀。晁错有著述31篇，现仅存奏疏8篇于《汉书》中。

晁错的管理思想的理论基础是"人情论"，即国家的一切法令、政策、措施都必须顺应"人情"，才能得民心，才能使民众服从；得到民众支持，才能取得成功，否则，如逆"人情"，就失去民心，从而遭到民众抵制、反对，最终只能失败。"其为法令也，合于人情而后行之；其动众使民也，本于人事然后为之。取人以己，内恕及人。情之所恶，不以强人；情之所欲，不以禁民。是以天下乐其政，归其德，望之若父母，从之若流水；百姓和亲，国家安宁，名位不失，施及后世。此明于人情终始之功也。"②

晁错的所谓"人情"，主要指人的求生存、求富足、求安定、求逸乐这4种欲望需求。"人情莫不欲寿，三王生而不伤也；人情莫不欲富，三王厚而不困也；人情莫不欲安，三王扶而不危也；人情莫不欲逸，三王节其力而不尽也"。③ 如果人的这些欲望得到满足，社会就会安定，天下就会太平。所以，他又指出："计安天下，莫不本于人情。"（同上）执政者在管理国家时，制定法规、政策、措施，最根本的出发点就是从满足

---

① 《淮南子·主术训》。
② 《汉书》卷49《晁错传》。
③ 《汉书》卷49《晁错传》。

人们普遍追求的寿、富、安、逸等欲望着眼，才能把国家管理好，从而达到天下太平。

在晁错的寿、富、安、逸这 4 种人的欲望之中，他认为"富"又是最重要的，是其他三者的基础。"夫寒之于衣，不待轻暖；饥之于食，不待甘旨；饥寒至身，不顾廉耻。人情，一日不再食则饥，终岁不制衣则寒。夫腹饥不得食，肤寒不得衣，虽慈母不能保其子，君安能以有其民哉！"① 在此，晁错所指的"富"的具体物质对象就是能解决民众饥寒问题的"粟米布帛"，而不是"珠玉金银"，因为他认为"珠玉金银，饥不可食，寒不可衣"。② 从现代的眼光看，人们如果没有一定的财富作基础，即没有最起码的衣食作为生活的必要条件，怎么可能求得生存、安定和逸乐呢？因此，晁错凭直观的感觉，把"粟米布帛"作为"富"的最重要物质内容，成为"人情"所欲的最重要方面，是不无道理的。

正因为晁错把"富"看作是人们最主要的欲望，是寿、安、逸的基础，所以他提出，治国者要顺乎"人情"，就是首先要为民众"开资财之道"，让民众富起来。他说："圣王在上而民不冻饥者，非能耕而食之，织而衣之也，为开其资财之道也。"这就是说，一个圣明的君主，不是靠自己参加耕作、织布来养活民众的，最为重要的是要通过管理措施为人民开辟取得资源财富的道路。在晁错看来，能否为人民开辟取得资源财富的道路，正是区别君主贤愚的分水岭。晁错的"重农贵粟""募民实塞"等思想，其理论基础都是"人情论"。

晁错"重农贵粟"的逻辑思路是：朝廷应当以生产粟的多少作为赏罚的依据，这样民众就会以粟为贵重的物品；民众以粟为贵重的物品，就会努力务农，多生产粟，这样农业生产就发展了。他的"募民实塞"论也是以"本乎人情"，充分利用"富家""拜爵"为手段，激发民众的守战积极性。他指出，求富是产生于人的本性的一种欲望，满足这种欲

---

① 《汉书》卷 24 上《食货志上》。
② 《汉书》卷 24 上《食货志上》。

望才是守战的真正动力。"凡民守战至死而不降北者，以计为之也。故战胜守固则有拜爵之赏，攻城屠邑则得其财卤以富家室，故能使其众蒙矢石，赴汤火，视死如生"。① 他认为，秦朝之所以失败即在于忽视了这个求富的"人情"。"秦之发卒也，有万死之害，而无铢两之报，死事之后不得一算之复，天下明知祸烈及己也"。所以，他的看法是：民之守战，"非以德上也，欲全亲戚而利其财也"，② 因此，朝廷应将人民抗击敌人侵略的积极性同人民捍卫自身生命财产的利益紧密联系在一起，才能取得成功。

晁错贵粟思想的基础是衣食是人们一刻也离不开的生存必需品，不仅关系到每个人的饱暖饥寒，也关系到国家的治乱存亡。他认为，人们都把珠玉金银当作宝贝，其实没有任何实际作用，衣食才是最宝贵的生活必需品，一刻也不能离开。"夫珠玉金银，饥不可食，寒不可衣"。③ 唯有衣服可以御寒，食物可以充饥，是每个人每天都不可或缺的。"人情，一日不再食则饥，终岁不制衣则寒"。④

在此认识的基础上，晁错进一步指出，粟帛蓄积不仅关系到每个人的饱暖饥寒，而且关系到国家的治乱存亡。"民贫则奸邪生"，百姓"饥寒至身，不顾廉耻"，人如果"腹饥不得食，肤寒不得衣"，那么，父母都管教不了亲生的子女，君主怎么可能约束得了老百姓呢？所以，他认为，"粟者，王者大用，政之本务"。国家必须有大量粟米和布帛蓄积，才能"蓄积多而备先具"，防患于未然。

晁错在当时之所以提出贵粟论，其目的在于劝农，即鼓励广大民众积极参与农业生产。他认为当时百姓不愿意从事农业生产，其原因主要有两个方面。其一，国家没有在实际上贵五谷而贱金玉，引导民众从事农业生产。晁错指出，当时老百姓之所以放弃农业而转向从事商业，其

---

① 《汉书》卷 49《晁错传》。

② 《汉书》卷 49《晁错传》。

③ 《汉书》卷 24 上《食货志上》。

④ 《汉书》卷 24 上《食货志上》。本目以下引文未注出处者，均见于此。

原因就在于国家把金银珠玉当作货币。一旦人们拥有金银珠玉，就拥有了巨大财富，而且便于携带和储藏，可以走遍天下且不愁吃穿。当时正是由于现实社会中贱五谷贵金玉的价值取向，使得"臣轻背其主，而民易去其乡，盗贼有所劝，亡逃者得轻资也"。如果国家不用珠玉金银而用粟米布帛作货币，真正落实贵五谷而贱金玉，人们必然会致力于农业生产。因为"粟米布帛生于地，长于时，聚于力，非可一日成也；数石之重，中人弗胜，不为奸邪所利，一日弗得而饥寒至"，如粟米布帛切实取代了珠玉金银的贵重地位，人们为了得到粟米布帛，只能弃商务农也。

其二，农民生活困苦，商人暴富，使得民众弃农务商。晁错认为，当时百姓不愿从事农业生产而热衷经商的另一个重要原因是农民生活极端困苦，终年劳碌而不得温饱；而商人在法律上受歧视，却靠囤积居奇、贱买贵卖而暴富。他指出：当时农民"春不得避风尘，夏不得避暑热，秋不得避阴雨，冬不得避寒冻，四时之间，亡日休息"，但所得甚少，"其能耕者不过百亩，百亩之收不过百石"。如果扣除农民的日常生活负担，"送往迎来，吊死问疾，养孤长幼"，以及沉重的赋役负担，五口之家"其服役者不下二人"，"治官府，给徭役"，"急政暴赋，赋敛不时"，那么所余剩的粮食，是很难养活一家人的。如果不幸再遭受商人和高利贷剥削，农民为了缴纳赋税，"当具有者半贾而卖，亡者取倍称之息，于是有卖田宅，鬻子孙以偿债者矣"。与此相反，商人"亡农夫之苦，有仟伯之得"，他们或者靠囤积居奇，贱买贵卖发财，或者靠高利贷盘剥暴富，过着"衣必文采，食必粱肉"，"乘坚策肥，履丝曳缟"的奢华生活。他们还凭借巨大的财富谋求政治上的势力，"因其富厚，交通王侯，力过吏势"。他们还乘农民被迫"卖田宅，鬻子孙"之时，兼并农民的田产。"此商人所以兼并农人，农人所以流亡者也"。

显而易见，当时商人由于拥有巨大的财富，过着奢华的生活，因此虽然在法律上、社会地位上受到歧视，但依然为社会所重视羡慕；农民由于贫穷劳累，虽然名义上为国家所尊重，却依然被社会看不起。晁错指出，如果这种情况没有得到扭转，政府要让广大民众安心务农是不可

能的。"今法律贱商人，商人已富贵矣；尊农夫，农夫已贫贱矣。故俗之所贵，主之所贱也；吏之所卑，法之所尊也。上下相反，好恶乖迕，而欲国富法立，不可得也"。晁错认为，之所以会出现这种现象，与国家的政策导向密切相关。这就是国家贱五谷而贵金玉：粟帛不为国家所贵，所以农民日益贫贱；珠玉金银为国家所贵，所以商人日益富贵，势力迅速膨胀。不言而喻，民众必然要弃农经商，从而使农业生产缺乏劳动力。而在当时的生产力条件下，农业生产主要依靠大量劳动力致力于耕作，必须"务民于农桑"，才能使粟帛丰富，百姓富足。因此，他认为，当时之所以农业经济得不到发展，政府粮食蓄积不足，就是因为"地有遗利，民有余力，生谷之土未尽垦，山泽之利未尽出也，游食之民未尽归农也"。

针对这种现实问题，晁错认为，首先，"欲民务农，在于贵粟"，政府的政策导向就是要提高五谷的地位，使社会上下从以珠玉金银为贵转变为以五谷为贵，使广大民众回归到农业生产上来。具体而言，就是政府应以粟为赏罚："贵粟之道，在于使民以粟为赏罚。今募天下入粟县官，得以拜爵，得以除罪。"即如果百姓向政府缴纳粟，政府可根据百姓缴纳粟的数量多少，授予高低不同的爵位。犯罪人员可以依据罪行的轻重缴纳不同数量的粟米予以免除刑罚。如果国家制定出这样的规定，那粟米就立即变成民众最宝贵的财富。人们为了纳粟拜爵或免罪，就必须努力从事农业生产，增加粟的产量。所以，晁错推断，实行纳粟拜爵或免罪可以贵粟，而贵粟可以促进农业生产，使农民多产粟，即"劝农功"。

其次，政府通过纳粟拜爵或免罪，引导农民多向国家缴纳余粮，就可以增加国家的粮食储备，保证边疆军队的供给。"使天下人入粟于边。以受爵免罪，不过三岁，塞下之粟必多矣"。再次，如果国家得到富人所缴纳的粮食多了，国家粮仓储备充足，就可以减免农民的赋税负担，改善农民的生活。"取于有余，以供上用，则贫民之赋可损"。另外，富人，特别是商人为了拜爵、免罪，必须大量购买粮食上缴国家，从而使粮价

上涨，农民获得更多的卖粮货币收入。农民富裕了，就可以消除"卖田宅，鬻子孙以偿债"的悲惨境况。

晁错的贵粟劝农论，如果从当代的货币理论上来看，是不正确的。其思想既不理解货币的属性，也不理解商品的属性，不懂得商品在使用价值之外还有价值；即使在对使用价值的理解上，这种说法也是过于狭隘的、片面的，因为评断一种物质的使用价值，不能以可食可衣作为唯一标准。但是，晁错建议西汉政府以贵粟政策作为导向，引导农民积极从事农业生产，增加粮食产量和国家粮食储备，在当时还是发挥了应有的积极作用，深刻影响了文景时期的经济政策，对西汉文景之治时期的封建经济繁荣起了重要的促进作用。

六、董仲舒盐铁皆归于民思想

董仲舒反对当时政府实行盐铁酒官营和平准、均输政策，认为政府"颛川泽之利，管山林之饶"，垄断最有利可图的工商业经营，是断绝人民的谋生之路，是凭借国家的权力与民争利，是不义的。他从"天道论"寻找理论依据，反对盐铁酒官营和均输平准，主张"盐铁皆归于民"[①]，由民间经营盐铁可以给人民提供一条赢利谋生的活路。

董仲舒的"盐铁皆归于民"的主张有3个方面值得注意：一是他的这一思想继承了先秦儒家的不与民争利和不患寡而患不均的思想。孔子听说臧文仲之妾织蒲，曾经指责说这是一种"不仁"的行为，之所以"不仁"，就是因为与民争利。董仲舒在提出"盐铁皆归于民"时，一个重要的理由就是"受禄之家，食禄而已，不与民争业"。[②] 董仲舒主张"盐铁皆归于民"的另一个重要理由是"利可均布，而民可家足"，这就是他主张对社会有限财富的分配要相对平均，即在满足统治阶级奢侈生

---

① 《汉书》卷24上《食货志上》。
② 《汉书》卷56《董仲舒传》。

活需要后，使一般民众也能维持起码的生存，以求得上下相安，而不打乱封建社会士农工商的分业秩序。这是对孔子不患寡而患不均思想的继承与发展。

二是董仲舒的"盐铁皆归于民"主张，换言之，就是反对官府垄断经营盐铁，再具体地说，就是反对"受禄之家""诸有大俸禄""居君子之位""食禄之君子"与民争业、与民争利的。他屡次提到"受禄之家，食禄而已，不与民争业"①，"使诸有大俸禄亦皆不得兼小利，与民争利业"②，"居君子之位而为庶人之行"，等等。这里的所谓"食禄之家""有大俸禄"者、"居君子之位"的人就是当时的权贵和官僚等。董仲舒之所以反对他们经营盐铁，就是因为这样会破坏"利可均布，而民可家足"的上下相安的社会秩序，所以这是一种不仁不义的行为。正如当时文学贤良在盐铁会议上所说的："食禄之君子，违于义而竞于财"。③

董仲舒反对盐铁由权贵官僚垄断经营，主张由民间自由经营的思想，对发展当时社会经济有积极的促进作用。如果由权贵官僚垄断经营，这就是将行政权力用于完全控制经济活动，一切经济规律、市场规律在政治权力之下都难以发挥作用，高成本、低质量、高价格成为常态，影响消费者购买意愿，损害消费者利益，最终导致市场功能失灵，不是供不应求，就是供过于求，经营者只好利用行政权力强买强卖。因此，权贵官僚的垄断经营比起富商大贾的垄断其行为更为恶劣，其消极后果更为严重！唯有让盐铁回归民间自由竞争经营，才能克服以上弊端，使社会经济得到发展繁荣，民众生活得到改善，社会安定有序。

三是董仲舒的"盐铁皆归于民""不与民争业"的思想从他的"天道论"里寻找理论依据，以警示统治者。他在对策中说："夫天亦有所分予，予之齿者去其角，傅其翼者两其足，是所受大者不得取小也。"④ 显

---

① 《汉书》卷 56《董仲舒传》。
② 《春秋繁露·度制》。
③ 《盐铁论·错币》。
④ 《汉书》卷 56《董中舒传》。

然，在此他用自然现象有利齿的猛兽就不能再有尖角，有翅膀的飞鸟就不能再有四条腿来附会说明人类社会也不能强者大小通吃，应当让弱者也有生存空间。他从"天人关系"的角度对此加以解释，指出"天不重与"。天是这样做的，不言而喻，圣人也要依照天理处理人间事情，"象天所为，为制度，使诸有大俸禄亦皆不得兼小利"，即不"与民争利业"，① 否则，"居君子之位而为庶人之行者，其患祸必至也"。② 这正是荀子所说的"上好富则民死利矣"。③ 换言之，社会财富分配极端不均，贫富差距过于悬殊，民不聊生，必然严重威胁西汉王朝统治。

七、司马迁善因论思想

司马迁（前 145—约前 86），字子长，夏阳（今陕西韩城南）人。西汉杰出的史学家、文学家和思想家。武帝元封四年（前 107），司马迁继父亲司马谈为太史令，开始整理、充实历史资料，进行撰写《史记》的准备工作。天汉二年（前 99），李陵兵败投降匈奴，司马迁为其辩护，引起武帝的怨恨，被处以腐刑。太始元年（前 96）他被赦出狱，任中书令。司马迁以刑后余生，发愤著述，完成我国史学名著——第一部纪传体通史《史记》，被后世尊称为史迁、太史公、历史之父。

（一）善因论内容

司马迁在国家经济管理方面提出善因论，主张封建国家对国民经济不要过多干预和控制，应采取放任的政策。司马迁将国家经济管理政策按其优劣分为 5 个层次，即"善者因之，其次利道之，其次教诲之，其次整齐之，最下者与之争"。④ 这里，"善者因之"，就是说封建国家最佳的经济政策应当是顺应经济发展的自然规律，听任私人进行生产、贸易

---

① 《春秋繁露·度制》。
② 《汉书》卷 56《董仲舒传》。
③ 《荀子·大略》。
④ 《史记》卷 129《货殖列传》。

等活动，国家不要任意加以干预和抑制。由此可见，司马迁主张国家对经济活动采取放任主义的政策。

司马迁其次的国家经济政策是"利道之"。所谓"利道之"就是在顺应、听任私人进行经济活动的基础上，由国家对其中的一些经济活动进行一定的引导、协调，以鼓励人们按国家的需求从事这方面的经济活动。这种引导应以一定的经济利益、政治利益、社会利益等来劝导，而不采取强制性的手段。这种"利道"的方式司马迁认为仅次于"因之"的方式。

司马迁认为又次一等的方式是"教诲之"，就是国家通过教化的方式诱导民众从事国家需要的某些方面的经济活动，或劝导民众不要从事国家不需要的某些方面的经济活动。这种"教诲"的方式不仅次于"因之"，也次于"道之"。

司马迁认为更次一等的国家经济管理方式是"整齐之"，即国家运用行政权力、法律规定、政策措施等，采取强制的手段来禁止、限制民众对国家不利的经济活动。这种"整齐"的方式次于"因之""利道"和"教诲"，属于第四等。

司马迁认为国家经济管理政策排在最下等的就是"与之争"，即封建国家直接经营工商业获取利润，"与民争利"。显然，司马迁反对汉武帝时期实行的盐铁官营、酒榷、均输、平准等政策，把"与之争"视为最不好的经济管理方式。

如果我们进一步考察司马迁对当时国民经济管理方式的等级划分排序时，就会发现其划分等级优劣的标准是依据黄老之学的无为有为对经济活动的作用程度。先秦道家的无为而治思想，主要是从宏观的一般管理思想着眼，主张管理国家要"法自然"，实行无为而治，才能"无为而无不为"，把国家管理好。到了战国末期黄老之学，才开始把无为思想具体应用于指导经济活动。尤其是到了西汉初年，面对社会经济凋敝的情况，朝廷吸取秦朝因横征暴敛而迅速覆灭的教训，更是用黄老之学的无为思想指导经济活动，采取了放任主义的政策，与民休养生息，轻徭薄赋，尽量不干预民间的经济活动，使社会经济得到恢复和发展。到了文景之治时期，西汉封建经济走向繁荣，历史证明黄老之学的无为思想对恢复和发展当时社会经济起了巨大的积极作用。司马迁作为一位卓越的历史学家，深刻地洞察到无为思想对经济活动的积极作用，因此对此进行总结，探讨规律，最后将其提升到国民经济管理的普适性的理论高度，即无为程度越高就越顺应经济发展规律，越有利于经济发展。详言之，"因之"就是顺应、听任，是放任主义的一种经济管理思想，属于最无为的一种管理方式，因此效果是最好的。"利道"则需要国家以一定的经济利益（如减免赋税徭役）、政治利益（如以赐给官爵奖励）等来引导、鼓励民众积极从事某些国家需要的经济活动。这比起"因之"的顺应、听任来说，国家已经有所作为了。但是"利道"顾名思义就是因势利导，仍然是顺应人的趋利避害本性，以顺应自然之势为前提，属于乘势而为，人为干预的成分很少，故仅次于"因之"。"教诲"即采用教化的方式，就不一定是顺应人的本性。如不顾国家、集体利益，损人利己、不顾道德底线的求利活动，就是国家法规、政策所不允许的，要通过教化使广大民众意识到认识到，从而在经济活动中从内心自觉地去遵守，而不违反。显然，这比"利道"顺势而为来说，通过教化让人们克服人性的一些弱点，扭转人们自发性的求利行为，显然国家人为干预的因素又多了。"整齐"则是国家通过制定法规、政策，规定禁止什么经济活动、限制什么经济活动、允许什么经济活动、鼓励什么经济活动，设置职能机构，配备各种官吏，通过行政权力，以奖、惩、禁、限等手段，强制民众执行。显然，在"整齐"即国家管制之中，国家人为的程度相当高，几乎没有多少无为的空间让民众自由进行经济活动了。最后是"与之争"，即国家垄断经营盈利性最高最大的行业，"令吏坐市列肆，贩物求利"，垄断生产、贩运、出售等一系列活动或其中的一些关键环节，通过严刑酷法禁止老百姓经营，以此获得垄断经营权。这就意味着民众在这些行业的自由经营活动完全被剥夺，如汉武帝时期的盐铁官营和酒榷。国家在这些经济活动中处于完全的有为状态，无为地放任自由经营已经荡然无

存。司马迁认为这是最下等的国民经济管理方式，并予以反对。

我们对司马迁5种方式的国民经济管理思想必须有一个全面整体的认识。司马迁并非主张孤立采用其中的某种方式，而只是从总体上来说，对国民经济的管理，主张应采取某种方式，其中仍然可以以其他方式作为补充。如前所述，司马迁是以黄老之学无为而治思想作为经济管理的指导思想，来划分5种经济管理方式的优劣等级。不言而喻，他是积极倡导"因之"即放任主义的国民经济管理方式，反对"与之争"即国家垄断经营的国民经济管理方式，而对于"利道之""教诲之""整齐之"，则是主张作为"因之"的补充，有条件地加以使用。如他认为，"夫粜，二十病农，九十病末"，因为粮食的价格如果过低，农民出卖粮食的收入不能补偿生产投入成本，农业再生产就会遭到破坏，将导致无人再愿意生产粮食，不久粮食将会紧缺。当粮食供不应求，价格腾贵时，既增加消费者的负担，又带来粮食供给短缺，一些贫困群体将挨饿或因饥饿死亡。粮食销售额下降，也会危及商业利润。因此，司马迁主张，政府在管理国家时，必须调节粮食价格，使其保持稳定，"平粜齐物，关市不乏，治国之道也"。[①] 政府调节粮价，就必须使用"利道"或"整齐"，甚至"与之争"（即平准）的方式。又如司马迁曾明确主张："民倍本多巧，奸轨弄法，善人不能化，唯一切严削为能齐之。"[②] 这就是说，对在经济活动中那些"倍本多巧，奸轨弄法"的人，善良的人是教化不了他们遵纪守法的，当然更不能"因之"即放任他们，只能"严削"，即严厉打击以"齐之"。显然，就是采取"整齐之"的办法。

（二）善因论依据

司马迁之所以认为"因之"是最好的国民经济管理方式，是基于他对整个社会经济的深刻认识。他认为，人类社会经济的活动是自发有序地运行和发展的。人们"各劝其业，乐其事，若水之趋下，日夜无休时，

---

① 《史记》卷129《货殖列传》。
② 《史记》卷130《太史公自序》。

不召而自来，不求而民出之"。这种社会经济的自发运行和发展，是符合自然规律和人的本性的，这就是"道之所符"和"自然之验"①。

其一，求利求富是人的本性，国民经济管理应顺应这种本性。司马迁认为，社会经济发展自有其内在的动力，这种动力就是人的求富的欲望。因为世人都想追求满足更好的物质享受，所以必须不断地追求利，追求财富。这种追求是人的本性决定的，"富者，人之情性，所不学而俱欲者也"。"人各任其能，竭其力，以得所欲"。正是人们在追求财富中各尽其能，发挥自己的气力和聪明才智，创造出大量的财富，从而推动社会经济的发展和繁荣。对于人们追求财富与社会经济的发展现象，司马迁做了大量经典生动的描述："天下熙熙皆为利来，天下攘攘皆为利往"。"壮士在军，攻城先登，陷阵却敌，斩将搴旗，前蒙矢石，不避汤火之难者，为重赏使也。其在闾巷少年，攻剽椎埋，劫人作奸，掘冢铸币，任侠并兼，借交报仇，篡逐幽隐，不避法禁，走死地如鹜者，其实皆为财用耳。今夫赵女郑姬，设形容，揳鸣琴，揄长袂，蹑利屣，目挑心招，出不远千里，不择老小者奔富厚也……弋射渔猎，犯晨夜，冒霜雪，驰坑谷，不避猛兽之害，为得味也。博戏驰逐，斗鸡走狗，作色相矜，必争胜者，重失负也。医方诸食技术之人，焦神极能，为重糈也。吏士舞文弄法，刻章伪书，不避刀锯之诛者，没于赂遗也。农工商贾畜长，固求富益货也"。② 司马迁通过农工商贾、官吏军士、赌徒歌女、猎人渔夫、医士工匠、贤人隐士、勇士游侠、流氓恶棍等不分何种职业、贵贱等级、君子小人等，其所从事的活动，无论合法非法、体面下贱、艰难闲适，其共同目的都是为了求利致富，说明是社会经济发展和繁荣的内在驱动力所在。因此国家经济管理方式必然顺应、听任人的这种求利本性，才能不断促进社会财富的增值，促进经济的发展。

先秦的儒家和法家，都已提出求富贵求利是人的本性。如儒家代表

---

① 《史记》卷129《货殖列传》。
② 《史记》卷129《货殖列传》。

人物孔子说:"富与贵,是人之所欲也。"荀子也认为人有"生而有好利"的天性。法家代表人物商鞅指出,"民之欲富贵也,共阖棺而后止"。韩非也说:"好利恶害,夫人之所有也。"司马迁继承发展了这一思想,从各种职业不同阶层的人,其所从事的活动都是为了求富求利,来论证这一观点,使之更有说服力,并用以论证经济管理应顺应人的本性,才是最好的管理方式。

先秦的思想家把求富求利说成是人的本性时,总是持批判的态度,把这种本性说成是恶的,主张应以礼或法予以限制。司马迁不这样认为。司马迁认为这既然是人的本性,就是自然的,并不是恶的、坏的,政府在管理经济活动中,只能"因之"。司马迁吸收了黄老之学道法自然的思想,认为既然求富求利是自然的,那就顺应、听任它,如人为地加以压制、禁止,也是不可能和有害的。

司马迁在论述取得财富的手段上,将其分成三等,即"本富为上,末富次之,奸富最下"。① 他认为,农业生产收入稳当,以本致富,又有"身有处士之义"的好名声,因此是上等的致富途径。商人在流通领域以末致富,虽然"不害于政,不妨百姓",但商人是从"转毂百数,废居居邑",② 贱买贵卖,"乘时射利"中致富的,与农业为社会创造财富相比还是要次一等的。但是,不管是农业还是商业致富,"皆非有爵邑俸禄,弄法犯奸而富",而是靠着经营的本事,"取与以时而息财富"。③ 因此,他们的致富是正当合法的,是无可指责。至于奸富,是指"弄法犯奸而富",如从事"劫人作奸,掘冢铸币"等违法乱纪活动而攫取非法致富。对此,司马迁坚决反对,并主张予以"严削"而"齐之"。司马迁把人们求富途径分为上、次、奸三等,其目的是强调绝大部分人们求富途径都是"纤啬筋力治生之正道也"。在他看来,农畜、工虞商贾为权利以成富

① 《史记》卷129《货殖列传》。
② 《史记》卷30《平准书》。
③ 《史记》卷130《太史公自序》。

都是正当的，只要"治生不待危身取给，则贤人勉焉"。不言而喻，这种正当的求富求利途径应该顺应、听任之。

先秦时期，思想家对社会贫富分化多持否定态度。如法家商君学派认为，百姓太贫或太富都不利于国家农战政策的推行。儒家创始人孔子更明确提出治国是不患寡而患不均；孟子则把"庖有肥肉，厩有肥马，民有饥色，野有饿莩"的贫富分化悬殊看作是国家政治昏乱的表现。因此，他们往往主张把损有余补不足作为管理国家的一条基本原则。但是，司马迁在这一问题上一反前人的看法，认为社会上存在着贫富分化是自然的、合理的，因而主张国家没必要对此加以干预调控。

司马迁认为，"富者人之情性"，人人都求富，但是不可能人人都能富裕，有人求得富，"富至巨万"，但有的人却求不得，"长贫贱"，贫富差别是必然的，其原因是个人才智、能力差别造成的。"贫富之道，莫之夺予，而巧者有余，拙者不足"，"能者辐凑，不肖者瓦解"。[1] 富人的钱财，不是别人给予的，贫者也不是因为别人抢走了钱财而贫困的，其所以有人富裕有人贫困，主要是由于个人的巧、拙或能、不肖造成的。在允许人们自由从事经营活动、求富求利的情况下，"巧"和"能"者的人就会因经营好而兴旺、富裕起来，而"拙"或"不肖"的人就会因经营不善而陷入破产、贫困。

司马迁不仅认为贫富差距、贫富分化是必然的、合理的，而且认为因贫富差距而引起的社会地位和权利的不同，富人对穷人的奴役剥削也是正常的、天经地义的。他指出："凡编户之民，富相什则卑下之，伯则畏惮之，千则役，万则仆，物之理也。"[2] 他认为，如果国家对富人进行限制和打击，那是违背"物之理"的。因此，他对汉武帝时实行算缗钱、算车船、告缗令等打击富商大贾的政策不以为然，认为这些政策产生了两个后果：一是国家得到了大量钱财，"得民财物以亿计，奴婢以千万

---

① 《史记》卷129《货殖列传》。
② 《史记》卷129《货殖列传》。

数；田，大县数百顷，小县百余顷，宅亦如之"；二是"民偷甘食好衣，不事畜藏之产业"。① 这就是说，汉武帝实行这些政策，短期看国家得到很多钱财，解决了一些财政困难的问题，但从长期看，却使民众失去了通过求利求富而积累大量财富的积极性，大家都苟且偷安，今朝有酒今朝醉，如果有些余钱，就随即吃好穿好消费掉。显然，这使社会经济发展的驱动力受到严重的打击。因此，司马迁认为，只有顺应人们求利求富的欲望，不加干预压制，才能保有社会经济发展的驱动力，使经济发展和繁荣。

其二，农虞工商缺一不可，应让其自然发展。司马迁认为，自然界各种各样资源，并不能直接满足人们的需要，而要通过农、虞、工、商等经济活动才能被人们所享用。因此，他认为，农、虞、工、商是"民所衣食之原"，人们生活离不开这四个部门，这就是"待农而食之，虞而出之，工而成之，商而通之"。换言之，人们生活生产所需的财富来源途径：首先是自然资源，通过农、虞、工的种植、开采和加工，变成人们所需要产品，然后经过商的贸易流通，才能到达各家各户各人手中消费。因此，人们日常生活生产离不开这四个部门。"原大则饶，原小则鲜"。这四个部门兴旺发达，人们的生活就富足了；这四个部门狭窄衰败，人们的生活就贫困了。因此，农、虞、工、商四个部门发达繁荣，对国家、人民都有好处，"上则富国，下则富家"。在司马迁看来，当时整个国民经济主要是由这四个部门组成的。这四个部门各自发挥着不同的作用，缺一不可，不能互相替代。他在《史记·货殖列传》中引用《周书》来论证这四个部门的不可或缺："农不出则乏其食，工不出则乏其事，商不出则三宝绝，虞不出则财匮少"。这四个部门的形成和发展是自然而然形成的，而不是由哪个管理者有意创造的，"此宁有政教发征期会哉？"因此他反对人为地厚此薄彼，主观地压制哪个部门。其中最大的区别在于，先秦的思想家往往以农为本，以商为末，重农轻商，重本抑末，但是司

---

① 《史记》卷 30《平准书》。

马迁与此不同，不但没有抑工商的思想，而且连荀子的"省工贾，众农夫"的思想也没有。基于这种认识，他主张国家对农、虞、工、商四个部门应顺应其自然发展，不要人为地进行干预，这种主张也促成了他在国家经济管理中的"因之"即放任主义思想的形成。

其三，社会经济内部具有自发调节的机制，基本可以调节其有序地运行和发展。司马迁指出："故待农而食之，虞而出之，工而成之，商而通之。此宁有政教发征期会哉？人各任其能，竭其力，以得所欲。故物贱之征贵，贵之征贱，各劝其业，乐其事，若水之趋下，日夜无休时，不召而自来，不求而民出之。岂非道之所符，而自然之验邪？"① 在此，他通过市场对物价变动的自然调节，来说明社会经济内部有自发调节机制，可使经济活动能有序地进行。

司马迁这里所说的"物贱之征贵，贵之征贱"，其在同篇介绍范蠡、计然所讲的"贵上极则反贱，贱下极则反贵"的表述更好理解。这就是一种商品的价格当低到一定的水平时就会再回升，而其价格高到一定的水平后又会回落。其原因是：当一种商品供过于求时，价格就会降低；价格降低，生产者得利少，甚至无利可图或亏本，就会减少或停止生产这种产品，从而使这种产品满足不了需求，反而形成供不应求的现象，这时价格则又开始上涨了。当这种商品价格上涨到所获利润超过社会平均利润时，人们就会增加生产这种产品，从而又导致供过于求，价格又要下跌。总之，司马迁通过揭示商品价格自发波动对生产、流通和供求的调节作用，从而主张政府应听任价格的自发波动，不必加以干预、控制，然后进一步推而广之，即社会经济内部也有自发调节机制，可以使社会经济活动自动有序地运行和发展，政府不必人为地干预、限制。司马迁认为最好的管理方式就是顺应、听任其自然运行和发展。

综上所述，司马迁的善因论国民经济管理思想是在其对历史的研究中取得的一个卓越成果。春秋战国时期的百家争鸣，各种学派都不同程

---

① 《史记》卷 129《货殖列传》。

度地对国民经济管理提出自己的主张，如重农抑商论、轻重论、农战论、民有恒产论、恢复井田论等。其中比较突出的是：法家商鞅提出重农抑商、通过国家机器高度全面管制的农战政策，并加以实践，取得了很大的成效，为秦统一六国奠定了经济和军事基础。但是秦始皇统一六国后，仍然奉行这种通过暴力手段强制民众服从、横征暴敛的管理方略，从而导致秦王朝的迅速灭亡。西汉王朝建立后，面对凋敝的社会经济，深刻吸取秦亡的教训，以黄老之学的无为而治为指导思想，实行与民休养生息的政策，从而巩固了新建立的政权，并使社会经济得到恢复和发展，迎来了文景之治的繁荣。历史证明，自春秋战国以来的各种国民经济管理思想：有的过于理想主义，不可能实现，如恢复井田制思想；有的在统一战争中发挥了巨大作用，但在统一全国后的相对和平环境中，成为经济建设的障碍，甚至在极端的情况下导致王朝的迅速覆灭，如最典型的农战思想。司马迁就是在全面深入考察这些历史现象后提出善因论思想，指出最好的国民经济管理方式就是顺应、听任社会经济自然、有序地运行和发展，从西汉初年至文景之治时期社会经济的恢复、发展和繁荣，雄辩地证明了当时政府所采取的无为而治、与民休养生息的政策是正确的。从某种意义上说，秦朝和汉朝就是对春秋战国时期"有为"的农战政策和"无为"的休养生息政策两种截然不同的国民经济管理思想进行实践检验，最后证实后者是有成效的，且大大优于前者，司马迁在此基础上做了理论上的归纳总结。

八、刘向的因人所欲论

刘向（约前77—前6），本名更生，字子政，祖籍沛郡丰邑（今属江苏徐州），世居汉代楚国彭城。刘向是刘邦异母弟楚元王刘交五世孙，刘歆之父。曾历任辇郎、谏大夫、郎中给事黄门、散骑谏大夫给事中、散骑宗正给事中、中郎、使领护三辅都水、光禄大夫、领校中《五经》秘书，官至中垒校尉。其著作有《别录》《洪范五行传论》《列女传》《新

序》《说苑》《五经通义》以及辞赋、书、疏、封事、议对等。刘向是西汉著名的经学家、目录学家、文学家，其最大成就是奉命校书天禄阁，历时 12 年撰成《别录》，后经其子刘歆继承父业，撰成《七略》，创图书分类七分法，成为目录学之祖。

刘向生活在西汉末年，面对当时的社会危机，为西汉王朝提出了关于"富国安民"的治国目标。他认为，要实现这个目标，必须重新审视义利观。他的义利观既不像儒家创始人孔子那样"君子喻于义，小人喻于利"，① 也不像墨子那样"义者利也"，更不像董仲舒的"正其谊（义）不谋其利，明其道不计其功"。② 刘向提出的义利观是："义"不能离不开"利"，如果离开"利"来讲"义"，那么所谓"义"只不过是一句空话。所以他说："凡《管子》书，务富国安民，道约言要，可以晓合经义。"③既然"义"离不开"利"，追求正当的"利"才能有"义"，也就是说，在保证人们基本生活资料不匮乏的条件下，让人们吃得饱，穿得暖，才可能追求更美好的"义"。也就像日常生活中，人们"食必常饱然后求美，衣必常暖然后求丽，居必常安然后求乐"。因此，管理国家首先必须顺应人民追求衣食、居住的"利"，然后才能让人民懂得礼节、荣辱的义。"管子既相，以区区之齐，在海滨通货积财，富国强兵，与俗同好丑，故其书称曰：'仓廪实而知礼节，衣食足而知荣辱。'上服度则六亲固，四维不张，国乃灭亡。下令犹流水之原，令顺人心，故论卑而易行。俗所欲，因予之；俗所否，因去之。"④

由于刘向肯定食、衣、住是人们日常生活所必不可少的，所以他认为人们追求物质利益，或者说进行"求利"的活动，是必然的。他指出："蜀欲类蚕，鳝欲类蛇，人见蛇、蜀，莫不身洒。然，女工修蚕，渔者持

① 《论语·里仁》。
② 《汉书》卷 56《董仲舒传》。
③ 《全上古三代秦汉三国六朝文》第二册《全汉文》卷 37《管子书录》。
④ 《全上古三代秦汉三国六朝文》第二册《全汉文》卷 37《管子书录》。

鳝,不恶何也？欲得钱也！逐鱼者濡,逐兽者趋,非乐之也,事之权也。"①"钱"者,"利"也;"欲得钱"者,为食、衣、住也。人们为了获得食、衣、住等基本生活资料,就得去做那些哪怕不乐意,甚至令人恶心的事,这没有其他原因,只是"事之权也"。如果人们求利不得,饥寒交迫,在这种情况下,人们不生"奸邪之心",那是很难做到的。

刘向在《说苑》卷20中用魏文侯与李克的一段对话来说明民众衣食与道德的关系:"魏文侯问李克曰:'刑罚之原安生?'李克曰:'生于奸邪淫泆之行。凡奸邪之心,饥寒而起;淫泆者,久饥之诡也。雕文刻镂,害农事者也;锦绣纂组,伤女工者也。农事害,则饥之本也;女工伤,则寒之原也。饥寒并至而能不为奸邪者,未之有也。男女饰美以相矜,而能无淫泆者,未尝有也。故上不禁技巧则国贫民侈。国贫穷者为奸邪,而富足者为淫泆,则驱民而为邪也。民已为邪,因以法随诛之;不赦其罪,则是为民设陷也。刑罚之起有原,人主不塞其本,而替其末,伤国之道乎?'文侯曰:'善!'以为法服也。"②刘向在此认为,"奸邪之心,饥寒而起","国贫者为奸邪"。所以,治国者只有顺应人们求利的欲望,让人民富裕起来,有了富的物质基础,然后才能谈到封建道德,即义的问题,也就是先有"国富",然后才能"民安"。

刘向在因人所欲论的基础上,不仅提出了"国富民安"的管理国家目标,而且也提出了所应遵循的原则和所应采取的措施。他在《说苑》卷1中主张:"河间献王曰:禹称,民无食,则我不能使也;功成而不利于人,则我不能劝也。故疏河以导之,凿江通于九派,洒五湖而定东海,民亦劳矣,然而不怨苦者,利归于民也。"刘向在此借禹之口,主张管理国家的原则是:民无食不能使,功不利人不能劝。这个原则与他的义利观是直接相联系的,因为他认为保证人民获取基本生活资料,是政府"使民"和要求人民遵循封建道德的前提,而食、衣、住则是人们生活的

---

① 刘向:《说苑》卷16,商务印书馆,2018年。

② 刘向:《说苑》卷20。

基础，是社会安定的首要条件。在他看来，如果民无食，政府固然不能要求他们做什么，而且如果政府所做的事情对人民没有好处，也不能激发人民参与的积极性，如果强迫人民去做，就会招致人民的怨恨。人民对政府有怨恨，社会就不可能安定。基于这种思想，刘向进一步提出了几点实现"国富民安"的具体措施：

其一，"勿夺农时"，"勿夺农功"。刘向在《新序》卷6、卷3中借文侯、文公之口，主张治国要把人民的"食"置于首位，发展农业生产，增加粮食产量。而要发展农业生产，治国者必须爱惜民力，勿在农时滥征农民服徭役，从而保障农民的耕作时间。"魏文侯见箕季其墙坏而不筑。文侯曰：'何为不筑？'对曰：'不时。'……文侯出。其仆曰：'君亦无得于箕季矣……'文侯曰：'吾何无得于季也？吾一见季而得四焉：其墙坏不筑，云待时者，教我无夺农时也……'""文公见咎季，其庙傅于西墙……其墙坏而不筑。公曰：'何不筑？'对曰：'一日不稼，百日不食。'公出而告之仆……乃令于国曰：'毋淫宫室以妨人宅；板筑以时，无夺农功。'"

其二，"减吏省员，使无扰民"。刘向在《新序》中说了这样一则故事，来说明当时裁减官员的必要性。"昔者，邹忌以鼓琴见齐宣王，宣王善之。邹忌曰：'夫琴所以象政也。'遂为王言琴之象政状及霸王之事……邹忌既为齐相，稷下先生淳于髡之属……乃相与俱往见邹忌……淳于髡等曰：'三人共牧一羊，羊不得食，人亦不得息，何如？'邹忌曰：'敬诺，减吏省员，使无扰民也。'"[①]"三人共牧一羊，羊不得食，人也不得息"，这句话生动地说明了：一方面，当时官僚机构庞大，人浮于事，增加了财政支出，政府只能夺民力，殚民财，加重了老百姓的负担，以应付庞大的财政开支；另一方面官员太多，为减少财政支出，只能降低官员俸禄，使官员也难以养家糊口。最终导致国困民穷，社会不安。所以刘向认为，只有通过"减吏省员"，改变"羊"少人多的状况，才能使

---

① 刘向：《新序》卷2，台湾商务印书馆影印文渊阁本四库全书本。

"羊"得食，使人"得息"。

其三，慈爱民，薄赋敛，轻徭役。刘向在《新序》卷2中讲到晋文公出田逐兽迷于大泽，后由渔者指路得以还家的故事。由于文公愿受渔者之教，渔夫对他谈了为君之道，其中之一就是"慈爱万民，薄赋敛，轻租税"。《说苑》卷7则记载了周武王问政于姜太公，姜太公主张治国之道要"爱民"，反对"重赋敛""多徭役"。"武王问于太公曰：'治国之道若何？'太公对曰：'治国之道，爱民而已。'曰：'爱民若何？'曰：'利之而勿害，成之勿败，生之勿杀，与之勿夺，乐之勿苦，喜之勿怒。此治国之道，使民之谊也，爱之而已矣。民失其所务则害之也，农失其时则败之也，有罪者重其罚则杀之也，重赋敛者则夺之也，多徭役以罢民力则苦之也，劳而扰之则怒之也。故善为国者，遇民如父母之爱子，兄之爱弟，闻其饥寒为之哀，见其劳苦为之悲。'"

其四，提倡"爱民节财"，"欲禁自亲"。刘向认为，治国者要使国富民足就要爱惜民力、民财，反对骄奢淫逸，并且要从君主自己做起。而且，他还将俭与奢提升到事关"得国"还是"失国"的高度来认识。他举例说："秦穆公闲问由余曰：'古者圣帝明王得国失国当何以也？'由余曰：'臣闻之，当以俭得之，以奢失之。'"①

刘向为了说明这一道理，在《新序》一书中，设"刺奢"专篇，例举了许多历史事例来分析证明。如他在《新序》卷6中记述："桀作瑶台，罢民力，殚民财，为酒池糟堤，纵靡靡之乐，一鼓而牛饮者三千人……伊尹知天命之至，举觞而告桀曰：'君王不听臣之言，亡无日矣。'桀拍然而作，哑然而笑曰：'子何妖言？吾有天下，如天之有日也；日有亡乎？日亡吾亦亡矣。'于是接履而趣，遂适汤。汤立为相。故伊尹去官入殷，殷王而夏亡。"

刘向当时反对骄奢淫逸，提倡爱民节财是有现实针对性的。西汉后

---

① 《说苑》卷20。

期，社会盛行厚葬风气，刘向强烈反对"奢侈失本，淫佚趋末"①的各种行为，从"不加于无用，不损于无益"的原则出发，坚决反对厚葬，提倡薄葬。西汉宣帝时，"徙昌陵，增埤为高，积土为山，发民坟墓，积以万数，营起邑居，期日迫卒，功费大万百余"②。刘向大胆地上《谏营昌陵疏》，要求朝廷放弃营建昌陵的决定。

西汉时期，厚葬之风盛行，但贤智之士反对厚葬的也屡见不鲜，如其中著名的有杨王孙、朱云、龚胜等。刘向在《说苑》卷20中通过宣扬杨王孙立志"矫世"，提倡"裸葬"的事例来大力倡导薄葬。"杨王孙病且死，令其子曰：'吾将欲裸葬，以反吾真，必无易吾意。'祈侯闻之往谏……王孙曰：'吾将以矫世也，夫厚葬诚无益于死者，而世竞以相高，靡财殚币而腐之于地下，或乃今日入而明日出，此真与暴骸于中野何异？'""'厚裹之以币帛，多送之以财货，以夺生者财用。古圣人缘人情不忍其亲，故为之制礼，今则越之，吾是以欲裸葬以矫之也。昔尧之葬者，空木为椟，葛蔂为缄，其穿地也，下不乱泉，上不泄臭。故圣人生易尚，死易葬，不加于无用，无损于无益，谓今费财而厚葬，死者不知，生者不得用，谬哉，可谓重惑矣。'祁侯曰：'善！'遂裸葬也。"刘向还进一步指出，要反对奢侈淫逸，一定要从最高统治者做起，才能收到更好的效果。刘向在《说苑》卷20中以齐桓公禁奢自亲事例来说明这一道理。"齐桓公谓管仲曰：'吾国甚小而财用甚少，而群臣衣服舆马甚汰，吾欲禁之，可乎？'管仲曰：'臣闻之：君尝之，臣食之；君好之，臣服之。今君之食也，必桂之浆，衣练紫之衣，狐白之裘，此群臣之所奢汰也。诗云：不躬不亲，庶民不信。君欲禁之，胡不自亲乎？'桓公曰：'善！'于是更制练帛之衣，太白之冠，朝，一年而齐国俭也。"

---

① 《说苑》卷20。
② 《全上古三代秦汉三国六朝文》第二册《全汉文》卷36《谏营昌陵疏》。

九、汉代引导性移民思想

(一) 晁错的募民实塞思想

西汉文景时期，继承高祖的和亲政策，对匈奴厚予馈赠，来求得北方边境的安宁。但是匈奴迄无餍足，仍然不断侵扰边境，掳掠人畜，毁坏庄稼。"小入则小利，大入则大利"。而且匈奴为游牧民族，机动性强，行踪不定，作为农耕民族的朝廷军队，难以防范。晁错指出，"胡人衣食之业不著于地"，"食肉饮酪，衣皮毛，非有城郭田宅之归居，如飞鸟走兽于广野，美草甘水则止，草尽水竭则移"，"往来转徙，时至时去"。他们忽而侵掠燕代，忽而侵掠上郡、北地，又忽而侵掠陕西，如果单靠有限的朝廷正规军队，在漫长的北方、西北方边境线上进行防御，则是防不胜防。因为匈奴机动性强，掌握主动权，是"卒少则入"，而汉朝是被动防守，"救之，少发则不足；多发，远县才至，则胡又已去。聚而不罢，为费甚大；罢之，则胡复入。如此连年，则中国贫苦而民不安矣"。[①]针对这种局面，文帝十一年（前169），晁错三上书，在《言兵事疏》《守边劝农疏》《复言募民徙塞下疏》中，提出了抗击匈奴的战略设想以及徙民边塞以巩固边防的一系列措施。晁错为了使移民在边疆能"乐其处而有长居之心"，主张对移民在政治上、经济上、生活上进行优待，而不是采取行政权力强制进行移民。晁错基于这种思路，对"募民实塞"（"徙民实边"）做了比较全面具体的规划，主要有以下5条措施。

一是晁错确定了移民的具体对象。他提出："募罪人及免徒复作令居之；不足，募以丁奴婢赎罪及输奴婢欲以拜爵者；不足，乃募民之欲往者。"在此，移民的第一种对象是流放罪人，这在汉代之前早已有之。第二种对象是"以丁奴婢赎罪"和"输奴婢欲以拜爵者"，与他的"输粟赎罪""输粟拜爵"性质是一样的，即犯罪者或一般民众以向政府交纳粟或

---

① 《汉书》卷49《晁错传》，本目以下引文未注出处者，均见于此。

奴婢来赎罪或获取爵位。所不同的是交纳的对象不同，一种是人（奴婢），一种是物（粟）。第三种对象是自由民，大致是因破产失去耕地的自耕农和手工业者、无业游民等。从三种对象看，前两种对象是政府强迫其移民，第三种对象是带有自愿性的，但也有无以为生，被迫背井离乡的意味。虽然这些移民带有不同的强制性，但晁错认为也不是没有条件限制的，并不是谁想去谁就可以移民。由于政府移民的目的是垦殖守边御敌，因此政府要挑选那些"壮有材力"者，因为"所徙之民非壮有材力，但费衣粮，不可用也"。

二是晁错主张对移民边境垦殖守边予以经济上、生活上、政治上的优待，使他们在边疆能"乐其处而有长居之心"。首先，在经济上要"予冬夏衣，廪食，而自给而止"。移民初到一个艰苦、陌生的边境地区，政府应先给予他们基本的食物、衣服等生活必需品，直到他们在生产中能够自给自足为止。由此可见，这种移民垦殖守边与原来戍卒军屯守边是不同的，前者政府补助移民衣食只到他们能自给自足为止，而后者戍卒守边是主要依赖政府供给，军屯只是一种辅助性的补充。不言而喻，移民垦殖守边会减少国家的大量漕粮供给，节省财政支出。

晁错为了让移民能长久安心在边境地区垦殖，生息繁衍，担负起守疆御敌的艰巨任务，不仅在经济上让移民衣食来源有保障，而且在生活上也做周到的安排。让移民"先为室屋，具田器"，甚至对"室屋"的具体居住标准都提出较高的要求，"家有一堂二内，门户之闭，置器物焉"。而且他要求政府考虑解决移民的医疗、祭祀、婚姻等问题，"为置医巫，以救疾病，以修祭祀，男女有婚"，"其亡夫若妻者，县官买予之"。

晁错除了在经济、生活上予以移民优待外，还在政治上给予移民鼓励，让他们提高社会地位。如对自由民"皆赐高爵，复其家"，鼓励"郡县之民得买其爵，以自增至卿"。而对有罪的人加以赦免，属奴婢身份的恢复其自由。

三是严密移民组织，以适应在边境地区守边御敌的需要。晁错根据边境地区地广人稀，移民居住分散，但又肩负着守边御敌重任的特点，

主张按照古制，在边境地区移民中实行军事化的组织体制，而且不准随意迁徙。使移民世代共同居住生活在一个军事组织中，形成一个坚强团结的整体，守望相助相救援："使五家为伍，伍有长；十长一里，里有假士；四里一连，连有假五百；十连一邑，邑有假侯。"这样"卒伍成于内，则军正定于外。服习以成，勿令迁徙，幼则同游，长则共事。夜战声相知，则足以相救；昼战目相见，则足以相识；欢爱之心，足以相死"。

四是从移民中选拔良吏进行管理。晁错认为选拔良吏对"募民实塞""徙民实边"成功与否关系重大。"虽有材力，不得良吏，犹亡功也"。而且，他进一步很具体地提出了选拔良吏的标准："诚能称厚惠，奉明法，存恤所徙之老弱，善遇其壮士，和辑其心而勿侵刻"，能够"使先至者安乐而不思故乡"，"贫民相慕而劝往"。换言之，就是选拔的良吏要有很强的凝聚力，厚道、守法、能善待老弱壮士。晁错选拔良吏能够根据"徙民实边"的最关键问题即首先让移民到艰苦的边疆能够扎根下去，不会因生活不下去而转徙其他地方或返回内地。而且，晁错主张要选拔这种标准的良吏最好是从移民中选拔，"择其邑之贤材有护，习地形知民心者"，因为这种就地从移民中选拔的良吏，"居则习民于射法，出则教民于应敌"，能够承担起守边御敌的重任。

五是晁错主张政府在移民前应充分做好一切准备工作，包括移民点的选择，城邑、里宅、道路的建筑，田界的划分，移民住房、粮食、器物等的准备。因为只有做好了这些准备工作，才能使"民至有所居，作有所用"，让移民乐意离开故乡而到新的移居地点，并在移居地安心快乐地长期居住下来："轻去故乡而劝之新邑"，"使民乐其处而有长居之心"。

综上所述，晁错的"募民实塞""徙民实边"中的垦殖、守边、御敌思想，不仅有原则性的主张，也有具体周密的措施，把经济、生活、军事、政治等作为一个系统统筹进行考虑，其思想是比较全面系统，并具有可操作性。晁错可谓是中国历史上第一个系统提出垦殖思想的人，对

后世有重大的影响。① 在晁错逝世后百余年，汉代著名将领赵充国军屯取得巨大成功，他在《屯田疏》中所阐述的具体措施和十二大好处，总的精神亦源自晁错"募民实塞""徙民实边"思想。

（二）王符的移民实边思想

王符（约85—约163），字节信，自号潜夫，安定临泾（今甘肃镇原）人，东汉政论家、文学家、进步思想家。王符"少好学，有志操"②，但由于出身细族孤门，在当时门阀世族制度下不得仕进。他"精习经术而达于当世之务"，③ 且胆识过人，异趣自矜，疾恶如仇，对当时社会存在的一切黑暗现象，不肯逢迎比附，动辄讽刺得失，指评时弊。王符自认为自己是隐居于民间下位的"潜夫"，故其著作题名为《潜夫论》。他在其著作中，"指评时短，讨谪物情"，对当时黑暗的社会现实进行广泛尖锐的批判。持论多能切中时弊，反映了东汉末期空前激化的社会矛盾。

东汉末年，由于"羌胡反乱，残破并、凉"，④ 形势十分紧急，朝廷在"羌叛十余年间，兵连师老，不暂宁息"，⑤ 兵力疲于应付。而且"羌反以来，户口减少"，边郡千里空无一人。针对这种情况，王符提出了移民垦荒的主张："土多人少，莫出其材，是谓虚土，可袭伐也。"边境荒无人烟，必然出现"内有寇戎之心"。因此，他认为，移民垦荒不仅是一种经济上的措施，而且更重要的是一种充实加重边防力量的战略措施。王符还指出，土多人少，固然容易遭到袭伐。但如果是"土少人众，民非其民，可匮竭也"，原因是人口如果太多，则边防供给就跟不上。"是故土地人民必相称也"。也就是说，在制定移民实边计划时，应注意考虑边境土地与人口的比例匹配问题。否则，"边郡多害而役剧，动入祸

---

① 《秦汉经济思想史》，第88页。
② 《后汉书》卷49《王符传》。
③ 《潜夫论》汪继培《序》。
④ 《后汉书》卷58《虞诩传》。
⑤ 《后汉书》卷87《西羌传》。

门……诚大忧也"。①

王符提出的移民垦荒具体措施也是基于给予移民政治上、经济上优待，诱导移民自愿移居边疆垦荒，以加强边防力量。他提出："募运民耕边入谷，远郡千斛，近郡二千斛，拜爵五大夫。有不欲爵者，使食倍贾于内郡。"由此可见，王符提出的这个措施，给予了移民政治、社会地位上拜爵的奖励，如果有人不愿意接受爵禄地位，还可通过使其经济收入加倍来奖励。历史证明王符这个办法，收到了很好的效果，当时参加移民的人，"虽欲令无往，弗能止也"，② 可见，在当时这种政治、经济上的优待条件很有吸引力，使民众踊跃自愿迁徙边疆垦荒，说明政府移民垦荒政策是成功的。

晁错、王符的用政治、经济上的优待诱导移民的思想，西汉政府在实践上也曾予以推行。如汉武帝曾通过"衣食皆仰给县官，数岁，假予产业"，③ 徙民于关西。这就是汉武帝通过给予移民关西的百姓数年的衣食，并且借贷给他们粮种、农具、耕牛等，帮助他们垦荒种田。汉平帝时，也曾"募徙贫民，县次给食，至徙所，赐田宅什器，假与耕牛、种食"。④ 这条记载更具体地反映了历朝西汉政府基本上都是采取给贫民数年衣食，并且到移居地后，给予起码的生活、生产条件，即提供田地、住宅、农具，借给耕牛、种子等，让他们能够在新移居地通过逐渐开展农业生产，达到自给自足，从而扎根下来。

十、《管子》轻重论思想

（一）轻重论的产生

有关《管子》一书的作者及其成书年代，学术界众说纷纭，莫衷一

---

① 《潜夫论·实边》。
② 《潜夫论·实边》。
③ 《汉书》卷12《平帝纪》。
④ 《史记》卷30《平准书》。

是。但大多数学者认为,《管子》一书并非成于一人一时之书。其中《管子·轻重篇》成书年代主要有以下5种看法。一是胡寄窗在《中国经济思想史》上册第十章中认为《管子》"大约到战国中期,其全部体系即已完成"。不言而喻,《轻重篇》至迟成书于战国中期。二是王国维、郭沫若认为《轻重篇》成书于西汉文景时期。如郭沫若在《管子集校》中断言:"《轻重》诸篇成于汉文景之世。"三是罗根泽在《诸子考索·管子探源》中认为:"轻重十九篇,并汉武昭时理财学家作。"四是马百非在《管子轻重篇新诠》中认为,《管子·轻重篇》成书于王莽时期。五是赵靖认为,《管子》轻重诸篇是在"从汉文帝直到汉武帝时期八九十年间逐渐积累起来的"。① 拙作采纳赵靖的观点,并主要参考其对轻重论的分析。

西汉王朝建立后,在黄老"无为而治"思想的指导下,经过数十年的休养生息,社会经济逐渐恢复发展,至文景之治时期,出现繁荣景象。随着封建经济的发展繁荣,封建制度固有的各种矛盾也日益显现,有的还趋于尖锐化,其中主要有以下几个方面。

一是在轻徭薄赋政策中,国家向土地所有者所收的赋税很轻,为十五税一、三十税一,而土地所有者向租种其土地的佃农所收的地租则很高,达十分之五。因此,薄赋政策的主要受益者是拥有地广粟多的大地主,而众多的农民由于地租重而日益贫困。其结果是社会贫富分化日益悬殊,土地兼并也日趋严重。

二是随着社会经济的发展繁荣,西汉地方诸侯势力也发展膨胀,严重威胁朝廷政权。在经济上,由于汉初取消了对山泽的封禁,盐铁和其他一些山泽之利以及工商税收等,都划归各地诸侯私人所有,汉文帝时期又开放铸钱禁,允许私人铸钱。这样,一些诸侯国"盗铸钱,煮海水为盐,以故无赋,国用富饶"。② 诸侯国大量财富的积聚,为他们抗拒朝廷、分裂叛乱提供了雄厚的经济基础。当时,许多诸侯王拥有幅员广阔

---

① 赵靖:《中国经济思想通史》第1册,北京大学出版社,1997年,第546页。
② 《史记》卷106《吴王濞列传》。

的封地，"大者跨州兼郡，连城数十"，掌握了封国内的行政大权，"宫室百官，同制京师"。① 同时，诸侯王利用其大量的财富，"诱天下亡人，谋作乱"，② 壮大自己的军事力量。当时的诸侯国实际上已经成为与朝廷分庭抗礼的独立王国，"废先帝法，不听天子诏，居处无度，为黄屋盖乘舆，出入拟于天子，擅为法令，不用汉法"。③ 因此，要消除诸侯国对朝廷的威胁，首先要改变对诸侯国的经济政策，铲除其经济基础。

汉初，为了恢复极端凋敝的社会经济，政府口头上高喊"抑末"，但在行动上没采取什么重要的实际行动，而且放宽了对商人的经营限制，以促进社会经济的恢复和发展。汉惠帝、吕后时期，朝廷宣布"弛商贾之律"，即暂缓执行汉高祖时抑末的各项措施，只保留在政治上不许商人子弟做官的规定。以后，西汉政府又取消了秦王朝所实行的禁止百姓入山林泽薮进行采伐捕捞等生产活动的"壹山泽"政策，允许民间冶铁、煮盐。并且，西汉政府听任私人铸钱，"除盗铸钱令，使民放铸"。④ 另外，全国统一的社会环境大大有利于各地的商品流通和经济交流，给工商业的发展开辟了广阔的活动空间。这就是"汉兴，海内为一，开关梁，弛山泽之禁，是以富商大贾周流天下，交易之物莫不通，得其所欲"。⑤

三是封建国家政权同富商大贾之间的矛盾日趋尖锐化。随着西汉前期社会经济的发展和繁荣，商人势力膨胀。他们依仗自己雄厚的财力，操纵市场，盘剥农民，牟取暴利，使广大农民通过农业生产难以为生，纷纷脱离农业生产，严重冲击国家以农为本的国策。商人资本还大量兼并土地，使农民破产流亡，动摇了封建国家的经济基础。拥有巨大财富的富商巨贾非但不支持封建国家政权，反而扰乱社会经济，企图左右经济，"转毂百数，废居居邑，封君皆低首仰给，冶铸煮盐，财或累万金，

① 《汉书》卷 14《诸侯王表》。
② 《史记》卷 106《吴王濞列传》。
③ 《史记》卷 118《淮南衡山列传》。
④ 《汉书》卷 24 下《食货志下》。
⑤ 《史记》卷 129《货殖列传》。

而不佐国家之急，黎民重困"。① 更为严重的是，一些有政治野心的富商大贾，"因其富厚，交通王侯"，② 与地方诸侯相互勾结，图谋不轨，对朝廷构成严重的威胁。

西汉朝廷面临着这3个主要社会矛盾以及其他一些问题，使人们感到，当时仍然占指导地位的"无为而治"思想和政策，已经无法有效地解决由社会经济所诱发的新矛盾和新问题。这促使人们认识到，必须审时度势、改弦更张，提出新思想新政策，以有效地解决新出现的矛盾和问题。在这样的历史背景下，轻重论思想应运而生。

所谓轻重论，早在春秋时期已经随着金属货币的使用而逐渐出现。当时，孙叔敖、单旗等人就已运用"轻重"来说明自己对货币问题的见解和主张。古代金属货币的轻重直接反映其价值的大小，即金属货币越重，货币价值越高；反之，分量越轻，价值越低。后来，轻重进一步变成表现货币与商品比价变化的概念：如果货币价值低，在其他条件不变时，货币的购买力下降，商品同货币的比价就上升，其价格就高了，这被称作"币轻物重"。而在相反的情况下，货币的价值高，它与商品的比价就上升，商品价格下跌，就叫作"币重物轻"。到了西汉时期，人们才逐渐使用"轻重"来探讨和揭示商品与货币的相互关系问题，并且通过人为地影响和操纵这种变化，达到自己的政治、经济目的。如当时有人主张，封建国家应直接经营工商业和参与市场活动，通过经济手段与行政手段相结合，以控制工商业，并进而对整个国民经济实行调节、干预和控制，使政府在社会经济活动中取得举足轻重的支配地位，以增加财政收入，限制打击商人势力和地方诸侯，巩固中央集权专制主义的封建政权。③

西汉时期出现的轻重论思想，其来源较为复杂，其中最为主要的有3

---

① 《史记》卷30《平准书》。
② 《汉书》卷24下《食货志下》。
③ 赵靖：《中国经济思想通史》第1册，第539页。

个方面的思想。一是先秦法家的思想，如法家强化国家控制的主张、"利出一空""重本抑末"等思想，均为轻重论者所继承。轻重论主张国家直接经营工商业，因此必须学习经商，了解市场行情变化规律、商品供求变化以及竞争手段等，因此，掌握商家思想也是不可缺少的。俗话说商业竞争如同一种特殊的战争，因此经营商业者必须懂得兵家权谋之学。《管子》的轻重诸篇很强调国家在实行经济控制时运用权谋，其受兵家权谋学说的影响较为明显。

（二）轻重论的内容

西汉时期的轻重论主要有 3 个方面的内容，即轻重之势、轻重之学和轻重之术。[①] 以下就其 3 个方面作一简要介绍。第一，轻重之势。所谓轻重之势就是强调实行轻重政策者所必须具备的地位和权力，即权势。先秦法家强调"势"对管理国家的重要性，如韩非就提出法、术、势的思想，认为"法"和"术"是管理国家的重要手段，但必须以"势"作为先决条件，就是国家管理者必须首先拥有足够的地位和权力，即"势"，才能有效地使用"法"和"术"来管理国家。因此，在轻重论中，轻重之势居于举足轻重的支配地位，决定轻重之学、轻重之术运用的基本前提，而轻重之学则是取得轻重之势、运用轻重之术的理论指导和依据，轻重之术则是取得轻重之势、实施轻重之学的手段。

如前所述，从总体上说，西汉前期朝廷的"势"，即地位与权力还是比较弱的。汉初大封同姓诸侯王，使他们拥有广大的封土和强大的军事、政治和经济力量。到文景时期，出现了同姓诸王分裂割据、对抗朝廷的危险局面。对此，贾谊提出"众建诸侯而少其力"，晁错提出"削藩"的应对策略。他们的主张均着重从政治角度来削弱地方诸侯以加强朝廷的地位和权力。贾谊、晁错等人虽然也意识到，当时商人势力的膨胀和西汉政府的重本抑末政策，无力控制商人以及货币放铸政策所带来的封建国家经济上的权力下移的严重后果，但对此还未给予足够的重视并提出

---

① 赵靖：《中国经济思想通史》第 1 册，第 550 页。

系统全面的对策措施。在这样的情况下，轻重论提出了一系列较为系统全面的应对策略。他们主张以君主为代表的封建王朝必须掌握、控制、支配国民经济活动的轻重之势，中央集权专制主义封建王朝的地位和统治权力才能真正强大巩固："圣人理之以徐疾，守之以决塞，夺之以轻重，行之以仁义，故与天壤同数。此王者之大辔也。"① "出准之令，守地用、人策，故开阖皆在上，无求于民。"② "国有十年之蓄，而民不足于食，皆以其技能望君之禄也。君有山海之金，而民不罪于用，是皆以其事业交接于君上也。故人君挟其食，守其用，据有余而制不足，故民无不累于上也。"③ 在此，轻重论者强调国王、人君等最高统治者必须牢牢掌握"大辔""开阖"等统治国家的大权，并且在经济上掌握轻重之势，才能确保在政治上的"势"，否则，只不过是"名罗于为君"④，毫无实际的权势可言。

轻重论者更重视统治者在经济上所拥有的"势"，认为比在政治上拥有的"势"更重要。他们认为政治上的"势"是直接依靠暴力来强制维持的，虽然有效，但有可能引起更大的冲突和反抗，并且不可能全面覆盖；而经济上的"势"，能够不必通过直接的暴力强制，而采取支配广大民众生活命脉的方式，使老百姓服从国家的意志，听从国家的驱使。如果广大民众在生活上依靠君主，"予之在君，夺之在君，贫之在君，富之在君"，⑤ 那么君主就能在管理国家中，让他们服服帖帖听从指挥，"善为天下者，毋曰使之，使不得不使；毋曰用之，使不得不用"。⑥ 这种经济上的间接强制，要比政治上的直接暴力强制，虽然见效慢，但会更少遇到冲突和反抗，更有实效。

---

① 《管子·山至数》，中华书局，2018 年。
② 《管子·乘马数》。
③ 《管子·国蓄》。
④ 《管子·国蓄》。
⑤ 《管子·国蓄》。
⑥ 《管子·揆度》。

轻重论者还从反面来论证封建国家在经济上掌握轻重之势的重要性。如果封建国家在经济上丧失轻重之势，将会产生 3 个方面负面影响。一是如果封建王朝不坚持经济上的中央集权，就不能有效地控制整个国民经济，"君不守以策，则民且守于上（下），此国策流已"。① 这就是经济大权下移，不由朝廷控制，会使国家财源枯竭，"委积则虚"，"下富而君贫"。二是如果国家经济大权下移，最大的受益者是地方诸侯和富商大贾。地方诸侯就会依仗手中的经济权力，与朝廷争夺人力、物力，实行分裂割据，"天子以客行，令以时出，熟谷之人亡，诸侯受而官之，连朋而聚与，高下万物以合民用。内则大夫自还而不尽忠，外则诸侯连朋合与，孰谷之人则去亡，故天子失其权也"。② 如果富商巨贾掌握了轻重之势，利用和控制工商业，也会产生离心力，离散国家的凝聚力，对朝廷形成威胁，"万乘之国有万金之贾，千乘之国有千金之贾。然者何也？国多失利，则臣不尽其忠，士不尽其死"。③ 三是封建国家如丧失了轻重之势，国计民生将会遭到极大损害，造成贫富分化严重，贫民饱受饥寒，影响社会稳定。"民人所食，人有若干步亩之数矣。计本量委则足矣，然而民有饥饿不食者，何也？谷有所藏也。人君铸钱立币，民庶之通施也，人有若干百千之数矣；然而人（民）事不及，用不足者，何也？利有所并藏也"。基于以上这些认识，轻重论者提出封建国家应从 3 个方面着手取得轻重之势。一是从富商大贾手中夺取轻重之势。轻重论者认为，商人尤其是大商人囤积居奇、操纵市场，"物适贱，则半（分）而无予，民事不偿其本。物适贵，则十倍而不可得，民失其用"。从而直接剥削和兼并农民，"蓄贾游市，乘民之不给，百倍其本"。④ 结果造成"贫者失其财"，"农夫失其五谷"。⑤ 为了限制、打击富商大贾的势力和剥削、兼并

---

① 《管子·乘马数》。
② 《管子·山至数》。
③ 《管子·国蓄》。
④ 《管子·国蓄》。
⑤ 《管子·轻重甲》。

行为，轻重论者主张，封建国家要掌握国民经济大权，从富商大贾手中夺取轻重之势："故豫夺其途则民无遵，君守其流则民失其高（下）。故守四方之高下，国无游贾，贵贱相当，此谓国衡。以利相守，则数归于君"。① 轻重论者提出的从富商大贾手中夺取轻重之势的主张，既不同于先秦法家至秦始皇那样通过沉重的赋税、徭役和严刑峻法来达到抑末的目的，也不像西汉前期抑末论者主张的从政治、法律和社会地位上"贱商人"和"困辱"商人，而是在用国家的权力限制私商的同时，由封建国家直接参预市场经济活动，经营工商业，对"大贾蓄家"进行压制排挤，使"大贾蓄家不得豪夺吾民"，② 从而确保国家在经济上的轻重之势。

二是从地方诸侯手中夺取轻重之权。西汉吴楚七国之乱后，汉朝继续贯彻削弱同姓诸侯王的政策。汉武帝时，又采纳了主父偃的建议，颁布"推恩令"，规定各诸侯王除由嫡长子继承王位以外，其他诸子都可以在封国范围内分到封地，作为封国中的封国。这样封国越封越小，各地诸侯王的势力则大为削弱。并且，朝廷又"作左官之律，设附益之法"，③规定凡在诸侯王国任官者，地位低于朝廷官员，并不得进入朝廷任官，以防止诸侯王插手朝廷。严禁封国官吏与诸侯王串通一气，结党营私，从而进一步限制和剥夺地方诸侯的政治、军事权力。

轻重论者认为，当时削弱诸侯国势力，不仅要从政治、军事方面，还要从经济方面，因此他们提出了"毋予人以壤"④。有关"毋予人以壤"有多种说法，兹依赵靖《中国经济思想通史》第一册第557页的说法和"立壤列"⑤的主张，即必须限制各地方诸侯国的占地面积，明确规定各封国疆域面积的等级序列，其中最大的诸侯占地"三百有余里"，其次百里，小的七十里。这样封国土地占有面积受到限制，占有面积小了，人

① 《管子·揆度》。
② 《管子·国蓄》。
③ 《汉书》卷14《诸侯王表》。
④ 《管子·山至数》。
⑤ 《管子·轻重乙》。

口、赋税收入少了，势力相应也小了，朝廷就容易控制他们。"如胸之使臂，臂之使指也……虽在下不为君忧"。这就是贾谊"众建诸侯而少其力"在经济上的具体措施。轻重论者所谈的"势"，不是一般的政治上、军事上的"势"，而是经济上的"轻重之势"；他们也不是单纯依靠国家的政治、军事手段来为自己取得轻重之势，而是更强调使用经济手段。

他们认识到，地方诸侯国之所以能与朝廷在政治上相抗衡，其中很重要的一个因素是地方诸侯国拥有雄厚的经济实力。如果朝廷不削弱和剥夺诸侯国的经济实力，不铲除诸侯国的物质基础，则很难消除地方诸侯国对朝廷的威胁。"物无主，事无接，远近无以相因，则四夷不得而朝矣"。① 在中国古代，除了土地作为最大的财富资源外，还有地方山海川泽、矿产等也是重要的财富资源，因此，轻重论者认为也必须由朝廷控制。他们提出：朝廷必须控制山海等自然资源，独占川泽之利，禁止诸侯冶铁煮盐，垄断经营盐铁；朝廷应垄断铸币权，不许地方诸侯铸钱牟利；朝廷应通过贡赋、地区贸易等削弱地方诸侯的经济实力。

三是对广大人民的轻重之势。西汉轻重论者主张从富商大贾、地方诸侯手中夺取轻重之势。其从本质上来说，就是与富商大贾、地方诸侯争夺对广大民众的轻重之势，在经济上取得对广大民众的支配权，通过赋税、专卖等敛取民众的钱财，并强化在政治上对民众的专制统治。为了取得对广大民众的轻重之势，轻重论者提出两个基本条件。一是调通民利："不能调通民利，不可以语制为大治"。② 轻重论者认为，"民富则不可以禄使也，贫则不可以罚威也"。这就是说，赏罚虽然是管理国家的重要手段，但是必须在一定的经济条件下才能起作用。很富有的人，就看不起国家的一点奖赏，不愿为了国家的一点俸禄或奖赏而为封建国家卖力效命；那些过于贫穷而无法生存的人，往往会因为生计所迫而做出违法乱纪的事情。对于这些因生计而铤而走险的人，国家刑罚不容易起

---

① 《管子·轻重甲》。
② 《管子·国蓄》。

到儆戒禁止的作用。由此可见，太富裕或太贫穷的人，会影响国家取得对广大民众的轻重之势，从而进一步导致社会的不安定，动摇封建国家的统治。"法令之不行，万民之不治，贫富之不齐也"。正由于贫富分化严重，引起法令难以得到执行、国家无法得到治理。因此，治理国家首先必须做到"调通民利"，防止贫富悬殊，必须让广大老百姓不至于太富，也不至于太贫，这样国家的赏罚手段就会对广大老百姓发生作用，从而达到封建王朝的天下"大治"。二是"不通于轻重，不可为笼以守民"。① 轻重论者继承和发展了先秦法家"利出一孔"的思想，认为"利出一孔"不是先秦法家所说的通过赏罚手段驱使人民从农战唯一途径获取名利，而是要求封建政府直接对社会经济活动进行干预和严格控制。"塞民之羡，隘其利途"，使人民只能在国家绝对控制、支配下的经济领域或范围之内从事经营活动，以获取财富或生活来源，而不得经营国家所不允许的"利途"，即经济活动领域。这种对民众经济活动领域或范围的限制，就称为"为笼以守民"。既然这个经济方面的"笼"是经济方面的而不是政治、法禁方面的，因此轻重论者认为，管理者必须熟悉商品流通和商业经营方面的知识，否则，"不通于轻重，不可为笼以守民"，就不能管理好国家。

第二，轻重之学。轻重论者认为，在商品经济活动中，货币、商品、价格、供求等关系，是变化有"数"的，即有一定的规律性。封建政府如要取得轻重之势，直接经营工商业，进入社会经济活动领域，影响和控制整个国民经济，就必须"通于轻重之数"，熟悉商品经济活动的规律性，这就是"轻重之学"。

首先，关于货币和粮食在社会经济生活中的决定作用及其相互关系。轻重论者认为："五谷食米，民之司命也。黄金刀币，民之通施也。"② 所谓"司命"，就是命运支配者，这是指粮食作为最基本的生活资料，决定

---

① 《管子·国蓄》。
② 《管子·国蓄》。

着广大人民的生存。所谓"通施",《管子》一书另一处又作"通货",①即民间通用的流通手段。在商品流通中,货币作为流通手段是人们普遍接受的。因此,在封建社会经济中,粮食和货币作为两种最重要的商品,如果由封建政府掌握,不但能控制市场,而且对支配整个社会经济生活、稳定社会秩序,都会起着举足轻重的作用。因此,粮食和货币是"以轻重御天下"② 的两个主要杠杆。

对于粮食与货币的比价变化,轻重论者得出的结论是:"粟重而黄金轻,黄金重而粟轻"。③ 如果处于流通中的粮食数量减少而货币数量相对增多,那么货币购买力降低而谷物价格上涨,即"粟重而黄金轻";相反,如果处于流通中的货币数量减少而粮食数量相对增多,则表现为货币购买力的提高而谷物价格下跌,即"黄金重而粟轻"。货币与粮食相互关系的认识是全部轻重论的基础和主要支柱,但是如果轻重论者不把粮食、货币关系同其他商品联系起来,孤立地讨论粮食与货币的比价关系,那是没有意义的。因此轻重论者在此基础上又进一步探讨了货币、粮食与其他商品的相互关系。

轻重论者指出,货币与其他商品的相互比价关系是:"币重而万物轻,币轻而万物重。"④ 谷物与其他商品的相互比价关系是:"谷重而万物轻,谷轻而万物重。"⑤ 由于货币作为一般等价物,谷物作为关系百姓生存的最基本生活资料,在中国古代自然经济占主导地位、商品经济很不发达的情况下,经常也作为一般等价物,因此,轻重论者把货币、谷物等同看待,探讨它们与其他商品的相互比价关系,即:当处于流通中的货币、谷物数量减少而其他商品数量相对增多,则表现为货币、谷物购买力的提高而其他商品价格下跌;反之,当处于流通中的货币、谷物数

---

① 《管子·轻重乙》。
② 《管子·山至数》。
③ 《管子·国蓄》。
④ 《管子·山至数》。
⑤ 《管子·乘马数》。

量增多而其他商品数量相对减少，则表现为货币、谷物购买力降低而其他商品价格上涨。明确了货币、谷物与其他商品的比价关系，封建政府就可以以货币、谷物为杠杆，调节和控制其他商品的价格和供求关系，从而控制社会经济活动。

其次，轻重论者还通过探讨商品价格与供求的关系，为封建国家进入商品流通领域，直接经营商业，干预和控制国民经济，提供理论依据。轻重论者指出："有余则轻，不足则重"，或者"多则贱，寡则贵"。这就是说商品供求决定价格。当市场上的商品供过于求时，价格就会下降；而供不应求时，价格就会上涨。在此基础上，轻重论者进一步分析了商品多寡与价格高低的两类不同因素。一种是客观的因素。如年成丰歉影响粮价高低："岁有凶穰，故谷有贵贱"。遇到丰收年景，农民的收获多，粮价就下跌，反之，粮价则上涨，"岁适凶则市籴釜十锱"。另一种是主观的因素。人们的活动引起的供求及价格变化，如政府法令会影响物价，"令有缓急，故物有轻重"。[1] 封建国家征调某物资愈紧迫，人们纷纷购买这种物资以应征调，这种物资就愈贵。还有人为地聚、散、藏、发也会影响某种物资的供求关系，进而影响价格的高低。如把某种商品囤积起来，使之供不应求，价格就会上涨；反之，往市场抛售某种商品，使之供过于求，价格就会下跌。"藏则重，发则轻"，[2]"守之以物则物重，不守以物则物轻"。[3]

最后，轻重论者指出供求关系决定价格的同时，又认识到价格波动也会影响供求变化。"重则见射，轻则见泄"。[4] 在市场活动中，当某种商品价格上涨，即所谓"重"时，必然"见射"，成为人们抢购、囤积的对象。当人们预测到这种商品的价格会继续上涨时，就会大批购进并囤积起来，待价格上涨到更高水平时出售，就会获得厚利。人们争相"见射"

① 《管子·国蓄》。
② 《管子·揆度》。
③ 《管子·轻重甲》。
④ 《管子·山权数》。

即抢购的结果，就会使商品需求猛增，出现供不应求的现象。反之，当某种商品价格"轻"即下跌时，人们预测它会进一步下跌，就会争着向市场抛售这种商品。这就是所谓的"轻则见泄"，导致这种商品过剩，在市场上供过于求。

第三，轻重之术。轻重论者主张封建国家以经济手段为主，兼用行政手段，自上而下地宏观干预、调控国民经济活动，并且国家直接经营工商业，在市场上通过垄断与市场竞争并举，既谋求国家对整个国民经济的支配即轻重之势，又尽可能地增加财政收入，从而巩固封建王朝的统治。为达到这种目的的具体措施，就是当时的轻重之术，主要有以下7个方面。

其一，"执其通施，以御其司命"。① 封建国家首先要掌握作为流通手段的货币，利用它来控制和调节作为人的命根子的谷物的价格和供求，进而运用货币和谷物来取得和保持在经济领域中的举足轻重之势，以维护对全国的统治。"人君操谷、币金衡而天下可定也，此守天下之数也"。②

这里所谓"执其通施"，就是针对西汉前期由于允许私铸而造成的货币流通混乱以及中央集权受到严重削弱的情况。轻重论者提出中央政府要垄断货币的铸造和发行，"人君铸钱立币"，③ 还要控制铸币材料的来源，即掌控出产币材金属的矿山，"戈矛之所发，刀币之所起也"，④ "君有山，山有金，以立币"。⑤ 这实际上就是对贾谊的"上收铜勿令布"思想的发展和具体化。这里的"御其司命"就是：国家利用农民春季青黄不接的时候，通过春借秋还，把农民粮食收到国家手中，造成市场粮食稀小，粮价高涨；粮价上涨后，国家再乘机抛售粮食，收购纺织品；待

---

① 《管子·国蓄》。
② 《管子·山至数》。
③ 《管子·国蓄》。
④ 《管子·地数》。
⑤ 《管子·山至数》。

纺织品价格上涨时,再予以售出。国家通过这种方式经营商业,取得对农民、城市居民和商人、高利贷者的轻重之势,既排挤打击了商人和高利贷者利用粮食操纵市场、盘剥农民,又能控制和支配粮食、纺织品等生活必需品市场,并增加财政收入。

其二,"官山海"① 和"官天财"②。轻重论者把国家是否能够垄断山海之利作为治国成败的一个重要因素:"为人君而不能谨守其山林、菹泽、草莱,不可以立为天下王"。③ 主张封建国家对山海资源要"谨封而禁",绝不能让人们染指,"使乘者下行,行者趋","有动封山者,罪死而不赦。有犯令者,左足入左足断,右足入右足断。然则其与犯之远矣。此天财、地利之所在也"。④ 先秦时期,国家封山禁泽主要是限制农民在农时入山泽采伐捕捞,影响农业生产,或者禁止平民开采贵重自然资源(如金、玉等),或者借以对开采山泽征税,以增加国家财政收入。西汉时期的轻重论者"官山海"的主要对象是煮盐业和开采铁矿冶铁业。

当时食盐、铁器是广大百姓最普遍的日常生活必需品,"十口之家十人食盐,百口之家百人食盐",⑤ "恶食无盐则肿"。⑥ 铁器则是农业生产、交通运输及纺织业不可缺少的工具,"一女必有一针、一刀,若其事立;耕者必有一耒、一耜、一铫,若其事立;行服连轺辇者,必有一斤、一锯、一锥、一凿,若其事立。不尔而成事者,天下无有"。"人无以避此者","无不服藉者"。⑦ 封建国家垄断了盐铁,通过加价的办法寓税于价,表面上没增加税收,不会引起民众的反对,实质上增加了国家财政收入。

轻重论者还对盐和铁的垄断经营提出不同的方式。对于盐,他们主张国家不仅要垄断其流通,还要控制其生产,只能由封建国家组织劳动

① 《管子·海王》。

② 《管子·山国轨》。

③ 《管子·轻重甲》。

④ 《管子·地数》。

⑤ 《管子·海王》。

⑥ 《管子·地数》。

⑦ 《管子·海王》。

力"伐菹薪煮沸水以籍于天下",而禁止民众私自"聚佣而煮盐"。①对于铁,他们则主张国家仅垄断其流通,而不直接经营其生产。国家如直接经营铁的生产,"今发徒隶而作之,则逃亡而不守。发民,则下疾怨上。边境有兵,则怀宿怨而不战。未见山铁之利而内败矣。"②显然,这对国家不利。因此,让私人自行生产,国家按照产量进行抽成,与私人生产者三七分成,"善者不如与民量其重,计其赢,民得其七,君得其三,有(又)杂之以轻重,守之以高下。若此,则民疾作而为上虏矣"。③

其三,"以重射轻,以贱泄平(贵)"。④所谓"以重射轻",就是当市场上某种商品供过于求而价格下跌时,国家商业机构就以略高于市场价的价格及时予以收购,改变供过于求的现象,使价格回升,以防止私商趁机压价。这就是"夫民有余则轻之,故人君敛之以轻"。所谓"以贱泄贵",就是当市场某种商品因供不应求而价格上涨时,商人往往囤积不售,待价格继续上涨后再出售,以牟取更大的利润。这时,国家商业机构应把过去收购进来的这种商品以略低市场价的价格大量抛售,阻止价格继续上涨,迫使商人因资金周转困难,不得不把囤积的商品出售。这就是"民不足则重之,故人君散之以重"。⑤总之,国家通过这种供求关系与价格涨跌的调节,既打击了投机不法商人,"杀正商贾之利",⑥也使国家获得巨额的商业利润,调节了市场物价,"君必有十倍之利,而财之横可得而平也"。⑦

轻重论者还将国家调节供求关系和商品价格视为十分重要的管理国家的内容,认为治国者如果不能做到这一点,就能把国家管理好。当物价上涨时,却珍惜财货而不肯及时抛售,"民重而君重";当物价下跌

① 《管子·地数》。
② 《管子·轻重乙》。
③ 《管子·轻重乙》。
④ 《管子·国蓄》。
⑤ 《管子·国蓄》。
⑥ 《管子·轻重乙》。
⑦ 《管子·国蓄》。

时，还轻视财货而不愿大量收购，"民轻而君轻"，必致坐失良机，丧失市场和物价管理的主动权，"重而不能轻"，"轻而不能重"，并因管理物价的失败而导致整个轻重之势的丧失。"凡不能调民利者，不可以为大治。不察于终始，不可以为至矣"。①

其四"见予之形，不见夺之理"。② 轻重论者认识到，从心理角度看，民众对国家给予自己的东西总是高兴的，而对夺走自己的东西总是不满的。因此，国家在财政税收上的只夺不予往往会引起这种或那种形式的抵制或反抗，"此盗暴之所以起，刑罚之所以众也"。③ 这种民众心理使国家在财政税收上面临着两难的境地：一方面国家必须取民才能获得和增加财政收入，否则国家政权会因失去财政支持而无法存在；另一方面，夺民或取民又会引起民众抵制和反抗，使政权面临威胁。因此，轻重论者提出，要讲求"夺"的方法，虽然实际上是向百姓夺取，但又要使百姓觉察不到自己被夺取了，甚至认为国家已经"予"了自己。这种形式的"夺"，避免了被夺者的反感，甚至认为国家也给予了自己，能够使民众心甘情愿被夺，使国家能够夺得更多或更顺利。

国家这种形式的"夺"，最常见的做法就是在商业上垄断某些赢利最大、百姓日常生活必需品的商品，国家直接经营这些商品的生产、贩运和出售或某些关键环节，巧妙地寓税于价，使百姓"见予之形，不见夺之理"，而国家则从与百姓的商品交易中，获得巨额的商业利润作为财政收入。这种隐蔽的不易察觉的"夺"，表面上看来是一种商品交换关系，国家并没有像强制征税那样夺而不予，而是在交换中"予"了百姓一定的东西。

轻重论者还认为，封建国家的财政收入，在征收数量上要控制在有利于生产力的发展的范围之内。他们以农业生产为例：财政收入要充分

---

① 《管子·揆度》。
② 《管子·国蓄》。
③ 《管子·臣乘马》。

考虑农民收成的承受力，要保证能够"三其本"，农民才能"若为食"，即有饭吃，能够生存并进行简单再生产；如果农民只能"再其本"，那就会"无□者卖其子"，即连简单的再生产都无法进行；如果农民"事不能再其本"，[①] 封建国家又强行征收不止，那就会造成农业生产遭受破产，百姓流离失所，无法生存，"轻重不调，无□之民不可责理，鬻子不可得使，君失其民，父失其子"。[②] 如果国家财政依靠这种掠夺式的"不能再其本"的征收，那就是"亡国之数"了。

其五，"籍于号令"。轻重论者继承法家的思想，也相当重视依靠行政权力，即"籍于号令"，强制性地规定或下达指令性的任务等来控制、支配民间经济活动。因此，他们一再强调："君以令为权"，[③] "令重于宝"。[④] 他们认为，政府采取这种"籍于号令"的方式，不但可以使国家财政收入增加，而且可使某些百姓得利，某些人亏损，甚至破产，从而达到"予之在君，夺之在君，贫之在君，富之在君"[⑤] 的调通民利的目的。如国家为了压制商人，鼓励农民的生产积极性，推动农业生产发展，发布政令，要求卿、诸侯、大夫、富商大贾都要按其社会地位储存相应的粮食，"使卿、诸侯藏千钟，令大夫藏五百钟，列大夫藏百钟，富商蓄贾藏五十钟"。[⑥] 这些人为了执行命令，不得不大量购进粮食，使粮食供不应求，粮价上涨，"农夫辟其五谷，三倍其贾。则正商失其事，而农夫有百倍之利矣"。[⑦] 其结果是农民坐而待沽，不必通过商人卖粮，农民直接通过卖粮食收入大增，而商人无钱可赚。在此，政府通过行政手段，影响商品价格和供求，加强国家在市场的主导地位和控制力，从而体现出"籍于号令"中的"号令"即国家的政令，是"籍"的行使手段，是

---

① 《管子·巨乘马》。
② 《管子·揆度》。
③ 《管子·山权数》。
④ 《管子·揆度》。
⑤ 《管子·国蓄》。
⑥ 《管子·轻重乙》。
⑦ 《管子·轻重乙》。

为国家进行"征籍"并使百姓"服籍"而采用的。

轻重论者提出的通过国家的政令人为地造成粮价的大幅度变动，使农民得利而商人受损的思想，可能是有一定的针对性的。文景时期晁错在《论贵粟疏》中就批判，当时官府"急政暴赋，赋敛不时"，迫使农民为了纳税，不得不"半价而卖"或"取倍称之息"，从而遭到商人、高利贷者的残酷盘剥。《管子·治国》中也提到，农民借高利贷以应付政府的横征暴敛。由此可见，西汉时期，国家的政令原先是为商人、高利贷者加强对农民的盘剥创造了机会，因此，轻重论者才有针对性地提出通过强制权贵、富商大贾储粮而使粮食供不应求、粮价上涨，而导致农民得利、商人受损。

其六，"斗国相泄"[①] 和"可因者因之，乘者乘之"。[②] 轻重论者主张，在同别国进行斗争中，应把对外贸易作为一种重要的手段，以取得经济上的轻重之势。其中主要内容是在同别国斗争中，应千方百计地争夺重要物质，尤其是关系到广大民众生存的粮食，使别国财富外流，以此来破坏别国经济，增加本国的财富，加强自身的经济实力。具体来说，在同别国斗争中，一方面，要竭力守住本国所拥有的粮食和其他重要物资，不让其通过贸易外流到别国，即"不吾泄"；另一方面，对别国所拥有的粮食或其他重要物资，要想方设法让其"泄"，即让其流到自己国家来。这样，自己国家在同别国斗争中，掌握、垄断了粮食和其他重要物资，就能在经济上取得对别国的轻重之势，进而在政治、军事上战胜别国。

轻重论者在"斗国相泄"的对外贸易斗争中，十分重视价格杠杆的作用，提出"天下下我高，天下轻我重，天下多我寡，然后可以朝天下"。[③] 他们认识到，商品总是从低价格的国家流向高价格的国家，因此

---

① 《管子·乘马数》。
② 《管子·轻重丁》。
③ 《管子·轻重乙》。

强调"谨守重流"。如果本国的商品价格高于他国，就能防止本国商品外流别国，"守"住本国商品，还会诱使他国商品大量外泄，流入本国，使他国经济遭受重大损失。轻重论者尤其重视提高本国的粮食价格，因为其作为重要的战略物资，更不能让其外流到他国。

轻重论者认为，对外贸易的主要目标是通过提高粮价而购进粮食，"滕、鲁之粟釜百，则使吾国之粟釜千。滕、鲁之粟四流而归我，若下深谷者，非岁凶而民饥也"。① 这样不仅使本国粮食不会外流，还会使外国粮食流入本国，从而使别国因大量粮食外流而严重缺粮，连人民的日常粮食需求也难以满足。这时，本国再将所储存的大量粮食以更高的价格出售，使别国在经济上陷入困境，进而进一步利用粮食，对别国施加压力，迫使他们因缺粮饥饿而屈服投降。"国谷倍重，故诸侯之谷至也。是藏一分以致诸侯之一分，利不夺于天下……故诸侯服而无止。"②

在对外贸易的轻重之术中，轻重论者还提出："可因者因之，乘者乘之，此因天下以制天下"。③ 所谓"因者因之，乘者乘之"就是善于利用本国的经济优势，寻找和利用别国的经济劣势，从而迫使其就范。如：本国拥有海盐资源，高价推销给"用盐独甚"的一些国家，使这些国家因购买盐流失了大量财富，经济上遭到重创；或善于将别国的经济优势，通过巧妙的手段加以"因"或利用，使之转化为劣势，然后乘其处于劣势时，迫其屈服。如某些国家擅长织绨，就故意先高价大量购买，诱使这些国家民众为获得暴利"释其农事而作绨"。然后突然同其中断经济贸易，"率民去绨闭关"，致使这些国家绨卖不出去又缺乏粮食，"民饿馁相及"④，最后被迫归属本国。

其七，"通于轨数"。⑤ 轻重论者相当重视在经济管理中对社会经济情

---

① 《管子·轻重乙》。
② 《管子·山至数》。
③ 《管子·轻重丁》。
④ 《管子·轻重戊》。
⑤ 《管子·山国轨》。

况进行周密细致的调查和统计，并将此作为各项管理决策和措施的依据。他们把这种调查统计称之为"国轨"或"国会"，并指出"通于轨数"是实行轻重之术，是国家管理的一项基本前提，"不通于轨数，而欲为国，不可"。① 先秦时期，治国者就十分重视对全国的多种经济数据进行准确统计，如《商君书·去强篇》就强调要统计十三数："境内仓口之数，壮男壮女之数，老弱之数，官士之数，以言说取食者之数，利民之数，马、牛、刍、稿之数。"简言之，就是粮食、人口、赋税、牲畜之数。据1997年中华书局出版的《尹湾汉墓简牍》所载，尹湾六号汉墓出土的木牍中的集簿，其主要内容就是记载汉代地方统计的户多少、口多少、提封多少顷亩、园田多少顷亩、种宿麦多少顷亩、春种树多少亩、一岁诸钱入多少、一岁诸钱出多少、一岁诸谷入多少石斗升、出多少石斗升，有些项目还通过与以前相比来说明增加或减少情况。

轻重论者继承总结了这些思想，对调查统计的对象作了相当具体的规定，如：全国土地的数量和肥硗情况、人口数量和构成、粮食产量和粮价、粮食消费量及余粮数量、妇女中能从事纺织的人数、纺织品的产量、需要量和剩余量、各地对货币的需要量等，都要求调查清楚。这与汉代地方郡国上计中每年"秋冬岁尽，各计县户口垦田，钱谷入出，盗贼多少，上其集簿"②，经济统计项目如出一辙，即人口（丁男、纺织女，即劳动力）、田地（土地数量、肥硗）、钱谷（粮、货币）等统计数据。然后封建国家根据这些数据资料，运用轻重之术，进行宏观调控，在经济领域取得和保持轻重之势，"国轨：布于未形，据其已成。乘令而进退，无求于民"。③

综上所述，轻重论是西汉时期重要的一种管理思想，并且在汉武帝时期得到了全面地推行，对解决当时封建国家的财政困难，打击富商大

---

① 《管子·山国轨》。
② 《后汉书》志28《百官五》胡广注。
③ 《管子·山国轨》。

贾势力和同姓诸王的分裂，加强封建中央集权制度，发挥了巨大的积极
作用。以今人眼光来看，轻重论思想具有不少可借鉴之处，如：它强调
国家在经济管理中必须采取经济手段与行政手段相结合，以干预、调节
和控制社会经济生活；国家财政收入不可损害生产力，要在发展经济的
基础上增加财政收入；在经济管理中应重视调查统计，为国家制订经济
政策，采取措施提供可靠的统计数据；在对外贸易中，应善于了解竞争
对手的长处与短处，并巧妙地运用"因"或"乘"的手段，来击败对方。
但是，轻重论思想往往在经济管理中过分迷信权力，片面夸大了行政权
力的作用，错误地认为君主专制的权威可以违背客观经济规律，无所不
能地解决一切经济问题。例如，他们企图利用货币和商品粮作为控制全
国经济活动的杠杆，通过国家直接经营商业和高利贷把全国余粮的大部
分控制在国家手中，再利用粮食支配"万货"，并依靠大幅度提高粮价来
增加财政收入。这些设想其实不符合中国封建社会的自然经济情况，历
史证明这些是不可能做到的。

十一、崔寔的移民解决土地兼并和多种经营思想

东汉中期，土地兼并问题日趋严重，其结果是造成极端的贫富分化，
这就是"富者田连阡陌，贫者亡立锥之地"，[①] 使社会各种矛盾尖锐。崔
寔为了缓和当时的各种社会矛盾，承袭了董仲舒限民名田塞并兼之路的
思想，并且另辟蹊径，通过将人稠地狭的民众移民到人稀地广的地区进
行垦荒，从而缓和因土地兼并使许多农民失去土地的社会问题。他提出：
"古有移人通财，以赡蒸黎。今青、徐、兖、冀，人稠土狭，不足相供，
而三辅左右，及凉、幽州内附近郡，皆土旷人稀，厥田宜稼，悉不肯垦
发。小人之情，安土重迁，宁就饥馁，无适乐土之虑。故人之为言瞑也，
谓瞑瞑无所知，犹群羊聚畜，须主者牧养处置，置之茂草则肥泽繁息，

---

① 《汉书》志 24 上《食货志上》。

置之硗卤则零丁耗减。是以景帝六年诏郡国，令人得去硗狭就宽肥。至武帝遂徙关东贫人于陇西、北地、西河、上郡、会稽，凡七十二万五千口，后加徙猾吏于关内。今宜复遵故事，徙贫人不能自业者于宽地，此亦开草辟土振人之术也。"① 崔寔在此提出的政府以移民来缓和当时土地兼并问题还是比较切实可行的，即将人稠地狭的青、徐、兖、冀等州失去耕地的贫苦农民迁移到人稀地旷的三辅左右及凉、幽等地区，这样既解决了青、徐、兖、冀等州劳动力过剩而土地不够的矛盾，又同时解决了三辅左右及凉、幽州劳动力不足而土地无人耕垦的矛盾。总之，当时的人稠地狭和人稀地旷虽然表象截然相反，但实质上都是劳动力与生产资料土地配置不协调的人地矛盾，政府通过鼓励移民来解决人稠地狭和人稀地旷的人地矛盾问题，既调剂人口密度，又缓解土地兼并，从而缓和了当时的社会矛盾和朝廷的统治危机。

崔寔为了进一步解决民众的生存和发展问题，在《四民月令》中相当具体地提出了以农为主、多种经营的农村发展设想。中国古代是自给自足的封建自然经济，其生产的主要目的是更好地满足农民自身的生活需要。因此，农民不仅要以农业生产为主，还要发展副业、手工业、商业。他在《四民月令》中提出：一是按照时令气候，安排耕、种，收获粮食、油料、蔬菜；二是养蚕、纺织、织染、漂练、裁制、浣洗改制等"女红"；三是食品加工及酿造；四是修治住宅及农田水利建设；五是收集野生植物，特别是中草药材，并将其配制成"法药"；六是经营买卖，如安排春夏卖粮，秋冬买粮，粮价高时卖，粮价低时买。显然这样的买卖已不属于以有易无、以余易缺的性质了，而是属于通过从事粮食贸易以获利的商业行为。又如敝絮布帛也是又买又卖，春夏收，秋冬卖，同样属于通过买卖获利的商业行为。《四民月令》中提出的农村发展以农业为主、多种经营的思想，不仅是两汉以来农村经济发展的要求，而且体现了在当时的农村自然经济情况下，农业必须占据主导地位，但也要有

---

① 《全上古三代秦汉三国六朝文》第一册《全汉文》卷46《政论》。

手工业、商业经营作为补充，才能维持农村生活的正常运转。

第三节　北魏贾思勰的农业治生思想

中国古代最早的治生思想发端于春秋战国时期的商业治生思想，其代表人物是著名的大商人陶朱公范蠡和白圭。他们在长期经商的经历中总结出了如何通过经商而发财致富的经验，从而形成了商业治生之学。北魏时期，贾思勰著《齐民要术》，标志着中国古代农业治生之学的形成。所谓齐民要术，其意就是平民百姓谋求生计的重要方法。"齐"与"平"同义，"齐民"即"平民"，"要术"就是谋生的重要方法。在中国古代封建社会，农业是最重要的生产部门，"民以食为天"。平民百姓谋求生计不仅需要研究、总结农业生产技术知识，还必须讲求以家庭为单位的农业生产经营管理问题。

贾思勰，北魏时人，生卒年月及生平事迹不详，只知其曾担任过北魏高阳太守。他是我国古代著名的农学家。《齐民要术》大约写于6世纪上半叶，即北魏孝文帝太和改革之后。《齐民要术》全书分10卷，92篇，共11万字。贾思勰在撰写该著作时，征引了150多种前人或同代人的著作，汇集解历史文献中的农业生产技术知识，使早已散失的一些农书，如《氾胜之书》《四民月令》等农书的部分内容，得以保存并流传至今。同时，贾思勰在撰写中，还注意从农业实践中吸取经验。他曾到过河北、河南、山西等地考察农业生产情况，向老农请教，广泛收集农谚歌谣等，确实做到了"采捃经传，爰及歌谣，询之老成，验之行事"，[①]从而使《齐民要术》成为我国现存的最早、最全面的农学著作，在世界农学史上也占有重要的地位。同时，北魏时期，北方广大地区的统一与安定，农

---

① 《齐民要术·序》。

业生产的恢复与发展，"齐民"特别是富裕"齐民"的剩余产品的增多，使得长期以来衰落、萎缩的商品经济和商业，也逐渐活跃和发展起来。《齐民要术》有相当的篇幅讲论可作为商品出售的农作物的种类和生产管理，并计算了种植商品农作物的收益。因此，《齐民要术》是中国封建社会比较全面论述农业经营管理的第一部著作，也是农业治生之学的奠基之作。

贾思勰在《齐民要术》中所阐述的农业治生之学由 3 个部分组成。其一是治生之道。他的治生之道有广义、狭义之分。广义治生之道即为治生之学，狭义治生之道指私人经营对象或经营途径的选择及与此有关的理论说明。其二是治生之理，指关于私人经营管理的一些原理和规律性认识。其三是治生之策，指私人经营管理的方法和措施。经营对象或途径确定之后，就要围绕这个对象，展开理论研究，探求其经营规律，并提出经营管理的手段或措施。所以，治生之道、治生之理、治生之策这三者是密不可分、相互依存的，从而形成治生之学的整个理论体系。以下就治生之道、治生之理、治生之策这 3 个方面分别予以阐述。

一、治生之道思想

先秦时代陶朱公范蠡和白圭等人创立的商业治生之学，还没有涉及经营对象的选择问题，只是从实践经验中认识到经营工商业是私人发财致富的主要途径或手段。较早提出并研究治生活动中经营对象问题的是司马迁。他认为，经营农、虞、工、商是既能富国，也能富家的治生正道，并进一步分析比较说：一方面，当时经营封建地产、收取地租而致富比较稳定可靠，而且比较体面，社会政治地位比较尊贵、荣耀；经营工商业则风险比较大，而且被人歧视，社会政治地位比较低贱。这就是"本富为上，末富次之"。另一方面，经营"末业"，发财致富速度却比"本业"更迅速、更有效，尤其是经商最容易赚钱发财，"用贫求富，农不如工，工不如商"。在此基础上，司马迁提出一个比较理想的经营之

道，即把经商与务农联系起来，"以末致财，用本守之"，① 既能迅速致富，又能稳固守住拥有的财富。从司马迁关于经营对象选择的论述可以看出，他并没有把经营工商业排除在治生之道之外，而是把工商业作为治生活动中相当重要的经营对象或途径加以肯定、强调的。

贾思勰在有关治生之道的论述中，同司马迁相比，其在经营对象的选择问题上，发生了根本性的变化。他的基本取向是"夫治生之道，不仕则农。若昧于田畴，则多匮乏"。② 显然，在此他把治生活动中的经营对象或途径，归结为做官和务农。换言之，只有做官和务农，才是"治家人生业"，取得并保持、扩大私人财富的正当途径。贾思勰还特别强调指出，如果不重视农业生产，不讲求封建地产的经营管理问题，就会导致贫困。如果说，司马迁关于经营对象的理论探讨，表现出商业治生之学向农业治生之学的转化趋势，那么贾思勰"不仕则农"的思想主张，则把经营工商业从治生之道中排斥出去。正如他所说的："舍本逐末，贤哲所非。日富岁贫，饥寒之渐。故商贾之事，阙而不录"。③ 故在《齐民要术》中，商业治生之学的痕迹完全消失不见了，已经转变为纯粹的农业治生之学了。

司马迁把靠做官获得爵邑俸禄而富家排除在"治生正道"之外，因为他所界定的治生正道，是以能增大"衣食之源"为条件的。他认为：做官得到的财富，不过是社会已有财富的再分配，是已有社会财富在所有权方面的转移；做官的人得到这部分财富，社会上其他的人就相应地减少了财富。司马迁把这种情况称为"夺予"，强调"贫富之道，莫之夺予"。④ 由夺予得到的财富，都不能算治生之道。从现在的眼光看，做官其实就是从事国家和社会等各个方面的管理，对发展经济至关重要，其管理的好坏直接关系到经济发展的上升速度或停滞、倒退等。因此，司

① 《史记》卷 129《货殖列传》。
② 《齐民要术·杂说》。
③ 《齐民要术·序》。
④ 《史记》卷 129《货殖列传》。

马迁把做官靠爵邑俸禄而富家排斥在治生正道之外，是一种误解，在理论上也是说不通的。

贾思勰与司马迁在治生之道的经营对象选择上正好相反：一方面他把工商业致富排除在治生正道之外，反映了他受传统的重农抑商思想的影响，对工商业的歧视；另一方面，他把做官致富看作治生正道。对这一点我们可做两方面的分析。做官参与国家和社会管理，如是靠爵邑、俸禄致富，这是正道，无可非议。但是，在封建社会，吏治腐败，许多官员除爵邑、俸禄收入外，更多的是利用势力和特权，通过对百姓巧取豪夺和贪污受贿等而迅速获得暴富。因此，贾思勰认为，做官参与国家和社会管理，若是靠爵邑、俸禄致富，将其当作治生正道，这是正确的；但如果把利用势力和特权对百姓巧取豪夺及通过贪污受贿而暴富也当作治生正道，显然是错误的。如果这样也算治生之道，岂不是将敲诈勒索学、贪污经、贿赂术也都冠冕堂皇地当成治生正道了。

贾思勰虽然把"仕"作为治生之道，但是对怎样做官发财没作任何分析、论述，更没有提出任何具体的做法。他的《齐民要术》只是对怎样以农治生的问题进行了研究。因此，他虽然提出"治生之道，不仕则农"，但在实际中他探讨的治生之道只是农业治生之学。

贾思勰认为，农业是老百姓的衣食之源，是人们赖以生存和发展的最基本条件，充分利用天时、地利、人力，重视和加强对农业生产的经营管理，对于治国安邦具有头等重要的意义。"食者，民之本；民者，国之本；国者，君之本。是故人君上因天时，下尽地利，中用人力，是以群生遂长，五谷蕃殖。"①

贾思勰还从前人的许多著作中引经据典地反复申论发展农业、解决百姓生计问题的极端重要性。他以神农、尧、舜、禹等上古贤明帝王为例，指出管理国家必须"食为政首"，劝民农桑，才能使百姓丰衣足食，安居乐业，国家稳定。"要在安民，富而教之"。他称赞战国时期"李悝

---

① 《齐民要求·种谷第三》。

為魏文侯作盡地力之教，國以富強；秦孝公用商君，急耕戰之賞，傾奪鄰國，而雄諸侯"。①

賈思勰在此強調的重農思想，似乎都還是從宏觀角度即從國民經濟管理的角度來強調"重農"問題的。也就是說，它只是傳統的國家層面的"以農富國"論，而不是民眾家庭層面的"以農治生"論。但是，賈思勰與以往傳統的"以農富國"論不同的是，他通過"家、國一義"論作為鏈接，將傳統的"重農"論從宏觀的富國之學轉化為微觀的富家之學，即治生之學。他指出，私人地主家庭的經營管理與封建國家的國民經濟管理有許多相通之處，存在著共同的原理和規律。"家猶國，國猶家，是以家貧則思良妻，國亂則思良相，其義一也"。② 這樣，通過這個鏈接，賈思勰就把傳統的宏觀重農富國論移植、引進到他的重農富家論，即治生之學中來，為微觀的"以農治生"論提供了理論依據。

賈思勰的"家、國一義"鏈接雖然只是寥寥數語，沒有什麼較具體詳細的理論闡釋，但是為後來的治生之學的發展提供了重要的啟迪。他從宏觀的富國之學中為微觀的富家之學——治生之學尋找理論依據的做法，為明清之際的張履祥、張英等人所繼承和發展，逐漸走向完善。

二、治生之理思想

治生之道的變化，必然帶來治生之理的變化。不同的經營對象有不同的經營原理和方法。如春秋戰國時期在商業治生之理上，陶朱公范蠡、白圭等對自己及其他人的經驗進行了一定的理論總結，提出了一些經商原理和方法。如"務完物、無息幣"，"樂觀時變"，"貴上極則反賤，賤下極則反貴"③，等等。司馬遷為富商大賈立傳，對他們的經商經驗做了

---

① 《齊民要術·序》。
② 《齊民要術·序》。
③ 《史記》卷 129《貨殖列傳》。

相当充分、深入的调查研究，对工商业领域中一些带有规律性的现象进行了理论概括，如"用奇胜"，"诚壹"，"无财作力、少（稍）有斗智、既饶争时"①，等等。显然，陶朱公、白圭、司马迁所论述的都是商业治生之学，而首先对农业治生之学进行探讨和论述的是贾思勰。其主要内容有以下 3 个方面。

第一，勤俭以致富。贾思勰认识到，在家庭农业经营管理中，勤劳是很重要的，不耕作就没饭吃，不织布就没有衣服穿，如果想通过"以农治生"来取得、增殖财富，就必须辛勤耕耘，努力生产。"《传》曰：'人生在勤，勤则不匮。'《语》曰：'力能胜贫，谨能胜祸。'盖言勤力可以不贫，谨身可以避祸。"他还引用仲长统的话来说明，同样的自然条件，由于勤与惰的不同，反映在劳动收获物上就有极大的差别。"天为之时，而我不农，谷亦不可得而取之。青春至焉，时雨降焉，始之耕田，终之簠簋，惰者釜之，勤者钟之。矧夫不为，而尚乎食也哉？"②

贾思勰还认为，在"以农治生"中，除了勤奋劳动以"强本"外，还必须提倡节俭，强调"节用"。因为"财货之生既艰难矣"，付出艰辛劳动才得到的财富，应该倍加珍惜，"用之以节"。如果家庭因充裕而奢侈浪费，就会慢慢地陷入困境。"既饱而后轻食，既暖而后轻衣。或由年谷丰穰而忽于蓄积，或由布帛优赡而轻于施与。穷窘之来，所由有渐。"一旦天灾人祸，后果不堪设想，"用之又无节……加以政令失所，水旱为灾，一谷不登，胔腐相继。古今同患，所不能止也"。③

西汉司马迁认为，在工商业经营管理中，由于"以商治生"风险大、竞争强，市场行情千变万化，是属于高风险高回报的行业，仅仅靠勤俭是难以发财致富的，更重要的还需要"用奇胜"。如果没有与众不同、出奇制胜的经营竞争理念、策略和方法，就难以在市场角逐中胜出。而贾

---

① 《史记》卷 129《货殖列传》。
② 《齐民要术·序》。
③ 《齐民要术·序》。

思勰则根据古代经营农业与工商业不同的特点，强调在"以农治生"中必须勤俭。封建社会的农业劳动生产率相当低，由于古代科学技术的限制，人们与自然灾害抗争的能力较弱，基本上是靠天吃饭；剩余产品较少，就连中小地主家中的剩余储备也不多，一般佃农更是终年辛勤耕作，却是食不果腹、寒不蔽衣。在这种情况下，广大农民只有把尽力耕作与厉行节俭结合起来，才能在不愁衣食的基础上使财富微弱地有所增殖。贾思勰面对当时农业治生的实际情况，把勤俭持家、勤俭致富作为农业治生之理的一条重要原则，是符合客观现实的。

第二，对佃户要督课与抚恤相结合。贾思勰认为，"凡人之性好懒惰矣"，如果地主"率之又不笃"，不能有效地组织、监督劳动者努力从事农业生产，对地主保持、扩充土地和增加地租收入是有害的。"盖以庸人之性，率之则自力，纵之则惰窳耳。故仲长子曰：'丛林之下，为仓庾之坻；鱼鳖之窟，为耕稼之场者，此君长所用心也。'"①因此，他主张，在家庭农业生产中，不仅要做到勤俭致富，还要重视对佃户或雇工的管理。一方面，要对佃户或雇工督课有方，严加督促考课。如佃户或雇工因偷懒而使庄稼、桑果、牲畜生长不好，仓储不牢固、打扫不干净的，地主可对他们处以鞭打的惩罚。"稼穑不修，桑果不茂，畜产不肥，鞭之可也；栀落不完，垣墙不牢，扫除不净，笞之可也"。另一方面，为了防止地主与佃户或雇工矛盾激化，还应该注意地主应"抚恤其人"，常遣欢悦②采取怀柔的手段收买人心，以调动佃户或雇工的生产积极性，处理和协调好地主和佃户、雇工的关系。贾思勰在治生之理中，把对佃户和雇工的督课与抚恤放在地主家庭农业生产管理的重要位置，并将其作为一项基本管理原则，从理论上加以说明和论证，从现存文献来看，这还是有首创价值的。

第三，因时因地求效益。贾思勰认识到各种农作物都有其生长、成

---

① 《齐民要术·序》。
② 《齐民要术·杂说》。

熟、蕃育的规律，而且有很强的季节性和地域性。因此，他主张经营农业生产必须按照自然规律的要求，根据天时地利的特点来进行。这样才能事半功倍，以较少的人力、物力耗费而得到较大的经济效益。他提出："顺天时，量地利，则用力少而成功多。"他强调说，如果"任情反道"，凭着主观意志、违反客观规律来从事农业生产，就会适得其反，会造成人力、物力耗费多，所得到的效益却很少，甚至"劳而无获"的结果。他形象地比喻说："入泉伐木，登山求鱼，手必虚；迎风散水，逆坂走圜，其势难。"①

先秦著作中有不少重视天时和地利的思想，其主要是从富国的宏观角度提出来的。贾思勰则从家庭农业经营的微观角度提出来，把遵循农业生产规律，讲求天时地利与"以农治生"的经济效益联系起来，有其独到的地方。

三、治生之策思想

1. 精耕细作，集约经营。

农业生产上精耕细作、集约经营思想早在战国时代已经出现。魏国李悝就提出："治田勤谨，则亩益三升，不勤则损亦如之。"② 在此，李悝强调农业生产的勤惰对产量关系很大，如勤于耕作，一亩而增产三升；相反，如懒于耕作，会减产三升。荀况也提出："今是土之生五谷也，人善治之则亩数盆，一岁而再获之。"③ 荀子则更强调精耕细作对农作物产量的影响，如精耕细作，一亩可增产数盆，甚至可以一年两熟，产量翻一倍。晋代傅玄主张："不务多其顷亩，但务修其功力。"④ 他更明确地主张不赞成单靠扩大耕地面积来增加农业产量，而是要在一定面积的土地

① 《齐民要术·种谷第三》。
② 《汉书》卷24上《食货志上》。
③ 《荀子·富国》。
④ 《晋书》卷47《傅玄传》。

上多投入劳动来提高产量，增加农业收益。贾思勰在前人的基础上，更重视在农业生产上精耕细作、集约经营，反对广种薄收的粗放型农业经营方式。他一再强调，"谚曰：'顷不比亩善'，谓多恶不如少善也"。① "凡人家营田，须量己力。宁可少好，不可多恶"。② 他提出的"宁可少好，不可多恶"，以更明确、更为概括的表述将农业集约经营原则总结出来。

贾思勰不仅提出精耕细作、集约经营的原则，而且总结出一整套精耕细作的具体制度和措施。如他强调在农作物种植中，必须抓好开荒、选种、播种、耕耘、收获、贮存到加工各个环节的管理，并对各个环节提出严格的要求。如他很重视锄耘的作用，认为锄耘可以松土保墒、清除杂草和防止病虫害。他不仅主张多耘，还进一步要求不同的耕作季节应采取不同的耕耘方式。"春锄起地，夏为除草"，③ "秋耕欲深，春夏欲浅"，④ 这种不同季节采取不同的耕耘方式，有利于充分利用自然肥力和促进农作物的生长。

2. 多种经营，农贸结合。

贾思勰主张在家庭农业生产中要多种经营，不要将以农治生狭义地等同于单一地种粟。所谓多种经营就是要农、林、牧、副、渔、手工、贸易的全面发展，如种菜、植树、养鱼、酿酒、制醋等，尤其重视各种商品农作物的种植和经营。

贾思勰看到，经营商品农作物往往投资少、风险小，却收获快、获利大。他用实际数据，通过投入与收益的比较来说明从事商品农作物生产的巨大效益。例如，种植百亩蔓青，一年可收三茬，叶、根的收入暂且不说，仅收籽换谷的盈利就超过千亩种谷的收入。又如从事林木的种植，只需一人守护，"既无牛犁种子人功之费，不虑水旱风虫之灾，比之

---

① 《齐民要术·种谷第三》。

② 《齐民要术·杂说》。

③ 《齐民要术·种谷第三》。

④ 《齐民要术·耕田第一》。

谷田劳逸万倍"。但是，其经济效益很可观。林木生长过程中所得到的枝叶，在解决自家的薪柴之用之外，将多余的出售，就足以收回成本，林木成材后的销售收入更是"其利十倍"。① 由此可见，他不是用狭隘的自给自足的自然经济眼光来看待家庭农业生产，而是把商品农作物的生产作为重要的致富途径，加以分门别类地精心计划和科学合理的安排。

如前所述，贾思勰对完全脱离农业生产、专门经营商业的"舍本逐末"是持排斥否定态度的，认为经商虽然在短时间内可能暴富，但不能解决长期乃至终生的饥寒问题。因此，他明确表示不谈专职商贾的经营之事。但是，他认为，农业生产中自产自销的经营方式，与专职商贾单纯的买卖不同，是属于以农治生的范畴。所以，他对以农业生产为基础的可作商品出售的农作物的贸易十分赞同，积极予以提倡。

经营商品农作物，必然要同商品价格涨跌、市场供求、商品交易等问题发生关系。如他运用农产品季节差价的变化规律，主张在收获季节购入五谷和蔬菜种子，认为这时粮食刚上市，供给量较多，价格较低；而在播种季节时，市场上种子需求量大，价格必然上涨，这时就可卖出原先收购、储存的种子。这就是根据季节的变化、市场供求多寡、价格涨跌的情况来从事农产品的贸易。如果能及时抓住有利时机，通过贱买贵卖，就可赚取较大的差价。"凡籴五谷菜子，皆须初熟日籴，将种时粜，收利必倍。凡冬籴豆谷，至夏秋初雨潦之时粜之，价亦倍矣。盖自然之数。"②

3．改进生产工具和提高劳动者的生产积极性。

贾思勰在农业生产中，既强调物（生产工具）的重要性，同时又重视劳动者（人）的重要性。他指出："欲善其事，先利其器；悦以使人，人忘其劳。"③ 换言之，要搞好以农治生，必须重视物力、人力的作用，

---

① 《齐民要术·种榆白杨第四十六》。
② 《齐民要术·杂说第三十》。
③ 《齐民要术、杂说》。

要努力改进生产工具和提高劳动者的生产积极性。

贾思勰举例说明,要提高劳动生产率,就必须采用先进的生产工具。如:当时九真、庐江两地"不知牛耕,每致困乏",这两郡太守积极推广铁器、牛耕,"教之垦辟,岁岁开广,百姓充给";敦煌地区"不晓作楼犁,及种,人牛功力既费,而收谷更少",当地官员"乃教作楼犁",[①] 人力少用一半以上,收获却增加五成。

贾思勰不仅认识到采用先进的生产工具对发展农业生产的重要意义,而且进一步指出,应当调动劳动者的生产积极性,使之与先进的生产工具结合,才能更好地发挥作用。具体而言,生产工具完好,把耕牛喂养得壮实强健,是农业生产顺利进行的前提条件。只有做到"调习器械,务令快利,秣饲牛畜,事(常)须肥健",[②] 才能使劳动者减轻劳动强度,心情舒畅,从而使劳动生产更有效率。

贾思勰认识到,农作物生长季节性强,在播种或收获期间,必须不违农时地完成农活,否则耽误了农时,将不利于农作物的生产和收获,从而大大影响经济效益。但是,在农忙时期,地主仅仅依靠平时所役使的劳动力是不够的,必须临时增加许多劳动力,而雇用季节性的临时帮工是解决劳动力临时不足的最佳办法。他以采摘红蓝花为例,说明雇用临时帮工的必要性。由于红蓝花花期很短,并且要求必须在清晨露水未干前采摘,"花出,欲日日乘凉摘取,摘必须尽"。如果不组织大量劳动力抓紧时间采摘,等到露水干了才采摘,不仅多费功夫,影响劳动效率,而且会严重影响花的质量,因此,要求采花期间必须雇请较多的短工来帮忙采摘。正如他所说的:"一顷花日须百人摘,以一家手力,十不充一。但驾车地头,每旦当有小儿僮女十百余群,自来分摘。"[③]

贾思勰主张善待雇工,使他们在辛苦的劳动中,心情愉悦,从而提

---

① 《齐民要术·序》。
② 《齐民要术·杂说》。
③ 《齐民要术·种红蓝花栀子第五十二》。

高他们的劳动积极性。这就是"抚恤其人",使其"常遣欢悦"。① 他提
出,要利用雇工对物质利益的关心和追求,刺激其生产积极性以提高劳
动生产率。雇工的报酬多少,宜与其劳动成果多少密切挂钩,即可采取
产品分成或用副产品支付。如采摘红蓝花,每个雇工可获得其采摘的数
量的一半,"中半分取";② 伐树则"指柴雇人",即用树的树叶作为报酬
支付给伐树者。这种支付报酬的形式,与雇工的完成工作量紧密结合,
即多劳多得,少劳少得。因此,雇工在物质报酬的激励下,对生产劳动
有较高的积极性,能表现出某种程度的自觉性和主动性,从而减少雇主
的管理监督成本。

封建社会的地主一般很少直接组织农业生产,而绝大多数是将大片
土地分割成一块一块,出租给无地少地的农民。他们凭借地产,利用封
建人身依附关系和超经济强制,收取佃农高额的地租。他们的地租收入
多少,一般不取决于产品产量和劳动生产率,而取决于其占有的土地数
量和所控制的依附农民的数量。因此,封建地主所关心的主要是兼并更
多的土地把更多的农民变成佃农,而不关心土地的改良和农业生产技术
的改进,也不会考虑农、林、牧、副、渔、手工业、贸易等多种经营的
发展,更遑论在家庭农业生产中通过经营管理来更好地发挥生产工具和
劳动者的作用,从而提高劳动生产率。贾思勰的治生之策,对这些长期
被忽视的家庭农业生产经营管理问题进行探讨,提出了很有价值的思想,
在中国封建社会时代,是难能可贵的。

---

① 《齐民要术·杂说》。
② 《齐民要术·种红蓝花栀子第五十二》。

第五章
秦汉魏晋南北朝国家管理思想

第一节　民本思想与德刑并用思想

一、民本思想

（一）贾谊民本与行仁政思想

贾谊从秦朝暴政虐民，最终导致农民起义而灭亡的历史教训中看到人民力量的强大，提出管理国家必须"以民为本"的思想。"闻之于政也，民无不为本也。国以为本，君以为本，吏以为本。故国以民为安危，君以民为威侮，吏以民为贵贱。此之谓民无不为本也。"① 在此，贾谊认为：国家以民为本，就是以民众的安危为安危；君主以民为本，就是以民众的满意度作为自己行为的标准；各级官吏以民为本，就是以民众的贵贱观念为导向。

基于这种认识，贾谊进一步提出"以民为命""以民为力""以民为

---

① 《新书·大政上》。

功"等相关理念。所谓"以民为命",就是要满足民众的需要。他在《新书·大政上》中提出"民无不为本"后,即接着主张:"闻之于政也,民无不为命也。国以为命,君以为命,吏以为命,故国以民为存亡,君以民为盲明,吏以民为贤不肖。此之谓民无不为命也。"这就是说,国家以民为命就是以民众的需要作为国家的存亡,君主以民为命就是以民众的需要作为国君昏庸或英明的区分,官吏以民为命就是以民众的需要作为官吏贤能或不肖的区分。因此,贾谊认为:"夫民者,至贱而不可简也,至愚而不可欺也。"虽然大部分民众的政治经济社会地位极为低贱,在文明程度上也极其愚昧,但是,管理国家者必须重视他们,不能对他们隐瞒事情真相,不得欺骗他们。

贾谊认为,所谓"以民为力",就是平民百姓占人口的绝大多数,是"大族",是社会生产劳动者,故"多力",而君主和官吏都要依赖民众的劳动才能生存。因此,离开了民众之"力",则失去了衣食之源,人们就无法生存,这就是所谓"一夫不耕,或为之饥;一妇不织,或为之寒"①。

贾谊在"以民为本"认识的前提下,继承了先秦儒家爱民仁政的思想,把此作为管理国家的核心思想。在他看来,古代圣君贤人,之所以能平治天下,关键是他们都有一颗仁爱民众之心,因为民众既然是国家的根本,因此,要想固此根本,统治者就必须仁爱民众。贾谊认为,"以民为本"不能仅停留在理论上、口头上,更重要的是应该成为各级官吏的共识,并且体现在日常管理国家的实践中。统治者以民为本,不仅是凭一颗仁爱民众之心,也不仅是靠几件仁爱民众之举,而必须切实将"以民为本"的思想贯彻到具体的政策措施中,即力行仁政。

贾谊力行仁政的主要具体措施有3个方面。其一,在各级官吏的选任上,应以民众的选择为重要依据。《新书·大政下》云:"故夫民者虽愚也,明上选吏焉,必使民与焉。故士民誉之,则明上察之,见归而举之;故士民苦之,则明上察之,见非而去之。故王者取吏不忘,必使民

---

① 《新书·无蓄》。

唱，然后和之。故夫民者，吏之程也。察吏于民，然后随之。"贾谊还进一步指出，君主不仅要任命民众赞誉的官吏、罢免民众反对的官吏，还要根据民众爱戴程度而任免不同层次和级别的官吏。"夫民至卑也，使之取吏焉，必取而爱焉。故十人爱之有归，则十人之吏也；百人爱之有归，则百人之吏也；千人爱之有归，则千人之吏也；万人爱之有归，则万人之吏也。故万人之吏，选卿相焉。"①

其二，对各级官吏的评价、考核必须以其对民众管理的好坏作为主要标准。贾谊指出："明君之于政也，慎之，于吏也，选之，然后国兴也……故民之不善也，失之者吏也；故民之善者，吏之功也"；"民者，吏之程也"。② 由此可见，贾谊主张，应将对民众管理的好坏作为对官吏政绩评价考核的重要指标。除此之外，君主还要进一步考察官吏在管理民众中是否通过爱民、富民、乐民来提高他们的劳动生产积极性，从而使社会经济发展，国家富庶。这就是"君以知贤为明，吏以爱民为忠"，"以富乐民为功，以贫苦民为罪"③，"政治，然后民劝之；民劝之，然后国丰富也。故国丰且富，然后君乐也"。④ 贾谊还以大禹治水为例说明，统治者在管理国家中如以民众的利益为皈依，就能赢得民众的信任和爱戴。"（大禹）鬓河而导之九牧，凿江而导之九路，澄五湖而定东海，民劳矣而弗苦者，功成而利于民也。禹尝昼不暇食，夜不暇寝矣。方是时也，忧务故也。故禹与士民同务，故不自言其信，而信谕矣。"⑤

其三，在管理国家中应重本轻末，慎刑罚，勿扰民、伤民。贾谊认为，要使民众致富，最好的办法莫过于重本轻末、重农抑商。贾谊的这一思想，一方面是对先秦重农思想的继承，另一方面也顺应了西汉初年与民休养生息、发展生产这一总体国策的需要，这在当时是有积极意义

---

① 《新书·大政下》。
② 《新书·大政下》。
③ 《新书·大政上》。
④ 《新书·大政下》。
⑤ 《新书·修政语上》。

的。贾谊还认为统治者对民众实行暴政还是仁政，其主要区别之一在于前者繁刑严诛，后者约法省刑。他指出：秦亡的根本原因正在于其"繁刑严诛，吏治深刻；赏罚不当，赋敛无度"，致使"蒙罪者众，刑戮相望于道"，臣民皆"人怀自危之心"。① 正由于刑罚的使用直接关系到民心的向背和国家的兴衰治乱，因此，贾谊主张在管理国家中，统治者对刑罚的使用，一定要慎之又慎，甚至宁失于有罪，也不可滥杀无辜。也就是说，宁可漏判有罪者也决不滥杀无辜。贾谊提出"约法省刑"，主张"虚囹圄而免刑戮，去收帑污秽之罪，使各反（返）其乡里"②，也就是说，量刑要适度，不搞严刑酷法，去除"忌讳之禁"③，反对以言论治罪。

（二）《淮南子》中民为国本思想

《淮南子》提出："食者，民之本也；民者，国之本也；国者，君之本也。"④ 在此，作者的逻辑思路是：粮食，是民众存在的基础；民众，是国家存在的基础；国家，是君主存在的基础。因此，君主管理国家，首先要发展农业、畜牧业，种植桑麻竹木，让老百姓有基本的衣、食、住生存条件。"是故人君者，上因天时，下尽地财，中用人力，是以群生遂长，五谷蕃殖。教民养育六畜，以时种树，务修田畴，滋植桑麻，肥硗高下，各因其宜，丘陵阪险不生五谷者，以树竹木。"⑤ 作者进一步指出，要使农业、畜牧业得到发展，桑麻竹木大量种植，百姓拥有基本的衣食住条件，统治者必须省事节欲，轻徭薄赋，给予民众必要的生产时间和条件。"足用之本，在于勿夺时。勿夺时之本，在于省事。省事之本，在于节欲。"⑥

汉初统治者崇奉黄老道家学说，认为横征暴敛、滥用民力、严刑峻

---

① 《新书·过秦中》。
② 《新书·过秦中》。
③ 《新书·过秦下》。
④ 《淮南子·主术训》。
⑤ 《淮南子·主术训》。
⑥ 《淮南子·诠言训》。

法是秦朝短暂、覆亡的主要原因。他们吸取秦亡的历史教训，提出为了使国家长治久安，必须安民，实行与民休养生息、减轻赋税徭役、省刑约法的治国方略。《淮南子》的作者顺应当时的历史潮流，提出了"为治之本，务在于安民"① 的思想。他们指出，管理国家的成败关键在于"得民之与失民也"。历史上楚昭王和楚灵王就是正反两面的典型代表："楚国山川不变，土地不易，民性不殊，昭王则相率而殉之，灵王则倍畔而去之"。② 他们主张，为了"安民"，统治者一方面必须省事节欲，轻徭薄赋，让老百姓"足用"；另一方面是老百姓的生产生活秩序应得到起码的保障："养民以公……因天地之资而与之和同，是故威厉而不杀，刑错而不用，法省而不烦……法宽刑缓，图圄空虚，而天下一俗，莫怀奸心。"从而社会安定，和谐有序，天下大治。

（三）王符国以民为基思想

王符在批判社会现实的同时，还在管理方略上提出了自己的思想，其中一个重要内容就是"国以民为基"③ 的民本论。《说文解字》释义云："基，墙始也。"所谓"国以民为基"，就是民众为国家出现之始，为国家的基础。换言之，国家由于民众而产生，国家因为民众而存在，"国之所以为国者，以有民也"。④ 这是因为国家的财富皆由民创造，国君日常所用皆由民供给。总之，民众是国家和君主赖以产生和存在的必要条件。

王符为了证明自己"国以民为基"思想的正确性，引用了商周以来天与民的概念，进一步进行论证。他指出，历史上人类最初本无君臣上下之分，后来由于出现强者凌弱尤其是老幼孤寡经常受到欺负，民众饱受其害，于是"天命圣人司牧之"，即天帝指派圣人来管理民众，使广大民众过上安定富足的生活。正因为如此，这位圣人得到人民的拥戴，于是成为君主。因此，王符认为，从君主产生的原因来看，"天之立君"并

---

① 《淮南子·诠言训》。
② 《淮南子·泰族训》。
③ 《潜夫论·边议》。
④ 《潜夫论·爱日》。

不是对君主个人的私爱，也不是让君主去奴役人民，而是要君主为民众"诛暴除害"。① 在此，我们勿论他的这一国家产生论是否符合历史事实，而是从思想史层面分析其通过论证国家的产生，从而将天、君、民三者有机地联系在一起。他提出："帝王之所尊敬（者，天也）；天之所甚爱者，民也"，"天以民为心，民安乐则天心顺，民愁苦则天心逆"。② 由此可见，王符通过把民众与天紧紧联系在一起，从而推导出：由于民心就是天心，帝王尊敬天，就是要尊重民；尊重天心，就是要尊重民心。

既然民众是国家的基础根本，不言而喻，国君在管理国家中应该爱民、养民，而不是恣心役民。他主张，国君及其臣子应该关心民众的疾苦，其所作所为应该"有功于民"。"圣王之政，普覆兼爱，不私近密，不忽疏远，吉凶祸福，与民共之，哀乐之情，恕以及人，视民如赤子，救祸如引手烂"。"圣王养民，爱之如子，忧之如家，危者安之，亡者存之，救其灾患，除其祸乱"。③ 国君爱民应不分远近疏密，应一视同仁，与民休戚与共，视民如子；养民就是救民于忧患、危亡之中。

王符进一步明确提出，君主管理国家时不仅要爱民、养民，而且更重要的是要富民。"夫为国者，以富民为本。"在如何使民富有中，王符提出了新的本末概念。自先秦以来，传统的本末概念一般指农为本，工商为末，但王符认为农工商三者本身皆有本末之分，只要守住三者本身之本就能使民富有，而如丢弃三者之本而守三者之末则会使民贫穷。"夫富民者，以农桑为本，以游业为末；百工者，以致用为本，以巧饰为末；商贾者，以通货为本，以鬻奇为末。三者，守本离末则民富，离本守末则民贫。"④ 由此可见，王符的本末概念不是以行业为标准来划分的，而是以是否给民众带有财富为标准来划分的。

从这一本末概念出发，王符特别重视在农业生产中应当保证农民有

① 《潜夫论·班禄》。
② 《潜夫论·本政》。
③ 《潜夫论·救边》。
④ 《潜夫论·务本》。

足够的时间从事耕种，反对滥征民力服劳役，主张引导农民勤劳，反对游手好闲。他说："圣人深知，力者乃民之本也，而国之基，故务省役而为民爱日。"① 如果农民勤于耕种，农业生产就会发展，使粮食产量增长，民众衣食有了保障，国家就能长治久安。"国之所以为国者，以有民也；民之所以为民者，以有谷也；谷之所以丰殖者，以有人功也；功之所以能建者，以日力也。"② 此外，王符以"巧饰""鬻奇"为手工业、商业之末，反映了他在鼓励民众勤于劳作的同时，必须励行节俭。总之，他认为只有勤俭，才是民众致富的根本途径。

王符为了证明"国以民为基"思想的正确性，不仅从以上正面视角，而且还从以下反面视角来进行论证。他指出，自从盘古开天辟地以来，历史上就未见到有民众处于危亡之机而国家能够长治久安，下层民众处于贫困状态而上层统治者能够富有，民众处于瘦瘠而君主能够肥胖的。"愿察开辟以来，民危而国安者谁也？下贫而上富者谁也？故曰：夫君国将民之以，民实瘠，而君安得肥?"③ 相反，有史以来，民乱必国危，而民乱的根源正在于当政者不利民，民不聊生，"饥寒并至，则安能不为非？""为非"必遭官府的严刑峻法。这样，就会引起社会矛盾的尖锐激化，"愁怨者多""下民无聊"④，国家自然就会出现统治危机。

王符长期生活在民间，并注意观察和分析地方各级官吏腐败对社会现实造成的严重危害。他能比较深刻揭露批判骄臣恶吏对民众的"横逆不道"。这些人非但"无功于民氓"，而且"丧其本心"，"宁见朽贯千万，而不忍赐人一钱；宁积粟腐仓，而不忍贷人一斗"，因此，"骨肉怨望于家，细民谤讟于道"。⑤ 在此，王符不仅揭露民乱所产生的社会动荡不安，还批判了骄臣恶吏的"横逆不道"是民乱的主要根源。

---

① 《潜夫论·爱日》。
② 《潜夫论·爱日》。
③ 《潜夫论·边议》。
④ 《潜夫论·浮侈》。
⑤ 《潜夫论·忠贵》。

（四）荀悦君臣民一体思想

荀悦（148—209），字仲豫，颍川颍阴（今河南许昌）人，东汉后期政论家、史学家。献帝时，初被辟举为镇东将军曹操府供事，不久迁黄门侍郎，侍讲宫中。因受献帝赏识，累迁秘书监、侍中等职。奉献帝命以《左传》体裁为班固《汉书》作《汉纪》，写成《汉纪》30篇。东汉末年，曹操大权独揽，献帝成为傀儡。荀悦才能无所施展，乃作《申鉴》5篇，辩论政体、治国之术。

荀悦的君臣民一体论，主要探讨君臣、君民关系，其中君民关系的内容，具有明显的民本思想。《申鉴》云："天作道，皇作极，臣作辅，民作基。"[①] 显然，荀悦与王符一样，把民众看作是国家的基础和根本。如果没有民众这个基础，就无所谓国家和君主了。民众的处境好坏直接关系到国家和君主的安危。因此，荀悦提出，在管理国家中，应该把重民与国家稳定联系起来，重民就是重社稷，就是承天命。君主要以仁爱之心待民，才能保证社稷长存。"人主承天命以养民者也，民存则社稷存，民亡则社稷亡。故重民者，所以重社稷而承天命也。"[②]

至于如何才能做到君主爱民，荀悦进一步提出了具体的措施："下有忧民，则上不尽乐；下有饥民，则上不备膳；下有寒民，则上不具服。徒跣而垂旒，非礼也。故足寒伤心，民寒伤国。"[③] 这就是说，君主要做到爱民，首先必须与人民同忧乐甘苦，即人民忧愁，君主就不能独自享乐；人民遭受饥饿，君主则也不准备膳食；人民遭到寒冷，君主则也不备足衣服。荀悦甚至还认为，君主在管理国家中如"爱民如子"及"爱民如身"，还算不上"仁之至"，真正要做到"仁之至"，必须落实"民为邦本"，即达到"民存社稷存"的目标。这样，民众就会尊君，君主就会得到民众的支持，君民关系和谐，国家才能长治久安。"君以至美之道导

---

① 《申鉴》卷1《政体》，商务印书馆《四部丛刊》本。
② 《申鉴》卷4《杂言上》。
③ 《申鉴》卷1《政体》。

民，民以至美之物养君。君降其惠，民升其功，此无往不复，相报之义也。"① 这是一种充满理想色彩的君民关系，在当时封建制度的历史条件下，是不可能达到的。

荀悦认为，国君要解决"忧民""饥民""寒民"等问题，必须要"天下国家一体也，君为元首，臣为股肱，民为手足"。② 换言之，就是君主在国家管理中处于领袖的地位，大臣处于辅助的地位，而民众则处于被管理的地位。如果没有君臣对国家的管理，国家就会混乱，"忧民""饥民""寒民"问题也得不到解决。"非天地不生物，非君臣不成治。首之者天地也，统之者君臣也哉。"③

荀悦认为，在以君主为元首的封建政体中，君明臣贤是最理想的模式，即君主不要大权独揽、操纵一切，大臣也不要违君专权而不忠诚，要构建君主臣辅的和谐关系。"人臣之义，不曰吾君能矣，不我须也，言无补也，而不尽忠；不曰吾君不能矣，不我识也，言无益也，而不尽忠。必竭其诚，明其道，尽其义，斯已而已矣。不已，则奉身以退，臣道也。故君臣有异无乖，有怨无憾，有屈无辱。"④ 荀悦认为，臣子不要借口君主很有才能，不需要我辅佐，而不尽言尽忠；也不要借口君主无能，不赏识我，而不尽言尽忠。臣子对待君主要竭尽忠诚，让君主明白正道，懂得义务，这样臣子就尽到自己的职责。如果做不到，就主动辞职。这就是为臣之道。如能做到这样，就可以达到君臣关系不乖戾，没有遗憾，不会受到侮辱。

荀悦反对君主的绝对权威，认为忠臣不是那些言听计从的人，而是能为君主出谋献策、纠偏补正的人。因此，基于这个衡量标准，他指出："人臣有三罪：一曰导非，二曰阿失，三曰尸宠。以非引上谓之导，从上之非谓之阿，见非不言谓之尸。导臣诛，阿臣刑，尸臣绌。进忠有三术：

① 《申鉴》卷1《政体》。
② 《申鉴》卷1《政体》。
③ 《申鉴》卷4《杂言上》。
④ 《申鉴》卷4《杂言上》。

一曰防，二曰救，三曰戒。先其未然谓之防，发而止之谓之救，行而责之谓之戒。防为上，救次之，戒为下。下不钳口，上不塞耳，则可有闻矣。有钳之钳，犹可解也；无钳之钳，难矣哉！有塞之塞，犹可除也；无塞之塞，其甚矣夫。"① 由此可见，荀悦认为，臣下对君主的过错采取错误引导、阿谀奉承、知而不言的态度是一种犯罪，必须受到诛杀、判刑或罢黜。相反，臣下对君主的过错应采取帮助君主避免、补救或予以纠正的态度。可见，臣下对于君主来说，不仅是供其驱使，还有对君主进行监督制约、弥补纠正君主过失的作用。

荀悦还就臣下如何处理好道和君的关系，尤其是在道与君发生矛盾时，发表了自己的见解。他说："违上顺道，谓之忠臣；违道顺上，谓之谀臣。忠所以为上也，谀所以自为也。忠臣安于心，谀臣安于身。故在上者，必察夫违顺，审乎所为，慎乎所安。"② 如果"违上顺道"，是有利于君主正确管理国家，其结果对君主是有利的，因此是忠臣；相反，如果是"违道顺上"，是为了个人利益讨好君主而损害了对国家的管理，那就是谀臣。

二、德刑并用思想

（一）西汉前中期朝廷德刑相济思想

汉初统治者为了收买民心，巩固政权，将儒家德治思想与道家"无为而治"思想相结合，主张"德刑相济"，与民休养生息。当时陆贾就告诫汉高祖刘邦要认识到《诗》《书》等儒家经典在管理国家中的重要作用，并对刘邦说："居马上得之，宁可以马上治之乎？且汤武逆取而以顺守之，文武并用，长久之术也……乡使秦已并天下，行仁义，法先圣，

① 《申鉴》卷4《杂言上》。
② 《申鉴》卷4《杂言上》。

陛下安得而有之?"① 刘邦采纳了陆贾的治国方略,令其总结秦亡天下的历史教训,将儒法兼用、"清静无为"作为汉初治国的指导思想。

汉高祖之后的几位皇帝继承了汉初的治国方略。如文帝在位时,议论务在宽厚,"专务以德化民","兴于礼义"。他经常反思自己对德教重视得不够,认为自己"德薄而教不明"。这实际上反映了文帝在管理国家中时时提醒自己应实施儒家"教而后诛"的思想主张。同时,文帝也重视发挥法制在治国中的作用:"法正则民悫,罪当则民从。且夫牧民而道之以善者,吏也;既不能道,又以不正之法罪之,是法反害于民,为暴者也。"②

公元前 140 年,汉武帝即位。他认为,儒家思想比黄老思想更适合汉王朝的统治,因此即位伊始,就采取两项措施。其一,起用儒生。建元元年(前140),诏丞相、御史、列侯及地方官吏推举贤良方正直言极谏之士,这些人主要就是儒生。其二,任用"俱好儒术"的窦婴为丞相,田蚡为太尉,把持了行政、军事大权。汉武帝广泛招揽儒学之士,"延文学儒者数百人",封以官职。尤其是汉武帝将布衣出身的公孙弘拜为丞相,封平津侯,使儒学的政治地位大大提高。从此,学习儒术成为士人们进入仕途、谋求利禄的主要途径,以至于"天下之学士靡然乡风矣"③。

元光元年(前134),汉武帝下诏征求治国方略。儒士董仲舒奏《举贤良对策》,系列地提出了"天人感应""大一统"学说以及"罢黜百家,独尊儒术"的主张,正合汉武帝的治国需求。"《春秋》大一统者,天地之常经,古今之通谊也。今师异道,人异论,百家殊方,指意不同,是以上亡以持一统;法制数变,下不知所守。臣愚以为诸不在六艺之科、孔子之术者,皆绝其道,勿使并进。邪僻之说灭息,然后统纪可一而法度可明,民知所从矣。"④ 于是,汉武帝决定"罢黜百家,独尊儒术"。从

---

① 《史记》卷97《郦生陆贾列传》。

② 《汉书》卷23《刑法志》。

③ 《史记》卷121《儒林传》。

④ 《汉书》卷56《董仲舒传》。

此，儒家学说成为历代封建王朝的主导思想，对后世影响十分深远。

汉武帝在治国中重视儒家德治的功能："扶世导民，莫善于德。"① 德治能引导民众遵守尊卑上下的礼制，在家孝顺父母，对人有仁爱之心，处世安分守己，服从朝廷的统治。这就是"事天以礼，立身以义，事亲以孝，育民以仁"。②"导民以礼风之以乐"，使民"仁行而从善，义立则俗易"，③ 从而使民风淳朴，社会安定。

汉武帝确立儒家学说作为治国的主导思想后，大力培养儒学人才。他在京师中央设立太学，征辟选用儒学之士，设立五经博士和博士弟子，形成了一个研究儒学、传授儒学、学习儒学的宣化中心。然后，设置专职礼官，"讲议洽闻，举遗兴礼，以为天下先"。④ 汉武帝明确规定，中央和地方各级政府官员均负有教化民众的职责："公卿大夫，所使总方略，壹统类，广教化，美风俗也。"⑤ 从而，形成了一个从中央到地方宣明教化儒家伦理道德思想的官吏系统。

在西汉时期，地方县、乡社会基层的三老、孝悌、力田等乡官在"劝导乡里，助成教化"⑥ 方面发挥了不可替代的作用。汉武帝在位时，加强了这些社会基层乡官的教化职能。元狩六年（前117），他下诏："谕三老、孝悌以为民师"⑦，再次明确重申三老、孝悌对广大百姓的教育宣化职能，敦促民众自觉遵守礼制，辛苦耕种，安分守己，服从统治，实现政事宣昭，百姓和乐。

西汉在武帝之前，在实施法治方面基本上都遵循"罚不患薄"，约法省刑的原则。所以，统治者在执行刑罚时，都十分慎重，"与其杀不辜"，

---

① 《汉书》卷6《武帝纪》。
② 《西汉文纪》卷2，台湾商务印书馆影印文渊阁四库全书本。
③ 《汉书》卷6《武帝纪》。
④ 《汉书》卷6《武帝纪》。
⑤ 《汉书》卷6《武帝纪》。
⑥ 《汉书》卷76《考证》。
⑦ 《汉书》卷6《武帝纪》。

"宁失于有罪"。这样，就可以避免"无罪而见诛"① 的现象发生。如刘邦初入咸阳时，就"与父老约，法三章耳：杀人者死，伤人及盗抵罪。余悉除去秦法"。②"三章之法"虽然只是临时性的政策措施，但它的颁布表明，汉初统治者要废除秦末繁刑酷法，实施约法省刑的改革思路。

尔后，惠帝、吕后继承了汉高祖时"约法省刑"的原则，进一步实行省刑除苛的措施，使当时"刑罚罕用"。如惠帝时，"省法令妨吏民者，除挟书律"③，废除了秦朝规定的保存儒家经书是犯法行为的规定。吕后时又"废三族罪、妖言令"，废除了秦朝的株连三族、传播妖言等罪名。

到了文帝、景帝时期，继续废除秦朝的繁刑苛法，使立法进一步简省轻刑，使民风淳朴。文帝"惩恶亡秦之政，论议务在宽厚，耻言人之过失。化行天下，告讦之俗易，吏安其官，民乐其业……是以刑罚大省，至于断狱四百，有刑错之风"。④ 文帝在命令废除"收律"和"相坐法"时指出："法正则民悫，罪当则民从。"犯罪的人既然已经论处，怎么能把他的无罪的父母、妻子、兄弟以及其他没有犯罪的人牵连进去一起接受刑罚？这是法不正、罪不当，是"法反害于民，为暴者也"⑤。景帝时期，朝廷曾多次下令"审疑狱，慎刑罚"。中元五年（前145）下诏曰："法令度量，所以禁暴止邪也。狱，人之大命，死者不可复生……诸狱疑，若虽文致于法而于人心不厌者，辄谳之。"次年五月，又下诏有司，"减笞法，定箠令"。⑥ 总之，经过汉高祖、惠帝、吕后、文帝、景帝历朝的约法省刑，基本上改变了秦王朝的繁刑苛法，使广大民众能够生活在一个相对比较宽松的环境中，不至于手足无措，动辄触禁。

汉武帝在独尊儒术、重视德治的同时，更注重刑暴惩恶的作用。"夫

---

① 《新书·大政上》。
② 《史记》卷8《高祖本纪》。
③ 《汉书》卷2《惠帝纪》。
④ 《汉书》卷23《刑法志》。
⑤ 《汉书》卷23《刑法志》。
⑥ 《汉书》卷5《景帝纪》。

本仁祖义，褒德禄贤，劝善刑暴，五帝三王所由昌也。"① 他改变西汉前期的约法省刑轻罚的政策，而是在宣传上重教化，在实际上更重刑罚。他广置亲信法术之士，密织法网，强化暴力统治。史载，武帝时期，"征发烦数，百姓贫耗，穷民犯法，酷吏击断，奸轨不胜。于是招进张汤、赵禹之属，条定法令，作见知故纵，监临部主之法"②，又作"沉命法"，对于不能揭发罪犯者，以及镇压"盗贼"不力的地方官员要处以重刑。以刑罚督责吏民是武帝以刑暴惩恶思想的一个重要特点。

武帝时期的重刑酷法政策，使朝廷在管理中出现了律令繁杂，前后矛盾，执法标准不统一的现象。这使社会矛盾又有所尖锐激化。针对这种情况，汉武帝就采取强制手段，变本加厉督责官吏严格法治。"作见知故纵、监临部主之法，缓深故之罪，急纵出之诛。其后奸猾巧法，转相比况，禁罔浸密"③。但是，高压手段并不能解决社会矛盾尖锐问题，只会形成法治混乱，吏治败坏，出现"或罪同罚而论异"的弊端。武帝说："夫刑罚所以防奸也。"这句话说得不错，刑罚与德治教化一样，是封建帝王管理国家的软硬两手。但是在实际操作中，武帝又有走到极端的倾向，即外饰德化，内重刑暴，在刑暴惩恶方面，又滑向了秦王朝的繁刑酷法。

武帝之后，汉昭帝（前86—前73）、汉宣帝（前73—前48）虽然对汉武帝的刑暴惩恶政策有所调整，但基本上还是所用多文法吏，以刑名绳下。正如汉宣帝所说的："汉家自有制度，本以霸王道杂之，奈何纯任德教，用周政乎！且俗儒不达时宜，好是古非今，使人眩于名实，不和所守，何足委任！"④ 由此可见，宣帝一语中的点明，西汉王朝的德刑兼用的管理方略是"霸王道杂之"，还是内法外王，以刑为主，以德为辅。

---

① 《汉书》卷6《武帝纪》。
② 《汉书》卷23《刑法志》。
③ 《汉书》卷23《刑法志》。
④ 《汉书》卷9《元帝纪》。

（二）陆贾的德刑相济思想

陆贾是汉代第一位力倡儒学的思想家，他针对汉初特定的时代和政治需要，以儒家为本、融汇黄老道家及法家思想，提出"行仁义、法先圣、礼法结合、无为而治"，为西汉前期的统治思想奠定了一个基本模式。

陆贾亲身经历过秦朝暴政所带来的迅速灭亡，因此对此历史教训做了总结："秦始皇设刑罚，为车裂之诛，以敛奸邪……事逾烦天下逾乱，法逾滋而天下逾炽，兵马益设而敌人逾多。秦非不欲治也，然失之者，乃举措太众、刑罚太极故也。"① 显而易见，陆贾认为，秦王朝之所以历二世而亡，不是因为统治者不想把国家管理好，而是因为刑罚过分严酷。因此，他深刻认识到管理国家仅凭严刑峻法是行不通的，主张不能用刑"太众""太极"，而应该"尚德"，臣民才会顺从统治。他指出："天地之性，万物之类，怀德者众归之，恃刑者民畏之，归之则充其侧，畏之则去其域。"② 他还列举了历史上齐桓公和秦二世正反两个例子来说明尚德以霸、尚刑而亡的治国方略。"德盛者威广，力盛者骄众。齐桓公尚德以霸，秦二世尚刑而亡。故虐行则怨积，德布则功兴，百姓以德附，骨肉以仁亲。"③ 因此，他认为，管理国家应当"尚德"，而不能"尚刑"。在西汉初年，从秦暴政阴影下走出来的广大民众都十分痛恨秦王朝的严刑峻法，所以陆贾主张当时治国要慎狱轻刑，实行仁政。"设刑者不厌轻，为德者不厌重，行罚者不患薄，布赏者不患厚，所以亲近而致远也。"④ 他认为只有实行道德教化，做到"正上下之仪，明父子之礼，君臣之义，使强不凌弱，众不暴寡，弃贪鄙之心，兴清洁之行"，才是防乱之"经"，"治国之本"⑤。

---

① 《新语·无为》。
② 《新语·至德》。
③ 《新语·道基》。
④ 《新语·至德》。
⑤ 《新语·道基》。

　　鉴于以上认识，陆贾主张管理国家应当德刑兼施，二者相济为用。特别是在秦王朝实行严刑峻法、恃武尚力而迅速覆亡之后，汉初更应以德治为本，刑罚为末，即仁义教化与法制刑杀相结合，以仁义教化"劝善"，以法制刑杀"诛恶"。只有这样，才是维护封建统治的"长久之术"。具体而言，陆贾的德治思想与传统的儒家德治思想有所不同。他针对秦朝为政烦苛，严刑峻法，将道家的"无为"糅进了他的仁义之政。他认为秦朝的苛法极刑治国，过分"刚强"了，必然迅速走向覆亡。汉朝要实现长治久安，就要改弦易辙，采取"持柔""迟重""温厚""柔懦"的治国方略，一方面实行仁政，"怀仁仗义"，另一方面要"虚无寂寞，通动无量"①，无为而治。这样才符合汉初社会经济凋敝，百废待兴的历史背景，从而调本养根，与民休养生息，发展生产。"治末者调其本，端其影者正其形，养其根者则枝叶茂，志气调者即道冲。"② 只有让民众休养生息，才能使生产得到发展，国家政权才能够巩固。

　　陆贾深知西汉初年的民众刚从秦末的严刑苛政中走出来，渴望新的王朝能实施宽和平正的政策法令，执治平一，明确划一，贯彻始终。他指出："管仲相桓公，诎节事君，专心一意，身无境外之交，心无欹斜之虑，正其国如制天下，尊其君而屈诸侯，权行于海内，化流于诸夏，失道者诛，秉义者显，举一事而天下从，出一政而诸侯靡。故圣人执一政以绳百姓，持一概以等万民，所以同一治而明一统也。"③ 在此，他认为，管仲能够辅佐齐桓公成为霸主，其成功的关键在于"执一政以绳百姓，持一概以等万民"，保证国家法令与政策的统一、公正和连续稳定，这样才能取信于民，使民众心诚口服地遵守。

　　同时我们必须看到，陆贾的刑罚管理思想中也包含德的内容。如他认为，法制的作用如同"以圆制规，以矩立方"。④ 他认为上古虞舜时的

① 《新语·道基》。
② 《新语·术事》。
③ 《新语·怀虑》。
④ 《新语·道基》。

司法官皋陶"立狱制罪，悬赏设罚"，是为了"异是非，明好恶，检奸邪，消伏乱"。如果民众畏惧法律却不知礼义，就要教育他们明白上下君臣父子之义。这些明君臣父子之义就是德的内容。陆贾认为，国家法制建立之后，统治者就要采取宽舒中和的方略，"尚宽舒以褒身，行身中和以致疏远"。① 如此德刑并用，宽严相济，民众就"畏其威而从其化，怀其德而归其境，美其治而不敢违其政。民不罚而畏，不赏而劝，渐渍于道德，而被服于中和之所致也"。② 由此可见，陆贾的法制，最终目标还是达到儒家德治的"中和"。

（三）贾谊的礼法兼用思想

西汉初年，贾谊在对"秦任法而亡"的反思和批判中，提出了礼法兼用的管理思想。首先，贾谊认为礼的作用是从道德层面规范人们的言行举止，使尊卑、大小、强弱各安其位、各得其所。"礼者，所以固国家，定社稷，使君无失其民者也。主主臣臣，礼之正也；威德在君，礼之分也；尊卑大小，强弱有位，礼之数也。礼，天子爱天下，诸侯爱境内，大夫爱官属，士庶各爱其家，失爱不仁，过爱不义。故礼者，所以守尊卑之经、强弱之称者也。"③ 贾谊认为，朝廷如能坚持以先秦儒家的礼管理国家，就能使尊卑上下有序，社会安定和谐。这就是"仁人行其礼，则天下安，而万理得矣。逮至德渥泽洽，调和大畅，则天清彻地富缊，物时熟；民心不挟诈贼，气脉淳化……铄乎大仁之化也"。④

贾谊提倡以礼治国的同时，重视法制的不可或缺的作用。他认为，国家颁布法律，能儆戒犯罪者，能使法令、政策得到顺利贯彻实施，能够使民众言行举止符合国家规定。他提出："法立而不犯，令行而不

---

① 《新语·无为》。
② 《新语·无为》。
③ 《新书·礼》。
④ 《新书·礼》。

逆。"①"人主法而境内轨矣。"② 他还就礼治与法制在管理国家中的不同作用作了比较："凡人之智，能见已然，不能见将然。夫礼者禁于将然之前，而法者禁于已然之后，是故法之所用易见，而礼之所为生难知也。"③ 在此，贾谊偏重于用教化来引导民众不违法乱纪，防患于未然。礼的作用发生在违法乱纪出现之前，故不易被人察觉到；相反，法是惩治于违法乱纪行为之后，通过刑罚来制止违法乱纪行为的继续发生，所以法制的作用显而易见。贾谊认为，管理国家必须二者互补，相须为用。

贾谊针对秦王朝繁法严刑的暴政，主张汉王朝应采取"慎刑"的治国方略。其一，他提出"约法省刑"，改变秦末由于繁法严刑使监狱囚犯人满为患："虚囹圄而免刑戮，去收帑污秽之罪，使各反（返）其乡里。"④

其二是量刑要适度，宁宽勿严。贾谊反对秦朝的严刑酷法，主张去除"忌讳之禁"⑤，反对因所谓言论不当而遭受刑罚。他还提出，朝廷必须慎重对待赏罚，宁可漏判有罪者也决不滥杀无辜；对罪行有疑问者按无罪处理，对立功事实有疑问者按有功来奖赏。"诛赏之慎焉，故与其杀不辜也，宁失于有罪也。故夫罪也者，疑则附之去已；夫功也者，疑则附之与已。则此毋有无罪而见诛，毋有有功而无赏者矣。"⑥

其三，提出"刑不上大夫"。贾谊受先秦儒家礼的影响，主张"刑不上大夫"。他错误地认为，王侯贵族、王公大臣都是知道廉耻礼节的"君子"，与庶人"无耻之心"不同，因此如果犯了重罪，不能公开施以极刑，只能是赐死。这就是所谓的"尊君之势"。

（四）《淮南子》仁义为本、法度为末思想

《淮南子》提出仁义为本、法度为末的管理思想："治之所以为本者，

① 《新书·五美》。
② 《新书·道术》。
③ 《汉书》卷48《贾谊传》。
④ 《新书·过秦下》。
⑤ 《新书·过秦下》。
⑥ 《新书·大政上》。

仁义也；所以为末者，法度也……故仁义者，治之本也，今不知事修其本，而务治其末，是释其根而灌其枝也。且法之生也，以辅仁义，今重法而弃义，是贵其冠履而忘其头足也。故仁义者，为厚基者也，不益其厚而张其广者毁，不广其基而增其高者覆。"① 在此，作者把仁义与法度比喻为根与枝、头足与冠履、基础与房子的本末关系，如果将两者的本末关系颠倒了，那么国家就可能覆亡。作者认为："国之所以存者，仁义是也；人之所以生者，行善是也。国无义，虽大必亡；人无善志，虽勇必伤。"②《淮南子》还列举了历史上夏桀、商纣和商汤、周武的例子来说明是否推行仁义之道是决定国家兴亡的关键因素。桀、纣等亡国之君，"务广其地而不务仁义，务高其位而不务道德，是释其所以存，而造其所以亡也。故桀囚于焦门，而不能自非其所行，而悔不杀汤于夏台；纣居于宣室，而不反其过，而悔不诛文王于羑里。"③ 其实，如果他们修仁义之道，行仁义之政，则商汤、周武就不敢谋反。

《淮南子》在此基础上进一步指出，国君实行仁政，关键在于要选任贤能仁德之人。君主诚正，就能得到正直的人才管理国家；君主不正直，就只能是用奸邪的人管理国家。所以管理国家得人则国治，否则则国危。"是故人主之一举也，不可不慎也。所任者得其人，则国家治，上下和，群臣亲，百姓附；所任非其人，则国家危，上下乖，群臣怨，百姓乱。故一举而不当，终身伤。得失之道，权要在主。是绳正于上，木直于下，非有事焉，所缘以修者然也。故人主诚正，则直士任事，而奸人伏匿矣。人主不正，则邪人得志，忠者隐蔽矣。"④

《淮南子》认为，理想的仁治社会是：明君贤臣管理国家，社会和谐，百姓丰衣足食，家庭和睦。"古者圣人在上，政教平，仁爱洽，上下同心，君臣辑睦，衣食有余，家给人足，父慈子孝，兄良弟顺，生者不

---

① 《淮南子·泰族训》。
② 《淮南子·主术训》。
③ 《淮南子·氾论训》。
④ 《淮南子·主术训》。

怨，死者不恨，天下和洽，人得其愿。"① 《淮南子》虽然强调仁义为管理国家之本，但同时认为，法作为一种管理国家的工具，也不可或缺。"法度者，所以论民俗而节缓急也；器械者，因时变而制宜适也。""故法制礼义者，治人之具也，而非所以为治也。"② 《淮南子》主张，法度作为治理天下的工具，就像权衡规矩一样，必须具有规范性、公正性和稳定性，才能成为管理国家的准则，规范人们的行为，树立公道，堵塞私门，一切依法行事。"法者，天下之度量，而人主之准绳也。""夫权衡规矩，一定而不易，不为秦楚变节，不为胡越改容，常一而不邪，方行而不流。"

《淮南子》还认为，既然法作为判断是非、功过、罪与非罪的标准，因此，在执法中，无论贵、贱、贤、不肖，都一律平等对待。"悬法者，法不法也；设赏者，赏当赏也。法定之后，中程者赏，缺绳者诛，尊贵者不轻其罚，而卑贱者不重其刑，犯法者虽贤必诛，中度者虽不肖必无罪，是故公道通而私道塞矣。"③ 尤其是君主行赏罚，更不能以自己的好恶喜怒而随意改变规定。"国有诛者而主无怒焉，朝有赏者而君无与焉。诛者不怨君，罪之所当也；赏者不德上，功之所致也"。④ 这就是君主管理国家应当依照功劳大小予以不同奖赏，根据罪过大小处以不同惩罚，虽顺从自己但无功则不能奖赏，虽违逆自己但没有过错则不能处罚。只有这样，才能达到"赏一人而天下誉之，罚一人而天下畏之"的效果。

（五）董仲舒德主刑辅思想

董仲舒德主刑辅思想是建立在他的阴阳合分论基础上的。他说："天道之大者在阴阳。阳为德，阴为刑；刑主杀而德主生。"⑤ 天道的特点是"任德不任刑"，君主遵循天道治国，就必须推行德治。因此，他主张当时的西汉王朝应当以"德治"为主，辅以刑罚。

---

① 《淮南子·本经训》。
② 《淮南子·氾论训》。
③ 《淮南子·主术训》。
④ 《淮南子·主术训》。
⑤ 《汉书》卷 56《董中舒传》。

董仲舒提倡的德治，主要有两个方面的内容。其一，重视教化。他认为：圣人之道，不能独以威势成政，必有教化。① "天生民，性有善质，而未能善"②，必须通过"王教之化也"，才能成善。他在人性论上，不认同孟子的"人皆可以为尧舜"的说法，自创"性三品"说。其中上品"圣人之性"已达到至善的境界，无须教化；下品"斗筲之性"溺于贪恶，不可教化；唯有中品"中人之性"，才是教化的对象。显然，董仲舒的"性三品"说是孔子"上智下愚"说的进一步发展。

董仲舒认为，圣明的君主"南面而治天下，莫不以教化为大务"。因为教化能取得刑杀手段难以取得的统治效果，能教人自觉弃恶从善。就如同堤防，可以防止老百姓违法乱纪。如果堤防毁坏，社会必然奸邪痈溃，"刑罚不能胜"。鉴于这种认识，董仲舒进一步主张，朝廷可以通过设立各级学校对民众实施教化，"立大学以教于国，设庠序以化于邑"。通过广泛深入的教育宣传，使得广大民众都懂得"贵孝悌而好礼义，重仁廉而轻财利"③ 的伦理道德，从而成为封建国家的忠臣和顺民。

其二，董仲舒认为，德治就是要实行仁政。按他的理解，仁政最首要的内容就是消除极端的贫富悬殊，在他看来，政治弊害莫大于贫富对立，"大富则骄，大贫则忧。忧则为盗，骄则为暴"。④ 显然，董仲舒在此发展了孔子"不患寡而患不均"的思想，认为贫富分化太严重会导致贫富对立，出现偷盗、暴力等现象，这是社会动荡不安的根源。统治者应该恰当把握贫富差距的度，勿与民争利，唯有如此，管理国家才符合天道。至于如何才能做到控制贫富差距的扩大，董仲舒提出了一些具体的措施，其中主要有：一是抑制土地兼并。"限民名田，以澹不足，塞并兼之路"。二是实行轻徭薄赋政策。减轻农民负担，保证农民的生产时间，"薄赋敛，省徭役，以宽民力"。三是废除盐铁专卖，让民众自由经营。

---

① 《春秋繁露·为人者天》。
② 《春秋繁露·深察名号》。
③ 《春秋繁露·为人者天》。
④ 《春秋繁露·度制》。

"盐铁皆归于民"。四是恢复一些奴婢人身自由，即"去奴婢"，五是禁止王公贵族擅自杀害奴婢。"除专杀之威"①。

董仲舒主张德刑兼用，但他主张刑罚只能作为德教的辅助，德与刑的施用比例是德教百刑罚一，应当像天一样，"暖暑居百，而清寒居一。德教之与刑罚，犹此也"②。他用阴阳合分的哲学理论来论证他的这一治国主张："刑之不可任以成世也，犹阴之不可任以成岁也"，否则谓之"逆天，非王道也"③。一年中不能只有阴，阳应占大部分时间。刑属阴，德属阳，因此，刑不能主导国家管理，而应由德主导国家管理。但是，一年中必然又有阴，所以既然天不废阴，君管理国家亦不可废刑。董仲舒还特别强调君主在行德治时不能没有"威"，应该牢牢控制"威"和"权"，这样才能指挥、管束好臣下。

（六）王符德化治国，法制为辅思想

王符认为，"德化"是最理想的管理方略，因为德化在培育安分守己的顺民和良好的社会风尚方面是法治无法做到的。"是故上圣不务治民事而务治民心……导之以德，齐之以礼，务厚其情而明则务义，民亲爱则无相害伤之意，动思义则无奸邪之心。夫若此者，非法律之所使也，非威刑之所强也，此乃教化之所致也。"④ 正因为"德化"在管理中能发挥法治不可替代的作用，因此，王符十分推崇道德教化，认为这是治国之本。"人君之治，莫大于道，莫盛于德，莫美于教，莫神于化。道者所以持之也，德者所以苞之也，教者所以知之也，化者所以致之也。民有性，有情，有化，有俗。情性者，心也，本也。化俗者，行也，末也。末生于本，行起于心。是以上君抚世，先其本而后其末，顺其心而理其行。心精苟正，则奸匿无所生，邪意无所载矣。"⑤ 王符认为，道德教化能起

---

① 《汉书》卷24上《食货志上》。
② 《春秋繁露·基义》。
③ 《春秋繁露·阳尊阴卑》。
④ 《潜夫论·德化》。
⑤ 《潜夫论·德化》。

"化变民心"的独特作用，如民心都是想循规蹈矩、走正道，那作奸犯科在民众中就没有市场，国家自然就会得到很好的管理，从而长治久安。

王符在此基础上进一步提出，君主要担负起教化民众的责任，并且首先要修身正己，为人表率。他认为，一个国家道德教化做得好坏与否，关键在于君主。"世之善否，俗之薄厚，皆在于君"①，而且君主要实现国家的德化而治，必须先"正己"，自己要"化""治"在民众之前。"五帝三王所以能画法像而民不违，正己德而世自化也。"②他还以历史上正反两方面的例子来说明君主在德化中的表率作用："上圣和德气以化民心，正表仪以率群下，故能使民比屋可封，尧、舜是也。其次躬道德而敦慈爱，美教训而崇礼让，故能使民无争心而致刑错，文、武是也。其次明好恶而显法禁，平赏罚而无阿私，故能使民辟奸邪而趋公正，理弱乱以致治强，中兴是也。治天下，身处污而放情，怠民事而急酒乐，近顽童而远贤才，亲谄谀而疏正直，重赋税以赏无功，妄加喜怒以伤无辜，故能乱其政以败其民，弊其身以丧其国者，幽、厉是也。"③换言之，君主在管理国家中，如能自律修身，为臣下和广大民众做出表率，那必然会使整个社会礼让无争，百姓安居乐业，和谐安定。

另外，要进行德化，必须先富民。这与孔子先富后教思想是一脉相承的。"夫为国者，以富民为本，以正学为基。民富乃可教，学正乃得义；民贫则背善，学淫则诈伪；入学则不乱，得义则忠孝。故明君之法，务此二者，以为成太平之基，致休征之祥。"④王符在此的逻辑推理是：民富后才能进行教化，接受教化后才能心中有"义"，心中有了"义"后才能尽忠尽孝，遵守封建道德规范。这样就能天下太平。因此，富与教化是管理国家的根本，缺一不可。

王符在重视德化治国的同时，指出法治具有道德教化不可取代的作

---

① 《潜夫论·德化》。
② 《潜夫论·本训》。
③ 《潜夫论·德化》。
④ 《潜夫论·务本》。

用。因此，在优先进行德化治国的前提下，也应该发挥法治的辅助作用，尤其在"乱国"，必须用法治。腐败的吏治，恶劣的世风，必须"明罚敕法"才能纠正。"法令赏罚者，诚治乱之枢机也，不可不严行也。"① "行赏罚而齐万民者，治国也；君立法而下不行者，乱国也……义者君之政也，法者君之命也……夫法令者，人君之衔辔棰策也"。② 由此可见，法令对维护国家秩序具有决定性的作用，这就是"国无常治，又无常乱，法令行则国治，法令弛则国乱"③。

王符在以法治国的论述中，注意采取法、术、势三者的结合使用。主张君主"明操法术，自握权柄"。他的这种法、术、权（势）思想与先秦法家的法、术、势思想是一脉相承的，但也有明显地加以改造，即贵势而不尚独断，尚法而不崇尊严，任术而不贵阴谋。他指出："所谓术者，使下不得欺也；所谓权者，使势不得乱也。术诚明，则虽万里之外，幽冥之内，不得不求效；权诚用，则远近亲疏、贵贱贤愚，无不归心矣。"④ 总之，王符的法治在具体操作时，强调把法、术、权（势）三者紧密结合起来，使之互相补充，相互制约，更好地发挥作用。这就是君主颁布法令，使之得到贯彻执行，群臣就不敢不尽心服从君主的命令；君主的命令无人违犯，法律就能顺利施行，国家就没有管理不好的。而只有推行法治，才能避免法轻君卑的现象发生，从而真正做到法重君尊。⑤

（七）崔寔以德治平、以法理乱思想

崔寔主张管理国家应当德法兼用，而且进一步指出治国与修身养性一样，应当根据实际情况的不同而有所变化，如社会太平时就以德教为主，世道衰乱时就以刑罚为主，就如养生一样，没病时用"粱肉"调养

---

① 《潜夫论·三式》。
② 《潜夫论·衰制》。
③ 《潜夫论·述赦》。
④ 《潜夫论·明忠》。
⑤ 曹德本：《中国政治思想史》，高等教育出版社，2004年，第198页。

滋补，疾病时就得用"药石"去除病痛。"盖为国之道，有似理身，平则致养，疾则攻焉。夫刑罚者，治乱之药石也；德教者，兴平之粱肉也。夫以德教除残，是以粱肉理疾也；以刑罚理平，是以药石供养也。"①

崔寔在提出以德治平、以法理乱的管理国家方略时，特别重视法制在防止社会犯罪方面的不可或缺的作用。他从人性的弱点、人的欲望出发，认为人人都不可避免追求荣华富贵、穿好衣服、吃美味佳肴，如果这种欲望恶性膨胀，就会导致社会犯罪，出现僭越违制，从而危害社会稳定。因此，他主张君主治国，必须制定法规来限制民众的欲望，规范人们的行为，从而使社会稳定有序。他说："夫人之情，莫不乐富贵荣华，美服而饰，铿锵眩耀，芬芳嘉味者也。昼则思之，夜则梦焉。唯斯之务，无须臾不存于心，犹急水之归下，下川之赴壑。不厚为之制度，则皆侯服王食，僭至尊，逾天制矣。是故先王之御世也，必明法度以闭民欲，崇堤防以御水害。法度替而民散乱，堤防隳而水泛溢。"②

崔寔的这种主张，是有深刻的历史背景的。他所处的东汉中期，已经出现政衰习乱、法制堕落的现象。因此，他针对性地提出要以加强法治来挽救当时弊政。他在《政论》一文中，推崇汉宣帝用严刑峻法管理国家而带来海内肃清、五谷丰登的中兴局面，希望当朝皇帝效法。他主张："今既不能纯法八世，故宜参以霸政，则宜重赏深罚以御之，明著法术以检之。自非上德，严之则理，宽之则乱。何以明其然也？近孝宣皇帝明于君人之道，审于为政之理，故严刑峻法，破奸轨之胆，海内肃清，天下密如。喜瑞并集，屡获丰年。"③

崔寔进一步指出，如果国家法制遭到破坏，就会产生三大社会问题。

其一，僭越奢侈。"今使列肆卖侈功，商贾鬻僭服，百工作淫器，民见可欲，不能不买，贾人之列，户蹈僭侈矣。故王政一倾，普天率土，

---

① 《全上古三代秦汉三国六朝文》第 1 册，《全后汉文》卷 46 《政论》。
② 《全上古三代秦汉三国六朝文》第 1 册，《全后汉文》卷 46 《政论》。
③ 《全上古三代秦汉三国六朝文》第 1 册，《全后汉文》卷 46 《政论》。

莫不奢僭者，非家至人告，乃时势驱之使然。此天下之患一也。"他认为，如没有法律的限制，当时一些豪门贵族会僭越礼制，竞相奢侈豪华，从而"下僭其上，尊卑无别"，破坏封建社会森严的等级秩序，威胁君主统治。

其二，影响农业生产。崔寔认为，如果整个社会崇尚奢侈，那么会刺激生产、出售奢侈品的手工业、商业迅速发展，从而会使许多农民放弃农业，而从事手工业、商业。这将使务农者减少，粮食产量不足，如一遇到天灾人祸，那将会使许多人因饥饿而死亡。他告诫统治者要保持高度警惕，以农为本，稳定农业生产人口。他指出："且世奢服僭，则无用之器贵，本务之业贱矣。农桑勤而利薄，工商逸而入厚，故农夫辍末而雕镂，工女投杼而刺绣。躬耕者少，末作者众，生土虽皆垦乂，而地功不致，苟无力稽，焉得有年？财郁蓄而不尽出，百姓穷匮而为奸寇，是以仓廪空而囹圄实，一谷不登，则饥馁流死。上下俱匮，无以相济。国以民为根，民以谷为命，命尽则根拔，根拔则本颠。此最国家之毒忧，可为热心者也。斯则天下之患二也。"

其三，败坏社会风气，激化社会矛盾。崔寔认为，如果朝廷没有颁布法律限制奢侈之风，那会使"豪民"肆无忌惮挥霍无度，生则"舆服无限"，死则"高坟大寝"。他们为了穷奢极欲，必然加重对广大民众的剥削压榨，致使民众"穷厄既迫，起为盗贼"，其严重后果是"天戚戚，人汲汲，外溺奢风，内忧穷竭，故在位者则犯王法以聚敛，愚民则冒罪戮以为健，俗之坏败，乃至于斯。此天下之患三也"①。总之，崔寔认为，解决当时"三患"问题，最有效的办法就是加强法治，"塞其源以绝其末，深其刑而重其罚"，从而制止僭越奢侈之风，发展农业生产，倡导社会淳朴之风，稳定社会秩序，巩固东汉王朝统治。

（八）荀悦修明法度、德刑并用思想

荀悦的德刑并用思想有自己的特色。其一，他的德刑并用思想并不

---

① 《全上古三代秦汉三国六朝文》（第1册），《全后汉文》卷46《政论》。

是德主刑辅，而是认为法制是管理国家的根本。如果朝廷能够建立明确的法律制度，并且具有稳定性，即"有常制"，那么国家就能得到有效的管理。他指出："先王立政，以制为本。三正五行，服色历数，承天之制，经国序民。列官布职，疆理品类；辩方定物，人伦之度。自上已下，降杀有序。上有常制，则政不颇；下有常制，则民不二。官无淫度则事不悖，民无淫制则业不废。"①

荀悦认为，要制定一套公平公正的法律制度，君主和臣僚们必须"不任不爱""惟公是从"②，"谨权量，审法度"③。只有厉行公心，堵塞私欲，统治者能够摒弃伪、私、放、奢四患，察实情，定常制，明赏罚。在执法时，以事实为依据，"投百金于前，白刃加其身，虽巨跖弗敢掇也。善立法者若兹，则终身不掇矣，故跖可使与伯夷同功"。④ 执法应做到公私不怨，内外不二。总之，执法如能这样，法律就能得到很好的执行，真正发挥国家法律惩恶劝善的作用，使整个社会"虚伪之行不得设，诬罔之辞不得行，有罪恶者无侥幸，无罪过者不忧惧，请谒无所行，财赂无所用"。⑤

其二，荀悦德刑并用思想与崔寔的以德治平、以法理乱不同，他提出对君子用德，对小人用刑的德刑并用思想。显然，这里最主要的区别在于用德用刑的对象不同：崔寔侧重于太平之世用德，教化民众从善；动乱之世用刑，禁止奸民为非。荀悦则是侧重于对遵纪守法之人用德，引导他们从善；对违法乱纪之人用刑，禁止他们为非。荀悦主张："君子以情用，小人以刑用。荣辱者，赏罚之精华也。故礼教荣辱以加君子，化其情也；桎梏鞭朴以加小人，治其刑也。君子不犯辱，况于刑乎；小

① 荀悦：《前汉纪》，吉林出版集团有限责任公司，2005年，第60页。

② 《申鉴·杂言上》。

③ 《前汉纪》，第60页。

④ 《申鉴·政体》。

⑤ 《前汉纪》，第93页。

人不忌刑，况于辱乎。若夫中人之伦，则刑礼兼焉。"①

　　荀悦在强调德治君子、刑治小人的同时，也主张应根据不同的时代采取不同的德刑并用的管理方略。他将不同时代分为3种类型，并分别采取不同的政策措施：即刚刚诞生不久的新王朝，属于"扶弱绥新"之世，应采取先德化的政策措施；动乱的时代属于"拨乱抑彊"之世，应当采取先刑法的政策措施；太平无事的时代属于"安平之世"，则采取刑罚与德教并用的政策措施。他说："夫德刑并行，天地常道也。先王之道，上教化而下刑法，右文德而左武功，此其义也。或先教化，或先刑法，所遇然也。拨乱抑彊，则先刑法；扶弱绥新，则先教化；安平之世，则刑教并用。大乱无教，大治无刑。乱之无数，势不行也；治之无刑，时不用也。教初必简，刑始必略，则其渐也。教化之隆，莫不兴行，然后责备。刑法之定，莫不避罪，然后求密。未可以备，谓之虐教；未可以密，谓之峻刑。虐教伤化，峻刑害民，君子弗由也。设必违之教，不量民力之未能，是陷民于恶也，故谓之伤化。设必犯之法，不度民情之不堪，是陷民于罪也，故谓之害民。"②

　　荀悦在此还总结了教化和刑法的发展趋势，即教化和刑法在产生初期都是比较简略的，以后随着社会现实的需要而逐步发展完善。如果教化不完备，会给教育带来损害；没将民众教育好，会使民众为恶。如果刑法没有制定严谨，那就会变成峻刑，把民众带入犯罪的陷阱。因此，只有逐渐制定完善教化与刑法，才能使民众安居乐业。

　　荀悦的修明法度、德刑并用主张，其理论基础是人性论。他的人性论既不是性善论也不是性恶论，而是认为人性无所谓善恶，是随着客观环境的变化而形成的。"性虽善，待教而成；性虽恶，待法而消……于是教扶其善，法抑其恶。"③ 人性先天无所谓善恶，主要是后天教化和刑法

---

① 《申鉴・政体》。
② 《前汉纪》，第222—223页。
③ 《申鉴・杂言上》。

会改变人性，因此教化和刑法在国家管理中是不可缺少的。

（九）仲长统德刑并举、礼法兼用思想

仲长统（179—220），字公理，山阳郡高平（今山东邹城西南）人，东汉末年政论家、哲学家。才华过人，洒脱不拘，时人称为狂生。献帝时曾任尚书郎，后参与曹操军事。他著有《昌言》，提出一些国家管理的思想。

仲长统认为管理国家必须采取德刑并举、礼法兼用的方略，两者必须互相补充，不可偏废，才能维护封建王朝统治。"情无所止，礼为之俭；欲无所齐，法为之防。越礼宜贬，逾法宜刑，先王之所以纪纲人物也。若不制此二者，人情之纵横驰骋，谁能度其所极者哉！"[1] 他认为社会上之所以产生越礼逾法的事情，其原因是人有"情""欲"，如果不用德、礼和法、刑予以规范、禁止，放任人的情、欲为所欲为，势必使社会秩序无法正常运行。

仲长统提出，在德刑并举中，一般情况下是德教为主，刑罚为辅。所谓"德教者，人君之常任也，而刑罚为之佐助焉"。但是，如在特殊时期，诸如战争、社会动乱期间，那就必须采用严刑峻法来管理国家。"至于革命之期运，非征伐用兵，则不能定其业；奸宄之成群，非严刑峻法，则不能破其党"。这是因为，"时势不同，所用之数亦宜异也"。德教与刑罚并用，应该根据实际需要而灵活应用，要有不同的侧重点。

仲长统主张，在通常的情况下，应该先德教后刑罚，两者互相配合，才能达到较好的效果。"开道途焉，起堤防焉，舍我途而不由，逾堤防而横行，逆我政者也。诰之而知罪，可使悔过于后矣；诰之而不知罪，明刑之所取者也。教有道，禁不义，而身以先之，令德者也；身不能先，而总略能行之，严明者也。忠仁为上，勤以守之，其成虽迟，君子之德也。"

---

① 《全上古三代秦汉三国六朝文》（第 1 册），《全后汉文》卷 88、卷 89《昌言》，本目引文均见于此。

仲长统在提倡礼法兼用管理方略时，特别强调必须制定一套实用简明的礼法典章制度作为民众日常生活行为的准则。他提出："教化以礼义为宗，礼义以典籍为本……故制不足，则引之无所至；礼无等，则用之不可依；法无常，则网罗当道路；教不明，则士民无所信。引之无所至，则难以致治；用之不可依，则无所取正；网罗当道路，则不可得而避；士民无所信，则其志不知所定，非治理之道也。"

仲长仲主张礼法典章应当简单易行，还应保持它的稳定性，不要朝令暮改；君主要以至仁至公之心、以身作则，带头推行礼法。"诚令方来之作，礼简而易用，仪省而易行，法明而易知，教约而易从。篇章既著，勿复刊剟；仪故既定，勿复变易。而人主临之以至公，行之以至仁，壹德于恒久，先之用己身"。

仲长统就当时法律存在的问题提出了修改完善的建议。他认为，当时的刑法条文不是惩罚重刑条文，就是惩罚轻刑条文，缺乏惩罚中刑条文。这使在判刑中，所用刑罚不是偏重，就是偏轻，因此必须增加惩罚中刑的条文。"肉刑之废，轻重无品，下死则得髡钳，下髡钳则得鞭笞。死者不可复生，而髡者无伤于人。髡笞不足以惩中罪，安得不至于死哉！夫鸡狗之攘窃，男女之淫奔，酒醴之赂遗，谬误之伤害，皆非值于死者也。杀之则甚重，髡之则甚轻。不制中刑以称其罪，则法令安得不参差，杀生安得不过谬乎？今患刑轻之不足以惩恶，则假臧货以成罪，托疾病以讳杀。科条无所准，名实不相应，恐非帝王之通法，圣人之良制也。或曰：过刑恶人，可也；过刑善人，岂可复哉？曰：若前政以来，未曾枉害善人者，则有罪不死也，是为忍于杀人也，而不忍于刑人也。"

针对这种缺乏惩罚中刑条文的立法问题，仲长统主张恢复一些"肉刑"来解决因缺乏中刑而"杀之则甚重，髡之则甚轻"的弊端。"今令五刑有品，轻重有数，科条有序，名实有正，非杀人逆乱鸟兽之行甚重者，皆勿杀。嗣周氏之秘典，续吕侯之祥刑，此又宜复之善者也"。这样，判刑条文重、中、轻条文等级清晰，过渡自然平顺，系统完善，没有残缺不全，就可以对各种犯罪依据其不同程度处以不同等级的刑罚。

（十）班固德主刑辅思想

班固（32—92），字孟坚，扶风安陵（今陕西咸阳东北）人，东汉著名史学家、文学家。早年入太学博览群书。建武三十年（54）丁父忧，返回乡里，开始在其父班彪《史记后传》的基础上，与其弟班超一同撰写《汉书》。后班超投笔从戎，班固继续撰写，前后历时二十余年，于建初三年（78）基本完成，一小部分未竟内容由其妹班昭续完。建初四年（79），章帝在白虎观召集名儒讨论五经异同，班固以史官身份参与记录，后整理成《白虎通德论》（又称《白虎通义》）。永元四年（92），大将军窦宪在政争中失败自杀，班固受牵连死于狱中。

班固一生著述颇丰。作为史学家，《汉书》是继《史记》之后中国古代又一部重要史书，系"前四史"之一；作为辞赋家，班固是"汉赋四大家"之一，《两都赋》开创了京都赋的范例，列入《文选》第一篇；同时，班固还是经学理论家，他编辑撰成的《白虎通义》，集当时经学之大成，使谶纬神学理论化、法典化。

班固主张管理国家应该礼法并用，两者不可偏废。"礼节民心，乐和民声，政以行之，刑以防之。礼、乐、政、刑四达而不悖，则王道备矣。"① "鞭扑不可弛于家，刑罚不可废于国，征伐不可偃于天下。用之有本末，行之有逆顺耳。"② 而且他认为，管理国家应以德、礼为主，刑法为辅。"文德者，帝王之利器；威武者，文德之辅助也。"③ 他还引用刘向的话："教化，所恃以为治也，刑法所以助治也。"④ 由此可见，他认为德教可以潜移默化使人向善，远离犯罪。

班固继承先秦儒家重视礼乐的思想，认为治国者必然发挥礼乐的维护社会等级秩序和安定和谐的作用。"人函天地阴阳之气，有喜怒哀乐之情。天禀其性而不能节也，圣人能为之节而不能绝也，故象天地而制礼

---

① 《汉书》卷22《礼乐志》。
② 《汉书》卷23《刑法志》。
③ 《汉书》卷23《刑法志》。
④ 《汉书》卷22《礼乐志》。

乐，所以通神明，立人伦，正情性，节万事者也。"否则，治国失去礼乐，全国上下就会出现暴嫚失礼，"则荒乱及之矣"。① 班固主张在全国设立各级学校，对民众进行广泛的礼乐教育，使每一个人都知道礼乐，安分守己，从而形成社会风尚，就能使社会和谐太平。"古之王者，莫不以教化为大务，立大学以教于国，设庠序以化于邑。教化已明，习俗已成，天下尝无一人之狱矣。"②

班固不仅主张管理国家要德主刑辅，还要在轻刑的基础上实行轻重适宜的刑法。他在《汉书·刑法志》中批判秦皇汉武的严刑酷法，并认为文帝废除肉刑之后刑罚仍然太重。他认为，秦始皇专任刑罚，以至于"赭衣塞路，囹圄成市"③；汉武帝实行酷刑："穷民犯法，酷吏击断，奸轨不胜"④。汉文帝时"且除肉刑者，本欲以全民也，今去髡钳一等，转而入于大辟。以死罔民，失本惠矣。故死者岁以万数，刑重之所致也。"⑤

我们必须看到，班固一方面反对酷刑，另一方面也反对轻刑。他认为，西汉的刑罚弊端是死刑重而生刑轻："至乎穿窬之盗，忿怒伤人，男女淫佚，吏为奸臧，若此之恶，髡钳之罚又不足以惩也。故刑者岁十万数，民既不畏，又曾不耻，刑轻之所生也。"⑥ 由此可见，班固认为过于轻刑会导致法律失去威慑力，许多人会轻易走上犯罪道路。因此，过度轻刑也是不可取的。他主张，刑罚应当轻重适宜，并根据时代的变迁而进行相应的调整。他提出："禹承尧、舜之后，自以德衰而制肉刑，汤、武顺而行之者，以俗薄于唐、虞故也。今汉承衰周暴秦极敝之流，俗已薄于三代，而行尧、舜之刑，是犹以鞿而御駻突，违救时之宜矣。"⑦

班固还主张执法要公正，法律才能起维护社会安定的作用。他在

---

① 《汉书》卷 22《礼乐志》。
② 《汉书》卷 22《礼乐志》。
③ 《汉书》卷 23《刑法志》。
④ 《汉书》卷 23《刑法志》。
⑤ 《汉书》卷 23《刑法志》。
⑥ 《汉书》卷 23《刑法志》。
⑦ 《汉书》卷 23《刑法志》。

《汉书》中揭露了汉代因执法不公导致冤狱繁多的社会弊端。如汉成帝时，"明有所蔽，德不能绥，刑罚不中，众冤失职，趋阙告诉者不绝"。① 他认为，要做到执法公正，首先封建王朝最高统治者即皇帝要公正执法，其次是众多的官员要公正执法，为政清廉。如他在《汉书·循吏传》中称颂的张释之，在任廷尉时，敢于据法力争，改判文帝要从重处罚的造成其出行之马受惊的人，以及"盗高庙座前玉环"的人，从而使"天下称之"。② 又如于定国任廷尉，"其决疑平法，务在哀鳏寡，罪疑从轻，加审慎之心"，使"民自以不冤"③，从而受到班固的赞赏。总之，从班固在《汉书》中对执法公正官员的赞扬可以看出，他主张的执法公正的思想是相当明确的。总而言之，班固在执法上反对酷刑，主张在轻刑基础上实行轻重适宜的刑罚，并且坚持执法公正，这样才能发挥法律的作用，得到广大民众的支持。

（十一）傅玄以礼刑治国、以赏罚治民思想

傅玄（217—278），字休奕，北地泥阳（今陕西铜川耀州）人。博学、善属文，性格刚劲亮直，魏晋时期的名臣及文学家、思想家。他在曹魏时曾任弘农太守、典农校尉，入晋后历任侍中、御史中丞、太仆、司隶校尉等职，曾屡次上书，陈说治国之策。傅玄著述甚多，但大部分散佚，清人纪昀等辑有《傅子》一书。

傅玄在阐述礼刑管理思想时，首先比较有特色的是对礼、法、刑做了界定："立善防恶谓之礼，禁非立是谓之法。法者，所以正不法也。明书禁令曰法，诛杀威罚曰刑。"④ 这里的礼类似现代的道德，对民众起正面的引导作用，如通过树立榜样、倡导良风美俗等预防犯罪行为。所谓法，类似现代的法律，通过政府明文颁布的法令条文，禁止民众违法乱纪。这里的刑，则类似现代的刑罚，即对犯罪分子处以各种刑罚。这种

---

① 《汉书》卷 10《成帝纪》。

② 《汉书》卷 50《循吏·张释之传》。

③ 《汉书》卷 50《循吏·于定国传》。

④ 《傅子·法刑》，台湾商务印书馆影印文渊阁四库全书本。

界定比以往《大戴礼记·礼察》和贾谊的"礼者禁于将然之前，而法者禁于已然之后"显得科学明确了，无疑在认识上前进了一大步。

傅玄主张管理国家必须德刑相济，礼法并用，如片面重德或片面重刑都是无法把国家管理好的。用德用刑都必须取其所长，去其所短，这样才能达到管理好国家的目标。"天威德者，相须而济者也。故独任威刑而无德惠，则民不乐生；独任德惠而无威刑，则民不畏死。民不乐生，不可得而教也；民不畏死，不可得而制也。"① 他批评当时一些"末儒""见峻法之生叛，则去法而纯仁；偏法见弱法之失政，则去仁而法刑。此法所以世轻世重，而恒失其中也"。② 因此，主张礼法、赏刑兼用，互相补充，"礼法殊途而同归，赏刑递用而相济"。

至于在管理国家时中是先礼后刑还是先刑后礼，傅玄认为应该根据社会治乱情况的不同而对德礼和刑法的运用有所侧重。他指出："天地至神不能同道而生万物，圣人至能不能一检而治百姓。故以异致同者，天地之道也；因物制宜者，圣人之治也。"一般来说，傅玄主张："治世之民，从善者多，上立德而下服其化，故先礼而后刑也；乱世之民，从善者少，上不能以德化之，故先刑而后礼也。"③

傅玄根据人性好生恶死的特点，提出君主应该运用赏罚两种手段来管理民众。如对那些"信顺"封建统治的民众，则因其所好予以奖赏，而对那些"诈逆"封建统治的民众，则因其所恶予以惩罚，这样就能巩固自己的统治。他提出："治国有二柄：一曰赏，二曰罚。赏者，政之大德也；罚者，政之大威也。人所以畏天地者，以其能生而杀之也。为治审持二柄，能使生杀不妄，则威德与天地并矣。信顺者，天地之正道也；诈逆者，天地之邪路也。民之所好莫甚于生，所恶莫甚于死。善治民者，开其正道，因所好而赏之，则民乐其德也；塞其邪路，因所恶而罚之，

---

① 《傅子·治体》。
② 《傅子·法刑》。
③ 《傅子·法刑》。

则民畏其威矣。"①

总之，傅玄以天道春生秋杀的理论来论证君道，主张君主管理国家时必须持有赏罚二柄，然后才能成就君道，统治万民。为了使君主能正确地使用赏罚二柄来管理国家，傅玄提出赏罚不避亲疏贵贱的主张，这样就能达到奖赏能激励民众，惩罚能威慑不法者的效果。这就是"亲贵犯法，大者必议，小者必赦"。"善赏者，赏一善而天下之善皆劝；善罚者，罚一恶而天下之恶皆惧也。何也？赏公而罚不贰也。有善，虽疏贱必赏；有恶，虽亲贵必诛，可不谓公而不贰乎？"②

第二节　加强中央集权思想

一、秦朝加强中央集权思想

公元前221年，秦灭六国，建立了中国历史上第一个封建中央集权制的统一国家。秦王朝在中国古代史上是一个具有开创性的重要王朝，建立了郡县制，统一文字、度量衡、货币，修驰道、长城，对巩固大一统王朝起了重要的作用。但是秦统治者的暴虐统治最终使社会各种矛盾激化，爆发了声势浩大的陈胜、吴广农民大起义。公元前209年，秦王朝覆灭。

我们研究秦朝管理国家的思想，其中最重要的代表人物是统一秦朝的开创者——秦始皇嬴政及其重要助手——丞相李斯。秦始皇（前259—前210）姓嬴名政。他13岁继承秦国王位，23岁执掌朝政，公元前221

---

① 《傅子·治体》。
② 《傅子·治体》。

年灭六国。他在位时，实行了一系列对多民族封建国家的统一和发展具有积极意义的政策和措施。但是，他也实行残酷的暴政，严刑酷法，横征暴敛，"举措太众，用刑太极"，致使至二世而亡。李斯（？—前208）楚国人，曾拜荀况为师。后投奔秦国，得到重用，在统一六国和建立封建中央集权君主专制国家中发挥了重要作用。官至丞相，秦二世胡亥当政后，遭诬陷被腰斩，并夷三族。

秦始皇管理思想的最大特点，就是崇奉先秦法家"以法治国"思想，将其作为政治上的指导思想。可以说，秦始皇是法家思想最典型的信奉者和实践者。他在扫灭六国统一全国后采取了一系列政策措施，来发展、巩固其建立的中央集权制封建君主专制王朝，对全国实行严密的管制。以下对其中一些主要政策措施予以阐述。

（一）确立皇帝至高无上的权威

秦始皇建立历史上第一个全国封建中央集权制统一王朝后，认为自己丰功伟业超过历史上传说的三皇五帝，因此在李斯等群臣的迎合下，将三皇五帝名号合一，更改先秦国君名号，决定称为"皇帝"。从此，"皇帝"成为中国两千多年来封建社会国君至尊的称号。从表面上看，这只是封建社会最高统治者称谓的变更，但从实质上看，这其实是在思想观念上对封建君主至高无上权威的确认。"皇帝"的尊号意味着其权力和威信超过以往的三皇五帝，把古代国君的至高无上的权威和地位推向了顶峰，皇帝作为全国最高的统治者，国家的最高权力归其所有，皇帝的意志凌驾于法律之上，天下臣民要无条件地绝对服从君主的权威，皇帝的权威神圣不可侵犯。总之，皇帝尊号的确立是秦王朝强化封建君主专制思想的典型体现之一。

在秦王朝强化封建君主专制中，李斯起了重要的作用。在嬴政计划更改帝王名号，确立自己至高无上的地位时，李斯迎合他的意图，阿谀奉承道："今陛下兴义兵，诛残贼，平定天下，海内为郡县，法令由一

统。自上古以来未尝有，五帝所不及。"① 尔后又提出，古代有三皇，"泰皇"最为尊贵，故建议秦王改称"泰王"。嬴政就是参考了李斯等大臣的意见，合三皇五帝名号，决定称"皇帝"。

尔后，李斯在强化封建君主专制至高无上的权威上继续出谋献策。他认为，皇帝对天下的所有臣民、土地拥有最高支配权，因而可以穷奢极欲，为所欲为，尽情享受。"是故主独制于天下而无所制也，能穷乐之极矣"。他主张，要强化君权，皇帝必须对臣民实行"督责"和"深罚"。"明主圣王之所以能久处尊位，长执重势，而独擅天下之利者，非有异道也。能独断而审督责，必深罚，故天下不敢犯也。"其中"督责"就是专门以刑罚监督群臣百官的，而"深罚"则是用严刑峻法，既对民又对官。李斯特别强调"督责之术"能使"臣无邪""天下安""主严尊"，皇帝"所欲无不得矣"。皇帝以严刑峻法督察群臣百官，"则臣不敢不竭能以徇其主矣"，从而使皇帝的权威更加趋于绝对化，得以为所欲为。在李斯看来，群臣百官只是皇帝实行政治独裁、实现自身利与欲的工具，"独操主术以制听从之臣，而修其明法，故身尊而势重也"。"明君独断，故权不在臣也。然后能灭仁义之途，掩驰说之口，困烈士之行，塞聪掩明，内独视听"，"故能荦然独行恣睢之心而莫之敢逆"。② 从而使群臣百官成为皇帝服服帖帖的奴才，实现其彻底的"独制""独断""独行""独听"。

（二）重刑主义的法治思想

嬴政即位后，主张先秦法家的"法治"。这种法治与当代的法治有着本质上的不同，其中主要有两个方面的区别。第一，秦始皇极力主张"事皆决于法"，但是实际上"天下之事无大小皆决于上"③。显然，秦始皇的"皆决于法"其实就是"皆决于"自己。他作为一位具有至高无上权力和威信的皇帝，本身就是"法"的化身。他既是最高立法者，又是

---

① 《史记》卷6《秦始皇本纪》。
② 《史记》卷87《李斯列传》。
③ 《史记》卷6《秦始皇本纪》。

最高司法者、最高执法者，他的一言一行代表着最权威的国家意志，凌驾于法律之上，可以根据自己的需要随意改变法律。因此，无论是"事皆决于法"，还是"事皆决于上"，其实是没有什么区别的。对于秦始皇来说，"法治"就是"人治"，而"人治"也就是"法治"，两者是一样的。因此，笔者认为秦始皇的"法治"论是"君权绝对论"前提下的"法治"，标志着先秦法家法治思想至此已经发展到极端的君主专制主义，国家一切法律法规和政策措施都取决于皇帝个人的意志和言行。

第二，秦朝的"法治"充满了血腥的暴力，是暴力万能论下的"法治"。先秦法家的"法"，其实质上既不是当代所谓的宪法，也不是宪法之下的民事法、经济法、行政法，而是经过改造的"刑"成为"法"，即刑法和军法。因此，这种"法治"强调轻罪重罚，严刑峻法，手段残酷，名目繁多。秦始皇当政时期，立法极为严苛，动辄触禁，即遭杀身之祸，甚者株连九族。如秦始皇当政后，加重了刑法的惩罚力度，秦国统一六国前，《徭律》规定："失期三日到五日，谇；六日到旬，赀一盾，过旬，赀一甲。"① 秦始皇当政后，大大加重了处罚："失期，法皆斩。"② 秦国统一六国后，秦始皇接连颁布了"妄言法""挟书令""焚书令""诽谤法"等苛法，违者动辄处死，甚至株连亲族。如规定"诽谤者，族"，"以古非今者，族"，"偶语《诗》《书》者，弃市"。③ 秦始皇二十年（前 227）"荆轲为燕太子丹刺秦王，后诛轲九族，其后恚恨不已，复夷轲之一里，一里皆灭"。④ 秦始皇统一六国后，刑法严苛，遂使全国变成一个大监狱，罪犯遍布道路。史称秦"兼吞战国，遂毁先王之法，灭礼谊（义）之官，专任刑罚……而奸邪并生，赭衣塞路，囹圄成市，天下愁怨"。⑤

秦始皇的"繁刑严诛"极为繁多，如光死刑名目就有戮刑、磔刑、

---

① 《睡虎地秦墓竹简》，第 76 页。
② 《史记》卷 48《陈涉世家》。
③ 《史记》卷 6《秦始皇本纪》。
④ 《论衡·语增》。
⑤ 《汉书》卷 23《刑法志》。

弃市、定杀、生埋、赐死、枭首、腰斩、凿颠、抽肋、绞、剖腹、族刑、夷三族、车裂、体解、囊扑、蒺藜、镬烹、具五刑等，其他刑罚就更不胜枚举了。秦始皇的"繁刑严诛"不仅依靠君主绝对权威的强制力，还依靠一个由军功地主和一些知识分子组建的官僚集团积极实践他的思想和政策。

李斯对秦始皇当政时期的重刑主义作了思想总结和理论发挥。他在给秦二世的《行督责书》中指出："慈母有败子而严家无格虏者，何也？则能罚之加焉必也。故商君之法，刑弃灰于道者。夫弃灰，薄罪也，而被刑，重罚也。彼唯明主为能深督轻罪。夫罪轻且督深，而况有重罪乎？故民不敢犯也。"由此可见，李斯认为，慈母宠溺儿子，所以出败家子，而家法严厉，则没有强悍的奴仆。这就是因为对有过失者处以重罚的缘故。商鞅之法就是要从小的过失中看到严重的后果，轻罪重罚。倘若轻罪受到重罚，就没有人敢犯重罪了。国君之所以能够"久处尊位，长执重势"，"独擅天下之利"，就要"能独断而审督责，必深罚，故天下不敢犯也"。① 有罪必罚，罚之必重，那么天下臣民就不敢犯上作乱了。

但是，秦朝"繁刑严诛"的重刑统治并没有达到预期的效果，恰恰相反，却使数以千万的人成为罪犯。"刑者相半于道，而死人日成积于市。杀人众者为忠臣。"② 当时有一个人"为范阳令十年矣，杀人之父，孤人之子，断人之足，黥人之首，不可胜数。然而慈父孝子莫敢割刃公之腹中者，畏秦法耳"③。这种繁刑严诛，必然导致社会动荡不安，矛盾激化。秦始皇"用商鞅之法，改帝王之制……故贫民常衣牛马之衣，而食犬彘之食。重以贪暴之吏，刑戮妄加，民愁亡聊，亡逃山林，转为盗贼，赭衣半道，断狱岁以千万数"④。其最终结果是，在秦始皇的重刑思想统治下，人人有"罪"，千百万人被逼上"犯罪"的绝境，最后只能揭

---

① 《史记》卷 87《李斯列传》。
② 《史记》卷 87《李斯列传》。
③ 《史记》卷 89《张耳陈余列传》。
④ 《汉书》卷 24 上《食货志上》。

竿而起，以摧枯拉朽之势推翻了秦王朝。

（三）实行文化专制主义思想

秦王朝统一六国后，在政治上实行中央集权制，这必然在思想文化上也要控制和统一臣民的思想。李斯认为，秦王朝在政治上"海内为郡县，法令由一统"①，在思想文化上也必须"别黑白而定一尊"，禁止不同学说流行，从而统一臣民思想，巩固中央集权制国家。他提出："古者天下散乱，莫之能一，是以诸侯并作，语皆道古以害今，饰虚言以乱实，人善其所私学，以非上之所建立。"秦统一之前，由于诸侯割据，不同学说得以生存发展，各诸侯王也乘机实现其分裂割据的目的。国家的不统一导致思想文化的异说纷呈，而思想文化的异说纷呈又反过来影响和制约着国家制定和推行各项统一的政策法规。因此，李斯主张，在秦统一六国后，必须控制和统一思想文化："今皇帝并有天下，别黑白而定一尊。私学而相与非法教，人闻令下，则各以其学议之，入则心非，出则巷议，夸主以为名，异取以为高，率群下以造谤。如此弗禁，则主势降乎上，党与成乎下。禁之便。"② 这就是说，如不控制和统一全国臣民的思想与文化，必然导致不同学派各自宣扬自己的学说，造成思想文化上的混乱。这还会进一步导致各种学派以自己的学说标准来批评指责朝廷的法令政策，否定君主以抬高自己，或提出不同于国家法令政策的主张来标榜自己的高明和正确，从而使君主的权威下降，朝廷之下派系林立，国家法令政策难以得到顺利实施贯彻。因此，在全国控制和统一思想文化是很有必要的。

李斯基于以上理由，于公元前 216 年，奏请秦始皇："非秦记皆烧之。非博士官所职，天下敢有藏《诗》《书》百家语者，悉诣守、尉杂烧之。有敢偶语《诗》《书》者，弃市；以古非今者，族。吏见知不举者，

---

① 《史记》卷 6《秦始皇本纪》。
② 《史记》卷 6《秦始皇本纪》。

与同罪。令下三十日不烧，黥为城旦。所不去者，医药、卜筮、种树之书。"① 公元前 215 年，秦始皇在咸阳附近的渭水河畔，坑杀了 460 多个儒生。这就是历史上有名的、残暴的封建文化专制主义的极端体现——"焚书坑儒"。李斯还提出，"若欲有学法令，以吏为师"。② 从而将全国思想文化统一到国家法令政策上来。

李斯提出以上的控制统一全国臣民的思想文化措施，可归纳为 3 个方面：一是焚书坑儒，除了医药、种树、卜筮之类科技占卜之书外，其余各种书籍统统被烧毁，另外坑杀了 460 多个儒生；二是禁止言论自由，尤其严禁批评指责秦王朝当时法令政策的言论；三是将全国臣民思想文化统一到朝廷的法令政策上来。

实行思想文化专制的首倡者是战国时期的韩非，而至秦统一六国后秦始皇和李斯予以实施，并将其推行到一个极端的境地。焚书，秦朝不仅仅是烧掉了大量珍贵的书籍，更严重的是破坏了先秦灿烂的华夏文化，野蛮钳制了人们的思想自由，扼杀了文化的发展。这是封建君主专制统治走向残暴的一个极端，对后世产生了极其恶劣的影响。

（四）上农除末思想

秦王朝在统一六国之前用商鞅变法时，就明确提出了"事本禁末"的政策，认为"能事本而禁末者富"③，即让民众从事农业生产、抑制商业才能使国家富裕起来。秦始皇统一六国后，继续实行商鞅的这一事本禁末政策。丞相李斯在建议"焚书"时提出："今天下已定，法令出一，百姓当家则力农工。"④ 秦始皇采纳了这一建议，将"上农除末"作为秦统一六国后的重要经济上的国策。始皇二十八年（前 219）的琅玡台刻石云："皇帝之功，勤劳本事。上农除末，黔首是富。"⑤ 这里的"上农"，

---

① 《史记》卷 6《秦始皇本纪》。
② 《史记》卷 6《秦始皇本纪》。
③ 《商君书·壹言》。
④ 《史记》卷 6《秦始皇本纪》。
⑤ 《史记》卷 6《秦始皇本纪》。

就是上文李斯提出的"力农工",重视和鼓励农业、手工业等生产活动,"除末"就是抑制打击商业及其他与农业生产无关的活动。"上农"与"除末"相辅相成,即要发展农业、手工业生产,就必须通过抑制、打击商业,迫使劳动力从商业转向农业、手工业。另一方面,农业、手工业发展了,也就意味着从事商业劳动力的减少,政府达到了抑制、打击商业的目的。

为了贯彻实施"上农"政策,始皇二十八年(前219),"徙黔首三万户琅玡台下,复十二岁(免除十二年劳役)"①;始皇三十五年(前212),又徙黔首"三万家丽邑,五万家云阳,皆复不事十岁(免除十年徭役)"②;始皇三十六年(前211),又"迁北河榆中三万家,拜爵一级"③。这些迁徙百姓到劳动力不足、地广人稀的地方去垦殖的优惠政策,一定程度上促进了这些地广人稀地区农业生产的发展。秦始皇实行"焚书"时,"所不去者,医药、卜筮、种树之书"④,由此可见,秦始皇是重视农业生产的,下令不予烧毁有关农业生产的书籍,使这些农业生产书籍得以幸存。

秦始皇在"上农"的同时还进行"除末",对商人商业通过歧视打击进行抑制。"(始皇)三十三年(前214),发诸尝逋亡人、赘婿、贾人略取陆梁地,为桂林、象郡、南海,以适遣戍。"⑤ 在此,朝廷将商人与赘婿(入赘女家的男人)和逃亡的罪犯划归为一类同等对待,一起发配去戍边。不仅如此,连商人的子孙后代也难逃厄运:"秦之戍卒不能其水土,戍者死于边,输者偾于道。秦民见行,如往弃市,因以谪发之,名曰谪戍。先发吏有谪及赘婿、贾人,后以尝有市籍者,又后以大父母、

---

① 《史记》卷6《秦始皇本纪》。
② 《史记》卷6《秦始皇本纪》。
③ 《史记》卷6《秦始皇本纪》。
④ 《史记》卷6《秦始皇本纪》。
⑤ 《史记》卷6《秦始皇本纪》。

父母尝有市籍者，后入闾，取其左"。① 秦代商人的户籍称"市籍"，"大父母、父母尝有市籍者"也要"谪戍"，即是商人的儿子、孙子也要发配戍边。由此可见，秦朝用相当严厉的政策抑制打击商人。

秦始皇的"上农除末"政策不仅仅具有在经济上发展农业生产的目的，还具有一定的政治上、军事上的目的。因为农民比商人淳朴，易于接受秦王朝的统治，农民被束缚在土地上，安土重迁，不像商人到处迁徙。农民平时务农，战时出征，为战争出物、出力。这符合秦国一贯的农战国策。

（五）郡县制思想

秦国统一六国后，进一步促进了华夏民族的融合。但是，由于战国时期六国残余势力的存在，国家是否能维持统一面临着严峻的考验。

从秦王朝统一开始，朝廷便围绕着维持国家统一、长治久安而展开争论。以丞相王绾、博士淳于越等人为代表，主张在全国实行分封制。秦始皇二十六年（前221），王绾等向始皇进言："诸侯初破，燕、齐、荆地远，不为置王，毋以填之。请立诸子，唯上幸许。"② 他认为，那些刚刚并入秦国版图的边远地区，诸如燕、齐、荆等，朝廷鞭长莫及，应当分封诸皇子为王，以镇守之。秦始皇三十三年（前214）博士淳于越又进奏："臣闻殷、周之王千余岁，封子弟功臣，自为枝辅。今陛下有海内，而子弟为匹夫，卒有田常、六卿之臣，无辅拂，何以相救哉？事不师古而能长久者，非所闻也。"③ 淳于越从殷周历史中找根据，认为殷周之所以能历经千余年，关键原因是分封宗族子弟与开国功臣为王，为自己建立辅翼力量。而今始皇帝实现天下一统，自己子弟却为平民，如果不建立诸王为皇帝羽翼屏障，一旦天下有变，谁来勤王保驾？因此，应当采取分封制。

---

① 《汉书》卷49《爰盎晁错传》。
② 《史记》卷6《秦始皇本纪》。
③ 《史记》卷6《秦始皇本纪》。

但是，李斯主张在全国范围内推行战国时期出现的郡县制。李斯驳斥王绾说："周文、武所封子弟同姓甚众，然后属疏远，相攻击如仇雠，诸侯更相诛伐，周天子弗能禁止。今海内赖陛下神灵一统，皆为郡县，诸子功臣以公赋税重赏赐之，甚足易制。天下无异意，则安宁之术也。置诸侯不便。"① 李斯的观点与王绾、淳于越的针锋相对。他认为，春秋战国时期诸侯互相攻伐，其根源就在西周初年的分封制，随着时间的推移，同宗子弟会为了争夺势力像仇人一样互相残杀。今天实现了全国统一，若回到过去再搞分封，就势必架空朝廷，重蹈诸侯割据的覆辙。只有实行郡县制，使诸多宗族子弟、功臣依靠皇帝赋税生活，失去割据一方的基础，才能去掉他们的非分之想，确保国家的安定和统一。因此，不能再实行分封制，而只能实行郡县制。

对于当时究竟是实行分封制还是实行郡县制的争论，秦始皇明确赞同郡县制："天下共苦战斗不休，以有侯王。赖宗庙，天下初定，又复立国，是树兵也，而求其宁息，岂不难哉！廷尉议是。"② 秦始皇一针见血地指出，分封制是国家战乱不已、诸侯割据的根源，因此不能复古实行分封制，而要实行郡县制。

于是，李斯将秦始皇的中央集权制思想具体化为政治制度，实行郡县制：皇帝之下设丞相、太尉、御史大夫三公和奉常、郎中令、太仆、卫尉、典客、廷尉、治粟内史、宗正、少府九卿等组成中央政府，地方设郡、县两级，每郡设郡守1人，为全郡最高行政长官，掌一郡政务，直接受朝廷任免和管辖；除此之外，郡还设郡尉辅佐郡守并负责军事，设郡监负责监察。郡下设县，万户以上的县设县令，万户以下的县设县长；县令、长之下还设有丞、尉及其他属员。实行郡县制之初全国分为36郡，后陆续增设至41郡。

历史证明，郡县制的确在维护统一的多民族的中央集权制国家的长

---

① 《史记》卷6《秦始皇本纪》。
② 《史记》卷6《秦始皇本纪》。

治久安上发挥了重要的作用，尤其对于幅员辽阔的中国来说，更是如此。正如李斯当时所预言的："秦无尺土之封，不立子弟为王、功臣为诸侯者，使后无战功之患。"① 郡县制开始于战国时期，但秦统一六国后推行的郡县制具有更重要的历史意义：有利于保持政治、经济、文化的统一和稳定，消除六国残余割据势力，统一度量衡、货币，实行车同轨、书同文；有利于集中全国力量兴建大型公共工程，如万里长城、灵渠等；有利于抵御北方游牧民族匈奴的侵扰。总之，为中国后世地方行政体制树立了一个典范。

（六）加强国家统一的措施

秦朝统一六国后，为了巩固幅员辽阔的国家统一，除了在地方行政制度上实行郡县制外，还采取了一系列加强统一的措施，主要有以下几个方面。

一是扩大巩固秦国边疆地区。秦灭楚以后，继续将统治范围扩展到两广和云贵地区。秦始皇派屠睢率军，南攻百越，在那里建立郡县，派官员管理，并使监禄开凿灵渠，第一次沟通了长江与珠江两大水系，加强了岭南与中原地区的联系，并且派将军常頞"略通五尺道"②，使云贵地区纳入秦王朝的版图。秦国统一六国后，北方游牧民族匈奴是中原农耕地区的严重威胁。前215年，秦始皇为解除匈奴的威胁，派大将蒙恬等率兵30万北伐，夺回了被匈奴占领的河套地区。随即，征发军民数十万，将战国时期韩、赵、燕各国的长城增筑，最后形成东起辽东、西至陇西临洮的万里长城，阻挡了北方匈奴等游牧民族长驱直入的南下侵扰，为中原地区农业生产提供了一个和平安定的环境。

二是消除六国割据残余势力。秦始皇为了彻底清除六国残存的军事力量，下令收缴天下藏于民间的兵器，并将其集中于首都咸阳一起销毁，铸成钟鐻和12个各重千石（24万斤）的金人，置于宫廷之中。为了防止

---

① 《史记》卷87《李斯列传》。
② 《史记》卷87《李斯列传》。

六国残余贵族豪富反抗，秦始皇下令迁徙天下豪富 12 万家，集中于咸阳首都，将他们置于朝廷眼皮底下严密监控。秦始皇还下令拆除六国原有城郭，夷平可据以抵御秦军的关隘、要塞以及其他各种壁垒险阻等，从而比较彻底地消除了六国残余势力和广大民众反抗秦朝残暴统治的隐患。

三是修建道路，便捷各地交通，并能迅速调动军队。秦王朝在中原地区，修建了以咸阳为中心的驰道，东穷齐、燕，南至吴、楚的车马大道，还修建了从首都咸阳以北的云阳直抵九原的"直道"；还修建了从今四川宜宾至云南昭通的"五尺道"和今湘赣与两广之间的"新道"。这些连接全国各地的道路的修建，便利了统一的多民族的各地区的经济文化交流和联系，同时也为秦王朝迅速调动军队到各地区镇压反秦者提供了便捷的交通条件。秦始皇利用这四通八达的道路网，5 次出巡各地，宣示自己至高无上的皇帝权威和战无不胜的秦朝军队，从而震慑敢于反抗者。其足迹声威遍布黄河、长江中下游流域的广大地区。

四是在经济上统一货币和度量衡。秦统一六国之前，七国的货币和度量衡是各国各自为制，没有统一的标准，不利于各地的商业贸易和赋税的征收。前 221 年，秦始皇统一六国伊始，就下令废除六国旧货币，在秦国原有圆形方孔钱的基础上，制定了统一的新币制。朝廷规定黄金为上币，镒（24 两）为单位，铜钱为下币，半两为单位，故圆形方孔钱又称秦"半两钱"。同时，秦始皇又颁布诏书，统一度量衡，规定统一的计量单位和进位制，并颁布官府统一制作的标准器，作为各地区度量衡的依据。统一货币和度量衡，对于便利全国各地的经济联系，推动商业贸易的发展，发挥了应有的积极作用。

五是在文化上统一文字。全国统一后，秦始皇立即下令取消六国"不与秦文合者"，以秦小篆为全国统一标准书体，并且将李斯用小篆书写的《仓颉篇》、赵高用小篆书写的《爰历篇》、胡毋敬用小篆书写的《博学篇》作为标准的文字范本，颁行全国。同时，秦朝在全国通行程邈整理出来的更为简单便于书写的隶书。秦朝所实行的全国文字统一规范化和简化的措施，对中国文化和教育、人们之间的书面交流，无疑产生

了积极、巨大且深远的影响。

总之，秦朝加强国家统一的措施，在经济上统一货币和度量衡、在文化上统一文字，改变了战国以来"田畴异亩，车涂异轨，律令异法，衣冠异制，语言异声，文字异形"①的状况，扩大了秦王朝的疆域，大大便利了全国各地区的经济、文化交流，为当时封建经济文化的发展创造了十分有利的条件，并对后世带来积极、深远的历史影响。

二、汉朝加强中央集权思想

（一）消除地方诸侯国思想

楚汉战争期间，刘邦为了分化瓦解项羽集团，调动联合各地势力共同对项羽作战，陆续分封了楚王韩信、淮南王英布、梁王彭越、燕王臧荼、赵王张敖、韩王信、长沙王吴芮等 7 个异姓诸侯王。但刘邦此举显然是迫于形势的权宜之计，在他建立西汉王朝之后的六七年间，就通过包括使用武力在内的各种方式，扫除了除长沙王吴芮之外的其他异姓诸侯王。这对加强中央集权制、维护国家统一是完全必要的。但是，刘邦在消灭异姓诸侯王的过程中，又陆续分封了 9 个同姓诸侯王，并与群臣共立非刘姓不王的誓约。他之所以这样做，是"惩戒亡秦孤立之败"，认为秦始皇"窃自号为皇帝，而子弟为匹夫，内亡骨肉本根之辅，外亡尺土藩翼之卫"②，所以在人民起义中，秦王朝迅速土崩瓦解。

基于这种认识，刘邦遂陆续分封自己的兄弟子侄为诸侯王，使之分布于关东地区，镇土抚民，作为汉朝廷的屏藩。西汉初期，这些同姓诸侯王的建立和存在，在巩固汉王朝统治、粉碎吕氏集团篡权方面发挥了一定的作用。但是，分封制本身与专制主义中央集权制是相矛盾的，因而在文帝、景帝、武帝三代，汉朝廷就不断采取措施来削弱诸侯王的力

---

① 许慎：《说文解字》。

② 《汉书》卷 14《诸侯王表第二》。

量，加强中央集权，巩固国家统一。

文帝时，贾谊上书《治安策》，提出"众建诸侯而少其力"，企图用比较和缓的手段来解决当时同姓诸侯王尾大不掉的问题，从而加强中央集权。他说："臣窃迹前事，大抵强者先反。淮阴王楚最强，则最先反；韩信倚胡，则又反；贯高因赵资，则又反；陈豨兵精，则又反；彭越用梁，则又反；黥布用淮南，则又反；卢绾最弱，最后反。长沙乃在二万五千户耳，功少而最完，势疏而最忠，非独性异人也，亦形势然也。曩令樊、郦、绛、灌据数十城而王，今虽以残亡可也；令信、越之伦列为彻侯而居，虽至今存可也。然则天下之大计可知已。"[①] 汉初诸侯王的地位仅次于皇帝，与三公并列，他们之中强者先反叛，弱者后反叛，极大地威胁着汉朝廷和社会安定。因此，贾谊认为，出现这种历史现象的主要原因是，权势实力决定了这些诸侯王对皇权的态度，权势实力越大的诸侯王对皇权的威胁越大，其威胁在时间上也越紧迫。因此，贾谊提出必须逐渐削弱这些诸侯王的实力，使之无实力也不敢与朝廷对抗，安于其位。对此，他主张采取强干弱枝、削弱诸侯王、加强中央集权的措施。他说："欲天下之治安，莫若众建诸侯而少其力。力少则易使以义，国小则亡邪心。令海内之势如身之使臂，臂之使指，莫不制从，侯之君不敢有异心，辐凑并进而归命天子。"[②] 其"众建诸侯而少其力"的具体措施是"割地定制，令齐、赵、楚各为若干国，使悼惠王、幽王、元王之子孙，毕以次各受祖之分地，地尽而止，及燕、梁它国皆然。其分地众而子孙少者，建以为国，空而置之，须其子孙生者，举使君之"[③]。这就是将诸侯国中几个举足轻重的大国再分封给他们的子孙，使其变为几个小国，这样一个大诸侯国的地域和势力就被分割缩小，使其难以一致行动，对抗朝廷，从而消除地方诸侯国对朝廷的威胁。这不仅便于朝廷对地方

---

① 吴云、李春台校注：《贾谊集校注》，天津古籍出版社，2010年，第358页。
② 《贾谊集校注》，第358—359页。
③ 《贾谊集校注》，第359页。

诸侯国的管理和控制，而且维护了幅员辽阔的国家的统一和安定。

贾谊的《治安策》，虽然得到文帝的欣赏，但出于稳定政局的需要，其"众建诸侯而少其力"的建议并没有得到彻底的实行。当时地方诸侯国的势力日渐强大，严重地威胁到中央集权和国家的统一。正如贾谊在《治安策》中所言："天下之势方病大瘇。一胫之大几如腰，一指之大几如股，平居不可屈信，一二指搐，身虑亡聊。失今不治，必为锢疾，后虽有扁鹊，不能为已。病非徒瘇也，又苦跂蹩。元王之子，帝之从弟也；今之王者，从弟之子也。惠王，亲兄子也；今之王者，兄子之子也。亲者或亡分地以安天下，疏者或制大权以逼天子，臣故曰非徒病瘇也，又苦跂蹩。可痛哭者，此病是也。"① 面对这种情况，景帝三年（前154），御史大夫晁错建议"削藩"，并强调"今削之亦反，不削之亦反。削之，其反亟，祸小；不削，反迟，祸大"。② 景帝采纳了他的建议，决定实行削藩。吴楚七王举兵反，景帝以晁错为替罪羊，竟杀晁错及其全家。但七国并不因此罢兵，后景帝任命周亚夫领军平定了叛乱，并进一步分割诸侯王的封地，收回王国的官吏任免权，取消"诸侯皆赋"，收夺盐铁铜等利源及有关租税，限制他们的权力，使诸侯王不再具有同汉朝廷对抗的物质条件。

但是，诸侯王势力并未彻底解决，武帝时不得不继续采取更彻底稳妥的削藩措施。武帝元朔五年（前124），主父偃继承了贾谊"众建诸侯而少其力"的思想，建议实行"推恩令"，令诸侯推恩分封子弟为侯。这就是"令诸侯得推恩分子弟，以地侯之。彼人人喜得所愿，上以德施，实分其国，必稍自销弱矣"③。这名义上是上施恩惠，实质上是剖分诸侯国以削弱诸侯王的势力。武帝采纳了这一建议，颁行"推恩令"，令各地诸侯王在封地内分封弟子，由朝廷给予名号。

---

① 《汉书》卷48《贾谊传》。
② 《史记》卷106《吴王濞列传》。
③ 《汉书》卷64上《主父偃传》。

"推恩令"下达后，诸侯王的支庶多得以受封为列侯，不少王国也先后分为若干侯国。按照汉制，侯国隶属于郡，地位相当于县。因此，王国析为侯国，就是一个大王国被分割成若干个小侯国，意味着王国土地、人口、国力的缩小，导致其与朝廷实力的差距越来越大。这样朝廷不必用强制黜陟手段而藩国自行分解，既维护了国家的安定，又"软着陆"地解决了自汉初以来的诸侯国尾大不掉问题。

尔后，汉武帝又利用一些机会，进一步消除地方诸侯国对朝廷的威胁。元鼎五年（前112），武帝借口诸侯进奉"酎金"成色、数量不足的问题，即以"献黄金酎祭宗庙不如法"为由，[1] 将106名王侯的爵位悉数褫革。经过此次如此大规模削藩，基本解除了地方诸侯王对朝廷的威胁。此外，汉武帝还通过严惩违法王侯和采用绝嗣除国的方式，废除了一些王侯。总之，通过这一系列举措，至汉武帝时，基本上消除了地方诸侯对朝廷的威胁，"其后诸侯唯得衣食租税，贫者或乘牛车"[2]，地方分封的诸侯已是名存实亡。

（二）刺史监察州郡思想

汉武帝在加强中央集权、维护国家统一中，除了解决地方诸侯王问题外，还设十三部刺史监察郡县，任用酷吏搏击豪强。秦朝时，朝廷在每州设一员监御史，隶属于御史大夫，代表皇帝对地方官吏进行监察，即所谓"省察治政，黜陟能否"[3]。同时，监御史还可监军和带兵。西汉建立后，监御史的制度发生了变化。《通典》卷32对秦汉地方监察制度的变化有一个较为全面系统的叙述："秦置监察御史，汉兴省之。至惠帝三年（前192），又遣御史监三辅郡，察词讼，所察之事凡九条，监者二岁更之。常以十月奏事，十二月还监。其后诸州复置监察御史。文帝十三年（前167），以御史不奉法，下失其职，乃遣丞相史出刺并督监察御

---

① 《汉书》卷6《武帝纪》。

② 《汉书》卷38《高五王传》。

③ 《后汉书》志28《百官五》注引蔡质《汉仪》。

史。武帝元封元年（前 110），御史止不复监。至五年（前 106）乃置部刺史，掌奉诏六条察州，凡十二州焉。居部九岁，举为守相。成帝绥和元年（前 8），以为刺史（秩六百石）位下大夫，而临二千石，轻重不相准，乃更为州牧，秩真二千石，位次九卿。九卿缺，以高第补。哀帝建平二年（前 5），复为刺史，元寿二年（前 1），复为牧。后汉光武建武十八年（42），复为刺史。外十二州各一人，其一州属司隶校尉……灵帝中平五年（188），改刺史，唯置牧。是时天下方乱，豪杰各欲据有州郡，而刘焉、刘虞并自九卿出领州牧，州牧之任，自此重矣。"这说明秦汉 400 多年间地方监察制度经历了一个十分复杂、曲折的反复过程，其原因是地方监察制度必须适应政治、经济和社会治安形势的变化而变化，尤其是要适应中央与地方势力的消长而变化调整。

秦朝统一六国，为监控幅员辽阔的帝国，防范六国残余势力死灰复燃，开始设监察御史代表皇帝监控地方并可监军和带兵，是十分必要的制度安排。西汉初年，郡守权力不重，且开元伊始，官吏为非作歹者不多，因而朝廷没有必要在地方设置监察御史。惠帝时期，三辅地区不法之事逐渐增多，于是朝廷又恢复派遣御史监察三辅，并明确规定了御史监察地方 9 个方面的内容，使其监察更有针对性。其 9 条是："词讼、盗贼、铸伪钱、狱不直、徭赋不平、吏不廉、苛刻、逾侈及弩力十石以上，作非所当服。"① 从这 9 条内容可知，朝廷从司法、社会治安、经济、官吏廉政、军事等方面加强对地方的监控。尔后，西汉朝廷又向地方各郡国普遍派遣监察御史，把对三辅地区的监控扩大到全国各地。

但是，此时的监察御史与丞相史并出，又无固定监察区，与丞相史职事重叠，各自为政，难以有效行使监察权。到了武帝时，朝廷决定设十三部刺史，监察地方州郡。汉部刺史监察制度有 3 个特点值得注意。一是刺史初为六百石官，秩位不高，只相当于一个中下等县令的秩品，

---

① 《玉海》卷 65《诏令·律令上·汉九条》引《唐六典》，台湾商务印书馆影印文渊阁四库全书本。

但出刺时代表朝廷，权力很大，可以监察二千石守相。所以顾炎武在《日知录》卷 9《部刺史》中说："夫秩卑而命之尊，官小而权之重，此小大相制，内外相维之意也。"这种小官可以督察大官，关键在于监察官吏的垂直系统管理。刺史隶属于御史大夫，并通过御史大夫与最高统治者发生联系。刺史秩卑，但如果胜任，纠察百官功效显著的话，可以超擢为守相或司直。如翟方进"迁朔方刺史，居官不烦苛，所察应条辄举，甚有威名。再三奏事，迁为丞相司直"①。由于秩卑权重赏厚，故任此职者，多能自励，竭忠尽力。二是朝廷任命的各级监察官不用本籍人（西汉的司隶校尉除外）。在古代家族宗法的社会里，这有助于防止监察中阿法徇私。三是部刺史的任命、派遣和执行任务，是一年一次，不是长年在任。顾炎武说得好："夫守令之官，不可以不久也。监临之任，不可以久也。久则情亲而弊生，望轻而法玩。"② 因此对于巩固国家统一、加强中央集权起了一定的作用。但是后来因其权势越来越大，最后变成郡以上的一级行政长官，又为分裂割据创造了条件。汉成帝绥和元年（前 8），大司空何武和丞相翟方进共同提出："今部刺史居牧伯之位，秉一州之统，选第大吏，所荐位高至九卿，所恶立退，任重职大。《春秋》之义，用贵治贱，不以卑临尊。刺史位下大夫，而临二千石，轻重不相准，失位次之序。"③ 成帝采纳了他们的建议，改刺史为州牧。

哀帝建平二年（前 5），哀帝采纳御史大夫朱博的建议，又改州牧为刺史。由此中央集权与地方割据的斗争此起彼伏，地方究竟是设刺史还是州牧又改来改去多次，但大体上以成帝改刺史为州牧作为转折点，刺史的秩级越来越高，权力越来越大，最终成为凌驾于郡守之上的一级行政长官，州也变成郡之上的一级行政机构。到了东汉后期，刺史更是由监察官变成地方高级行政长官，其秩级也由六百石增至中二千石。由于

---

① 《汉书》卷 84《翟方进传》。
② 顾炎武：《日知录》卷 9《部刺史》，安徽大学出版社，2007 年。
③ 《汉书》卷 83《朱博传》。

刺史所占地盘广大，并同时握有一方的民政、财政和军事大权，进而也就发展成为雄踞一方的封建诸侯了。刺史的坐大，终于从其监控地方、加强中央集权异化为东汉末年军阀势力并逐渐膨胀是酿成东汉灭亡、形成三国分裂割据的重要原因之一。

汉代刺史作为监察官员时，其对郡国守相的监察一开始就明确规定以"六条"问事："刺史班宣，周行郡国，省察治状，黜陟能否，断治冤狱，以六条问事，非条所问，则不省。一条，强宗豪右田宅逾制，以强凌弱，以众暴寡。二条，二千石不奉诏书遵承典制，倍公向私，旁诏守利，侵渔百姓，聚敛为奸。三条，二千石不恤疑狱，风厉杀人，怒则任刑，喜则淫赏，烦扰刻暴，剥截黎元，为百姓所疾，山崩石裂，祆祥讹言。四条，二千石选署不平，苟阿所爱，蔽贤宠顽。五条，二千石子弟恃怙荣势，请托所监。六条，二千石违公下比，阿附豪强，通行货贿，割损正令也。"① 从"六条"规定以及西汉时期的刺史活动史实看，刺史制度的监察职能曾发挥得比较适中，既有效监督了地方郡国守相、强宗豪右，又不至于使其滥用权力。刺史是单纯的监察官而非行政长官，它不仅与拥有行政、司法、财政、军事诸权的郡守不同，而且也与拥有兵权、人事权等的监御史不同。它必须严格按照朝廷规定的"六条"对所部郡国守相进行监察，不得越权，也不得缺位。西汉朝廷规定：刺史如按"六条"监察，就受到奖赏；反之，如越过"六条"以外的权力，就要受到惩罚。如朔方刺史翟方进，"居官不烦苛，所察应条辄举，甚有威名。再三奏事，迁为丞相司直"。② 而豫州刺史鲍宣，"举错烦苛，代二千石署吏听讼，所察过诏条"，③ 结果被丞相司直举劾，受到免职的处罚。可见，刺史的权力受到严格的限制，即所谓"以六条问事，非条所问，则不省"。

---

① 《汉书》卷 19《百官公卿表》部刺史注。
② 《汉书》卷 84《翟方进传》。
③ 《汉书》卷 72《鲍宣传》。

刺史以"六条"问事规定中除第一条是纠察强宗豪右的非法活动外，其余都是针对二千石的郡国守相不奉诏遵承典制、不恤疑狱、选署不平、子弟恃怙荣势、违公下比等，其主要意图十分明显，就是监督地方守相背离朝廷、违法乱纪，从而加强中央对地方的控制。

刺史不仅对郡守二千石监察甚严，且对封王的宗室贵族也加以严格监视，使之不敢轻举妄动，反叛朝廷。正如王鸣盛所指出的："历考诸传中，凡居此官者，大率皆以督察藩国为事……《武五子传》：青州刺史隽不疑知齐孝王孙刘泽等反谋，收捕泽以闻。又昌邑哀王之子贺既废，为宣帝所忌，后复徙封豫章，为海昏侯，扬州刺史柯奏其罪。《张敞传》：……盖自贾谊在文帝时，已虑诸国难制。吴楚反后，防禁益严。部刺史总率一州，故以为要务。"①

西汉时期，刺史作为朝廷派出的监察官，不仅设置固定治所，便于就地监察和吏民检举告发，而且定期巡行所部郡国，便于实地考察郡国守相治绩、清廉守法与否，广泛接触吏民百姓，能够更加精准有效地实现监察职能。刺史"行部"的时间一般在八月，"诸州常以八月巡行所部郡国，录囚徒，考殿最，初岁尽诣京都奏事"。② 此时正值各郡国编制"上计"簿籍之时，正好可以借此机会对守相一年的政绩进行全面具体的考核。这对于澄清吏治、加强中央集权起到了积极的作用。但是，我们也必须看到，刺史监察制度也难免存在一些弊端。其一，由于刺史权任极重，可以毫无顾忌地监察、控制地方上的守相，这种地位和职权本身就造成了易于越权的条件。因此，汉代刺史总的演变趋势是侵权越来越严重，固然有多方面的原因，但与制度安排本身的缺陷是有很大关联的。其二，刺史职在监察，往往也会矫枉过正，肆意挑剔郡国守相，吹毛求疵，这就容易产生苛刻之弊。正如时人王嘉所指出的："司隶、部刺史察过悉劾，发扬阴私，吏或居官数月而退，送故迎新，交错道路。中材苟

---

① 王鸣盛：《十七史商榷》卷14《刺史察藩国》，上海书店出版社，2005年。
② 《后汉书》志28《百官五》。

容求全，下材怀危内顾，一切营私者多。"① 其三，刺史权重威行，如果选用非人，奸佞之辈、贪鄙之徒一旦居其位，就会仗势欺人、鱼肉百姓、败坏吏治。如东汉时候参为益州刺史，就以权谋私、陷害无辜、侵吞民财，"前后累亿计"②，最后因太尉杨秉向朝廷劾奏侯参，使其畏罪自杀。

（三）上计思想

上计制度始于春秋战国时期。秦统一六国以后的上计制度情况，史籍没有什么记载，后世始终不太清楚。自1975年云梦睡虎地秦简出土后，人们对秦上计的情况有了一些新的了解。

据秦简③分析，秦朝主管经济的部门都有专门从事经济核算的事宜，叫作"计"，各级地方行政机构和主管经济部门都要定期向上级报告计簿。秦简中有关这方面的记载比较具体明确的有两条：

> 《仓律》云："县上食者籍及它费大（太）仓，与计偕。都官以计时雠食者籍。"

> 《金布律》云："受衣者"在"已禀衣"之后，"有余褐十以上，输大内，与计偕。"

这两条秦简，学者一般认为是有关秦朝上计的规定，但其规定与古籍所载战国时诸侯国的上计以及两汉的上计均有较大的不同。一是秦简中规定上报计簿的中央机构是大仓或大内，而战国和两汉一般是国君或最高长官丞相、御史大夫接受计簿。二是"与计偕"。《汉书·武帝纪》元光五年（前130）"征吏民有明当时之务、习先圣之术者，县次续食，令与计偕"。师古注曰："计者，上计簿使也；郡国每岁遣诣京师上之。偕者，俱也；令所征之人，与上计者俱来，而县次给之食。"据师古所注，"与计偕"，是郡县所选拔的人才，随上计簿使一起来京师。而秦简所载的"与计偕"，则是领取口粮人员的名籍和其他费用，或者是剩余的

---

① 《汉书》卷86《王嘉传》。

② 《后汉书》卷78《侯览列传》。

③ 本章简称秦简者，均见于《睡虎地秦墓竹简》，该批秦简反映的时代是战国晚期至秦始皇时期。

褐衣，随同每年的账籍同时缴送，以便于审核。

秦汉时财政机构上的一大特点是治粟内史（大农令、大司农）和少府各代表着国家财政与皇室私人财政，两套班子分立，国家财政收支与皇室私人财政收支分别核算，泾渭分明。秦简《厩苑律》载："内史课县，大（太）仓课都官及受服者。"据此推断，秦朝在经济上的考核可分为两个系统：一是都官所主管的各个部门，包括都官本人及其所主管的财物，由朝廷的"大仓"负责考核；二是县级官吏及由县主管的各个部门与财物，则由朝廷的"内史"来考核。有的学者认为，此处内史应指治粟内史，而大仓则是属于王室私产的机构，因此，与古籍记载的两套班子相吻合。但是《仓律》又云："县上食者籍及它费大仓"，《内史杂》云："都官岁上出器求补者数，上会九月内史。"由此观之，县在经济上的开支又得直接向"大仓"上报，都官则向内史上报。这种矛盾说明秦在统一六国之前以及统一六国之初，治粟内史与少府这两套财政系统并没有严格区分和固定化，当是到了秦末，这种区分才逐渐严格和固定化。

汉朝时期，随着统一的中央集权制封建国家的巩固和完善，上计制度更加系统化。

汉代的考课，可分为两个系统：一是丞相、御史考课九卿，公府考课掾史，如班况"积功劳，至上河农都尉，大司农奏课连最，入为左曹越骑校尉"[①]。这是各部门上下级系统的考课，但两汉始终没有制度化。二是中央课郡国，郡国课县，这是从中央到地方的系统。后者主要是每年年终由郡国上计吏携带计簿到京师上计，这叫常课。

西汉属县上计郡国是每年"秋冬岁尽，各计县户口垦田，钱谷入出，盗贼多少，上其集簿"[②]。首先，郡国守相依据集簿对其所属县令（长）进行考核，如《汉书·萧育传》载："后为茂陵令，会课，育第六。"其次，对于县令（长）之掌管财政或与财政有关的部属也按上计簿进行考

---

①　《汉书》卷 100 上《叙传》。

②　《后汉书》志 28《百官五》胡广注。

核，这些人随集簿到郡受课，分别殿最，予以奖惩。史载："丞尉以下，岁诣郡，课校其功。"①

属县上计结束后，由郡国进京上计。大约秦时是主管长官自奉计簿送上中央，西汉"旧法，当使丞奉岁计"②。郡国上计工作郡由守丞，王国由长史担任。每年上计时，守丞、长史还常有僚属，如计掾、计史、计佐。东汉之制，略从简省，一般选派高级属吏如上计掾、上计吏、计佐等进京上计。

由于上计事关国家大政，汉朝统治者对此非常重视。在中央，有时甚至由皇帝亲自主持。受计的地点大多在京都，有时皇帝行幸郡国，也常就地受计。据《汉书·武帝纪》载汉武帝在位五十余年间，曾一次受计于京都，三次受计于方岳。东汉光武帝亦"尝召见诸郡计吏，问其风土及前后守令能否"③。但是，皇帝亲自受计终归是特例，西汉中央主管上计机关乃是丞相、御史两府。丞相、御史两府主持上计各有侧重，丞相主要负责岁终课殿最上闻④，御史大夫主要负责按察虚实真伪⑤，两府相辅为用。东汉时负责上计者通常是尚书、司徒，如蔡质《汉仪》所说尚书"典天下岁尽集课事"⑥。《后汉书·赵壹传》载："光和元年，举郡上计到京师。是时，司徒袁逢受计，计吏数百人皆拜伏庭中。"

两汉时上计一般是每年一次，岁终是诸县上计于郡国，即"秋冬集课，上计于所属郡国"。⑦ 郡国上计于中央，亦在岁终启程，即"岁尽遣吏上计"。⑧ 古代由于交通工具的限制，边远郡国路途遥远，赴京甚至需

---

① 《后汉书》志28《百官五》胡广注。
② 《汉书》卷64上《严助传》如淳注。
③ 《后汉书》卷31《张堪传》。
④ 《汉书》卷74《丙吉传》："岁竟，丞相课其殿最，奏行赏罚而已。"
⑤ 《汉书》卷8《宣帝纪》载黄龙元年（前49）诏云："御史察计簿，疑非实者，按之，使真伪毋相乱。"
⑥ 《后汉书》志26《百官三》尚书注。
⑦ 《后汉书》志28《百官五》。
⑧ 《后汉书》志28《百官五》。

要数月，因此，受郡国之计一般在来年春。如汉武帝元封五年（前106），"春三月，还至泰山，增封。甲子，祠高祖于明堂，以配上帝，因朝诸侯王列侯，受郡国计。"内郡计簿是每年呈报一次，而外郡边陲则有三年一上计簿的。

两汉时，上计中的考核方式主要是审核稽察计簿。上计簿记载的最主要内容包括户口、垦田数、钱谷入出、盗贼多少等。尹湾六号汉墓出土的木牍中的集簿，主要内容就是记载户多少，口多少，提封多少顷亩，园田多少顷亩，种宿麦多少顷亩，春种树多少亩，一岁诸钱入多少，一岁诸钱出多少，一岁诸谷入多少石斗升、出多少石斗升。有些项目还与以前相对比，来说明增减情况。除此之外，集簿还包含"盗贼多少"、地方行政建置、官吏配备人数等内容。

两汉上计除了审核稽察计簿外，皇帝或丞相、御史大夫还亲自询问计吏有关地方的情况，以便对地方政情计簿虚实有充分的了解。如《后汉书·张堪传》载："帝尝召见诸郡计吏，问其风土及前后守令能否。"《汉书·王成传》也载："后诏使丞相、御史问郡国上计长吏（'吏'当为'史'）守丞以政令得失，或对言前胶东相成伪自增加，以蒙显赏，是后俗吏多为虚名云。"最后通过比较分析法，综合各方面的情况进行评议，定出诸官吏政绩等第，作为奖惩的依据。如"丞尉以下，岁诣郡，课校其功"，"岁竟，丞相课其殿最，奏行赏罚"。

综观史籍，秦汉上计是对地方郡县长官进行政绩的考核，即主要审核稽察地方的户口垦田、钱谷入出、盗贼多少，课校其功。每年岁尽县上计于郡，郡上计于朝廷。这对于加强中央对地方的农业生产、财政收支、司法和社会治安的监控，加强中央集权，发挥了应有的作用。

（四）董仲舒大一统和独尊儒术思想

汉武帝在位时，除通过解决地方诸侯国问题来加强中央集权外，还重视通过统一思想来强化皇权。元光元年（前134），武帝令郡国举孝廉、策贤良，董仲舒以贤良对策，提出了"大一统"和"罢黜百家，独尊儒术"的建议。他认为："《春秋》大一统者，天地之常经，古今之通谊也。

今师异道，人异论，百家殊方，指意不同，是以上亡以持一统；法制数变，下不知所守。臣愚以为诸不在六艺之科、孔子之术者，皆绝其道，勿使并进。邪辟之说灭息，然后统纪可一而法度可明，民知所从矣。"①

董仲舒在此试图通过统一思想来达到维护国家政治上的统一，从而改变自春秋战国以来诸侯割据、百家争鸣、各国思想不统一、法制变化不定的局面。而且他提出，必须以先秦儒家礼乐射御书数的六艺和孔子的学说来统一人民的思想，从而使法制、民众的一言一行有所依据。董仲舒的这些思想正符合汉武帝加强皇权、维护大一统封建帝国的需要，因此下令采纳董仲舒的建议，实行"罢黜百家，独尊儒术"。自此，汉武帝完成了以儒家思想取代汉初黄老道家之学成为西汉王朝管理国家的指导思想，统治阶级以儒家的伦理道德为指导，制定了一套约束臣民的行为准则，坚持中央集权制大一统国家，甚至以《春秋》来判断刑狱，把儒家经典奉为法典。朝廷还在全国最高学府太学设《诗》《书》《易》《礼》《春秋》五经博士，并不断从太学中选拔优秀博士弟子为官，充实管理国家人才。如公孙弘以治《春秋》而位置丞相，并被封侯，开先为相后封侯之先例。由是天下学士竞相效仿，尊儒学儒成为一种社会风尚。

总之，董仲舒的《春秋》大一统和"罢黜百家，独尊儒术"思想，有利于巩固中央集权、促进全国统一，在当时具有重大的进步意义，并对后世封建王朝产生了深远的影响。在以后的两千多年封建社会中，儒家思想成为历代王朝的统治思想，统一的中央集权制国家成为中国古代史的主流，成为民心所向，大势所趋。

---

① 《汉书》卷 56《董仲舒传》。

第三节　政权机构和决策思想

一、中央机构和决策思想

（一）三公和丞相制度

"三公"这个概念起源较早，在《尚书》《周官》和《春秋公羊传》中已经出现。秦朝时，习惯上把皇帝之下的最高官员丞相、御史大夫和太尉称为"三公"。实际上，秦朝并不存在并列的三公制度，御史大夫无论在地位上还是在俸禄上都与丞相相差甚远。西汉承秦制，丞相、御史大夫和太尉仍称"三公"，但在成帝之前，还是没有形成并列的三公制度。成帝绥和元年（前8），将御史大夫更名为大司空，"金印紫绶，禄比丞相"。① 自此，三公制度正式建立。丞相（司徒）、御史大夫（司空）和太尉（或大司马）成为朝中鼎足而立的三个最高长官。其中丞相负责全国行政"丞天子助理万机"，御史掌管图书秘籍、监察百官，太尉掌军事。三者既分工合作，又互相制约，听命于皇帝，以维护封建君主专制统治。

成帝时期之所以在官制上形成并列的三公制度，其原因在于："古者民朴事约，国之辅佐必得贤圣，然犹则天三光，备三公官，各有分职。今末俗之弊，政事烦多，宰相之才不能及古，而丞相独兼三公之事，所以久废而不治也。宜建三公官，定卿大夫之任，分职授政，以考功效……于是上（成帝）赐曲阳侯（王）根大司马印绶，置官属，罢骠骑将军官，以御史大夫何武为大司空，封列侯，皆增奉如丞相，以备三公

---

① 《汉书》卷19上《百官公卿表上》。

官焉。"①

西汉自武帝以中朝分外朝之权，开始削弱丞相之权。"成帝改御史大夫为司空，与大司马、丞相是为三公，皆宰相也"，② 以三公分立代丞相独尊，丞相的权力被大大削弱了。东汉继续实行三公制度，但名称屡变。虽然爵高禄厚，秩皆万石，且名义上分部九卿："太尉公主天（部太常、卫尉、光禄勋），司徒公主人（部太仆、鸿胪、廷尉），司空公主地（部宗正、少府、司农）。"③ 但实际上已失去决策权，变成了等因奉此的执行机构。"汉典旧事，丞相所请，靡有不听。今之三公，虽当其名而无其实，选举诛赏，一由尚书。尚书见任，重于三公，陵迟以来，其渐久矣"。④

三公中御史大夫已在监察制度中阐述，太尉则在军事制度中阐述，这里仅阐述丞相制度和思想。在中国封建社会的历史上，在正式确立丞相制度的是秦朝。但作为一种官职，"相"在西周和春秋时期已经出现。不过，它作为总理全国内政的最高级官员的含义却是到战国后期才最后确定的。当时人们把百官之长的官职称"相国"或"相邦"。只有在秦国，丞相才成为一个真正的官名，并成为真正的"百官之长"。如《史记·秦本纪》载："（武王）二年初置丞相，樗里疾、甘茂为左右丞相"。秦朝统一六国后，在中央政府正式确立了丞相制度。这个制度的确立，彻底废除了先秦的"世卿世禄"选官制度，同时使权力进一步集中，成为中国古代专制主义中央集权行政体制发展过程中的重要一环。

汉承秦制，继续实行丞相制度。但从西汉初年至东汉末年，丞相制度也发生了若干变化。就丞相名称和人数而言，秦代基本上是设左右两个丞相，西汉前期则大体上是一人为相，西汉后期至东汉则由三公并列丞相，东汉末年又恢复到一人为相的格局。秦朝分设左右相，西汉偶尔

---

① 《汉书》卷 83《朱博传》。

② 《通典》卷 19《职官一》。

③ 《通典》卷 20《职官二》。

④ 《后汉书》卷 46《陈忠列传》。

也设左右相，均以右相为上。成帝初设三公官：丞相、大司空、大司马，丞相之名仍旧。哀帝元寿二年（前1），改丞相之名为大司徒。东汉建武二十七年（51），光武帝诏令去"大"字，只称"司徒"。建安十三年（208），复称"丞相"。

严格意义上说，秦汉丞相制度只存在于秦和西汉前期。这一时期，丞相为人臣中最高官吏、百官之长，总理万机，在皇帝之下负责管理整个国家政务。一切国家大事，上自天时，下至人事，都归他掌管。正如西汉初年陈平所概括的，丞相的职掌是："宰相者，上佐天子理阴阳，顺四时，下育万物之宜，外镇抚四夷诸侯，内亲附百姓，使卿大夫各得任其职焉。"① 元帝在诏书中对丞相的职掌也有类似概括的表述："盖丞相以德辅翼国家，典领百僚，协和万国，为职任莫重焉。"② 具体而言，秦汉丞相的具体职掌主要有以下5个方面。

其一，负责为国家选任官吏。"宰职任天下之重，群心所归，惟须贤佐，以成圣化，愿君侯大开萧相国求贤之路，广选举之门。既得其人，接以周公下士之意。即奇伟隐世异伦之人，各思竭愚，归往圣德，英俊满朝，百能备具。"③ 其二，弹劾百官与执行诛罚。如申屠嘉为丞相时，文帝宠臣邓通对他怠慢无理，申屠嘉即行文召邓通至丞相府，打算按罪诛杀。邓通赖文帝派人营救，方才幸免。又一次，内史晁错有罪，申屠嘉请诛未准。罢朝后，申对长史说："吾悔不先斩错，乃先请之，为错所卖。"这表明汉丞相对百官有自行诛罚之权。其三，主管郡国上计与考课。西汉三公职责是"辅国政，领计簿，知郡实，正国界"。④ "岁竟，丞相课其殿最，奏行赏罚"。⑤ 其四，总领百官朝议与奏事。凡朝廷遇到重

① 《史记》卷56《陈丞相世家》。
② 《汉书》卷82《王商传》。
③ 《全上古三代秦汉三国六朝文》（第1册），《全汉文》卷24《诣丞相公孙弘记室书》。
④ 《汉书》卷81《匡衡传》。
⑤ 《汉书》卷74《丙吉传》。

大问题，皇帝召集百官集议，与群臣上议，称之为集议。每当集议时，由丞相主持，并将集议结果，领衔奏明皇帝，由皇帝与丞相再共同商讨决定。如秦始皇议帝号、西汉迎立代王刘恒为帝、废昌邑王帝位等，都是经过朝议或集议，然后由丞相领衔上奏的。其五，对皇帝诏书封驳与谏诤。丞相如发现皇帝诏令有与法律制度不合者，有封驳与谏诤之权。如吕后欲封诸吕为王时，丞相王陵就以刘邦的白马之盟为依据，坚决不予附议。哀帝时，丞相王嘉竟封还益封董贤二千户的诏书。

西汉前期，是丞相权力最大的时期。丞相权位既重，礼遇亦隆。如汉高祖时，特赐丞相萧何"剑履上殿，入朝不趋，奏事不名"等。丞相晋见皇帝时，"御坐为起，在舆为下"，"丞相有疾，皇帝法驾亲至问疾"。丞相即薨，皇帝"车驾往吊，赠棺、棺敛具、赐钱、葬地。葬日，公卿以下会葬焉"。① 丞相即使犯罪，也依"将相不辱"和"将相不对理陈冤"的惯例，不出庭接受审问，而由皇帝示意自裁。西汉自武帝时开始，凡位居相位者多为列侯。公孙弘为第一个布衣丞相，入相后，武帝马上封他为平津侯。此后入相而封侯遂成定制。

西汉武帝设中朝，开始削弱丞相决策之权。成帝正式设立三公官，丞相权力被一分为三。东汉光武帝"虽置三公，事归台阁"，丞相的权力大大削弱。尚书台正式变成最高的权力机构，最终丞相变成徒有虚名、有职无权的闲散官员，入相封侯制度也遭到破坏。东汉献帝时，曹操任丞相，大权独揽，这个职务的权力又陡然超过了西汉前期，但这只不过是特殊历史条件下的产物，不是政治制度在历史上发展的必然。总的说来，从以后发展的历史看，相权还是不断被分割，权力逐渐缩小，直至明初朱元璋废除丞相之制。

西汉前期，由于丞相位尊权大，职掌繁重，所以丞相府的规模不断扩大，到武帝时已有吏员 362 人。其主要属官有佐助丞相、署理诸曹之职的长史（秩千石），主管监察检举、助督录诸州事的司直（比二千石），

---

① 《汉书》卷 84《翟方进传》及注引《汉旧仪》。

以及众多的诸曹掾吏：丞相征事、丞相史、东曹掾、西曹掾、丞相少史、集曹掾、奏曹、议曹、待曹、主簿、丞相属、大车属、从史、令史、计相、计史掾史等。

御史大夫是秦始皇统治时期设立的官员，秦朝时"位上卿，银印青绶，掌副丞相"。① 西汉建立后，"高皇帝以圣德受命，建立鸿业，置御史大夫，位次丞相，典正法度，以职相参，总领百官，上下相监临，历载二百年，天下安宁"。② 御史大夫主管图籍秘书、四方文书，熟知法度律令，因而兼有考课、监察和弹劾百官之权。如萧望之为御史大夫时，"侍谒者福为望之道（韩）延寿在东郡时，放散官钱千余万。望之与丞相丙吉议，吉以为更大赦，不须考。会御史当问东郡，望之因令并问之。"③ 由此可知，御史大夫与丞相，不仅互相辅助，而且互相制约。因此，汉朝一般习惯将丞相府与御史府相提并论，称为"二府"或"两府"。国家政务基本上通过这二府运转。

御史大夫的属官中最重要的是御史中丞，其秩禄虽仅千石，但地位特殊，被称为"贰大夫"和"亚长"。实际上御史中丞是御史大夫的第一助手，御史府属吏的首领。"掌兰台秘书，外督部刺史，内领侍御史，受公卿章奏，纠察百僚，休有光烈"。④ 换言之，其具体职掌是：掌握国家档案、图书；充当到各地视察、检举不法的使者，对部刺史的活动进行监督；内领侍御史 15 人，举劾按章，对朝廷内外的百官进行监察，有时甚至承诏治狱。除此之外，御史中丞在西汉时还参与讨捕盗贼，东汉时又进而出督军队、受命将兵等。东汉光武帝时，御史中丞成为御史台的主官，隶属少府，逐渐取代御史大夫成为独立的监察官。其后御史中丞地位更加显赫，光武帝特诏命其与尚书、司隶校尉 3 人在朝会时专席独坐，故京师号为"三独坐"，其地位仅次于尚书令。

① 《汉书》卷 19 上《百官公卿表上》。
② 《汉书》卷 83《朱博传》。
③ 《汉书》卷 76《韩延寿传》。
④ 《初学记》卷 12《职官下》，中华书局，2019 年。

御史大夫的属官除御史中丞外，还有御史 45 人，分由两丞领录。其中给事殿中的侍御史 15 人，由中丞领录。他们分曹办理殿中之事，亦听候临时差遣。其职掌是"察举非法，受公卿群吏奏事，有违失举劾之"。其余为治书侍御史或持书御史，多由明法审令者担任，其职掌是"凡天下诸谳疑事，掌以法律当其是非"。① 御史大夫属官中还有掌符玺的符玺御史，这是一个接近皇帝并能向皇帝进言的重要官员。监郡和监军御史，则代表朝廷对地方和出征的军队进行监督。此职直到设置部刺史代替其职权后才被废除。另外，武帝时还设有临时性的绣衣御史，也称"直指绣衣使者"，受皇帝的直接差遣，逐捕"盗贼"，治理大狱，权力很大，如"武帝末，军旅数发，郡国盗贼群起，绣衣御史暴胜之使持斧逐捕盗贼，以军兴从事，诛二千石以下"。② 御史大夫属下除 45 名高级御史外，还有大批具体办事的低级掾吏，如御史掾、主簿、少史、御史属、柱下令、御史中丞从事等。

（二）尚书省和六部的出现

这一时期，在中央机构建设方面的重要发展是出现了尚书省和六部。西汉成帝建始四年（前 29），罢中书宦者，置尚书五人，一人为仆射，四人分为四曹，即常侍曹、二千石曹、民曹、主客曹，开始分曹办事。其中常侍曹主公卿事，二千石曹主郡国二千石事，是负责吏治的办事部门。东汉光武帝鉴于王莽篡汉，不信任大臣。他虽然也组织了一个以三公为首、九卿分职的中央政府，但政不任下，大权集中于尚书台。尚书台下有六曹尚书，合置三十四尚书郎，并左右丞为三十六人，分掌庶政。据《晋书·职官》载，东汉尚书六曹为三公曹、吏部曹、民曹、客曹、二千石曹、中都官曹。其中三公曹主岁尽考课诸州郡事，吏部曹（即西汉时常侍曹）主选举祠祀事。

---

① 《后汉书》志 26《百官三》。
② 《汉书》卷 66《王䜣传》。

三国曹魏尚书台①分吏部、左民、客曹、五兵、度支五曹尚书办事，其中吏部尚书主选举，地位高于他曹。列曹尚书之下有殿中、吏部、金部、比部、度支、库部、三公、仓部、民曹、二千石、考功、定课等二十三尚书郎。不久，又增置都官、骑兵，合为二十五郎。

西晋初有吏部、三公、客曹、驾部、屯田、度支六曹尚书，下置直事、吏部、三公、比部、金部、仓部、度支、都官、二千石、左民、右民、虞曹、屯田等三十四曹郎。晋室东渡，改为吏部、祠部、五兵、左民、度支五尚书，下置二十五曹。康穆以后，曹数减少，只剩下十八曹郎，最后省为殿中、吏部、三公、比部、金部、仓部、度支等十五曹。

南朝宋、齐时尚书令任总机衡，仆射、尚书分领诸曹。北朝后齐官制多循后魏，尚书省置令、仆射，下分吏部、殿中、祠部、五兵、都官、度支六尚书，分统列曹。

（三）中央决策思想

御前会议：在秦汉时期的中央决策系统中，基本上已经形成了御前会议、宰辅会议和百官会议三级决策机制。封建朝廷的所有重大决策都是经过这些会议讨论决定，最后由皇帝裁定执行的。

御前会议是由皇帝亲自主持召开，对封建国家的重大问题进行讨论研究，最后作出决策。参加者除丞相、御史大夫等朝廷的主要官员外，其余都是皇帝临时根据需要而指定的有关人员参加。如当时制定礼仪制度是国家大事，封建帝王往往都予以慎重对待，召集大臣与通晓礼仪制度的儒生共同讨论决定。如秦始皇二十八年（前219），秦始皇与丞相等诸大臣"东行郡县，上邹峄山。立石，与鲁诸儒生议，刻石颂秦德，议封禅望祭山川之事"。②又如汉武帝与公卿大夫、儒生等议封禅事，"及议欲仿古巡狩封禅之事，诸儒对者五十余人，未能有所定……（上）乃自

---

① 《玉海》云："后汉尚书称台，魏晋以来为省。"
② 《史记》卷6《秦始皇本纪》。

制仪，采儒术以文焉"。① 又如汉武帝时，对匈奴的政策由"和亲"转向战争也是经过几次御前会议的讨论而完成的。开始，"匈奴求和亲，群臣议前。博士狄山曰：'和亲便。'……上问（御史大夫张）汤，汤曰：'此愚儒无知。'"② 此次会议虽然拒绝了狄山的建议，但并未决定对匈奴开战。元光二年（前133），匈奴又遣使前来求和亲。汉武帝再次召开会议命群臣讨论。会上持反对和亲的大行王恢与持和亲的御史大夫韩安国进行了激烈的辩论，参加会议的多数人支持韩安国的和亲政策，于是汉武帝决定同匈奴和亲。第二年，马邑人聂壹建议诱使匈奴入圈套加以袭击。对此，汉武帝又一次召开御前会议进行讨论，韩安国与王恢再次就和亲还是动用武力进行针锋相对的激烈辩论。最后武帝肯定了王恢的意见，于是汉王朝开始了长达十多年之久的征伐匈奴的战争，从此改变了汉高祖亲自制定的和亲政策，采取了截然不同的与匈奴旷日持久的武力对抗的政策。又如成帝建始三年（前30），京师百姓无故相惊，纷纷言大水将至。成帝召开御前会议商讨对策。大将军王凤认为应该采取措施，通知民众做好防御水患准备。参加会议的公卿都附和王凤主张，只有王商认为这是"讹言"，不可信，不要无故惊扰百姓。成帝力排众议，采纳了王商的意见，结果证明王商判断正确，使京师避免了一场无端的混乱。③ 两汉的御前会议都是由皇帝亲自召集和主持，对国家重大方略大政作出决策，内容广泛，并且往往当场讨论后由皇帝决定，对发生的问题作出迅速及时的反应，是当时管理国家中最高层次的决策会议。

宰辅会议：宰辅会议在秦汉时期封建国家重大决策中起着重要的作用，尤其在汉武帝之前更是如此。宰辅会议顾名思义是由丞相主持，由朝廷的重要官员参加的对重要军国大事进行讨论与决策的会议。一般情况下，宰辅会议的决议都可以得到皇帝的首肯。因为宰辅会议的参加者

---

① 《汉书》卷58《兒宽传》。
② 《汉书》卷59《张汤传》。
③ 《汉书》卷82《王商传》。

都是朝廷的重要官员，经常在皇帝身边，了解皇帝的所思所想、脾性爱好等，因此一般议决的事情，都符合皇帝的要求，故绝大多数都能在皇帝那里顺利通过。如景帝元年（前156），下令宰辅会议议定文帝之庙的礼仪："其为孝文皇帝庙为《昭德》之舞，以明休德……其与丞相、列侯、中二千石、礼官具礼仪奏。"丞相王嘉主持会议讨论后，上奏说："世功莫大于高皇帝，德莫盛于孝文皇帝。高皇帝庙宜为帝者太祖之庙，孝文皇帝庙宜为帝者太宗之庙。"① 景帝对此议决十分满意，因为这个决定很好摆平了高祖与文帝的应有地位。但是，有时皇帝对议决的结果不满意，可以下诏一议再议，甚至对宰辅会议议决的结果不满意时，干脆自己作出决定。如元狩六年（前117），大司马霍光请求武帝决定诸皇子的王位，汉武帝指令御史大夫组织宰辅会议研究决定。在封建王朝，封皇子是非常重要的国家大事。当时，丞相周青翟、御史大夫张汤以及太常、大行令、太子少傅以及其他有关人员议定了一个方案，武帝不满意，要求再议。宰辅会议又连议数次，拿出几个方案，汉武帝仍然不满意。最后干脆自己决定"立皇子闳为齐王、旦为燕王、胥为广陵王"。② 在武帝以前，丞相作为百官之首和宰辅会议的主持人，在封建王朝的政治活动中起着举足轻重的作用，因此，以丞相为中心的宰辅会议也就成了封建王朝的决策中心，宰辅会议的建议大多数都会得到皇帝的尊重与首肯。然而，正因为丞相的作用过于重要，在一定程度上妨碍了皇帝日益加强中央集权下的君主专制，因此武帝为了牵制丞相的权力，又组织了新的决策机构中朝（内朝），宰辅会议的决策作用大大受到削弱。如昭帝死后，因其无子，霍光与皇太后谋划的结果，立昌邑王为帝。但昌邑王入都不久即淫乱无道。于是霍光又以中朝首领的身份召开会议，决定废立问题："光遂召丞相、御史、将军、列侯、中二千石、大夫、博士会议未央宫……群臣皆惊愕失色，莫敢发言……田延年前，离席按剑，

---

① 《汉书》卷5《景帝纪》。
② 《史记》卷60《三王世家》。

曰：'……今日之议，不得旋踵。'……于是议者皆叩头，曰：'万姓之命在于将军，唯大将军令。'"① 霍光遂最后定下皇曾孙刘病已继承皇位，是为汉宣帝。此时，中朝首领霍光可以召丞相、御史大夫等百官与议，说明朝廷的决策权已经移至中朝了。又如哀帝时，丞相王嘉上书推荐故廷尉梁相等到朝中任官，结果遭到中朝诸臣的劾奏，指斥他"迷国罔上，不道"②，要求将其交中朝议决处罚。最后，中朝光禄大夫孔光等人认为应以"迷国罔上不道"法对王嘉加以惩罚，哀帝批准了他们的奏书，命令王嘉到廷尉诏狱报到，接受惩办。由此可见，即使官至丞相，只要遭中朝议决，也难免牢狱之灾。

百官会议：汉朝御前会议与宰辅会议固然是封建国家进行重大决策的会议，但是有时候为了更广泛地征求意见，以使某些难以决定的决策更加稳妥，就举行百官会议。所谓百官会议，顾名思义就是参加者几乎包括朝廷各机构的主要官员。该会议一般由皇帝下诏决定举行，主持会议的是丞相。如元帝时，为了宗庙的设毁问题曾举行多次的百官会议进行讨论。因为在古代中国社会，以孝治天下是管理的根本指导思想。所以宗庙的设毁是国家的大事，必须慎重对待。起先是贡禹在奏章中提出建议："古者天子七庙，今孝惠、孝景庙皆亲尽，宜毁。及郡国庙不应古礼，宜正定。"元帝因其建议符合传统礼制，同意了其建议。永光四年（前40），元帝为了广泛听取意见，下诏让百官会议讨论设毁郡国庙问题。"其与将军、列侯、中二千石、二千石、诸大夫、博士、议郎议"。③ 在百官会议上，丞相韦玄成、御史大夫郑弘、太子太傅严彭祖、少府欧阳地余、谏大夫尹更始等七十余人，建议罢去设在郡国的宗庙，得到元帝的批准。但过了一个月，文帝又犹豫起来，因为毁郡国宗庙虽然符合传统礼制，但要毁掉在郡国已经建好的祭祀祖先的宗庙，很容易遭到非议，

---

① 《汉书》卷68《霍光传》。

② 《汉书》卷86《王嘉传》。

③ 《汉书》卷73《韦玄成传》。

被谴责为不孝。元帝于是下诏改口说:"祖宗之庙,万世不毁……不敢自颛,其与将军、列侯、中二千石、二千石、诸大夫、博士议。"在这次百官会议上,出现了4种不同意见。丞相韦玄成等44人主张:"高帝受命定天下,宜为帝者太祖之庙,世世不毁,承后属尽者宜毁。"大司马车骑将军许嘉等29人认为孝文帝"宜为帝者太宗之庙",不宜毁。廷尉尹忠等人则认为孝武帝"宜为世宗之庙",不宜毁。谏议大夫尹更始等18人以为皇考庙"非正礼,宜毁"。元帝对上述4种意见考虑斟酌了一年多时间,才下了"正礼仪"的诏书,同意了韦玄成等人的建议:"祖宗之庙世世不毁,继祖以下,五庙而迭毁。"① 一年之后,韦玄成去世,匡衡继任丞相。元帝对他又透出尽复已毁之庙的想法,匡衡虽不大同意,但还是逐渐恢复了。

综观史籍,汉代御前会议、宰辅会议和百官会议所讨论话题的内容、范围区别不大。总的说来,就是立君、储嗣、宗庙、郊祀、封建、功赏、民政、法制、同姓、大臣、边事、典礼、历法、都邑、食货、选举等有关国家的政治、经济、财政、军事、司法、国防、礼仪等方面的大事。一般来说,如不是复杂或难以决断的事情,通常在一次会议上就可以决定下来,但有些问题因难以决策,也有的需几次会议反复讨论,才能作出决定。至于会议决策是采取御前会议、宰辅会议还是百官会议,必须视会议讨论的主题决定。保密性较强的主题采取御前会议讨论,因参与人数较少,容易保密;保密性不强的会议可采取百官会议讨论决定。这种采取会议决策的办法显然能起着集思广益的作用,有些难以决策的问题,经过众人的反复讨论,在一定程度上可以防止个别或少数人决策带来的不必要失误。不过,由于封建君主专制制度的局限性,无论是御前会议,还是宰辅会议、百官会议,其决策都必须符合皇帝的意愿,得到皇帝的批准才能付诸实施,所以又很难最后避免决策的主观随意性。

---

① 《汉书》卷73《韦玄成传》。

二、地方行政机构思想

（一）州郡县思想

秦汉时期的地方行政基本上是郡县二级制。汉武帝时设置的州刺史在相当长的历史时期内是监察官吏。至成帝时期，因为刺史权势越来越大，成帝改刺史为州牧。刺史开始变成郡以上的一级行政长官，州也变成郡之上的一级行政机构。虽然后来又改来改去多次，但延至东汉后期，刺史已经由监察官完全变成地方高级行政长官，其秩级由六百石增至中二千石。由于刺史所占地盘广大，并同时握有一方的民政、财政和军事大权，进而刺史也就发展成为雄踞一方的封建诸侯了。

刺史刚设立之初，既无固定治所，也无庞大幕僚队伍。后来随着实际的需要和行政事务的增加，刺史逐渐有了固定的治所，并相应建立和扩大了其幕僚队伍。"（刺史）官属有：别驾从事史一人，从刺史行部；治中从事史一人，主财谷簿书；兵曹从事史一人，主兵事；部从事史，每郡各一人，主察非法；主簿一人，录阁下众事，省署文书；门亭长一人，主州正门；功曹书佐一人，主选用；《孝经》师一人，主试经；月令师一人，主时节祠祀；律令师一人，平律；簿曹书佐一人，主簿书；典郡书佐每郡各一人，主一郡文书。"①

东汉末年，因战事频繁，打仗成为州牧的一项重要事务，所以临时设立了不少有关军事的从事，如起初设武猛从事、都督从事、从事祭酒、议曹从事、文学从事、五业从事、劝学从事等，之后发展为文武合一的典学校尉与儒林校尉。随着战争的发展，有些州牧甚至模仿将军府设置长史、司马、校尉、都尉之类属吏了。

秦朝在统一六国后建立郡县制，在首都设内史进行管理。内史一职周朝时已有，其职责是协助太宰以诏王治，为帝王最亲近的官员之一，

---

① 《宋书》卷 40《百官志》。

所以秦设内史作为京畿要地的地方官。汉承秦制，也在首都设内史作为地方长官。景帝前后，对首都的地方官制进行变革。"景帝二年，分置左（右）内史。右内史，武帝太初元年更名京兆尹……左内史更名左冯翊。"① 景帝时还将秦朝时的主爵中尉改名都尉，武帝时又改名右扶风，连同京兆尹、左冯翊，称为"三辅"。三辅治所均在长官城中，但辖区则包括首都及附近地区。三辅长官皆秩中二千石，与九卿同一级别，并能"独奉朝请"，即可参加朝议。其他郡守秩也二千石，但不能参加朝议。这说明三辅长官的地位和重要性高于一般地方郡守。三辅长官政绩卓著者往往入选九卿，有的甚至直接升任御史大夫或丞相。在汉代，三辅长官几乎成为升任三公的阶梯，由此可见其地位的重要。如薛宣为左冯翊，治绩显著，升为少府。一月后，又升任御史大夫，数月后就代张禹为丞相，封为高阳侯。

三辅长官的属官有一小部分相同，如都设三辅都尉，负责维持治安。三辅长官的属官有一部分在名称上虽不大相同，但在职掌上是基本相同的，如掌管水利灌溉、铁器生产买卖、商业贸易、祭祀等方面的官员。例如：京兆尹的属官有主管长安城内商业贸易的长安市令、丞，掌管为帝王巡幸城内离宫别馆时供应支张的长官厨令、丞，掌管长安水利灌溉事务的都水长、丞，掌管铁器生产与买卖的铁官长、丞。此外，还有主管文秘的主簿，主管捕案盗贼的贼捕掾，主管监察事宜的督邮以及作为宾客的门下督之类。左冯翊的属官有为祭祀廪主藏谷、牺主养牲的廪牺令、丞、尉，管理水利灌溉的大都水长、丞，管理铁器生产与买卖的铁官长、丞，管理商业贸易的长安四市长、丞。此外，还有计掾之类的杂佐人员。右扶风的主要属官有为祭祀提供牺牲之畜的掌畜令、丞，主管水利灌溉的右都水长、丞，主管铁器生产与买卖的铁官长、丞，主管养马的厩长、丞，供给厨宴的廱厨长、丞等。

郡县之制和设郡守管理一郡事务始于战国时期。秦统一六国后，分

_____

① 《汉书》19 上《百官公卿表》。

天下为三十六郡，后增至四十余郡。各郡均设置郡守一官管理百姓。秦朝郡守作为一郡最高长官，该郡的政治、经济乃至风俗民情都在其管辖范围之内。西汉"太守专郡，信理庶绩，劝农赈贫，决讼断辟，兴利除害，检能察奸，举善黜恶，诛杀暴残"。① 《后汉书·百官五》注引胡广言，指出汉代地方郡守的职掌是："秋冬岁尽，各计县户口垦田，钱谷入出，盗贼多少，上其集簿。丞尉以下，岁诣郡，课校其功。功多尤为最者，于廷慰劳勉之，以劝其后。负多尤为殿者，于后曹别责，以纠怠慢也。诸对辞穷尤困，收主者，掾吏关白太守，使取法，丞尉缚责以明下，转相督敕，为民除害也。"结合这两条记载可知，汉代郡太守负责全郡的户口土地、农业生产、财政收支、赈贫赈灾、司法判决、维持治安、上计考核官吏、选拔官吏以及教育、兵事等各种事务。总之，太守作为一郡的最高级长官，是联系中央与县一级政府的枢纽。它上承朝廷诏令，下督属县贯彻执行，对一郡所有事务进行管理。

综观史籍，秦汉郡守主要有 7 个方面职权。其一，辟除权。地方各郡除了郡守及郡中主要长官如郡丞、郡尉等由朝廷任命外，而一般幕僚属吏皆可由郡守自行署置。如景帝时，文翁为蜀郡守，亲自选取十余人小吏送京师学习，学成后任郡佐吏，又从诸郊县招收子弟入成都官学就学，作为郡县官吏的来源。直至东汉，仍然如此。辟除对郡守行使职权作用很大。同时，县令长虽由朝廷署置，郡守无权更调，但遇有县令长出缺或因故不能视事时，郡守有权置令长摄理其事。

其二，选举权。依汉代法律规定，郡守任职满 1 年即有选举权。郡守可按照皇帝的特诏选举人才，依科目员额岁贡人才如孝廉、贤良方正、茂才异等、文学明经以及有道之士等。由于选举人才是郡守的重要职责，不能选举人才或选而不当都要受到法律的惩罚。如汉武帝在元朔元年（前128）的诏书中就对完不成选举任务的郡守给予严厉的谴责和惩罚："'（朕）深诏执事，兴廉举孝……今或至阖郡而不荐一人……二千石官长

---

① 李昉等：《太平御览》卷 259《职官五十七·太守》，中华书局，2000 年。

纪纲人伦，将何以佐朕烛幽隐，劝元元，厉蒸庶，崇乡党之训哉？且进贤受上赏，蔽贤蒙显戮，古之道也。其与中二千石、礼官、博士议不举者罪。'有司奏议曰：'……不举孝，不奉诏，当以不敬论。不察廉，不胜任也，当免。'奏可。"① 成帝时，何武任京兆尹两年，"坐举方正所举者召见槃辟雅拜，有司以为诡众虚伪。武坐左迁楚内史"。② 东汉时期，随着政治的腐败，郡守在选举上徇私舞弊的现象越来越严重，以致皇帝不得不数次下诏，对这种情况严加申斥与禁止。如和帝永元五年（93）下诏说："选举良才，为政之本。科别行能，必由乡曲。而郡国举吏，不加简择。故先帝明敕在所，令试之以职，乃得充选。又德行尤异，不须经职者，别署状上。而宣布以来，出入九年，二千石曾不承奉，恣心从好，司隶、刺史讫无纠察。今新蒙赦令，且复申敕，后有犯者，显明其罚。"③ 但是，皇帝的三令五申并没有阻止地方选举中舞弊之风的盛行。东汉后期，刺史、郡守等竟然把国家赋予的选举之权变成结党营私的手段，助长了地方割据倾向的发展。

其三，秦汉时期的郡守还可以根据实际情况，因地制宜，自设条教，或劝课农桑，或整齐风俗，以及举办各种文化教育事业。如汉初文翁为蜀郡太守时，设立学校，发展教育，对提高蜀地的文化水准作出了很大的贡献。宣帝时，黄霸为颍川太守，"使邮亭乡官皆畜鸡豚，以赡鳏寡贫穷者。然后为条教，置父老师帅伍长，班行之于民间，劝以为善防奸之意，及务耕桑，节用殖财，种树畜养，去食谷马。米盐靡密，初若烦碎，然霸精力能推行之"。④ 这些措施对当地经济的发展和社会秩序的稳定起了积极的推动作用。当然，地方郡守自设条教必须不能与朝廷的大政方针起矛盾和冲突，必须接受朝廷的监督和限制。

其四，郡守还有赏罚、司法和对属吏的监察权。郡守置功曹，主选

① 《汉书》卷 6《武帝纪》。
② 《汉书》卷 86《何武传》。
③ 《后汉书》卷 4《和帝纪》。
④ 《汉书》卷 89《黄霸传》。

署功劳，议论赏罚；置决曹，主治狱及罪法事，拥有司法权。汉代许多著名的循吏都能做到"赏罚明，用法平"，使其管理下的地区出现"政平讼理"的治世景象。郡守还对其下属官吏的品行、作风和为政的好坏行使监察权，及时了解情况，对违法乱纪现象进行处理。为了客观了解各下属县的情况，更有效地行使监察权，郡守还必须定时巡视所辖境内，"常以春行所主县"，有时还采取秘密私访的形式，以便更详细具体地了解地方政情。如东汉灵帝时，羊续任南阳太守，"当入郡界，乃赢服间行，侍童子一人，观历县邑，采问风谣，然后乃进。其令长贪洁，吏民良猾，悉逆知其状，郡内惊竦，莫不震慑"①。当时，郡守对属县的监察，主要通过督邮分部行县的制度进行。

其五，郡守有一定的处决罪犯之权。郡守虽然在法律上没有规定有专杀之权，对于死囚犯，也必须先奏后决，但在特殊情况下，郡守可以获得便宜从事或军法从事之权。事实上，不少郡守自行杀人，或是先斩后奏，或干脆"以论决为报"。如西汉时期义纵为定襄太守时，"掩定襄狱中重罪二百余人，及宾客昆弟私入相视者亦二百余人。纵一切捕鞠，曰：'为死罪解脱。'是日皆报杀四百余人。郡中不寒而栗，猾民佐吏为治"。② 这里所称的"报杀"，显然就是先斩后奏。东汉时，郡太守权力更大，已有法定的专杀权。如桥玄任汉阳太守时，收捕犯有贪污罪的上邽令皇甫祯，将其笞死于冀市。王弘任弘农太守时，一次性杀了通过宦官买爵者十数人，都没有事先奏报。

其六，郡守握有兵权。西汉时期郡守就拥有一定的兵权，一郡中具体负责军事的是郡尉，但真正的兵权则掌握在郡守手中。卫宏的《汉旧仪》卷下载："民年二十三为正，一岁而以为卫士，一岁为材官骑士，习射御骑驰战阵。八月，太守、都尉、令、长、相、丞、尉会都试，课殿最。"这表明，驻郡的军队，太守有统帅校阅的全权。但是，西汉时期，

---

① 《后汉书》卷 31《羊续列传》。
② 《汉书》卷 90《酷吏传》。

太守没有获得擅自发兵的权力。至东汉时期，太守在军事上的权力扩大。光武帝废都尉之官，并其职于太守。由于虎符发兵制度逐渐遭到破坏，加上为了迅速及时镇压农民起义和少数民族起义的需要，朝廷正式赋予了太守的领兵和发兵权。如和帝、安帝、顺帝时期连续不断的南方蛮族起兵，基本上都是由地方郡守督兵镇压下去的。顺帝以后爆发于扬州、桂阳等地方的农民起义，也都是由本地郡守督率郡兵镇压的。但是，东汉后期，郡守获得领兵募兵之权，逐渐将所管领的军队变成了其割据混战的工具，导致了三国时期军阀混战、社会动荡的局面。

其七，郡守拥有财政支配权。汉代，郡的财政是根据规定由本郡财税收入中按比例拨给的，如果有些贫困边远的郡依靠本郡财税收入不够开支，则由朝廷从其他郡调拨。在规定的财政范围内，太守可以支配用于本郡的官吏俸禄、军费、行政经费以及各项公共工程、文化教育等费用。规定以外的开支，则要申报朝廷批准方可动用。如第五访任张掖太守时，"岁饥，粟石数千，访乃开仓赈给，以救其敝。吏惧遣，争欲上言。访曰：'若上须报，是弃民也。太守乐以一身救百姓。'遂出谷赋人。顺帝玺书嘉之。由是一郡得全"。① 除正式田赋与杂调外，各郡还有一些公田与山泽之利，其收入亦归郡守支配。一般来说，由于郡内财政来源较广，各郡的财力通常是比较充裕的。

总之，郡守作为地方上的高级行政长官，对郡中的各项事务负有全面责任。郡守所辖范围之内，无论何人都要受其管理。如周勃身为列侯，在其封地也必须服从河东太守的管辖。郡境内的各种机构，包括朝廷派出的机构，也一律接受郡守的管理。如盐铁、均输之类的机构都是朝廷派出的，郡守都有权对它们进行管理。郡守作为地方最重要的行政机构首脑，在封建国家的行政运转中起着承上启下的作用。

郡守以下的官员分两类，一类是秩二百石以上，由朝廷任命的官员，其中最主要的是郡丞、长史、都尉等，为佐官。秦朝置丞，西汉时内郡

① 《后汉书》卷 76《循吏列传》。

置丞1人，秩六百石。边郡既置丞1人，又置长史1人，皆六百石。据《汉旧仪》卷下记载，丞掌治民，长史掌兵马。东汉时，边郡置长史，由丞领其职。郡丞和长史都是郡守的主要佐官，他们不仅要协助郡守总理全郡事务，有时还要代郡守行事。如果在战争时，郡守死亡，丞就自然代理其职务。因为郡丞是郡守以下最高的府吏，在得到郡守信任的条件下可在一郡政事中发挥很大的作用。如黄霸为河南太守丞时，因其"为人明察内敏，又习文法，然温良有让，足知，善御众。为丞，处议当于法，合人心，太守甚任之，吏民爱敬焉"。①

郡的另一佐官为都尉，也是秦朝时开始设置，秩比二千石。都尉原名郡尉，景帝时改称都尉，其职责是在武事方面辅佐太守。正如胡广在《汉官解诂》中所说："都尉将兵，副佐太守。""言与太守俱受银印剖符之任，为一郡副将；然俱主其武职，不预民事。"② 因为都尉在秩级上高于郡丞，因而一般在军事上都是都尉代理郡守职务，甚至在特殊情况下，"郡亦有时但置都尉，不置太守者。吾丘寿王为东郡都尉，不复置太守，故玺书云：'连十余城之守，任四千石之重。'"③ 由于担任都尉一职的人都是朝廷比较信任的官员，因此名义上都尉是佐太守管军事，实际上郡内一切军事行动都由都尉负责。如每年八月的都试的境内治安等事务都是都尉亲自布置和处理的。都尉与郡守一样，按时巡视所属县，目的是巡禁盗贼。由于都尉与郡守同是二千石官，其地位大体相当，所以他在郡中具有相当大的独立性，不仅有单独的治所，一般不与郡守同城，而且有自己单独的一批属官，如丞、主簿、功曹以及各种掾、史、属、书佐等，其机构与太守一样可以称府。

郡的属官除朝廷任命的郡佐外，更多的是由郡守自己辟的属吏。这些属吏除三辅和河南尹属吏可任用他郡人士外，其余诸郡都只用本郡人

① 《汉书》卷89《黄霸传》。
② 《汉官六种》，中华书局，1990年，第21页。
③ 《汉书》19下《百官公卿表》郡尉条下王先谦《汉书补注》。

士。郡守属吏主要"有功曹史，主选署功劳。有五官掾，署功曹及诸曹事。其监属县，有五部督邮，曹掾一人。正门有亭长一人。主记室史，主录记书，催期会。无令史。阁下及诸曹各有书佐，干主文书"。① 大体上，郡府与中央政府（先是丞相府，后是尚书台）一样，分曹（科）办事，而且是设立与公府对口的官员和办事机构。其中功曹是郡府中地位最高的属吏，可在太守的信任和授权下，在郡府中职总内外，决定一切。但其本职工作是"主选署功劳"，即负责郡吏任免与赏罚等事宜。例如，"范滂，字孟博，汝南人，太守宗资署功曹。滂外甥西平李颂，顽嚣浊秽，乡曲所弃，常侍唐衡求属仕官，资敕曹召署文学史，滂不听……资怒，召功曹书佐朱零问不召颂意状。零以告滂，滂谓曰：'若答教当言：颂则滂之甥子，岂不乐其升进？颂缘污秽小人，不宜沾尘清朝，不敢以位私人，是以不召。'"② 这说明在选任郡中属吏事务上，功曹有相当的决定权。而对郡府官吏的赏罚同样能进行议论，提出自己意见，有时甚至可以反驳郡守的意见。如汝南太守欧阳歙召郅恽为功曹，"汝南旧俗，十月飨会，百里内县皆赍牛酒到府宴饮。时临飨礼讫，歙教曰：'西部督邮緜延，天资忠贞……不严而理，今与众儒共论延功，显之于朝……'恽于下坐愀然前曰：'……案延资性贪邪，外方内圆，朋党构奸，罔上害人……明府以恶为善，股肱以直从曲，此既无君，又复无臣，恽敢再拜奉觥。'歙色惭动，不知所言。门下掾郑敬进曰：'君明臣直，功曹言切，明府德也，可无受觥哉。'歙意少解，曰：'实歙罪也。'"③ 由此可见，功曹如能认真负责地履行自己的职责，既可以影响太守的决策，又会对其他属吏产生重要的影响。功曹对属吏的评价和赏罚，可在当时形成一种"清议"，有很大的力量。所以功曹的良莠，对一个郡的管理来说，关系重大。好的功曹，甚至能使"郡中奸吏皆自引去"。④ 坏的功曹，则被人

---

① 《后汉书》志 28《百官五》本注。
② 《太平御览》卷 427《人事部》。
③ 《后汉书》卷 29《郅恽列传》。
④ 《三国志》卷 11《魏书·袁涣传》。

比作猛虎，可见其危害之大。

郡守属吏除功曹外，还有五官掾，其职掌是"署功曹及诸曹事"①，地位仅次于功曹。如郡缺功曹时，其就代理功曹之事；其他各曹或缺，其亦可代行其他各曹之事。郡守重要属吏还有督邮，主管对属县和邮驿的督察。每郡对其辖县分二、三、四或五部，每部设一督邮分部进行督察。督察对象主要是所属县的长吏，目的是察其善恶与是否称职，然后报郡府，作为奖惩依据。督邮有时还接受指派收捕罪犯。如汉元帝时冯野王为左冯翊，其属县池阳令并"素行贪污，轻野王外戚年少，治行不改。野王部督邮掾祋祤赵都案验，得其主守盗十金罪，收捕。并不首吏，都格杀"。② 同时，督邮对其所辖区域内的所有人员，上自王侯，下至豪右，也一律有权监督。如汉成帝时，京兆尹孙宝以立秋日任侯文为东部督邮，"入见，敕：'今日鹰隼始击，当顺天气取奸恶，以成严霜之诛，掾部渠有其人乎？'文印曰：'无其人不敢空受职。'宝曰：'谁也？'文曰：'霸陵杜稚季。'宝曰：'其次？'文曰：'豺狼横道，不宜复问狐狸。'宝默然。稚季者，大侠，与卫尉淳于长、大鸿胪萧育等皆厚善……稚季耳目长，闻知之，杜门不通水火……遂不敢犯法"。③ 由于督邮督察属县，因而在其部属范围内，凡涉及捕系囚犯，追案盗贼，录送囚徒以及催租点兵等事宜，督邮都可以奉诏处理。另外，督邮还接受太守的临时差遣，去完成指定的任务。督邮在其部内，定期巡行各县，随时处理一些权限范围内的事务。由于督邮是一郡的主要监察官，其任用得人与否，对于稳定一郡的社会秩序、澄清吏治、发展生产等均关系重大。

在郡守的属吏中，除功曹、五官掾、督邮外，还有一批经常在其周围服务的门下亲近吏。其中比较重要的有代郡守宣读书教、为太守奉送要函、为太守迎送宾客的主簿；专管记录簿书等事务的主记室吏；主管

---

① 《后汉书》志 28《百官五》。
② 《汉书》卷 79《冯奉世附子野王传》。
③ 《汉书》卷 77《孙宝传》。

太守私人财政的少府;担任带剑导从、负责太守安全保卫的门下督盗贼;为郡守守门,担任传达、通报公务的府门亭长;担任秘书工作的书佐;具有养客身份的门下循行以及从事许多具体事务的门下干和小吏等。

郡守之下有承担大量具体工作、职任方面则是分科办事的列曹。其中主要者有主管民户并兼及狱讼、礼俗和祠祀等事务的户曹;主管核检民数、户口和财产状况的比曹;主管郡内时节祠祀的时曹和祠祀掾史;主管农业的田曹和劝农掾史;主管郡内水利事业的水曹、都水;主持公共工程的将作掾;负责管理粮仓的仓曹;主管货币、盐铁等事务的舍曹和管理市场的市掾、管理铸造货币的督铸钱掾;主管各县上计事务的集曹;主持郡国上计中央事务的上计掾史;主管漕运事务的漕曹;主管"邮驿科程"的法曹;主管征集、输送兵丁的兵漕、兵马掾、监军掾;主管"卒徒转运事"的尉曹;主缉捕盗贼事务的贼曹;主管辞讼事务的辞曹;主管审理狱讼事务的决曹和案狱仁恕掾;主管医药之事的药曹;主管郡国学校教育的文学掾、文学史、文学守助掾、守文学掾。除此之外,因各地物产及其他特殊情况,一些郡还特设一些机构和官吏。如"凡郡县出盐多者置盐官,主盐税。出铁多者置铁官,主鼓铸。有工多者置工官,主工税物。有水池及鱼利多者置水官,主平水收渔税。在所诸县均差吏更给之,置吏随事,不具县员"。①

秦汉时期,郡的下一级行政机构是县。县在春秋时期就已在全国普遍设置。秦统一六国后,普遍推行郡县制,县的大小以万户为标准,"万户以上为令……减万户为长"。② 县令秩千石至六百石,县长秩五百石至三百石。其实,县令、长的区别以及其本身秩级的高低并不限于户口的多少、地区的大小,还包括管理的难易与治绩的好坏,而且后者是更重要的因素。汉代县分剧、平两种,就是根据管理的难易程度区分的,如尹赏"以郡吏察廉为楼烦长,举茂才,粟邑令。左冯翊薛宣奏赏能治剧,

---

① 《后汉书》志 28《百官五》。
② 《汉书》卷 19《百官公卿表》。

徙为频阳令"。①

县令长是一县的主管长官,其职责是全面主管县中各项事务。"(令长)皆掌治民,显善劝义,禁奸罚恶,理讼平贼,恤民时务,秋冬集课,上计于所属郡国。"② 由此可见,县令长的主要工作是从礼、法两个方面掌治其民。礼的方面就是"显善劝义""恤民时务",而法的方面就是"禁奸惩恶,理讼平贼"。如东汉时卓茂为密县令时,"劳心谆谆,视人如子,举善而教,口无恶言,吏人亲爱而不忍欺之"。"律设大法,礼顺人情。今我以礼教汝,汝必无怨恶;以律治汝,何所措其手足乎! 一门之内,小者可论,大者可杀也"。③ 显然,密县令卓茂也是从礼、法两方面来管理民众的。

虽然县令长主要工作是从礼、法两方面管理民众,但财政、农业、户口、治安等工作也要过问。而辖区内农业发展、户口繁衍、社会安定、财政充裕,正是一个县令长才干卓异、廉洁奉公、关心民瘼、治绩显著的标志。汉代通过上计制度对县令长的政绩进行考核,然后进行赏罚:"秋冬岁尽,各计县户口垦田,钱谷入出,盗贼多少,上其集簿。丞尉以下,岁诣郡,课校其功。功多尤为最者,于廷尉劳勉之,以劝其后。负多尤为殿者,于后曹别责,以纠怠慢也。"④ 对县令长辖区内"户口垦田"的考核,就是考课其户口增减、农业生产情况;对其"钱谷入出"的考核,就是考课其财政充裕与否;对其"盗贼多少"的考核,就是考课其社会安定情况。

县令长主持一县工作,需要一批佐官与佐吏来协助他们的工作。县的佐官主要是县丞和县尉。县丞"秩四百石至二百石,是为长吏"。⑤ 他除了辅佐令长外,还"兼主刑狱囚徒",独立地管理仓、狱之事。通常情

① 《汉书》卷 90《尹赏传》。
② 《后汉书》志 28《百官五》。
③ 《后汉书》卷 25《卓茂列传》。
④ 《后汉书》志 28《百官五》。
⑤ 《汉书》卷 19《百官公卿表》。

况下，一县只有一个丞，但都城所在就不止一个。汉代长安令下设左、右丞，三辅属县杜陵也有二丞，东汉的洛阳甚至设有三丞。

汉代县尉的职责是"主盗贼，凡有贼法，主名不立，则推索行寻，案察奸究，以起端绪"。因其职务的需要，县尉经常在县内巡行，出入交通要道上的亭。县尉除主盗贼外，凡县内与武事有关的差遣，如更卒番上、役使卒徒等事，县尉也一律要过问。县尉以部相称，而且多分部而治，因而多与县令长别治，有自己的官廨，即衙门。如曹操为洛阳北部尉，"初入尉廨，缮治四门。造五色棒，县门左右各十余枚。有犯禁者，不避豪强，皆棒杀之。后数月，灵帝爱幸小黄门蹇硕叔父夜行，即杀之。京师敛迹，莫敢犯者"。[①] 汉代，县尉的设置也因县的大小而人数不同："大县二人，小县一人。"[②] 都城所在县，则设尉更多，如"长安城方六十里，中皆属长安令，置左、右尉，城东、城南置广部尉，城西、城北置明部尉，凡四尉"。[③] 东汉时期洛阳也置四尉："后汉洛阳置四尉，皆孝廉作，有东部、南部、西部、北部尉"。[④] 县尉也有自己的属吏，主要有尉史、尉从佐等。

除了县佐史之外，县令长手下还有一批门下亲近吏，仅次于功曹，其中包括随令长办事的主簿、主管记事、文书的主记、录事以及主管出纳、粮饷的少府（又称啬夫）等。分科办事的列曹：民政方面有管理户口名籍婚庆祠祀的户曹，承担劝农之事的田曹，管时节历事的时曹，管水利事业的水曹及主管土木工程的将作掾等；财政方面有主管收取田租的仓曹，主管收取市租的金曹；道路交通方面有主管"供纳输"的集曹，主管邮驿科程事的法曹和管理邮递事务的邮书掾，管理和修筑道路的道桥掾，管理养马的厩啬夫；军事方面有管理县廷范围内兵事的兵曹，管理武库兵器的库啬夫，管理卒徒运转事的尉曹；治安司法方面有主管捕

---

① 《三国志》卷1《魏书·武帝纪》注引《曹瞒传》。
② 《后汉书》志28《百官五》。
③ 《汉官六种》第80页。
④ 《唐六典》卷30《京兆、河南、太原三府官吏》注，中华书局，2014年。

案盗贼事宜的贼曹，平决狱讼的狱掾史，管理牢狱的狱司空，管理津渡安全和监督行人的守津吏，主持县市场治安的市掾。此外，少数民族与汉族杂居之县设置专门管理少数民族事务的盟掾，还有管理学校教育的校官（又称学官）、祭酒或校官掾。与郡府一样，县廷也设立祭酒、议曹、从掾位、从史位之类的散吏，给予县内德高望重的一些老人和贤者一定的社会地位。

（二）乡里基层设置官吏思想

秦汉时期实行郡县制，朝廷命官至郡县为止。实际上，县之下的乡、亭、里等，才是当时不可或缺的最基层的政权组织。国家的赋税、徭役、兵役以及地方教化、狱讼和治安等，绝大部分是由乡里官吏们直接承担的。我国古代的乡里组织，至迟在春秋战国时期已大体形成，这就是五家为伍，伍以上为里，里以上为乡。秦统一六国后，普遍实行以县统乡、以乡统里的地方基层制度。汉代，"大率十里一亭，亭有长；十亭一乡"。① 但是不少学者考证，乡与亭是同一级的行政组织，不过亭设在城市或交通要道，而乡则设在农村。

汉代，基层乡设有乡官，其中："有秩，郡所署，秩百石，掌一乡人。其乡小者，县置啬夫一人。皆主知民善恶，为役先后，知民贫富，为赋多少，平其差品。三老掌教化。凡有孝子顺孙，贞女义妇，让财救患，及学士为民法式者，皆扁表其门，以兴善行。游徼掌徼循，禁司奸盗。又有乡佐，属乡，主民收赋税。"② 这些乡官中，掌教化的三老起源甚早。据《礼记》所载，三老在周代已经设立。春秋战国时期，乡里普遍设三老。秦统一后，亦在全国乡里遍设三老。汉承秦制，不但乡置三老，而且将其制度逐渐完善。汉高祖在建立西汉王朝的第二年，就发布诏令"举民年五十以上，有修行，能帅众为善，置以为三老，乡一人。

① 《汉书》卷 19 上《百官公卿表》上。
② 《后汉书》志 28《百官五》。

择乡三老一人为县三老，与县令丞尉以事相教，复勿徭戍。"① 由此可见，汉高祖明确规定的担任三老的 3 条基本条件：一是年龄必须 50 岁以上，二是必须道德修养高尚，三是能引导民众行善事。汉高祖不仅在乡，而且在县设三老，对民众进行教化。担任三老者免除徭役、兵役。后来又置孝悌、力田与三老相配合。到了文帝时，乡设三老、孝悌、力田已成为定制。前元十二年（前 168）三月诏："孝悌，天下之大顺也。力田，为生之本也。三老，众民之师也。廉吏，民之表也。朕甚嘉此二三大夫之行。今万家之县，云无应令，岂实人情？是吏举贤之道未备也。其遣谒者劳赐三老、孝者帛，人五匹，悌者、力田二匹，廉吏二百石以上率百石者三匹。及问民所不便安，而以户口率置三老、孝悌、力田常员，令各率其意以道民焉。"② 其后，汉朝廷又置郡三老、国三老，形成了自下而上的乡县郡国三老制度。汉朝最高统治者之所以如此重视在全国各级行政区域推行三老制度，其目的是在形成全社会的一种教育制度，让这些三老成为老百姓的表率，教导广大民众安分守己，老老实实服从汉王朝的统治。汉朝统治者之所以优礼、尊崇三老，免除其徭役，并且不断地厚加赏赐，其原因就在这里。三老不是行政职务，亦无正常俸禄。但是，他们是朝廷在地方上树立的道德化身，因而在百姓中有一定的信仰和威望。正因为如此，三老在当时享有较高的社会与政治地位，不但可以与县令丞尉分庭抗礼，而且可以直接上书皇帝，提出意见和建议，有些建议甚至能够得到皇帝的采纳。

汉代乡一级的行政事务，主要由啬夫承担。啬夫是主管一乡行政事务的主要官吏，因而一乡的事情，由其全面负责。乡啬夫一方面要"听讼，收赋税"，另一方面又要"主知民善恶，为役先后，知民贫富，为赋多少，平其差品"。③ 由于啬夫是百姓的顶头上司，是百姓最经常直接感

---

① 《汉书》卷 1 上《高帝纪上》。
② 《汉书》卷 4《文帝纪》。
③ 《后汉书》志 28《百官志五》。

觉到的官府，所以造成"人但闻啬夫，不知郡县"① 的情况。汉代的乡啬夫有不同的等级，即有秩与无秩的区别。有秩啬夫的秩禄是百石，为两汉时期官品和秩禄中最低的一等，为刚入品的小官；无秩啬夫则不够百石；有秩啬夫为朝廷命官，其任职必须完成一定的受命手续，在官籍上登记，可佩带印绶。小乡的无秩啬夫与郡置有秩啬夫的区别在于：一是无秩且为县所置，非朝廷命官，小乡除了啬夫一职外，可能连三老、游徼也不再设置，其职务由啬夫一人承担；二是县置无秩啬夫既不需要在官籍上登记，亦无印绶可佩带。

游徼一职，《汉书·百官公卿表》和《汉书·百官志五》都说属于乡官，但征诸史料，游徼似乎是直属于县，而分派各乡巡查的员吏，其职责是缉捕盗贼。如《汉书》卷 67《胡建传》载："客藏公主庐，吏不敢捕。渭城令建将吏卒围捕……主使仆射劾渭城令游徼伤主家奴，建报亡它坐。"

秦汉的亭是设在城区与交通要道地方的基层行政机构。亭长的主要职责是维持地方治安，所以在官员出行经其辖区时，他要候迎护送，负责保卫工作。而且在达官贵人经过时，要"整顿洒扫"亭舍，"发人牛修桥"。② 乡间亭长有权检查过往行人，执行宵禁法。即使皇亲国戚、达官贵人犯禁，亭长也有权予以干涉。如史载："大司空士夜过奉常亭，亭长苛之，告以官名，亭长醉曰：'宁有符传邪?'士以马棰击亭长，亭长斩士，亡，郡县逐之。家上书，莽曰：'亭长奉公，勿逐。'大司空邑斥士以谢。"③ 亭长的职责除禁盗贼、维持治安外，也像啬夫一样兼理民事。如《后汉书》卷 76《仇览传》记载了仇览为亭长时，从事管理民众的一些活动。"县召（仇览）补吏，选为蒲亭长。劝人生业，为制科令，至于果菜为限，鸡豕有数，农事既毕，乃令子弟群居，还就黉学。其剽轻游

———————

① 《后汉书》卷 48《爰延传》。

② 《后汉书》卷 76《刘宠列传》。

③ 《汉书》卷 99《王莽传》。

恣者，皆役以田桑，严设科罚。躬助丧事，赈恤穷寡。期年称大化……乡邑为之谚曰：父母何在在我庭，化我鸱枭哺所生。"由此可见，亭长主要职责是维持社会治安，但有时又与乡啬夫一样，管理一亭的农业生产、学校教育、刑罚案件、赈恤贫穷孤寡等。其与乡啬夫不同的是，亭长基本上没有收税任务。因为在城市中，设有专门负责收税的市长之类。由于亭长的重要职责是逐捕盗贼，所以多由孔武有力或有军事经验者担任。亭除亭长之外，还有亭部吏卒，其中有担任亭长助手的亭佐，专门逐捕盗贼的求盗，以及担任候望的亭候等。亭长是维持社会基层治安和管理民众的重要官吏。如选任得人，可以使城镇社会安定，百姓安宁；反之，如果一些流氓无赖被选充此任，则必然给百姓带来无穷灾难。

汉代在乡、亭以下，还有居民的最基层组织里和什伍，以协助乡、亭对居民进行教化和维持社会治安。"里有里魁，民有什伍，善恶以告。本注曰：里魁掌一里百家，什主十家，伍主五家，以相检察。民有善事恶事，以告监官。"① 汉朝在一里方圆约一百家人户设一个里正，又称"里魁"，以管理民众，劝善惩恶。里正属下，一般还设有充任杂役的里宰、里门监等。汉代里组织之下，十户人家设一什典（又称什长），五户人家设一伍老（又称伍长），其职责是"相率以孝悌，不得舍奸人"。② 里正与什长、伍长是最基层社会组织中兼有官民二重身份的里吏，是政府的管理触角能延伸到基层千家万户的最关键的人物，肩负着监督、反映社情民意、维持社会治安的职责，所以"民有善事恶事，以告监官"。"闾里阡陌有非常，吏辄闻知，奸人莫敢入界"。③

---

① 《后汉书》志 28《百官五》。
② 《汉书》卷 76《韩延寿传》。
③ 《汉书》卷 76《韩延寿传》。

第四节　司法审判思想

一、秦汉制定法律思想

（一）秦朝制定法律思想

秦朝统一六国后，由李斯等人主持制定了《秦律》。它的主要内容来源于战国时代魏国变法者李悝的《法经》。秦国商鞅变法时，将《法经》的六法改为六律，是为秦国制定封建法律之始。秦灭六国统一六国后，在秦国原有六律的基础上，李斯等人又参考六国的法律，在综合损益某些条款的基础上，制定出轻罪重罚、繁密苛酷的《秦律》，以实现秦始皇的"治道运行，诸产得宜，皆有法式"①的统治目的。秦二世在位时，赵高对秦律又有所修订，进一步实行重刑政策，使"秦法繁于秋荼，而网密于凝脂"。

有关《秦律》的具体内容，由于史籍记载的简略及零散，后世长期以来始终无法详细地了解；加上汉朝人对其进行了言过其实的批评，使后人对此产生了许多误解。直到 1975 年湖北云梦县睡虎地秦律文书的大量出土，研究者才得以比较全面、准确地把握秦律的内容和评价。《云梦秦简》的法律部分共有《秦律》29 种，其中包括秦律 18 种、效律和秦律杂抄、《法律答问》《封诊式》3 种，大致可分为刑法、诉讼法、民法、行政法、经济法、军法等十多个门类的立法，其中心则是刑法。秦律集中反映了当时秦朝统治者的意志，成为其统治全国的重要法律依据，如有违反某条规定，就必须受到惩罚。如秦朝颁布"焚书令"，严厉规定：

① 《史记》卷 6《秦始皇本纪》。

"偶语《诗》《书》者弃市，以古非今者族，吏见知不举者与同罪"，就是
为了实行残暴的思想文化专制，不允许有任何反秦朝统治的思想和言论
的存在。《法律答问》中规定："五人盗，赃一钱以上，斩左趾，又黥以
为城旦"，"盗采人桑叶，赃不盈一钱，赀徭三旬"。这些轻微的犯罪却采
取严厉的惩罚，表明秦朝统治者高度重视维护财产的私有权。其中对于
私自移动田界标志处以"赎耐"的刑罚，反映了维护封建土地私有权的
鲜明立场。由于田地与人口是秦朝封建政府征收赋税、摊派徭役的主要
依据，因此特别要求广大民众必须如实申报田地和人口数量。如果民众
"匿田"，即逃避田赋，或"匿户"，即逃避户赋、口赋、徭役等，必须受
到法律的惩罚。秦朝从秦国商鞅变法开始，基本上是以法家思想作为国
家管理的指导思想。商鞅在秦国变法时，不仅制定了 20 个等级的爵位制
度，而且规定了"有军功者，各以率受上爵……明尊卑爵秩等级，各以
差次名田宅，臣妾衣服以家次"。① 具体而言，有爵位者犯法可以减刑，
"男子赐爵一级以上，有罪以减"。② 秦朝明确规定了在法律面前人人不能
平等。王室贵族特权受到保护，"内公孙毋爵者当赎刑"。③ 官吏和有大夫
爵位的人，一般不编为"伍人"，即使编为伍人，也可以免除"连坐"
罪。而一般平民百姓、"士伍"则"有罪各尽其刑"。④ 秦律中的《司空
律》还规定，不同等级的人即使犯罪服劳役，在待遇上也不相同。如高
级官吏的子弟因犯罪需要服劳役的，只需在官府劳作、支应一般杂役就
可以了，同时还允许在"耆弱相当"的情况下，可以由别人代替服役。
公士以下无爵的庶人服"城旦舂"刑时，可以不穿囚衣，不戴刑具。而
鬼薪、白粲不加耐性的下吏以及私家奴婢因抵偿赀赎债而服城旦劳役者，
就需要穿赭色囚衣，戴刑具，并在监督下劳动。秦律为了给贵族、官僚、
地主和富商大贾等犯罪提供免于自身受到惩罚的待遇，还制定了许多以

---

① 《史记》卷 68《商君列传》。
② 《汉官六种》，第 85 页。
③ 《睡虎地秦墓竹简·法律答问》。
④ 《汉官六种》，第 85 页。

钱财抵罪的条款，如"赀甲""赀盾"这类作为对一般刑事犯罪和职务犯罪的惩罚，即犯罪者依据犯罪程度的不同，只要缴纳一定数量的铠甲或盾牌就可免罪。同时还有"赎耐""赎黥""赎迁""赎死"等赎刑，也就是说即使这些人犯了重罪，只要有足够的钱财就可赎罪，免去肉刑、流放，即使犯了死罪也可缴纳钱财赎免。相反，一般处于贫困状态的广大劳苦大众，由于缺乏钱财，只能在"各尽其刑"的规定下遭受极其严酷的惩罚。

秦朝以法家思想作为管理国家的指导思想，在制定刑法中主张"轻罪重罚"，刑罚以残暴严酷著称。根据《云梦秦简》的记载，秦的刑罚共分为12类，其中单死刑就有戮、弃市、磔、定杀以及见于其他史籍记载的族、夷三族、枭首、车裂、腰斩、体解、凿颠、抽胁、镬烹、坑、具五刑等。肉刑有黥、劓、刖、宫等，徒刑有城旦舂、鬼薪白粲、隶臣妾、司寇、候等。除此之外，还有笞刑、髡、耐、完刑、迁刑、赎刑以及赀、废、谇、连坐、收等名目繁多的刑罚。秦朝由于处于中国古代奴隶社会崩溃、封建社会逐渐形成的时期，因此其法律也反映了这个时代的历史演变特征，一些法律条款也有支持奴隶解放、限制奴隶制发展的内容。如规定奴隶可以用军功或戍边劳动来换取免除奴隶身份。《军爵律》规定："欲归爵二级以免亲父母为隶臣妾者一人，及隶臣斩首为公士，谒归公士而免故妻隶妾一人者，许之，免以为庶人。工隶臣斩首及人为斩首以免者，皆令为工。"《司空律》也规定："百姓有母及同生为隶妾，非谪罪也，而欲为冗边五岁，毋偿兴日，以免一人为庶人，许之。"秦国以奖励耕战完成了统一大业，所以特别重视奖励农业生产和军功，有关这方面的规定在秦律中比较突出。如《田律》规定，县府要及时向上级报告受雨的土地面积以及已开垦而未耕种的土地数字，及时报告风、旱、涝、虫等灾害情况，还要求保证乡村农户有一定的劳动力从事农业生产，官府不得在同一时期从同一农户抽调两个以上的劳动力去服戍役。《秦律杂抄·戍律》规定："同居毋并行。县啬夫、尉及士吏行戍不以律，赀二甲。"而《司空律》则规定，即使为抵偿赀、赎罪债而服劳役的人，也可

以在播种、耘田等农忙季节让他们回家 20 天，以从事耕耘劳作。此外，《田律》还有保护水道畅通，以利农业灌溉的规定，《仓律》中则有关于种子选择、保管、使用和各类农作物播种数量的规定。由于牛马是重要的耕作和运输工具，因此秦律对偷盗牛马者的惩罚是特别严厉的："盗马者死，盗牛者加，所以重本而绝轻疾之资也。"① 云梦秦简中的《厩苑律》还对耕牛的饲养和繁殖加以规定，以法律的形式保证耕牛的数量，从而使农业生产有足够的耕牛提供必要的畜力。不言而喻，秦律这些规定对促进当时农业生产的发展起到了应有的法律保障作用。

最后，我们必须指出的是，秦律虽然从总体上体现了秦朝"重本抑末"的国策，对从事工商业而贫穷者可以将其沦为奴隶，即"事末利及怠而贫者，举以为收孥"，② 但同时，它也要求对工商业的管理纳入法律的轨道。如《均工律》规定了对手工业的管理，《金布律》则规定了货币的流通使用和商品标价的基本原则。应该说，这些法律条款对维持和稳定工商业的正常发展还是有利的。

（二）西汉制定法律思想

公元前 206 年，刘邦攻入秦朝首都咸阳后，宣告秦王朝的覆亡。他为了收买和安定人心，扩大自己的政治影响，宣布废除秦朝的苛法，与民约法三章："杀人者死，伤人及盗抵罪。"但是，约法三章只是在处于战争环境中的权宜之策，因为如此简约的立法，无论如何也难以规范极其繁杂的社会生活。公元前 202 年，当社会环境稍趋稳定后"四夷未附，兵革未息，三章之法，不足以御奸"，于是刘邦又诏令丞相萧何"攗摭秦法，取其宜于时者，作律九章"。③《九章律》是西汉王朝建立后制定的第一部法律，其内容除了秦朝盗、贼、囚、捕、杂、具六律之外，又增加了有关婚姻、赋税等规定的户律，有关擅兴徭役等内容的兴律及有关畜

---

① 《盐铁论·刑德》。
② 《史记》卷 68《商君列传》。
③ 《汉书》卷 23《刑法志》。

牧马牛规定的厩律。西汉《九章律》使战国时期魏国李悝制定的《法经》、秦朝李斯等制定的《秦律》得到了进一步的发展。差不多与萧何制定《九章律》同时，叔孙通作《傍章律》18篇，内容则是关于朝仪的规定，进一步完善了西汉王朝的礼仪制度。文帝时，晁错为内史，对汉律做了一些修订。武帝时，命张汤制订有关宫廷警卫的《越宫律》27篇，赵禹制订《朝律》6篇，加上汉初的《九章律》与《傍章律》18篇，总计为60篇359章，统称《汉律》。《汉律》在唐朝时就已经失传，后人只能凭史籍的零散记载以窥一斑。

总的说来，汉承秦制，刘邦攻入秦都咸阳所颁布的"约法三章"只是临时性的权宜之计。一旦西汉政权趋于稳定，以《九章律》为代表的汉律，就基本上继承了秦律严酷繁密的立法特点。一直到汉高祖之后，随着惠帝、文帝、景帝时期黄老政治的出现，秦律中特别苛酷的刑罚条款才逐渐被废除。如惠帝四年（前191），废除挟书律。高后元年（前187），废除三族罪与妖言令。文帝继位后不久，即废除了收孥相坐律令。第二年（前186），又废除了处以族灭之刑的诽谤妖言罪。其后，随着经济的不断发展繁荣和社会的安定，汉律总体上一直沿着减轻刑罚的趋势不断修订，直到文帝统治后期，出现"断狱数百，几致刑措"[1] 的局面。景帝时，出现了史家盛称的"文景之治"，不仅社会经济进一步发展，而且社会矛盾缓和，民风淳朴，法制上继续文帝的轻刑。史载："汉兴，扫除烦苛，与民休息。至于孝文，加之以恭俭，孝景遵业，五六十载之间，至于移风易俗，黎民醇厚。"[2]

西汉王朝直至汉武帝时期，由于连年的对外战争，对内的奢侈挥霍，使财政亏空，广大百姓的赋税徭役负担沉重，生活贫困，贪官污吏却变本加厉鱼肉百姓，从而使社会矛盾趋于尖锐。汉武帝为了加强专制统治，在法制上改变了文景之治时的轻刑政策，转向严密苛酷。"及至孝武即

---

① 《汉书》卷4《文帝纪》。
② 《汉书》卷5《景帝纪》。

位，外事四夷之功，内盛耳目之好，征发烦数，百姓贫耗，穷民犯法，酷吏击断，奸轨不胜。于是招进张汤、赵禹之属，条定法令，作见知故纵、监临部主之法，缓深故之罪，急纵出之诛。其后奸猾巧法，转相比况，禁网寝密。律令凡三百五十九章，大辟四百九条，千八百八十二事，死罪决事比万三千四百七十二事，文书盈于几阁，典者不能遍睹。"武帝时法律条文的烦苛使广大百姓动辄触禁，陷于囹圄，因此引起了不少人的忧虑，希望对此有所改变。如元帝就下诏说："今律令烦多而不约，自典文者不能分明，而欲罗元元之不逮，斯岂刑中之意哉！其议律令可蠲除轻减者，条奏，唯在便安万姓而已。"但是，到成帝时，法律条款的烦苛仍然未得到解决，成帝再次下诏要求简化："今大辟之刑千有余条，律令烦多，百有余万言，奇请它比，日以益滋，自明习者不知所由，欲以晓喻众庶，不亦难乎！于以罗元元之民，夭绝亡辜，岂不哀哉！"① 但是，西汉后期社会矛盾日趋尖锐，加上吏治的腐败，自武帝以来汉律繁密苛酷的问题始终未成功得到解决。必须指出的是，西汉中期以后的法律尽管在律条烦苛上与秦律有相类似的地方，但也有显著的不同。汉律把调整礼仪规范与刑律结合在一起，显示了其受儒家思想的影响。

在西汉，除正式制定的专门系统法律条文外，皇帝的诏令也是最基本最权威的法律依据。在封建君主专制统治下，皇帝的诏令不仅可以补充现行的法律条款，甚至可以改变、取消某些法律条款。正如酷吏杜周在回应人们对他断狱"不循三尺"而胡作非为的责难时，坦白地说："三尺安出哉？前主所是著为律，后主所是疏为令，当时为是，何古之法乎！"② 西汉时期，皇帝的诏令数量不少，所涉及法律调整的范围相当广泛。如为了指导审判程序，颁布了《廷尉挈令》；为加强利用司法镇压反抗的民众，朝廷颁布了《狱令》和《棰令》；为确保皇帝和皇宫的安全，朝廷颁布了《宫卫令》；为如数向百姓征收赋税，朝廷颁布了《田令》；

---

① 《汉书》卷 23《刑法志》。
② 《汉书》卷 60《杜周传》。

为使仓库收支、保存有章可循，防止贪污、盗窃或损耗，朝廷颁布了《金布令》；为了压抑和巧取豪夺工商业者，增加国家财政收入，朝廷颁布了《缗钱令》和《算缗告缗令》；为了使官吏子弟荫袭官爵有法可依，朝廷颁布了《任子令》；为了使祭祀宗庙的礼仪规范和等级分明，朝廷颁布了《祠令》和《斋令》。总之，这些诏令从政治、经济、司法、社会等诸方面做出各种法律规定，以维护西汉封建王朝的长治久安。

朝廷颁布的这些诏令由丞相副署下达，经过从中央到地方的层层传递，最后到达最基层的乡、亭、烽燧。汉代除律令之外，科和比也是汉朝法律的重要组成部分。所谓"科"即为课，"课其不如法者罪责也"。①见于《晋书·刑法志》记载的汉科就有"登闻道辞""考事报谳""使者验贿""擅作修舍""平庸坐赃""投书弃市"等。所谓"比"，即"以例相比况"，② 凡律无正条者，比附以为罪。西汉时期，比的应用相当广泛，有决事比、死罪决事比、辞讼比三类。由于科、比繁多，给贪官污吏的贪赃枉法留下了很大的空间。"奸猾巧法，转相比况"，罪同判异，因缘为奸，"所欲活则傅生议，所欲陷则予死比"。③ 可想而知，这样的法律制度，要维护社会的公平正义，是不可能做到的。

总的说来，西汉法律虽然废除了秦律中的某些严刑酷法，并强调上下守法，出现了以张释之为代表的一些刚正不阿、公正无私、忠于法纪、政绩斐然的循吏。他们强调"霸王道杂之"，德刑并用，礼法结合，实行秋冬行刑等，给西汉王朝司法蒙上一层王道德治的面纱。但是，其实质上与秦律是一样的，都是封建君主专制主义统治者意志的体现，对一切威胁西汉王朝统治、违抗封建统治意志的行动和言论进行严厉残酷的惩罚和镇压。如在政治上，西汉王朝规定以严酷的刑罚镇压广大民众的反抗和造反，把民众反抗封建王朝统治的起义定为"大逆不道"罪，处以

---

① 刘熙：《释名》，台湾商务印书馆影印文渊阁四库全书本。
② 《汉书》卷23《刑法志》师古注。
③ 《汉书》卷23《刑法志》。

"弃世"和"夷三族"。武帝时一次就屠杀起义民众上万人。汉律极力维护皇帝至高无上的权力和专制主义中央集权制度，规定吏民百姓必须绝对服从皇帝的诏令，以"不敬""大不敬"的罪名惩治阑入闾门、殿门、皇家园囿、犯跸、触讳、侵犯皇帝人身、醉歌宗庙堂下等行为。对于盗窃皇室用品，甚至只要盗取皇陵一撮土，也要处以弃市、族灭之类的重刑。这与其说是在经济上保护皇室的财产，倒不如说是在政治上维护皇权的神圣不可侵犯。为了镇压犯上作乱的诸侯王以及与之勾结的官吏，维护中央集权，西汉王朝制定了《阿附藩王法》和《左官之律》。同时，又以"非所宜言"的罪名，严厉地钳制言论，甚至以"腹诽罪的决事比"制裁思想犯罪。

在经济上，汉律维护封建的土地所有权和一切私有财产的神圣不可侵犯的权利，对盗窃罪处以重刑和死罪，规定无故侵入他人家舍宅室车船者可以格杀勿论，对于盗窃官府器物者更要加重处罚，动辄处以弃市、族灭之类的重刑。

在社会人伦关系上，汉律更是严格维护三纲五常的伦理观念，以维持尊卑上下的封建等级秩序。如汉律规定，殴父母和不孝顺父母者处以死刑，杀父母者则以大逆论罪，本人腰斩，妻子弃市。同时规定，子女为父母报仇而杀人者可以减刑。汉律维护男尊女卑的夫妻关系，关于离婚有所谓七去（亦称去七、七弃）、三不去的规定。七去是："不顾父母去，无子去，淫去，妒去，有恶疾去，多言去，盗窃去。"三不去是："有所取无所归不去，与更三年丧不去，前贫贱后富贵不去。"① 这实际上是把男女离婚的主动权完全交给男子，而女子只能被动地任人摆布。

在司法审判上，汉律与秦律一样明确规定，皇室贵族和官僚享有司法审判上的封建特权，如在量刑定罪方面对他们有特殊的照顾和优待。汉律规定，凡宗室贵族中六百石以上官吏犯罪，执行官吏不能擅自判决，而必须上请皇帝"恩免"。随着政治的日趋腐败黑暗，"恩免"的范围越

---

① 《大戴礼记·本命》，台湾商务印书馆影印文渊阁四库全书本。

来越大，达官贵人几乎成为法外的特殊人物。如汉高祖十一年（前196）七月，淮南王英布谋反。汉高祖刘邦御驾亲征，丞相萧何听从一个幕僚的建议，利用权势强买民田宅。当高祖皇帝凯旋回长安时，受害的百姓拦御驾喊冤，控告萧何"贱强买民田宅数千万"。对此，高祖皇帝在萧何上朝时，大笑着对萧何说："夫相国乃利民！"① 说完后，就把百姓控告的上书全部交给他本人处理。不仅如此，在汉代，即使是一般的贵族官僚犯了罪需要惩罚时，也与对普通犯人的惩罚不同。他们不入普通牢狱，不戴刑具，而且免除黥、刖等肉刑。当然，对于那些政敌的处罚，即使他们是皇室宗族、达官贵人，则常施以法外的严厉酷刑。

西汉王朝虽然在法律条文中废除了秦律中的一些酷刑，但是在司法审判实践中，经常是法外用刑，被汉朝人严厉谴责的秦朝酷刑依然在肆无忌惮地实行着。例如，汉高祖刘邦在铲除、惩罚韩信、彭越等异姓诸侯王时就用了夷三族刑："当（夷）三族者，皆先黥、劓，斩左右趾，笞杀之，枭其首，菹其骨肉于市，其诽谤詈诅者，又先断舌。故谓之具五刑。彭越、韩信之属，皆受此诛。"② 史籍这一记载说明，刘邦入咸阳时所宣布的废秦苛法实际上只是对一般犯罪而言，只要威胁到汉王朝统治的犯罪，则是毫不留情地残酷镇压，无所不用其极。汉文帝时宣布废除肉刑，而以笞代替黥、刖等刑。但是，由于笞刑在鞭打时过重，往往是笞未毕而受刑人就因承受不了而死去。所以，《汉书·刑法志》说文帝"外有轻罪之名，内实杀人"。汉武帝当政时期，随着社会矛盾的加剧，法网日趋繁苛，死刑处决的方式也更加残酷多样，以此来震慑反抗者。秦朝时实行的车裂、磔、镬烹、抽胁、囊扑、弃市、腰斩、夷三族等酷刑几乎全部恢复了，肉刑中的宫刑也保留下来。例如，著名史学家司马迁在汉武帝时只因为李陵说了几句公道话而被判处宫刑。由此可见当时用刑之严苛残酷。西汉的刑罚也与秦朝基本一致，其中经常使用的有城

---

① 《史记》卷53《萧相国世家》。
② 《汉书》卷23《刑法志》。

旦春、鬼薪白粲、耐、罚作等，另外，还配以夺爵、除名、籍没等刑罚。

（三）东汉制定法律思想

东汉王朝是由刘邦后世子孙南阳豪强地主刘秀在反对王莽暴政的农民起义的浪潮中，打着"复汉兴刘"的旗号建立起来的。它基本上沿袭了西汉的制度，在立法上大体沿用了西汉的《九章律》。东汉王朝为了与王莽的暴政相区别，以显示出"与民更始"的气象，东汉历代皇帝曾56次颁布弛刑的诏书。[①] 东汉初期光武帝、明帝、章帝当政时期，政治比较清明，社会稳定，朝廷为了维护封建法律的尊严与"公正"，出现了洛阳令董宣笞杀为非作歹的湖阳公主豪奴而受到光武帝表彰的历史佳话。

东汉时期，在刑罚上增加了"徙边"和"女徒雇山"两种类型。所谓"徙边"就是将犯罪之人、妻子或全家迁徙到边地，以加强对边疆地区的守卫和开发。"女徒雇山"是将判处徒刑的女犯人放回家，由其家人出钱雇人代服苦役。这两项徒刑应该说是有某种积极意义的。虽然"徙边"从事守边战争或开垦种田的人能够生还的寥寥无几，但是毕竟使一些死刑犯免于处决而保存了劳动力，到边疆守卫或开垦，有利于边疆的安全和开发。"女徒雇山"其施刑对象主要是劳动人民，其家有钱财能雇役者很少，但毕竟也反映出立法者对女犯显示了一定的"仁慈"。另外我们必须看到，东汉的法律在维护封建王朝和贵族官僚统治方面与西汉的法律并无二致，有法不依和法外用刑的状况更是屡见不鲜，并且在某些方面呈愈演愈烈之势。东汉大体上继承了西汉的酷刑，如腰斩、弃市、枭首、戮首等处死方式均在史籍上屡见不鲜。东汉不仅沿用了西汉的令、科、比，且有所增益，加上经学大师马融、郑玄等人对法律的解释被朝廷确认为具有法律效力的审判依据，因而使其律条更加繁密复杂，有的一些法律条文还相互矛盾，分类不清。正如《晋书·刑法志》所载："汉时决事，集为《令甲》以下三百余篇，及司徒鲍公撰嫁娶辞讼决为《法

---

① 白钢主编，孟祥才：《中国政治制度通史》第三卷　秦汉，人民出版社，1996年，第282页。

比都目》，凡九百六卷。世有增损，率皆集类为篇，结事为章。一章之中，或事过数十，事类虽同，轻重乖异。而通条连句，上下相蒙，虽大体异篇，实相采入。《盗律》有贼伤之例，《贼律》有盗章之文，《兴律》有上狱之法，《厩律》有逮捕之事，若此之比，错糅无常。后人生意，各为章句。叔孙宣、郭令卿、马融、郑玄诸儒章句，十有余家，家数十万言。凡断罪所当由用者，合二万六千二百七十二条，七百七十三万二千二百余言，言数益繁，览者益难。天子于是下诏，但用郑氏章句，不得杂用余家。"

东汉中期以后，外戚、宦官相继专权，朝政日非，政治黑暗，刑滥法弛。朝廷为了镇压人民的反抗和对付统治集团内部的反对派，不断强化严刑峻法。"今律令死刑六百一十，耐罪千六百九十八，赎罪以下二千六百八十一"。① 官吏捕人，更是"不问曲直，便即格杀，虽有疑罪，不复谳正"。② 在这种法律烦苛的情况下，广大民众动辄触禁，遭到牢狱之灾，甚者家破人亡。

二、秦汉司法体制思想

（一）中央司法体制思想

秦汉在司法体制方面，基本上是一脉相承的，即在君主专制主义中央集权制的大一统帝国中，建立了一整套从中央到地方的垂直领导的司法体制。

秦汉时期，皇帝作为全国至高无上的最高统治者，也是全国司法的最高决策者和最后裁判者，"天下之事无大小皆决于上"。③ 皇帝不仅任命官员主持制定各种法律法规，而且以经常颁布的各种诏令不断补充着法

① 《后汉书》卷 46《陈宠列传》。
② 《后汉书》卷 25《鲁恭列传》。
③ 《史记》卷 6《秦始皇本纪》。

律条文或给予司法工作以新的指导。全国的司法事务是由中央到地方的一套机构组织实施的，它们都对皇帝负责。同时，皇帝还亲自过问一些重大案件，决定对某些重要罪犯的惩罚及宣布大赦等。例如，嬴政为秦王及始皇帝时，就亲自决定对嫪毐、吕不韦和方士与儒生案件的处理。刘邦做皇帝后，几乎主持了对所有异姓诸侯王案件的审理。文帝在位期间，亲自处理了济北王刘兴居谋反案、淮南王刘长谋反案、新垣平谋反案。景帝在位期间，亲自处理了襄平侯纪嘉之子纪恢说的不孝谋反罪、吴楚七国叛乱案、临江王刘荣侵太庙地案。武帝在位时间长，大权独揽，亲自处理的案件很多，其中重要的有魏其侯窦婴案，陈皇后巫蛊案，淮南王刘安衡山王刘赐谋反案，列侯献黄金酎祭宗庙不如法案，方士乐通侯栾大坐诬罔案，诸邑公主、阳石公主巫蛊案，戾太子案，丞相刘屈氂案等。昭帝在位时虽然年轻，但在霍光的辅佐下，也处理了诸如燕王刘旦、盖长公主、上官桀、上官安、桑弘羊等的谋反案。宣帝即位后，亲自处理了广川王刘吉案、楚王刘延寿谋反案、大司马霍禹谋反案、清河王刘年案、广陵王刘胥案、广川王刘海阳案。元帝在位时也亲自处理了中书令弘恭、石显案，等等。当然，我们也必须看到，秦汉时期皇帝亲自办案，往往具有明显的政治斗争色彩，而不是单纯的刑事案件，如其中绝大多数是谋反罪，就说明了这一点。至于宣布大赦，只能以皇帝的诏书形式进行，因为只有皇帝才拥有特赦的权力。秦汉时期，除秦王朝不轻易使用大赦外，两汉则大量使用，特别是在东汉时期，大赦使用的次数越来越多，频率越来越快。总之，秦汉时期，皇帝作为全国司法事务的最高决策者和裁判者，其权力和作用是任何具体的司法机构和司法官吏所不可替代和无法替代的，这是封建皇权至高无上在司法方面的集中体现，司法权成为专制君主打击消灭政敌的有力工具。

在中国古代封建社会，行政权与司法权始终在某种程度上是结合在一起的，具体而言，从中央到地方的各级最高行政长官，往往拥有最高的司法审判权。秦汉时期，一人之下万人之上的丞相，作为总理全国政务的最高官员，作为"百官之首"，同样负有司法责任，有权劾案百官和

执行诛罚。例如，魏其侯窦婴是文帝皇后的侄子，景帝时为大将军，一时权倾朝野，"诸列侯莫敢与亢礼"。后来武帝当政后，窦太后逝世，窦婴失去靠山，免官居家。与此同时，武帝之舅田蚡为丞相，仗势要求窦婴将城南良田让给他。这引起将军灌夫的不平，力劝窦婴顶住田蚡的无理的索田要求。从此以后，田蚡与窦、灌结怨。田蚡利用丞相接近皇帝的有利条件，陷害灌夫，奏请武帝制裁。武帝回答说"此丞相事，何请？"不久，田蚡即"劾灌夫骂坐不敬，系居室，遂按其前事，遣吏分曹逐捕诸灌氏支属，皆得弃市罪"。接着，又通过武帝将窦婴抓进监狱，弃市渭城。[①] 由此可见，西汉丞相在司法方面对百官的劾案和诛罚之权。

但是，丞相虽然是最高的行政长官，其在司法上的审判必须服从皇帝的决定。如文帝时申徒嘉为丞相，因文帝宠臣邓通对他怠慢无理，就下令将邓通斩首。后全赖文帝相救，方免一死。[②] 邓通作为文帝宠臣，申徒嘉竟可自作决定杀他，这说明丞相在司法上拥有审判处罚百官的权力。但是，其权力受到皇帝的节制。不过，丞相的司法权力在武帝以后被大大削弱了，其不少权力为中朝所夺，丞相自己也时时处于被纠劾的境地，也就无暇在司法上施展权力了。

在秦汉时期，由于御史大夫是仅次于丞相的朝中大臣，其职掌图籍秘书、四方文书，并且熟知法度律令，因而拥有对百官的考课、监察和弹劾之权，其在对百官司法审判上的权力甚至超过丞相。在皇帝亲自审办的重要案件的组成人员中往往都少不了御史大夫，而丞相倒常常不是组成人员。例如，张汤在武帝时任御史大夫，不仅权力超过丞相，而且经常审理皇帝交办的案件。例如，"河东人李文，故尝与汤有隙，已而为御史中丞，荐数从中文事有可以伤汤者，不能为地。汤有所爱史鲁谒居，知汤弗平，使人上飞变告文奸事。事下汤，汤治论杀文，而汤心知谒居为之。"这本是张汤下属官吏制造的冤案，而皇帝又将此案交给张汤审

① 《史记》卷 107《魏其武安侯列传》。

② 《汉书》卷 42《申徒嘉传》。

理,不言而喻,李文只能冤屈而死。此案发生不久后,又发生了盗孝文园瘗钱案,武帝仍然下令由御史大夫张汤负责办理此案。"会人有盗发孝文园瘗钱,丞相青翟朝,与汤约俱谢,至前,汤念独丞相以四时行园,当谢,汤无与也,不谢。丞相谢,上使御史案其事。汤欲致其文丞相见知,丞相患之。"① 张汤之所以经常参与皇帝下令审办的重要案件,与其说与汉武帝的宠信有很大关系,不如说与他所任职的御史大夫这一官职在司法上的权力是密切相关的。御史大夫的一项重要职责就是负责对百官犯罪的弹劾和审判。至于御史大夫受皇帝之命巡视地方,按察郡县官吏,更是其职责之内的事务。

这里必须指出的是,丞相与御史大夫虽然拥有很大的司法审判权,但他们并不是专职的司法官吏,丞相府和御史府自然也不是专门的司法机构,他们的司法审判之权只是兼职性质的。秦汉时期,全国最高的专职司法机关是廷尉,其主管长官亦称廷尉。此官秦朝时设立,为朝廷九卿之一。西汉时曾一度更名大理,王莽新朝时则改名士,东汉光武帝复名廷尉,直到东汉末年一直沿用不变。廷尉职责,《汉书·百官公卿表》上记载说:"秦官,掌刑辟"。颜师古注释说:"应劭曰:听狱必质诸朝廷,与众共之,兵狱同制,故称廷尉。师古曰:廷,平也。治狱贵平,故以为号。"从此记载可知,廷尉是秦汉时期全国最高的专职司法机关,从其之所以命名为廷尉可知,从理论上说,秦汉封建统治者在司法审判上共同标榜最高原则是公平。而实际上廷尉向上对皇帝负责,对下统一领导各级地方政府的司法活动。廷尉以皇帝的诏令和朝廷的法律条文为依据,掌管刑狱,以法审判罪犯,同时又接受地方官员的上诉。

廷尉作为全国最高的司法机关,需要处理数量繁多且复杂的各种案件,所以它必须配备一大批各司其职的官吏。在其属官中,级别较高的有廷尉正和左、右监,都是秩俸千石的官员。廷尉正相当于诸卿的属官丞,其地位仅次于廷尉,拥有较大的权力。他既可以代表廷尉参与杂治

---

① 《汉书》卷 59《张汤传》。

诏狱，又可以单独决疑狱。例如，广川王刘去与其王后昭信残忍无比，擅杀无辜民众16人。其师劝谏，刘去夫妻非但不听，还将老师父子杀戮。事发后，"天子遣大鸿胪、丞相长史、御史丞、廷尉正杂治巨鹿诏狱，奏请逮捕去及后昭信"。① 又如黄霸为地方官时，"明察内敏，又习文法，然温良有让，足智，善御众"，"用宽和为名"。"会宣帝即位……闻霸持法平，召以为廷尉正，数决疑狱，庭中称平"。② 显然，廷尉正作为廷尉的下一级属官和主要助手，在司法审判中处于举足轻重的作用，廷尉一旦空缺，其即可晋升补缺，如东汉时期的郭躬即由廷尉正而晋升廷尉的。

廷尉属下还有较重要的官员是廷尉监2人，即廷尉左监与廷尉右监，虽秩俸也千石，但地位低于廷尉正，一般不参与杂治诏狱，而是执行逮捕罪犯之类的任务。如哀帝时的佞臣息夫躬，依附宠臣董贤，诬陷朝中正直的大臣，干了许多坏事，被罢官遣就国以后，被人告发"怀怨恨，非笑朝廷所进，候星宿，视天子吉凶，与巫同祝诅"。这自然引起皇帝的愤怒，"上遣侍御史、廷尉监逮躬，系洛阳诏狱"。③ 又如淮南王刘安与其太子突谋反叛朝廷，被其孙刘建告发，"廷尉以建辞连太子迁闻，上遣廷尉监与淮南中尉逮捕太子"。④

宣帝地节三年（前67），又为廷尉增属官左右平，称廷尉平，简称"廷平"。其职责是"掌平决诏狱"，⑤ 即公正地对犯人进行审讯与判决。宣帝在增设廷尉平的诏书中指出："间者吏用法，巧文浸深，是朕之不德也。夫决狱不当，使有罪兴邪，不辜蒙戮，父子悲恨，朕甚伤之。今遣廷史与郡鞠狱，任轻禄薄，其为置廷平，秩六百石，员四人。其务平之，以称朕意。""于是选于定国为廷尉，求明察宽恕黄霸等以为廷平，季秋

① 《汉书》卷53《广川王传》。
② 《汉书》卷89《黄霸传》。
③ 《汉书》卷45《息夫躬传》。
④ 《汉书》卷44《淮南王长传》。
⑤ 《后汉书》志25《百官二》。

后请谳"。① 从此记载可知，增设廷尉平这一官职，其主要原因是当时审理判决案件不公正，产生不少冤案。宣帝为了改变这种判决不公正的弊端，特地在廷尉之下增设 4 名廷尉平专门负责审讯与判决，并选派像黄霸那样明察秋毫、宽容忠恕、执法公平的官员负责审判。由此可见，廷尉平虽然秩俸仅六百石，但角色重要，在保证案件公正审判中发挥了关键的作用。

廷尉属下除了正、监、平等官员之外，还有各种掾史。《汉书·朱博传》曾记载他任廷尉时召其属僚共同讨论审判之事："（朱博）迁廷尉，职典决疑，当谳平天下狱。博恐为官属所诬，视事，召见正监典法掾史，谓曰：'廷尉本起于武吏，不通法律，幸有众贤，亦何忧！然廷尉治郡断狱以来且二十年，亦独耳剽日久，三尺律令，人事出其中。掾史试与正监共撰前世决事吏议难知者数十事，持以问廷尉，得为诸君覆意之。'正监以为博苟强，意未必能然，即共条白焉。博皆召掾史，并坐而问，为平处其轻重，十中八九。官属咸服博之疏略，才过人也。"文中所提到的典法掾史中，有负责决狱、治狱的廷尉史、奏谳掾、奏曹掾等，也有不典法的廷尉文学卒史、廷尉书佐、从史等，大概是负责处理一般行政事务、文秘方面的工作。东汉时的廷尉属官大体上沿袭西汉，所不同的是省去了右监和右平，只保留廷尉正、左监、左平各 1 人。

（二）地方司法体制思想

中国古代各级地方行政体制的特点是行政与司法、财政三位一体，地方各级行政长官同时兼理司法审判、财政收支和税务等事务。两汉时期郡太守的一项重要职责就是管理司法审判，如西汉薛宣为左冯翊时，"为吏赏罚明，用法平而必行"。② 东汉马严为陈留太守时，到任下车伊始，即"明赏罚，发奸慝，郡界清净"。③ 东汉陈宠由尚书出任广汉太守，

---

① 《汉书》卷 23《刑法志》。
② 《汉书》卷 83《薛宣传》。
③ 《后汉书》卷 24《马严列传》。

是时"西州豪右并兼，吏多奸贪，诉讼日百数。宠到，显用良吏王涣、镡显等，以为腹心，讼者日减，郡中清肃"。① 由于司法审判是地方长官的重要职责，因此汉宣帝认为，"政平讼理"是地方郡守的主要政绩之一。汉代上计中，朝廷对地方郡县长官的考核中，"治狱决讼，务得其中"② 就是其中一项重要的内容。

郡守兼职司法审判工作，其属官中有一些人的职责与司法关系密切。如郡丞和功曹作为郡守的主要辅佐，可以随时过问司法方面的有关事务。郡守之下其他列曹中与司法有关或专职从事与司法有关事宜的部门和官吏也不少，如决曹及其属官掾、史、户曹等，主持有关诉讼、决狱、断狱和用法等事宜，贼曹全面专职主管对盗贼的侦讯，捕贼掾专门主持对盗贼的追捕。

决曹及其掾、史是郡府专理司法的主要官员，两汉史籍中关于他们活动的记载屡见不鲜。如西汉于定国之父曾任郡决曹，由于用法持平，在当时赢得很大的名声："其父于公为县狱史、郡决曹，决狱平，罗文法者于公所决皆不恨。郡中为之生立祠，号曰于公祠。"③ 又如东汉周嘉之高祖父周燕，曾任郡决曹掾，在一桩错案中主动为太守承担责任："高祖父燕，宣帝时为郡决曹掾。太守欲枉杀人，燕谏不听，遂杀囚而黜燕。因家守阙称冤，诏遣复考。燕见太守曰：'愿谨定文书，皆著燕名，府君但言时病而已。'出谓掾史曰：'诸君被问，悉当以罪推燕。'"④ 东汉时的应奉为郡决曹史，奉命到属县录囚徒，"行部四十二县，录囚徒数百千人。及还，太守备问之，奉口说罪系姓名，坐状轻重，无所遗脱，时人奇之"。⑤ 在决曹之下，还有一些书佐小吏，协助办理文案之类具体事宜。另外，据有关文献记载，还有辞曹、仁恕掾等也参与郡府的诉讼工作。

①　《后汉书》卷 46《陈宠列传》。
②　《汉官六种》，第 70 页。
③　《汉书》卷 71《于定国传》。
④　《后汉书》卷 81《周嘉列传》。
⑤　《后汉书》卷 48《应奉列传》。

除此之外，郡守属下的户曹史也负有一定的诉讼方面的责任。如《后汉书·孟尝传》记载孟尝为户曹史时，出于自己的职责和正义感，竭力为一寡妇辩冤："尝少修操行，仕郡为户曹史。上虞有寡妇至孝养姑，姑年老寿终，夫女弟先怀嫌忌，乃诬妇厌苦供养，加鸩其母，列讼县庭。郡不加寻察，遂结竟其罪。尝先知枉状，备言之于太守，太守不为理。尝哀泣外门，因谢病去。"

秦汉时期，郡作为地方一级行政机构，在整个封建王朝的行政司法体系中占有重要地位。它对上通过廷尉向皇帝负责并接受其领导，将判决死刑案件与疑难案件上报廷尉；同时对下领导县一级的司法活动，接受其呈送的疑难案件。郡在朝廷与地方县级政府中起着承上启下、上传下达的作用。

秦汉时期县是郡下一级司法机构，县令长作为地方县级的行政长官，同样兼理一县的司法审判，即所谓"显善劝义，禁奸罚恶，理讼平贼"。[①]例如，尹赏为长安令时，充分发挥地方行政长官的司法职能，对长安城内破坏社会治安的奸猾之辈人张挞伐，收到了很好的管理效果："长安中奸猾浸多，闾里少年群辈杀吏，受赇报仇，相与探丸为弹，得赤丸者斫武吏，得黑丸者斫文吏，白者主治丧；城中薄暮尘起，剽劫行者，死伤横道，枹鼓不绝。赏以三辅高第选守长安令，得壹切便宜从事。赏至，修治长安狱，穿地方深各数丈，致令辟为郭，以大石覆其口，名曰'虎穴'。乃部户曹掾史，与乡吏、亭长、里正、父老、伍人，杂举长安中轻薄少年恶子，无市籍商贩作务，而鲜衣凶服被铠扞持刀兵者，悉籍记之，得数百人。赏一朝会长安吏，车数百两，分行收捕，皆劾以为通行饮食群盗。赏亲阅，见十置一，其余尽以次内虎穴中，百人为辈，覆以大石。数日一发视，皆相枕藉死，便舆出，瘗寺门桓东，楬著其姓名，百日后，乃令死者家各自发取其尸。亲属号哭，道路皆歔欷……赏所置皆其魁宿，或故吏善家子失计随轻黠愿自改者，财数十百人，皆贳其罪，诡令立功

以自赎。尽力有效者，因亲用之为爪牙，追捕甚精，甘耆奸恶，甚于凡吏。赏视事数月，盗贼止，郡国亡命散走，各归其处，不敢窥长安。"①尹赏任长安令后，针对长安城内流氓地痞作恶多端、抢劫杀人的严重治安问题，通过向乡吏、亭长、里正、父老、伍人等详细的调查，然后予以严厉精准的打击，并利用其中罪行较轻的从犯维护社会秩序，捕捉继续为非作歹者，彻底改变了长安的社会治安。

根据史籍记载，东汉时不少县令长在主持司法审判中，刚正不阿，不畏权贵，敢于碰硬，坚持正义。如洛阳令董宣，敢于拦截湖阳公主的车骑，当面格杀她的白日杀人、为非作歹的苍头。另一个洛阳令虞延，毅然处死常为奸盗的外戚阴氏客马成，使居于京城的达官贵人不得不收敛气焰。② 正由于两汉县令长兼理司法审判，负有一县司法之责，因此在其属吏中专门有一部分人辅佐县令长处理司法审判、捉捕盗贼等事宜。

县丞是县令长的主要辅佐，同时"兼主刑狱、囚徒"③，是仅次于县令长的司法官。其他贼曹、贼曹掾史等主管追捕缉拿盗贼，狱掾史、掾司空等主管决狱和牢狱事宜。如西汉于定国的父亲先为县狱史，于定国从小跟随父亲学习，父死之后也从狱史开始自己的仕途，最后官至丞相。西汉的路温舒也是从县狱史之类小官开始，由于好学能干，最后官至临淮太守。"（路温舒）父为里监门，使温舒牧羊，温舒取泽中蒲，截以为牒，编用写书。稍习善，求为狱小吏，因学律令，转为狱史，县中疑事皆问焉。太守行县，见而异之，署决曹史。"④

秦汉时期，在县以下的基层组织乡亭等官吏中，不少人负有司法职责。例如：主管一乡事务的啬夫，其主要职责之一就是"听讼"，处理刑事或民事的司法事务；游徼的主要职责也是司法事务，即"徼循禁贼

---

① 《汉书》卷 90《尹赏传》。
② 《后汉书》卷 33《虞延列传》。
③ 《通典》卷 33《总论县佐》。
④ 《汉书》卷 51《路温舒传》。

盗"① 或"徼循司奸盗";亭长的职责也是"主求捕盗贼"。② 如东汉虞延少时曾任"户牖亭长,时王莽贵人魏氏宾客放纵,延率吏卒突入其家捕之"。③

综上所述,秦汉时期司法体系的建构思想是通过从廷尉中经郡县直到最基层的啬夫、游徼和亭长这一垂直的领导机构来贯彻执行的。由于在封建社会中司法权与行政权、监察权交织在一起,因此在中央,全国最高行政长官丞相和最高监察长官御史大夫都兼理司法事务;在地方,行政长官郡守和县令长也兼理司法事务,并且通过层层领导隶属关系,最终向最高统治者皇帝负责,皇帝成为全国最高司法长官。

三、秦汉司法审理判决思想

(一) 审理判决程序思想

秦汉两朝在司法审理判决上的程序基本相似,仅在某些方面和环节上略有差异。《睡虎地秦墓秦简·封诊式》出土后,我们对秦朝司法审理判决的程序规定有了较具体的了解。按照秦朝规定,秦朝的诉讼可以由当事人起诉,称为"劾"。秦律中的"辞者辞廷",其意就是由原告直接向郡守提出控告。不过,在一般情况下,诉讼更多地是由基层官吏里典(里正)出面向县长官或县啬夫提起公诉。秦朝时在诉讼中已根据当事人的犯罪性质和诉讼当事人的身份,将诉讼分为"公室"告和"非公室"告两种类型。凡"贼杀伤,盗他人为公室告;子盗父母,父母擅杀刑、髡子及奴妾,不为公室告"。官府只受理"公室"告,"非公室告"不予受理。

秦朝官府衙门在诉讼受理后即对被告人进行审理。在断狱中,最重

① 《汉书》卷19上《百官公卿表》上。
② 《后汉书》志28《百官五》。
③ 《后汉书》卷33《虞延列传》。

342

要的根据是口供。为了使口供能反映真实的情况，秦律认为最好不通过刑讯而获得能真实反映案件的口供，即所谓"毋治（笞）谅（掠）而得人情为上"。这就是要求负责审讯的官吏注意审讯方式，耐心地听取多方面的陈述，不要轻易采取诘问和刑讯。"凡讯狱，必先尽听其言而书之，各展其辞，虽智（知）其池，勿庸辄诘。其辞已尽书而毋（无）解，乃以诘者诘之"。"诘之极而数池，更言不服"，则再动用刑罚审讯。与此同时，秦朝对一般刑事案件也重视现场勘验与司法鉴定。在比较重大的案件中，县令长往往要亲临现场勘验，并将结果写成详细的书面报告。《封诊式》中关于"贼死""经死""穴盗"和"出子"等案件都有较详细的勘验情况记载，其中既有被害人的衣着、杀伤部位和作案人的残留痕迹等细节，又有周围情况及知情人提供的旁证材料。这表明，当时执法者具有重视证据和司法实践方面的办案思想。对于控告不实即"告不审"或蓄意陷害诬告者，"以所辞罪之"，情节恶劣或出于故意，则加重处罚。当诉讼案件判决后，罪犯对判决不服的，本人或其他人可以提出复审，"以乞鞠及为人乞鞠者，狱已断乃听"，[1] 即判决机关允许其提出复审请求，重新审理。在通常情况下，死刑案件实行三审终审制，最后才能定案。

汉律在司法审理判决程序方面承袭秦制，其起诉方式有两种：一是由封建官吏控告犯罪，二是当事人自己直接向官府控诉或由被害人的亲属代为起诉。汉朝与秦朝一样普遍实行连坐制度，强调官吏百姓间互相监督，使犯罪者无法隐藏和无处藏身逃避惩罚。特别是对危害封建王朝统治的犯罪，则鼓励和强迫知情人检举告发："其见知而故不举劾，各与同罪"。[2] 即使是官吏之间，有犯法者也必须互相举劾。虽然汉代对疑难案件建立了逐级送审的制度，即县不能判决就移送于郡，郡不能判决就移送于廷尉，廷尉不能判决就奏请皇帝裁决。但是，在一般情况下，朝

---

① 《睡虎地秦墓竹简·法律答问》。

② 《晋书》卷30《刑法志》。

廷禁止百姓越级诉讼。当然，如是有大冤屈的案件，则允许受害人越级上书皇帝或亲赴阙廷上诉。

汉代司法审理判决虽然一再标榜要公平，依法判决，但是在实际操作中也难免存在着一些问题。由于口供是判决的具有决定意义的根据，因而刑讯逼供就成为审理案件中经常使用的手段。这必然给横暴贪残之官吏随心所欲地进行判决、草菅人命大开方便之门。正如路温舒在上宣帝书中所揭露的："今治狱吏则不然，上下相驱，以刻为明；深者获公名，平者多后患。故治狱之吏皆欲人死，非憎人也，自安之道在人之死。是以死人之血流离于市，被刑之徒比肩而立，大辟之计岁以万数，此仁圣之所以伤也……夫人情安则乐生，痛则思死，棰楚之下，何求而不得？故囚人不胜痛，则饰辞以视之；吏治者利其然，则指道以明之；上奏畏却，则锻练而周内之。盖奏当之成，虽咎繇听之，犹以为死有余辜。何则，成练者众，文致之罪明也。是以狱吏专为深刻，残贼而亡极，媮为一切，不顾国患，此世之大贼也。"① 路温舒在此指出，横暴贪残的官吏之所以在审判中草菅人命，主要原因在于当时朝廷的指导思想是对案件严厉审判的官吏其执法是公平公正的，将得到奖励升迁；相反，如对案件不公平审判的官吏则会被认为执法不严，对自己将来的仕途不利。因此办案官吏在审理判决案件中喜欢对罪犯用刑讯逼供，令其屈打成招，然后判以重刑，直至处以死刑。其实这种严刑重判对国家管理是很不利的。

当然，汉朝为了展示法律的"公正"性，法律规定在宣判时要"读鞫"，即宣读判决书。犯人如认为冤枉，允许其请求复讯，即所谓"乞鞫"。如果判决的是两年以上的徒刑，家人可为之"乞鞫"。不过，乞鞫必须在一定的时间内进行，一般以3个月为限，"在期内者听，期外者不

---

① 《汉书》卷51《路温舒传》。

听，若今时徒论决满三月，不得乞鞫"。① 但是，这种"乞鞫"的规定并不能改变审判中的主观武断作风，使横暴贪残官吏能实事求是地查明案情，改变错误的判决。那些贪赃枉法的官吏经常用故意拖延时日的办法，给犯人制造痛苦，"有罪者久而不论，无罪者久系不决"，② 使被告人"痛则思死"，从而"锻练以周内之"，最终形成冤假错案。

秦朝以法家为国家管理的指导思想，断狱基本上以法律为准。汉朝自汉武帝开始实行"罢黜百家，独尊儒术"的治国方略后，公孙弘、董仲舒等人提倡以儒家经典《春秋》断狱，从而把儒家思想引入司法审判的实践中。汉代有不少以《春秋》决狱的事例。如董仲舒撰写的《春秋决事》共收录了232个判例，在当时的审判实践中被广泛地运用。于是"为亲者讳""为尊者讳""为贤者讳"等都成为定罪的法律根据，进一步为贪赃枉法者随心所欲地残害百姓大开方便之门。这种以儒家经典为审判依据的风气到东汉时期进一步发展，马融、郑玄等著名经学家都以儒家观点来诠释现行法律，并在生徒中广泛传播，形成了十余家学说共存的局面。由于两汉朝廷都承认儒家经学大师对法律的解释与法律具有同等的效力，这种解释日积月累，东汉时可以用于断狱的有2万余条，770多万字，结果是"言数益繁""览者益难"，③ 给司法官吏贪赃枉法创造了更多的在审判案件中上下其手的借口和根据。

在汉律中，除了律令外，还有科与比也是其重要的内容。特别是比，即"以例相比况"，④ 凡在审判案件中，如法律正文无此方面的判决条款，即以类似的条款或判例来比附定罪。西汉时期，比有决事比、死罪决事比、辞讼比3种类型，应用相当广泛。这也为贪官污吏在司法审判中贪赃枉法创造了很大的随意性空间。"所欲活，则傅生议；所欲陷，则予死

———————

① 阮元等：《周礼·秋官司寇·朝士》郑玄注，影印《十三经注疏》本，中华书局，1980年。

② 《周礼·秋官司寇·朝士》郑玄注。

③ 《晋书》卷30《刑法志》。

④ 《汉书》卷23《刑法志》师古注。

比","奸猾巧法，转相比况"，① 因缘为市，罪同判异，使汉代司法审判更无法可依，政治更加腐败黑暗。

两汉时期的司法审理判决较秦朝有较明显变化的是皇帝大赦的经常化。秦始皇治国"乐以刑杀为威"，"刚毅戾深，事皆决于法"，"久而不赦"②，在其当政期间，从来没有搞过大赦。见于史籍记载，只有秦二世胡亥在秦始皇死后发布过一次大赦令。两汉皇帝因为将儒家经义引入司法审判，十分推崇赦为仁义之端、德化之道，因而不少皇帝都在登基、婚娶、寿庆、丧葬、灾异之时颁布大赦令，赦免一批罪犯。如西汉时期，高帝在位 12 年，大赦 9 次。武帝在位 55 年，大赦 18 次。宣帝在位 25 年，大赦 10 次。成帝在位 26 年，大赦 9 次。哀帝在位 6 年，大赦 4 次。东汉时期的皇帝也频频颁布大赦令，以标榜德治天下。如光武帝在位 33 年，大赦 7 次。明帝在位 18 年，大赦 5 次。章帝在位 13 年，大赦 3 次。其间有条件地赦"殊死以下"的情况就更多了。③ 两汉皇帝认为，严法于前，大赦于后，既可震慑犯罪者，又可向广大民众标榜仁义道德，这是德法兼用的治国好方法。但是从实际效果看，往往适得其反，形成恶性循环。大赦太滥，反而助长了犯罪者的侥幸心理，致使犯罪者日益增多；犯罪增多，监狱人满为患，迫使朝廷更频繁大赦，结果只能使社会更加动荡不安。正如崔寔在《政论》中所指出的："赦以趣奸，奸以趣赦，转相驱踧，两不得息，虽日赦之，乱甫繁耳。"

（二）行使司法职责与权力思想

秦汉时期，从廷尉到地方郡县的啬夫、游徼、亭长的司法职责和权力，随着官职等级的不同，有着明确的分工。最基层的亭长、游徼、啬夫之类负责司法的官吏，其主要有 3 个方面的职责与权力。一是"听讼"，即处理一般民事和刑事案件。如西汉时，朱邑"少时为舒桐乡啬

---

① 《汉书》卷 23《刑法志》。
② 《史记》卷 6《秦始皇本纪》。
③ 《中国政治制度通史》第 3 卷，第 296 页。

夫，廉平不苛，以爱利为行，未尝笞辱人，存问耆老孤寡，遇之有恩，所部吏民爱敬焉"。① 第五伦"为乡啬夫，平徭赋，理怨结，得人欢心"。二是"禁盗贼"，主要就是追捕盗贼。如西汉时，朱博为琅琊太守，所属"姑幕县有群辈八人报仇廷中，皆不得……博口占檄文曰：'府告姑幕令丞：言贼发不得，有书。檄到，令丞就职，游徼王卿力有余，如律令！'"② 桓谭在《新论》中记载："余从长安归沛，道疾，蒙絮被绛罽襜褕，乘驿马，宿于下邑东亭中。亭长疑是贼，发卒夜来攻。"三是向上级机关遣送罪犯。如刘邦在秦朝末年为亭长时，两次押送刑徒去咸阳。由于亭长、游徼、啬夫是最基层的负责司法的官吏，位卑权轻，因此本身并没有判刑和杀人的权力。

县令长主持一县的司法审理判决，形成地方初级审判法庭，有权量罪定刑，从一般徒刑到死刑，都有权判决。但在县这一级判决的死刑案件，必须上报郡守并经过廷尉批复，方可执行。县一级的民事和刑事案件，在通常情况下由县丞、狱掾史或狱司空审理，只有重大案件，特别是死刑案件，才由县令长亲自审理。死刑案件虽然原则上须上报郡太守和廷尉批准，但在特殊情况下，县令长也可根据具体情况，先斩后奏，未经批准就处决某些罪犯。如董宣为洛阳令时，即未经批准，格杀杀人犯。董宣"为洛阳令，时湖阳公主苍头白日杀人，因匿主家，吏不能得。及主出行，而以奴骖乘，宣于夏门亭候之，乃驻车叩马，以刀画地，大言数主之失，叱奴下车，因格杀之"。③ 又如东汉初年李章为阳平令时，也不经批准诛杀地方豪强大姓："光武即位，拜阳平令。时赵、魏豪右往往屯聚。清河大姓赵纲遂于县界起坞壁，缮甲兵，为在所害。章到，乃设飨会而延谒纲。纲带文剑，被羽衣，从士百余人来到。章与对宴饮，有顷，手剑斩纲，伏兵亦悉杀其从者，因驰诣坞壁，掩击破之，吏人遂

① 《汉书》卷 89《朱邑传》。

② 《汉书》卷 83《朱博传》。

③ 《后汉书》卷 77《董宣列传》。

安。"① 但是，在两汉时期，县令长不经过批准袭杀罪犯是不常见的事。在一般情况下，他们是不敢越轨擅自行事的。当时，每县都设监狱收监犯人，凡批准执行死刑的犯人一般要等到秋后一起处决。

两汉时期，郡一级是地方最高的审判法庭。它受理属县送呈的疑难案件、官民上诉的案件以及郡内发生的属县不便审理的案件。在郡审理的案件中，多数案件由主管司法事宜的郡决曹负责审理。《后汉书·周嘉传》就记载，其祖父周燕为郡决曹时主动为郡守承担审判失误的责任，说明郡决曹及其他专司司法审判的掾史在审判中有相当大的独立行事的权力。《后汉书·郭躬传》也记载，郭躬父亲郭弘担任决曹掾，30 年来一直依法公平地审理判决大量案件，受到民众的尊崇。由此可见，决曹掾是郡负责审理判决民事和刑事案件的主要官员。"（郭躬）父弘，习《小杜律》，太守寇恂以弘为决曹掾，断狱至三十年，用法平。诸为弘所决者，退无怨情，郡内比之东海于公。"

对于死刑犯，郡级法庭也没权力擅自判决执行，在决曹判决后，即以郡守的名义上报廷尉，待批准后于秋后处决。当然，如是比较重大的案件，特别是杀人越货的恶性案件，郡守往往从头到尾主持案件的追捕、侦讯、审理、判决和处决等全部活动，最后再上报朝廷，朝廷批准后予以执行。如西汉时期的河内太守王温舒"迁为河内太守。素居广平时，皆知河内豪奸之家。及往，以九月至，令郡具私马五十匹，为驿自河内至长安，部吏如居广平时方略，捕郡中豪猾，相连坐千余家。上书请，大者至族，小者乃死，家尽没入偿赃。奏行不过二日，得可，事论报，至流血十余里。河内皆怪其奏，以为神速。尽十二月，郡中无犬吠之盗。其颇不得，失之旁郡，追求，会春，温舒顿足叹曰：'嗟乎，令冬月益展一月，卒吾事矣！'其好杀行威不爱人如此。上闻之，以为能，迁为中尉"。② 又如西汉定襄太守义纵也亲自主持重大案件的审理，并将死刑犯

---

① 《后汉书》卷 77《李章列传》。

② 《汉书》卷 90《王温舒传》。

上报朝廷批准后处决。"（义）纵为定襄太守。纵至，掩定襄狱中重罪二百余人，及宾客昆弟及私入相视者亦二百余人。纵一切捕鞫，曰：'为死罪解脱。'是日皆报杀四百余人。郡中不寒而栗，猾民佐吏为治。"① 从以上二例可以了解到，汉代时法律规定对死刑犯的处决还是比较严格明确的，即使是凶狠残忍、杀伐快速的酷吏，处决死刑犯时也要报请朝廷批准。但是，在司法实践中，秦汉郡守作为镇守一方的朝廷大吏，实际上对其下辖的官民握有生杀予夺大权。特别是汉武帝时期及其后，朝廷为加强对地方的统治，增订法律条文，任用酷吏为郡守，使之得以便宜从事，在司法审判中先斩后奏或斩而不奏的情况愈益增多。"是以郡国承用者驳，或罪同而论异。奸吏因缘为市，所欲活则傅生议，所欲陷则予死比"。② 如周阳由在汉景帝时为郡守，"武帝即位，吏治尚修谨。然由居二千石中最为暴酷骄恣。所爱者，挠法活之；所憎者，曲法灭之"。③ 另一酷吏严延年为涿郡太守时，一夜之间即论杀其掾吏赵绣，显然事先不可能经过上报批准："（太守严延年）遣掾蠡吾赵绣按高氏得其死罪。绣见延年新将，心内惧，即为两劾，欲先白其轻者，观延年意怒，乃出其重劾。延年已知其如此矣。赵掾至，果白其轻者，延年索怀中，得重劾，即收送狱。夜入，晨将至市论杀之，先所案者死，吏皆股弁。更遣吏分考两高，穷竟其奸，诛杀各数十人。郡中震恐，道不拾遗。"④

东汉时期，郡守的司法审判权力更大。如汉阳太守桥玄对贪污罪证确凿的上邽令皇甫祯"收考髡笞，死于冀市，一境皆震"。⑤ 弘农太守王宏，对宦官党羽大加诛伐，"虽位至二千石，皆考掠收捕，遂杀数十人"。⑥ 东汉郡守敢于对县令长、宦官党羽不加报准而擅自处死，对于一

---

① 《汉书》卷90《义纵传》。
② 《汉书》卷23《刑法志》。
③ 《汉书》卷90《周阳由传》。
④ 《汉书》卷90《严延年传》。
⑤ 《后汉书》卷51《桥玄列传》。
⑥ 《后汉书》卷66《王宏列传》。

般平民百姓就更不用说了。由此可见，对死刑犯上呈批准后才能处决的规定恐怕已是一纸空文了。不过，当时就制度本身规定而言，郡不是最高审判法庭，通常的死刑案件判决，还是要上报廷尉予以决定，同时，地方郡县疑难案件也必须上呈廷尉审理判决。

廷尉是秦汉时期全国最高的司法审判机构。廷尉及其属下官吏依据皇帝颁布的各种诏、令、律条，对皇帝交办的重要案件、发生在朝廷周围的重大案件、地方呈报的疑难案件等进行审理判决，对地方判决的死刑案件进行复审，同时接受官民的上诉。在政治比较清明，当政的皇帝比较贤明、善于纳谏的时期，那些刚正不阿、秉公执法的廷尉就能够依法公正公平地审理判决案件，维护社会的公平正义。例如，"文帝……拜张释之为廷尉。顷之，上行出中渭桥，有一人从桥下走，乘舆马惊。于是使骑捕之，属廷尉。释之治问。曰：'县人来，闻跸，匿桥下。久，以为行过，既出，见车骑，即走耳。'释之奏当：此人犯跸，当罚金。上怒曰：'此人亲惊吾马，马赖和柔，令它马，固不败伤我乎？而廷尉乃当之罚金。'释之曰：'法者，天子所与天下公共也。今法如是，更重之，是法不信于民也。且方其时，上使使诛之则已，今已下廷尉，廷尉，天下之平也，壹倾，天下用法皆为之轻重，民安所措其手足？唯陛下察之。'上良久曰：'廷尉当是也。'其后，人有盗高庙座前御环，得，文帝怒，下廷尉治。案盗宗庙服御物者为奏，当弃市。上大怒曰：'人亡道，乃盗先帝器！吾属廷尉者，欲致之族，而君以法奏之，非吾所以共承宗庙意也。'释之免冠顿首谢曰：'法如是足也，且罪等，然以逆顺为基。今盗宗庙器而族之，有如万分一，假令愚民取长陵一抔土，陛下且何以加其法乎？'文帝与太后言之，乃许廷尉当"。[①] 当然，由于时代的局限性，当时像张释之这样公正不阿、秉公执法的司法官吏是少之又少。多数廷尉都是阿谀奉承，看皇帝眼色行事、无视法律的奸佞小人，可想而知，让这样的廷尉审理判决案件，其司法上的公正性公平性是大打折扣的。如

---

① 《汉书》卷 50《张释之传》。

酷吏杜周任廷尉时就公开宣称"三尺法"不足凭。他断案时就"不循三尺法，专以人主意指为狱"，"上所欲挤者，因而陷之；上所欲释者，久系待问而微见其冤状"①，然后相机从轻处罚，或予以释放。

皇帝作为全国最高的司法审判官，廷尉审判的案件一般还要向皇帝报告，所以廷尉审判案件公正与否最终往往要取决于皇帝的意志。如秦始皇就是一位大权独揽的皇帝，"昼断狱，夜理书，自程决事，日县石之一"②，每日要裁决廷尉上报的大量案件。汉高祖在汉七年（前200），有一个给御史大夫的诏书，其中就特别强调逐级上报疑难案件的制度："狱之疑者，吏或不敢决，有罪者久而不论，无罪者久系不决。自今以来，县、道官狱疑者，各谳所属二千石官，二千石官以其罪名当报之。所不能决者，皆移廷尉，廷尉亦当报之。廷尉所不能决者，谨具为奏，傅（附）所当比律令以闻。"③ 由此可见，西汉司法审判有4个层级上报程序：县级法庭上报郡级法庭，郡级法庭上报廷尉，廷尉上报皇帝。皇帝有时会交办一些重要的案件，命令廷尉和其他官员共同审理，称为"杂治"。这类案件往往都是危及封建王朝统治的重大谋叛案。如哀帝即位初，国运每况愈下，哀帝接受夏贺良的建议，改元再授命，改建平二年（前5）为太初元年，称"陈圣刘太平皇帝"，希望时来运转。但是，事与愿违，国家管理毫无起色，哀帝认为自己受到贺良等欺骗，于是下诏将其交有关官员"杂治"。结果，"贺良等反道惑众，奸态当穷竟。皆下狱。光禄勋平当、光禄大夫毛莫如与御史中丞、廷尉杂治，当贺良等执左道，乱朝政，倾覆国家，诬罔主上，不道。贺良等皆伏诛"④。不久，建平三年（前4），又发生了所谓东平王刘云的谋反案，哀帝于是命"廷尉梁相与丞相长史、御史中丞及五二千石杂治东平王云狱"⑤。显然，"杂治"是

① 《史记》卷 122《杜周传》。
② 《汉书》卷 23《刑法志》。
③ 《汉书》卷 23《刑法志》。
④ 《汉书》卷 75《李寻传》。
⑤ 《汉书》卷 86《王嘉传》。

由皇帝临时组织的最高法庭，负责对重大案件的审理判决。法庭成员由皇帝临时指派，审判结束即行解散。其成员不固定，但都是皇帝信任的朝中高官，廷尉作为最高的专职司法官员，多数情况下是参与"杂治"的。"杂治"往往是性质严重的谋叛案件，罪犯所受的惩罚往往是很严酷的，且主要体现皇帝的旨意。

四、魏晋南北朝司法思想

（一）制定法律思想

魏晋南北朝在中国古代史上属于军阀混战、社会动荡不安的时代，但是即使在这样的乱世下，多数王朝的君主仍然重视制订法律，作为管理国家的法律依据。在这一时期，影响较大的法律有曹魏的《魏律》、西晋的《泰始律》、北魏的《后魏律》和北齐的《北齐律》四部。

大约在曹魏青龙二年（234），明帝令司空陈群、散骑常侍刘邵、给事黄门侍郎韩逊和议郎庾嶷、中郎黄休、荀诜等人"删约旧科（指建安年间曹操主持制定的《甲子科》），旁采《汉律》"，制定了《魏律》18篇。[①] 从《魏律》篇目来看，其以汉《九章律》为基础，再结合当时的实际情况，增加了《劫掠》《诈伪》《毁亡》《告劾》《系讯》《断狱》《请赇》《惊事》和《偿赃》等9篇[②]，删除了《汉律》中旁章科令中不合时宜的条款，并改《具律》为《刑名》，列为首篇。[③] 这种体例和结构，均为后世封建法典编纂者所继承。

魏元帝咸熙元年（264），司马昭为晋王，七月奏呈元帝，令以中护军贾充"正法律"，[④] 与太傅郑冲、司徒荀凯、中书监荀勖、守河南尹杜

---

① 《晋书》卷30《刑法志》。
② 《唐六典》卷6《刑部尚书·郎中员外郎》。
③ 《晋书》卷30《刑法志》。
④ 《晋书》卷2《文帝纪》。

预等 14 人共"典其事"。①《晋律》仍然以汉《九章律》为基础,"增十一篇",编为 20 篇。泰始三年(267)书成,四年(268)正月,晋武帝下诏颁行新律,史称《泰始律》。《晋律》与其说在《汉律》9 篇基础上增加 11 篇而为 20 篇,倒不如说在《魏律》18 篇基础上增加 2 篇而为 20 篇。具体而言,汉的《具律》,曹魏改为《刑名》,而晋律则分为《刑名》和《法例》;汉的《盗律》,晋律分为《请赇》《诈伪》《水火》《毁亡》,实际上也是在继承《魏律》基础上增加了《水火》;汉的《囚律》,晋律完全继承《魏律》,分为《告劾》《系讯》《断狱》。因此,总的说来,晋律在制定篇目上,实际上是在继承《魏律》的基础上,只增加了《法例》《水火》2 篇。《晋书》卷 30《刑法志》说,《泰始律》"合二十篇",其篇目变化就在于比《魏律》增加《法例》《水火》2 篇。《唐六典》更具体详细注载晋《泰始律》篇目为《刑名》《法例》《盗律》《贼律》《诈伪》《请赇》《告劾》《捕律》《系讯》《断狱》《杂律》《户律》《擅兴律》《毁亡》《卫宫》《水火》《厩律》《关市》《违制》《诸侯》,共 20 篇 1530 条。② 另一方面,晋律在增加《汉律》《魏律》篇目的基础上,则对其繁杂的条文进行删繁就简。晋律在《魏律》的基础上,参考《汉律》,本着"蠲其苛秽,存其清约"的原则,对具体条文合并精减。《泰始律》要比《魏律》多 2 篇,却少了《魏律》的苛碎繁杂之处;比《汉律》多 11 篇,却比《汉律》减少了 4000 余条(张晋藩在《中国法制史》中称《泰始律》比《汉律》减少了 4369 条)。由此可见,晋《泰始律》既在篇目结构上比《汉律》《魏律》完整,但在具体条文、内容方面又比《汉律》《魏律》简明扼要,是秦汉以来封建法典编纂总结性的产物,在后 200 余年产生了巨大的影响力。《泰始律》颁布后,西晋时就有明法掾张斐其作《律注》。从此以后,"江左相承,用晋世张(斐)、杜(预)律二十卷",这里的"江左",实际上包括了东晋和整个南朝宋、齐、梁、陈 4 个王朝。

---

① 《晋书》卷 30《刑法志》。
② 《唐六典》卷 6《尚书刑部·郎中员外郎》。

与此同时，北朝诸律中，《北齐律》是最重要的一部法典。其篇目共有《名例》《禁卫》《婚户》《擅兴》《违制》《诈伪》《斗讼》《贼盗》《捕断》《毁损》《厩牧》《杂律》等12篇，"其定罪九百四十九条"。[①]《魏律》《泰始律》都是多立篇目，细分《汉律》篇目，而使之更加完整，但《北齐律》是并省为12篇。《隋书·刑法志》称赞《齐律》简要，批评《周律》苛密，因此，隋朝《开皇律》的制定不参考《周律》而参考《齐律》。随后，唐、宋以至明初，都沿袭《开皇律》的篇目。一直到明洪武二十二年（1389），《明律》以吏户礼兵刑工六曹分篇，古代制定封建法典篇目的结构才发生了根本性的改变。《北齐律》"法令明审，科条简要"，其内容"大抵采魏晋故事"，[②] 其流派实出自魏晋；而魏晋之律，又多采自汉儒章句，其渊源显然出于《汉律》。

（二）制定罪名和刑名思想

秦用《法经》，仅6篇；西汉初年，制定《汉律》，增加3篇，为《九章律》。当时，刑律处于草创，分类过于简略不清，法律概念不规范，具体罪名和总罪名不一致，以至于影响判刑和用刑的准确性。

魏晋制定新律，主要工作是"都总事类，多其篇条"，解决具体罪名与总罪名"本体相离"而不一致的问题。如曹魏制定刑律时认为，"劫掠""恐猲""和卖买人"以及"持质"，属于"劫略"罪，应当从《盗律》中去掉，所以新立《劫略律》以总"劫略"类型诸罪；还有"欺谩""诈伪""逾封""矫制"以及"诈伪生死""诈自复免"等应属于诈骗罪，不应当归于《贼律》《囚律》和《令丙》，所以应该另立《诈律》以统领诈骗类型诸罪。

晋《泰始律》颁布后，明法掾张斐认为当时法律概念不明确，影响了罪名的确定，也给准确量刑带来困难。因此，他给《泰始律》作注，提出"律义较名"20条，也就是给主要类型的犯罪和一些法律用语准确而具体的

---

① 《隋书》卷25《刑法志》。
② 《隋书》卷25《刑法志》。

命名：知而犯之谓之"故"，意以为然谓之"失"，违忠欺上谓之"谩"，背信藏巧谓之"诈"，亏礼废节谓之"不敬"，两讼相趣谓之"斗"，两和相害谓之"戏"，无变斩击谓之"贼"，不意误犯谓之"过失"，逆节绝理谓之"不道"，陵上僭贵谓之"恶逆"，将害未发谓之"戕"，唱首先言谓之"造意"，2 人对议谓之"谋"，制众建计谓之"率"，不和谓之"强"，攻恶谓之"略"，3 人谓之"群"，取非其物谓之"盗"，货财之利谓之"赃"。① 这些命名虽然不尽准确，有的也未触及一些犯罪行为的本质，但对当时法律用语的规范化，从而较准确地确定罪名和量刑，提供了统一的依据和准则，并对后世一些犯罪罪名的确定有直接的影响。如张斐在 20 条中对故意犯罪、非故意过失犯罪做了初步的区别：知而犯之谓之"故"，不意误犯谓之"过失"。如同样是欺骗行为，张斐在尊卑上下礼制的观念指导下，又将其区分为下对上的违忠欺上谓之"谩"和同一等级之间的背信藏巧谓之"诈"。尤其是张斐对"不敬""不道""恶逆"进行了规范化的解释，直接影响到北齐时《北齐律》所制定的重罪 10 条，即"反逆""大逆""叛""降""恶逆""不道""不敬""不孝""不义"和"内乱"。到了隋代，进一步发展为《开皇律》中的"十恶"，即"谋反""谋大逆""谋叛""恶逆""不道""大不敬""不孝""不睦""不义"和"内乱"，并且规定，如官民犯"十恶"者，"虽会赦，犹除名"，② 即俗话所说的"十恶不赦"。"十恶"罪到了唐朝，在《唐律疏议》中完全被继承下来，成为宋明清最严重的犯罪，必须受到最严酷的惩罚。

　　魏晋南北朝时期封建法典的逐步完善还表现在五刑经历长期的演变而逐渐定型。据史籍记载，先秦周朝就有墨、劓、剕、宫、大辟五刑，而且这五刑多属于肉刑（身体刑）。秦的死刑对象，则扩大到"族诛"，即犯重罪人的同族，也要受到株连处死。在"死刑"中又区分为车裂、斩首、枭、磔、弃市等 5 种处死方式；在"徒刑"中又区分为"罚作"

---

① 《晋书》卷 30《刑法志》。
② 《隋书》卷 25《刑法志》。

"输作司寇""鬼薪白粲""完""髡钳为城旦春"等 5 种，而秦"肉刑"则分为墨、劓、刖、宫、鞭等 5 种。汉的刑名大体上沿袭了秦朝。

曹魏时的《魏律》，对五刑做了较大的改革："死刑"分为 3 等；"髡刑"分为 4 等；"完刑""作刑"各分 3 等；"赎刑" 11 等，"罚金" 6 等，"杂抵罪" 7 等；共 37 目，著于律首。[①] 晋《泰始律》"死刑"分为 3 等；"徒刑"分为 2 年至 5 年 4 等，称为"耐刑"；"肉刑"分为鞭、髡、黥、钦等。此外还有"夷三族""徙边""禁锢""除名""夺爵"以及"没官为奚奴"等名目。

晋张斐十分重视"刑名"，认为"刑名所以经略罪法之轻重，正加减之等差"，"其犯盗贼、诈伪、请赇者，则求罪于此；作役、水火、畜养、守备之细事，皆求之作本名"。[②] 也就是说，定罪、判刑，都要依据"刑名"，由此可见，当时已经十分重视在制定法律中对刑名的规范化。

南北朝时期，南朝的"刑名"略同于晋，北朝则有所改革。《后魏律》把主刑归纳为"死""流""徒""鞭""杖" 5 种，为此后中国封建法典"刑名"所沿袭。其中"死刑"分为枭首、斩、绞 3 等，并把死刑从罪犯本人扩大到诛三族、五族的"门房之诛"。"流刑"就是流放边远地区，还要各加鞭笞 100。"徒刑"同于秦汉时期。"肉刑"中又恢复了宫刑。齐承魏制，《北齐律》刑名基本沿袭《后魏律》而稍加变革。五刑之名和恢复"宫刑"与《后魏律》相同；"死刑"则分为辕、枭首、斩、绞 4 等；"流刑"不分道里，髡之后投于边裔；"徒刑"分 1 至 5 年 5 等；"鞭刑"自 45、50、60、80、100 鞭 5 等；"杖刑"分 13、20、30 杖 3 等。《北周律》主刑也是 5 种不变，只是将"死刑"改为磬、绞、斩、枭、裂 5 等；"流刑"按道里，从 2500 至 4500 里分为 5 等，并均加鞭笞；徒刑 1 至 5 年，鞭刑 60 至 100 鞭，杖刑 10 至 50 杖，都分为 5 等。[③] 总之，魏晋南北朝 300 多年来，从十恶罪

① 《晋书》卷 30《刑法志》。
② 《晋书》卷 30《刑法志》。
③ 杨廷福：《唐律疏议》，天津人民出版社，1982 年，第 85—86 页。

的确定，法律用语、概念的规范化以及死、流、徒、鞭、杖五刑刑名的确立，标志着自秦汉以来中国古代封建法律编纂思想经过长时间的逐步发展和演变，最终走向成熟和定型，基本上确立了封建法典的主要框架和模式，为隋唐编纂成熟的封建法典准备了条件。

1. 八议和官当思想。

《魏律》18 篇，其第 18 篇的篇名为《坐免律》，从篇名的文义推测，可能就是"八议"有关 8 种人犯罪减免惩罚的律文。据《唐六典》卷 6《刑部尚书·八议》注，八议"自魏、晋、宋、齐、梁、陈、后魏、北齐、后周及隋，皆载于律"。因此，程树德在《九朝律考·魏律考·序》中指出，《魏律》是最先将"八议"载入律文的，因此，它"实开晋、唐、宋、明诸律之先河"。

所谓八议，据《唐律疏议》记载，为议亲、议故、议贤、议能、议功、议贵、议勤、议宾。也就是说，这八种人如犯罪，要经过特别的程序审议，并且享有减免刑罚的特权。《唐六典》认为，《周礼》以"八辟丽邦法附刑罚"，就是"八议"。①《汉律》虽无"八议"条目，但有"吏六百石以上""宗室""廉吏""吏墨绶"等类人物，"有罪先请"的诏书或规定②。根据这些记载可以推测，曹魏时《魏律》应该已经把"八议"作为法律条文。南北朝时对贵族、官员及其家属犯罪后的拘捕、押送以至处死，也有优待的规定，如《梁律》规定，太守、都尉、关中侯、亭侯以上之父母妻子，凡"坐非死罪、除名之罪，二千石已上非槛征者，并颂系之"。③《北周律》也规定："经为盗者，注其籍；唯皇宗则否。凡死罪枷而拲（两手共械为'拲'），流罪枷而梏，徒罪枷，鞭罪桎，杖罪散以待断；皇族及有爵者，死罪以下锁之，徒以下散之。狱成将杀者，

---

① 《唐六典》卷 6《刑部尚书·八议》注。

② 《汉书》卷 8《宣帝纪》载黄龙元年（前 49）四月诏；《周礼·秋官·小司寇》郑玄注引《汉律》。

③ 《隋书》卷 25《刑法志》。

书其姓名及其罪于挚，而杀之市，唯皇族与有爵者隐狱"。① 两晋南北朝时期还出现了"官当"，就是用官品当（抵）罪，使其减免法律的惩处，这与所谓的"依例减赎"是相联系的。《晋律》规定，"应八议以上，皆留官收赎，勿髡、钳、笞也"②，"免官，比（当）三岁刑"。③ 可见，晋朝法律明确规定可以免去官品来减免某种刑法的惩罚。《陈律》也明确规定，"五岁、四岁刑，若有官，准当两年，余并居作。其三岁刑，若有官，准当二年，余一年赎。若公坐过误，罚金。其二岁刑，有官者，赎论"。④ 从此律文可知，官位可以抵当两年徒刑，如果刑期超过两年，余下的刑期还可以"依例减赎"。与此同时，北朝也有以官品抵罪而减免刑罚的法律规定。如北魏神䴥（428—431）期间，太武帝使崔浩定律令，其律令中就已规定"王官阶九品，得以官爵除刑"。《后魏律》也有"五等列爵及在官品令从第五，以阶当刑二岁；免官者，三载之后听仕，降先阶一等"⑤ 的律文。延昌二年（513），宣武帝又确认了"官人若罪本除名，以职当刑，犹有余赀，复降阶而叙"⑥ 的法例。这一法例将官阶品级与所抵当的刑罚进一步量化，如同经济上以"赀"抵债一样，如债少赀多，抵债后的余赀自可留用；同理官高刑小，抵罪后的"余赀"也可降阶而继续叙用。总之，"官阶"与"刑罚"之间均可量化为一种可供交换的初级"商品"，从而使"官当"在实际操作中更加准确化。北齐时《北齐律》则有"八议论赎"的条文，"合赎者，谓流内官及爵秩比视、老小阉痴并过失之属"。⑦ 由此可见，《北齐律》规定符合赎罪的条件有 3 条，其中用官爵赎罪就占了 2 条。

总之，魏晋南北朝时期在封建立法中保护贵族、官僚特权的规定，

---

① 《隋书》卷 25《刑法志》。

② 《唐律疏议》卷 1《名例一·死刑问答》引《晋律》。

③ 《太平御览》卷 651《刑法·免官》引《晋书》。

④ 《隋书》卷 25《刑法志》。

⑤ 《魏书》卷 111《刑罚志》。

⑥ 《魏书》卷 111《刑罚志》。

⑦ 《隋书》卷 25《刑法志》。

从"八议"入律、拘押优待，直到"官当"出现，依例减赎等思想，反映出《魏律》《泰始律》《后魏律》《北齐律》等封建等级属性。封建统治者虽然在口头上标榜法律是公平的，但实际上并非如此。这种保护封建贵族、官僚特权的法律规定，不断法典化、系统化，并成为法定的特权而长期流传于后世。

2. 律令诸形式和"刑当其罪"思想。

汉代的法律有律、令、科、比4种形式。律指稳定的经常适用的法典。令指皇帝的诏令。在封建专制主义政体之下，皇帝的诏令具有重要的法律作用，甚至凌驾于律之上。科指科条，即课也，"课其不如法者罪责之"。① 比则是指根据旧例，比附援引。

东汉末年，曹操当权时，制定的《甲子科》具有法律性质。曹魏建元后，陈群等人"删约旧科，傍采汉律"，制定了《魏律》18篇，同时还制定了《州郡令》45篇，《尚书官令》《军中令》合计180余篇。② 除此之外，还有具有比附援引之用的《魏主奏事》10卷、《魏名臣奏事》40卷、《廷尉奏事》10卷、《魏台杂访议》3卷等。由于这些奏事具有法律作用，因此《隋书·经籍志》将其归入《刑法篇》目录中。蜀汉丞相诸葛亮等5人，制定了《蜀科》，并在《诸葛氏集·目录》中载有《法检》上、下，《科令》上、下和《军令》上、中、下。③ 这些科、令和《法检》显然也是法律文献，从一个侧面反映诸葛亮管理蜀国是相当重视立法的。见于史籍记载，孙吴也制定有吴《科条》。④ 因此，可以断定说，三国时魏、蜀、吴大抵仍然沿袭东汉的立法制度，具有律、令、科、比4种法令形式。

晋时，除《泰始律》20卷外，又有《晋令》40篇；举淹滞《六条》

---

① 《释名》。

② 《晋书》卷30《刑法志》。

③ 《三国志》卷35《蜀书·诸葛亮传》，卷38《伊籍传》，并参见沈家本《历代刑法考·律令二》。

④ 《三国志》卷47《吴书·孙权传》，并参见沈家本《历代刑法考·律令二》。

《晋尚书十二条》等，① 属于"科条"；《晋故事》30 卷，属于"比附援引"类。南朝后梁时，蔡法度取《故事》宜于当时者，编为《梁科》30卷。② 北魏太昌元年（532），孝武帝诏定《太昌条格》，并称："新定之格，勿与旧制相连。务在约通，无致冗滞"。③ 东魏孝静帝兴和三年（541），"诏文襄王（高澄）与群臣于麟趾阁议定新制"，十月"甲寅，班于天下"，这就是 4 卷《麟趾格》。④ 北齐河清三年（562），高归彦反叛，当时，"须有约罪，律无正条，于是，遂有《别条权格》与《律》并行"。西魏大统元年（535），宇文泰命有司"斟酌今古通变，可以益时者，为二十四条之制"。大统七年（541）又下"十二条制"。⑤ 至大统十年（544），宇文泰令苏绰综合 36 条，更损益，成《大统式》5 卷。⑥

从以上记载看，唐代法律的构成律、令、格、式中的格与式至迟在后魏已经出现，即北魏太昌元年（532）孝武帝诏定的《太昌条格》，西魏大统十年（544）宇文泰颁布的《大统式》。但是，《唐六典》在追溯"格"的渊源时则认为其应始于东汉光武帝建武年间，经过晋贾充、后梁蔡法度的改革以及后魏、北齐的易名，到唐代才正式确立了律、令、格、式 4 种形式。"汉建武有《律》《令》《故事》上中下篇，皆刑法制度也。晋贾充等撰律令，兼删定当时制、诏之条，为《故事》三十卷，与《律》《令》并行。梁易《故事》为《梁科》三十卷，蔡法度所删定"。"后魏以'格'代'科'，于麟趾殿删定，名为《麟趾格》。北齐因魏立'格'，撰《权格》，与《律》《令》并行"。⑦ 但是，律、令、格、式 4 种法律形式的出现并付诸实施，当起于北齐、北周，⑧ 至唐朝才成为定制。《唐六典》

---

① 《晋书》卷 30《刑法志》。
② 《唐六典》卷 6《刑部尚书·凡格二十有四篇》注。
③ 《魏书》卷 11《出帝纪》。
④ 《魏书》卷 12《孝静帝纪》。
⑤ 《隋书》卷 25《刑法志》。
⑥ 《唐六典》卷 6《刑部尚书·凡式三十有二篇》注。
⑦ 《唐六典》卷 6《刑部尚书·凡式三十有二篇》注。
⑧ 《中国政治制度通史》第 4 卷，第 314—315 页。

卷 6 称："律以正刑定罪，令以设范立制，格以禁违止邪，式以轨物程事"，从而明确系统地论述了律令格式 4 种法律形式的联系与区别，以及在司法审判中互相配合又各自发挥的作用。唐代从审判定罪、设立制度、制定禁条、规定程式的不同角度和层次，进行匹配和补充，使制定的法律构成一个完备的整体系统。

法律过于疏阔，就不易使"刑当其罪"。要达到"刑当其罪"，就必须要求条令严密。如汉初高祖入关，约法三章，"杀人者死，伤人及盗抵罪"。这只能是一项原则性的规定，很难作为判罪的具体法律条款。如按此规定，凡属杀人罪，一律处以死刑，但并没有考虑到犯罪时的各种主、客观因素，没有区别犯罪后的态度以及行刑时的各种具体情况，就很难做到定罪适中，判刑恰当。从秦汉到魏晋南北朝，制定法律经历了从疏阔到严密，立法文本本身不断完善的过程，其主要表现在以下 5 个方面。

其一，定罪时，要考虑犯罪的动机。西晋张斐在注释《泰始律》时提出："知而犯之谓之'故'"，因为属于故意犯罪，所以定罪处罚时从重；"意以为然谓之'失'"，因为属于没有意识到自己犯罪，所以定罪处罚时从轻。"不意误犯谓之'过失'"，因为属于无意"过失"犯罪，与"蓄意"故意犯罪性质不同，在定罪量刑时应当有所不同。①

其二，对于"共同犯罪"应该区分"主犯"和"从犯"。张斐《泰始律注》称："唱首先言谓之'造意'"；②《后魏律》也有"诸共犯罪者，皆以'发意'为首"。③ 显然，这里的"发意"者也就是共同犯罪中的首倡者，即首犯或主犯，定罪量刑时与其他从犯必须有所区别，应当处以比从犯更重的刑罚。

其三，定罪量刑时必须考虑年龄的因素，年幼、年迈者，犯罪的自知力较弱，量刑时可适当从轻或免于严刑逼供。《后魏律》规定："年十

---

① 《晋书》卷 30《刑法志》。
② 《晋书》卷 30《刑法志》。
③ 《魏书》卷 111《刑罚志》。

四以下，降刑之半，八十及九岁，非杀人不坐"；同时，在有罪，"合赎者"中，也包括"老小阉痴"① 这一项，即年老年幼者可以钱财赎罪。

其四，罪犯在审理判决中的态度也是定罪量刑的根据之一。《汉律》规定："先自告，除其罪。"② 可见，犯罪后如能自首，可以免其罪。《魏律》将"自告"改成法律用语"自首"。魏、晋、北魏都有自首减刑或免罪的律文或记载。③

其五，考虑男女性别上的差别。如女罪犯被判处死刑，在行刑时发现其已怀孕，就必须推后行刑日期，待分娩并哺乳百日后才能处死。《后魏律》规定："妇人当刑而孕，产后百日乃决"。④

总之，魏晋南北朝时期在制定法律条文时针对各种因素和情况的具体化和细化，为唐代制定严密的系统的法律条文奠定了重要的基础。

（三）司法审判机构思想

魏晋南北朝时期，国家政权机构出现了从三公九卿制到三省六部制的转变。在这一漫长的转变时期，国家政权机构出现双轨制，即原秦汉时期的三公九卿制的职官与新出现的三省六部制的职官长期并存。在司法审判方面，朝廷既有九卿的廷尉系统，又有属于尚书省的三公曹、都官尚书系统，两者之间在相当长的时间里没有明确分工，而且从各机构外部和内部，人员、任职各方面也在不断调整中。

1. 廷尉（大理）职官。

魏晋南北朝时期，廷尉仍然是朝廷最高的专职审判机构。这一时期，廷尉机关经过不断增补充实，已经更加完善。具体而言，廷尉正、监、平三官之上，增加了少卿和司直；正、监之下，平之上，增加了廷尉丞（大理丞），从而形成了廷尉卿、廷尉少卿、司直、廷尉正、廷尉监、廷

---

① 《隋书》卷 25《刑法志》。

② 《汉书》卷 44《衡山王传》引《汉律》。

③ 《三国志》卷 24《魏书·孙礼传》，卷 27《魏书·胡质传》，卷 28《魏书·王凌传》，《周书》卷 22《柳庆传》。

④ 《魏书》卷 111《刑罚志》。

尉丞、廷尉平的廷尉职官系统。

《后汉书·百官二》称：廷尉"掌平狱，奏当所应。凡郡国谳疑罪，皆处当以报"。① 《隋书·百官中》载，北齐的大理寺，"掌决正刑狱"，不再提"掌平狱，奏当所应"，即为皇帝复审所交办的疑难案件的职能消失。这表明作为外寺的廷尉官，日益与君主疏远，其职责单一化、事务化，重要性减弱。但是，廷尉作为中央司法审判最高执行长官，仍然负责从中央至地方重大刑事案件的审理判决。

曹魏时，州府重大刑事案件，廷尉有权复审。曹魏时，高柔为廷尉，当时有护军营士窦礼，"近出不还，营以为亡，表言逐捕；没其妻盈及男女为官奴婢"。盈妻不服，"连至州府，称冤自讼，莫有省者"，盈"诣廷尉"，而高柔受理，经过复审，终于得到昭雪。②

魏晋南北朝时期，品官刑事案件，廷尉也可以受理审判。曹魏时宜阳典农刘龟盗猎禁苑，收付廷尉审理。③ 北魏时，秘书监祖莹"以赃罪被劾"，廷尉崔光韶"致之重法"。④ 东晋时，永嘉太守谢毅"赦后杀郡人周矫，矫从兄球诣州诉冤"。扬州刺史殷浩收毅，移付廷尉。廷尉王彪之"以球为狱主，身无王爵，非廷尉所料"，拒绝受理。大概由于被告是太守，而原告是庶民，所以廷尉"与州相反复"，互相推诿。穆帝下诏责令廷尉审理，彪之"上疏执据"。⑤ 这说明当时规定审理案件的等级，是由"狱主"即原告身份决定的，因此廷尉王彪之才敢于拒绝受理，并与皇帝据理力争。

北魏永安二年（529），廷尉增置"司直"。司直职掌是"不署曹事，唯复理御史检劾事"。⑥ 可见，司直专门负责复审御史弹劾的官吏犯罪案

---

① 《后汉书》志 25《百官二》。

② 《三国志》卷 24《魏书·高柔传》。

③ 《三国志》卷 24《魏书·高柔传》。

④ 《魏书》卷 66《崔亮附从父弟光韶传》。

⑤ 《晋书》卷 76《王廙附侄彪之传》。

⑥ 《通典》卷 25《大理卿·司直》。

件，如北齐天保年间（550—559），苏琼为司直、廷尉正。时，毕义云任御史中丞，猛暴著称，"理官忌惮，莫敢有违"；而苏琼推检公平，昭雪者甚众。由于苏琼不畏权贵，敢于秉公执法，对猛暴的御史中丞毕义云所弹劾的官员案件予以重新审核，纠正其中的冤屈者，因此，当时与廷尉少卿宋世轨二人，均以"平干知名"。廷尉寺中称道说："决定嫌疑苏珍之（苏琼，字珍之），视表见里宋世轨"，号为"寺中二绝"。时"南台（御史台）囚到廷尉，世轨多雪之"。世轨卒官，"廷尉、御史诸系囚闻世轨死，皆哭曰：'宋廷尉死，我等岂有生路！'"① 这充分说明，御史台劾奏案囚官吏犯罪，然后由廷尉审理，除专职"司直"审理御史台交付官吏犯罪案件外，廷尉卿、少卿也有权兼理这类案件。

总之，魏晋南北朝时期，廷尉不仅有权审核州府重大刑事疑案，受理品官刑事诉讼案件的申诉，北魏后期开始还专门设置司直等官复审御史弹劾的案件。因此，廷尉作为最高专职司法审判官，在这一时期，还是拥有很大的司法审判权力。但是，另一方面，我们必须看到，其司法政务方面的权力，为尚书省三公曹、都官尚书所侵夺，与皇帝在司法上的关系日渐疏远，这是秦汉自隋唐三省六部制取代三公九卿制后的必然结果。

2. 三公曹、都官尚书。

西汉置三公曹，"主断狱"，东汉时改为"岁尽考课诸州郡政"，不负责刑狱事；另外设置二千石曹，"掌中都官水火、盗贼、词讼、罪法"，又称"贼曹"，地位高于其他曹。曹魏废三公、二千石曹，置都官曹郎，也只是"佐督军事"。② 所以，曹魏时期的廷尉，不仅"辨理刑狱，决嫌明疑"，③ 而且负责制定刑律。如"高平陵之变"后，钟毓为廷尉，史称："听君父已没，臣子得为理谤，及士为侯，其妻不复配嫁，（钟）毓所创

---

① 《北齐书》卷46《循吏·宋世轨传》。
② 《通典》卷23《职官·刑部尚书》。
③ 《三国志》卷13《魏书·钟繇传》注引《魏书》。

也"。① 西晋初年，朝廷置三公尚书，"掌刑狱"。太康（280—289）年间，省三公尚书，而"以吏部尚书兼领刑狱"。②

南朝刘宋时期，置三公、比部二曹郎，皆"主法制"，后隶属于吏部尚书。③

同时置都官尚书，主"军事、刑狱"，④ 其职掌与曹魏时的都官曹郎相似。但《唐六典》卷6《刑部尚书》注则称，都官尚书"掌京师非违得失，兼掌刑狱"，其主要职掌与汉代司隶校尉相似，而兼职近似曹魏都官曹郎。此制似历齐、梁、陈而不变。⑤

《南齐书·百官志》载，吏部尚书领吏部、删定、比部、三公四曹。前二曹掌"人事"，后二曹"主法制"；都官尚书负责京畿治安兼管军事刑狱。从比部、三公曹负责法律制度的制定、修改，廷尉主持审讯官员刑事案件和州府重大案件的复审，而都官尚书在于维持京畿治安和军事刑狱的职责来看，三者之间分工明确，并无冲突、重叠交叉，而是互相补充协调。

北魏孝文帝改革之后，仍置都官尚书及三公、二千石和比部曹郎。⑥据《通典》卷23《职官·刑部尚书》记载，北齐的三公曹，"掌诸曹囚账、断罪，赦日建金鸡等事"，隶属于殿中尚书。都官曹"掌畿内非违得失事"；二千石曹"掌畿外得失事"，似分掌南朝都官尚书之主职；比部曹"掌诏书律令勾检等事"。都官、二千石、比部曹均隶属于都官尚书。在北齐三公曹、都官曹、二千石曹、比部曹四曹郎中，只有三公曹、比部曹与掌管律令有关，其具体职掌与刘宋时的三公、比部二曹郎"主法制"相似。隋开皇三年（583），文帝改都官尚书为刑部尚书，统都官、

---

① 《三国志》卷13《魏书·钟繇附子毓传》。

② 《唐六典》卷6《刑部尚书》注。

③ 《宋书》卷39《百官上》。

④ 《通典》卷23《职官·刑部尚书》。

⑤ 王素：《三省制略论·南朝尚书建制表》，齐鲁书社，1986年，第27页。

⑥ 严耕望"北魏定型期尚书制度表"（即表三），载《北魏·尚书制度考》。

刑部、比部、司门四曹。①

《唐六典》卷18《大理寺》载，唐代大理寺卿职责是，掌"邦国折狱详刑之事"。除了要求"以五听察其情""以三虑尽其理"外，其行使司法审判职权的对象为"凡诸司百官所送犯徒刑以上、九品以上犯除免官当、庶人犯流死以上者，详而质之"。经过属于"外寺"的大理卿审讯或复审之后，要把结果"以上刑部"，而且"仍于中书、门下详复"。显然，这时的刑部已是大理寺的上司。大理（原廷尉）负责刑狱审讯或复审，侧重于司法审判的具体事务；刑部及其上司中书、门下负责第二次复审，并草拟修订律令制度，侧重于司法审判的政务。《唐六典》所载此种司法审判制度虽然完成于隋唐之际，但其形成过程却在南北朝时期。

3. 地方司法及官佐。

魏晋南北朝时期，地方行州、郡、县三级制。置刺史、太守、令长以治理民事，其中审理判决民间的辞讼和刑狱等司法事务是重要内容。正如《三国志》卷16《魏书·仓慈传》末尾陈寿所言："自太祖迄于咸熙（曹魏元帝年号，264—265），魏郡太守陈国吴瓘、清河太守乐安任燠、京兆太守济北颜斐、弘农太守太原令狐邵、济南相鲁国孔乂，或哀矜折狱，或推诚惠爱，或治身清白，或摘奸发伏，咸为良二千石"。在此，陈寿将当时地方郡国守相的各方面治绩中的"哀矜折狱"置于首位，说明在地方官"治民"各种事务中，司法审判占有十分重要的地位。

魏晋南北朝时期，地方政府司法审判事务在一般情况下是按行政级别县、郡、州逐级审理，当"县不能决"，才集于郡；"郡县不能断"，才上报州刺史审理。如曹魏太和（227—232）中，仓慈为敦煌太守，"先是属城狱讼众猥，县不能决，多集治下。慈躬往省阅，料简轻重，自非殊死，但鞭杖而遣之"。②北魏时，李崇为扬州刺史，寿春县人苟泰、赵奉伯争一小儿，"各言己子，并有邻证，郡县不能断"，李崇以刺史受理并

---

① 《通典》卷23《职官·刑部尚书》。
② 《三国志》卷16《魏书·仓慈传》。

审断此案。①

　　但是，在某些情况下，这种县而郡、郡而州的按级次第诉讼的规定也会被打破。如曹魏时，"护军营士窦礼近出不还。营以为亡，表言逐捕，没其妻盈及男女为官奴婢"。其妻盈不服，"连至州府，称冤自讼，莫有省者。乃辞诣廷尉"。② 窦礼为普通士兵，其妻子属"士家"，注入"兵籍"。兵籍由州府管理，按规定，其妻盈应到州府申诉。但是盈"连至州府"，由于州府"莫有省者"，即没有人受理此案，只得越级至廷尉自讼。北齐天统三年（567），任城王高湝为并州刺史，"时有妇人临汾水浣衣，有乘马人换其新靴驰而去者。妇人执故靴诣州言之"，刺史湝即受理此案。③ 案件发生于州治所，因此受害者可直接至州衙申诉，不必遵守县、郡、州逐级申诉的规定。

　　魏晋南北朝时期地方案件的申报，与原告的身份有着直接的关系，而与被告者的身份无关。如据《晋书·王彪之传》记载，"狱主"（即原告）如果有"王爵"，其案件可以直接交由中央司法机关——廷尉审理。若"身无王爵"，则归地方官受讯。

　　地方官员除刺史、太守、令长等长吏负责司法审判之外，还专门设置负责司法事务的机构和官吏。《御览》卷264"司法参军"条称："两汉有决曹、贼曹掾，主刑法；历代皆有，或谓之贼曹，或为法曹"。可见，魏晋南北朝至隋唐，"贼曹""法曹"为地方官府的司法机构，"贼曹掾""决曹掾"等为具体承办司法事务的佐吏。《唐六典》卷30"法曹参军"条曰："汉魏以下，州郡赋（贼）曹、决曹掾，或法曹，或墨曹。"可见，地方官府中与刑狱有关之曹，还有"墨曹"。

①　《魏书》卷66《李崇传》。
②　《三国志》卷24《魏书·高柔传》。
③　《北史》卷51《任城王湝传》。

第五节　户口和土地管理思想

一、户口管理思想

（一）秦汉户籍管理思想

中国的户籍管理很早就有。周宣王"料民于太原"①，就是一次明确的户口检查。战国时期的各诸侯国都有较严格的户籍管理制度。秦献公十年"为户籍相伍"，是其户籍管理制度正式成立的明确记载。秦始皇统一六国后，把秦国实行已久的户籍管理制度推广到全国各地，因而从县、郡到朝廷，都有一份本地区乃至全国的户口资料。《史记·萧相国世家》记载："沛公至咸阳，诸将皆争走金帛财物之府分之，何独先入收秦丞相御史律令图书藏之。沛公为汉王，以何为丞相。项王与诸侯屠烧咸阳而去。汉王所以具知天下厄塞，户口多少，强弱之处，民所疾苦者，以何具得秦图书也。"这些秦朝图书中，显然有全国的户口计簿。特别是萧何得到了秦朝的柱下御史张苍"明习天下图书计籍"，② 所以汉朝对全国的户口情况就更加清楚了。

秦汉时期，朝廷实行严格的上计制度。汉代，全国大部分地区每年 1 次，边远地区 3 年 1 次，由郡呈送计簿，接受朝廷上计。郡在接受朝廷上计之前，必然先对属县进行上计考核。上计考课中主要内容就是人口、垦田、赋役等统计数字。显然，县上报郡、郡上报朝廷的户口统计数字是来自基层的户口调查。其实，中国的户口调查制度由来已久。《管子·

---

① 《史记》卷 4《周本纪》。
② 《史记》卷 96《张丞相列传》。

度地篇》记载："令曰：常以秋岁末之时，阅其民，案家人比地，定什伍口数，别男女大小。其不为用者辄免之。有锢病不可作者疾之，可省作者半事之，并行，以定甲士当被兵之数，上其都。"这大约是战国时期的户口案比情况。到了两汉时期，朝廷通常采用两种方式对户口进行调查：一是每年进行一次，西汉时一般在三月时进行，东汉时一般在八月时进行，调查结果要通过上计逐级向上报告。"秋冬岁尽，各计县户口垦田，钱谷入出，盗贼多少，上其集簿"。① 二是一年四时都进行的户口调查，调查结果呈报大司农。

两汉户口调查的主要内容是人口（包括每个人的姓名、年龄、性别、身高、籍贯、外貌特征）、土地、各种财产等。这些资料决定该户的田租、徭役和人头税，同时也关系到国家财政收入和徭役的摊派、征发。国家对户口的调查必须做过细的工作，防止官吏营私舞弊和老百姓弄虚作假、隐匿人口。两汉编定户籍的基本程序是：首先由居民自己向官府申报，继而由里正、父老、什典、伍人等核实汇总，然后由乡吏编制出一乡户籍，再呈报给县户曹，县呈报郡户曹，最后由上计吏每年向朝廷进行一次案比。由于各家各户的人口数量、土地、各种财产情况都在随时随地不断变化，因此两汉朝廷需要及时掌握各家各户人口数量、土地、各种财产的变化情况，以便更准确地向百姓征收田租、人头税，摊派、征发徭役。朝廷规定：每年由县户曹对全县户口进行一次案比，即对每户居民申报的人口、土地和财产情况进行一次面对面的核实。郡县每年上计的户籍资料都是经过重新案比的资料。

这种定期检查户口的活动，在汉代史籍中还可见到。如《后汉书·江革传》载："建武末年，（江革）与母归乡里。每至岁时，县当案比。革以母老，不欲摇动，自在辕中挽车，不用牛马，由是乡里称之曰：'江巨孝。'"这种案比相当严格，必须本人到场验视体貌、性别、年龄，与唐朝的"貌阅"有些类似。所以江革无奈之下，只好自己拉载着老母的

---

① 《后汉书》志28《百官五》。

牛车到县城接受案比。不过，全县十数万人——都去县城案比恐怕太费事，不大可能经常为之，大多数情况应该是县派官吏到乡村进行案比。

由于户口调查关系到国家的租税收入与徭役摊派征发，因此两汉朝廷都十分重视对流民重新登记户口，建立户籍，屡次下诏书强调这项工作，通过"赐爵"引导流民向政府登记户口，重新建立户籍。如：建初四年（79）四月，"立皇子庆为皇太子。赐爵，人二级……民无名数及流人欲自占者，人一级。"① "元初元年（114）春正月甲子，改元元初。赐民爵，人二级……民脱无名数及流民欲占者，人一级。"②

为了加强对什伍编制中的居民的控制，秦汉时期发展和完善了战国以来的什伍连坐制度。将什伍编制中的百姓放在互相严密监视的处境中，使之互相告奸，检举揭发不法行为。如同一什伍中有一人犯罪，其余人不予以告发的话，都要受到牵连治罪。这一制度虽然对维护社会稳定有序有一定作用，但也使人人处于随时随地动辄犯禁的恐怖之中，甚至连安分守纪的人也不知道自己什么时候会遭到牢狱之灾！

秦汉统治者之所以实行严格的户籍制度，其根本目的是把以农民为主体的广大民众束缚在生活的一小范围之内，不得随意流动迁徙，并且通过什伍编制进行严密的互相监视，从而为封建国家提供稳定的财政税收和徭役、兵役。这种户籍制度之所以在中国两千多年的封建社会中历久不衰，其根本原因是封建的自给自足自然经济为其提供了牢固的经济基础。在这种社会条件下，"交换是有限的，市场是狭小的，生产方式是稳定的，地方和外界是隔绝的，地方内部是团结的"。③ 另一方面，中国古代农民有很强的"安土重迁"观念，除非社会的政治动荡和自然灾害等原因引发局部的人口流动，在通常情况下，农民都是坚持"死徙勿出乡"，很少流动迁徙，这也为户籍制度的长期稳定实行创造了条件。

---

① 《汉书》卷 3《章帝纪》。

② 《后汉书》卷 5《安帝纪》。

③ 恩格斯：《反杜林论》，《马克思恩格斯选集》第 3 卷，人民出版社，1995 年，第 313 页。

（二）徐干的治国要掌握人口数量思想

徐干（170—217），字伟长，北海郡剧县（今山东省寿光市）人，是著名的建安七子之一，长于词赋，东汉末年文学家、哲学家，曾任曹操军队中五官中郎将等职；著有《中论》一书，其中《民数》一篇，是关于人口问题的专文，而且是在中国历史上最早出现的论述人口问题的专篇。

徐干在《民数》一文中认为，[①] 在管理国家中，掌握全国人口数量是一件很重要的工作。因为国家一切政治经济政策措施都必须以人口数量为依据，这就是"治平在庶功兴，庶功兴在事役均，事役均在民数周，民数周为国之本"。所谓"民数周为国之本"，就是说全面掌握人口数量是管理好国家的根本，国家在制定各项政治经济政策时必须以人口数量作为基本的依据。"故民数者，庶事之所自出也，莫不取正焉。以分田里，以令贡赋，以造器用，以制禄食，以起田役，以作军旅，国以建典，家以立度，五礼用修，九刑用措，其惟审民数乎。"徐干在此列举了大量国家管理的具体事务，都需要依据人口数量作出正确决策，如国家分配土地，确定人民承担的赋税量，安排生产，规定官吏的俸禄数量，筹办军队供给，征发兵役、徭役等，都需要首先清楚掌握全国的人口数量。而且，只有准确地掌握好人口数量，才能进一步把人口管理好。他建议，按照《周礼》中"乡遂组织"的办法，使人民安心从事他们的职业，并且"使其邻比相保相爱，刑罚庆赏相延相及"，从而达到"出入、存亡、臧否、顺逆可得而知矣"，这样就做到了"奸无所窜，罪人斯得"，社会上违法乱纪、作奸犯科之人无所藏匿躲避，社会秩序才能得到很好的治理，安定有序。相反，如果国家不能确切掌握人口数量，不注意人口的管理，那就会造成"户口漏于国版，夫家脱于联伍，避役者有之，弃捐者有之，浮食者有之，于是奸心竞生，伪端并作矣。小则盗窃，大则攻

---

① 徐干：《中论·民数》，台湾商务印书馆影印文渊阁四库全书本，本目引文均见于此。

劫，严刑峻法，不能救也"。也就是说国家如果不重视人口数量和管理，那大量人口就会脱离户籍，许多人也会成为军队逃兵，逃避徭役者、不缴纳赋税者、游手好闲者就会大量出现，于是社会上弄虚作假、坑蒙拐骗之事就会层出不穷，小则偷盗，大则抢劫，即使严刑峻法也难以禁止。

徐干的管理国家要掌握人口数量的思想基本上源自《周礼》《管子》及《商君书》的学说，并在他们论说的基础上又有所发展，阐述得更深刻和透彻。他指出："故先王周知其万民众寡之数，乃分九职焉。九职既分，则劬劳者可见，怠惰者可闻也，然而事役不均者未之有也。事役既均，故民尽其力，而人竭其力，然而庶功不兴者未之有也。庶功既兴，故国家殷富，大小不匮，百姓休和，下无怨疚焉，然而治不平者未之有也。"徐干在此把掌握人口数量和管理人口的重要性上升到治国平天下的高度，认为如在治理国家中全面准确地掌握人口的数量，并将其分门别类地进行管理，那么广大百姓中哪些人勤劳、哪些人懒惰就会一清二楚，就会使每一个分担的事役平均。事役如果分担平均，民众就会尽心尽力去完成自己承担的事务，那么国家就没有什么事情是办不成的。若国家每件事情都办得成，国家就会富庶，不会出现匮乏，老百姓和谐相处，不会产生怨恨，这时就会出现天下太平的盛世。徐干的这种人口思想，与前人相比，有其独到之处。

徐干有关治理国家要掌握人口数量和管理人口思想，把"知民数"提高到"国之本"和治国平天下的高度，是东汉末年三国之际特定的历史背景在思想领域中的明显反映。东汉末年的黄巾起义与军阀割据混战，使百姓大量死亡和流散，导致封建政权所掌控的户口严重不足，户籍管理一片混乱不实，严重影响了农业生产的恢复和发展以及国家赋税的征收、徭役的征发。曹操统一北方后，力图恢复生产和重建社会、政治秩序，但民数不审，户籍不清不实，使一切军事、政治、经济措施的制定和推行缺乏可靠的依据，大大制约了统治者对国家的治理。徐干目睹这些社会现实，并有较深刻的认识，所以才提出了较有理论高度又很有针对性的人口思想。

（三）傅玄的分民定业思想

东汉末年，军阀混乱、豪强兼并使大片土地荒芜、民众流离失所、人口锐减，社会经济遭到严重破坏。西晋王朝建立后，如何恢复和巩固其赖以存在的经济基础成为一个迫切需要解决的问题。傅玄的分民定业论就是在这样的历史背景下提出的。

傅玄面对这种社会现实，提出："先王分士农工商以经国制事，各一其业而殊其务。自士已上子弟，为之立太学以教之，选明师以训之，各随其才优劣而授用之。农以丰其食，工以足其器，商贾以通其货。故虽天下之大，兆庶之众，无有一人游手。分数之法，周备如此。汉、魏不定其分，百官子弟不修经艺而务交游，未知莅事而坐享天禄；农工之业多废，或逐淫利而离其事；徒系名于太学，然不闻先王之风。今圣明之政资始，而汉、魏之失未改，散官众而学校未设，游手多而亲农者少，工器不尽其宜。臣以为亟定其制，通计天下若干人为士，足以副在官之吏；若干人为农，三年足有一年之储；若干人为工，足其器用；若干人为商贾，足以通货而已。尊儒尚学，贵农贱商，此皆事业之要务也。"①在此，傅玄认为，如果士农工商四行业的人都安心于从事自己的行业，士人都努力于在太学及各级学校教育学生，然后依据学生的才能授予官职；农民安心于农业生产，使大家丰衣足食；手工业者安心于手工业生产，使大家都有可供使用的各种器物；商贾安心于买卖贸易，使商品货物流通。士农工商都各安其业，人数合理稳定，这样就能使大量流民安定下来，社会秩序得到稳固，而且能够"分其业而一其事，业分则不相乱，事一则各尽其力"。士农工商分成各自的行业，使人们能够专一从事一种行业，更能够发挥每一个人的潜力，有利于恢复和发展生产。相反，如果士农工商都不安其业，经常变动混乱，比例失调，士人不努力学习而务交游，官员不理政办事而白拿俸禄；农业、手工业荒废，或放弃农业、手工业而去追求经商发财；最终将导致经济凋敝，社会动荡不安。

---

① 《晋书》卷47《傅玄传》。

傅玄针对当时经济遭到严重破坏、社会动荡不安的现状，提出士农工商应当分民定业，各种职业的从业人数必须从社会经济的客观需要出发：士的人数必须满足补充封建官吏队伍的需要；农的人数必须满足农业生产，保证每3年的粮食总产量余粮能够提供1年的全国所需储备粮；工的人数须能保证全社会对手工业品的需求；商的人数须能保证社会商品的流通。这种要求规定士农工商必须有稳定的行业分工和合理的从业人数，是以往人口管理思想未曾提到的，尽管这种思想在当时历史条件下不可能实现，但还是值得重视的。

二、土地管理思想

（一）王莽王田与私属思想

王莽（前45—23），字巨君，魏郡元城委粟里（今河北邯郸大名东）人，西汉权臣、政治家、改革家。他篡夺汉朝皇位，是"新朝"开国皇帝。王莽原为西汉外戚王氏家族重要成员，在朝野素有威名。西汉末年，在汉哀帝早亡、皇权旁落的情况下，王莽乘机窃取汉朝大权。初始元年（9），代汉建新，建元"始建国"，宣布推行新政，史称"王莽改制"。王莽统治期间，天下大乱。地皇四年（23）秋，更始军攻入长安，王莽死于乱军之中，新朝灭亡。

西汉时期，土地和奴婢问题成为严重的社会问题，一些有识之士都想解决这两个问题。如武帝时，董仲舒首先提出限田废奴的主张。哀帝时，师丹曾提出限田限奴的建议。哀帝下其议，由孔光、何武拟定了限田毋过30顷、限奴毋过200人的规定，但未实施。

王莽在即位后着手解决土地和奴婢问题时，认为通过缓慢的改良主义难以彻底解决土地和奴婢危机，应采取急进的废止私有土地和奴婢制度才能奏效。因此，他于始建国元年（9），颁布诏令："古者，设庐井八家，一夫一妇田百亩，什一而税，则国给民富而颂声作。此唐虞之道，三代所遵行也。秦为无道，厚赋税以自供奉，罢民力以极欲，坏圣制，

废井田，是以兼并起，贪鄙生，强者规田以千数，弱者曾无立锥之居。又置奴婢之市，与牛马同栏，制于民臣，颛断其命。奸虐之人因缘为利，至略卖人妻子，逆天心，悖人伦，缪于'天地之性人为贵'之义。《书》曰：'予则奴戮女'，唯不用命者，然后被此辜矣。汉氏减轻田租，三十而税一，常有更赋，罢癃咸出，而豪民侵凌，分田劫假，厥名三十税一，实什税五也。父子夫妇终年耕芸，所得不足以自存。故富者犬马余菽粟，骄而为邪；贫者不厌糟糠，穷而为奸。俱陷于辜，刑用不错……今更名天下田曰'王田'，奴婢曰'私属'，皆不得卖买。其男口不盈八，而田过一井者，分余田予九族邻里乡党。故无田，今当受田者，如制度。敢有非井田圣制，无法惑众者，投诸四裔，以御魑魅。"①

王莽改制的最后结果是失败了，但我们如果不以成败论历史的话，王莽改制从管理思想史的角度分析，还是有不少可取之处的。王莽改制从理论认识上达到了一定的高度，并制定了一些比较具体的实施措施。

一是他以敏锐的眼光，认识到土地问题是其他社会问题的根本。由于土地私有，可以自由买卖，因此，豪强富户不仅能够大肆兼并土地，并且迫使失去土地的农民沦为奴隶，从而加剧了社会矛盾，引发社会危机。所以，王莽在诏书中开宗明义，将当时社会最严重的问题——土地兼并与奴婢问题相提并论。他已经认识到，土地兼并是迫使失去土地的农民卖身为奴、产生奴婢的根源；要断绝奴婢的来源，就要制止土地兼并。换言之，如禁止土地兼并，就断绝了奴婢的来源，奴婢问题也就迎刃而解。因此，其在诏书中未明确规定废除奴婢制，而是通过釜底抽薪，改奴婢为"私属"，不得买卖，这样，随着时间的推移，原有的奴婢逐渐减少，新的奴婢没有增加，奴婢问题就从根源上杜绝了。

二是他一针见血地指出，土地兼并之所以发生，有两个最基本的前提，即土地私有和自由买卖。所以王莽"对症下药"，"更名天下田曰'王田'……不得卖买"，即田地归国有，禁止买卖。当时如能做到这两

---

① 《汉书》卷99中《王莽传》中。

点，兼并问题就能得到初步解决。

三是他深刻指出，西汉政府减轻田租，受惠者不是农民，而是地主。"豪民侵凌，分田劫假，厥名三十税一，实什税五"。这就是社会出现贫富差距悬殊、农民生活困难的根本原因。地主通过沉重的地租对佃农进行残酷剥削，其结果必然使"富者田连阡陌而贫者无立锥之地"。在王莽之前为防止土地兼并而提出限田方案的不乏其人，但作为地主阶级统治集团的代表人物，能像王莽这样把体现地主经济本质的佃租制作为他攻击的目标，应该说是史无前例，超越了时代局限，比其他人走得更远，是极其难能可贵的。①

四是王莽在诏书中比较具体全面地提出了 6 项措施，并加以推行，比以往任何有关土地、奴婢的改革措施都更具体、细致。其一，诏令提出全国田地收归国有，称为"王田"，禁止私人买卖。其二，规定男丁不满八口之家，占田一井，即 900 亩（男丁如超过八口的家庭，占田应如何计算，并无规定，可能以八口类推）。其三，原有占田超过规定的，其超额的田要分给宗族和乡邻。其四，原来没有田而今应当分到田的人，按制度规定受田。其五，奴婢改称为"私属"，不得买卖。其六，如有诋毁井田和当今土地制度、惑乱人心的人，处以充军边疆的惩罚。

但是，我们也必须看到，王莽有关土地和奴婢改革的规定不够严密，且有的地方不明确，这就导致在具体执行中被豪强富户钻空子。豪强富户千方百计予以逃避抵制。例如"男口不盈八"这条规定，适合于每户男丁从 1 口到 8 口都可占田"一井"（900 亩）。假定一家有男丁 3 口，则每一男丁的合法占有数即为每口 300 亩。但是，如果豪强地主与吏胥互相勾结，夤缘为奸，上下其手，将一家有男丁 3 口析户为 3 户小家庭，那么这男丁三口之家就可占有田地 2700 亩，比原来多合法占有 1800 亩。这就造成不少豪强富户并未按规定交出超过法定限额的大量田地。此外，王莽规定的每户每男丁占有田地数，如按当时的户口、人数与定垦田亩

---

① 《秦汉经济思想史》，第 229 页。

数的比率，即使没有地主阶级存在，每户可能分得的田地也达不到规定的标准。根据《汉书·地理志》平帝元始二年（2）垦田统计，定垦田8270536顷，合1984928640亩（汉制240亩为1顷）；当时户数为12233062户，人口数为59594978人，可见每户可得定垦田仅162亩多，每人所得仅33亩多。这与王莽所规定的每户1—8口男丁可占田900亩，每户按最多人数计算男丁8口，每人占田也有110亩多，两者相差甚远。

王莽的王田制原是打算付诸实施的。但是，王田制的诏令颁布后，触动了豪强地主的切身利益，遭到了他们的强烈反对，加上"制度又不定，吏缘为奸，天下謷謷然，陷刑者众"①。但是，当时遭到刑法惩罚的只是一部分豪强和中小地主，集中在权贵及大地主手中的土地并没有按规定交出来，无地少地的贫苦农民也无法按规定分到土地，而且买卖田宅、奴婢也照样存在。始建国四年（12），区博上书王莽指出："井田虽圣王法，其废久矣。周道既衰，而民不从。秦知顺民之心，可以获大利也，故灭庐井而置阡陌，遂王诸夏，迄今海内未厌其敝。今欲违民心，追复千载绝迹，虽尧舜复起，而无百年之渐，弗能行也。天下初定，万民新附，诚未可施行。"②

总之，王莽面对西汉末年社会经济危机、矛盾日益尖锐的状况，利用自己有利的世家大族出身和地位，采取各种手段和措施，博得上层豪强地主、知识分子以及中小地主，甚至部分劳动人民的拥护，登上帝位，采取了一系列改革。他对西汉末年的社会危机有较客观的认识，看到其中土地兼并严重、奴婢问题和富商大贾巧取豪夺是最根本的问题。他宣布实行王田制，奴婢改为私属，对解决土地兼并、奴婢问题是有积极意义的。但由于具体规定不严密、"吏缘为奸"以及权贵和豪强富户的反对，最终没有达到预期的目标。

---

① 《汉书》卷24上《食货志上》。
② 《汉书》卷99中《王莽传》。

（二）屯田思想

古代屯田思想最早始于西汉武帝时期。武帝元鼎末年，"初置张掖、酒泉郡，而上郡、朔方、西河、河西开田官，斥塞卒六十万人戍田之"①，又"自敦煌西至盐泽，往往起亭，而轮台、渠犁皆有田卒数百人，置使者校尉领护"。② 这种最早的屯田制，是在地广人稀的西北边境，组织广大士兵垦殖的军屯。东汉继承了西汉的军屯制，专在边郡设农都尉，"主屯田殖谷"。③ 后来甚至扩大到内地郡县包括京城附近的三辅也开展军屯。军队屯田大大提高了军粮的自给程度，减轻了国家的财政负担，也减少了农民运送军粮的徭役。如东汉光武帝建武六年（30），将田租减为三十税一④，其原因之一就是军屯使国家粮食储备充足，所以减轻了对农民租税的征收。

东汉末年，军阀混乱，对社会经济造成严重的破坏，粮食奇缺，军队乏食。曹操对军队粮食供给极为重视，因为这关系到战争的胜负。曹操认识到，"定国之术，在于强兵足食"。⑤ 当时，正常的征课渠道已随着民户的流亡而崩溃，一般军阀都靠劫掠维持军队供给，这自然不是长久之计。根本问题还是要恢复农业，增加粮食生产。只有恢复农业生产才能长期稳定地维持军队供给。在当时战火延绵不断、良田变为焦土、农民流离失所的情况下，要将农民迅速纳入汉时乡里体制并组织农民开展农业生产，已是相当困难的事情。比较可行的做法是将流散的农民强制性地进行军事编制，使之固定在朝廷的土地之上，直接为国家的军事需要从事生产，并且同时解决农民的生存问题。这便是屯田。当时，屯田的主张由枣祗、韩浩提出，曹操采纳了他们的建议。建安元年（196），曹操正式颁布了"置屯田令"："秦人以急农兼天下，孝武以屯田定西域，

① 《汉书》卷 24 下《食货志下》。
② 《汉书》卷 96 上《西域传》上。
③ 《后汉书》志 28《百官五》。
④ 《后汉书》卷 1 下《光武帝纪下》。
⑤ 《全上古三代秦汉三国六朝文》第 2 册，《全三国文》卷 2《置屯田令》。

此先世之良式也。"①

　　曹操实行屯田，虽非首创，但在当时的战争环境中，其意义不可低估。其一，在当时军阀混战不断、社会经济遭到严重摧残的情况下，曹操以独到的眼光和巨大的决心，通过从事大规模屯田以恢复农业生产，改变社会经济状况，从而保障了军队的供给。当时曹操实行屯田，实质上是政府同豪强地主争夺人力的一种博弈。曹军不少部将本是豪强地主出身，攻城略地之后，往往竟相招募流民为部曲供自己役使，地方政府竟无力与之抗衡。曹操面对这种情况，并不迁就以讨好部下。他一方面命令地方官以租与官牛的办法鼓励农民独立生产，② 成为郡县编户；另一方面对国家管制下的人力不分赐给部下以培植私人势力，而是交由政府使用，以屯种"公田"的办法来壮大国家的经济力量，从而从经济上抑制小规模的军阀割据势力，为今后国家的重新统一打下基础。如曹操"及破黄巾，定许，得贼资业，当兴立屯田"。③ 这种抑制军队中将领私人经济利益的做法具有很大风险，可能会引起军队将领的反叛。但曹操作为一个指挥军队的统帅，审时度势，敢于担当风险，最终作出正确的决策，收到了屯田的预期积极效果。

　　其二，曹操推行的不仅有军屯，还有民屯，而且后者是以前未曾出现过的。当时之所以会出现民屯，有其深刻的历史背景。当时，由于军阀混乱，社会上出现了大量无业流民，还有数十万的黄巾军家属正等待着国家用军事式的收编予以安置，这些人员为民屯提供了充足的劳动力来源。另外北方的大片土地因战火沦为焦土，原来田地的主人或因战争而逃亡，或因饥寒交迫而死亡，成为无主荒地，为民屯提供了辽阔的田地。曹操因势利导，利用了劳动力和土地的这种特殊条件，开展屯田，将劳动力和土地这两种生产因素有效配置，促进了中原地区社会生产的

---

　　① 《全上古三代秦汉三国六朝文》第 2 册，《全三国文》卷 2《置屯田令》。
　　② 《三国志》卷 21《魏书·卫觊传》。
　　③ 《三国志》卷 16《魏书·任峻传》。

恢复与发展，并且壮大了自己的实力。当时屯田上的劳动者，军屯称为佃兵或屯兵，民屯称屯田客、屯户等。屯兵受军纪的约束，轮番屯种，无人身自由可言。屯田户中大部分名义上是自愿应募而来，实际上是被迫充当国家的佃农，所以"新募民开屯田，民不乐，多逃亡"。后来曹操采纳袁涣的意见，"乐之者乃取，不欲者勿强"①，即原则上取消招募中的强制手段，给予农民去留的自由。结果反而取得"百姓大悦"②的效果。应当说，曹操的这一对策很成功。因为战争延绵不断，社会动荡不安，流民散漫已久，对新的人身约束特别敏感。但是，民众又渴望国家力量来保护他们的基本生存条件，这就是提供赖以生存的土地让他们免受战乱、饥寒，甚至被夺去生命。因此，与其离开屯田组织，获得放松人身约束，倒不如生存在屯田组织之中，获得某种程度的保护。还有屯户除佃役外，得免其他军徭。屯田农民因此能够专意从事农业生产，不必担心陷入军徭，从事战争，生产积极性得到了提高。事实证明，曹操这一系列的屯田政策和措施取得了成功。许下屯田第一年，即得谷百万斛。于是各地州郡纷纷设立田官，普遍开展屯田。其中以枣祗、任峻、国渊等作出的成绩特别显著，曾因此得到曹操的奖励。屯田的普遍推行，使国家有了充实的粮食储备。由于各地都有粮食储备，军队可就地取得给养，军粮问题得以解决，节省了运送军需所费的大量人力物力。屯田之处，"所在积谷，征伐四方，无运粮之劳"。③从而为曹操军事行动的展开奠定了坚实的物质基础，有了优于他人的先决条件。曹操屯田的成功，对于屯田户之外的编民来说，也大大减轻了运送军粮的徭役负担。

曹操屯田能取得成功有一个很重要的原因，即国家在组织民众开展屯田中，对屯田收获物的分配方式采取适当比例的官、民分成制，使屯田兵民有较高的生产积极性。建安六年（201），曹军"及破黄巾，定许，

---

① 《三国志》卷11《魏书·袁涣传》。

② 《三国志》卷1《魏书·武帝纪》。

③ 《三国志》卷1《魏书·武帝纪》注引《魏书》。

得贼资业。当兴立屯田。时议者皆言当计牛输谷，佃科以定。施行后，祗白以为僦牛输谷，大收不增谷，有水旱灾除，大不便。反复来说，孤犹以为当如故，大收不可复改易。祗犹执之，孤不知所从，使与荀令君议之。时故军祭酒侯声云：科取官牛，为官田计。如祗议，于官便，于客不便。声怀此云云，以疑令君。祗犹自信，据计划还白，执分田之术。孤乃然之，使为屯田都尉，施设田业。其时岁则大收，后遂因此大田，丰足军用，摧灭群逆，克定天下"。① 在此，双方在国家与屯田兵、民分配屯田收获物的方式上存在不同的看法，其争论的焦点是曹操主张"计牛输谷"，而枣祗主张"分田之术"。关于计牛输谷，曹魏时具体做法，史籍并无明载，但我们可从西晋时的记载得到了解。据晋武帝时所颁布的屯田诏令，所谓"计牛输谷"是将官牛租给吏民耕种，"使及春耕，谷登之后，头责三百斛"。② 魏初办法应当也是如此。只是当时生产方始恢复，头责斛数不会太高，但也不会相差太远。

至于"分田之术"，曹魏时亦无具体记载。西晋代魏第四年，傅玄曾说："又旧兵持官牛者，官得六分，士得四分；自持私牛者，与官中分，施行来久，众心安之。今一朝减持官牛者，官得八分，士得二分……人失其所，必不欢乐。"③ 在此，傅玄文中所说的"旧"，显然是指曹魏时期，而所说的"今"，显然是指西晋当时。关于这种分成法，同书《慕容皝载记》也有具体记载："魏晋虽道消之世，犹削百姓不至于七八，持官牛田者，官得六分，百姓得四分，私牛而官田者，与官中分。"由此可知，从曹魏至晋初，无论军屯、民屯，都是采取官六民四的分成制。因此，所谓"分田之术"，就是分成制。

"计牛输谷"和"分田之术"孰优孰劣，当时就存在争议。军祭酒侯声认为，"科取官牛，为官田计"，意即如按屯田户租用官牛的头数标准

---

① 《三国志》卷16《魏书·任峻传》。
② 《晋书》卷26《食货志》。
③ 《晋书》卷47《傅玄传》。

来计算征收租税，那意味着屯田户缴纳租税的多少，与屯田户所耕田地的面积大小没有直接关系，农民开垦土地所增加的收获物都归己有。在当时因战乱而土地大面积荒芜的情况下，屯田民户必然首选开垦大量的田地，最大限度地利用官府所提供的畜力，采取广种薄收的方式，极力通过扩大种植面积来增加产量。而垦荒面积的增加，正是当时曹操及多数官吏所追求的目标。从表面上看，这种政策对屯田民很有吸引力，但是实质上，如屯田民户盲目地通过扩大耕地面积来增加收获物，结果会适得其反，广种薄收会使农民无力对过多的耕地实行精耕细作，结果是亩收仅数斛，甚至连种子也收不回来。正如时人傅玄所指出的："自顷以来，日增田顷亩之课，而田兵益甚，功不能修理，至亩数斛已还，或不足以偿种。非与曩时异天地，横遇灾害也，其病正在于务多顷亩而功不修耳。"相反，枣祗主张的"分田之术"，农民在一定数量的田地上精耕细作，努力提高单位面积产量，果然取得了亩产十余斛至数十斛的高产量。这里虽然有文人夸大其词之嫌，但实际上，屯田户向国家缴纳分成租后，收获量的确比广种薄收增加了不少。"近魏初课田，不务多其顷亩，但务修其功力，故白田收至十余斛，水田收数十斛。"① 同时，枣祗的"分田之术"，对官府也有利，无论年成丰歉，官府坐享 6/10 的收获物，遇到"大收"，即可"增谷"，确实方便。总之，分成制公私两利。

作为屯田制下租税政策的"分田之术"，其效果优于"计牛输谷"法。枣祗能提出"分田之术"并很自信地在曹操面前坚持，大约与枣祗具有较多的农业生产经验有关。曹操当时作为拥有一国最高权势的人，能够抛弃自己的成见而服从一个低级官员的正确观点，并把它制定成在全国广泛推广的政策法令，是相当难能可贵的。从历史的角度看，屯田制下分成政策的确立，即产品分配方式的适当选择，实质上是生产关系

---

① 《晋书》卷 47《傅玄传》。

的适当调整。"分配关系只不过是从另一个角度来看的生产关系"①，它对当时农业生产力的提高起到了积极的推动作用。从这个意义上来说，由枣祗提出而为曹操所确立的以分成制为内容的租税政策与思想，有其进步的历史意义。

（三）西晋占田思想

西晋时期，豪强、贵官侵占大批屯田和把屯田客变为私属，使屯田的耕地和劳动力大批"流失"，曹魏时的屯田制逐渐瓦解。晋武帝时，朝廷明令宣布罢屯田官，将继续存在的屯田，尤其是军屯，划归地方行政长官负责管理。原先负责屯田事务的屯田官是专为经营屯田而设，负有组织农业生产、为国家提供粮储的专门使命，对屯田的生产情况是比较内行和关心的。屯田改归地方官管理后，地方官有自己原有的职责，对屯田只是附带管。他们管屯田，主要是从财政角度考虑，要从屯田上获取更多的租税收入。

西晋罢屯田官、屯田归地方官管辖之后，进一步加速了屯田制向占田制的转变。地方官一方面管辖着耕种自己土地的编户齐民，向他们征收租调，发派徭役；另一方面要管辖屯田客，以分成办法收租。可以推测，长期同时维持这双轨体制是十分困难的。因此，屯田划归地方官管理后，必然会逐渐改变屯田的制度：屯田客改为编户齐民的身份，原来耕种的屯田由其占有，并且同原来的编户齐民一样缴纳田租、户调和承担力役；与此同时，豪强大户更公开无忌惮地侵占屯田，把屯田客变为私家的依附农民。原来的屯田，逐渐改为由输纳租、调的人占耕，这种变化实际上就是占田制的嚆矢。

豪强大户肆意侵占土地及屯田客户，不但大大激化了社会矛盾，而且大为削减国家的赋役来源。这在当时引起了朝野上下愈来愈多有识之士的关注，他们对此发表各种见解，试图解决这一社会问题。其中比较

---

① 马克思：《剩余价值理论》第三册，《马克思恩格斯全集》第26卷，人民出版社，2006年，第55页。

有代表性的是：朝臣恬和上书，引西汉孔光及魏徐干的限制土地及奴婢数量的主张，要求"使王公已下制奴婢限数及禁百姓卖田宅"。朝臣李重坚决反对此议，认为自秦以来，"降及汉魏"，对"奴婢私产则实皆未尝曲为之立限"，师丹、孔光限田主张之所以未能实施，就因为它已不适合秦以来的历史条件。李重还指出：在古代国有的井田制度遭到废止之后，土地私有化已经成为基本的制度，目前法律只能肯定、维护这种制度，而不能违反、改变它。他说："盖以诸侯之轨既灭，而井田之制未复，则王者之法不得制人之私也。人之田宅既无定限，则奴婢不宜偏制其数。"① 李重反对限制占田和占有奴婢数量的言论，是符合历史发展的客观规律。

　　但是，当时在舆论的压力下，晋武帝司马炎在平吴统一全国后，颁布了一个限制占田和占有奴婢数量的诏令，这就是历史上著名的太康元年（280）占田法："国王公侯，京城得有一宅之处，近郊田大国田十五顷，次国十顷，小国七顷。"官吏按品级占田："其官品第一至于第九，各以贵贱占田，品第一者占五十顷，第二品四十五顷，第三品四十顷，第四品二十五顷，第五品三十顷，第六品二十五顷，第七品二十顷，第八品十五顷，第九品十顷。"② 即官阶每低一品，递减五顷。占有佃户的规定为：一品、二品占佃客五十户，三品十户，四品七户，五品五户，六品三户，七品二户，八品、九品各一户。官员除占田与占有佃户之外，还可以按官品高低荫庇亲属和规定数量的奴仆作为免役人口。编户百姓的占田标准为："男子一人占田七十亩，女子三十亩。其外丁男课田五十亩，丁女二十亩，次丁男半之，女则不课。"③ 国家向编户征收的田租是：丁男（16—60岁）按五十亩标准交田租，丁女按二十亩交田租。如户主为次丁男（13—15岁，61—65岁）按二十五亩交租；为次丁女者不交租。"又制户调之式，丁男之户，岁输绢三匹，绵三斤，女及次丁男为户

　　① 《晋书》卷46《李重传》。
　　② 《晋书》卷26《食货志》。
　　③ 《晋书》卷26《食货志》。

者半输。"①《初学记》卷 27《绢第九》载:"《晋故事》:凡民丁课田,夫五十亩,收租四斛,绢三匹,绵三斤"。五十亩,收田租四斛,即每亩收八升田租。这比曹操时的户调令,每亩收田租增加了四升。

西晋时期实行的占田法,用法令的形式,依据品级,规定了上自贵族官僚,下至平民百姓占有田地的数量。这一方面意味着封建国家对贵族官僚、豪强大户兼并土地,侵占屯田和佃户的承认,使他们的这种既得利益合法化;另一方面封建国家对贵族官僚、豪强大户占有田地面积、佃户数量予以限制,抑制他们势力无限制地膨胀,以维护封建国家租调的基础,并防止因土地兼并严重、贫富分化悬殊而引起社会矛盾的尖锐化。从这一视角来看,占田法还是具有积极的历史意义的。

但是,由于历史条件的限制,晋惠帝永熙元年(290),晋武帝病逝后,西晋即陷入统治集团的混战中,占田法在短时间内还未切实施行,就因战乱而夭折。上述恬和与李重的争论,发生在太康八年(287)之后,说明在占田法颁布 8 年后,豪强大户仍然在肆意占田和占有奴婢,完全罔顾占田法的规定。这种情况说明占田法在颁布后的 8 年中,并未收到实效。

(四)北魏太和改革中的均田制思想

"太和"是北魏孝文帝拓跋宏的年号,时间为 477—499 年。在这期间,北魏对国家土地制度、农业管理、赋税、俸禄、基层政权组织等进行了一系列的重大改革,史称太和改革,又称北魏孝文帝改革。

1. 均田制思想内容。

太和改革是北魏统治集团集体决策的成果,其中以下 4 位人物起了重要的作用。

(1)文明太后冯氏(452—490)。她是北魏文成帝的皇后。文成帝死后,子献文帝拓跋弘即位,尊冯氏为皇太后。献文帝即位数年,才 22 岁,就被太后逼迫退为太上皇,传位给太子拓跋宏,即孝文帝。冯氏成

---

① 《晋书》卷 26《食货志》。

为太皇太后，不久毒死太上皇，自己以太皇太后主持朝政。冯氏死于太和十四年（490），而太和改革的一些主要内容，多是在太和八年（484）至十年（486）出台的。这时，孝文帝不过十八九岁。所以可以推测，太和改革的决策，同冯氏是分不开的；至少可以说，没有她的同意，改革措施是很难推行的。而且，孝文帝的改革思想的形成，也离不开她的教导。

（2）孝文帝拓跋宏（467—499），北魏第七位皇帝，中国历史上杰出的少数民族政治家、改革家，太和改革的主角。他自幼学习和接受先进的华夏文化，是北魏历代帝王，也是自西晋灭亡后进入中原的各少数民族君主中最有学术文化素养的人。他勤于政务，"常必躬亲，不以寒暑为倦"，① 对"礼仪律令"的制订，"润饰辞旨，刊定轻重"，总是"自下笔"。太和十年（486）以前的重要改革，在文明太皇太后冯氏逝世后都被继承了下来。太和十四年（490），孝文帝正式亲政后，进一步推行改革。首先，整顿吏治，立三长制，实行均田制；其次，太和十八年（494），以"南伐"为名，迁都洛阳，全面改革鲜卑旧俗；其三，规定以汉服代替鲜卑服，以汉语代替鲜卑语，迁洛鲜卑人以洛阳为籍贯，改鲜卑姓为汉姓，自己也改姓"元"；其四，鼓励鲜卑贵族与汉人士族联姻，参照南朝典章制度，改革北魏政治制度，严厉镇压反对改革的守旧贵族，处死太子元恂。这一系列措施推动北魏经济、文化、社会、政治、军事等方面的大力发展，缓解了民族隔阂，史称"太和改革"。这一改革对北方各民族人民的融合和发展，起了积极作用。

（3）李安世（443—493），赵郡平棘（今河北赵县）人，北魏大臣，太和改革的主要决策者之一。历任主客令、给事中。他对当时豪强横暴的危害认识较为深刻，为政敢于摧抑豪强。他是北魏实施均田制的倡议者。太和九年（485），感于豪强广占田土，百姓无立锥之地，贫富不均，李安世上疏建议实行均田制，限制士族多占田产民户，分配土地给无地

---

① 《魏书》卷7《高祖纪下》。

农民，以增加政府收入，为孝文帝采纳。后出为相州刺史，封赵郡公。

（4）李冲（450—498），原名李思冲，字思顺，陇西狄道（今甘肃临洮）人。太和改革的另一位主要决策者。太和改革的重要内容之一，即以"三长"制取代"宗主督护"制，就是由他首倡并设计出来的。他深为文明太后冯氏所倚重，"恩宠日盛"，献文帝末年，选为中书学生，授秘书中散，迁内秘书令、南部给事中。"三长制"设立之后，拜中书令、散骑常侍，迁南部尚书，封顺阳县侯。冯氏逝世后，孝文帝对他也"深相仗信，亲敬弥甚"，迁侍中、吏部尚书、咸阳王（元禧）师傅。对朝廷重要律令的制订，"无不访决"。孝文帝南征，封辅国大将军，率军跟随左右，迁尚书左仆射，封清渊县侯。

北魏在实施均田制之前，已多次实行过以朝廷土地对无地农民"受田"的办法。如道武帝拓跋珪灭后燕后，迁移百姓数十万口去代北，并计口受田，给予耕田。魏孝文帝太和元年（477）的诏书也提到"一夫制治田四十亩，中男二十亩"。[①] 这些早期的"受田"方式，可能与鲜卑拓跋部落原来的部落所有制有关。虽然后来在长时期中未形成制度，施行范围也有限，但对后来均田制的制订和实施，无疑有直接的影响。太和八年（484），北魏正式颁行官吏俸禄制度。后来，又结合实施均田制，规定给各级地方官以不同数量的"公田"作为俸田，供在任时的俸给。

太和十年（486），北魏废宗主督护制，实行三长制。每五家百姓立一邻长，五邻为里，立一里长；五里为党，立一党长。三长负责检核户口，征发赋税、徭役和兵役。三长制的建立，限制了豪强世族利用"宗主督护"的地位隐匿户口、侵吞赋税的行为。李冲倡议后，遭到同豪强势力有联系的朝臣的纷纷反对，但得到文明太后及孝文帝的坚决支持。文明太后认为："'立三长，则课有常准，赋有恒分，苞荫之户可出，侥幸之人可止，何为而不可？'群议虽有乖异，然惟以变法为难，更无异

---

① 《魏书》卷 7 下《高祖纪下》。

义！"① 朝廷最后决定施行三长制。

官俸制、三长制等改革陆续实施后，实行均田制的条件逐渐成熟。于是，以李安世提出的均田制为契机，北魏朝廷着手拟定了均田制的一系列措施，颁布了《均田诏》。李安世的《均田疏》提出了私有土地产权争讼的解决办法。李安世指出：在北魏统治地区日益安定巩固的情况下，因战乱而背井离乡的流民不断还乡，关于土地的争讼越来越多。事久难明，"争讼迁延，连纪不判"。产权问题拖延不决，使"良畴委而不开，柔桑枯而不采"，严重影响了农业生产的正常进行。

针对这种情况，李安世提出的解决办法是"所争之田，宜限年断。事久难明，悉属今主"。② 即政府确定一个年限，年限之内，准许凭证收回田地、房产，如超过年限而不来认领的，就判给现时的占有者。但是，这种规定不能解决返乡后无地农民的问题。特别是那些原来有地的农民如离乡太久后，田地和房产已属于"今主"，也就成了无地农民。为解决无地农民的问题，李安世又提出了一项具有历史意义的解决方案，即均田。"今虽桑井难复，宜更均量，审其径术，令分艺有准，力业相称，细民获资生之利，豪右靡余地之盈"，"使土不旷功，民罔游力。雄擅之家，不独膏腴之美；单陋之夫，亦有顷亩之分"。这里所谓"桑、井难复"，即指儒家所称颂的井田制难以恢复；"宜更均量"，则主张实行均田制。李安世在此把均田制作为一种可与"井田"相提并论的田制模式，主张予以实行。均田制所谓的"均"，自然也包括限制豪强大户兼并，以免过度不均的要求，但并不是主张平均土地，而是力求做到"力"和"业"之间的均衡，即"力业相称"。换言之，也就是劳动力与土地达到合理的配置。这就是李安世所提出的均田制的指导思想。李安世上《均田疏》后，"高祖深纳之。后均田之制起于此矣"。③

---

① 《魏书》卷 53《李孝伯、李冲传》。
② 《魏书》卷 53《李孝伯、李冲传》。
③ 《魏书》卷 53《李孝伯、李冲传》。

李安世的《均田疏》，只对当时时常发生的田产争讼社会问题提出了具体的解决建议，而对均田，则只是从原则上提出问题。北魏朝廷颁发的《均田诏》，则对均田制的内容、措施及有关运行机制，作了详尽、具体、全面的规定，对隋唐土地制度影响深远。

北魏均田制是建立在土地国有制基础上的。南北朝时期，北方战乱不已，人民流离失所，大片土地荒芜。这使北魏政权掌握着大量的土地。为了恢复和发展农业生产，国家针对各种受田对象将国有土地进行分配。受田者只获得土地的使用权，而不具有所有权。为了保证国家的土地所有权，《均田诏》对不同用途的土地有不同的规定：有的限定受田的期限，限满必然"还田"国家；有的有受无还，但只有使用权，严格限制买卖。同时，对各种受田对象规定不同的义务。总之，《均田诏》依据不同的受田对象和土地用途的不同，而分别规定了不同的受田、还田办法以及所承担的不同义务。

北魏均田制受田对象包括良丁、奴婢、耕牛、其他民户以及各级地方官5种。凡年在15岁以上、60岁以下、列入国家户籍，而不在人身方面依附于别人的男、女，均称"良丁"；奴婢则指对别人存在着人身依附关系，不列入国家户籍的男、女劳动力。

土地则指农业用地，依照其在农业方面的不同用途，分为"露田""桑田""麻田""宅田"4种。"露田"按本意是指无树木覆盖的耕地，实际上是指专门用于栽种粮食作物的耕地。"桑田"则指用于栽种树木的土地，顾名思义主要以栽桑养蚕为主，但不限于桑树，也可种植其他一些树木。如果是不宜种桑树的地方，则种麻，用于织麻布，称为"麻田"。

受田者的义务，包括向国家提供徭役、兵役和租、调。徭役主要是受田者向国家提供的无偿劳动，租、调则是受田者以粟、帛（或麻）形式缴纳的实物地租。

均田制的具体措施有以下几个方面。其一，良丁又分男、女，二者均从国家受田，而多少不同。丁男每人受露田40亩，丁女20亩，称为"正田"。受田开始时，露田多是荒废之地，而且土广人稀，因而国家往

往按双倍三倍的数量授给，故称为"倍田"。倍田用作休耕，待将来人口增加，受田不够时，用作调剂之田。露田均禁止买卖，受田人年满 60 岁或不满 60 岁而身亡，露田均归还给国家，用于另行分配给他人。

开始办理受田时，每一男丁除露田外，还另分给 20 亩"桑田"，用于每户种植桑树及部分榆树、枣树。桑田作为受田人的"世业"，有受无还，是受田人的私有土地，可以买卖。但是，拓跋宏的诏书对桑田的买卖有较严格的限制，规定："盈者得卖其盈，不足者得买所不足。不得卖其分，亦不得买过所足。"① 这就是说，买卖桑田只限于调剂超额或不足，使每户所占有的桑田面积符合每一男丁 20 亩的规定。桑田超过 20 亩的允许卖掉多出的 20 亩，不足的 20 亩允许买进不足的 20 亩。作为规定"世业"的 20 亩桑田虽属私有地，但不许买卖；如每一男丁所占有的桑田已达到 20 亩规定标准，就不许再进行买卖了。

在不宜种桑的地区，每一男丁在露田外受麻田 10 亩，每一女丁受 5 亩。麻田和露田一样受还，不作为世业。

对新定居的农户，国家还给予宅田。其标准是每 3 口给宅田 1 亩，供建房居住、种菜和从事家庭副业。

受田的良丁，已婚者一夫一妇，每年须向国家缴纳粟二石，称为"租"，帛一匹，称为调，另外还要无偿承担国家规定的徭役，在不产桑的地区，一夫一妇"调"是麻布一匹。未婚的良丁折半缴纳，即男、女 4 人出一夫一妇的租调。

北魏朝廷为了督促农民积极从事农业生产，还规定：分配到桑田的农民必须在办理受田后 3 年之内，种上桑树 50 株、枣树 5 株、榆树 3 株。种树如不满定额，国家收回其未种的桑田，愿意多种者不限。民户在受田前原有的桑田，受田时抵充应受桑田数；不足部分再由国家补给差额（如原有桑田 5 亩，则可再从国家受桑田 15 亩）；如原有桑田超过 20 亩，超过的桑田可以抵充倍田，国家就相应减少所受的倍田数量。

---

① 《魏书》卷 110《食货志》，以下有关均田制的引文，未注出处者，均见于此。

其二，北魏对没有人身自由的奴婢以及耕牛，也予以受田。朝廷规定，对没有人身自由的奴婢，也按良丁一样的标准办理受田：凡在年15岁以上的男子受露田40亩，女子20亩；麻田也按良丁的标准受还。对有耕牛的人家，规定每头耕牛受田30亩，但以4头牛为限，超过4头的耕牛不受田。政府分配给奴婢及耕牛的受田，实际上是给予奴婢或耕牛的主人，还田也是由主人还田。因此，在受田和还田的具体操作中，也规定按奴婢及耕牛的有无和增减来受还。如果受田后主人卖掉了部分奴婢或耕牛，或者奴婢、耕牛已死亡，则应把相应的田数归还国家。

在实行均田制以前，奴婢因不是国家的编户齐民，是不向国家输纳租、调的；耕牛是牲畜，更不可能输纳租、调。均田制既规定奴婢、耕牛也受田，因而也为其各自规定了租、调数额。因为奴婢、耕牛受田，其实际上是给予奴婢和耕牛的主人，因此，奴婢、耕牛的租、调，也由其主人承担。北魏规定，奴婢8人、耕牛20头，同良丁一夫一妇出同等数额的租、调，即纳粟二石、帛一匹或麻布一匹。

其三，其他民户的受田。北魏规定，年满11岁，但不足15岁的儿童以及残疾人等缺乏劳动力或劳动力弱的人，每人受田20亩。寡妇未改嫁的，受"妇田"20亩，并给予免除赋税、徭役的优待，以鼓励其"守节"。

其四，地方官受田。北魏规定各级地方官的受田标准是：地方最高长官州刺史每人受"公田"15顷，郡太守每人10顷，治中、别驾等州的辅佐官每人各8顷，县令和郡丞（郡佐）各6顷。公田的收入作为各级官员的俸禄，其性质与其他受田不同，因此其受、还规定也与受田不同。北魏规定：官员在任职开始时受公田，离任时还田；只受露田而不受桑田或麻田。受公田官员均不承担租、调。

北魏政府还对均田制在受田、还田的具体操作办法、程序做了比较详细、合理的规定。如规定在受田时，办理程序要"先贫后富"，就是贫困户先办理，富裕户后办理，照顾无田贫困户优先分配到田耕作。民户丁数增加办理受田时，要"恒从所近"，即尽量在本户原来受田的附近受

田，方便受田者就近耕作。在地广人稀的"宽乡"，民户除按规定受田外，还可向官府"借田"耕种，使土地尽量都得到开垦；地狭人多的"狭乡"，则"听逐空荒"，即允许民户迁往宽乡受田，减轻狭乡人口对田地的压力。受田、还田均在每年正月农闲时进行，如受田后发生田主死亡或出卖奴婢、耕牛等，也必须等到明年正月对受田数作出调整。

北魏规定：对于流放边远地区的罪犯以及户绝无子孙者，"墟宅桑榆"之类不在还田规定的土地，也必须收归国有，以作为向其他人办理受田时之用；再向其他人办理受田时，罪犯及户绝子孙者的亲族可优先得到这些受田；如作为"借田"，也可优先借给其亲族。

2. 均田制体现的经济管理思想。

从总的说来，中国古代的土地制度思想大致可划分为 3 大模式，即井田思想、限田思想和均田思想。其中井田思想出现最早，先秦儒家思想家对其有较详细具体的论述，并对此大加赞赏，认为是最理想的土地制度。井田制思想对后世中国古代封建社会影响深远。但是，先秦井田制思想是否得到实施，学界看法不一。大多数人认为，井田模式在中国古代始终只是作为一种理想乃至是作为一种僵化的教条而存在。反对它的人不用说，即使许多赞成它的人，也认为它不可行，不可复。

限田制思想只限于土地占有方面的规定，内容较为简单。它在西汉时期出现，较井田制思想为晚。其原因是人们意识到井田制不可行，所以只能以限田制来代替井田制。限田制虽看似简单易行，实际上它企图只靠封建政权的政治、法律手段来直接限制土地兼并。但在古代封建社会中，在拥有大片土地的大地主阶级作为最强大势力的统治阶级的情况下，这种直接限制必然遭到大土地所有者的强烈反对，是不可能奏效的。历史证明，在封建时代，由国家制定限田法令的情况是有的，但很难收到实效，尤其是在较长时期持久地收到实效的情况，这是从来没有的。

均田制思想出现在北魏太和改革，比井田制、限田制思想晚，但是，它又是在三个基本田制思想中，设计得最为具体、详细、完整，而且又具有可行性的田制思想，拥有比井田制、限田制思想更高的水平。均田

制把各类受田对象和各类用途的土地加以综合配置，构成一个详密、完整的运作系统，是具有现实可行性的田制思想模式。它在封建时代的特定阶段和特定条件下，是能够付诸实施并取得一定成效的。均田制自北魏孝文帝太和改革开始，直至唐代开元末期，持续实行了近300年。它不是只靠政治、法律手段直接限制土地兼并，而是把政治、法律手段同一定的经济条件相结合，不仅有效地抑制土地兼并，而且让广大农民实实在在都分到一块田地，成为封建国家直接控制下的自耕农，对发展农业生产，促进社会经济的繁荣，发挥了应有的作用。

从经济管理思想方面来看，均田制不仅比井田制、限田制更具有可行性，而且在理论上也达到更高的水平，其主要表现在以下几个方面。

其一，均田制把发展农业生产作为其指导思想。秦汉以来，随着封建地主土地私有制的发展，土地兼并和土地集中现象日益严重，并且随即带来各种社会问题。为了解决土地兼并问题，恢复井田、限田等思想相继出现，当时的井田、限田，都是试图通过"均"来解决"富者田连阡陌，贫者无立锥之地"的土地严重不均的社会问题。但是，土地兼并和土地集中不仅造成了"不均"，如从生产的角度来看，"不均"使劳动者的社会地位和生产条件更加恶化，降低他们的劳动效率和改进生产的能力，严重妨碍和破坏了生产力的发展。当然，我们不能说，井田和限田论者完全没有看到土地兼并、土地集中妨碍生产力发展而造成"贫"的问题，但可以说，他们更加重视的是"均"的问题。因为自秦汉至南北朝，人们通常是将孔子的"不患贫而患不均"奉为经济管理的圭臬。

均田制虽然名为均田，但从其措施来看，其指导思想是更重视把劳动者和生产资料这两个生产要素合理配置起来，从而有利于农业生产的进行和发展，使北方遭到战乱破坏的社会经济得到恢复与发展，巩固北魏王朝的统治。

在我国古代的农业生产中，由于科学技术的限制，生产工具还十分简陋、细小，在生产中发挥的作用十分有限。而且，劳动者自身一般拥有若干生产工具，除了一些较昂贵较大的生产工具和设备，如耕牛、铁犁、水车等水利设施之外，劳动者和生产工具的结合通常是不太成问题的。劳动者和生产资料的结合，在那时主要是劳动者和土地的结合。这样，"土不旷功，民罔游力"就成了对生产要素结合或配置的基本原则。

北魏均田制在受田方面，不采取井田论者所主张的"口分"或计口受田，而实行计力受田，即按照受田对象的劳动力强弱来分配给不同数量的土地。良丁中的男丁受田比女丁多一倍，就是因为在依靠体力为主的个体手工农业生产中，男劳动力通常比女劳动力能承担更多、更重的生产劳动。未成年人和残疾人受田少于良丁，也是因为未成年人和残疾人在农业生产中只能是半劳动力或辅助劳动力。男女奴婢与良丁在身份、社会地位上均不同，但从劳动力方面来说并没什么区别，因此男女奴婢的受田数量与男丁、女丁的是一样的。在中国古代封建社会中，身份、社会等级决定人们的经济、政治待遇，但均田制一反常态，规定男女奴婢的受田数量与男丁、女丁的要相同，这充分体现出均田制将发展农业生产作为其指导思想。

均田制规定对耕牛也予以受田，也体现出其将发展农业生产作为其指导思想。在当时的农业生产发展水平下，耕牛对农业生产起到十分重要的作用，耕作的面积和深度，都在很大程度上取决于耕牛的作用。开垦大片荒地，更要使用大量耕牛。均田制实施之初，受田多为荒地，耕牛的作用尤其重要。因此，耕牛受田的规定，其用意在于鼓励民户多饲养耕牛，从而在促进发展农业生产中发挥耕牛的重要作用。

北魏均田制中有关男女奴婢受田与良丁一样的规定，还意味着北魏朝廷努力鼓励和促进非生产劳动力转化为生产劳动力。奴婢与良丁同样具有劳动力，但是他们没有人身自由，他们的劳动力是否用于农业生产，不取决于他们自己，而取决于他们的主人。秦汉以来，随着封建生产关系的发展，奴隶在生产方面的作用日益减弱。虽然贵族、显宦以及豪门世族还拥有众多奴婢，但已多数不用于农业生产，而是作为家庭生活服务的奴隶。东汉末年至南北朝时期，长期的战争与社会动乱使户口大幅度减少，造成农业生产中劳动力严重不足，对生产的发展极为不利。在

这种情况下，贵族、显宦和豪门世族将大量本应作为生产劳动力的奴婢用于非生产领域，这与当时北魏朝廷力图恢复和发展农业生产是背道而驰的。北魏统一北方后，这个矛盾日益凸显，最终促使北魏政府实行均田制并作出奴婢可以受田的规定。政府企图以经济利益，诱使拥有奴婢的人把奴婢由非生产劳动力转变为生产劳动力；而奴婢在受田后须缴纳租、调，则是迫使奴婢的主人为完纳租、调而将奴婢使用于耕田织布等生产，至少是部分地使用奴婢于耕织生产之上，使奴婢自己承担受田后须向国家缴纳的租、调。这种奴婢受田规定，对把非生产劳动力变为生产劳动力，解决当时北方农业生产中劳动力严重不足问题具有积极的意义。

在还田方面，均田制规定，15岁受田、60岁还田。显而易见，这种年龄上的限制也是依据劳动力状况作出的。这个年龄段内的男女是劳动力最强的全劳动力，因而是受田数量最多的基本对象。奴婢和耕牛受田的归还，是由其主人履行的，而奴婢及耕牛在生产中发挥作用的大小，是由主人掌握的。如果奴婢、耕牛在受田后死亡或被出卖了，意味着主人就失去了这部分劳动力作为受田的条件。不言而喻，在这种情况下，原来拥有这部分奴婢和耕牛的主人就必须归还这部分田地。

北魏均田制规定，露田和麻田均有受有还，而桑田则作为"世业"，有受无还，这也是基于有利于发展生产这一目的。桑田种植的桑、枣、榆等树木，生产周期长。如果也规定还田，受田者就会缺乏种树的积极性；即使还田的年限较长，在临近还田期限时，就会发生桑田主人突击伐树的现象。这样极不利于树木的生长和保存，甚至会对林业造成极大的破坏。因此，桑田作为"世业"，可以使桑田主人积极种植桑、枣、榆等树木，并放心地妥善保护其生长，对林木的生产与生态环境的保护，都是大有裨益的。

北魏规定受田、还田办理时间都安排在每年正月。正月正是北方农闲时期，这时办理受田还田，一可不耽误农活，二是这时正是旧的一年农业生产活动结束，新的一年农业生产活动即将开始之时，有利于旧的

受田者结束一年农业生产活动，向国家归还农田，新的受田者及时投入生产。如果在农忙时间办理受田、还田，不仅会影响农活，还会使还田者不愿意进行生产活动，甚至提前收割。这不仅会造成农业生产上的损失和破坏，还会令旧受田者与新受田者交接时产生各种矛盾和纠纷。

其二，均田制主要以经济手段限制土地兼并。从汉代至南北朝，豪强地主势力不断膨胀，他们在兼并土地的同时，把土地上的劳动者也变为自己的"宾客""部曲"等各种形式的依附农民。这不仅会使农业生产者的地位恶化，不利于提高生产积极性，还会减少国家所控制的编户齐民，减缩国家的赋税基础。因此，从西汉以来，限制豪强兼并一直是朝野有识之士的共同要求。

两汉三国时期，封建王朝限制豪强兼并、抑制豪强势力主要采取政治、法律的手段。有些有作为的君主、官员对此都态度坚决、手段严厉。如汉宣帝诛灭济南大豪强瞷氏，曹操、诸葛亮都以严厉对待豪强而闻名，李安世尽杀李波恶党三十余人等。这些做法虽然也收到一定的效果，震慑了那些为非作歹的豪强大户，但效果比较有限，往往只能触及少数最横暴的豪强大户，而且更重要的是不能铲除其存在的经济基础。在此历史背景下，北魏的均田制将限制豪强兼并作为其重要的目的之一，正如李安世在《均田疏》中所指出的"雄擅之家，不独膏腴之美；单陋之夫，亦有顷亩之分"，明确表达了均田制限制豪强土地兼并的目的。

均田制是建立在土地国有制的基础上的。北魏王朝把均田的土地作为国家土地，控制在国家手中。国家按受田制度，对各种受田对象办理受田；经过受田人多年耕作后成为熟地的露田、麻田，将来又按还田规定归还国家，不得买卖，使豪强不能侵吞。这就比较有效地限制了豪强对土地的兼并。

均田制对豪强荫占土地和农民，也有一定的限制作用。从东汉末年至南北朝时期，频繁的战乱和统治者的肆意搜刮掠夺，使广大百姓民不聊生，迫使一些贫民投靠豪强大族寻求保护，把土地寄在豪强名下，把自己及家属作为豪强的依附户，以逃避国家的赋役。这就是所谓的"诡

"寄""隐冒"。实行均田制后，贫穷无地少地的百姓可以从国家受田，而所负担的租、调也较轻。这使得一部分依附关系还未十分固定、仍然存在着脱离可能的"寄名"人户，出而自占，即向国家申请受田，从而重新成为国家的编户齐民。

桑田虽然作为农民的"世业"，但也不是完全意义上的私有田地。桑田的买卖被限制在很小的范围之内，即只有在不足限额的条件下才可以买进和在超出限额的条件下才可以卖出超过限额的部分。这种规定大大限制了豪强兼并。还有受田"先贫后富"，即先满足贫户对土地的需求，也限制了豪富借受田来扩大土地占有。

以经济手段为主，通过多方面的经济措施来限制豪强兼并，这是北魏均田制思想的创新之处。但是，北魏王朝毕竟是鲜卑贵族和汉族地主相结合的政权，豪强世族在这个政权中具有相当的势力和影响。因此，我们对均田制限制豪强兼并的作用，不应过高评价。它只能也只想对当时豪强兼并给予一定程度的限制，以使劳动力与土地得到较合理的配置，从而使农业生产得到恢复和发展，以巩固北魏王朝的统治。均田制不可能从根本上损害鲜卑贵族和汉族地主的已有土地和财富利益，而且从各方面尽量照顾他们，使他们能获得不少新的利益。

均田制并不意味着把全部土地都用于受田，而是限于国家控制的无主荒田，对原来私人占有的土地是不予触动的。李安世的均田疏就明确表示：在田产争讼中，只有在规定年限之内，有确凿证据的田产，断给原主人，而那些"日久难明"的田地，则"悉属今主"。这就是，豪强地主占有了逃亡外乡人的田宅，超过一定年限，就可以"今主"的身份把这部分田宅正式作为自己的私有财产。这种规定实际上是使豪强兼并的一部分土地合法化。这也表明，原来的私有土地，是不在均田之列的。只有原归私人所有的桑田，在均田时可以抵充应受桑田，已足 20 亩或超过 20 亩的不再从国家受桑田。

均田制规定，奴婢和耕牛受田及缴纳租、调，这是对豪强利益的重要倾斜。因为只有豪强才有可能拥有大量奴婢和耕牛，这使豪强通过奴婢和耕牛从国家那里获得大量耕地；而奴婢的租、调只占良丁的 1/4，耕牛的租、调只占良丁的 1/10（耕牛 20 头输一夫一妇的租、调，而耕牛每 2 头受田同一夫一妇受田，因而耕牛按受田数计算，租、调为一夫一妇的 1/10）。由此可见，豪强地主从受田中得到的利益比一般受田户要多得多。

均田制规定，在地广人稀的"宽乡"允许"借田"，而"借田"的条件是"随力所及"，即以劳动力的多少作为"借田"的标准，数量不加限制。现实中豪强地主拥有"门客"奴婢等众多劳动力，因此"借田"规定为豪强地主侵占国有土地大开方便之门。越是大地主，劳动力越多，借田数量自然也越多。

同均田制相配套的基层行政组织改革"三长制"，从制度设计层面来说，比起原来的宗主督护制来说，更能够起到削弱豪强特权的制度。但是，在现实生活中，豪强世族在各地方的势力与影响，使得他们自身或他们的爪牙容易获得充当"三长"的机会，地方基层组织仍然为豪强所把持。他们照旧武断乡曲，仍能从受田、还田和征收租调中捞取好处。

其三，均田制将土地制度、赋役制度和农业宏观管理作为一个系统统筹予以改革。均田制的改革内容体现了北魏朝廷为解决当时的土地制度、赋役制度和农业宏观管理问题，将三者作为一个有机整体而统筹予以调整解决。

北魏之前的土地制度思想往往与赋役思想是紧密连成一个整体的。如孟子的井田制思想，就试图建立一个"皆私百亩"和"耕者九一"，即每家占田百亩，同时 8 家同耕公田百亩，这样一种田制与劳役地租统一的制度模式。东汉何休设想出抑制土地兼并的"井田"制模式，也是田制与租税制统一的制度模式。但是，孟子与何休设想的模式都只是一种不可能实现的理想。曹操开始确定租、调制，只是以土地私有制为基础的税制，并未在土地制度方面进行什么改革。曹操在国有土地上实行的屯田，对屯田客征收的是地租而不是赋税，而且屯田制也只是一种国有土地的利用方式，并不涉及田制的改革。

在西周井田制下，土地制度和对农业生产的管理也是统一的。井田制下的大批奴隶，在"田畯"（田官）的指挥下，进行"千耦其耘"的集体劳动。井田制废坏后，这种农业生产管理方式也不存在了。尔后在秦汉封建土地私有制下，农业生产的微观管理基本上是个体农户私人的事。国家虽然在宏观上进行管理，但也只是象征性的皇帝与地方长官的亲耕籍田，口头上的劝农诏、劝农文等。在均田制之前，封建国家实际上没有建立起与某种土地制度相统一的有效的农业宏观管理制度。

北魏的均田制是一种把国家土地所有制和农民的个性使用相结合的土地制度。均田制在按不同的受田对象规定受田数量的同时也规定各自承担的租、调缴纳额。农业生产的微观管理是受田者私人的事，但国家则从办理受田、还田以及桑田的买卖限制、种树的定额等方面对耕织生产及土地利用进行着宏观的管理。这样一套土地制度、赋税制度和农业生产宏观管理相结合的制度，既有利于农业生产的有序进行，促进社会经济的恢复和发展，又对国家的赋税、徭役征收、调发提供了可靠的基础。均田制把这种田制、赋税制度和农业生产宏观管理作为一个系统统筹改革的思想，无论在思想上还是在实践上都达到了以前田制思想所未达到过的水平。

其四，均田制将地租和赋税合一，是汉代轻徭薄赋思想的新发展。北魏的均田制和租调制，以赋税的形式和征收率征收地租，这就把国有土地上的地租征收率大幅度降低，使租种国家土地的人（受田者）能够按纳税的负担交纳地租，这就使西汉以来税轻租重的不合理现象得到部分解决。从这种意义上说，北魏均田制下的租调制是对先秦以来轻徭薄赋思想的一个新发展。

不过北魏均田制只是改变了国有土地的地租征收率，而对于私人地主尤其是豪强地主的地租的征收来说，在征收率上仍然不会变化，一般来说，还是达到50％。而且在均田制下，受田奴婢也不可能得到什么好处。奴婢比良丁的租调更轻，这也只能使奴婢的主人，特别是拥有大量奴婢的豪强大户得利。至于耕牛租调轻，那受益者不言而喻，更是拥有

大量耕牛的主人——地主或豪强大户得利。

其五，将国有土地作为解决或缓和一些经济问题的重要手段。秦汉以来，随着封建经济的发展，土地私有制逐渐在农业生产中居于主导地位，国有土地数量虽然依旧较大，但农业生产性的作用逐渐减弱。国有土地多为荒地（一小部分是没收罪犯的土地），国家通常不用于组织生产，而只在发生严重灾荒时开放国有荒地，用于灾民生产自救。灾荒过后，灾民返乡，渡灾时垦种的大部分土地依旧抛荒。在边疆戍守地区，由于军粮运输困难，时常由一部分军士垦种一些土地，实行部分军粮自给，这就是屯田。屯田只是为补充部分军粮而进行的特殊性、临时性的生产，在组织及管理方面完全是军事苦役性质，劳动生产率不高。而且大部分都是临时性的，一旦驻防军队调动，或戍守地区变动，屯田也随之废弃。曹操所组织的屯田，除军屯外，还有民屯，对恢复因战乱破坏的农业生产、增强曹魏经济财政实力、解决军粮供给问题发挥了很大的积极作用。但从总体上来说，其仍然属于军事性质的临时性屯田。

秦汉至三国时期，封建皇帝所掌握的大片国有土地，其一主要用途是赏赐给皇亲、国戚、功臣及宠幸等。这种赏赐实质上不但不能缓和土地集中的社会矛盾，反而会对当时日益严重的土地兼并起着推波助澜的作用。

北魏的均田制则是国家将国有土地通过受田分配给农民，使无地或少地农民与国有荒地这两个生产要素得以有效配置，并且通过还田，令这部分国有土地始终由国家掌控。这种封建国家的土地所有制与农民个人或家庭使用权有机相结合的方式，既可保证封建农业生产的两个基本要素，即劳动力与土地不致分离，又可使劳动者在生产方面有一定的积极性，从而能比豪强地主属下的佃户和封建国家屯田制下的屯田客都有更高的劳动生产率，促进了当时北方经济的恢复和发展。

北魏均田制实行土地国有制，严格规定各种对象受田数量，并且达到年限必须归还，这对抑制豪强兼并土地发挥了应有的作用。均田制和租调制相结合，为国家的赋税收入提供了比较可靠稳定的来源，为北魏

王朝的统治奠定了比较坚实的经济基础。

在中国古代封建社会，土地国有制是比土地私有制更为落后的一种土地所有制形式。在古代史上，任何想从封建土地私有制倒退回封建土地国有制的思想都是行不通的，历史证明了这一点。例如，"井田"制思想从未得到过实施、王莽的"王田"制遭到惨败都证明了这一点，但这也并不意味着国有土地完全不可能在经济上、财政上发挥一定的作用。在北魏均田制之前，国有土地主要用于度荒、屯田，实际上都是把国有土地作为私有土地的补充因素来运用。均田制也是一种封建土地国有制。它是在长期战乱后，国有土地数量较大、劳动力与土地分离特别严重的情况下，国家通过均田制使民众平均受田，从而使劳动力和土地得到合理配置。这对恢复和发展农业生产，增加国家财政收入，限制豪强兼并土地，都发挥了其应有的作用。

东汉末年，仲长统从当时战乱后荒芜土地大量增加、民众流离失所的现实出发，首先提出了利用官田对有劳动力的人受田，以解决土地与劳动力分离的问题。但通过什么制度与形式予以具体实施，仲长统没有指出。北魏的均田制，以一整套系统全面、具有可操作性的方案对民众进行受田、还田并对受田者课以租、调。这不仅从具体制度层面找到了实施仲长统解决土地与劳动力分离的思想，而且在土地制度和赋税制度思想方面达到了一个更高更完善的水平。自此，均田制成为中国古代继井田制、限田制之后的第三种田制思想模式。

（五）董仲舒限田思想

董仲舒是中国经济思想史上最先论述土地兼并问题的根源及其危害，并且为限制土地兼并而提出了限田主张的思想家。[1] 土地兼并是封建地主土地所有制下特有的一个严重的经济问题，我国自战国时期开始，地主阶级政治代表人物所实行的"尽地力""任土地"之类的改革，扫除了井田制的土地国有制，使土地私有制变成了占主要地位的封建土地所有制

---

[1] 《中国经济思想通史》第一册，第 529 页。

形式。秦始皇统一六国后，令"黔首自实田"，在全国范围内以法律形式规定了这种封建土地私有制。封建土地私有制一产生，意味着土地兼并问题就随之而来。早期土地兼并者，多是诸侯将相一类权贵。从战国赵括、王翦到汉朝霍去病、宁成，都是大土地所有者。汉朝民间豪强地主也有大土地所有者，如"非有爵邑俸禄"的富豪秦杨，就是靠田农富冠一州的大地主。①

西汉武帝时期，随着封建经济的繁荣发展，封建权贵富豪兼并土地的问题愈演愈烈，贫富差距越来越大，社会矛盾愈发尖锐，严重威胁封建王朝的统治。在这种情况下，董仲舒提出了限田主张：

秦"用商鞅之法，改帝王之制，除井田，民得卖买，富者田连仟佰，贫者无立锥之地。又颛川泽之利，管山林之饶，荒淫越制，逾侈以相高；邑有人君之尊，里有公侯之富，小民安得不困？……或耕豪民之田，见税什五。故贫民常衣牛马之衣，而食犬彘之食。重以贪暴之吏，刑戮妄加，民愁亡聊，亡逃山林，转为盗贼，赭衣半道，断狱岁以千万数。汉兴，循而未改。古井田法虽难卒行，宜少近古，限民名田，以澹不足，塞并兼之路"②。

董仲舒的限田思想大致有 3 个方面。其一，揭露了西汉土地兼并的严重后果。董仲舒指出，西汉由于土地兼并日益严重，使大量的土地和山林川泽都被少数权贵和豪强地主霸占，而广大民众则失去了土地，造成土地占有上"富者田连仟佰"，生活荒淫奢侈，"贫者无立锥之地"，无以为生的尖锐矛盾。丧失土地的农民被迫耕种地主的土地，遭受残酷的封建剥削，即向地主交纳收获物一半以上的地租。由于广大农民遭受豪强地主高额地租和国家赋役的双重盘剥，生活极端艰难，穿牛马之衣，吃狗猪之食。加上贪官污吏的敲诈勒索和严刑酷法的镇压，广大贫苦民众纷纷逃亡到山林，成为"盗贼"，或者因反抗成为罪犯，全国囚犯人满

---

① 《史记》卷 129《货殖列传》。

② 《汉书》卷 24 上《食货志上》。

为患。这种社会危机严重威胁西汉封建王朝的统治。

其二，该思想分析了土地兼并产生的根源在于土地私有制。董仲舒指出，西汉土地兼并的产生，其根源在于战国时期秦国商鞅变法，废除土地国有的井田制，实行土地私有制，允许土地自由买卖，而且不限制个人占有土地的数量，所以使权贵和豪强地主能够无限地占有和扩大自己的土地。这样必然会出现另一个极端，即广大贫苦农民，因天灾人祸而无法生存，被迫出卖自己的土地而变为贫农、雇农，只得以缴纳收获物一半的高额地租向地主租种土地，从而因遭受封建地主的残酷剥削而无法生存。董仲舒把土地兼并归因于土地私有制，并且把广大农民生活困苦归因于土地兼并，说明他对封建地主土地私有制的本质有了较深入的认识。

其三，该思想以限田的措施来解决土地兼并问题。董仲舒既然把土地私有制作为土地兼并的根源，那么按逻辑推理来说，要解决土地兼并问题必然要禁止土地私有制，恢复先秦土地国有的井田制。但是，董仲舒并没有这样做。因为他认为恢复土地国有的井田制是不可能的，因此只能实行与先秦井田制最相似的限田。董仲舒所主张的限田，与先秦井田制最相似的地方就在于改变了当时土地兼并形成的土地占有极端不均的状况，通过限制土地占有的数量使民众占有土地相对平均，从而避免出现因土地兼并所引起的"大富""大贫"的严重贫富分化现象。

董仲舒的限田思想虽然清醒地意识到先秦的井田制在西汉时期已难以恢复，但没有说明其难以恢复的原因。他主张限田，但也没有提出具体措施和限制占田的数额。他的限田论只是一个原则性的思路，不具有操作性。但是，尽管如此，他的限田思想在中国古代土地管理思想中占有重要的地位。在古代史中，他第一个阐述了封建土地兼并的危害和根源，从而揭示了封建地主土地私有制的内在矛盾。综观中国古代土地管理思想史，人们对土地兼并问题的解决方案林林总总，不一而足，但是归纳起来，大致有 3 种：一是战国孟轲的恢复西周的土地国有制的井田思想，二是北魏至唐中叶在土地国有制基础上的均田制思想，三是西汉

董仲舒提出的在土地私有制基础上的限田思想。在这 3 种思想中，前二者都是以土地国有制为基础的，唯独董仲舒的限田论以土地私有制为基础，在承认土地私有制难以改变的基础上进行限田。这种思想在西周奴隶制土地国有制必然消亡和秦汉封建土地私有制必然出现和盛行的历史进程中，相对说来还是比较顺应历史发展趋势的。在长期的封建社会中，每当封建土地兼并问题趋于严重的时候，就会出现限田的声音。后代的限田论者，实际上基本是把董仲舒的限田思想予以具体化，其原则是一致的。由此可见，董仲舒限田思想影响之深远。

董仲舒也是中国历史上第一个提出私租问题的人。① 中国古代的土地制度往往与租税制度密切相关，其中一个最明显的表现就是私租必然出现在土地私有制的基础上，如果是土地国有制，那一般不可能有私租，只有公租。战国时期，孟轲提出的"八家同耕公田"，这是一种劳役地租；秦国法家的"与之分货"，则是一种实物地租。但是，这一时期不管是劳役地租还是实物地租，都是在土地国有制基础上征收的地租，所以都是公租，其特点是表现为赋税的形式，因而在先秦土地国有制的基础上，"租"和"税"这两个概念是不分的。

战国、秦汉时期，随着封建土地私有制的发展，私租开始出现并发展，"租"和"税"的概念也明显具有了不同的含义。西汉时期的所谓"租"，是指私人土地占有者，将自己土地出租给别人耕种，从而向租种者征收的出租土地的报酬，即地租，简称"租"；而所有土地的私人占有者，即地主或自耕农，必须根据占有土地面积的大小，向封建国家缴纳不同数量的土地税收，即因占有土地而承担一定的财政义务，这就是所谓的赋税，简称"税"。如汉代实行的"十五税一""三十税一"，就是封建国家向土地私人占有者征收的赋税；上文董仲舒所说的"或耕豪民之田，见税十五"则是农民租种地主之田向地主交纳的地租，而不是向封建国家缴纳的赋税。

---

① 《中国经济思想通史》第一册，第 533 页。

董仲舒不仅指出了私租的存在，还提到了当时通行的地租率高达50％，并深刻地揭示正是这高地租使广大农民生活贫困到"衣牛马之衣，而食犬彘之食"。豪强地主不仅以苛重的地租残酷地剥削农民，还对他们进行直接的人身奴役。他们进一步强迫大批丧失土地的农民沦为奴婢和奴隶，甚至对他们操有生杀之权。董仲舒在提出限田来解决土地兼并的同时，也主张废除奴婢制度，要求"去奴婢，除专杀之威"①，禁止豪强地主任意杀害奴婢、奴隶。总之，董仲舒的限田和去奴婢思想涉及了西汉社会重大的土地制度和消除先秦以来的奴隶制残余问题，有着重要的历史积极意义。

（六）师丹、孔光、何武的限田思想

师丹（？—3），字仲公，琅琊东武人。元帝时，举孝廉为郎，迁博士。成帝时，先后任东平王太傅、光禄大夫、丞相司直、太子太傅等职。哀帝时，为左将军，赐爵关内侯，领尚书事，后又为大司马，封高乐侯，徙大司空。

孔光（前65—5），字子夏，曲阜（今山东曲阜）人，孔子十四世孙。元帝时，任议郎、谏议大夫等官职。成帝即位后，举为博士，先后任仆射、尚书令、光禄大夫、御史大夫、廷尉、左将军、丞相等职。哀帝时，因得罪傅太后被免掉丞相之职。傅太后死后，复任丞相，与大司空何武拟定限田、限奴婢方案，规定逾限者归官，以缓和激化的阶级矛盾。因遭贵族官僚反对，未能实施。后改任大司徒。哀帝死后，平帝刘衍年仅9岁，由太皇太后临朝称制，政事尽委于大司马王莽。孔光担心有不测之事，上书请求辞官回乡。于是，按王莽之意拜孔光为太傅，次年拜为太师。后称病辞职。元始五年（5），孔光病故，谥"简烈侯"。

何武（？—3），字君公，蜀郡郫县（今四川成都郫都区）人。元帝即位后，"以射策甲科为郎"。② 永光初，迁为鄠令。成帝时先后任谏大

---

① 《汉书》卷24上《食货志上》。
② 《汉书》卷86《何武传》。

夫、扬州刺史、丞相司直、清河太守、兖州刺史、司隶校尉、京兆尹、沛郡太守、廷尉、御史大夫、大司空等职，封汜乡侯。哀帝时，任御史大夫，与师丹、孔光等拟定限田、限奴婢的方案，遭官僚贵族反对，未果。元寿元年（前2）改任前将军。元始三年（3），何武被王莽诬陷，自杀，谥号刺侯。

东汉末年，哀帝即位后，各种社会矛盾愈来愈尖锐，其中最严重的是土地兼并问题。辅政的师丹认识到土地兼并所造成的贫富分化的严重性，"今累世承平，豪富吏民訾数巨万，而贫弱愈困"。因此，提出了限田的主张。他虽然认为"古之圣王莫不设井田，然后治乃可平"，但同董仲舒一样，他不主张恢复井田制。他清醒地认识到，存在已久、日益发展的封建土地私有制已是不能轻易改变的了，只能在保存土地私有制的前提下，对土地兼并加以限制，以缓和由此引起的社会矛盾。他指出："君子为政，贵因循而重改作，然所以有改者，将以救急也。亦未可详，宜略为限。"①

汉哀帝采纳了师丹的限田建议，命孔光、何武遵照此建议拟定具体的限田方案。主要内容有以下3点。

其一，私人占田的最高限额是30顷。"诸侯王、列侯皆得名田国中。列侯在长安，公主名田县道，及关内侯、吏民名田皆毋过三十顷。"其二，限期3年达到上述限田规定，超过3年占田如还超过限额，国家对限额以上的土地加以没收。其三，在限田的同时进行限奴，"诸侯王奴婢二百人，列侯、公主百人，关内侯、吏民三十人"。②限奴期限也是3年，超过3年限期后，占有超过限额的奴婢将没收入官。

东汉末年，土地兼并迫使丧失土地的农民卖身为奴，土地兼并现象越严重，奴婢的数量也越增多；反之，豪强大户占有越多的奴婢，也可为其兼并越来越多的土地提供劳动力。因此，当时土地兼并与占有奴婢

---

① 《汉书》卷24上《食货志上》。
② 《汉书》卷24上《食货志上》。

成为一个严重社会问题的两个方面。师丹、孔光、何武认识到了这一点，所以将解决土地兼并与解放奴婢结合起来共同加以解决。这个限田兼限奴的方案提出后，短时间内对限制土地兼并曾起过一定作用：限制了土地兼并，也堵塞了奴婢的不断增加的来源；限制了占有奴婢的数量，使豪强大户难以找到劳动力为其耕种大片的兼并土地。因此，限田方案提出后，许多大地主纷纷卖田，田价一度低落。但是，由于它触犯了大贵族、大官僚和大地主的切身利益，因此受到权贵势力强烈的反对，"丁、傅用事，董贤隆贵，皆不便也"。① 最终没有实行就夭折了。

限田思想的首倡者是西汉武帝时的董仲舒，但董仲舒的限田主张只是一个原则性的意见，缺乏具体的实施办法。师丹、孔光、何武的限田方案，对私人占有土地的面积、限田期限和处理超限额土地的办法等，都提出了明确、具体的规定和措施，具有可操作性，弥补了董仲舒限田主张的不足，丰富了古代限田思想的内容。

（七）何休恢复井田制思想

何休（129—182），字邵公，任城樊（今山东济南兖州西南）人。东汉时期今文经学家，儒学大师。"精研六经，世儒无及者"。② 他在政治上不求仕进，曾拜为郎中，以病辞官。太傅陈蕃曾征他参政。党锢事起，陈蕃被杀害，何休也遭禁锢。他开始潜心治学，用了 17 年的时间撰写《春秋公羊解诂》《公羊墨守》《左氏膏肓》《穀梁废疾》等著作，注训《孝经》《论语》等，现存世者仅《春秋公羊解诂》。晚年党禁解除，何休曾被拜为议郎、谏议大夫。

《春秋公羊传》是汉代今文经学最重视的经籍。今文经学家治学的特点是假借阐发经书中的微言大义，来表达注者自己对各种社会政治问题的看法。何休也在治公羊学的过程中充分利用了今文经学的这一传统，借解经发挥自己对各种现实问题的看法，阐述了自己的管理思想。

---

① 《汉书》卷 24 上《食货志上》。
② 《后汉书》卷 79 下《何休列传》。

何休非常重视土地制度，认为民以食为本，而生产粮食的最基本的生产资料是土地。因此，土地的占有制度是发展封建生产，富国富民的最根本的问题："土地者，民之主，霸者之象也。"① 他指出，土地兼并，造成社会尖锐的贫富对立，一方面广大农民饥寒交迫，另一方面豪强地主肆虐横行，这是各种社会矛盾和动乱的根源。因此，想要天下太平，最根本的措施是实行井田制："民以食为本也。夫饥寒并至，虽尧舜躬化，不能使野无寇盗；贫富兼并，虽皋陶制法，不能使强不凌弱。是故圣人制井田之法而口分之。"② 井田制本是先秦周朝的土地国有制。自战国孟子以后，儒家学者多把它作为一种理想的土地制度来宣扬。汉代以来，随着封建土地私有制的发展，土地兼并日益严重，于是思想界出现了对土地制度的反思，许多人怀念赞扬西周的井田制，但罕有人提出过具体恢复实施井田制的方案，何休是两汉学者中首先进行恢复井田制具体方案的设计者。

何休在《春秋公羊传解诂》中，对鲁宣公十五年（前594）"初税亩"一条作注时，提出了自己关于实施井田制的一个设想方案。其一，实行土地国有，按井授田。一井土地，按平均的原则授与八家，每家私田一百亩，公田十亩，宅田二亩半，八家合计九百亩。每户所得土地数量相同："一夫一妇受田百亩，以养父母妻子。五口为一家，公田十亩，即所谓什一而税也。庐舍二亩半，凡为田一顷十二亩半，八家而九顷，共为一井，故曰井田。"由于各户所分配的土地肥瘠不同，因此必须定期进行调整，以求土地分配在质量上的公平："司空谨别田之高下善恶，分为三品。上田一岁一垦，中田二岁一垦，下田三岁一垦。肥饶不得独乐，墝埆不得独苦。故三年一换主易居，财均力平。"③ 这种设想方案，不仅在土地数量上，而且在质量上，都保证了土地分配使用上的平均。

---

① 《春秋公羊传》僖公十四年。
② 《春秋公羊传》宣公十五年。
③ 《春秋公羊传》宣公十五年。

其二，生产有统筹安排，耕作有统一规定。例如：各户所栽种的作物不能搞单一品种，田边宅旁要栽种瓜果蔬菜桑树，饲养家禽牲畜；耕作季节，百姓都得出工，冬季农闲时都要从事纺织等。"种谷不得种一谷，以备灾害；田中不得有树以防五谷。还庐舍种桑荻杂菜，畜五母鸡两母豕。瓜果种疆畔，女工蚕织。""田作之时，春，父老及里正旦开门坐塾上，晏出后时者，不得出。莫（暮），不持樵者，不得入。五谷毕入，民皆居宅，里正趋缉绩。男女同巷，相从夜绩，至于夜中。故女功一月得四十五日作，从十月尽正月止。"

其三，实行十一税。井田制分配给一夫一妇私田百亩，公田十亩，税率正好为 1/10。同时，"十井共出兵车一乘"，赋税均平，杜绝了横征暴敛，所以可以收到"均民力，强国家"① 之效。

何休之所以主张恢复西周的井田制，他认为井田制的优越性在于："井田之义，一曰无泄地气，二曰无费一家，三曰同风俗，四曰合巧拙，五曰通财货。"总之，制井田而口分之，有利于发展农业生产，稳定社会秩序，巩固封建政权的统治。

何休的井田方案，主要有 4 个方面的特点。其一，具有很强的现实针对性。何休的恢复井田制思想，在形式上是以注释经籍的方式，把井田作为古圣王之制来宣扬的，但在实际上明显是针对东汉时期土地兼并和土地大量集中的严重社会问题，作为和现实截然相反的一种理想而设计出来的。他在谈到"圣人制井田之法"的目的时说："贫富兼并，虽皋陶制法，不能使强不凌弱。"这显然是将自己在注释中设计的井田制看作解决当时土地兼并的根本途径。

在先秦时期，"兼并"通常是指政治、军事方面的吞并，尚未见经济方面财富、土地兼并的说法。战国时代孟子设计的井田制，是为了解决社会转型时期出现的大量无恒产的流民问题，而并不是解决土地兼并问题。他主张"不得罪于巨室"，对"巨室"所占有的土地，不问多少，一

---

① 《春秋公羊传》宣公十五年。

律"什一使自赋"。这说明孟子当时提出恢复井田制的主要目的不在于解决土地兼并问题。

其二，将先秦井田制的劳役地租改变为实物地租。何休的井田方案，虽然仍使用"公田""私田"的提法，但已不是"八家同耕公田""公事毕然后敢治私事"那种劳役地租的形式，而是把公田划分成十亩一块的八个小块，分配给八家农户分别经营，并将公田的收获物作为赋税上交国家。这样，八家就可各自把公田同私田统一经营、统一安排生产活动，使农业的生产、经营更明显地体现着一家一户为一个生产单位的封建个体农业的性质，从而有利于消除和缓和公田与私田之间的矛盾，提高劳动生产率。

其三，私田国有，不能出卖，三年重分一次。何休设计的井田制，在土地所有制方面，与先秦的井田制一样，私田仍然是国家所有，农户只有使用权，而没有所有权，不能出卖，而且为了避免土地质量不同而造成分地不均，实行每三年重分一次。

东汉时期，随着封建土地私有制的发展，全国主要的耕地已经变为私有，官僚地主和豪强地主控制着大部分的耕地，土地私有制已经占了支配地位。何休要以井田制解决当时的土地兼并问题，但是"制为井田而口分之"的土地从何而来，他并未有明确的提及。当时如不触动大地主所兼并的大片土地，将其收归国有，封建国家根本就没有土地分配给民众；如要触动大地主兼并的土地，这对于一个代表封建官僚地主利益的王朝来说，是根本无法办到的。何休虽然宣称要以井田制来解决现实中的土地兼并问题，但对最根本的土地来源却无法解决而避之不谈。这使他的井田方案只能作为一种理想方案来宣扬，实际上是不可能实现的。

其四，何休的井田思想发展了孟子的井田思想。何休的井田思想明显受到孟子井田思想的影响，但在孟子井田思想的基础上又有所发展。如孟子的井田方案，只考虑井田私田分配上的数量均平，而未涉及肥瘠程度不同土地分配的均平，何休采取每三年重分一次来解决土地肥瘠不均问题。孟子主张制民之产，使每户有百亩之田、五亩之宅，但他的井田方案却不包括五亩之宅，两者似有矛盾，而何休则将二亩半宅田都包括在井田制之内。孟子主张什一之税，认为税率高于什一就是暴君，就是"大桀、小桀"，而他的井田方案则是"九一而助"，即每井中有"公田" 100 亩，8 家无偿耕种公田，负担占 1/9，税率高于什一。事实上 8 家平均负担 12.5 亩，同耕种"私田"的劳动相比为 12.5％，还大于 1/9（11.1％）。而何休的井田制是一夫一妇私田百亩，公田 10 亩，税率正好为 1/10，计算精确。

综观中国古代史，曾出现过几十个甚至上百个解决土地兼并问题的田制，而以限田、井田和均田三者为基本模式。井田虽然早就为儒家学者所宣扬，但在何休以前始终未能形成一种反土地兼并的基本模式。西汉武帝时期的董仲舒虽把井田制看作理想的田制，但他又认为井田难以恢复，因而未对如何实施井田制提出过具体方案。他提出解决当时的土地兼并主张只是"限田"。西汉末年，师丹、孔光、何武等制定了中国古代史上第一个实施方案，从而使限田制作为反土地兼并的田制思想的基本模式逐渐确立起来。何休在东汉末年土地兼并和土地集中更加严重的历史背景下，设计了一个较为具体完整的井田方案。这样，作为反对土地兼并的第二种田制思想基本模式——井田模式，也得到确立。[①]

（八）傅玄整顿屯田制思想

傅玄曾任曹魏时的典农校尉，对曹魏时的屯田制度有亲身体验。他经历了魏晋之际屯田制度的逐渐破坏过程，因此有较深刻的认识。晋武帝泰始四年（268），他因"颇有水旱之灾"而上书谈农事、水利、实边等问题。其中对整顿屯田提出了两点建议。

其一，主张恢复原来官六士四或官士中分的分配比率，提高屯田劳动效率。"又旧兵持官牛者，官得六分，士得四分；自持私牛者，与官中分。施行来久，众心安之。今一朝减持官牛者，官得八分，士得二分；持私牛及无牛者，官得七分，士得三分。人失其所，必不欢乐。臣愚以

---

① 《中国经济思想通史》第 2 卷，第 116 页。

为宜佃兵持官牛者与四分，持私牛与官中分，则天下兵作欢然悦乐，爱惜成谷，无有损弃之忧"。[1] 傅玄在此指出，魏晋之际，屯田上的收获物的分配比率在官民之间有明显的变化，官府的占有率明显增加，而兵士的占有明显减少。这就是租用官牛的佃兵由官六士四改为官八士二分成，租税率提高了 166%；用自己耕牛及无用官牛的佃兵，由官士中分改为官七士三，租税率提高了 133%。傅玄认为，官府这样大幅度地提高租税率，必然恶化劳动者的生存条件，引起他们的不满，降低了生产的积极性，使耕作粗放，产量减少，损耗增加。因此，他主张改回曹魏时的分配比率，以促进屯田佃兵的生产积极性，提高屯田的劳动效率。

其二，主张实行精耕细作的集约经营。傅玄指出："古以步百为亩，今以二百四十步为一亩，所觉过倍。近魏初课田，不务多其顷亩，但务修其功力，故白田收至十余斛，水田收数十斛。自顷以来，日增田顷亩之课，而田兵益甚，功不能修理，至亩数斛已还，或不足以偿种。非与曩时异天地，横遇灾害也，其病正在于务多顷亩而功不修耳。"[2] 在此，傅玄批评了当时屯田管理者片面追求"日增田顷亩之课"，即强制屯田户盲目增加耕作面积，造成因劳动力不足而耕作粗放，单位面积产量大幅度下降，甚至"不足以偿种"的情况。他认为曹魏初屯田在生产上的成功，是由于"不务多其顷亩，但务修其功力"，即实行精耕细作的集约经营，因而建议晋朝廷恢复魏初的做法。

傅玄曾任典农校尉，亲身经历过对屯田事务的管理，富有实际管理经验，因此提出较符合实际情况的整顿屯田建议，即调整出较合理的官兵分配屯田收获物的比率，以及通过精耕细作提高屯田劳动效率的主张。这两个方面的建议显然是中肯的，对当时屯田管理自然是必要的。但是，当时屯田制度的日益废坏，不只是由于管理不善而造成的，还有更为深层次的原因。屯田租税率的提高，显然是魏晋统治者日益奢侈腐朽，国

---

① 《晋书》卷 47《傅玄传》。
② 《晋书》卷 47《傅玄传》。

家财政支出不断增长，从而使朝廷通过提高屯田租税率来解决财政困难。而"日增田顷亩之课"，则是与屯田劳动力日益不足有密切关系。魏文帝黄初年间，曾出现典农官抽一部分劳动力经商而造成屯田劳动力不足和"留者"代"行者"耕作的情况，这必然导致通过"增田顷亩之课"来解决屯田劳动力不足的问题。同时，征调屯田客服工役和兵役，会在更大范围和规模上加剧屯田劳动力不足的问题，使屯田只能通过粗放耕作来缓解劳动力缺乏。

（九）荀悦土地制度思想

荀悦十分重视土地制度问题，认为土地占有制度是关系到封建王朝巩固和国家治乱的根本问题。"夫土地者，天下之本也。"① 他指出，当时的土地私有制弊端主要有两个方面。一是导致土地兼并，造成大量土地集中到少数大地主手里，形成土地占有上的严重不均。富人占田逾制，或至数百千顷，而贫民或无立锥之地，其原因就是在土地私有制条件下，地主可以专封专地造成的。二是加重了一般无地、少地农民的田租负担。地主占有大量土地，而农民只有很少的土地或没有土地，不得不耕种地主的土地，因此要把自己收获物的一大半作为地租缴纳给地主，而地主只要向国家缴纳 1/15，甚至 1/30 的赋税。

荀悦在历史上第一个把国家赋税和封建地租进行了明确的区分。地租是地主向租种其土地的农民征收的，而赋税则是国家按照地亩向占有土地的地主和自耕农征收的。豪强地主向国家缴纳赋税，是他们从租佃农民所征收的地租中的一小部分。在通常情况下，汉代，佃农租种地主田地，应把收获物的 1/2 作为地租缴纳给地主，而地主向国家缴纳的土地赋税只要收获物的 1/15，甚至 1/30。如果国家减轻赋税，其实只是把更多的地租留在地主手中，地主不仅可以照旧甚至还可以加重收取佃农地租。显而易见，汉代国家的轻税政策，仅仅对地主有利，而对广大的贫苦佃农是没有得到好处的。因此，如不解决土地问题，而仅仅实行轻

---

① 荀悦、袁宏：《两汉纪》卷8，文帝十三年六月，中华书局，2020年。

税政策，基本上改善不了佃农的贫困处境，也缓和不了地主和农民之间的尖锐矛盾。"古者什一而税，以为天下之中正也。今汉民或百一而税，可谓鲜矣。然豪强富人，占田逾侈，输其赋太半。官收百一之税，民收太半之赋。官家之惠，优于三代；豪强之暴，酷于亡秦。是上惠不通，威福分于豪强也。今不正其本而务除租税，适足以资富强。"①

针对当时土地兼并及其引起的严重后果，荀悦主张实行土地国有制，反对土地私有制。"春秋之义，诸侯不得专封，大夫不得专地。今豪民占田，或至数百千顷，富过王侯，是自专封也，买卖由己，是自专地也。"②土地应由封建国家控制，根据一定原则授与私人耕种，地主个人不得任意占为己有，当作自己的私有财产，自由买卖。反对私人无限制地占有土地，反对土地自由买卖，实质就是反对封建地主土地私有制。

荀悦试图从解决土地占有制度入手以解决土地兼并和贫富对立问题，在历史上第一个把土地所有权和使用权加以区分，通过使两者分离来消除封建土地私有制所产生的矛盾。他提出土地所有权应当归国家，实行土地国有制。但土地的使用权则交给地主和农民，地主和农民可以使用国有土地从事农业生产，但不能把土地作为自己私有财产自由买卖、自己转让。土地不能自由买卖转让，就可以制止土地兼并，从而杜绝了百姓贫困的根源和贫富对立。这就是荀悦主张的"耕而勿有"，即地主和农民只有土地使用权，而没有土地所有权这样一个解决土地问题的方案。

荀悦认为，解决土地兼并的根本途径是实行井田制，变土地私有制为封建的土地国有制。为此，他设计了一套与何休井田制大体相似的井田模式。但是，他又清醒地看到，平分土地的井田制必须在一定条件下才能实行，因此不主张立即实施井田制。他认为，井田制主要是为了解决地狭民众的矛盾。为了保证每个劳动者都能占有一份依靠自己劳动力而养活自己的小块土地，才按井田每户占田百亩的方式分配土地。如果

---

① 《两汉纪》卷8，文帝十三年六月。
② 《两汉纪》卷8，文帝十三年六月。

地广人稀，人们有足够多的土地耕种，就没必要实行井田制，完全可以允许人们在百亩之外耕种更多的田地。正是这种情况，造成了一批占田数千顷的大地主。随着人口数量的增加，土地与劳动力配置问题才尖锐起来。一方面豪强地主占有大片土地，另一方面广大贫困农民则没有寸地，于是实行井田制、平均分配土地的要求日益强烈地被人们提出来。但是，过去的荒地已经变为膏壤，并已"列在豪强"①，成为大地主合法的私有财产。

在这种情况下，国家如果要把这些土地从豪强地主手中拿过来平分给贫困无地的农民，大地主是决不会答应的，必然会"并有怨心，则生纷乱"②，即势必引起他们的不满和反抗，导致社会动乱。所以，荀悦认为，井田制虽然是解决土地兼并最理想的制度，但它会遭到豪强地主的强烈反对，因而又是一个暂时无法实施的制度。"或曰：复井田与？曰：否。专地非古也，井田非今也。然则如之何？曰：耕而勿有，以俟制度可也。"③ 所谓"耕而勿有，以俟制度"，就是要求暂时杜绝土地自由买卖和转让，以等待社会出现"高帝初定天下，及光武中兴之后，民人稀少"④ 这种历史时期的到来。一旦再遇到天灾人祸之后地广人稀的时代，国家就应当抓紧规划井田制度。首先限制百姓占田数量，为实行井田制创造条件，"就未悉备井田之法，宜以口数占田，为立科限，民得耕种，不得买卖，以赡民弱，以防兼并，且为制度张本，不亦宜乎？"⑤ 然后等到条件成熟时，再逐步实行井田制度，从而从根本上解决封建土地兼并的问题。

荀悦认识到土地兼并和土地集中是封建土地私有制的必然产物，而且在土地私有制已经成为普遍的制度，绝大部分土地"列在豪强"的情

---

① 《两汉纪》卷 8，文帝十三年六月。
② 《两汉纪》卷 8，文帝十三年六月。
③ 《申鉴·时事》。
④ 《两汉纪》卷 8，文帝十三年六月。
⑤ 《两汉纪》卷 8，文帝十三年六月。

况下，以土地国有的井田制来解决土地兼并问题是不可能的。于是，他就以"以俟制度"的主张，把彻底解决土地制度的希望推到未来，而所谓的"未来"，就是指天灾人祸之后，人口稀少，土地荒芜的时期。但是，在地广人稀的情况下，农业生产的主要矛盾是劳动力的缺乏，土地兼并问题已退居其次，如在这样的情况下实行井田制以抑制土地兼并，岂不成了无的放矢？① 但是，另一方面，在封建土地私有制下，只有经过天灾人祸、人口锐减，国家控制了大片荒芜土地，才有可能为井田制的实施提供充足的可供分配的国有土地，否则，如没有大量的国有土地可供分配，井田制是行不通的。

（十）仲长统恢复井田制思想

仲长统认为，造成贫富严重分化的经济根源在于封建土地私有制度。他指出，自从井田制被破坏后，封建土地私有制迅速发展，百姓占有土地的数量就失去了控制。疯狂的土地兼并，导致了大批豪强地主的出现，从而造成了贫富差距悬殊和社会矛盾的激化。"井田之变，豪人货殖，馆舍布于州郡，田亩连于方国。身无半通青纶之命，而窃三辰龙章之服；不为编户一伍之长，而有千室名邑之役。荣乐过于封君，势力侔于守令。财赂自营，犯法不坐。刺客死士，为之投命。至使弱力少智之子，被穿帷败，寄死不敛。冤枉穷困，不敢自理。虽亦由网禁疏阔，盖分田无限使之然也。"②

他进一步指出，土地兼并造成的贫富悬殊，是社会变乱动荡的直接原因。当时富人骄奢淫逸，为非作歹。奸人为了发财致富，使自己成为人上人而无所不用其极。而清洁之士、诚实百姓，只能受苦受穷，对一切无能为力。在这种世风日下的环境中，坏人日益恣纵，而好人逐渐被驱入邪途，国家因此日趋混乱，无法管理。"汉兴以来，相与同为编户齐民，而以财力相君长者，世无数焉。而清洁之士，徒自苦于茨棘之间，

---

① 《中国经济思想通史》第 2 卷，第 121 页。
② 《后汉书》卷 49《仲长统列传》，以下仲长统言论，均见于此。

无所益损于风俗也。豪人之室，连栋数百，膏田满野，奴婢千群，徒附万计。船车贾贩，周于四方；废居积贮，满于都城。琦赂宝货，巨室不能容；马牛羊豕，山谷不能受。妖童美妾，填乎绮室；倡讴伎乐，列乎深堂。宾客待见而不敢去，车骑交错而不敢进。三牲之肉，臭而不可食；清醇之酎，败而不可饮。睇盼则人从其目之所视，喜怒则人随其心之所虑。此皆公侯之广乐，君长之厚实也。苟能运智诈者，则得之焉；苟能得之者，人不以为罪焉。源发而横流，路开而四通矣。求士之舍荣乐而居穷苦，弃放逸而赴束缚，夫谁肯为之者邪……苟目能辨色，耳能辨声，口能辨味，体能辨寒温者，将皆以修洁为讳恶，设智巧以避之焉，况肯有安而乐之者邪！"

针对这种严重的社会危机，仲长统认为，要消除社会变乱动荡，必须解决引起这一社会问题的根源，即要消灭土地兼并、贫富对立及其产生的各种恶果，必须恢复被破坏的井田制。他指出，一种改革，如果改革之后的弊端更多，情况比改革前更糟糕，那还不如恢复改革之前的制度，而恢复井田制就属于这种情况。井田制变为土地私有制，是"变而不如前，易而多所败者"，所以必须予以恢复。"今欲张太平之纪纲，立至化之基趾，齐民财之丰寡，正风俗之奢俭，非井田实莫由也。此变有所败，而宜复者也。"

在解决土地兼并这一问题上，仲长统的最终目标是实行井田制。但鉴于当时兵荒马乱、地广人稀的实际情况，他主张先实行限田，以防止豪强大户无限制地占田，"限夫田以断兼并"；同时国家应将无主土地收归国有，分配给有劳动力的农户耕作。"今者土广民稀，中地未垦，虽然，犹当限以大家，勿令过制，其地有草者，尽曰官田，力堪农事，乃听受之。若听其自取，后必为奸也。"荀悦认为，只有在大乱之后，地广人稀之时，才有条件实行井田制。但是，仲长统的看法与此不同。他认为，汉末大乱之后，"土广民稀"，连中等的土地都无人垦种了。在这种情况下，民众不缺耕地，没有国家分配田地的需求，因此实行井田制并非当务之急。他认为，当时解决现实的土地问题不是恢复井田，而是同

时采取两个方面的措施。一是"限以大家",即国家应规定一户占有田地的最高限额,不许超过,以防止土地兼并现象的无限制发展。但是,限额是多少,怎样才算"过制",仲长统并没有明确具体地提出。二是"有草"的生熟荒地,一律收归国有,由国家分配给无地的流亡农民耕种。分配土地不是按人口数量或按户平均分配,而是按劳动力分配,只有对那些"力堪农事"的人,才能从国家那里分配到田地。这种分配办法虽然也有防止百姓任意占有土地、使兼并死灰复燃的作用,但更主要的在于使劳动力与大片荒地有效配置,以利于战乱之后迅速恢复和发展农业生产。

仲长统的井田制思想,有 3 个方面值得注意。一是为稳定封建王朝的统治基础,其对土地制度的改革尽可能不触动或基本不触动已被豪强地主兼并的土地。二是其对土地兼并的限制主要是利用长期战乱后国家所控制的大片国有荒芜土地,将其分配给农户,从而恢复和发展农业生产,增强国家的经济实力。三是受田不是按人口数量和按户平均分配,而是按劳动力的多少和强弱,更体现了重视劳动力与土地的有效配置。这些土地制度思想和后来北魏均田制的主要指导思想是一致的。仲长统虽然强调恢复井田制,把恢复井田看作是解决当时社会危机的根本出路,但他未提出过恢复井田制的具体方案和措施,而在实质上,他的解决现实土地问题的思想和具体方案,成了后来北魏太和改革中实行新一种田制模式——均田制的先声。

第六节　租税和货币思想

一、租税管理思想

（一）秦汉租税思想

秦汉时期，国家主管财政经济收支机构之一是大司农。大司农是管理全国财政收支的机构，秦时称"治粟内史"，汉初沿用此名。景帝后元一年（前143）更名为"大农令"，武帝太初元年（前104）更名为"大司农"。"司农领天下钱谷，以供国之常用"①，"大用由司农……田租刍稿以给经用"。② 由此可见，大司农管理全国的财政收入，主要征收各种赋税，如田租、田赋等。秦朝时的税收既重且乱，史称达到"泰半之赋"，即达到50％的租税率。两汉的田租（即土地税）比较轻且稳定，大致三十税一，固定在1/30的比例上。征收的办法是由各纳税户向乡里上报自己的土地和纳税数量，然后由啬夫加以核实和平衡。但在实际操作中，这种方式手续烦琐，并且每年粮食产量都在上下浮动变化，政府难以准确掌握农民每年的收获总数量，从而确定1/30租税率实际上换算出的粮食征收数。于是后来就实行一种较简便的办法，即依照历年粮食产量的平均数，为肥瘠不同的田地确定每种类型田地的纳税额，然后依照土地面积计额征收。如在汉昭帝始元六年（前81）召开的盐铁会议上，文学们在回答御史大夫关于税收问题时，就反映出汉朝征收田赋的情况："什一而籍，民之力也。丰耗美恶，与民共之。民勤，己不独衍。民衍，己不独

---

① 颜师古：《急就篇》卷4，台湾商务印书馆影印文渊阁四库全书本。
② 《后汉书》志26《百官三》注引《汉旧仪》。

勤。故曰：'什一者，天下之中正也。'田虽三十而以顷亩出税，乐岁粒米粱粝而寡取之，凶年饥馑而必求足，加之以口赋更徭之役，率一人之作，中分其功。农夫悉其所得，或假贷而益之。是以百姓疾耕力作，而饥寒遂及已也。"① 这说明至少至武帝末年，田租已有固定的税额，由于不考虑丰歉因素，所以如碰到灾荒年头，就会造成农民难以按规定的税额缴纳的窘境。这种制度到东汉时期又有所发展。如秦彭在章帝时任山阳太守，"兴起稻田数千顷，每于农月，亲度顷亩，分别肥瘠，差为三品，各立文簿，藏之乡县。于是奸吏局踏，无所容诈。彭乃上言，宜令天下齐同其制。诏书以其所立条式，班令三府，并下州郡"。② 这一记载说明，东汉时期，田地征收赋税制度更加完善了。其一，将田地按肥瘠程度分为 3 个等级，分别征收不同的租税，使这一制度更加合理公平。其二，东汉时期，在评定田地肥瘠程度时，由于标准难定导致随意性较大，所以奸吏容易营私舞弊。山阳太守秦彭为防止奸吏上下其手，亲自参与田地的丈量和评定等级，并将经验总结出来，上奏朝廷请求推广，得到皇帝的同意。这种分等定额税制因为比较公平合理，所以对后世影响深远。中国古代汉以后历代王朝，基本上均采用这种评定田地肥瘠等级之后计亩征收的赋税制度。

汉代国家除了向农民征收田租正税外，还要征收附加税刍稿。"农夫父子暴露中野，不避寒暑，捽草杷土，手足胼胝，已奉谷租，又出稿税。"③ 东汉光武帝在中元元年（56），发布诏令"勿出今年田租刍稿"，即免除当年的附加税刍稿，可见正常情况下，农民每年是应该缴纳刍稿附加税的。所谓刍稿即谷物的秸秆，可用作饲料、燃料和建筑材料。另外，封建国家有时还临时增收附加税。如东汉桓帝延熹八年（165）"八月戊辰，初令郡国有田者，亩敛税钱（注亩十钱也）"。④ 灵帝中平二年

---

① 《盐铁论·未通篇》。
② 《后汉书》卷 76《秦彭列传》。
③ 《汉书》卷 72《贡禹传》。
④ 《后汉书》卷 7《桓帝纪》。

（185）"二月己酉，南宫大灾，火半月乃灭。癸亥，广阳门外屋自坏。税天下田，亩十钱"。①

汉代，国家除了按田地大小肥瘠征收田租外，还按人头征收代役金，即更赋。封建政府规定，每个成年男子每年应服兵役三日，徭役一月。本人如不去服役，可交更赋，由政府雇人代役。雇役称过更，数额是300钱。亲自应役称"践更"，不去者月交2000钱。更赋成为封建国家的重要财政收入。

封建国家的另一项重要财政收入是人口税——算赋与口赋。秦朝时的"头会其赋"即指此。西汉在高帝四年（前203）把人头税制度化，定名为"算税"。规定"民年十五以上至五十六出赋钱，人百二十为一算，为治库兵车马"②。年7岁至14岁的儿童出口钱，人二十三。算赋与口赋合计每年约征40亿。以上数项为两汉时期封建国家经常固定性的税收。

汉武帝时，为了支持"内兴功作，外攘夷狄"的需要，朝廷又增加了算缗钱、算车船和税民资等几项税收。其中算缗钱是一项动产税，自元狩四年（前119）开始征收。朝廷规定，商人每二千钱出一算（120钱），手工业者等每四千钱出一算；一般人轺车一辆一算，商人轺车每辆二算；船身长五丈以上的，每艘出一算。汉武帝对商人、手工业者动产的征税大大增加了他们的税收负担，使他们被迫减少或不再增置动产，影响了社会经济的发展，因此汉武帝不得不在实行7年之后，宣布废止算缗钱、算车船的征收。但不管怎样，这项税收对解决当时的国家财政困难提供了巨大的支持。税民资产是一般的财产税或总额财产税。课税标准是以财产总值1万为单位，税率是万分之一百二十。以一万开始起征，不足一万免征。另外，朝廷还征收牲畜税、赁贷税、一般收益税等。除此以外，封建国家通过盐铁专卖、酒专卖以及卖官鬻爵、赎罪等，也大量增加了财政收入。

---

① 《后汉书》卷8《灵帝纪》。

② 《汉书》卷1上《高帝纪上》注引《汉仪注》。

汉代赋税制度所体现的思想主要有 4 点。其一，田租轻而人头税重。这种制度设计对占有广大田地的地主有利，因为地主将田地租给无地少地的农民，一般收取田地收获物总量的 50％，而作为向封建国家缴纳的租税只要收获物总量的 3.3％，即三十税一。而汉代的算赋是每个成年人（15 岁至 56 岁）每年缴纳 120 钱，即使儿童（7 岁至 14 岁）也要每人每年缴纳 23 钱。正因为汉代人头税重，成为民众难以承受的负担，因此社会上出现了父母杀死新生婴儿的残忍现象。如史载：郑产为"白土啬夫，汉末，产子一岁，辄出口钱，民多不举。产乃敕民勿得杀子，口钱自当代出，因名其乡曰'更生乡'"。① 其二，算缗钱、算车船和税民资等反映了汉朝重农抑商的思想。算缗钱作为一种动产税，主要是针对商人和手工业者的，而同样是动产税，针对商人的税率高达 6％，即每 2000 钱出 120 钱，而对于手工业者来说，其税率则只有商人的 1/2，每 4000 钱出 120 钱，即 3％。其三，汉代的赋税征收在汉武帝时期带有很明显的解决财政困难的原因。汉武帝既雄才大略，又好大喜功，对内大兴土木奢侈挥霍，对外长期与匈奴战争耗尽了文景之治时期积累的大量财富。为了增加财政收入，解决国库空虚问题，他临时加征了算缗钱、算车船和税民资，敛取了大量钱财，为自己的功业提供了巨大的财政支持。其四，汉武帝的财税政策带有很强的掠夺性和暴力性。如汉武帝实行算缗钱、算车船和税民资后，又颁布法令，如民众对自己财产隐瞒不报或呈报不实的人，罚戍边 1 年，并没收他们的财产。有敢于告发的人，政府赏给他没收财产的一半，这叫作"告缗"。算缗法的实施引起富商们的极大不满。他们采取隐匿资财的办法来对抗新税法。对此，在下达算缗令之后的第二年和第五年，武帝又两次颁布了更加严厉的算缗令，规定检举、告发违反算缗法的人，可得到所告者一半的资财。当时，主管告缗的官员是杨可，告缗令发布后，很快形成了"杨可告缗遍天下，中家以上大

---

① 《太平御览》卷 157《州郡部·乡》引《零陵先贤传》。

抵皆遇告"① 的灾难，许多富商大贾因此下狱破产。虽然国库日益丰足充实，化解了财政危机，但社会经济因此遭到了严重的破坏。

（二）曹操租调新制思想

曹操（155－220），本名吉利，字孟德，小名阿瞒，沛国谯（今安徽亳州）人，东汉末年的政治家、军事家、文学家、书法家，曹魏政权的奠基人。

东汉末年，天下大乱，曹操以汉天子的名义征讨四方，对内消灭二袁、吕布、刘表、马超、韩遂等割据势力，对外降服南匈奴、乌桓、鲜卑等，统一了中国北方，并实行一系列政策恢复经济生产和社会秩序，扩大屯田、兴修水利、奖励农桑、重视手工业、安置流亡人口、实行"租调制"，从而使中原社会渐趋稳定、经济出现转机。建安十八年（213），曹操获封魏公，建立魏公国，定都河北邺城，而后进爵魏王，去世后，其子曹丕称帝，追尊曹操为武皇帝，庙号太祖。曹操喜欢用诗歌、散文来抒发自己政治抱负，反映民生疾苦，是魏晋文学的代表人物。同时曹操擅长书法，唐朝张怀瓘《书断》将曹操的章草评为"妙品"。

东汉对编户齐民的租赋征课方式，基本上沿用西汉制度。田租，按收获量征收 1/30 的实物，另外还有各种以人为对象的杂税，如口赋、算赋、献赋、户赋、更赋等，则按户等、人口纳钱于官府。东汉后期，官府横征暴敛，豪强兼并日益严重，加上黄巾大起义后的军阀割据混战，大片土地沦为焦土，百姓流离失所，民不聊生。面对这种社会惨状，于建安九年（204）占据袁术根据地冀州之后，深刻指出："有国有家者，不患寡而患不均，不患贫而患不安。袁氏之治也，使豪强擅恣，亲戚兼并；下民贫弱，代出租赋，衔鬻家财，不足应命。审配宗族，至于藏匿罪人，为逋逃主；欲望百姓亲附，甲兵强盛，岂可得邪！"② 由此可见，曹操从袁氏集团的失败中得到教训，认识到若要下层民众拥护自己，一

---

① 《汉书》卷 24 下《食货志下》。

② 《全上古三代秦汉三国六朝文》第 2 册，《全三国文》卷 2《收田租令》。

方面必须制止豪强大户践踏法律、肆意兼并，以及欺压贫民百姓的非法行为，另一方面要达到政治上的安定和租赋上的相对均平。在此认识的基础上，曹操下令对旧有的租赋进行改革，实行租调新制："其收田租亩四升，户出绢二匹、丝二斤而已，他不得擅兴发。郡国守相明察检之，无令强民有所隐藏，而弱民兼赋也。"①

这项法令的颁布，标志着曹魏对于编户新的租税制度的正式确立。在此法令颁布之前，曹操主要组织流民屯田，对屯田客征收地租。但在新占领的袁氏统治区，民户比较稳定，曹魏就有必要通过租税改革来恢复发展农业生产，进一步巩固统治。史书一般将按亩征收的田租与按户征课的绢、绵，即所谓的"户调"合称为"租调制"。它与汉代旧租税制相比主要有 3 个方面的不同：一是将原来对收获物总量征收 1/30 改为亩征 4 升，使对收益课税的性质改变为对财产课税，使课税的性质发生了变化；二是取消自西汉以来征收的口赋、算赋等人头税、杂税而代之以户调，由对人、户课税变为单纯的以户为征课对象；三是户调缴纳绢、绵产品，其结果是使所有税收均为缴纳实物。

租调制的实施有利于保证国家的财政收入。以收获物总量为对象的田租征收法，在豪强地主势力强大的三国时期，由于粮食产量难以核实，特别容易被豪强地主隐瞒或认多报少。租调制改为计田亩面积大小收租，可减少豪强地主弄虚作假、隐瞒少报的行为。因为田地面积大小显然比粮食收获总量难以隐瞒，而且谷粮食产量每年会有比较大的波动，如每年核实会增加很多的工作量。至于户调征收实物对政府财政收入相对稳定。在当时战争动乱的环境中，经济凋敝，物资缺乏，货币贬值，通货膨胀，政府如向农民征收户调钱，将难以购买到足够的物资以充国用，而直接征收绢、绵实物，则可避免因物价不断上涨而带来的损失。

从总体说来，曹魏实施新的租调制的主要意义在于抑制豪强兼并、力图均平税负的政策思想。古人在为曹操那篇令文定名时，或称为"收

---

① 《全上古三代秦汉三国六朝文》第 2 册，《全三国文》卷 2《收田租令》。

田租令"，或"抑兼并令"，就揭示了其实质是通过改革租税制度来贯彻抑制豪强势力的意图。在令文中，曹操把"豪强""强民"与"下民""弱民"在经济利益上的尖锐矛盾揭露出来，即所谓"强民有所隐藏"，而"弱民兼赋（倍赋）"。曹操针对这种赋税严重不均的现象，决心通过改革，确立以抑制"强民"为重点的租调新制，使赋税均平。作为一种临时性的措施，他首先宣布，"河北罹袁氏之难，其令无出今年租赋"。①显而易见，曹操实施租调新制，首先要让"弱民"得到实惠，而不是豪强。

这里需要说明的是，户调的实际征收并非一律每户"出绢二匹、绵二斤"，如果每户不论贫富都按此标准征收，那么拥有徒附数百家的豪强大地主与仅有数丁的小农负担同量的户调，岂非不均至甚！其实"收田租令"规定每户纳绢、绵若干仅是政府按各郡县户数多少分配户调征收量时的平均数。实际在征收时，地方政府先按纳税户家资的多少评定户等，再依照户等的高下分摊数量多少不等的绢、绵。此就是所谓"平赀"之法。这一制度东汉时期已经实行，当时由乡里的基层官吏负责"知民贫富，为赋多少，平其差品"。②平赀公允与否，是直接关系到新税制能否体现抑制豪强思想的关键。《魏志·曹洪传》注引《魏略》说："初太祖（曹操）为司空时（建安元年至建安十三年），以己率下，每岁发调，使本县平赀。于时谯令平（曹）洪赀与公（曹操）家等。太祖曰：我家赀哪得如子廉邪！"这里的"发调"即征发户调。当时由县令负责平赀，每年进行一次。曹操本家且不能免予平赀，其他权贵或地方豪强则更不可能例外。由此可见，曹操十分严格地实施平赀这一政策，从而为户调按资产的多少公平地负担，奠定了合理的基础，也使扭转豪强隐漏、弱民倍赋现象的意图得以落到实处。曹魏在战乱基本结束后，能够比较快地恢复经济，与曹操推行的租调新制有很大关系。这一措施使一般民众

① 《全上古三代秦汉三国六朝文》第 2 册，《全三国文》卷 2《蠲河北租赋令》。
② 《后汉书》志 28《百官五》。

的租调负担相对合理，生活条件改善，生产积极性提高。此外，新的户调制规定纳实物而不纳货币，使农民不必将农产品投入市场换取货币，因而可以免受商人的中间盘剥。尤其在缴纳户调期间，农民争相销售商品以获取货币，出现供过于求的现象，商人乘机压低收购价格，这对贫弱小农来说，无异于苛刻的掠夺。现在户调直接交纳实物，不言而喻，对广大小农是有利的。曹魏的户调征收之法为西晋所继承，制成以"丁男之户岁输绢三匹、绵三斤"为内容的"户调之式"。① 由此可见，曹魏对编民户调的征收率，也比西晋轻 33％，这在当时是难能可贵的，对广大百姓改善生活、发展生产是有利的。

（三）北魏均田制下租、调思想

北魏均田制下受田的良丁，已婚者一夫一妇，每年须向国家缴纳粟二石，称为"租"，帛一匹，称为调，另外还要无偿承担国家规定的徭役，在不产桑的地区，一夫一妇"调"是麻布一匹。未婚的良丁折半缴纳，即男、女 4 人出一夫一妇的租调。

均田制将地租和赋税合一，是汉代轻徭薄赋思想的新发展。秦汉以来，人们一直把国家对土地私有者征收的农业税称为"租"，而把地主向农民收取的地租称为"税"。东汉末年，曹操开始实行租、调制：粮田纳税仍沿称租，按田亩缴纳；农民按户出绢帛或麻布，称为调。租、调实际上都是农民向国家缴纳的税。曹操还在国有土地上组织屯田，屯田客向国家缴纳的农产品也称为"租"。从现代对租与税的概念和性质来看，秦汉以来，随着封建土地私有制的发展，封建国家向私田所有者征收的租、调，是现代的赋税，而曹操屯田制下屯田客向国家缴纳的"租"，才是现代真正意义上的租。因为屯田客耕种的是国有土地，国家作为土地的所有者所得到的租种者缴纳的农产品，是土地所有权在经济上的实现，其性质属于地租。

北魏均田制以国有土地向受田人办理受田，并向受田者征收租、

---

① 《晋书》卷 26《食货志》。

调，显然，这种租、调从性质上看应是地租。它与西汉至曹操时对私人土地所有者所征收的实为赋税名为租调是名同实异的。但是，均田制下的租、调，不仅沿用了租调的名称，还在形式上保留了过去租调制的两个特点：一是它向国家的编户齐民征收，受田的良丁都是国家的编户齐民，而不是人身依附性更强的佃客，因而租调虽然在性质上是地租，形式上却是赋税，是以赋税形式征收的地租；二是征收率上等于或大体等于过去的赋税率，而大大低于秦汉以来的地租征收率。汉代田租即农业税为三十税一，即税率达 3.3%；而私人地主对佃客"见税十五"，即地租征收率达 50%。均田制下的受田"租"为一夫一妇粟 2 石。一夫一妇受田 60 亩，按每亩 1 石计算，产量共 60 石。60 石交租 2 石，这恰好相当于汉代农业税三十税一的征收率。均田制下还征收户"调"，但汉代"田租"之外还征收算赋、口赋等。相比之下，调的负担远比算赋、口赋轻。再以均田制下的租、调同曹操时租、调相比：曹操时每亩租 4 升，占产量的 4%，均田制的"租"占产量的 1/30，即 3.3%，比前者稍轻一些；曹操时户调绢 2 匹、绵 2 斤，均田制的户调只要绢 1 匹，显然轻得多。如果将均田制的受田地租与曹操屯田的地租相比较，那屯田地租与一般私租率一样为"见税十五"，即 50%，显然比均田地租 3.3% 高出 46.7%。

均田制以赋税的征收率来征收地租，这表明自先秦出现的轻徭薄赋思想，至北魏时期又有新的发展。西汉建立初期，统治者实行轻徭薄赋政策，与民休养生息。到文景之治时，田租即农业税降到三十税一，先秦轻徭薄赋思想在农业税上得到一定体现。但是，汉代算赋、口赋等人头税重，百姓负担仍然不轻。同时，地主私租的征收率达 50%，佃农生活更加贫困。汉代的轻土地税重人头税对拥有大量土地的地主有利，而对无地的佃农没有什么好处。因此，自董仲舒以来，不断有人批评汉代的轻徭薄赋政策实际上对普遍百姓没多大的益处。东汉荀悦更一针见血指出：汉代的轻徭薄赋政策主要是有大量土地的地主得利，对无地少地的农民并无实惠，"上惠不通而威福分于豪强"。

均田制规定奴婢和耕牛受田及缴纳租、调，这是对豪强利益的重要倾斜。因为只有豪强才有可能拥有大量奴婢和耕牛，这使豪强通过奴婢和耕牛从国家那里获得大量耕地；而奴婢的租、调只占良丁的1/4，耕牛的租、调只占良丁的1/10。（耕牛20头输一夫一妇的租调，而耕牛每2头受田同一夫一妇受田，因而耕牛按受田数计算，租、调为一夫一妇的1/10。）由此可见，豪强地主从受田中得到的利益比一般受田户要多得多。

（四）傅玄的赋役要至平、有常、积俭思想

魏末晋初，统治集团骄奢淫逸，国家开支浩大，因此向民众所征赋税相当繁重，而且负担分摊不公平。官僚显贵、豪强大族收入大、人口多却享有免征赋税、免服徭役的特权，而破产贫困的农民为了逃避国家赋役不得不依附于豪强大族之下，从而更加重了其他农民的负担。针对这种现状，傅玄主张应当改革赋税制度，减轻农民徭役负担，使他们能够安居乐业。他明确提出征派赋税徭役要遵守"至平"和"有常"的原则。所谓"至平"，就是"计民丰约而平均之"，也就是说要依据年成丰歉和国家需要合理地在民众中分担赋税和徭役；所谓"有常"，就是"所务公而制有常也"，也就是从封建国家的公共利益出发，征派赋役要有一个明确并且长期稳定的制度安排。他还主张"积俭"，这就是反对统治者奢侈浪费、挥霍无度，而应当节俭且用之有度，从而减少国家财政开支。如果统治者像秦朝那样奢侈无度、大兴土木，就必然会横征暴敛，弄得人民力竭财穷，就必然会导致民众的反抗斗争，国家的安全也就无法维持了。

傅玄提出的征派赋役要至平、有常以及积俭的思想在此之前已有人提出，但他比前人更进一步的是：前人往往只限于提出其中的一个方面，而没有像他那样将这3个方面系统地综合起来加以统筹考虑；前人一般将公平概念和轻徭薄赋结合起来考虑，而他则将公平原则运用到赋役征派中。他继承发展了曹操在征收户调中的"平赀"思想，认为"平均"并不是所有人的平均、同等地来负担赋役，而是指征派赋役应当根据国

家需要、年成丰歉、民众贫富来摊派。"度时宜而立制，量民力以役赋"，"世有事，即役烦而赋重；世无事，即役简而赋轻。役简赋轻，则奉上之礼宜崇，国家之制宜备，此周公所以定六典也；役烦赋重，即上宜损制以恤其下，事宜从省以致其用，此黄帝、夏禹之所以成其功也。后之为政，思黄帝之至平，夏禹之积俭，周制之有常，随时益损而息耗之，庶几虽劳而不怨矣。"①傅玄认为，如果赋役征派能做到至平、有常、积俭，并根据国家需要随时做出适当调整，有时民众虽然负担过重一点，也是不会有怨言的。他的这一主张虽不能从根本上杜绝豪强大族利用特权以逃避赋役的弊端，但多少有助于封建国家合理分摊赋役，减轻下层百姓的沉重负担。

二、钱币管理思想

（一）统一铸币思想

西汉武帝之前，铸币屡经变更，对社会经济中的物价、流通造成严重的消极影响。西汉建立初，汉承秦制，把秦王朝的货币制度继承下来，仍然使用"秦半两"（重半两，合 12 铢）铜钱。吕后二年（前 186）减为 8 铢，文帝五年（前 175）减为 4 铢。民间在自由铸造的情况下，实际减重的程度更为严重。《汉书·食货志》载："汉兴……更令民铸荚钱……而不轨逐利之民畜积余赢以稽市物，痛腾跃，米至石万钱，马至匹百金。"这里虽然有夸大其词的成分，但铸币贬值、物价上涨的情况肯定是存在的。文帝对此采取了 3 条措施：一是对症下药，直接增加钱的重量，在严重减重情况下把半两钱定为 4 铢；二是紧缩通货与减少国家财政开支，严格控制发放经财政渠道回笼到国库里的钱币；三是废除"盗铸钱令"，纵民放铸。武帝在位时，由于抗击匈奴战争，财政匮乏，他采取货币贬值的政策，来敛取民财。元狩四年（前 119），御史大夫张汤"承上

---

① 《全上古三代秦汉三国六朝文》第 2 册，《全晋文》卷 48《平赋役》。

指"，制造白鹿皮币与白金。白鹿皮币"直四十万"，白金币分三品，分别"直三千""直五百""直三百"。并且严禁私人铸钱，只有朝廷拥有铸币权，凡盗铸者一律处死。这次有意识地采取大规模的货币贬值必然引起通货膨胀、物价飞涨，更严重的是因为"币轻多奸，农伤而末众""吏民之坐盗铸金钱死者数十万人"。因此至元鼎二年（前115），这一新的货币政策以失败而告终。

元鼎五年（前112），西汉政府又再一次改革钱币制度："禁郡国无铸钱，专令上林三官铸。钱既多，而令天下非三官钱不得行，诸郡国前所铸钱皆废销之，输其铜三官。"① 这次钱币制度改革，在中国货币史上有重要的历史意义。一是三官所铸钱重五铢，同元狩五年（前118）铸造的一样，但质量更高，轻重适宜。这使盗铸的人除个别"真工大奸"外，都因"计其费不能相当"而很少再盗铸。这就是历史上著名的五铢钱，通行的时间很久，直至唐武德四年（621）才被废止，而所铸新币的大小轻重，仍以五铢为标准。二是禁止郡国和私人铸币，将铸币权发行权收归朝廷，有利于全国钱币的统一标准，便于流通和商品贸易。三是有利于加强中央集权制，维护国家统一。西汉武帝之前，曾允许各诸侯国甚至私人铸钱币。这些有权势的贵族、官僚和财力雄厚的大商人大矿业主聚集大批劳动力，开采矿山，大量铸钱，其势力膨胀到威胁朝廷。如当时拥有50多县封土的吴王刘濞和汉文帝宠臣邓通，是当时最大的铸钱业主。"是时，吴以诸侯即山铸钱，富埒天子，后卒叛逆。邓通，大夫也，以铸钱财过王者。故吴、邓钱布天下。"② 铸钱币权收归朝廷，严禁地方郡国铸钱，禁止地方郡国原来所铸钱币流通，从经济上削弱了地方割据势力的基础。

西汉五铢钱的采用和铸造权收归是有积极意义的，但是，这些措施也遭到贤良文学的反对。他们反对铸币权集中于朝廷，认为"王者外不

---

① 《史记》卷30《平准书》。
② 《汉书》卷24下《食货志下》。

郭海泽以便民用，内不禁刀币以通民施"。他们之所以提出"不障""不禁"的政策，理由在于"往古币众财通而民乐"，不障海泽乃"财通"之道，不禁私铸则开"币众"之门。总而言之，他们主张经济上的"不干预"政策，通过自由经营来繁荣经济，达到财通币众的目的，使民众能享受富裕的生活。这在理论上有一定的道理，但在当时的历史条件下，是根本做不到的，只会导致币制不统一且混乱，大大影响流通与商品贸易，从而阻碍经济的发展。贤良文学把当时币制混乱、奸民作伪等现象错误地归咎于货币的发行，"后世即有龟贝金钱交施之也，币数变而民滋伪"。① 因此，他们不赞成把铸造权归之上林三官的五铢钱，反对货币流通，主张回到远古以物易物的交易状态，"各以其所有易所无，抱布贸丝而已"。② 这显然是开历史的倒车，是行不通的。

（二）王莽币制改革

王莽改制实现六筦，其中最为糟糕的是币制改革。他在几年之内实行了5次货币政策的改变，荒谬错乱，忽而更改货币名称，忽而增削货币价值，忽而加重或减轻盗铸货币的刑法。总之，朝令夕改，互相矛盾，对国计民生造成很大的损害。

王莽在居摄二年（7），进行第一次货币改革。《国语·周语下》载：周景王时，卿士单旗主张：国家发行货币时，"民患轻，则为之作重币以行之，于是有母权子而行，民皆得焉。若不堪重，则多作轻而行之，亦不废重，于是乎有子权母而行，小大利之"。王莽的第一次货币改制，机械地照抄照搬周钱子母相权说，认为钱币必须同时发行几种，有主有辅，因而在原有的五铢钱外，又加铸了3种钱币：即大钱，重十二铢，值五铢钱五十；契刀，值五铢钱五百；错刀，以黄金错其文，值五铢钱五千。这新增加的3种钱币，其币值显然远低于钱的面值。如面值最小的大钱，其实际价值仅十二铢，相当于两个半五铢钱，面值却相当于五十个五铢

---

① 《盐铁论》卷1《错币第四》。
② 《盐铁论》卷1《错币第四》。

钱。错刀虽然制作较精，质量高，但值五千个五铢钱，币值也远远低于面值。而且，王莽又下令，"禁列侯以下不得挟黄金，输御府受值，然卒不与值"。① 王莽通过发行币值远低于面值的大面额虚币，套取民间的五铢钱和黄金，使民众蒙受了巨大的损失。如果王莽这种币值改革成为定制，长期坚持，限制大面额货币发行量，那对民众损害还小些。然而情况恰恰相反，第一次改革还不到两年，王莽又进行第二次改革。

王莽即帝位后，始建国元年（9），即宣布废除错刀、契刀和五铢钱，另造小钱与大钱。其理由是繁体"劉"由卯、金、刀三字组成，使用金错刀和契刀，容易使人联想到刘氏汉朝而不利于王氏新朝。小钱重一铢，值一；大钱重十二铢，但值五十。其用意是以一铢的小钱来换取原来的一个五铢钱，以十二铢的大钱来换取五十个五铢钱。这样，使原来持有五铢钱的民众遭受损失。民众已遭遇第一次改制之害，因此纷纷予以抵制，民间仍然私用五铢钱"讹言大钱当罢，莫肯挟"。对此，王莽采取强制手段，下诏"诸挟五铢钱，言大钱当罢者，比非井田制，投四裔"。② 同时，"禁不得挟铜炭"，防止民间因面值大于币值太多而盗铸大钱。

始建国二年（10），王莽又以"宝货皆重则小用不给，皆轻则儳载烦费，轻重大小各有差品，则用便而民乐"为理由，即如钱币面值太大小额交易就不方便，面值太小大额支付就会很麻烦，因此必须备有各种轻重大小品种不等的货币供大家选择使用，故而进行了第三次货币改革。这次，王莽选用好多种物品来制作钱币，实行史所罕见的"宝货制"，包括五物（金、银、铜、龟、贝五种货币材质），六名（黄金、银货、龟宝、布货、贝货、钱货六种货币种类），货币名称二十八品（黄金一品、银货二品、龟宝四品、布货十品、贝货五品、钱货六品）。王莽第三次改革币制的初衷是改变钱币因面值过大或过小而难以使用的问题，通过设定多种类货币方便民众使用。但是这种繁杂、淆乱的币制，使民众更难

---

① 《汉书》卷99上《王莽传上》。
② 《汉书》卷99中《王莽传中》。

以使用。一般人民被二三十种光怪陆离的货币弄得头昏脑涨，而且对钱布币面文字多不认识，其重量也因大多数只相差一铢而很难辨别，对原始币材的龟贝，则测量更难以有一个明确统一的标准，因此在买卖时常常因换算困难、不好操作而引起纠纷。这种繁杂混乱的币制，实质上仍以铜币为主，而且是以最低单位的"小钱"为主币，其余多是虚币。结果是盗铸劣币越来越多，通货膨胀越来越严重。因此，"百姓愦乱，其货不行，民私以五铢钱市买"。对此，王莽只能通过严刑峻法，强迫民众实行新的币制。他下诏："敢非井田挟五铢钱者为惑众，投诸四裔以御魑魅。"对于盗铸者则采用更严厉的刑法，"一家铸钱，五家坐之，没入为奴婢。吏民出入，持布钱以副符传，不持者，厨传勿舍，关津苛留。公卿皆持以入宫殿门，欲以重而行之"。其结果是市场经济规律因行政权力而被强行改变，社会经济遭到沉重打击，"农商失业，食货俱废，民涕泣于市道。坐卖买田宅奴婢铸钱抵罪者，自公卿大夫至庶人，不可称数"。①

王莽因民众更强烈地抵制第三次货币改革，特别是其企图用无价值的龟甲贝壳换取黄金的措施无法推行，只得被迫作第四次改革，宣布"龟贝布属且寝"，"但行小钱值一，与大钱五十，二品并行"。② 即对民众作出让步，暂停使用龟甲、贝壳、布材质的货币，恢复使用小钱、大钱两种货币。

天凤元年（14），王莽又作第五次币制改革，再次罢大钱、小钱，改用货币、货泉两种：货币重二十五铢，值二十五；货泉重五铢，值一。又规定从前散在民间的十二铢重的大钱与五铢重货泉同值，限用 6 年，6 年后作废。这意味着民间所藏大钱，又大大贬值，不得不以原值的 4 折使用，民众财产又遭到一次重大盘剥。如敢抵制者，则遭严厉处罚。因此，"每一易钱，民用破业，而大陷刑"，③ 造成"富者不得自保，贫者无

---

① 《汉书》卷 24 下《食货志下》。
② 《汉书》卷 24 下《食货志下》。
③ 《汉书》卷 24 下《食货志下》。

以自存"① 的局面。自此,王莽的五次币值改革,最后都以失败而告终。

王莽改革最被否定的是币制改革,把良好流通百余年的五铢钱横加废除,短时间内改革币制5次:朝令夕改,币制繁杂混乱;币值与面值比率不合适,货币贬值,通货膨胀,物价上涨;改换货币中以小易大,用轻换重,丧失信用,使广大民众财产遭受巨大损失,甚至倾家荡产;改制在遭到民众强烈抵制时,以严刑峻法强制推行,最终导致刑不胜刑。

(三)贾谊的"禁铜布"论

如前所述,西汉武帝之前,由于允许地方郡国和私人铸币,从而引起货币不统一,币制屡变,不仅妨碍各地区的经济联系,损害国家统一的经济基础,而且使地方分裂割据势力增强。所以当时大多数人反对让人民自行铸钱,其中最有代表性的是贾谊的"禁铜布"论,即铸币权必须属于国家,国家必须通过控制币材而完全掌握货币铸造权。

贾谊是货币金属主义者。他认为货币的名义价值应与它的实际价值相符合。如果货币的铸造费用低于它的名义价值,铸造者就可以获得相当大的赢利。如果让民间自由铸造,人们为了获得厚利,必然会在铸币时偷工减料。即使国家严刑峻法,也无法禁止这种现象。所以,如果国家让民间自由铸钱,等于利诱百姓犯罪,增加刑狱。他指出:"法使天下公得顾租铸钱,敢杂以铅铁为它巧者,其罪黥。然铸钱之情,非淆杂为巧,则不可得赢;而淆之甚微,为利甚厚……夫事有召祸而法有起奸,今令细民人操造币之势,各隐屏而铸作,因欲禁其厚利微奸,虽黥罪日报,其势不止……夫县(悬)法以诱民,使入陷阱,孰积于此?"②

贾谊主张国家垄断铸钱权,但在具体措施上,却与众不同。首先,贾谊认为由国家统一控制铸钱的铜材料,可以消除"放铸"和"盗铸"等犯罪行为,有利于社会安定。他认为,如单靠国家禁止民间铸钱,钱就会更加贵重,贵重则必然会引起人们为获得巨大利润而盗铸,这就会

---

① 《汉书》卷24下《食货志下》。
② 《贾谊集·谏铸钱疏》。

导致众多百姓犯罪。他指出：“令禁铸钱，则钱必重；重则其利深，盗铸如云而起，弃市之罪又不足以禁矣。”“放铸”和禁铸，都会造成“奸数不胜而法禁数溃”的后果。所以贾谊提出，最有效的禁铸铜钱办法是国家将铜全部控制，使百姓没有铜原料铸钱，这样，各种盗铸的犯罪就会自行消失：“上收铜勿令布，则民不铸钱，黥罪不积。”① 其次，国家统一控制铸钱的铜材料，可以消除因“放铸”“盗铸”引起的币制混乱。贾谊认为，如果由国家统一铸钱，那么铜钱的成色、重量就有统一的标准，这就是标准货币“法钱”。相反，如果由民间铸钱，淆杂为巧，成色、重量各不相同，政府就无法规定统一标准的“法钱”。这必然引起币制的混乱，并出现劣币驱逐良币现象，“奸钱日繁，正钱日亡”。② 进而干扰商品贸易的正常进行：“又民用钱，郡县不同；或用轻钱，百加若干；或用重钱，平称不受。法钱不立，吏急而一之乎，则大为烦苛，而力不能胜；纵而弗呵乎，则市肆异用，钱文大乱。苟非其术，何乡而可哉？”贾谊主张，只有通过国家垄断铸钱权，才能消除这种现象，使“伪钱不蕃，民不相疑”，③ 从而保证商品贸易的正常进行。

最后，国家统一控制铸钱的铜材料，可以消除百姓因采铜铸钱而背本趋末。由于铸钱“为利甚厚”，其结果必然使大量劳动力离开农业生产，去开采铜矿，冶铜铸钱。这势必影响农业生产的发展，减少粮食产量，这与古代中国作为一个农业大国多产粮、广积贮的治国战略是相违背的。“今农事弃捐，而采铜者日蕃，释其耒耨，冶熔炊炭，奸钱日多，五谷不为多。”相反，如果采铜与铸钱都为国家所垄断，就可以使“采铜铸作者反于耕田”，④ 百姓背本趋末的现象就可以得到控制了。

贾谊还认为，国家控制铜材料并垄断铸币权，不仅可以消除私铸所引起的 3 种弊端，而且在政治上、军事上也能获得好处：“以作兵器；以

---

① 《贾谊集·谏铸钱疏》。
② 《新书·铸钱》。
③ 《贾谊集·谏铸钱疏》。
④ 《贾谊集·谏铸钱疏》。

假贵臣，多少有制，用别贵贱。""制吾弃财，以与匈奴逐争其民，则敌必怀。"① 贾谊直观地推论，如将铜全由国家控制，既可用以铸造武器，加强军事力量，又可用铜铸造象征贵族身份、地位、权利的器物并颁发给贵臣，以维护封建等级秩序，还可以用铜铸币，招引匈奴民众归附汉朝，从而瓦解匈奴力量。

如果我们分析贾谊的"禁铜布"论，会发现其思想在不同程度上存在着缺陷。如他所主张的通过国家控制铜材料来垄断铸钱权，在实际上是很难操作的；如铜在民生日用中是一种不可缺少的金属，是很难全部收归国有的；如即使禁止民间占有和使用铜器，也禁止不了不法之徒暗地销熔法钱，搀入铅铁，改铸劣质钱牟利。他设想国家控制铜材料后，将其铸成兵器，以增强军事力量。但是，至西汉时期，铁制武器已经取代铜制武器，铸造铜制武器对增强军事力量已经意义不大了。他主张将铜铸造礼器以别贵族身份等级，这是先秦儒家"明礼"的传统做法，也无甚新意。他主张用铜铸钱来收买匈奴民众，未免把当时复杂的农牧之争、民族矛盾简单化，历史证明这是行不通的。贾谊"禁铜布"思想最值得重视的价值是，他认识到货币是管理国家、调节经济的重要杠杆，如果治国者控制了铜材料和铸钱权，就掌握了控制市场、调节物价的强有力手段，即"铜毕归于上，上挟铜积以御轻重，钱轻则以术敛之，重则以术散之，货物必平"。② 这就是当货币发行过多，物价上涨时，国家就要回笼货币，紧缩通货，以提高货币购买力，从而降低物价。相反，当流通领域货币供应不足，出现钱重物轻的情况时，国家就应当向流通领域投放货币，以提高物价。这就是贾谊所说的"货物必平"，通过国家调节流通领域货币量，轻敛重散，来稳定物价。

贾谊还认为国家通过控制铸钱权，通过掌握在手中的货币，直接从事商品买卖、调剂供求、平抑物价，从而获得商业利润增加财政收入，

---

① 《贾谊集·谏铸钱疏》。
② 《贾谊集·谏铸钱疏》。

打击商人投机倒把活动。国家掌握铜币后，"以临万货，以调盈虚，以收奇羡，则官富实而末民困"。① 如果某种商品在市场多了，国家就可用手中掌握的货币予以收购，减少其供应；如果某种商品市场缺货了，国家可以将以前收购的这种商品出售，从而增加其供给。在这种商品供求调剂中，国家还可以赚取巨额的商业利润，增加财政收入，同时，国家还可以打击不法商人的投机倒把活动，收到抑末之效。

贾谊提出的以货币为手段，"以御轻重""以临万物"，借此来稳定物价，增加财政收入，打击商人、高利贷者势力，其实际上是汉代轻重理论的嚆矢。他把"轻重"概念运用到中央集权的封建国家干预流通过程，控制市场、物价，打击商人活动等方面。贾谊的"禁铜布"论是以控制、抑制私营商业活动为目的，已不是汉初为恢复农业生产、解决经济凋敝问题为目的，而是为了解决当时封建农业与工商业之间的矛盾、朝廷同地方郡国分裂势力的矛盾。因此，其管制的色彩相当浓厚，已大大不同于汉初在黄老无为思想基础上的休养生息政策。

（四）荀悦的货币思想

汉献帝初平元年（190），董卓专权，废除五铢钱，改铸五分小钱（1.2铢），导致"货轻而物贵，谷一斛至数十万，自是后钱货不行"。② 董卓被诛后，如何解决这一严重的货币问题成为一个十分迫切的议题。

荀悦反对当时有人提出废除钱币的主张。他认为钱币在社会经济生活中是不可缺少的，百姓乐于使用，取消钱币的主张是行不通的。"钱实便于事用，民乐行之，禁之难。今开难令以绝便事，禁民所乐，不茂矣。"③

他认为，汉代长期行用五铢钱，说明五铢钱是较为理想的钱币，现在应予以恢复。但是，当时要重新行用五铢钱，有许多具体问题需要解

① 《贾谊集·谏铸钱疏》。
② 《三国志》卷6《魏书·董卓传》。
③ 《申鉴·时事》。

决。对此，荀悦提出了自己的一些看法。

其一，当时有人认为，五铢钱被废止后，一部分在京畿被改铸成小钱，另一部分流散到外地或边疆。如果恢复使用五铢，则京畿无钱而外地有钱，就会出现外地人"以无用之钱，市吾有用之物，是匮近而丰远"，京畿货物外流，就会加剧京畿物资匮乏局面。荀悦则认为这种情况不可能出现。现在京畿紧缺的是粮食，只要禁止京畿粮食外流，其他商品的远近交换，正好是百姓之间的互通有无，有利于民间商品的贸易，而对国家是没有损害的，朝廷可不必担心。"官之所急者谷也。牛马之禁，不得出百里之外。若其他物，彼以其钱取之于左，用之于右，贸迁有无，周而通之，海内一家，何患焉？"

其二，当时有人担心，五铢钱被废以后，民间存留的数量会大大减少，如恢复使用，恐怕不能满足流通上的需要。荀悦认为，董卓滥铸小钱之后，民间深受钱多、通货膨胀之害，现在五铢钱变少，物价下降，通货膨胀之害消退，人民倒觉得日子好过一些。如果将来五铢钱实在不够用的话，国家完全可以添铸五铢钱，以弥补流通上的不足。"钱寡民易矣。若钱既通而不周于用，然后官铸而补之"。[1]

其三，当时有人主张国家把民间收藏的钱币全部收缴上来，之后发行流通使用。荀悦反对这一种做法，认为钱是民众的财产，如果国家强行收缴，只会引起广大民众不满，从而遭到抵制，从而造成社会混乱。这种做法根本行不通。"事枉而难实者，欺慢必众，奸伪必作，争讼必繁，刑杀必深。吁嗟，纷扰之声，章乎天下矣，非所以抚遗民，成缉熙也"。[2] 荀悦还反对国家收钱贮积，认为货币只有使其"通市"，即让其流通，才是合适的办法。至于收缴五铢钱后改铸四铢钱流通，他认为也是行不通的。

五铢钱自西汉汉武帝创用以来，行之三百多年之久，实践证明是轻

---

① 《申鉴·时事》。
② 《申鉴·时事》。

重比较适合的钱币。无论是王莽改制，还是董卓专权，随意废止五铢钱，都给社会经济生活带来严重的影响。荀悦钱币思想的实质，就是坚持使用被历史证明是较好的货币制度，不要以任何主观愿望随意破坏和改变，或盲目去干扰其正常的流通。荀悦这种货币思想，是以五铢钱在汉代平稳流通数百年的实践经验为基础的，符合当时社会经济发展水平的客观要求，因而是正确的、具有积极意义的。曹操为相后，又恢复了五铢钱，可能就是参考采纳了荀悦的钱币思想

（五）东晋、南朝钱币思想

西汉时期贡禹开始提出废钱用谷帛的思想，引发了第一场关于废钱和反废钱的争论。曹魏黄初年间，不仅有人提出废钱的主张，甚至还一度出现过废钱用谷帛的具体实践。东晋、南朝时期，是废钱和反废钱议论最多、持续时间最长的一个时期，出现过各种不同的主张。

1. 废钱论。

南方的废钱论，始于东晋末年。晋安帝元兴元年（402），桓玄领军攻入建康，控制了朝政，"立议欲废钱用谷帛"。[①] 这是东晋在南方建元后，货币数量不敷流通需要引起的执政者的反应。由于这一提议受到孔琳之等大多数朝臣的反对，因此未得到推行。

桓玄废钱用谷帛之议的具体内容，史籍未留下详细材料，现在还无法评论。但是，《宋书》的编撰者沈约（441—513）以"史臣"的名义，在《宋书·孔琳之传》（以下沈约废钱言论均见于此）中对桓玄废钱用谷帛之议作了评论，对废钱用谷帛的理由，大加发挥，成为东晋、南朝最有代表性的废钱论。

沈约的废钱主张是从空间和时间上彻底废除金属货币，即不但要在当时全国范围内完全废止金属货币流通，销毁一切金属货币，而且要在历史上永远废罢金属货币。这就是要"一罢钱货，专用谷帛"，"荡涤圜法，销铸勿遗"，妄想以此"立制垂统，永传于后"。但是，沈约也清楚

---

① 《晋书》卷 26《食货志》。

地意识到这种彻底的废钱政策立即付诸实施，将会遇到极大的困难和阻力，"若事改一朝，废而莫用，交易所寄，旦夕无待……非可卒行"。因此，他主张分两步走：第一步，"削华止伪，还淳反古，抵璧幽峰，捐珠清壑"，即首先改变社会上奢侈浮靡的风气，提倡淳朴简素的生活，这样商业就会萧条，钱币的作用自然就会降低；第二步，彻底销毁金属货币，用谷帛替代货币，作为世世代代永久不得更改之法。

沈约不仅提出彻底废钱币而用谷帛代替钱币的主张，还用理论对自己的这一主张进行论证。其一，他认为这一主张是重本抑末的需要。沈约认为"重农抑末"是封建正统的经济思想，在治国治世中要重视农业，"使缣粟羡溢，同于水火"，就必须厉行抑末政策，"驱一世之民，反耕桑之路"。即国家如实行抑商政策和措施，就可以迫使民众回归农业生产，使粮食丰足。

其二，他认为如果用谷帛代替钱币，就可抑制商业的发展，使民众弃商就农。他指出金属货币的使用促进商品的流通，使经商容易获利，"故穑人去而从商，商子事逸，末业流而浸广"。如果废止了金属货币，专用谷帛代替钱币，就会给商品流通带来巨大的困难，"夫千匹为货，事难于怀璧；万斛为市，未易于越乡"。这样，就会使人们弃商就农，"末技自禁，游食知返"，重农抑末的目的就容易达到了。

其三，他认为商品、货币在经济生活中的作用是弊多利少、过大功小的，因而必须加以限制，使其永远处于较落后、原始的状态。沈约也认识到，商品和货币的流通，古已有之，要倒退回没有商品交换的时代是不可能的。"民生所贵，曰食与货。货以通币，食为民天。"但是，他认为这种食、货皆于民生有益的状况，只限于"醇民未离"的上代，即商品交换初起的较原始时代。这时的商品交换只是"通用济乏"，即"以有易无"，货币虽已存在，但起不了多大作用，"龟贝之益，为功盖轻"。这个时期，交易中已有作为一般等价物的商品，如谷物、纺织品、牲畜、农具、龟、贝等均在一定范围内起一般等价物的作用。后来金属货币出现，促进了商品流通的发展，在沈约看来，这已超过了商品、货币流通

不应超越的界限。他认为，这种"末流浸广"的原因，在于金属货币的出现，"泉货所通，非复始造之意"。所以他主张废钱币而使用谷帛，使商品流通倒退到用其他商品作为一般等价物的时代。

其四，金属货币的流通，使窖藏货币成风，贮藏粮食减少，削弱抗灾能力。沈约认为金属货币不仅便于流通，而且更便于作为财富储藏。人们拥有它，"明珠翠羽，无足而驰；丝罽文犀，飞不待翼"。那些富贵之家，为了"竞收罕至之珍，远蓄未名之货"，就拼命藏钱而不藏粮，结果，"或库盈朽贯，而高廪未充；或家有藏镪，而良畴罕辟"。在遇到严重的天灾人祸时，粮食储备不足，窖藏的货币是不能救饥寒的，"钱虽盈尺，既不疗饥于尧年；贝或如轮，信无救渴于汤世"。

沈约的废钱用谷帛主张，反映了他力图维护封建自然经济、反对商品经济过度发展的思想。这种思想在沈约之前已有之，而他的主张则更为彻底，不仅要求在空间上要遍及全国，而且在时间上要垂之永世。他提出的推行方法比较具体，即主张先改变奢侈风气，减少对商品经济的依赖，然后实行废钱币用谷帛。

历史上一切废钱用谷帛的思想，其本质上都是企图使封建时代已有一定程度发展的商品、货币经济，倒退回金属货币出现之前以其他商品作为一般等价物的时代。在那个时代，商品交换带有狭窄的地区性和非经常性。但是随着经济的发展，商品交换必然范围越来越大、时间上越来越频繁，用其他商品作为一般等价物的商品交易方式就日益无法适应生产与交换发展的需求，从而必然为金属货币所取代。恰恰相反，沈约企图开历史倒车，从使用金属货币时代倒退回以其他商品作为一般等价物的时代，显然会给社会经济的发展造成人为的破坏，肯定是行不通的。

沈约之所以提出废钱币而用谷帛，其目的就是要给商品经济发展制造人为的障碍和困难。他毫无隐瞒地说："千匹为货，事难于怀璧；万斛为市，未易于越乡。"这就是说，用谷帛取代金属货币，正由于其笨重且携带、运输不便，就可以增加地区间的经济交流和行业之间劳动分工的困难和障碍。他幻想通过制造商品经济交流的这些障碍和困难，来推动

农业的发展，使"縑粟羡溢，同于水火"，人们不受饥寒之苦。可是他没有想到，农业生产发展了，剩余增加了，就必然会使一部分剩余农产品变成商品，这是从根本上促进商业的发展。如果人为地针对商品流通设置障碍和困难，使剩余农产品不易流通，其最终受害的是农业本身，即农业也无法得到进一步扩大和发展。比沈约早七八百年的孟子早已认识到："不通功易事，以羡补不足，则农有余粟，女有余布。"① 沈约却想以废钱币的办法限制、阻碍"通工贸事"，这显然是在经济管理思想上对孟子思想的倒退。

沈约曾批评反废钱论的孔琳之"睹其末而不统其本"，意思是孔琳之只看到货币有利于商品流通的一面，却未把它同农业的发展联系起来观察。其实，他自己的废钱币用谷帛思想更是不睹其末，也不知其本。

2. 反废钱论。

孔琳之（369—423），历仕晋、宋，在东晋末曾带头反对桓玄废钱用谷帛的政策。他是东晋至南朝反废钱论的代表人物。沈约的废钱论，就是针对孔琳之的反废钱论而发的。孔琳之反废钱论的理由主要有以下 5 个方面。

其一，钱是"交易之所资"，是至关重要的东西。孔琳之在《反废钱议》中开宗明义就指出，钱是商品交易中不可或缺的，是至关重要的东西。"《洪范》八政，以货次食，岂不以交易之所资，为用之至要者乎？若使不以交易，百姓用力于为钱，则是妨其为生之业，禁之可也。今农自务谷，工自务器，四民各肄其业，何尝致勤于钱？"② 在此，孔琳之不是简单地把儒家经典《洪范》中的八政（包括"货"）作为依据，而是从交易视角来说明《洪范》这种规定的意义，认为钱币作为"交易之资"是"用之至要"，因此只会对民生有益，而不会妨碍四民（士农工商）"为生之业"。

---

① 《孟子·滕文公下》。

② 《宋书》卷56《孔琳之传》，以下所引孔琳之言论，均见于此。

这里孔琳之论证的思路是：先肯定交易是民生所必需的，然后进一步指出有利于交易的东西就不会"妨农""病农"，最后从根本上否定了"重本抑末"的正统经济思想关于"末"只会妨农、病农的观点。他首先强调这一基本观点，说明他并不像沈约所说的那样"睹其末"而不"统其本"，而恰恰相反，他正是从本末关系来"统其本"，从而从根本上否定废钱论的思想。历史上，废钱论者总是以重本抑末论为依据，来为自己的废钱论寻找理论依据，而孔琳之针锋相对，则认为"末"不会妨农、病农，钱币作为"交易之所资"对民生不可或缺，甚至至关重要，对民生有益，故不可废除。

其二，钱币作为"交易之所资"，有 3 点优势是其他商品没有的。孔琳之指出："故圣王制无用之货，以通有用之财，既无毁败之费，又省运置之苦，此钱所以嗣功龟贝，历代不废者也。谷、帛为宝，本充衣、食，今分以为货，则致损甚多。又劳毁于商贩之手，耗弃于割截之用。"在此，孔琳之认为，钱币作为"交易之资"有 3 个方面优于谷帛：其一，货币应是"无用之物"，有用之物应当按它本身的用途来使用，如谷、帛只应用于满足食、衣之需，不应用作货币；其二，钱币是"圣王"制之"以通有用之财"的，它的货币性质是"圣王"，即是国家政权通过权力赋予的；其三，钱币作为金属货币在流通中不易毁坏，体积小又易于运输和储存，而谷帛用作一般等价物，易于损耗，不易分割。

孔琳之对钱币的这 3 个方面认识，其中前两个方面在理论上是错误的，因为金属、货币并不是"无用之物"，并不是本身没有使用价值。如中国古代长期以铜币为主要货币，铜就有很高的使用价值。无论何种材质的货币，在交易中充当一般等价物，也都有使用价值。不言而喻，铜、铁等金属在成为货币后，更有了"通有用之财"，即专用作一般等价物的特殊使用价值。孔琳之以有无使用价值来说明某种东西是否便于用作货币，这是不正确的，也是同问题本身不相干的。还有他提出"圣王制无用之货，以通有用之财"，这是一种名目主义的错误观点。这种观点否定了货币自身有价值乃至有使用价值，片面地把货币看作只是"圣王"赋

予的一个名义价值。这在理论上也是站不住脚的。

孔琳之认为钱币在流通中不易毁损，易于运输、储存。这是钱币在流通中表现出来的妇孺皆知的常识，是任何人都不可否认的。沈约说孔琳之对钱币的认识是"睹其末"，即指他在这一点上的论述是符合商品流通的需要。

其三，粮食作为商品，也需要货币来流通。如果废钱币，粮食的作用也将难以发挥，会受到很大的限制和损害。孔琳之指出："今括囊天下之谷，以周天下之食，或仓庾充衍，或粮靡斗储，以相资通……致之之道，实假于钱。"如果废钱，粮食无法流通，则有余粮的地方无法出售，难免腐蚀毁损；缺粮的地方则不能用钱买到粮食，必然"坐而饥困"。这是对钱必妨农、病农论的有力驳斥。

其四，用钱未必会"贫国"，废钱未必能"富民"。在此之前，有废钱论者主张废钱的理由是：富国在农桑，用钱会使农民弃农就商，因而必使"农桑坐废"，民贫国贫。孔琳之则从当时南方一些地区用钱，而大部分地区实际上是用谷帛交易而不用钱的情况，把两种不同地区加以比较，得出"今用钱之处不为贫，用谷之处不为富"的结论。由于时代的局限性，他只能列举实际现象予以说明百姓贫富与是否用钱无关，而未能从理论上对这种地区差别进行论证。从现代眼光看：当时用钱之处是经济比较发达的地区，自然也是比较富裕的地区；不用钱而用谷帛地区则是经济比较落后的地区，自然也是比较贫困的地区。经济发达地区之所以发达，虽然根本原因不是因为使用钱币，但如果在这些地区废止钱币，肯定会对经济的正常发展造成混乱和破坏。因此，废钱只会使某一地区陷入贫困，而谈不上什么富民、富国。

其五，以曹魏一度废钱的历史，证明废钱是行不通的。废钱论者主张废钱的另一个理由是：使用钱币会使人们因追逐金钱而造成"讹变奸敝"的社会风气，废钱则会使人"还淳反古"。孔琳之用曹魏一度废钱用谷帛的历史事实证明：曹魏用谷帛作为交易的一般等价物，结果"巧伪之民，竞蕴湿谷以要利，制薄绢以充资"。由此可见，在用谷帛作为一般

等价物的交易中出现的诈伪奸弊，不会比用钱币进行交易的情况好多少。

他进一步指出，曹魏黄初年间之所以废钱，是客观环境造成的。由于汉末以来，战乱频繁，商品流通受到严重阻碍，民间交易范围狭窄，数量稀少，因此对货币的需要大大减少，甚至许多地区几乎不使用货币进行交易。面对这种情况，曹魏政权不得不承认这个既成现实，停止使用钱币。如果没有出现这种情况，在货币流通比较正常的情况下，人为地废钱，就会对国家对民众造成很大的损害。"钱之不用，由于兵乱积久，自至于废，有由而然，汉末是也。今既用而废之，则百姓顿亡其财"。

孔琳之还以曹魏废钱用谷帛达 30 年之久后又复用钱币的事实，说明废钱用谷帛的做法是行不通的，今人不能重蹈前人的覆辙。他指出："魏明帝时，钱废谷用三十年矣。以不便于民，乃举朝大议，精力达治之士莫不以宜复用钱……足以明谷帛之弊，着于已试。"根据以上 5 个方面的理由，孔琳之认为，当时广大黎民百姓饱受饥寒困苦，有更根本的政治、经济方面的原因，而不是由于用钱币而造成的。"顷兵革屡兴，荒馑荐及，饥寒未振，实此之由"。当时造成"兵革屡兴"的罪魁祸首，正是桓玄。孔琳之针对桓玄废钱的主张，明确指出当时百姓饥寒困苦的原因是由于战乱与饥荒。因此，"救弊之术，无取于废钱"。

（六）孔觊的铸钱均货思想

孔觊，字思远，南朝宋会稽山阴人。太常孔琳之之孙。孔觊口吃好读书，少年即有名当世。年轻时骨鲠有风力，为人正直，坚持原则，尤不肯趋炎附势。他明晓政事，历任通直郎、太子中舍人、秘书丞、中书侍郎、黄门侍郎、散骑常侍、太子中庶子、翊军校尉、秘书监、廷尉卿、御史中丞等职，因参预孔璪举兵谋反，事败被诛。孔觊居官多年，但不治产业，一贫如洗。

南齐太祖萧道成即位当皇帝后，企图铸钱。建元四年（482），孔觊提出了《铸钱均货议》，主张依照汉法铸造足值的五铢钱，通行全国，同时收回不合此标准的一切官钱，销熔改铸，对一切小钱、轻钱及被割截、凿损过的钱，均严禁通行，以保币值的稳定和商品流通的正常进行。其主要理由有 4 个方面。

其一，钱币的轻重与物价的贵贱是互相影响的，因此必须保持货币和商品的均衡关系。孔颢指出："食货相通，理势自然。"这里"食"不仅指粮食，而且泛指一切同货币交换的商品；"货"则指货币；"相通"不仅指互相交换，而且指在价格上，每一方的变化均会影响双方的比价。由于二者相通，在铸造和发行钱币时，就必须遵守一个根本原则，即保持流通中商品与钱币的均衡关系，不使一方偏高或偏低，要使二者之间比价稳定。他把这个原则称作"钱货均"。①

其二，造成钱货不均的主要原因在于政府为了掠夺百姓而对铸币实行减重或贬值。孔颢指出："铸钱之弊，在轻重屡变，重钱患难用，而难用为累轻；轻钱弊盗铸，而盗铸为祸深。民所盗铸，严法不禁者，由上铸钱惜铜爱工也。惜铜爱工者，谓钱无用之器，以通交易，务欲令轻而数多，使省工而易成，不详虑其为患也。"在此，他认为钱币贬值是由官府引起的。官府自己对钱币贬值，使钱币的名义价值和实际价值出现越来越大的差别，从而由此获利。这必然上行下效，引起民间纷纷私铸，虽严法不能禁，官私所铸贬值钱币越来越多，导致恶性通货膨胀，为祸日烈。

孔颢批判了"谓钱无用之器，以通交易"的货币名目主义，并指出了其是滥铸贬值钱币、实行通货膨胀政策的理论基础。同货币名目主义相反，孔颢显然是货币金属主义者。他认为铸造钱币不应该吝惜铜料和工时，必须铸造足值高质量的钱币。而铸造足值高质量的钱币无利可图，民间盗铸自然就会减少或消失，官法禁断也就随之生效。这样就可以"塞奸巧之路"，做到"钱货既均"了。

其三，必须铸造统一稳定的钱币来消除当时钱币流通中混乱的现象。面对着当时钱币流通中大小、轻重的钱币杂然并行，钱币与商品比价不

---

① 《南齐书》卷 37《刘悛传》，以下所引孔颢言论，均见于此。

均的现象，孔颛建议南齐政府"一依汉法"，大量铸造五铢钱，并用以统一货币流通，"远近若一"，使其成为全国范围内流通的唯一的钱币。他认为：汉代的五铢钱行用时间最长，"自汉铸五铢钱，至宋文帝，历五百余年，制度世有废兴，而不变五铢钱"，这说明它最适合当时商品流通的需要，"明其轻重可法，得货之宜"。所以长期统一使用五铢钱最为合适。

其四，改铸五铢，钱货均，有利于国民经济发展，富国富民。孔颛认为，改铸使用五铢钱后，钱币与商品比价均衡，就有利于社会经济活动的正常运转和社会经济秩序的稳定，如果百姓能够比较顺利地进行各种经济活动，就能够促进生产的增长和经济的繁荣，使百姓安居乐业，社会和谐，丰衣足食。"钱货既均，远近若一，百姓乐业，市道无争，衣食滋殖矣"。而且这可使国库储备充足，继而可增加官吏的俸禄，减轻百姓的赋税，官吏和百姓都富起来，家给人足了。"府库已实，国用有储，乃量俸禄，薄赋税，则家给民足"。

两晋南北朝时期，封建政权割据，社会动荡，货币制度混乱，矛盾重重，货币改革主张众说纷纭，而且多有主观、偏颇之见，但是孔颛的《铸钱均货议》表现了较为客观、理性的探讨问题的态度和方法。他把铸造发行钱币问题与商品流通、经济发展等联系起来，从"钱货均""食货通"的角度提出铸造、发行统一、稳定的五铢钱的主张，其中许多观点在分析的深度和分析的逻辑上，都是东晋、南朝其他谈论货币问题的人所不及的。

孔颛的《铸钱均货议》中的货币思想，在偏安江左而且统治时期短暂的南齐政权下，是不可能实现的。但他的立论有据有理，平实可行。他反对货币贬值和通货膨胀，并且正确地把这种灾祸的根源归之于封建政权自身。他还明确地把货币名目主义指为货币贬值的理论基础，从而对封建政权货币贬值政策的批判具有了一定的理论性。他的货币思想在当时即为人们所称道，《南齐书》称其"辞证甚博"，并非溢美之词也。但是，他把封建统治者实行铸币贬值说成是由于受货币名目主义影响而对后果考虑不周，是"不详虑其为患"，没能从封建统治者搜刮民财的需要

来揭露铸币贬值和通货膨胀的本质，这则是其立论的一个重大弱点。

（七）国家监管下的"听民铸钱"思想

自秦始皇统一六国后，封建政权把国家垄断货币铸造权看作是维护统一和中央集权的一个重要措施，各封建王朝多严禁民间私铸。汉文帝时曾实行放铸，即放任私人铸钱。结果，货币流通紊乱，阻碍了各地区之间的商品贸易。地方诸侯刘濞和宠臣邓通等利用特权，垄断铜山，大量铸钱，加强了地方分裂势力和豪强大户的权势。以后七国吴楚之乱证明了放铸助长了地方割据势力，严重威胁到朝廷的统治。贾谊曾痛论放铸之弊，要求重新由国家垄断货币铸造权。后来，汉朝廷终于取消了放铸。禁令颁布后，虽然私铸时或发生，但均被称作"盗铸"，受到国法严禁。

晋代官方久不铸钱，晋、宋之时，商品贸易中出现钱币不够使用的现象。于是，要求铸钱的种种议论出现，其中有人提出为了增加流通的钱币，应当允许百姓铸造钱币，但是这种民间私铸，必须在国家的监管之下进行。刘宋朝廷中官高爵显的始兴郡公沈庆之主张："宜听民铸钱，郡县开置钱署，乐铸之家，皆居署内，平其杂式，去其杂伪……万税三千，严检盗铸，并禁剪凿。数年之间，公私丰赡。铜尽事息，奸伪自止。"[①] 这里，沈庆之所说的"听民铸钱"，不是汉文帝时曾经实行的那种对民间私铸钱币完全放任不管的"放铸"，而是允许私人自出资金和材料、劳动力，集中到各地方政府所办的铸钱机构"钱署"中，按照政府统一要求的铸钱规格进行铸造，并且向官府缴纳30％的铸造税。

本来，维护币制的统一，关键并不在于钱币是否全由官铸，而在于必须明确具体地规定钱币的成色、重量、形制，并且通过有效的监管保证这些规定能够严格地得到执行。汉文帝放铸所引起的问题，主要是朝廷对铸币规格、要求既无严格规定，对私铸又无有效的监管。沈庆之的"听民铸钱"的主张，既有"平其杂式，去其杂伪"的统一铸币规格的要

---

① 《宋书》卷75《颜竣传》，下引沈庆之言论均见于此。

求，又限定民间愿铸钱者必须集中在"钱署"，以便统一进行监督、管理。这是可以克服汉文帝时期那种放任铸币的弊端。但是，沈庆之主张对私人铸币征收 30％的税收，高额的税收使这一方案很难得到实施。国家征税 30％，那只有在私人铸币的赢利率高于 30％的情况下才有可能。但是，如果铸的是足值的钱币而不是名义价值远超实际价值的贬值货币，就决不可能有这么高的赢利率。其结果是国家为了获得铸币税的收入，必然公然允许私人在国家的"钱署"里铸造不足值的钱币。这样，民间私铸就无法制止。因为，不来"钱署"而在私下进行铸币，就可免交30％的税收。厚利所在，严禁也是无济于事的。如果国家限定在"钱署"铸币者必须铸造足值的钱币，来"钱署"铸币者无利可图，甚至会蒙受巨大的亏损，势必无人肯来铸钱。

沈庆之的建议是在刘宋孝建三年（456）提出来的。此后六十余年，北朝的杨侃、高恭之等人也提出"听民与官并铸"的建议。杨侃认为："听民与官并铸五铢钱，使人乐为而俗弊得改"。高恭之则更具体地提出了施行的措施：铜 1 斤只铸 76 枚，每枚约重 5 铢，改变当时"徒有五铢之文，而无二铢之实"的薄钱政策。高恭之揭露铸造薄钱的弊端是："自顷以来，私铸薄滥……在市铜价八十一文，得铜一斤。私造薄钱，斤逾二百，既示之以深利，又随之以重刑。罹罪者虽多，奸铸者弥众……此乃因循有渐，科防不切。"当时的魏孝庄帝（528—530）采纳了杨侃、高恭之的主张，改铸较重的五铢钱，而且"官自立炉，亦听人就铸"。[①] 北魏的"听民自铸"同南朝的沈庆之的主张有所不同，它是由官府设炉铸钱，但官铸之外，也允许私人持自有的币材请官炉代铸。官炉只收取一定的铸造费，而不像南朝那样征收 30％的高额铸造税。这样，既可保证公私铸币有严格的统一规格，避免因完全放任私铸而引起币制混乱，又不至于因使私人无利可图而不来铸钱。正因为这种措施比较合理，所以曾一度得到实施。

---

① 《通典》卷 9《钱币下》。

第七节　盐铁酒专卖和均输思想

一、汉武帝时期盐铁酒专卖和均输平准思想

汉武帝时由于对外连年大规模用兵，对内大兴功作，加上豪华奢侈的享受挥霍，国家开支越来越大，财政陷入困境。在此历史背景下，汉武帝重用桑弘羊等大臣，厉行盐铁官营、酒专卖，统一货币，平准均输，算缗告缗等一系列政策，强化了经济上的集中统制，试图解决国家财政上的困难。

（一）盐铁官营、酒榷思想

春秋时期，管仲相齐国，就提出"官山海"政策，对盐铁进行专卖。但是，据史籍记载，春秋战国时期，盐铁基本上还是私营，许多商人因经营盐铁而致富。直至西汉武帝执政前期，盐铁仍然民营。西汉初年著名的富商大贾如蜀卓氏、宛孔氏、鲁曹邴与齐刁间等，都是因为"管山海"之利而发展起来的豪强大家。他们依靠渔盐铁冶，无不富至巨万，致生累千金。武帝时期，随着国家因数次对匈奴用兵而造成的财政困难，武帝任命大农丞孔仅、东郭咸阳管理盐铁事业。元狩四年（前119），大农上盐铁丞孔仅、咸阳言："山海，天地之藏也，皆宜属少府，陛下不私，以属大农佐赋。愿募民自给费，因官器作煮盐，官与牢盆，浮食奇民欲擅管山海之货，以致富羡，役利细民，其沮事之议，不可胜听。敢私铸铁器煮盐者，钛左趾，没入其器物。郡不出铁者，置小铁官，便属在所县。"①

---

① 《史记》卷30《平准书》。

武帝批准了这个建议，派孔仅和东郭咸阳到各地推行这一政策。从上引记载来看，当时盐铁官营的做法并不一样。盐的生产是由私人出资经营的，政府仅向生产者提供生产工具"牢盆"，其他一切生产费用全由自己筹集，产品经政府收购后统一销售。私自制盐要受到法律的惩处。这样的官营基本上属于专卖性质，因为政府只在流通领域加以垄断，唯一与专卖不同的是煮盐的重要生产工具牢盆必须由国家提供。如牢盆不直接来自国家，那所制之盐就成违法的私盐。这样安排盐的生产可以减少国家的经费开支，并有利于发挥生产者的积极性。

与盐的生产不同，铁从生产到销售的各个环节都由政府经营。《盐铁论·水旱》载："今县官铸农器，使民务本，不营于末，则无饥寒之累。"同书《复古篇》也载："卒徒衣食县官，作铸铁器，给用甚众，无妨于民。"《汉书·贡禹传》也提道："今汉家铸钱，及诸铁官皆置吏卒徒，攻山取铜铁，一岁功十万人以上。"西汉时期，铁已完全取代青铜成为治铸生产工具和生活用品的重要原料，用途广，需求量大，因此成为获利巨大的行业。铁又是铸造兵器的重要原料。所以国家必须垄断铁的生产和销售，从而获取高额的垄断利润，来解决当时的财政困难，并保证供给反击匈奴所必需的装备。当时参加盐铁生产的主要有两种人：一种是"卒"，就是"更卒"；另一种是"徒"，是被征发的农民。元封元年（前110），桑弘羊任治粟都尉，兼领大农，总管财政经济工作，着手整顿和发展盐铁官营。他在全国设置大农部丞数十人分区主管各郡国的盐铁外，又在全国设盐官三十六，分布二十八郡；铁官四十九，分布四十郡，盐铁官营的规模则更大了。

关于盐铁官营的利弊得失，当时朝野就有不同的看法。其中集中表现在昭帝始元六年（前81）召开的盐铁会议上。以御史大夫桑弘羊为首的朝臣主张盐铁官营和贤良、文学主张盐铁私营。桑弘羊认为盐铁官营有六大好处："令意总一盐铁，非独为利入也，将以建本抑末，离朋党，

禁淫侈，绝并兼之路也。"① 这就是说盐铁官营能增加国家财政收入、促进农业生产、限制商业资本和高利贷活动、防止"聚众为奸"、禁止奢侈浪费、杜绝土地兼并等。这六大好处，桑弘羊是站在政府的立场上来分析的。如果站在百姓的立场，桑弘羊认为也是有好处的：国家盐铁官营，财政收入增加，就可以不增加百姓的负担，并可以帮助解决百姓的不时之需，解决军费问题，增加国库贮备，既有利于国家，又不损害民众。"故利用不竭而民不知，地尽西河而民不苦。盐铁之利，所以佐百姓之急，足军旅之费，务蓄积以备乏绝，所给甚众，有益于国，无害于人。"②

武帝天汉三年（前98），"少府丞令请建酒榷，以赡边，给战士"。③经桑弘羊报请武帝批准实行。文学贤良说："大夫君以心计策国用，构诸侯，参以酒榷。"④从史籍简单记载可知，当时实行酒专卖，主要原因是酒是用粮食酿造的，在粮食不十分富裕的情况下，为了保证边疆军粮民食供给，防止过多的粮食消耗于制酒，政府对酿酒业进行垄断，禁止民间百姓私自酿酒。在实施榷酒政策中，桑弘羊也是起了决定的作用。

桑弘羊之所以要实行酒榷，主要目的除了节约粮食、保证军需供给外，当然也有增加财政收入的目的。所谓"酒榷"，就是由国家垄断酒的经营，禁止民间私营。至于具体如何垄断经营，是否对酒的生产与流通两个领域都进行官府垄断，目前由于史料缺乏，还难以判断。从《汉书·武帝纪》韦昭把"榷"解释为"如道路设木为榷，独取利也"这句话推测，西汉政府对酒的垄断很可能是包括酿造和销售两个方面。

汉武帝时期的"酒榷"制度，由于民间的反对，在实行了18年之后，在汉武帝始元六年（前81）宣布废除，改为征税。

对于盐铁官营，在盐铁会议上，贤良文学持反对意见，主张私营。他们尤其认为，铁的官营有诸多弊端："今县官作铁器，多苦恶，用费不

---

① 《盐铁论·复古》。
② 《盐铁论·非鞅》。
③ 《盐铁论·忧边》。
④ 《盐铁论·轻重》。

省，卒徒烦而力作不尽……今总其原，壹其贾，器多坚硿，善恶无所择。吏数不在，器难得。家人不能多储，多储则镇生。弃膏腴之日，远市田器，则后良时。盐铁贾贵，百姓不便。贫民或木耕手耨，土耰淡食。铁官卖器不售，或颇赋与民。卒徒作不中呈，时命助之。发征无限，更徭以均剧，故百姓疾苦之。""县官鼓铸铁器，大抵多为大器，务应员程，不给民用。民用钝弊，割草不痛"。[1]

　　贤良文学所言，虽有夸大之嫌，但其反映的情况基本符合当时的事实，且与当代管理学理论是相吻合的。盐铁官营，必然要强征卒（更卒）、徒（一说是奴隶，另一说是农民），由于带有强制性，必定导致百姓生产积极性不高，甚至怠工、反抗。一方面，会增加管理成本，"用费不省"，"盐铁贾贵"，即售价高；另一方面，卒徒生产积极性不高，甚至怠工反抗，其生产的产品质量肯定低劣，即铁器"多苦恶"，或不实用，"作不中呈"。这种价格高、质量差、不实用的产品肯定销路差，卖不出去，"铁官卖器不售"。其结果是老百姓受苦遭罪。一种情况是官营盐铁产品卖不出去，就利用行政权力，强买强卖，"卖器不售，颇赋与民"，"强令民卖买之"。或者官营不根据民众需求而生产，有些民众需要的产品又买不到，"吏数不在，器难得"，或没有选择的余地，"壹其贾，器多坚硿，善恶无所择"。另一种情况是老百姓只能放弃使用铁器耕作，不吃食盐，即"贫民或木耕手耨，土耰淡食"。除此之外，官营盐铁要征发大量的"更卒"、农民，从而加重了农民的徭役负担，剥夺了农民的农业生产时间，给民众带来巨大的苦难，即"百姓不便"，"百姓疾苦之"。盐铁会议中贤良文学所揭露的这些盐铁官营弊端和给广大百姓所带来的苦难，也可从史料记载中得到佐证："见郡国多不便县官作盐铁，铁器苦恶，贾贵，或强令民卖买之。"[2]

　　西汉时期，盐铁官营政策几乎为武帝之后历朝皇帝所采用。汉元帝

---

① 《盐铁论·水旱》。

② 《史记》卷 30《平准书》。

初元二年（前47），"在位诸儒多言盐铁官及北假田官、常平仓可罢，毋与民争利。上从其议，皆罢之"。由于国家用度不足，统治者虽明知盐铁官营所带来的弊端，但不得不采取官营，以巨额的垄断利润来解决财政赤字。因此，汉元帝只取消盐铁官营3年，就又"独复盐铁官"。①

贤良文学还从社会财富分配的角度来分析盐铁官营其实是政府利用行政权力来"与民争利"。他们认为："利不从天来，不从地出，一取之民间，谓之百倍，此计之失者也。无异于愚人反裘而负薪，爱其毛，不知其皮尽也。夫李梅实多者，来年为之衰。新谷熟，而旧谷为之亏……故利于彼者，必耗于此，犹阴阳之不并曜，昼夜之有长短也。"② 贤良文学指出，在一个特定时期社会财富总和不变的情况下，如果政府过度地与民争利，则是一种竭泽而渔的行为，将不可避免地破坏民众的再生产能力，其结果是造成恶性循环，最终使国家进一步失去财源，陷入更大的财政危机。理性的做法是政府不应过度与民争利，而应放水养鱼，使社会生产得到发展，培植财源，形成良性循环，增加财政收入。

虽然西汉政府通过实行盐铁官营来重新分配财富，其主要针对的对象是"管山海之利的豪强大家"，而不是"背本趋末"的农民，对抑制社会贫富分化有一定作用，但也不可避免地阻碍了私营工商业的发展，对社会经济的进步是不利的，对历史的消极作用是深远的。

贤良文学在盐铁会议上指责政府执行酒榷、盐铁官营等经济政策使"国家衰耗，城郭空虚"，③ 这种见解还是比较中肯的。这就是官营"总其原，壹其贾，器多坚砧"，"县官鼓铸铁器，大抵多为大器，务应员程，不给民用"，④ 失去了私营经济竞争的优势，使官营产品质量差且不实用，最终导致社会经济的衰退。

汉武帝时期的禁榷制度即盐铁酒类官营的确立和实施，从当时的社

---

① 《汉书》卷24上《食货志上》。
② 《盐铁论·非鞅》。
③ 《盐铁论·轻重》。
④ 《盐铁论·水旱》。

会经济、军事、政治形势来说，是有一定的必然性和现实性的。盐铁酒官营在解决国家财政困难、抗击匈奴入侵方面提供了财力上的支持，同时对抑制富商大贾势力的膨胀和高利贷活动也发挥了一定的作用。这在一定程度上对维护国家统一、巩固中央集权制也是有益的。但是，盐铁酒的官营，只能作为解决一时国家财政困难、抑制富商大贾势力和高利贷活动的权宜措施，而不应当作为一项长期的国策。作为权宜之计，能够达到"民不益赋而天下用饶"，历史证明当时这一措施取得了较好的成效；但是一旦作为一项长期的国策，这难免把本来可望蓬勃发展的私营工商业因官商的抑制排除而受到严重的摧残。这无疑对商品经济的发展是很不利的。而且历史证明，官府的官营禁榷制度，既能为国家开辟一个充裕的财政收入来源，又能抑制私人工商业活动，贯彻传统的重农抑商的国策，因此为后世历代王朝所奉行；然而官营禁榷制度还会不断扩大禁榷范围，只要有新的能够大量生产和销售的商品出现，就立即被政府垄断，以独占巨额的禁榷利润。总之，禁榷制度在中国古代的延续和发展，对私营工商业、商品经济的发展，无疑产生了深远巨大的消极影响。

此外，汉武帝在实行盐铁官营时没有对生产商和运输销售商予以分别对待，以至于在打击抑制富商大贾、高利贷者的同时也打击抑制了盐铁手工业、矿业作坊主，对封建手工业的发展产生了不利的影响。而且手工业是从事物质资料生产的，与商业、高利贷者有着本质上的不同，并且盐铁这类大手工业、矿业，可以吸纳大量的商业资本，如一并与商业、高利贷受到打击抑制，就迫使这些资本转移到农村购买土地，加剧了土地兼并的趋势，使农村贫富分化越来越严重，大量自耕农破产，封建自给自足自然经济遭到破坏。

（二）均输平准思想

武帝元鼎二年（前115），桑弘羊任大农丞，在一些地方试行均输法，

"稍稍置均输以通货物"。① 元封元年（前110），桑弘羊以治粟都尉领大农后，在试行取得经验和成效的基础上，把均输法推向全国。他在全国各地设立均输官，由中央大农部丞统一领导，负责推行均输法。史载："往者，郡国诸侯各以其方物贡输，往来烦杂，物多苦恶，或不偿其费。故郡国置输官以相给运，而便远方之贡，故曰均输。"② 当时各郡国诸侯都必须把本地的土特产品作为贡物输送朝廷，这不仅要征用大量农民从事劳役，妨碍农业生产，增加百姓徭役负担，而且稍远郡国交通不便，转运困难，贡品在长途运输中易损坏或变质，或运到京师按市场价出售，其售价还不足偿付车船运费。

桑弘羊的均输法就是为了节省原先实物贡赋中的运输费，将各郡国应交的贡品，除特优者仍应直接运送京师外，一般贡品则按当地市场价格，折合成当地丰饶而价廉的土特产品，交给均输官，由他负责运到其他价高地区销售。这个办法既可免除各郡国输送贡物入京的繁难，减轻农民的劳役负担，又可避免贡物在运输途中损坏或变质，并增加巨额的财政收入。同时，使一些原先靠从事地区贩运贸易的商人的商业贩运受到挤压。以后随着封建社会内部商品经济的发展，要求自由经营的思想日益抬头，加上官商乘机贪污勒索，致为人所非议，均输法被遗弃。

桑弘羊在推广均输法的同时，"置平准于京师，都受天下委输。召工官治车诸器，皆仰给大农。大农之诸官尽笼天下之货物，贵即卖之，贱则买之。如此，富商大贾无所牟大利，则反本，而万物不得腾踊。故抑天下物，名曰平准。"③ 桑弘羊在《盐铁论·本议》中也对平准做了类似的说明："开委府于京师，以笼货物。贱即买，贵则卖。是以县官不失实，商贾无所贸利，故曰平准。"显而易见，平准就是由政府在京师设立平准机构，各地运来的贡物，以及由均输官收购的运来京师的商品、工

———————————

① 《史记》卷30《平准书》。

② 《盐铁论·本议》。

③ 《史记》卷30《平准书》。

官制造的器物和财政主管部门所掌握的货物都储存在这里。平准官根据市场情况,可以在物价上涨时大量抛售商品,物价下跌时则予以收购。平准的首要目的是运用市场规律来稳定物价,在一定范围内限制商人投机倒把、牟取暴利。另外一个目的不可否认,政府也通过平准,牟取商业利润,增加财政收入。因此从性质上看,可以说是封建政府所从事的一种"公开市场活动"。

从某种意义上说,均输和平准是相互联系、相辅相成的两种性能相似的经济制度。均输是调节地区与地区之间的商品流通与供给,平准调节的是一个地区内的商品供求关系及价格。均输是将一个地区多余的物资收购再转运到另一个地区出售,这种活动本身对两个地区都具有平准的作用。一个地区开展平准活动,也要依靠均输官从另一个地区运来货物进行销售。因此,均输和平准两者是相辅而行、相得益彰的,两者的官员往往统一由均输官兼任。总的来说,均输是获得巨额利润的主要途径,而且稳定京师物价的任务,也必须依靠均输从外地运输大量货物到京师来实现,而平准主要在于稳定物价,营利并不是它的直接目的。

在盐铁会议上,文学贤良对均输平准也提出了自己的反对意见:"古者之赋税于民也,因其所工,不求所拙。农人纳其获,女工效其功。今释其所有,责其所无。百姓贱卖货物,以便上求。间者,郡国或令民作布絮,吏恣留难,与之为市。吏之所入,非独齐、阿之缣,蜀、汉之布也,亦民间之所为耳。行奸卖平,农民重苦,女工再税,未见输之均也。县官猥发,阖门擅市,则万物并收。万物并收,则物腾跃。腾跃则商贾牟利。自市,则吏容奸,豪吏富商积货储物以待其急。轻贾奸吏收贱以取贵,未见准之平也。"① 文学贤良所说的均输弊端,应该是符合事实的。均输把原来各地以赋税形式交给政府的贡物,改为非当地农民生产的土特产,即所谓"释其所有,责其所无"。农民和手工业者只好被迫贱卖自己的产品再高价购买政府所要求缴纳的土特产,这就是"百姓贱卖货物

---

① 《盐铁论·本议》。

以便上求"。其次，均输官在产品验收上的苛求和一些官吏的贪污勒索，也使百姓蒙受额外的巨大经济损失，遭遇种种疾苦。但是，如与直接均输贡物相比，后者可能遭受的损失和疾苦理应更加巨大、沉重。因为直接均输贡物，百姓同样也会遭受到"吏恣留难，与之为市"，或者"行奸卖平"等官吏刁难农民、卖货欺诈等问题，还会加上直接均输贡物长途运送所需要的巨额费用和沉重的劳役负担。

文学贤良对平准政策也提出批评："县官猥发，阖门擅市，万物并收"。这种官商垄断市场的情况固然存在，但与实行平准之前，豪民富商"积货储物"，"收贱取贵"，待机牟利，纵非过之，亦无不及。

桑弘羊自己对均输、平准实施后的成效颇为满意，称"平准则民不失职，均输则民齐劳逸"。平准、均输"平万物而便百姓"，"往者财用不足，战士或不得禄，而山东被灾，齐赵大饥，赖均输之畜，仓廪之积，战士以奉，饥民以赈"。[①]《史记》和《汉书》都证实，由于实行了均输平准，"天子北至朔方，东到太山，巡海上，并北边以归。所过赏赐，用帛百余万匹，钱金以巨万计，皆取足大农"。[②] 总之，均输、平准确实增加了巨额的财政收入，基本上解决了边疆军队供给，山东、齐赵赈灾以及皇帝巡视、赏赐等一系列财政支出。

（三）算缗、告缗思想

西汉时期，政府不仅通过超经济手段，采取盐铁酒禁榷制度来挤压工商业主，独占垄断利润，还通过赤裸裸的算缗、告缗来剥夺工商业主的财产。所谓算缗：就是从事商业的（包括囤积商品暂不出售的在内）应按营业额（囤积商品按商品价额，从事高利贷的按贷款额），每二缗（2000 钱）纳税一算（120 钱）；从事手工业生产的按出售产品的价额，每四缗纳税一算；车船要征通过税，车一辆一般人纳税一算，商人加倍；船身长五丈以上的纳税一算。凡是经营工商业、高利贷的，不论有无市

---

① 《盐铁论·本议》《盐铁论·力耕》。
② 《史记》卷 30《平准书》。

籍（商人户口），都要根据业务经营额数和车船数量等计算纳税。纳税数额由本人自己计算申报，如隐瞒不报或自报不实的，一经发现就没收其财产，并发往边疆服役一年，举报揭发者，政府则将被举报揭发人的财产一半奖励给他们。

对商人征收重税，秦国商鞅变法已实行过。汉高祖在西汉建立之初，也对商人实行重税以抑商。汉武帝不仅对商人实行重税，还通过重赏鼓励人告发商人偷税漏税。元鼎二年（前115），桑弘羊任大司农中丞后，发动了一次大规模的告缗运动。"杨可告缗遍天下，中家以上大抵皆遇告"。[1] 政府派遣许多官吏到各地办理告缗案件，没收工商业主的财产和奴婢，被没收的"财物以亿计，奴婢以千万数，田大县数百顷，小县百余顷，宅亦如之"。经过这次告缗，中等以上工商业主大多破产。虽然告缗打击了一部分不法工商业主和高利贷主，增加了财政收入，"用益饶矣"。[2] 但是，一大部分遵纪守法的工商业主被卷入告缗运动中，甚至被弄得家破人亡。西汉工商业遭到严重的破坏。

二、王莽"六筦"及其中的"五均"思想

王莽改制中推行的"六筦"法，就是国家对六种经济活动进行垄断，具体来说，即官营盐、铁、酒，官铸铜钱，国家管理名山大泽，政府办理五均赊贷。王莽在陆续实施的"六筦"法中，较早推行的是五均赊贷。西汉末年，随着商业资本的日益发展，物价逐渐上涨，人民生活也越来越贫困。王莽即位后，针对这种情况，于始建国二年（10），根据刘歆所说"周有泉府之官，收不雠（售），与欲得"，下诏开设五均赊贷："夫《周礼》有赊贷，《乐语》有五均，传记各有斡焉。今开赊贷，张五均，

————————

① 《史记》卷30《平准书》。

② 《史记》卷30《平准书》。

设诸幹者,所以齐众庶,抑并兼也。"① 其中所谓五均就是政府在首都长安及其他五都设五均官,管制工商业经营,控制物价;赊贷则是政府办理贷款。其中关于控制物价的措施,汉武帝时就开始实行平准政策。"武帝时……大农之诸官尽笼天下之货物,贵即卖之,贱则买之,如此富商大贾无所牟大利,则反本,而万物不得腾踊,故抑天下物,名曰平准"。王莽的五均赊贷对汉武帝时的平准又有所发展,"于长安及五都立五均官,更名长安东西市令及洛阳、邯郸、临菑、宛、成都市长皆为五均司市师……皆置交易丞五人,钱府丞一人"。②

交易丞的职责是控制物价,使之不至于过高过低。这种平价以 3 个月为一周期,因为市场物价会不断波动,因此 3 个月评定一次。这样比较合理,如太长时间评定一次,所评定的物价可能会跟不上市场物价的波动;太短时间评定一次,会增加评定物价的工作量,也不利于物价的稳定。每季的第二月,政府评定本地市场各种货物的标准价格,按质量的高低分为上中下三等,称为"市平"。当市场上五谷、布帛、丝绵等生活必需品供过于求,价格偏低时,政府即按"本价"收买,使卖方不至于亏损。相反,如市场供不应求,价格超过"市平"时,政府就将储存的这种货物按市平出售。如物价比市平低,则听任买卖双方自由交易。由此可见,王莽五均政策主要目的是运用市场规律,稳定物价,保护广大消费者利益,打击少数囤积居奇、垄断物价的投机商人。

钱府丞的职责是征收工商业税和赊贷。工商业税主要征收 3 种。其一是民间开采金银铜锡及采集龟贝,应将采集所得,如实向司市钱府申报,由司市钱府"顺时气而取之",即按时间与节气定期收购,归国家直接掌握,并按所得征税。其二是凡在山林水泽捕捉鸟兽鱼鳖等物及饲养家畜,妇女养蚕、纺织、补缝,工匠医巫卜祝及其他技艺,以及商贾摆摊、开店或在客舍营业,都必须向钱府申报纳税。扣除本钱支出后,按

---

① 《汉书》卷 24 下《食货志下》。
② 《汉书》卷 24 下《食货志下》。

所得利润缴纳 1/10 的税金。如果申报不实，偷税漏税，则"尽没入所采取"，并罚做苦工 1 年。其三是凡田荒不耕，出 3 个人的税；城里住宅不种树木或菜蔬，出 3 个人的布；游荡不生产的人，出布 1 匹，不能出布的，罚作苦工。这种税收是政府以税收为杠杆，督促民众积极参加农业生产。

赊贷分为两种。其一是不收利息的"赊"，即非生产性的消费借款，往往带有赈济性质。如贫民遇到祭祀丧葬等事，无钱操办，可向政府赊钱借贷，不必付利息。这种不付息的赊在短时间里就要还钱。政府规定还祭祀钱不得过 10 日，还丧葬钱不得过 3 个月。其二是要收利息的"赊"，即生产性贷款。如贫民想经营某种生产，缺乏资金，可向政府贷款。政府规定，这种生产性贷款，钱府按年计算取息，除去经营者的衣食费用，不得超过纯利的 1/10。从王莽征收工商业税和赊贷的规定看，其目的显然是为了抑制富商大贾，打击高利贷商人，督促民众积极参加农业生产，赈济贫民，增加国家财政收入。王莽在诏令中指出，"《乐语》有五均"说："天子取诸侯之土以立五均，则市无二贾，四民常均，强者不得困弱，富者不得要贫，则公家有余，恩及小民矣。"[1] 他希望通过严格执行五均赊贷，能对"齐众庶，抑兼并"起应有的作用，俾有利于小民。

王莽在推行五均赊贷后不久，即将盐铁官营、名山大泽由国家管制作为六筦的两项内容提出。其理论根源出于《管子》中的"官山海"。西汉武帝前，盐铁经营大部分操诸少数富豪权贵之家。武帝时，鉴于盐铁赢利巨大，始将盐铁收归官营，以解决当时国家财政困难。元帝时，曾因灾异诏罢盐铁官，但因国用不足，仅 3 年后又予以恢复。王莽执政，仍沿旧制，在诏令中仍将盐铁官营作为六筦之一。名山大泽由国家管制，政府向采捕者征税，源于商鞅的租税观点。西汉武帝也实行这一制度。如前所述，王莽改制继承这种税制。他将征课分为两类：一种是政府收

---

① 《汉书》卷 24 下《食货志下》《乐语》有五均注。

购生产者所有产品，生产者再按规定向政府纳税；另一种是生产者自行出售自己的产品，再按纯利交 1/10 的税收。这种税收，已相当于后世的所得税。这一政策的根据是山林水泽都属国家所有，必须由政府控制，但为了鼓励生产和开辟财源，可以让民间采捕，按法律规定缴纳税收，如"敢不自占，自占不以实者，尽没入所采取，而作县官一岁（即为县官府服劳役一年）"。①

酒专卖是六筦中最后实行的一筦。汉武帝时，国家已经实行酒专卖，称为"榷酤"。昭帝时期，盐铁会议后，朝廷废除榷酤，允许民间酿酒出售，政府征收酒税。王莽改制，接受羲和鲁匡的建议，恢复酒专卖，并列入六筦。鲁匡认为："名山大泽，盐铁钱布帛，五均赊贷，斡在县官，唯酒酤独未斡。酒者，天之美禄，帝王所以颐养天下，享祀祈福，扶衰养疾。百礼之会，非酒不行……今绝天下之酒，则无以行礼相养；放而亡（无）限，则费财伤民。请法古，令官作酒。"② 鲁匡在此从礼制的角度为酒专卖寻找理由，即酒是礼制不可或缺的，"百礼之会，非酒不行"；另一方面，酒又不能过度使用，因为会"费财伤民"，所以必须由国家控制生产销售，才能适可而止。鲁匡巧妙避开了以往为人诟病的政府与民争利、大肆敛财的话题，为酒专卖寻找新的理由。

据《汉书·食货志》载，鲁匡实施榷酤的具体措施是：卖酒的店家限量酿酒，最高限额为五十酿，酒的价格与米曲的价格保持一定的比例。每月初一，将当地粗米二斛及曲一斛的价格加起来，除以三，即为酒一斛的定价。也就是说，粗米二斛及曲一斛的价格之和等于酒三斛的价格。当时之所以如此计算，是因为每一"酿"用粗米二斛及曲一斛，得酒六斛六斗。由此可见，每生产一酿酒，扣除成本三斛酒，尚余三斛六斗酒，即为每酿的毛利润。这部分毛利润再三七开，三成作为工具、燃料及工钱开支等费用，其余七成作为纯利润"入官"，为官府榷酤所得。三斛六

---

① 《汉书》卷 24 下《食货志下》。
② 《汉书》卷 24 下《食货志下》。

斗的七成为二斛五斗二升。这就是说，每生产酒三斛，可得二斛五斗二升酒的利润，利润率高达84％。而且生产者的工钱是按酒的产量计算的，产量愈大，工钱愈高，即类似于现代的计件工资。这种计算生产者报酬的方式，有利于提高生产者的生产积极性。但是，实行的是限额生产，最多只能生产五十酿。

王莽的五均赊贷、盐铁酒官营和山林川泽归官府管理，虽然对打击富商大贾的巧夺豪夺和高利贷者的盘剥有一定的作用，并在短期内会增加朝廷财政收入，但是由于官营会限制生产者的积极性，高成本低效率，加上贪官污吏的营私舞弊，对社会经济的发展是不利的。

当然，如果我们不以成败论英雄，仅从管理思想的角度看，王莽的一些思想还是难能可贵的。如他在改制中曾力图"齐众庶，抑兼并"，稳定物价，打击投机，保障人民的经济生活，把贫困者从高利贷的盘剥下解脱出来。他为了鼓励、督促民众积极从事农业生产，主张实行赊贷、收取不生产税等措施。在财政税收的认识与实践方面，他较前人也有发展。例如：他推行所得税的征收以及从纯利润中收取利息与所得税办法，说明王莽对税收与生产的关系、利润与利息的关系等已有较明确、细致的认识；对商品计价和收税的具体措施，更说明王莽对成本、价格和利润等概念已有较确切清晰的理解，对劳动报酬与劳动生产率的关系也已有相当程度的认识。所有这一些，对后世经济管理思想的影响都是很有意义的。

第八节　教育思想

一、秦朝的文教思想

据目前文献记载所知，我国古代的学校教育至迟在殷周时期就已出现。西周时期，王都学校称"辟雍"，诸侯王的学校称"泮宫"，地方上也有各级学校，"家有塾，党有庠，术（遂）有序，国有学"，[①] 全国形成了一个各种高低不同层次的教育网。春秋战国时期，社会的经济、政治和思想经历着一场巨大的变革，学术文化逐渐下移，民间私学兴起，平民子弟开始有了接受教育的机会。当时的儒、墨两家学者，广收门徒，传播文化科学知识。

秦朝统一六国后，在客观上采取了一些促进文化教育发展的措施，如"书同文""行同伦""设三老以掌教化"等。特别是把战国时期各诸侯国不同形体的文字加以改造，创造出笔画统一、简省且易写易认的小篆（又称秦篆）作为全国的通用文字，为促进教育的发展和文化的传播发挥了巨大的作用。李斯的《仓颉篇》、赵高的《爰历篇》、胡毋敬的《博学篇》，都是用小篆写的儿童识字课本。后来，程邈又创造了比小篆更简便易认易学的隶书，更有利于识字教学的发展。

秦始皇为了使教育为集中统一的秦王朝服务，严格控制思想和文化，接受了李斯的建议，禁止私学，要求在官办的学校中，"以吏为师""以法为教"。当时集中到秦政府的70多名博士，既是秦皇帝的咨询师、顾问，又是官学中的教师。他们是当时法律和其他文化知识的主要传播者。

---

① 　王与之：《周礼订义·学记》，台湾商务印书馆影印文渊阁四库全书本。

不过，从战国时期思想文化上百家争鸣的宽松局面而突然转入秦朝的以法家思想集中统一全国人民的思想文化，这对于当时不同思想文化背景的各种知识分子来说是一时难以适应的，因此，各种思想观念的冲突、不同观点的言论出现是必然的。秦始皇三十四年（前213），因淳于越等博士议政触犯了朝廷，遂引出了李斯关于"焚书"的文化暴政主张："五帝不相复，三代不相袭，各以治，非其相反，时变异也。今陛下创大业，建万世之功，固非愚儒所知。且越言乃三代之事，何足法也。异时诸侯并争，厚招游学。今天下已定，法令出一，百姓当家则力农工，士则学习法令辟禁。今诸生不师今而学古，以非当世，惑乱黔首。丞相臣斯昧死言，古者天下散乱，莫之能一，是以诸侯并作，语皆道古以害今，饰虚言以乱实，人善其所私学，以非上之所建立。今皇帝并有天下，别黑白而定一尊。私学而相与非法教，人闻令下，则各以其学议之，入则心非，出则巷议，夸主以为名，异取以为高，率群下以造谤。如此弗禁，则主势降乎上，党与成乎下，禁之便。"① 接着，李斯又拟定了一个具体的禁书对象和做法："史官非《秦记》皆烧之。非博士官所职，天下敢有藏《诗》、《书》、百家语者，悉诣守、尉杂烧之。有敢偶语《诗》《书》者弃市。以古非今者族。吏见知不举者与同罪。令下三十日不烧，黥为城旦。所不去者，医药卜筮种树之书。"② 第二年，又因侯生、卢生两人的逃走而引发了秦始皇大开杀戒，便有了"坑杀"460多个儒生的暴行。焚书和坑儒是历史上罕见的封建君主专制政体摧残思想文化和残杀知识分子的暴行，这种暴行如加上当时"颁挟书令""禁游宦""禁私学""以吏为师"等与之相联系的一系列政策，对当时的思想文化和教育事业是沉重的打击，并对后世产生十分恶劣的影响。不但使春秋战国以来私学的发展遭到严重的挫折，而且使生气勃勃的学术上的百家争鸣被扼杀。

另一方面我们必须看到，秦朝虽然坚持"禁私学，以吏为师""以法

---

① 《史记》卷6《秦始皇本纪》。
② 《史记》卷6《秦始皇本纪》。

为教"的文教政策,但是它也很难对一个庞大的帝国进行有效的控制。当时受到秦王朝控制的主要是官立学校,战国时代已经存在和发展的私学并未被全部废止。秦王朝禁止私学的法令是公元前216年颁布的,大概还未等到这个禁私学法令在全国普遍推行,秦末农民战争就爆发了。所以,秦王朝统治时期,全国始终存在着一个分布广泛的私学系统,并在这一时期的教育事业中占有主导地位。如楚汉战争期间,当刘邦带兵包围鲁国时,还能听到弦歌之声,说明齐鲁之地的儒生们仍在聚徒讲学。汉初的几个著名儒学大师伏生、申公、韩婴、辕固、胡母生都在秦时仍然坚持收徒授业,而且规模不小,弟子多至千人。秦博士叔孙通逃出秦廷后,回到自己家乡靠收徒讲学为生,等到他投靠刘邦时已有弟子一百多人。这说明在秦朝统治时期,儒家学者一直在聚徒讲学、兴办私学。秦朝时不仅儒家学者聚徒授学,其他学派的学者同样也聚徒授学。如黄老之学的乐臣和盖公等人,都在齐地讲学授徒。盖公后来被齐相国曹参聘为高级参谋,对推进汉初黄老无为之治政策的实施发挥了重要的作用。景帝时的法术之士晁错是从轵县张恢学习申商刑名之术的。汉初诸子曾一度重新活跃,几乎各种学派都有代表人物活跃在当时的政治舞台上。显然,秦朝统治时期各种学派的私学并没有销声匿迹,所以才使各种学派得以传承到西汉初期。而且当时秦朝官方是以法家思想作为全国的统一思想,因此各种学派的思想只能通过私学得以传承。总之,秦王朝虽然推行"禁私学,以吏为师"的文教政策,所幸的是私学并没有被禁绝,仍然在文化专制的艰难处境下,不绝如缕,培养出一批各学派的传承人,并在汉初曾再度活跃,在政治、经济、文化等诸领域发挥了各自应有的作用。

二、两汉时期的教育思想

(一)创立太学思想

西汉建立之初,由于开国皇帝刘邦出身市井无赖,"公卿皆武力有功

之臣"，文化素养低，加上"尚有干戈"，与异姓诸侯王和匈奴的战争不断，社会经济凋敝，"自天子不能具醇驷而将相或乘牛车"，因此"亦未遑庠序之事"，① 朝廷上下对文教事业都未引起足够的重视。文、景二帝虽然已经意识到文教事业的重要性，并采取了诸如立《诗》《书》博士，下诏举士等振兴文教的措施，但仍然还没有在中央至地方建立起一套完备的教育制度。武帝继位后，西汉王朝经过六十多年的发展，经济繁荣，政治稳定，军事力量也空前强大。与此同时，以孔子、孟子、荀子等为代表的春秋战国时期的儒家学派，经过二三百年的碰撞、融合和发展，终于在董仲舒手中完成了向新儒学的过渡。这时，西汉王朝不仅需要建立全国性的新的教育制度，为封建王朝培养一大批有较高文化知识的人才，而且当时的经济、政治、文化条件也已经具备，全国性的新的教育制度的建立成为历史的必然。

建元元年（前140），董仲舒在举贤良文学对策中首倡建立太学的主张："故养士之大者，莫大乎太学。太学者，贤士之所关也，教化之本源也……臣愿陛下兴太学，置明师，以养天下之士。"② 他的这个建议被汉武帝采纳。建元五年（前136），武帝下诏置五经博士。元朔五年（前124），又要丞相公孙弘等拟定设立太学的具体计划。不久，就批准了公孙弘等提出的创立博士弟子员（太学生）的制度，并着手在长安建设校舍。汉代太学的成立，标志着我国古代高等教育由此正式开始。

西汉的太学是当时全国最高的学府，相当于近现代的国立大学。太学的主官称仆射，东汉时改称祭酒。教师称博士，学生称博士弟子员，又称弟子或太学生。太学刚建立时，只设5个五经（《书》《诗》《礼》《易》《春秋》）博士，每个人名下带10个弟子员，办学规模很小。因为学生数量很少，所以正式的博士弟子只能由太常选择"十八岁以上，仪状端正"，已有相当水平的知识分子充当。而从地方上选送的所谓"好文

---

① 《汉书》卷88《儒林传》。
② 《汉书》卷56《董仲舒传》。

学，敬长上，肃政教，顺乡里，出入不悖"的青年知识分子①，只能作为特别生，不受名额限制。因为正式生都享有官俸，而特别生不享受官俸还要自费，所以太学中也有较贫寒的学生。后来，随着政治经济形势的发展，特别是贵族官僚子弟都把进入太学看作是入仕做官的重要途径，纷纷想方设法要到太学学习。在这种情况下，太学为适应贵族官僚的需求，不断扩大规模。五经博士逐渐增至 14 人，太学生的数量更是一增再增。昭帝时增至 100 人，宣帝时增至 200 人，元帝时增至 1600 人，成帝时增至 3000 人。平帝时，王莽辅政，为了争取广大太学士的支持，于元始四年（4）为太学生建设了能容万人的校舍。这是西汉时期见于记载的最大规模的太学校舍建设。王莽统治后期，农民起义爆发，全国动荡不安，太学教育也受到严重影响。东汉王朝建立后，朝廷比较重视教育。建武五年（29），削平群雄割据的战争还未结束，太学生出身的光武帝刘秀即下令在洛阳建立太学，广筑学舍讲堂。汉武帝不仅倡导兴办太学，还亲自到太学对博士弟子进行鼓励，各地学生纷纷涌到太学学习，洛阳出现了"诸生横巷"的盛况。他的儿子汉明帝进一步提倡教育，太学更加兴盛。当时朝廷规定，太子、皇子和诸侯功臣子弟一律要读儒家经典，期门、羽林的武士也需学习《孝经》章句，甚至匈奴贵族也在此时派遣子弟入太学学习。和帝、安帝时，由于朝廷政治黑暗，太学一度衰败。永建六年（131），顺帝着手振兴太学，接受了翟酺的建议，扩建太学校舍 240 房、1850 室，同时扩大太学生的生源，除太常所择及郡国选送外，又增加公卿子弟及明经下第两种，还增加了太学生的俸禄。这些措施促进了太学生人数的大量增加、办学规模的扩大。质帝本初元年（146），当权的梁太后为了取得外戚、官僚和宦官 3 个集团的好感，以巩固自己的统治，进一步扩大了太学生名额。她下诏，命大将军以下至六百石的官吏，都要送子弟入太学学习，使太学招收生源从自愿报名入学到对某一特定群体带有一定强制性的送子弟入学。自实施这一规定后，一直到

---

① 《汉书》卷 88《儒林列序》。

东汉末年，太学生的数量通常维持在30000人左右。[1] 这其中虽然有一些达官显贵子弟只是在太学挂名而不是真正入学读书，但如此庞大的办学规模在当时世界上也是绝无仅有的。[2]

太学生学习的主要内容是五经，即《诗》《书》《易》《礼》《春秋》等今文经。教学方法则采用老师带学生学习，由各经的博士按各自的师法、家法进行传授，学习各经的学生亦必须按照师法和家法亦步亦趋地死记硬背，昼夜苦读。由于今文经学在传播过程中越来越烦琐，"一经说至百万言"，所以真正要掌握一经需要耗费大量的时间和精力，"皓首穷经"就是对当时一些太学生苦苦数十年学习五经这一情况的真实写照。显然，在两汉时期，太学一方面是传授学术文化知识的中心，对于发展教育、推进学术文化的进步起了重要的作用，另一方面死板的教学内容和方法也成为戕害、禁锢青年知识分子思想和心灵的牢笼，有些太学生甚至因苦读暴死于孤灯之下。尽管太学的学习生活极其艰辛、枯燥和烦琐，但广大知识分子仍然趋之若鹜。因为在名利的驱动下，进入太学学习就意味着为自己铺设了一条通往高官厚禄、飞黄腾达的人生道路。

随着太学生人数的增加，汉代太学那种老师带学生的教学方法已无法适应教学规模的扩大，因此，后来创造了新的教学模式。一方面通过大班上课的形式，由博士直接向众多的太学生集中统一讲经；另一方面采取高年级优秀弟子向低年级学生传授的方式，分层次地进行教学。同时，由于受太学生太多而教师和讲堂太少等条件的限制，它又采取灵活的方式，允许学生更多地通过自学和向校外专家求教等形式不断提高自己的水平。太学也重视通过考试来检查和督促学生的学习。太学对初入学的学生每年考试1次，称为"岁考"，形式是"设科射策"，即抽签考试。根据《学记》记载，连续7年考试及格的为"小成"，连续9年考试及格的为"大成"。朝廷依据学生的考试成绩高低授以不同的官阶。

---

① 《后汉书》卷79上《儒林列传序》。
② 《中国政治制度通史》第3卷，第356页。

从总体来看，尽管汉代太学用的是严格古板的师法、家法，禁锢了太学生的思想，枯燥烦琐的章句消耗了太学生的精力和时间，但毕竟太学是当时全国最高的传播文化科学知识的平台，其大班讲座式的讲经、分层次的教学、鼓励自学和向校外专家求教等教学方式改革等，还是为培养人才创造了较为优越的学习条件。在两汉时期，太学培养出了一大批著名的学者和科学家，其中著名的思想家王充、史学家班固、科学家张衡就是杰出的代表人物。同时，随着太学规模的不断扩大，不少下层地主的子弟也进入太学接受教育。他们关心国家大事，对外戚、宦官集团的贪婪残暴、横行无忌，朝政的日趋黑暗腐败十分不满，因而利用太学作为斗争阵地，不断酝酿反对当权的宦官或外戚集团，要求改良政治，这就是历史上著名的太学生运动。例如：西汉哀帝时期，他们曾声援因反对丞相孔光而获罪下狱的司隶校尉鲍宣；东汉时期，他们又与鲠直派官员陈蕃、李膺等联合，掀起了声势浩大的揭露抨击宦官集团的运动，并由此引发了宦官集团残酷镇压官僚和太学生的两次著名的"党锢之祸"。汉代太学生的关心国家大事、积极参与政治活动、勇于向当权的邪恶势力斗争的精神对后世影响深远，成为中国青年知识分子的优良传统。

（二）四姓小侯学和鸿都门学

东汉时期，朝廷除建立了太学之外，还创办了两所特殊的官办学校，一是为皇室及贵胄子弟创办的贵族学校——四姓小侯学，二是专门教学文艺的学校——鸿都门学。四姓小侯学创办于明帝永平九年（66）。《后汉书·明帝纪》载："是岁，大有年。为四姓小侯开立学校，置五经师。"这里的四姓指的是外戚樊氏、郭氏、阴氏、马氏贵族。因为他们不是列侯，所以称小侯。明帝当朝时是东汉政治比较清明的时期。他之所以为外戚四大姓创立这所贵族学校，其目的主要是给予这些具有特殊地位的外戚子弟以儒家思想教育，使之恪守封建的道德和法纪，以便更好地保持自己的贵族身份和社会地位，同时有利于巩固东汉封建王朝统治。

尽管鸿都门学在办学中的确存在着攻击者所指出的弊端，但它的创办仍然是值得肯定的，不失为中国教育史上的创举。它打破了此前国家

公办学校以儒家经典为唯一教学内容的太学模式，把当时认为不登大雅之堂的诗赋、小说、书画等列为主要教学内容，不仅为东汉末年文学艺术的繁荣作出了贡献，而且为后代各种专门学校的创办开辟了道路，这在世界教育史上亦是一个重要的创举。①

（三）两汉地方郡县学校创办思想

西汉时期，政府还在地方郡县乡里设置各级各类学校，以教育地方上的地主富家子弟。见于史籍，较早在地方上设立学校的是景帝时的蜀郡太守文翁。他"仁爱好教化。见蜀地辟陋有蛮夷风，文翁欲诱进之，乃选郡县小吏开敏有才者张叔等十余人亲自饬厉，遣诣京师，受业博士，或学律令。减省少府用度，买刀布蜀物，赍计吏以遗博士。数岁，蜀生皆成就还归，文翁以为右职，用次察举，官有至郡守刺史者"。② 他在蜀郡培养人才采取双管齐下的办法，一方面选取蜀中优秀子弟到京师太学深造，另一方面立足于本地，在成都设立学舍，招收蜀地各县子弟入学，"为除更徭，高者以补郡县吏，次为孝悌力田"，从而鼓励引导地方莘莘学子争先恐后地负籍来成都学习。由于他的大力提倡，蜀地的文化教育有了长足的进步，成为天下模范郡，涌现出司马相如、王褒、尹遵、扬雄等一批文章名闻天下的文人雅士。汉武帝时，西汉朝廷一面嘉奖文翁办学的政绩，另一面下令"天下郡国皆立学校官"。③ 昭帝时，不少郡国开始设立学校。如韩延寿为颍川太守时，"令文学校官诸生皮弁执俎豆，为吏民行丧嫁娶礼"。④ 何武为刺史时，每次巡行郡县，必先到学校考察诸生的学习情况。⑤ 平帝时，全国各地郡国开始普遍设立学校。当时，王莽当政，制定了中央和地方的学校系统。元始三年（3）夏，立学官，"郡国曰学，县、道、邑、侯国曰校。校、学置经师一人。乡曰庠，聚曰

---

① 《中国政治制度通史》第 3 卷，第 360 页。
② 《汉书》卷 89《文翁传》。
③ 《汉书》卷 89《文翁传》。
④ 《汉书》卷 76《韩延寿传》。
⑤ 《汉书》卷 86《何武传》。

序。序、庠置《孝经》师一人"。① 大体上形成了从中央太学，到地方的学、校、庠、序五级的学校教育体制。虽然从严格意义上说，西汉时全国的学校还未形成后世那样的严密系统，但它毕竟为以后的学校教育体制的发展奠定了一个初步的模式。此外，当时郡国地方政府还设立郡文学、郡文学史、郡文学卒史、五经百石卒史、乡三老等教官，作为负责地方文化教育和对百姓进行教化的官员。

东汉时期，地方郡国学校在西汉的基础上又有所发展，当时即使在边远地区，不少郡守也很重视兴学。如九真太守任延、桂阳太守卫飒、常山太守伏恭、丹阳太守李忠等，都因在兴学方面有突出政绩而载入史册。东汉光武、明帝和章帝都十分重视教育。明帝、章帝都曾多次到地方巡视教育状况。明帝时，学校开始祭孔活动。桓帝、灵帝时期，虽然在政治上比较混乱，但地方教育还在发展。当时全国东起辽东，西至武威，南至桂阳、九真，西南至蜀都什邡，都办起了学校。史籍记载"南夷北狄"，"四海之内，学校如林，庠序盈门"，② 虽然有夸大溢美之词，但基本上是客观反映了当时教育发达的盛况。

不过，两汉时期的地方官学还不是严格意义上的进行教学活动的学校，它的主要任务是推广教化，倡导礼乐。所谓"学、校、庠、序"在一定程度上都是儒者的宣传场所，教授的主要内容是儒家的道德伦理、文艺和仪节等。总的说来，由于师资差，又没有统一的课程设置，因此，并未形成真正的教学系统。尽管如此，它毕竟为后代官办学校的发展奠定了初步的基础，在中国教育史上作出了巨大的贡献。

（四）两汉私学思想

两汉时期，与官学相辅相成的私学相当兴盛，其原因主要有 3 个方面。一是由于当时官学招生的名额有限，并且时兴时限，因此不能满足人们受教育的需求，自然私学教育就应运而生。二是当时一些大儒，尤

---

① 《汉书》卷 12《平帝纪》。
② 《汉书》卷 86《何武传》。

其是古文经师，由于古文经学不得立为官学，失去仕进的机会，不得不举办私学收徒讲学。一则作为谋生的手段，二则与立为官学的今文经相颉颃，以传承古文经学。三是一些名儒高官在致仕以后也收徒讲学，潜心著述，如董仲舒、王充就是当时这类名儒高官的典型代表。正是在这多种因素的共同影响下，两汉的私学相当发达，甚至超过了官学。

两汉时期的私学种类很多，程度也参差不齐。其中由经师大儒自己创办的"精舍""精庐"等相当于大学，"学馆""书馆""书舍""蒙学"等相当于小学。当时各类私学数量较多，加上办学形式灵活，适应性较强，因此广泛分布在乡村野里，成为农村儿童、少年、青年等接受教育的主要途径，在传播文化知识上私学的作用超过了官学。

两汉时期私学教育的初级学校一般分为两个阶段。第一阶段是蒙学，称"书馆"，教师称"书师"，学生主要是学习字书，目的是读书识字。为儿童发蒙编写的字书在汉代以前已经出现了多种。字书为便于儿童诵读，一般分三字句、四字句、七字句等几种，其中较早出现的是四字句字书，始于周朝的《史籀》。秦朝时李斯作《仓颉篇》、赵高作《爰历篇》、胡毋敬作《博学篇》等，都是属于四字句的字书，并且流传至两汉时期，经扬雄、班固、贾鲂等人修改补充后，继续在民间使用。三字句、七字句的字书创始于司马相如的《凡将篇》。元帝时，史游模仿《凡将篇》体裁，编写了著名的《急就篇》，将姓氏、衣着、农艺、饮食、器用、音乐、生理、兵器、飞禽、走兽、医药、人事等方面的种种日常用字，以韵语汇编在一起，既便于少儿诵读记忆，又切合日常生活实用，因而成为东汉、魏晋南北朝、隋唐时期通用的字书，影响深远，在我国古代少年儿童识字教学中发挥了巨大的作用。如在其第十章中几乎罗列了当时所有的粮食、蔬菜和瓜果的名称："稻黍秫稷粟麻粳，饼饵麦饭甘豆羹。葵韭葱薤蓼苏姜，芜荑盐豉醯酢酱。芸蒜荠芥茱萸香，老青襄荷冬日藏。梨柿李桃待露霜，枣杏瓜棣馓饴饧，园菜果蓏助米粮。"由此可见，这类字书特别适合于农村儿童、青少年的文化知识的学习。两汉时期小学教育虽然主要任务是识字，但也学习一些基本的算术知识。"数者，一、十、百、千、万也。所以算数事物，顺性命之理也……其法在算术，宣于天下，小学是则。"① 学童在第一阶段学完字书后，第二阶段就进入学习《孝经》《论语》和《春秋》等儒家经典。"皇太子年十二，通《论语》《孝经》"。② 从此史籍记载可知，当时皇室贵族子弟在发蒙之后也学习这两本儒家经典。如范升"九岁通《论语》《孝经》"，③ 马续"七岁能通《论语》"④，荀爽"年十二，能通《春秋》《论语》"⑤ 等记载，也说明了《论语》《孝经》《春秋》等儒家经典在教学中被广泛作为教材使用。平帝时，王莽主政，下令在郡国设立学校，在乡聚的庠序中设《孝经》师一人。此后，《孝经》和《论语》被正式确定为初级学校的必读教材。学童读完这两本儒家经典后，除了少数富有家庭子弟希望继续深造而进入太学或经师学者私人教授的"精舍""精庐"读书外，一般不再求学，直接到社会上谋生。这些受过初级教育的青少年构成了两汉时期人数众多的基层知识分子群体，对于巩固封建王朝在乡村的思想文化统治和传播基本文化知识发挥了重要的作用，其中有一些比较优秀者还在政府机构担任小官吏。两汉时期，富有的官僚或地主子弟在读完初级阶段的课程后，有的进入太学，但更多的是进入了经师大儒创办的"精舍""精庐"从事更高阶段的学习。当时的经学大师凡无法进入仕途或任博士的，即选择从事私人教学。他们有的一面当官，一面办学授徒，罢官后更是归乡专门授徒讲学。西汉的董仲舒、韦贤、疏广，东汉的魏应等人都是如此。东汉初年的牟长，由博士迁任河内太守，在河内"诸生讲学者常有千余人，著录前后万人"。⑥ 汉宣帝时，丞相长史黄霸和经学大师、光禄大夫夏侯胜虽同在狱中，依然讲经不息："胜、霸既久系，霸

---

① 《汉书》卷 21 上《律历志上》。
② 《汉书》卷 71《疏广传》。
③ 《后汉书》卷 36《范升列传》。
④ 《后汉书》卷 24《马援传》。
⑤ 《后汉书》卷 62《荀爽传》。
⑥ 《后汉书》卷 69《儒林牟长列传》。

欲从胜受经，胜辞以罪死。霸曰：'朝闻道，夕死可矣。'胜贤其言，遂授之。系再更冬，讲论不怠"。[①]

东汉时期，私人讲学之风比西汉更为兴盛。不少名儒大师办学授徒，求学者不远万里前来拜师，经常数百人，而在其门下著录的子弟更多，有的竟达万人。有些学者几乎终身专门从事著述和讲学，如王充、杨震父子、桓荣父子等。即使在东汉末年桓帝、灵帝政治黑暗混乱时期，民间私人讲学之风仍然不减。如蔡玄门徒千人，著录子弟达 16000 人。有些学者以专心从事著述讲学作为动乱中避祸的一种方式。如"党锢之祸"以后，郭林宗闭门教学；又如郑玄隐居乡里，有人举荐他做官，他连夜逃避，后来客耕于东莱，弟子相随者数百人。

两汉时期的私学学生，分为及门受教和著录弟子两种。及门受教指亲身听讲受业的弟子。一些著名的经师大儒门下的这类弟子往往数以千百计，事实上不可能人人都能得到名师的亲身教诲，所以较多地采用高年级弟子辗转相传授低年级弟子的办法；如西汉儒学大师董仲舒就是使弟子"次相受业，或莫见其面"。[②] 东汉经学大师马融讲学时，"常坐高堂，施绛纱帐，前授生徒，后列女乐，弟子以次相传，鲜有入其室者"。[③]尔后的另一位经学大师郑玄曾到他名下及门受教，3 年期间都是由其"高业弟子"给他讲经。3 年之后才因为一个偶然的机会，使郑玄终得见到马融。所谓"著录弟子"是指在名儒、学者名下挂上名字，但没有亲自来受业的生徒。正因为没有亲自来受业，只是挂个名而已，所以这种挂名弟子不受场地条件等的限制，有时著名的经师大儒名下著录弟子多达万人。这是后世"拜门"的开始。

两汉时期，尤其是东汉，私学中的师生之间建立了一种牢固的尊师爱生的关系。一方面，学生对老师恭敬尽礼，对经师家法必须忠实遵守

① 《汉书》卷 75《夏侯胜传》。
② 《汉书》卷 56《董仲舒传》。
③ 《后汉书》卷 60《马融列传上》。

而不能违背。另一方面老师对学生也十分关心爱护，有的老师还资助贫困的学生。师生感情融洽，关系密切，甚至逐渐结成一种荣辱与共、死生相随的特殊关系。老师犯罪，学生上书讼冤，甚至甘愿代师而死者亦不乏其人。如欧阳歙下狱，学生孔震上书求代死。虞诩下狱，门生百人举幡叩头流血，为之讼冤。吴章被王莽害死后，弟子云敞"收抱章尸归，棺敛葬之"。[①] 老师如果去世，弟子一般自动服丧3年。远道的学生，常以千里来奔丧，如郑玄卒时，门生缞绖会葬者达千人。俗话说，一日为师，终身为父。两汉的这种情同父子的师生关系，对后世民间尊师爱生的风尚，影响相当深远。

两汉私学的教学内容比较广泛，除儒家经典为主要教学内容外，其他如黄老之学、法律、天文、历法、图纬等知识亦在传授内容之中。如严君平授《老子》，杨厚修黄老之学，门生达3000人；郭躬父子精通法律，弟子数百人；江生、廖扶等教授天文、历算，门生也有数百人。

两汉的私学在师生人数上超过了官学，因此其在社会和文化上的影响也超过官学。如私学任教的经师绝大多数属于古文经学派，对两汉的学风，尤其是东汉的学风，产生了显著的影响。古文经学治学比较追求实事求是，讲求名物训诂，注重史实的考据辨伪。虽然也有过于烦琐的弊端，但是与今文经学任意发挥微言大义和谶纬迷信相比，其在科学性方面显然略胜一筹，对当时的青年知识分子的学风来说，产生了较积极的影响。私人讲学也促进了著述之风的盛行，不仅成为当时教育上的一大风气，而且培养了一批在文化上继往开来的文化名人，如王充、马融、贾逵、郑玄、班固、张衡等一代名传后世的学者、思想家、经学家、史学家和科学家。尤其是经学家创造的考据训诂的一套治经方法，被后世称为"汉学"，对中国后来的考据学、考古学和古文字学产生了深远的影响。

---

① 《汉书》卷67《云敞传》。

三、魏晋南北朝时期学校教育思想

（一）魏晋时期学校教育思想

东汉末年，军阀混战，兵荒马乱，太学废弛。魏王曹操虽专政，戎马倥偬，却重视教育。建安二十二年（217）五月，曹操于邺城南"作泮宫"。① 曹丕称帝后，黄初五年（224），立太学于洛阳，"制五经课试之法"：② 生员入太学，称为"门人"，两年后进行考试，通一经，称弟子，不通则遣归。"弟子"两年，试通二经，补"文学掌故"；不通，待两年再试。"文学掌故"两年，试通三经，为"太子舍人"；不通，亦待两年再试。"太子舍人"两年，试通四经，为"郎中"；不通，亦待两年再试。"郎中"两年，试通五经，"随才叙用"；不通，亦待两年再试。③ 与此同时，朝廷还设置了《春秋》《穀梁》博士。④ 曹丕恢复太学时，只提到"募学者"⑤ 前来入学，并没有特别强调学生入学是否必须具备某种条件。正始年间（240—248），刘靖上疏，指出恢复太学20余年，"寡有成者"，其原因主要有二：一是"博士选轻"，即选拔的太学教师素质差；二是学生来源有问题，而且后者是更为关键的原因，即"诸生避役，高门子弟，耻非其伦，故无学者。"⑥ 也就是说，前来学习的学生，其目的是逃避国家徭役，而不是真正想来学习的人。他针对这两个原因，提出了改进措施：一是要"高选博士，取行为人表，经任人师者，掌教国子"，⑦ 即提高选拔老师的标准，要选择德才兼备者作为太学教师；二是"使二千石

① 《三国志》卷1《魏书·武帝纪》。
② 《三国志》卷2《魏书·文帝纪》。
③ 《通典》卷53《礼十三·吉·大学》。
④ 《三国志》卷2《魏书·文帝纪》。
⑤ 《通典》卷53《礼十三·吉·大学》。
⑥ 《三国志》卷15《魏书·刘馥附子靖传》。
⑦ 《三国志》卷15《魏书·刘馥附子靖传》。

以上子孙，年从十五，皆入太学"，① 即采取二千石以上官员子孙，年15岁以上，必须强制接受太学教育的办法，来改变入学生员的成分。在此刘靖注意到提高太学教育质量的两个关键因素是应该重视师资、提高教师的素质，并且为适应门阀世族势力的增长，特别需要对门阀世族后代进行学校教育。当时，曹爽兄弟执政，刘靖否定"有教无类"，与曹操的"用人唯贤"的任人思想是相违背的，因此其奏疏未被采纳。

司马氏掌权后，门阀世族势力迅速发展，刘靖改变太学生员成分的主张得到西晋朝廷的采用。晋泰始（265—274）初，太学生有生员3000人。泰始八年（272）迅速发展到7000余人。这一年，晋武帝对太学进行了整顿，7000余生员中，"已试经者留之，其余遣还郡国"。同时，又将"大臣子弟堪受教者，令入学"。② 通过这次对太学生员的调整，太学生员成分发生了有利于门阀世族势力发展的重大变化。

咸宁二年（276），晋武帝专门设立"国子学"，隶属于太常③（"太常"原作"太学"，当误）。所谓"国子"，即"国之贵游子弟"，④ 即贵族官僚的子弟宗亲，因此，"国子学"，就是当时的贵族官僚子弟学校。元康三年（293），晋惠帝认为"国子学"中，"人多猥杂，欲辨其泾渭"，于是，明确规定，只有五品以上官员的子弟，才具有进入"国子学"学习的资格。⑤ 这表明魏晋贵族和大官僚的门阀世族特权进一步得到加强。

曹魏和西晋时期，太学是教育一般官僚和庶民子弟的学校，设有博士19人，传授五经和诸家章句传注，其中以"聪明有威重者"一人为博士祭酒。⑥ 据《晋令》规定："祭酒博士当为训范，总统学中众事"，⑦ 即

---

① 《宋书》卷14《礼志一》，《三国志》卷15《魏书·刘馥附子靖传》。
② 《宋书》卷14《礼志一》，《通典》卷53《礼·吉·大学》。
③ 《宋书》卷39《百官上》。
④ 《宋书》卷14《礼一》，《通典》卷53《礼·吉·大学》原注。
⑤ 《通典》卷53《礼十三·吉·大学》。
⑥ 《宋书》卷39《百官上》。
⑦ 《唐六典》卷21《国子监·祭酒》。

相当于太学校长。晋初，置助教 15 人。①

西晋咸宁二年（276）设"国子学"，置国子祭酒 1 人，博士 2 人。②据《晋令》规定："博士祭酒，掌国子学；而国子生师事祭酒，执经、葛巾单衣，终身致敬"。③又置国子助教 10 人，分掌"十经"。④"十经"是《周易》《尚书》《毛诗》《礼记》《周官》《仪礼》《春秋左氏传》《公羊》《穀梁》各为一经，《论语》《孝经》合为一经。

东晋时期，门阀贵族专政的局面已经形成。元帝偏安江左，行"节省之制"，官吏"皆三分置二"。由于朝廷轻视学校教育，而学官减省更多，仅立五经博士 9 人，较之西晋，"犹未中半"。⑤后来员额虽有增加，但"不复分掌《五经》，而谓之太学博士"，⑥即太学博士已经不按专于某经划分，而泛泛统称为"太学博士"了。大兴（318—321）初，元帝建太学于建康水南。升平元年（357），穆帝拟行释奠之礼，以太学"悬远"，"于中堂权立行太学"。⑦此后，"自穆帝至孝武（373—396），并以中堂为太学"。⑧

东晋在门阀世族把持朝政的局面下，门阀贵族的子弟入仕，主要靠门第，不再凭自身的德才，因此，那种旨在培养贵族子弟管理才能的专门学校——国子学，已经不再被人重视了。东晋开元之初，元帝恢复"太学"，却没有重建国子学。咸康三年（337），国子祭酒袁瑰和太常冯怀曾上疏称："国学索然，坟卷莫启，有心之徒，抱志无由。"成帝由是议立"国学"，招收生徒。但是由于当时玄学兴起，"世尚庄、老，莫肯用心儒训"，真正"有心之徒"希望入国子学学习的并不多。永和八年

① 《宋书》卷 39《百官上》。
② 《宋书》卷 39《百官上》。
③ 《太平御览》卷 236《职官·国子祭酒》引《齐职仪》转引《晋令》。
④ 《宋书》卷 39《百官上》。
⑤ 《宋书》卷 14《礼志一》。
⑥ 《宋书》卷 39《百官上》。
⑦ 《宋书》卷 14《礼志一》。
⑧ 《通典》卷 53《礼十三·吉·大学》。

（352），穆帝以"军兴"废省国子学。孝武帝（373—396）时，拟行"释奠"礼，须太学和国子学生员120人。当时，太学尚存，"取见人六十"，国子学不复存在，只好"权铨大臣子孙六十人"充数，应付了事，"事讫罢"。太元九年（384），尚书谢石上疏，请求"兴复国学，以训胄子；班下州郡，普修乡校"。孝武帝采纳了谢石的建议，重建国子学，选公卿二千石子弟为生员，并增造庙屋155间。但是，由于"品课无章，士君子耻与其列"而没有收到什么成效。正如国子祭酒殷茂所奏称："学建弥年"，"功无可名"。他认为主要原因在于生员"惮业避役，就存者无几；或假托亲疾，真伪难知"，以至"混杂兰艾"，"人情耻之"，太学生员学习没有动力，滥竽充数者不少，良莠不齐。对此，殷茂主张"群臣内外，清官子侄，普应入学，制以程课"，即强制贵族子弟普遍入国子学学习，并加强考核，以督促他们努力学习。孝武帝虽然"下诏褒纳"殷茂的主张，但"又不施行"，致使"朝廷及草莱之人有志于学者，莫不发愤叹息"。① 总之，东晋100多年间，由于国子学未受到朝廷应有的重视，时废时办，可有可无。

（二）南北朝时期学校教育思想

南朝时期，学校教育的总趋势与东晋相似，仍然围绕着是否建立太学而展开，其最终的结果是国子学作为贵族子弟学校得到确立。

宋永初三年（422）正月，武帝刘裕下诏建立国子学，并称：应"博延胄子，陶奖童蒙，选备儒官，弘振国学"。② 可见，宋武帝建立国子学的目的有两个方面：一是培养贵族子弟令其具有文化知识，二是将儒学作为国子学的主要学习内容，予以弘扬。但是令人遗憾的是，同年五月，事"未就而（武帝）崩"。③ 元嘉十五年（438），文帝刘义隆立儒、玄、文、史四学，④ "四学"应不是学校，而类似于专科的研究机构。元嘉二

---

① 《宋书》卷14《礼志一》。

② 《宋书》卷3《武帝纪下》。

③ 《通典》卷53《礼十三·吉·大学》。

④ 《通鉴》卷132，胡三省注。

十年（443），刘宋朝廷重建了国子学，但仅经历了短短的 7 年，至二十七年（450）就废省了。① 泰始六年（470）六月，宋明帝刘彧立"总明观"，又称"东观"，置"东观祭酒"1 人，"总明访举郎"2 人，设儒、玄、文、史四科，各科置"学士"10 人，其余令史以下若干人。② 这个"总明观"与其说是学校，倒不如说是带有研究性质的研究院。齐建元四年（482）正月，高帝萧道成诏称："式遵前准，修建教学，精选儒官，广延国胄"。③ 即按前例建立国子学，修建校舍，精选通晓儒学之人作为教官，置生员 150 人，又特准现任官"乐入（学）者"50 人为国子生。规定生员的年龄自 15 至 20 岁，其资格是"王公以下，至三将、著作郎、廷尉正、太子舍人、领护诸府司马谘议经除敕者、诸州别驾治中等，见居官及罢散者"的子孙，并且其"家去都（建康）二千里为限"。④ 三月，高帝去世，国子学又废。永明三年（485），武帝萧颐建造堂宇，复立国学，召公卿以下及员外郎之子孙 220 人为国子生。⑤ 五月，以国子学已经成立，乃诏废"总明观"，以国子祭酒王俭住宅为"学士馆"，分"总明观"的图书经、史、子、集四类为甲、乙、丙、丁四部，以充"学士馆"。这样，其实总明观改名为学士馆，又变成了学术研究机构和图书馆了。

这一年秋季，奉召入国子学的生员们齐集建康。冬，皇太子萧长懋入学讲《孝经》，武帝亲自临幸。⑥ 永明十一年（493）皇太子去世，国子学又废。建武四年（497），明帝萧鸾再置国子学。永泰元年（498），东昏侯萧宝卷即位，尚书省符令：依"永明故事"废国子学。对此，领国子助教曹思文上表提出异议："永明以无太子故废（国子学），斯非古

---

① 《通典》卷 53《礼十三·吉·大学》。
② 《南史》卷 22《王昙首附孙俭传》。
③ 《全梁文》卷 35《立学诏》。
④ 《南齐书》卷 9《礼志上》。
⑤ 《南史》卷 22《王昙首附孙俭传》，《通鉴》卷 136。
⑥ 《南齐书》卷 9《礼志上》，卷 21《惠文太子传》。

典","系（国子学）废兴于太子者，此永明之巨失也"。他认为，当时贵族与庶族区别严格，但贵族与庶族都有必要接受教育，因此为满足现实的需要，国子学供贵族子弟学习，太学供庶族子弟学习，都有成立的必要。"斯是晋世殊其士庶，异其贵贱耳"。但是，"贵贱士庶，皆须教成"，所以"国学、太学，两存之也"。而且，"今学非唯不宜废而已，乃宜更崇尚其道，望古作规，使郡县有学，乡闾立教"。他建议把这个意见交付尚书省和国子学、太学详细讨论。此表得到皇帝的批准，但最终"学竟不立"。① 这里的所谓"学竟不立"，当是指在皇帝同意国子学、太学并存之外，对"郡县有学、乡闾立教"的主张没有得到实际贯彻吧。

经过宋、齐两朝代的多次反复，这一时期的学校教学，有 3 个方面的明显变化：其一，国子学这一贵族学校经过多次废置，使人们最终认识到其存在的必要性，其地位得到确立；其二，学校从单纯传授研究儒家经典，发展到注意传授研究玄学、文学和史学；其三，学校从单纯的教学组织开始向教学与研究相结合的组织发展。这种发展虽然还是处于初级阶段，甚至还有反复，但它终究反映出这一时期学校教育体制方面的一些进步。

梁武帝当政时也关注学校教育。他在办学校教育时重视儒家经典的传授，重视贵族学校的创办和贵族子弟的学习。天监四年（505）正月，武帝下诏置五经博士 5 人，恢复了东晋前对儒家经典《五经》的重视。他"广开馆宇，招内后进"，以名儒贺玚、明山宾、沈峻、严植之等补博士。五经博士各主持一馆，馆有生员数百，官给廪食；射策通经者除为吏。经他大力提倡扶持，一年内"怀经负笈者云会"于建康。② 他还送生员何子朗等人专程到会稽若邪山云门寺从名儒何胤受业，并请何胤将门徒中"经明行修"者"具以名闻"。③ 天监九年（510）三月己丑，武帝至

———————

① 《南齐书》卷 9《礼志上》。
② 《通鉴》卷 146。
③ 《梁书》卷 51《处士·何点附弟胤传》。

国子学，亲临讲肆。乙未，诏皇太子及王侯之子，年可从师者，入国子学受业。① 当时，国子生中成绩优秀者入仕甚多。例如：蔡撙，选补国子生，举高第，为司徒法曹行参军②；王金，选补国子生，射策高第，除长兼秘书郎中③；江葺、王训，均以国子生，明经，射策高第，除秘书郎。④ 此外，梁武帝还重视地方州郡的学校教育，派遣博士祭酒，巡视州郡立学。⑤

十六国时期，北方由于长期战乱，政权更迭频繁，当时能关心学校教育的当政者寥寥无几，其中稍堪提及的是后赵皇帝石勒和河西走廊诸国。

石勒在攻取河北后，就开始重视学校教育。西晋建兴二年（314）秋，石勒"立太学"于襄国（河北邢台），"简明经，善书吏，署为文学掾，选将佐子弟三百人"为生员，初步进行学校教育。太兴二年（319）二月，石勒又增置"宣文""宣教""崇儒""崇训"等十余所"小学"于襄国四门，生员除将佐子弟外，又增加了"豪右子弟"，共"百余人以教之，且备击柝之卫"。⑥ 同年十一月，石勒称赵王，建都襄国，学校教学内容除文学以外，又增加了经学、律学和史学，以从事中郎裴宪、参军傅畅、杜嘏并领"经学祭酒"，参军续咸、庾景为"律学祭酒"，任播、崔浚为"史学祭酒"。律学祭酒续咸"用法详平，国人称之"。⑦ 由此可知，石勒注重选拔一批既是学有专长之士，又是实践经验丰富的行政官吏来担任太学、小学的教师，从而保证了学校教学的质量。此后不久，石勒还亲临太学、小学，考核生员的经义，对成绩优秀者"赏帛有差"。⑧

① 《梁书》卷 2《武帝纪》。
② 《梁书》卷 21《蔡撙传》。
③ 《梁书》卷 21《王金传》。
④ 《梁书》卷 21《江葺传》《王训传》。
⑤ 《通鉴》卷 146。
⑥ 《晋书》卷 104《石勒载记上》。
⑦ 《晋书》卷 105《石勒载记下》。
⑧ 《晋书》卷 105《石勒载记下》。

次年三月，前赵主刘曜也仿效石勒在长安长乐宫东设置太学，在未央宫西设置小学①，选择"明经笃学"的"朝贤宿儒"担任教师，"简百姓年二十五以下、十三以上，神志可教者"作为生员，总数达 1500 人；又以中书监刘均领国子祭酒，并置禄秩低于国子祭酒的"崇文祭酒"，选拔"明经"的散骑常侍董景道担任。② 从国子祭酒与崇文祭酒禄秩的差别推测，国子祭酒当负责管理太学，而崇文祭酒可能负责管理小学。因此，十六国学校管理体制与东晋国子学、太学的管理体制略有不同。

西晋惠帝永宁元年（301）正月，张轨为凉州刺史，治所设姑臧（甘肃武威）。轨以宋配、阴充、氾瑗、阴澹为股肱谋主，征所属"九郡胄子五百人，立学校"，初置"崇文祭酒"，春秋两次行乡射之礼。③ 从征"九郡胄子"和生员人数达 500 人来看，可见张轨在当时河西办学涉及范围之广、办学规模之大。

东晋安帝隆安四年（400），西凉李暠为沙州刺史，治所在敦煌。他仿前凉张轨旧制，"立泮宫，增高门学生五百人"。④ 秃发利鹿孤于隆安五年（401）正月称河西王，都西平（青海西宁），史称南凉。六月，从祠部郎中史暠之议，建学校，选"耆德硕儒"田玄冲、赵诞为"博士祭酒，以教胄子"。⑤

北魏设置五经博士，设立了国子、太学和四门小学等三级学校。道武帝天兴二年（399），"初令《五经》诸书，各置博士"，⑥ 同时设立"国子学"和"太学"，共有生员 3000 人，⑦ 其中国子学生员 30 人。⑧ 四门小学大约始建于北魏朝廷迁都洛阳之后，故"四门小学博士"始见于后

① 《晋书》卷 103《刘曜载记》，《通鉴》卷 91。
② 《晋书》卷 103《刘曜载记》。
③ 《晋书》卷 86《张轨传》。
④ 《晋书》卷 87《凉武昭王李玄盛传》。
⑤ 《晋书》卷 126《秃发利鹿孤载记》。
⑥ 《魏书》卷 113《官氏志》。
⑦ 《魏书》卷 2《太祖纪》。
⑧ 《魏书》卷 113《官氏志》。

《职令》。根据后《职令》所载，国子祭酒学官品级最高，太学祭酒次之，四门小学学官品级最低。北魏不重视学校教育，孝文帝重定门阀之后尤其如此。正始元年（504）十一月戊午，宣武帝曾在诏书中提到："自皇基徙构"，"军国务殷"，学校"未遑经建"，要求有司"依汉魏旧章，营缮国学"。① 但是诏书虽下，建学校之事迟迟未有行动。到延昌元年（512）四月丁卯，又严诏催建："迁京、嵩县，年将二纪，虎阙缺唱演之音，四门绝讲诵之业，博士端然，虚禄岁祀；贵游之胄，叹同子衿"。鉴此，严令有司："国子学"限当年"孟冬使成"；"太学""四门学"则延至"明年暮春令就"。② 最后结果如何，史书没有明载，很可能又是不了了之。

北齐时，正式建立朝廷专门管理教育的机构——国子寺，长官为国子祭酒，从三品。僚属有功曹、五官、主簿和录事员等。国子寺管理中央 3 类学校。一是国子学，置国子博士 5 人，正五品；国子助教 10 人，从七品；学生 72 人，视从七品。二是太学，置太学博士 10 人，从七品；太学助教 20 人，太学生 200 人。三是四门学，置四门学博士 20 人，正九品；助教 20 人，学生 300 人。③ 当时，军阀割据，武夫专权，斯文扫地，学校"徒有师傅之资，终无琢磨之实"。④ 北齐于辖境内诸郡并设郡学，置博士、助教，传授经籍。但当时社会动荡不安，读书没有出路，学校招收不到生员。北齐官府在无奈之下，只好实行生员摊派。可是，"士流及豪富之家，皆不从调"，"差逼充员"的学生都出自穷家小户。这些"差逼"来的学生，没有学习的动力和兴趣，"备员既非所好，坟籍固不关怀"，又多被"州郡官人驱使"，⑤ 北齐的地方学校教育学风不好，效果甚微。

---

① 《魏书》卷 8《世宗纪》。
② 《魏书》卷 8《世宗纪》。
③ 《隋书》卷 27《百官志》。
④ 《北齐书》卷 44《儒林传序》。
⑤ 《北齐书》卷 44《儒林传序》。

总之，两晋南北朝时期选举多重门第，社会动荡不安，学生读书没有动力，学校教育往往不受重视，常常流于形式。在校学生有时数量虽然不少，但"黉中多是贵游，好学者少"。[①] 至于专门培养门阀士族子弟的国子学，其生员可凭门第步入仕途，进学校学习只是挂名而已，"世胄之门，罕闻强学"。[②] 当然，我们也必须看到，这一时期学校教育在某些方面也有一定的发展，其中比较突出的是：学校教学内容从单纯传授儒家经典扩大到儒学、玄学、文学、史学和律学；学校从单纯的教学组织开始向教学与研究相结合转变；选择教师不仅注重其品德高尚、学有专长，还要求其有丰富的实践经验；开始建立朝廷专门管理教育的机构——国子寺。

第九节　公共事业和防灾思想

一、秦代公共事业思想

（一）秦代公共工程思想

秦始皇统一六国后，为了巩固幅员辽阔的封建中央集权制统一国家，修建了一系列公共工程。秦始皇灭楚之后，派屠睢率军，南攻百越，在那里建立郡县，派官管理，并使监禄开凿灵渠，第一次沟通了长江与珠江两大水系，加强了岭南与中原地区的联系。先秦时期，中国北方农业民族就经常遭受到北方匈奴等游牧民族的骚扰。公元前 215 年，秦始皇派蒙恬等举兵 30 万北伐，夺回被匈奴占领的河套地区。紧接着，征发军

---

① 《周书》卷 35《薛端附弟裕传》。
② 《北齐书》卷 44《儒林传序》。

民数十万人，在原赵国、燕国等北边城墙的基础上，增筑了东起辽东西至陇西临洮的绵延万里的长城，阻挡了北方游牧民族南下对农业民族的侵扰，为中原地区农业经济的发展创造了一个安定的环境。同时，秦始皇拆毁了六国原有的城郭，夷平可据以反抗秦军的关隘、要塞以及其他壁垒险阻等，以削除反秦势力据险抵抗割据的条件。秦始皇在中原地区，修建了以咸阳为中心，东穷齐、燕，南极吴、楚的车马大道——驰道，从咸阳以北的云阳直达九原的"直道"，从今四川宜宾至云南昭通的"五尺道"和今湘赣与两广之间的"新道"。这些贯通全国各地的道路的修建，大大便利了东西南北各地的经济文化联系，同时也为秦王朝迅速调遣军队镇压反秦武装提供了交通上的便利。秦始皇还利用这些四通八达的道路网，五次出巡，足迹遍及黄河、长江中下游的许多地方，显示了秦王朝的赫赫声威和强大力量，震慑各地的反秦势力。

秦始皇除了修建这些公共工程之外，为了满足其骄奢之欲，还建了阿房宫、骊山墓。总之，在秦始皇当政的十多年间（前221—前206），其征发大量人力，花费巨额资金筑长城，开灵渠，修驰道、直道、五尺道、新道，建阿房宫、骊山墓等，使广大民众无法承受繁重的徭役和赋税。广大人民，尤其是农民，有田不能耕，有家不得归，社会生产遭到严重破坏。"当此之时，男子不得修农亩，妇人不得剡麻考缕，羸弱服格于道，大夫箕会于衢，病者不得养，死者不得葬。"[1] 残酷的奴役和剥削，激起了农民的逃亡与反抗。为了镇压农民的反抗，维护秦王朝的残暴统治，秦王朝推行"轻罪重罚""繁密苛酷"刑罚，其结果是广大民众动辄触禁，造成了"赭衣塞路，囹圄成市"，[2]"劓鼻盈蔂，断足盈车，举河以西，不足以受天下之徒"[3] 的惨状。

由于秦祚短暂，史籍中对秦代的工程管理思想资料记载不多。1975

---

① 《淮南子·人间训》。
② 《汉书》卷23《刑法志》。
③ 《盐铁论》卷10《诏圣》。

年，湖北省云梦县睡虎地秦简的出土，为我们提供了秦代经济管理思想方面极为珍贵的资料，其中《效律》就有关于工程方面管理思想的内容。所谓《效律》上的"效"字，当为"校"的意思。《效律》开宗明义就指出"为都官及县效律：其有赢、不备，物直（值）之，以其贾（价）多者罪之，勿赢（累）"，"官啬夫、冗吏皆共赏（偿）不备之货而入赢"。① 由此可见，《效律》是检验财物、账目的法律，其中包含惩罚的原则等。

从秦律中我们可以了解到秦朝已对建筑工程实行事前审计监督。《徭律》载："县为恒事及谳有为殹（也），吏程攻（功），赢员及减员自二日以上，为不察。上之所兴，其程攻（功）而不当者，如县然。度攻（功）必令司空与匠度之，毋独令匠。其不审，以律论度者，而以其实为徭计。"② 这里规定县和县以上的工程必须由司空与匠人一起对工程量进行准确的估算，如所估不实，则要依法论处，再按实际情况计算所需服徭役徒众的数量。可见估算后还要进行审计，看其是否准确。而且秦政府对工程估算的准确性要求很高，如审计出施工时间超出或不足原估算的两天以上，则以不察论处。

这些公共工程往往规模巨大，需要征发大量劳力和花费巨额资金。秦政府为了监督这些资金的使用，不被不法分子贪污侵吞，必须对此进行严密的审计，如"县上食者籍及它费大仓，与计偕。都官以计时雠食者籍"。这是指当时负责监督钱粮发放的官员都官，在每年结账时应核对领取口粮人员的名籍，并对照实物核验账目中所记载的各种物资。大仓、内史等中央主管财经的部门，对县级机构的钱粮支出采取定期送达审计的监督方式，即每年年终，县、都官呈送会计账簿及其簿籍和物资到中央，由主管经济部门进行审计。

（二）秦朝保护和利用自然资源思想

战国时期，孟子在论仁政时说："不违农时，谷不可胜食也；数罟不

---

① 《睡虎地秦墓竹简·效律》。
② 《睡虎地秦墓竹简·徭律》。

入洿池，<u>鱼鳖</u>不可胜食也；斧斤以时入山林，材木不可胜用也。谷与鱼鳖不可胜食，材木不可胜用，是使民养生丧死无憾也。"① 孟子的这一段话，是对梁惠王说的，充分反映了他通过保护鱼鳖、山林等自然资源，禁止滥捕滥伐，不使自然资源枯竭，使之生生不息，从而永续地利用自然资源的思想。但是，孟子的这一思想只是他个人的见解，并没有上升到国家战略管理层面。自睡虎地云梦秦简中《田律》出土后，人们才了解到，秦朝统一六国前后，封建国家已将保护和利用自然资源思想上升到国家战略层面，并且将其作为法律条文，颁布全国，让广大民众知晓遵守。

《田律》中有关保护自然资源的条文，主要内容就是禁止人们对自然资源的滥用和破坏，诸如山林、材木、飞禽、走兽、犀角、象齿，以至沟渠水道等自然资源和环境，都列入国家法令的保护对象，禁止任意采伐、捕捉和破坏。如《田律》规定：勿论官吏和平民，一律"毋敢伐材木、山林及雍（壅）堤水"，"有不从令者，有罪"。其有特殊需要，如有人死亡，需要材木制作棺椁者，即"唯不幸死，而伐绾（棺）、享（椁）者"，得向官府申请，批准后才可采伐。

（三）李斯的节约工程开支与薄赋思想

李斯（？—前208），字通古，汝南上蔡（今河南上蔡）人。秦朝著名政治家、文学家和书法家。李斯早年为郡小吏，师从荀子学习帝王之术。学成之后，入秦为官，劝说秦王嬴政灭诸侯、成帝业，任为长史，在秦灭六国事业中发挥重大作用。秦王政十年（前237），进上《谏逐客书》，阻止驱逐六国客卿，迁为廷尉。秦统一天下后，联合王绾、冯劫议定尊秦王政为皇帝，并制定礼仪制度，拜为丞相。建议拆除郡县城墙，销毁民间的兵器；反对分封制度，坚持郡县制；主张焚烧民间收藏的《诗》《书》等诸子学说，禁止私学，以加强思想统治；参与制定法律，统一车轨、文字、度量衡制度。秦始皇死后，李斯勾结内官赵高伪造遗

---

① 《孟子·梁惠王上》。

诏，迫令公子扶苏自杀，拥立胡亥为二世皇帝，后为赵高所忌。秦二世二年（前208），父子被腰斩于咸阳，夷灭三族。

秦代统治集团的侈靡浪费是历史上罕见的，既见于史籍记载，也见于考古发掘。如据史籍所载，秦王朝建阿房宫，修骊山秦始皇陵，其规模之宏大壮观，实属罕见。当代考古发掘，也证实了史籍记载的真实性，如出土的秦代铜车铜马，画乘雕镂，头皆金饰。秦始皇陵兵马俑，规模之大，数量之多，也是史上仅见。李斯当时目睹如此侈靡豪华的现象，痛切指出："凡古圣王，饮食有节，车器有数，宫室有度，出令造事，加费而无益于民利者禁，故能长治久安。"而今"大为宫室，厚赋天下，不爱其费"，乃是亡国之兆。因此，他主张，"夫俭节仁义之人立于朝，则荒肆之乐辍矣"，"荒肆之乐辍"，"则国家富"；国家富，"则君乐丰"，君乐丰，"则帝道备"。李斯站在忠君治国的高度反对侈靡浪费和提倡节俭，在当时是难能可贵的。李斯的节俭思想不只是把节俭单纯作为"制欲"来看待，而是要通过节俭措施达到"兴利致富""诸产繁殖"的"国家富"目的。他强调国家财政开支必须以"于民有利"为出发点，凡国家"出令造事，加费而无益于民利者，禁。"① 处于秦朝那样横征暴敛的时代，李斯能有这种思想，应当说是相当可贵的。

秦王朝淫靡奢侈，浪费无度，至二世尤甚。秦二世即位后，下诏"增始皇寝庙牺牲及山川百祀之礼"，② 进一步扩大了财政支出，加重了民众的赋税负担。秦二世还继续完成秦始皇未竟的工程，大兴土木，"复作阿房宫"，使百姓雪上加霜，"赋敛愈重，戍徭无已"。③ 人民不堪其苦，纷纷揭竿而起，相继起义。朝廷虽屡发兵镇压，"然犹不止"。④

面对秦王朝统治的这种危机，李斯认为，其主要原因就在于人民不

---

① 《史记》卷87《李斯列传》。
② 《史记》卷6《秦始皇本纪》。
③ 《史记》卷87《李斯列传》。
④ 《史记》卷6《秦始皇本纪》。

堪忍受赋敛漕戍之苦。"盗多，皆以戍漕转作事苦，赋税大也"。① 对此，他劝谏秦二世"缓刑罚，薄赋敛，以遂主得众之心"②，并"请且止阿房宫作者，减省四边戍转"。不料秦二世对李斯的劝谏大为不满，非但不接受，还斥责他"欲罢先帝之所为，是上毋以报先帝，次不为朕尽忠力"，李斯最终被下吏治狱，"就五刑"。③

李斯身为秦王朝重臣，官至丞相，因此其思想对秦朝管理国家的方略产生重要影响。云梦睡虎地出土的秦简，大约是秦始皇30年前后的法律条文，这时正值李斯当权，所以用此来说明李斯节俭和薄赋敛思想对秦朝管理方略和政策、措施的影响，还是比较适当的。

李斯提倡节俭，秦简《田律》规定：为了避免粮食浪费，一般人不得任意作曲酿酒，"百姓居田舍者，毋敢醢（酤）酉（酒）"。秦政府为了切实贯彻这一法令，还指派"田啬夫、部佐"等基层官吏经常深入民间"谨禁御之"，倘发现"有不从令者，有罪"。李斯主张轻徭薄赋，秦简《为吏之道》规定："凡为吏之道"，必须"安静毋苛……兹（慈）下勿陵……善度民力，劳以率之"，不得"赋敛无度"，鱼肉百姓。如果官吏"临事不敬……苛难留民者"，"须身遂过"，即要受到法律的惩罚。综观秦朝的统治，其主要面还是表现出骄奢淫逸、横征暴敛、民不聊生，这些法律规定并未得到切实的贯彻，但我们也不能否定这些具有积极意义的节俭、薄赋思想的存在。

二、汉代公共事业和防灾思想

（一）汉代政府漕运思想

秦汉两代为了加强封建中央集权制，都采取"强干弱枝"政策，尽

---

① 《史记》卷6《秦始皇本纪》。
② 《史记》卷87《李斯列传》。
③ 《史记》卷6《秦始皇本纪》。

徙天下富强豪族聚居于帝都长安为中心的关中地区，以便就近监视这些潜在的威胁。西汉自高祖以后，元帝以前的各个皇帝，每于即位不久便在长安附近预造陵寝，并选东方高资望族徙居置邑以奉之。这样，经过近百余年的经营，到西汉中后期，关中地区不仅财富集中，"量其富则什居其六"，而且人口密集，消费需求大大提高。尽管关中地区农业生产比较发达，但其产量远不能满足需要，因此有大量的粮食和其他消费品仰赖关东供给。正如时人所指出的："河、渭漕挽天下，西给京师"，① "漕从山东西，岁百余万石"。② 而且当时西汉西北边境多事，驻扎将士甚多，军需供给很大，也都要依靠内地供应，所以说"转漕甚远，自山东咸被其劳"。③

据《史记·平准书》和《汉书·沟洫志》记载，武帝元封年间，从关东漕运粮食到关中曾达到每年 600 万石。这样巨大的漕运量，加上"漕水道九百余里，时有难处"，"更砥柱之艰，败亡甚多而亦烦费"，④ 可见，当时为了养活关中地区密集的人口，漕运问题成为西汉政府十分重大而又相当棘手的难题。为了解决漕运难题，西汉政府做了多种尝试。武帝时朝廷试图通过开凿运河、缩短交通线和扫除交通障碍等途径来解决。如当时接受郑当时的建议："引渭穿渠起长安，并南山下，至河三百余里，径，易漕……损漕省卒，而益肥关中之地，得谷。"经过 3 年开凿，解决了一些局部问题，"通以漕，大便利"。⑤ 但是从全局看，漕运河题并没有得到真正的解决，因为新开的漕渠，实际上仅限渭水一段漕路的整理，仍然无法避开黄河砥柱之险。以后又接受河东守番系的建议，试图打通三门峡，引黄河和汾河水灌溉今河津、永济一带，避开三门峡的航运险阻。经发卒十万开凿，但因河道改徙不定，引水口进水困难，

① 《汉书》卷 40《张良传》。
② 《汉书》卷 29《沟洫志》。
③ 《汉书》卷 24 下《食货志下》。
④ 《史记》卷 29《河渠书》。
⑤ 《史记》卷 29《河渠书》。

最终没有达到预期的效果。最后，西汉政府又试图开出褒斜道，绕过三门峡转运，征发人力几十万，但终因河谷过于陡峻，水流过急，并且水中多礁石，终于无法成功。实践证明，通过开河省漕来解决漕运是行不通的。而且，官运漕夫都是强征来服劳役的农民，且不说广大农民终年辛劳，还要冒"砥柱之艰，败亡甚多"的巨大危险，因此，他们视漕运为畏途，漕运要"率十余钟致一石"，① 得不偿失，效率之低实为罕见！

（二）耿寿昌的漕运思想

耿寿昌，生卒年不详，约活动于汉宣帝在位时期（前73—前49），曾在汉宣帝五凤年间（前57—前54）任大司农中丞，"以善为算，能商功利，得幸于上"。② 后因"奏设常平仓，以给北边，省转漕，赐爵关内侯"。③

"五凤中，（耿寿昌）奏言：故事，岁漕关东谷四百万斛以给京师，用卒六万人。宜籴三辅、弘农、河东、上党、太原郡谷足供京师，可以省关东漕卒过半……漕事果便"。④ 就当时的情况来看，解决漕运的办法有两条：一是如前所述，按传统的办法就是扫除漕运的障碍、缩短漕运路线，但是在当时的科技条件下，这种办法耗费大，给民众带来沉重的负担，而且功效小，难以行得通；二是改变思路，顺应当时已经发展繁荣的商品经济形势，放弃或减少官方漕运，利用当时商品的地区差价和季节差价，顺应商人和商业资本逐利的本性，用利润来推动商运，促进地区间的物资交流，调剂供求关系，来解决关中三辅地区和边境军队的粮食供给。耿寿昌因"以善为算，能商功利"和以"习于商功分铢之事"⑤ 著称，敏锐准确地判断，在当时条件下，只有放弃前一条传统途径，重新开辟后一条途径，才能解决漕运难题。

① 《汉书》卷24下《食货志下》。
② 《汉书》卷24上《食货志上》。
③ 《汉书》卷8《宣帝纪》。
④ 《汉书》卷24上《食货志上》。
⑤ 《汉书》卷24上《食货志上》。

　　耿寿昌解决漕运的措施有 3 个方面，其中直接的措施就是上引的放弃从远地官方漕运粮食，主张就近籴谷，即从首都长安附近的陕西、河南、山西等地购买粮食，就近供给京师，减少来自东部和南部远方地区的漕、转，既可省关东漕卒，减少远途运输的费用与损耗，减轻百姓负担，又可促进京师附近地区农业的发展，促进这些地区的粮食商品化。

　　从西汉时期商业发展的程度和人们的思想观念来分析，耿寿昌的这一设想是符合当时实际情况的。《史记·货殖列传》所载："汉兴，海内为一，开关梁，弛山泽之禁，是以富商大贾周流天下，交易之物莫不通，得其所欲。"由于商业发展，商业都会犹如雨后春笋般在全国出现。当时"燕之涿、蓟，赵之邯郸，魏之温轵，韩之荥阳，齐之临淄，楚之宛、陈，郑之阳翟，三川之二周"，无不"富冠海内，皆为天下名都"。①

　　随着商业的发展，商业资本的积累也达到了相当的规模。至成、哀间，"訾（资）五十万"，"訾亦十千万"，"訾至巨万"以至"随身数十百万"的富商大贾比比皆是。商业资本的规模扩张，使商业内部又出现了更细的分工。专门从事运输业的运输商，在西汉中后期势力很大。他们"蹛财役贫，转毂百数"，② 拥有的运输工具是"船长千丈……辎车百乘，牛车千两"，如当时洛阳（周）的师史氏"转毂以百数，贾郡国，无所不至"。③ 而且当时积货逐利、从事长途贩运赢利的商业理念，正在社会上流行。"洛阳街居，在齐秦楚赵之中，贫人学事富家，相矜以久贾，数过邑不入门"。④ 这样的社会商业条件，为政府依靠民间商业力量解决关中三辅地区居民和边境军队粮食供给提供了条件。以后的实践也证明，耿寿昌的"宜籴三辅、弘农、河东、上党、太原郡谷足供京师，可以省关东漕卒过半"的措施是取得成效的，即"漕事果便"。⑤

---

　　① 《盐铁论·通有》。
　　② 《史记》卷 30《平准书》。
　　③ 《史记》卷 129《货殖列传》。
　　④ 《史记》卷 129《货殖列传》。
　　⑤ 《汉书》卷 24 上《食货志上》。

耿寿昌解决漕运难题的第二条措施是"增海租三倍"。由于耿寿昌主张放弃从关东漕运大量粮食的传统做法，而是改为"就近籴"。不言而喻，关中附近地区因粮食需求增加而粮价必定上涨，那么政府用于购买粮食的财政开支必然增多，因此，必须依靠"增海租三倍"来弥补为增价就近籴谷而增加的财政货币支出。耿寿昌还建议边郡筑仓"增其贾而籴"，[①] 筑仓同样也需要更多的财政货币支出。此外，即使是就近籴谷以供京师，也要造船运输粮食。古代漕运历来是"河不入渭"，也就是说黄河的漕船不适于在渭水行驶。耿寿昌的主张就近而籴，当然还得大量增加近途运输的船只，也就意味着造船也要巨额的财政支出。

西汉武帝时实行榷盐，对盐民生产的盐统一由国家收购，不再对生产者征税，但对其他海产，可能仍沿用过去的海租方式征收。到汉宣帝时期，汉王朝在长期统一的局面下，社会安定，生产增长，海上捕捞业也有长足的发展，所以耿寿昌才有可能适时地用提高海租 3 倍的途径来增加国家财政收入，用于解决关中地区居民和边境军队的粮食供应难题。

（三）召信臣水利思想

召信臣（？—前31），字翁卿，西汉九江寿春（今安徽寿县）人，曾历任谷阳长、上蔡长、零陵太守、南阳太守、河南太守等。元帝竟宁元年（前33），征为少府，列于九卿，年老卒官。召信臣为官清廉，有"召父"之称。他不仅是出色的地方官，也是当时突出的水利专家。后人称"其治视民如子"，"为人勤力有方略，好为民兴利，务在富之，躬劝耕农，出入阡陌，止舍离乡亭，稀有安居时"。[②]

召信臣的水利思想，主要有两个方面。一是水利工程建设思想。他在水利工程建设中讲究实际效益，注意工程配套，把汉水流域水利工程建成一个规模较大、效益显著的南阳灌溉区。召信臣在南阳太守任内，即在元帝建昭年间（前38—前34）领导当地人民兴建以著名的六门堨

---

① 《汉书》卷24上《食货志上》。
② 《汉书》卷89《召信臣传》。

（又称六门陂）为中心，包括周围数十处引水渠在内的农田灌溉水利工程。这一工程灌溉面积"岁岁增加，多至三万顷"，仅仅"溉穰、新野、昆阳三县五千余顷"，使"民得其利"，① 对汉水流域南阳地区的农业发展发挥了巨大的积极作用。二是重视水利工程灌溉管理。为了合理地调配用水，"信臣为民作均水约束，刻石立于田畔，以防分争"②。古代在干旱季节，人们因争夺灌溉水源而经常发生纠纷，甚至酿成暴力冲突事件。召信臣防患于未然，预先制定一个比较公平合理的各区域各家各户灌溉用水公约，并将公约刻于石碑上，立于田地旁为证。这样有效地防止了纷争的发生。这是继武帝时倪宽"奏开六辅渠，定水令以广溉田"③ 之后，又一个水利管理条令。从"广溉田"和"防分争"来看，前者侧重于更充分更有效率地利用水源，而后者侧重于更和谐有序地利用水源。

（四）桓谭的治理黄河思想

桓谭（约前20—56），字君山，沛国相（今安徽濉溪西北）人，西汉末期至东汉初期哲学家、经学家、琴师、天文学家，历事西汉、王莽（新）、东汉三朝，官至议郎、给事中、郡丞。他在成帝、哀帝时"任为郎"。王莽当政时，原是个"附莽"之徒，在王莽篡汉过程中，为之出力，而执笔帮助王莽"班行谕告，当反位孺子之意"，④ 以期安定人心。不料王莽居摄之后，狂妄自大，刚愎自用，不肯信人，促使桓谭从原来"附莽"转变为反莽，从而显示了其耿介不阿、不苟流俗的应有气节。因在刘秀面前公开批评图谶怪诞非经，桓谭几乎被下狱处死，后死于贬谪途中。其爱好音律，善鼓琴，著有《新论》29篇。

桓谭重视发展农业生产，特别关心水利建设，突出表现在对黄河的治理上。至西汉东汉时期，黄河上游滥伐滥牧现象严重，植被遭到很大破坏，水土流失严重，致使中下游泥沙淤积，河床升高，决堤泛滥，一

---

① 《汉书》卷89《召信臣传》。
② 《汉书》卷89《召信臣传》。
③ 《汉书》卷89《倪宽传》。
④ 《汉书》卷84《翟方进传》。

片汪洋。黄河改道入海，水患频繁，给人民生命财产造成极大的危害，并使农业生产遭到毁灭性打击。当时，黄河泛滥次数最多，危害最大，这引起桓谭的极大重视。他深入探讨，总结出当时黄河泛滥有两个主要原因。一是："四渎之源，河最高而长，从高注下，水流激峻，故其流急"[①]，为平地灾害。这是从黄河上下游河床水位落差悬殊方面找原因。因为上下游水位落差太大，水流自然湍急，就容易冲垮堤岸，决口成灾。二是"河水浊，一石水，六斗泥"，[②] 造成河床淤积大量泥沙而水位升高或堵塞河道，导致河水外溢，泛滥成灾。加之黄河中游两岸人民多处黄土高原地带，终年大部分地区少雨干旱，因此，两岸民众"竞决河溉田"，使水流量减少，水势平缓，加重了河水中泥沙的沉淀淤积，"令河不通利"[③] 滞塞严重。桓谭对黄河容易泛滥成灾的分析是有价值的，成为后代历朝治理黄河的重要参考和依据。

（五）耿寿昌创立常平仓思想

耿寿昌，西汉时期天文学家、理财家。精通数学，修订《九章算术》，又用铜铸造浑天仪观天象，著有《月行帛图》等，今皆不存。

耿寿昌解决漕运难题的第三条措施是创立常平仓制度。"（五凤）四年（前54）……大司农中丞耿寿昌，奏设常平仓以给北边，省转漕"。[④]"寿昌遂白：令边郡皆筑仓，以谷贱时增其贾而籴，以利农，谷贵时减贾而粜，名曰常平仓。民便之"。[⑤] 由这两条记载可知，耿寿昌设常平仓的初衷，是为了解决北方边郡因漕运困难而导致粮食供给不稳定，从而出现粮价上下波动太厉害的问题。后来常平仓制度因对保障粮食供给、稳定粮价很有成效，被推广到全国各地，并为西汉以后历代所沿袭。

在中国古代封建社会里，农业生产以自给自足的自然经济为主，但

① 《水经注》卷14《河水》注文，商务印书馆《四部丛刊》本。

② 《太平御览》卷61《地部》。

③ 《太平御览》卷61《地部》。

④ 《汉书》卷8《宣帝纪》。

⑤ 《汉书》卷24上《食货志上》。

是，农民为了购买生产资料和某些必要的生活必需品（如铁农具、盐）等，也不得不出卖一定数量的粮食，越靠近城市商业经济越发达的地方，往往出售的粮食越多。由于农业生产具有很强的季节性，在收获季节，农民出售粮食多，供过于求，商人就会乘机压低粮食收购价，使农民遭受卖粮困难和损失，收入减少，这就是"谷贱伤农"。相反，在农业耕作季节，尤其在春耕季节，农民出售余粮较少，市场上粮食供不应求，粮价就会上涨，这时商人就乘机哄抬粮价，给靠商品粮生活的城市居民造成困难，其收入不够购足粮食，这就是"谷贵伤民"或"谷贵伤末"。而且由于古代农民生产的落后性和地租、高利贷的盘剥以及繁重的赋税和徭役的负担，广大农民自留的粮食往往不够维持到下一个收获季节，因此就出了所谓的青黄不接。这时候连农民自身也被迫以高的价格买进或以高利贷方式借入粮食，这又会发生"（谷）贵亦伤农"[①] 的情况。

面对因粮食供求关系所引起的粮价超正常波动给农民和城市居民造成的影响，中国古代很早就出现了国家干预粮食市场的"平籴"和"平粜"政策。所谓"平粜"较早出现在春秋末年范蠡辅佐越王勾践时所用的"计然之策"。"计然之策"从农业收获丰歉情况来推测粮价的变化，即丰收之年粮价下跌，歉收之年粮价上涨，必然会对农业生产和城市工商业者的生活产生影响，而且这种影响的承受力有一个限度，即"夫粜，二十病农，九十病末"。为了使粮价的上下波动不超过人们的最大承受力，就要靠国家的力量来干预粮价的过度波动，将其波动限制在"上不过八十，下不减三十"的范围之内。这样就可达到"农末俱利，平粜齐物，关市不乏"[②]。战国时期，魏国魏文侯时期的名臣李悝在《尽地力之教》中提及"平籴"的政策措施，即国家根据农业生产丰歉来推测粮价的变化，把丰收的情况按程度不同分为上孰（熟）、中孰、下孰三等，把歉收的情况也按程度不同分为小饥、中饥、大饥三等，然后将"孰"三

---

① 李觏：《李觏集》卷 16《富国策》，中华书局，1981 年。

② 《史记》卷 129《货殖列传》。

等与"饥"三等——对应，来平衡粮食供给，从而达到稳定粮价的目的。具体做法是：国家在大孰时收购农民的余粮3/4，中孰时收购农民的余粮2/3，下孰时收购农民的余粮1/2。国家大量收购农民余粮的目的，是为了防止丰收时粮价大跌"谷贱伤农"，同时将收购到的大量粮食用于解决因灾荒歉收时粮食供不应求所导致的粮价过度上涨的问题。这就是"小饥则发小孰之所敛，中饥则发中孰之所敛，大饥则发大孰之所敛，而粜之"。[①] 这样就能平衡丰歉年份的粮食供应，保障供给，从而稳定粮价。

西汉武帝时期，桑弘羊在首都长安实行平准政策，以稳定物价为宗旨，显然，所要稳定的商品价格不仅限于粮价，但稳定粮价无疑是平准的重要内容。因此，可以说平准已包含了平籴、平粜两方面的措施。

西汉宣帝时期，耿寿昌提出的常平仓制度，明显也包含了平籴、平粜两个方面的措施，即"谷贱时增其贾而籴……谷贵时减贾而粜"，并且为这一制度取名为"常平"，鲜明地表示封建国家干预粮食市场的根本目的是使粮食价格平稳。耿寿昌的常平仓制度，是汉代平籴、平粜制度发展到成熟阶段的产物。这一制度既有利于防止粮价超正常的波动对农业生产和城市居民生活的不利影响，又有利于备荒救灾，对维护封建社会生产的正常运行和政治、社会秩序的稳定有重要的作用。常平仓制度自西汉创建后，几乎为后世历代封建王朝所沿袭，成为封建时代荒政的一项重要内容，影响至为深远。

（六）贾谊、晁错的重视积贮思想

贾谊通过对历史经验和社会现实的观察与研究，认识到并十分重视经济力量在安定社会、加强国防方面的决定性作用。在此基础上，他把蓄积粮食、财力看作是国家的"大命"，认为民足可治，非足则不可治："管子曰：仓廪实，知礼节；衣食足，知荣辱。民非足也，而可治之者，自古及今，未之尝闻。""苟粟多而财有余，何向而不济？以攻则取，以

---

① 《汉书》卷24上《食货志上》。

守则固，以战则胜，怀柔附远，何招而不至?"① 所以，在贾谊看来，粮食、财力是国家的命脉，是提高人民物质精神生活、保障社会安定、防止自然灾害、确保国防强大的基础。他说："王者之法，民三年耕而余一年之食；九年而余三年之食；三十岁而民有十年之蓄。故禹水九年，汤旱七年，甚也，野无青草，而民无饥色，道无乞人。"相反，"王者之法，国无九年之蓄，谓之不足；无六年之蓄，谓之急；无三年之蓄，曰国非其国也"。贾谊认为，当时西汉的现实情况，正好与先秦的"王者之法"相反："今汉兴三十年矣，而天下愈屈……天时不收，请卖爵鬻子既或闻耳。曩顷不雨，令人寒心；一雨尔，虑若更生。天下无蓄若此，甚极也……且用事之人未必省，为人上弗自省忧!"② 这就是说，汉朝已经建立30年了，不但没有10年的积蓄，反而还在闹饥荒。如一遇到天不下雨，人人担心旱灾；如天一下雨，民众就高兴得如获再生。像这样没有一点积蓄的状况，已达到登峰造极的严重程度。更有甚者，负责这方面工作的官员仍然不闻不问，而皇帝自己也不重视、不忧虑! 在封建君主专制制度下，皇帝至高无上，神圣不可侵犯，而贾谊敢对文帝如此责难，并且把积贮提高到"天下之大命"高度，实在是具有难能可贵的胆识!

贾谊将积贮视为"天下之大命"，具体来说，有3个方面的原因。其一，贾谊认为，如果一个国家积贮不足，那么遇到天灾人祸，广大民众饥寒交迫，会引发社会动荡，甚者武装起义，危及封建王朝统治。"民非足也，而可治者，自古及今，未之尝闻。"他主张牧民之道在安民，要安民，首先就要让人民能生活下去。不仅年成好能生活下去，即使遇到饥馑灾荒也要能活下去。

其二，贾谊认为，积贮不足不仅会引起内忧，还会引起外患。如果"卒然边境有急，数十百万之众聚，国何以馈之?"③ 相反，如果一个国家

---

① 《新书·无蓄》。
② 《新书·忧民》。
③ 《汉书》卷24上《食货志上》。

积蓄很多粮食，财力雄厚，那就能攻无不克，战无不胜，甚至敌人不战就会来投诚。"苟粟多而财有余，何向而不济？以攻则取，以守则固，以战则胜，怀柔附远，何招而不至？"

其三，贾谊认为，国家有充足的积蓄，人民的物质生活才有保障，才能提高民众的封建道德水平。他在《论积贮疏》中引用了《管子》中的一句名言："仓廪实而知礼节，衣食足而知荣辱"，用以说明国家粮食积蓄充足了，百姓丰衣足食，封建道德水平自然就会提高。贾谊认为，国家要做到积贮，就必须重视农业生产和提倡节俭、反对侈靡。而且他把反对侈靡与重视农业两者联系起来加以综合考虑。首先，他揭露当时社会上普遍存在侈靡的风气："今世以侈靡相竞，而上无制度，弃礼义，捐廉丑。"① 接着，他指出，这种侈靡之风造成"百人作之，不能衣一人，欲天下亡寒，胡可得也！一人耕之，十人聚而食之，欲天下无饥，不可得也。"② 最后，他主张，要改变这种"奇巧末技，商贩游食之民"的"志苟得而行淫侈"的社会风气，③ 必须"驱民而归之农，皆著于本……使末技游食之民，转而缘南亩，则畜积足，而人乐其所矣"④。贾谊通过禁侈靡，减少浪费，增加农业生产，从而使国家增加积蓄，而不是通过增加百姓赋税负担来增加国家积蓄，这在当时还是比较有积极影响的。

晁错的重积贮思想一言以蔽之，即"务民于农桑，薄赋敛，广畜积，以实仓廪，备水旱"。在此，他把发展农业生产、减轻百姓赋税负担和增加粮食积蓄这3件事情综合起来一起考虑。首先，他重视积蓄，认为粮食积蓄多了，贮存在仓库里，以备天灾人祸不时之需，是国家长治久安的根本保障。他以历史经验为例来证明自己的思想，"尧禹有九年之水，汤有七年之旱"，而未酿成灾害，乃由于蓄积厚而预有准备。相反，晁错认为，当时西汉时期的状态，论人口不比汤禹时少，又无接连几年的水

① 《新书·俗激》。
② 《全上古三代秦汉三国六朝文》第2册，《全汉文》卷15《上疏陈政事》。
③ 《新书·瑰玮》。
④ 《汉书》卷24上《食货志上》。本目以下引文均见于此。

旱之灾，但就是没有积蓄，关键原因在于，"地有遗利，民有余力，生谷之土未尽垦，山泽之利未尽出也，游食之民未尽归农也"。

其次，晁错针对"地有遗利，民有余力"，"游食之民未尽归农"而造成西汉政府未有积蓄的现象，提出了"务民于农桑"的对策："方今之务，莫若使民务农而已矣。欲民务农，在于贵粟；贵粟之道，在于使民以粟为赏罚……夫能入粟以受爵，皆有余者也；取于有余，以供上用，则贫民之赋可损，所谓损有余补不足，令出而民利者也。"他的逻辑思路是，如果国家以民众交纳粟多少作为赏罚的依据，那在社会生活中，民众都以粟为贵，就会努力务农，多生产粟了。而且广大民众都致力于农业生产，就会富裕起来，也不会轻易离乡背井，成为"游食之民"。"贫生于不足，不足生于不农，不农则不地著，不地著则离乡轻家……（虽有）严法重刑，犹不能禁"。因此，要改变西汉国家没有积蓄的现象，关键在于发展农业生产。

最后，晁错的重视积蓄，不仅要求封建国家要有雄厚的积蓄，而且希望民众每家每户都要有一定的积蓄，这样，如遇到天灾人祸，才有可能生存。晁错十分同情当时广大农民所过的悲惨生活，他从反面来阐述，当时的农民每年辛勤劳作，但在生活上还是难以为继，如遇到水旱之灾，那更是无法生存了。因此，他要求封建政府薄赋，改善农民生活。"今农夫五口之家，其服役者不下二人，其能耕者不过百亩，百亩之收不过百石。春耕夏耘，秋获冬藏，伐薪樵，治官府，给徭役……四时之间，亡日休息。又私自送往迎来，吊死问疾，养孤长幼在其中。勤苦如此，尚复被水旱之灾，急政暴赋，赋敛不时，朝令而暮改。当具有者半贾而卖，亡者取倍称之息。于是，有卖田宅，鬻子孙，以偿责者矣。"不言而喻，晁错希望西汉政府能减轻百姓赋税负担，使他们有一定的积蓄，具备基本的生活条件和农业再生产能力。

第十节　选任、监察、考核官吏思想

一、选任官吏思想

（一）秦代选任官吏思想

秦朝选官的详细内容，目前因史料缺乏，仍然不大了解。《通典·选举典》云："秦自孝公纳商鞅策，富国强兵为务，仕进之途，唯辟田与胜敌而已，以至始皇，遂平天下。"这里所谓"辟田"，就是指民众如积极从事农业生产，生产的粮食多了，就可以通过纳粟买官而得到官职。如始皇四年（前 243），"天下疫，百姓纳粟千石，拜爵一级"。① "胜敌"指在战争中战胜敌人，立有军功，就可以得到拜爵的奖励，有了爵位就可以做官。秦国规定："斩一首者爵一级，欲为官者为五十石之官；斩二首者爵二级，欲为官者为百石之官。"② 这说明，辟田与胜敌是秦国选拔官吏的重要途径。但是，具体如何进行选拔尚不大清楚，可能与西汉一样，主要通过"征召"和"荐举"等方式。

秦代对官吏的选任思想，最突出的就是李斯的《谏逐客书》。在战国末年，诸侯国相互攻伐战争、以强并弱的背景下，李斯将招贤用贤提高到增强国家实力的高度来论证，认为秦国要重视和招揽天下贤才，敞开国门大胆接纳和重用非出生于本国的贤才（即客卿），国家才能更加强盛，而不能采取闭关锁国甚至驱逐客卿的政策。李斯的这一唯才是举、大胆选用客卿的思想，的确对秦国的富强并打败六国统一全国奠定了人

---

① 《史记》卷 6《秦始皇本纪》。
② 高华平、王齐洲、张三夕译注：《韩非子》卷 17《定法》，中华书局，2018 年。

才基础。

首先，李斯认为秦国之所以能最终战胜其他诸侯国，统一六国，接纳并重用客卿这一举措发挥了应有的作用。他在《谏逐客疏》开篇就列举了大量历史事例，说明正是因为秦国历朝国王大胆使用了非秦国的人才，才使秦国从弱国成为强国，最终统一六国，成就帝王之业。他指出："昔缪公求士，西取由余于戎，东得百里奚于宛，迎蹇叔于宋，来丕豹、公孙支于晋。此五子者，不产于秦，而缪公用之，并国二十，遂霸西戎。孝公用商鞅之法，移风易俗，民以殷盛，国以富强，百姓乐用，诸侯亲服，获楚、魏之师，举地千里，至今治强。惠王用张仪之计，拔三川之地，西并巴、蜀，北收上郡，南取汉中，包九夷，制鄢、郢，东据成皋之险，割膏腴之壤，遂散六国之从，使之西面事秦，功施到今。昭王得范雎，废穰侯，逐华阳，强公室，杜私门，蚕食诸侯，使秦成帝业。"①

李斯在此以秦国历史上 4 位国君为例，以史实雄辩地说明秦穆公因得到由余、百里奚、蹇叔、丕豹和公孙支 5 位非出身于本国的贤才辅佐，得以"并国二十，遂霸西戎"。秦孝公重用卫国人商鞅并任命他为丞相。商鞅在秦国的两次变法，使秦国民富国强，诸侯归附，还大破"楚魏之师"，为秦国开拓了大片疆土。秦惠王任命魏国人张仪为相，使秦国向各个方向开疆拓土，还瓦解了东方六国的"合纵"策略，使他们都"西面事秦"，其功劳延续至今。秦昭王任用魏国人范雎为相，才结束了穰侯、华阳君等权贵把持朝政的局面，巩固和加强了君主的权力；削弱了诸侯，使秦国具备了兼并东方六国的力量和趋势。因此，李斯认为，"此四君者，皆以客之功"。这 4 位国君之所以在秦国发展壮大中起到如此重要的作用，都是因为他们大胆重用客卿的结果。"向使四君却客而不内，疏士而不用，是使国无富利之实而秦无强大之名也。"②

秦国不仅大胆用客卿，甚至还敢于重用降将制降国。秦灭六国，最

---

① 《史记》卷 87《李斯列传》。
② 《史记》卷 87《李斯列传》。

先灭亡的是韩国。而韩国的灭亡，又是因为韩国南阳守腾投降秦国所导致的。始皇十六年（前231），秦"发卒受地韩南阳假守腾"①。《资治通鉴·秦纪》更明确记载："韩献南阳地，九月，发卒受地于韩。"这说明韩国南阳守腾向秦军投降，尔后受到秦国的重用，次年被任为内史。秦国利用其熟悉韩国内部情况的有利条件，让腾担任反戈击韩的重任。始皇十七年（前230），使"内史腾攻韩，得韩王安，尽纳其地，以其地为郡，命曰颍川"②。至始皇二十年（前227），又使腾除"南阳郡守"，负责镇压南阳的韩国残余势力，采取以降将制降国的策略。结果，韩王安被俘，韩国灭亡。

其次，应以"地无四方，民无异国"的宽广胸怀，打破门户偏见，招揽人才。李斯用秦国引进珍稀之宝和异国音乐来说明这个主张：秦国能有昆山之玉、随和之宝、明月之珠、太阿之剑、纤离之马、翠凤之旗、灵鼍之鼓，而"此数宝者，秦不生一焉"。但秦国都有上述各种珍宝，关键原因就是秦国能打破门户偏见，乐于引进对自己有用的东西。如果这些珍宝都要产于秦国才可使用，那么"夜光之璧不饰朝廷，犀象之器不为玩好，郑、卫之女不充后宫，而骏良駃騠不实外厩，江南金锡不为用，西蜀丹青不为采"。"所以饰后宫充下陈娱心意说耳目者，必出于秦然后可，则是宛珠之簪，傅玑之珥，阿缟之衣，锦绣之饰不进于前，而随俗雅化佳冶窈窕赵女不立于侧也。"同样，如果排斥异国音乐的话，在秦国就欣赏不到郑、卫等国动听的音乐了，只能欣赏本国"击瓮叩缶弹筝搏髀，而歌呼呜呜"那种简单的表演。珍稀之宝和异国音乐的引进是这样，招收人才也是如此。只有具备"地无四方，民无异国"的宽广胸怀，敢于引进和大胆重用异国贤才，秦国才能像五帝三王那样无敌于天下。如果"不问可否，不论曲直，非秦者去，为客者逐"，③那么秦国就不可能

① 《史记》卷6《始皇本纪》。
② 《史记》卷6《始皇本纪》。
③ 《史记》卷87《李斯列传》。

控制诸侯一统天下。

秦国在打破门户偏见，不拘一格选拔人才中，特别重视从一般百姓中选拔人才。秦代法律规定："审能民，以赁（任）吏"。① 这就打破了世族相胤、宦门相承的世袭性用人制度对于人的限制，用人一律以才能为准，为一般百姓为官受职、发挥自己的才干开辟了途径。

最后，李斯在当时招揽人才置于各诸侯国相互攻伐吞并的历史背景下，认为秦国如把各诸侯国的人才拒之于国门之外，就是"资敌国"，"外树怨"，秦国就可能危亡。他指出："地广者粟多，国大者人众，兵强则士勇。是以泰山不让土壤，故能成其大；河海不择细流，故能就其深；王者不却众庶，故能明其德。"所以要使国家强盛，就必须广招天下贤才，使之为秦国效力。相反，如果逐客，是"弃黔首以资敌国，却宾客以业诸侯"，被逐者必然怨恨秦国，逐客就等于派了许多仇恨秦国的人到其他诸侯国去，这不仅削弱了自己，而且等于强大了敌人，成就了其他诸侯国的事业。逐客"使天下之士退而不敢西向，裹足不入秦"，如同把武器借给敌人，或把粮食送给强盗。这样，不要说吞并六国不可能，甚至连自身都难保。"今逐客以资敌国，损民以益仇，内自虚而外树怨于诸侯，求国无危，不可得也。"秦始皇接受了李斯的谏言，"乃除逐客之令，复李斯官"，并重用李斯。最后，秦国终于"二十余年，竟并天下"②。

（二）汉代选任官吏思想

1. 汉代选拔官吏标准与限制。

汉代选拔官吏的具体内容比秦汉详细多了，其主要原因有两个方面：一是汉代选拔官吏制度在继承秦制的基础上，有较大的发展；二是汉代延续时间长，历史记载丰富，所以后世对此了解较多。西汉武帝元狩六年（117），为了"博选异德名士，称才量能"，命令丞相府设四科之辟，考选人才。此四科为："第一科曰德行高妙，志节清白。二科曰学通修

---

① 《睡虎地秦墓竹简·为吏之道》。
② 《史记》卷 87《李斯列传》。

行，经中博士。三科曰明晓法令，足以决疑，能案章覆问，文中御史。四科曰刚毅多略，遭事不惑，明足以照奸，勇足以决断，才任三辅令。"① 此四科在汉代影响深远，直至东汉初光武帝时期，还颁布诏书重申坚持以这四科作为丞相府选士的标准，并称其为"丞相故事"。② 四科之辟虽然是丞相府的选士标准，但由于丞相府是全国的行政中枢，"故事"又具有法律效力，所以说其"四科"反映了汉代选拔官吏的基本标准与价值取向。

其一，为官吏者必须有良好的道德修养。秦代明文规定："凡为吏之道，必精洁正直，慎谨坚固，审悉毋（无）私。"③ 这就是要求为官吏者必须廉洁、正直、谨慎、坚强、无私。西汉诸帝频繁下诏举"贤良方正之士"，顾名思义，这里举"贤良方正"也是强调选拔有德行的、为人正直的人为官吏。西汉武帝时的四科之辟中第一科为"德行高妙，志节清白"，东汉初光武帝又予以重申，也是强调为官的首要条件就是品德必须高尚、志节必须清白。元帝时也强调选拔官吏要注重道德品行，并对此做了更具体的诠释，规定为官吏者必须具备质朴、敦厚、逊让、有行义之"四行"的条件。总之，秦汉选任官吏都将有良好的道德品行作为首要条件。

其二，具有一定的文化素养。汉武帝四科之辟中的第二科、第三科就是要求官吏必须明习经学，通晓法令。这是官吏参与国家管理的基本素质。汉代管理国家的指导思想是霸王道杂之，即儒法杂糅，反映在选任官吏上就是要求必须知晓一定的儒家和法家学说。桓谭在《新论》中指出："作健晓惠，文史无害，县廷之士也……通经术，名行高，能达于从政，宽和有固守者，公辅之士也。"在此，"文史无害"，显然是对基层县级官吏文化素养的要求，"通经术"则是对朝廷高层机构官吏文化素养

---

① 《汉官六种》，第 37 页。
② 《汉官六种》，第 125 页。
③ 《睡虎地秦墓竹简·为吏之道》。

的要求。其理由是通律以利决疑，明断民间诉讼案件，以佐治政；通经则以明大义，以利于辅佐公卿管理国家，因此是上下级官吏必须具备的素养，二者对于为官吏者来说均为重要。两汉兼习经、律者不可胜数，是为明证。① 尤其对于广大基层官吏而言，直接面向普通百姓施政，日常接触大量的民事、法律事务，通晓一定的法律知识和政策法令，是不可或缺的。因此，在居延汉简中，记载边境基层官吏功劳的《功劳墨将名籍》屡屡见到"颇知律令"之语，② 足见汉代基层官吏对法律和政策法令之熟悉，因为这是作为官吏的最基本要求。

除此之外，"能书会计"也是汉代作为官吏的基本要求。所谓"能书"，不仅要求能够熟练制作公文，写文章，还包括书法要求。汉《尉律》规定，学童17岁以上参加考试，能读写9000字以上者才能取得为吏资格，后再参加书写6种字体的考试，择优录取为"吏"职小吏。《汉书·艺文志》载："太史试学童，能讽书九千字以上，乃得为史。又以六体试之，课最者，以为尚书、御史、史书令史。吏民上书，字或不正，辄举劾。"所谓"会计"，是指具有一定的计算统计能力。数字计算统计是国家行政管理、财政财务会计、审计监督的重要技能。因此，作为官吏，也必须具备"会计"能力。尹湾汉简《东海郡吏员簿》记太守府属吏，书佐中包括专司计算的"用筹佐"，就可说明当时在地方府州县管理中，有计算能力的吏员是不可缺少的。《汉书·匡衡传》也有"郡乃定国界，上计簿，更定图，言丞相府"之语，其中划定郡与郡之间的边界，编写上计簿，画出图纸，都需要计算统计专业知识。

其三，具有一定的管理能力。官吏的管理能力直接影响到行政机构的决策、计划、组织、指挥、控制、协调等管理效果。因此，管理能力也是作为官吏一条不可或缺的基本条件。所谓"刚毅多略，遇事不惑，

---

① 邢义田：《秦汉的律令学——兼论曹魏律博士的出现》，载《历史语言研究所集刊》。

② 《中国珍稀法律典籍集成》甲编第二册，李均明、刘军《汉代屯田戍遗简法律志》下编，科学出版社，1994年。

明足以决",即要求为官吏者在管理中应当有决策主见,富有谋略办法,明智不惑,决断果敢,而非无能软弱,唯唯诺诺。在汉代官场文化中,从皇帝到普通官员,都崇尚有能力、果敢担当的官吏,而鄙视无能、胆小懦弱的官吏。如武帝时廷议灌夫骂詈案,内史郑当时不敢坚持己见,被武帝怒斥为"辕下驹"①。成帝时,执金吾尹赏临终前告诫其子:"丈夫为吏,正坐残贼免,追思其功效,则复进用矣。一坐软弱不胜任免,终身废弃无有赦时,其羞辱甚于贪污坐臧。慎毋然!"②尹赏认为,身为官吏如软弱不胜任而被免职,其受到的羞辱比犯贪污坐赃罪还要严重,由此可见汉代官场对官吏管理能力之重视。

除了这3条主要为官条件外,汉代选任官员时还注意被选对象的年龄与仪表。如高祖十一年(前196)在求贤诏中要求,将贤士遣送相国府,并注明其"行、义、年",而且强调"年老癃病,勿遣"③。顺帝阳嘉元年(132),"初令郡国举孝廉,限年四十以上"④。由此可见,汉代选任官吏是有明确的年龄要求。武帝元朔五年(前124)诏:"择民年十八以上仪状端正者,补博士弟子。"⑤建始四年(前29),"商代匡衡为丞相……为人多质有威重,长八尺余,身体鸿大,容貌甚过绝人。河平四年(前25),单于来朝,引见白虎殿。丞相商坐未央廷中,单于前,拜谒商。商起,离席与言,单于仰视商貌,大畏之,迁延却退。天子闻而叹曰:'此真汉相矣!'"⑥由此可见,汉代对选任官吏的相貌也有一定的讲究,特别是选任高级官员,其仪表关系到国家形象和政府权威,更不能忽视。

汉朝除了确立选任官吏的3个方面的基本标准之外,还贯彻3个方面

---

①《汉书》卷52《灌夫传》。

②《汉书》卷90《尹赏传》。

③《汉书》卷1下《高帝纪下》。

④《后汉书》卷6《顺帝纪》。

⑤《汉书》卷88《儒林传》。

⑥《汉书》卷82《王商传》。

的限制原则，虽然其中某些方面不尽正确，但其用意在于确保官吏队伍的素质，预防官吏之间拉帮结派。

其一，籍贯限制。籍贯限制主要是针对地方长吏。汉代，"初，朝议以州郡相党，人情比周，乃制婚姻之家及两州人士不得对相监临"①。这就是规定，有婚姻关系的两州人士不得互相于彼州为官。随后，限制又进一步严格，限制对象扩大，增加至三州，制定了《三互法》：不仅州郡长官不能录用本籍人士，三州人士、婚姻之家也不能交互为官。如甲州人士于乙州为官，乙州人士又于丙州为官，则丙州人士便不能至甲、乙二州为官，只能至他州为官。灵帝熹平四年（175），蔡邕以该法之行，致使禁忌转密，选用艰难，上疏请求废除，但未被采纳。

汉朝选任官吏的这种严格籍贯限制，也被史学界的研究所证实。严耕望认为，自武帝中叶以后，包括丞、尉在内的县长吏，不但非本县人，且非本郡人，但以邻近郡国为多。② 严先生的这一结论，也从尹湾汉简《东海郡下辖长吏名籍》所记长吏籍贯得到证实，当时东海郡县级长吏130人，无一是东海郡出身，均来自山阳、鲁国、琅琊、临淮、楚国、沛诸郡。③ 由此可见，汉朝选任官吏籍贯限制规定贯彻之彻底。

其二，对曾犯罪官吏的限制。汉朝禁止犯罪官吏继续为官，称为"禁锢"。这种禁锢其实就是一种限制，其具体限制主要有3种类型：一是因为政治上犯罪，而被禁锢不得为官；二是因为经济上贪赃，而被禁锢不得为官；三是因为亲友犯罪受到连坐，而被禁锢不得为官。汉朝禁锢对象有官吏本人、亲族、朋友、婚姻之家。东汉党锢之祸严重，禁锢对象扩大到门生故吏、五服亲属。禁锢种类按时间长短可分为禁锢终身、禁锢二世、禁锢三世等。禁锢犯罪官吏本人不再为官，对纯洁官吏队伍还较合理，但实行连坐，禁锢子孙、亲族、朋友、姻亲、门生故吏则反

---

① 《后汉书》卷60下《蔡邕列传》。

② 严耕望：《中国地方行政制度史·秦汉地方行政制度》，上海古籍出版社，2007年。

③ 连云港博物馆等编：《尹湾汉墓简牍》，中华书局，1997年，"序"。

映了封建连坐的落后性。

其三，是身份限制。汉朝实行重农抑商政策，因此规定商人及其子弟不得入仕为吏。自高祖八年（前199）颁布禁止商人衣丝乘车令后，惠帝、吕后、景帝、文帝诸朝均规定商人不得为吏。汉末，哀帝绥和二年（前7）重申了此禁令。汉朝身份限制的第二种人是赘婿，即指因家境贫寒无力娶妻而入赘妻家的男人。因赘婿被社会看不起，身份低贱，故规定不许为吏。如汉文帝规定："贾人、赘婿及吏坐赃者，皆不得为吏。"① 这种以身份出身而被限制为官吏，也反映了封建等级制度的落后性，对广泛选拔优秀人才是不利的。

2. 汉朝选任官吏方式。

汉朝选任官吏方式，主要有察举、辟除、功次、超擢4种。

（1）察举。察举，意为地方官府向朝廷察廉举荐。这种由下向上推荐人才的制度，在秦朝大致已得到广泛应用。如韩信年轻时"贫无行，不得推择为吏"② 的经历，就说明当时已经普遍存在着这种推荐人才制度。"秦之法，任人而所任不善者，各以其罪罪之。"③ 任就是保举，这说明由下而上的保举制度在秦代已经为法律制度所保障，是比较固定和普遍的。到了汉朝，察举制已经成为最主要的选任官吏方式。具体做法是中央和地方官员按规定科目考察、推荐人才，经考核后委任官职。汉高祖十一年（前196）颁求贤诏，要求地方长官推举贤士大夫，为西汉察举之嚆矢。文帝时，察举制度初具规模，主要科目已经定制。武帝时察举制全面完善，并获得法律保障。汉朝时，朝廷十分重视通过察举选任官吏，为了督促现任官员认真积极察举人才，法律规定对察举失职官员予以惩罚。元朔元年（前128），下令朝议不举孝廉罪，有司制定该法为"不举孝，不奉诏，当以不敬论。不察廉，不胜任也，当免"。④ 东汉时

---

① 《尹湾汉墓简牍》，"序"。

② 《史记》卷92《淮阴侯列传》。

③ 《史记》卷79《范雎列传》。

④ 《汉书》卷6《武帝纪》。

期，察举制进一步完善。和帝时，察举法又附加了按人口比例推荐员额的限制，当时规定，各地人口每 20 万人岁举孝廉 1 人；顺帝阳嘉元年（132），则增加了"限年四十以上"的规定。

汉代察举若以方式划分，大致可分为岁举与特举两种。

①岁举。岁举每年举行一次，科目主要有孝廉、察廉、茂材 3 种。

孝廉。孝廉本是二科，即孝子廉吏，意为举孝子，察廉吏。儒家认为，"孝"是社会伦理道德的最基本准则。由于自汉武帝开始独尊儒术，因此汉朝廷把孝作为选任官吏最重要的条件之一。"廉"即廉洁，是为官治民的最重要品行要求。因此，汉代普遍认为，如果为官者二者兼而有之，则为官吏中道德楷模，所以当时在选任官吏时，往往将孝、廉连言。但是，其在实际察举中，孝廉与察廉分科进行。因为孝廉与察廉选拔的对象有所不同，考察的侧重点也不同，两者选拔出的人员数量比也不均衡。一般说来，孝廉科适用面广，一般吏民均有被察举的机会，非现任官吏人数比现任官吏为多。东汉孝廉更是如此，通晓经书的儒生举孝廉为官者，远多于现任官吏。由于其选拔对象以非现任官吏为多，故其考核的内容以孝、通晓经书为主。据福井重雅所制图表可知，[1] 西汉孝廉有 21 人，除 3 人察举前官职不详外，现任官吏 6 人，其余 12 人均为非现任官吏，后者正好是前者的 2 倍。东汉孝廉 208 人，37 人察举前官职不详，其余 171 人中，现任官吏仅 53 人，无为官经历者多达 118 人，且绝大多数是通经笃学、行修志介之士。这些以孝廉被察举后的人才多出任郎官、县长吏，并进一步升迁为尚书、侍中、太守、刺史，有的甚至官至三公九卿，成为汉代普通士人入仕的主要途径。由此可见，孝廉科为更多的平民百姓提供了公平竞争、择优入仕的机会，有利于国家广泛选拔优秀人才参与管理。

孝廉科由郡国长官负责察举。西汉时期，其员额由朝廷以郡国为单

---

① 福井重雅：《汉代官吏登用制度研究》，第一章图表三，日本创文社，1988年。

位平均分配给全国地方各郡国。武帝元光元年（前134），"初郡国举孝、廉各一人"。① 东汉和帝永元年间，改为按各郡国人口比例来分配名额："时大郡口五六十万举孝廉二人，小郡口二十万并有蛮夷者亦举二人，帝以为不均，下公卿会议。鸿与司空刘方上言：'凡口率之科，宜有阶品，蛮夷错杂，不得为数。自今郡国率二十万口，岁举孝廉一人，四十万二人，六十万三人，八十万四人，百万五人，百二十万六人。不满二十万，二岁一人；不满十万，三岁一人。'帝从之。"② 这样以20万人举孝廉1人，按人口比例定名额，比较合理。后来，又对边郡少数民族杂居地区制定优宽政策，10万举孝廉1人，使这一制度更加合理化。同时，从这一比例看出，当时选拔孝廉是相当不容易并且很严格的。

察廉。察廉主要适用于现任官吏。对于一般现任官吏来说，为官治民，廉最为重要，也更现实。察廉与孝廉相比，前者因主要考察现任官，所以侧重于考察为政廉洁情况，后者主要考察未任官者，所以侧重于考察孝道情况。前者考察现任官为政廉洁情况，似乎没有后者考察未任官者对道德水准、品行素质要求那么高。可能因为前者已是现任官，只要没有发现什么廉政问题，就可按规定逐步升迁，而后者是未任官者要选拔进入仕途，因此要有一定的准入门槛，所以对道德水准、品行素质的要求相对高些。如尹湾汉简《东海郡下辖长吏名籍》所记县令长、侯国相等县级官吏139人，其中"以廉迁"15人，以"孝廉迁"仅1人，足见后者名额少，道德水准、品行素质要求较高。

廉吏一般由所在官署的行政长官察举，被察后多由现职迁为地方长官。如上述东海郡"以廉迁"15人中，县长3人，侯国相4人，盐官长1人，右尉5人（含孝廉1人）、左尉2人、侯国丞1人。如以此推及他县，便可知全国各地察廉中选拔出的人才任官之大致情况。

茂材。西汉称秀才，东汉为避光武帝刘秀名讳而改称茂材。孝廉、

---

① 《汉书》卷6《武帝纪》。
② 《后汉书》卷37《丁鸿列传》。

察廉都注重孝道廉洁，属于道德品行层面的，而茂材则注重选拔有特殊才干的人，故初举时往往与"异等""异伦"连称。武帝元封五年（前106），首次颁布举茂材令："其令州郡察吏民有茂材异等，可为将相及使绝国者。"① 此时举茂材还未成为岁举的定期举荐特殊才干的人才制度，以后经西汉宣帝、元帝至东汉光武帝不断颁布诏书进行完善，逐步形成了岁举的定期举荐人才制度。茂材察举程序与孝廉一样，由中央、地方官员发现人才，然后推荐至朝廷。宣帝、元帝时期，朝廷还经常派遣大夫巡行天下，既亲自选拔，又监察地方是否依法察举。茂材与孝廉、察廉相比，等级相对会高一些。茂材既注重德，又注重才，因此往往与廉吏、通经紧密相关，其察举程序是先选拔为"察廉"，尔后又举为"茂材"，被举为茂材后，多数任地方县令长。而且，由于茂材侧重于特殊才能的选拔，因此往往强调被选者的才能特长，如通经、博学、通敏、善战等。例如：冯逡"通《易》。太常察孝廉为郎，补谒者。建昭中……光禄勋于永举茂材，为美阳令"。② 师丹"治《诗》，事匡衡。举孝廉为郎……建始中，州举茂材，复补博士"。③ 赵广汉："少为郡史、州从事，以廉洁通敏下士为名。举茂材，平准令。"④

②特举。又称诏举，顾名思义就是根据皇帝的诏令而确定察举者、察举对象及员额的一种不定期的察举方式。特举因根据临时不同需要而定，因此科目繁多。兹举6种比较常见者。

贤良。西汉文帝二年（前178）始设，终两汉之世一直存在。方正、文学、直言极谏、有道、至孝、敦朴诸科与之同类，故又称"贤良方正""贤良文学"，或"贤良方正""直言极谏"。汉朝皇帝最初颁诏求取贤良，往往是因为时政出现一些难以决策的问题，故征求民意，问民疾苦，从而匡补时政。如西汉昭帝时召开的盐铁会议，就属于这种情况，朝廷召

---

① 《汉书》卷6《武帝纪》。
② 《汉书》卷79《冯逡传》。
③ 《汉书》卷86《师丹传》。
④ 《汉书》卷76《赵广汉传》。

集一批贤良、文学，与朝中大臣一起商讨盐铁是否官营。自宣帝、元帝之后，逐渐因灾害异变而求取贤良，这种情况至东汉更为明显。贤良自察举策试后，多充任议论或言谏之官，但也有出为县令长者，如"临沂长，鲁国鲁丁武，故相守史，以举方正除"①。

明经。明经即明习经学，两汉均有。东汉章帝、质帝时，分别对举明经人数和年龄作了规定：即某地区人口 10 万以上举 5 人，不足 10 万人口举 3 人；② 被选人年龄 50 岁以上 70 岁以下诣太学。③ 被举者或任博士、议郎、太子宫之佐属，或补郡国文学官、公府掾属。

明法。明法即通晓法律。通晓法律由于专业性较强，故被举者一般进入司法、监察机构任职，如薛宣"以明习文法诏补御史中丞"④。

尤异。尤异指官吏品德政绩优异者。被举尤异者范围比较广泛，既有郡守、县令等郡县长官，又有游徼、啬夫、亭长等乡级官吏。尤异既有官德方面"治行第一"的尤异，又有政绩方面"捕群盗"的尤异。如赵广汉的"为阳翟令，以治行尤异，迁京辅都尉"⑤。"开阳右尉，琅邪郡柜王蒙，故游徼，以捕群盗尤异除。"⑥ 尤异的认定，在程序上有正常与非常两种：正常者一般通过考课认定，非常者则根据需要，以某一突出才能临时认定。

能治剧。汉朝将地方县按管理的繁简难易分为剧、平两种，能治剧就是指善于治理政务繁杂、难于治理的县，又称理剧、案剧。举为能治剧者，往往升迁为太守、县令。

勇猛知兵法。勇猛知兵法科主要用于察举武官。西汉成帝元延元年（前 12）、哀帝时，东汉安帝永初五年（111）和建光元年（121）、顺帝永

---

① 《尹湾汉墓简牍·东海郡下辖长吏名籍》。
② 《后汉书》卷 3《章帝纪》。
③ 《后汉书》卷 6《质帝纪》。
④ 《汉书》卷 83《薛宣传》。
⑤ 《汉书》卷 76《赵广汉传》。
⑥ 《尹湾汉墓简牍·东海郡下辖长吏名籍》。

和三年（138），都曾颁布诏书，令举明习兵法、武猛有谋者，以任将帅。

此外，朝廷还会根据某一时期形势的需要，临时设科特举某种人才以满足管理国家的需求。如某一时期灾异频现，皇帝认为天谴降临，便通过求贤诏或罪己诏设"明阴阳灾异"科，要求察举这方面人才来解释、化解灾异。又如某一时期洪涝灾害频发，皇帝就特设"能浚川疏河"科，选拔能治理江河的水利人才。

总而言之，察举法是汉朝最重要的选任官吏的方式，分为岁举与特举两种形式。岁举每年定期举行一次，常规科目主要有孝廉、廉吏和茂材三种。孝廉与茂材主要由地方长官面向官吏与平民选拔，员额为人口20万人选1人。廉吏察举的对象主要是官吏，中央与地方长官均可在所辖官署或地区内察举。被举者一般充任郎官或地方县级长吏。特举则根据需要不定期举行，科目较多，员额较多，比较灵活。其中尤异、治剧两科主要面向官吏，其余皆面向一般吏民。察举者为中央或地方长官，被举者通常根据其特长安排对口的职务。汉朝察举法既面向下级官吏，又面向平民，不讲身份门第，不论财富资历，唯以道德品行和实际才干为标准选任人才，为广大一般民众入仕参与国家管理开辟了途径，并且使汉朝廷广泛吸纳各阶层德才兼备的人才加入官员队伍，扩大和巩固了其统治基础。

（2）辟除。所谓辟除，就是中央和地方高级长官可自行选用官吏作为所辖官署的僚属，并且任职一段时间后，可再经举荐或察举后，升任中央及地方官吏。这是汉朝广泛延揽人才、补充官吏队伍的又一项重要制度，是与察举并行于两汉的重要入仕途径。汉代辟除可分为公府辟除与州郡辟除两途。

①公府辟除。汉朝所谓公府辟除，是指主要由朝廷丞相（司徒）、御史大夫（司空）、太尉（司马）、大将军（含诸将军）等最高级长官自行选用所辖官署的僚属。汉初，公府辟除掾属，尚要听命诏令："汉初掾史

辟，皆上言之……其后皆自辟除。"① 据考证，这一制度大约萌芽于西汉宣帝时期。② 被辟除者既有现任官吏，也有无为官经历的州郡名士，辟除后多任秩比四百石至二百石的公府掾属。如鲍宣"举孝廉为郎，病去官，复为州从事。大司马卫将军王商辟宣，荐为议郎"③，"（朱）浮年少有才能，颇欲厉风迹，收士心，辟召州中名宿涿郡王岑之属，以为从事"④。

公府辟除在员额限制上不见有明确的规定，但从汉律对太守府属吏的员额限制可以推测，公府员额限制也应该有明确的法律规定。卫宏《汉官旧仪》载，武帝元狩六年（前 117）丞相府吏员共 382 人，其中史20 人，少史 80 人，属 100 人，属吏 162 人。行政机构在运作过程中，自然会因调动、升降、任免等而发生员额变动，公府长官既然可自主辟除僚属，那么在员额限制方面就有一定的自由度，大概不会受到太严格的员额和任期限制。

②州郡辟除。汉朝州郡长官也有辟除权："州郡辟召，举有道、方正。"⑤ "州郡辟召，皆当来辞，大小有差。"⑥ 郡守行使辟除权时一般称"除""召署"，刺史则称"辟"。通常，郡守所召者多充任郡吏，刺史所辟者多任从事。无论何者所辟，经考察后均有机会升迁。郡守与刺史的辟除本来是各行其事，但伴随着东汉时期刺史权力的不断加大，郡守的召除权相对弱化。例如对于同一个被辟除的人才，刺史有优先权："李恂……太守颍川李鸿请署功曹，未及到，而州辟为从事。"⑦ 由于东汉时期刺史权力大于太守，因此在《后汉书》诸传中，多见刺史辟除，而少见有太守召除。

汉朝对太守府属吏员额的限制，有明确的法律规定："律：太守、都

---

① 《后汉书》志 24《百官一》。
② 《汉代官吏登用制度研究》第一章。
③ 《汉书》卷 72《鲍宣传》。
④ 《后汉书》卷 33《朱浮列传》。
⑤ 《后汉书》卷 30 下《郎颢列传》。
⑥ 洪适：《隶释·都阯·君神祠碑》，中华书局，1986 年。
⑦ 《后汉书》卷 51《李恂列传》。

尉、诸侯内史史各一人，卒史、书佐各十人。"① 但是，如将汉律规定与尹湾汉简所载实际情况相比较，则两者有的员额相差较大。如《东海郡吏员簿》记载了太守、都尉府的吏员数，太守府为"丞一人，卒史九人，属五人，书佐十人，啬夫一人"；都尉府为"卒史二人，属三人，书佐五人"。在此，太守府的属吏员数比汉律规定稍多一点，而都尉府的属吏员数则不到汉律规定的一半。然而，同为尹湾汉简，《东海郡属吏设置簿》所载的属吏人数则与汉律规定相比大大超编："今掾史见九十三人。其廿五人员，十五人君卿门下，十三人以故事置，廿九人请治所置，史赢员廿一人。"② 这说明有两种可能：一是汉朝法律规定的对地方州刺史、郡太守、都尉辟除人员的员额限制并没有得到严格的遵守；二是汉律规定的员额限制其原本就有很大的弹性空间。这也证明地方州郡长官的确拥有很大的自主辟除僚属的权力，可不受法律规定的员额限制。如郡守巡行所属各县，发现人才可以随时随地进行召除。"（杜密）三迁泰山太守、北海相……行春到高密县，见郑玄为乡佐，知其异器，即召署郡职。"③

（3）功次。汉朝功次又称积功、积功劳、积劳，是指官吏通过积功与年限资历而获得升迁的一种途径，也是汉代大多数官吏获得晋升的主要途径，与察举、辟除没有必然的联系。如史籍所载：王䜣"以郡县吏积功，稍迁为被阳令"④。石奋"为中涓，受书谒……积功劳，孝文时官至太中大夫。"⑤ "武帝时，（赵）禹以刀笔吏积劳，迁为御史。"⑥ 与功次含义相同的又有所谓"伐（阀）阅"："明其等曰伐，积日曰阅。"⑦《汉书·朱博传》曰："檄到，赍伐阅诣府。"颜师古注云："伐，功劳也；阅，所经历也。"可见，伐（阀）就是积功，阅就是资历年限。

---

① 《史记》卷 120《汲黯列传》如淳注。
② 《尹湾汉墓简牍·东海郡属吏设置簿》。
③ 《后汉书》卷 67《杜密列传》。
④ 《汉书》卷 66《王䜣传》。
⑤ 《汉书》卷 46《石奋传》。
⑥ 《汉书》卷 90《赵禹传》。
⑦ 《史记》卷 18《高祖功臣侯者年表》。

根据汉简记载，官吏功劳的积累方式有两种：一是日常工作日的累计，通常以实际出勤日数加上法律规定的优惠日数（即"二日当三日"）计算。如"敦德步广尉曲平望塞有秩候长……王参，秩庶士。新始建国上戊元年十二月乙未，迹尽二年九月晦。积三百六十日，除月小五日，定三百五十五。以令二日当三日，增劳百七十七日半日，为五月（百）二十七日半日"①。二是经考核优良后"赐劳"，并有法律规定加以规范。如"候长士吏皆试射……发十二矢……过六矢，赐劳十五日"②。官吏功劳皆须记录在案，以作为表彰、晋升的依据。汉简中多见有《功劳案》《功劳墨将名籍》《伐阅簿》等，③由此可见当时官吏通过功次升迁制度的普及。如《尹湾汉墓简牍·东海郡下辖长吏名籍》记县级长吏139人，除26人因简牍文字漫漶不详外，以国人罢而补1人，以孝廉迁1人，举方正2人，秀才2人，请诏除5人，尤异11人，以廉迁15人，以功次迁则高达75人，约占总数的66％。

汉朝功次选任官吏凭借积功与资历年限升迁的制度，总的说来，应是利大于弊。其利在：积功重在考核官吏的才能和工作业绩，可以激励官吏勤勉尽责，克己奉公，不断提高自己的工作能力，以此使自己不断获得升迁，并且使优秀的人才，能够脱颖而出。其弊在于以资历年限升迁，会使官吏不求有功，但求无过，通过混年限，不断升迁，形成旷废职守，人浮于事，良莠不分的不良风气。对此利弊，时人董仲舒早已指出："古所谓功者，以任官称职为差，非（所）谓积日累久也。故小材虽累日，不离于小官；贤材虽未久，不害为辅佐。是以有司竭力尽知，务治其业而以赴功。今则不然。累日以取贵，积久以致官，是以廉耻贸乱，贤不肖浑淆，未得其真。"④ 在董仲舒的建议下，西汉武帝于元光元年

① 《敦煌汉简》1854。

② 《居延汉简释文合校》45、23，文物出版社，1987年。

③ 刘海年、杨一凡总主编，李均明、刘军主编：《汉代屯戍遗简法律志》下编《其他文书》，载《中国珍稀法律典籍集成》甲编第二册，科学出版社，1994年。

④ 《汉书》卷56《董仲舒传》。

（前134）开始实行郡国举孝廉法，用以克服功次选任官吏的弊端。

（4）超擢。超擢，顾名思义就是对一些特别优异的人才，不按规定的程序、年限、资历，破格予以提拔升迁的一种选任官吏形式。当国家需要特殊人才或人才有突出表现或贡献之时，通常的制度不能满足不时之需，因此只能以超常规的选拔为特点的"不次之选"，作为国家及时选拔任用优异人才的补充。如"武帝初即位，征天下举方正贤良文学材力之士，待以不次之位"。颜师古注曰："不拘常次，言超擢也。"① 汉朝超擢选任人才的原因不一，人才超擢后多任郎官、侍诏或军官。主要形式有以下5种。

第一，通晓先秦礼仪制度。如汉初，叔孙通及其弟子因通晓先秦礼仪制度而被超擢为奉常和郎官，负责修订朝礼。高祖"拜通为奉常，赐金五百斤。通因进曰：'诸弟子儒生随臣久矣，与共为仪，愿陛下官之。'高祖悉以为郎"②。

第二，博学多闻。如东汉时贾逵因博物多识而被明帝破格授予郎官。明帝时，"时有神雀集宫殿官府，冠羽有五采色，帝异之，以问临邑侯刘复，复不能对，荐（贾）逵博物多识……帝敕兰台给笔札，使作《神雀颂》，拜为郎"③。

第三，上书有创见。如武帝时，主父偃、徐乐、严安因上书有创见，受到重视而被超擢。元光元年（前134），主父偃上书阙下，"所言九事，其八事为律令，一事谏伐匈奴……是时，徐乐、严安亦俱上书言世务。书奏，上召见三人……乃拜偃、乐、安皆为郎中。偃数上疏言事，迁谒者，中郎，中大夫。岁中四迁"④。

第四，强壮有力。汉朝重视超擢一些强壮有力的人才为将官，以加强军队战斗力。"汉兴，六郡（陇西、天水、安定、北地、上郡、西河）

---

① 《汉书》卷65《东方朔传》。
② 《汉书》卷43《叔孙通传》。
③ 《后汉书》卷36《贾逵列传》。
④ 《汉书》卷64上《主父偃传》。

良家子选给羽林、期门，以材力为官，名将多出焉。"① 威震西域的郑吉，最初是"以卒伍从军，数出西域，由是为郎"②。还有历史上著名的汉代将领李广、赵充国最初均以良家子从军，以材力过人为官，最后成为西汉名将。

第五，怀有某一特技。如汉代甘延寿"少以良家子善骑射为羽林，投石拔距绝于等伦，尝超逾羽林亭楼，由是迁为郎"③。颜师古注曰："拔距者，有人连坐相把据地，距以为坚而能拔取之，皆言其有手掣之力。"又如"卫绾，代大陵人也，以戏车为郎，事文帝"。颜师古注曰："戏车，若今之弄车之技。"④

3. 考试思想。

汉初对人才的选任可能还没有经过考试，因为察举中的廉吏、尤异、治剧各科，主要考察官吏的品德与治绩能力，没有必要通过考试。辟除则为中央和地方高级长官直接选用，功次、超擢则凭政绩与资历，或特殊贡献和能力。后来，由于对官吏学识才能的逐步重视，政府开始在选任人才中将考试方式引入，使选官程序更具可测量性、客观性与公平性，以此提高官僚队伍的素质和行政机构的有效运行。汉朝，考试种类依对象不同可分为 3 种。

（1）以贤良方正为对象的天子策试。汉朝皇帝举行察举贤良方正策试的原因，往往是因为需要对某一重大治国方略作出决策或因天灾异变而需要征询民意，二者均需朝廷倾听忠言良策。因此，皇帝便成为这种考试的主考官，通常亲自下策书出题，亲自阅览，史称"亲策""亲试""亲览"；贤良方正参加考试，对答策问，称"对策"。汉代最有名的天子策试为武帝建元元年（前 140）董仲舒对策。其方式是：先以"制曰"起始，录出天子策问；随后以"仲舒对曰"，陈述经义，发表见解；继之

---

① 《汉书》卷 28 下《地理志》。
② 《汉书》卷 70 《郑吉传》。
③ 《汉书》卷 70 《甘延寿传》。
④ 《汉书》卷 46 《卫绾传》。

"天子览其对而异焉",即"复册之"乃至三册之;最后"对既毕,天子以仲舒为江都相,事易王"。①

天子策试评定的成绩有等级之分,第一为高第。如"盖宽饶……明经为郡文学,以孝廉为郎。举方正,对策高第,迁谏大夫"②。有的也有直接称第一的。如"(武帝)元光五年(前130),复征贤良文学,菑川国复推上(公孙)弘","上策诏诸儒……时对者百余人,太常奏弘第居下。策奏,天子擢弘对为第一"。③ 其次为下第。如"梁太后临朝,(皇甫)规举贤良方正。对策曰:……梁冀忿其刺己,以规为下第,拜郎中"④。落第者则称不合。如"(孔)昱少习家学,大将军梁冀辟,不应。太尉举方正,对策不合,乃辞病去"⑤。这里需要指出的是,天子策试只是学识测试,并不是资格考试,即通过考察应试者对时局世务、政事得失的见解,测试贤良方正的学力与才识是否胜任其职。因此即使考得下第,也能"拜郎中"。

(2)以孝廉为对象的公府之试。西汉时期的孝廉,无须公府考试而直接任用。但这种选任方式行之既久,就显露出弊端,请托公行,弃贤才用不肖,州郡所举孝廉不堪其职,已失去了选拔人才的功能。东汉章帝建初元年(76)诏:"今刺史、守相不明真伪,茂材、孝廉岁以百数,既非能显,而当授之政事,甚无谓也。"⑥ 可见,当时所举茂材、孝廉人数不仅过滥,而且多数所选拔的人不能胜任。面对这种局面,顺帝阳嘉元年(132)颁布孝廉限年、考试令,以规范选举。当时尚书令左雄提出了具体孝廉考试方案,得到了顺帝的批准:"郡国孝廉,古之贡士,出则宰民,宣协风教。若其面墙,则无所施用。孔子曰'四十不惑',《礼》

---

① 《汉书》卷56《董仲舒传》。
② 《汉书》卷77《盖宽饶传》。
③ 《汉书》卷58《公孙弘传》。
④ 《后汉书》卷65《皇甫规列传》。
⑤ 《后汉书》卷67《孔昱列传》。
⑥ 《后汉书》卷3《章帝纪》。

称'强仕'。请自今孝廉年不满四十，不得察举。皆先诣公府，诸生试家法，文吏课笺奏，副之端门，练其虚实，以观异能，以美风俗。有不承科令者，正其罪法。若有茂材异行，自可不拘年齿。"①

左雄的提案，使公府的孝廉之试上升为法定的选任官吏的考试制度。其内容主要有5点。其一，应试者在年龄上进行限制，不满40岁不得察举。其二，考试地点设在三公之府。其三，考试对象为知晓经学的"诸生"（儒生）与熟悉政务的下级"文吏"（官吏）。其四，考试内容是"试家法""课笺奏"，即儒生试师传经学，官吏试公牍文书。其五，考试程序，即"先诣公府"，后"副之端门"。"副"当为"覆"，有再次复试考察之意，故《后汉书·黄琼传》记："先试之于公府，又覆之于端门。"公府之试即"试家法""课笺奏"，端门之覆据左雄以尚书令当面诘问广陵孝廉徐淑事见之，当为面试，即当面复核查实，以"练其虚实"。

东汉顺帝时，尚书令左雄提出的公府之试制度实行后，在一定程度上克服了察举中的一些弊端，使在察举中违法乱纪者受到处罚，一些道德品质端正、有真才实学的人才脱颖而出，保证了这一选任官吏制度的公正性、有效性。"明年……于是济阴太守胡广等十余人皆坐谬举免黜，唯汝南陈蕃、颍川李膺、下邳陈球等三十余人得拜郎中。自是牧守畏栗，莫敢轻举"。② 由于公府之选收到了"察选清平，多得其人"的效果，因此得到了有识之士的赞同和支持。当时，新的公府之试法令颁布后，尚书张盛表示反对，"奏除此科"，尚书令黄琼批驳道："覆试之作，将以澄洗清浊，覆实虚滥，不宜改革。"顺帝支持公府之试制度的实施。

（3）以博士弟子为主要对象的太常之试。武帝元朔五年（前124），丞相公孙弘提出："为博士官置弟子五十人，复其身。太常择民年十八以上仪状端正者，补博士弟子。郡国县官有好文学，敬长上，肃政教，顺乡里，出入不悖，所闻（颜师古注：'谓闻其部属有此人也。'），令相长

---

① 《后汉书》卷61《左雄列传》。
② 《后汉书》卷61《左雄列传》。

丞上属二千石。二千石谨察可者,常与计偕,诣太常,得受业如弟子。一岁皆辄课,能通一艺以上,补文学掌故缺;其高第可以为郎中,太常籍奏。即有秀才异等,辄以名闻。其不事学若下材,及不能通一艺,辄罢之,而请诸能称者……请选择其秩比二百石以上及吏百石通一艺以上补左右内史、大行卒史,比百石以下补郡太守卒史,皆各二人,边郡一人。先用诵多者,不足,择掌故以补中二千石属,文学掌故补郡属,备员。请诸功令。它如律令。"制曰:"可。"①

从以上公孙弘丞相的上奏内容可以了解到,汉朝太常之试的诸多规定,主要有 8 点。其一,公孙弘的提案得到皇帝的认可,太常之试成为具有法律效力的一种考试制度。其二,规定了有资格受业太学并参加考试选拔的对象主要有两种类型的人员:一是太常亲自选拔的青年才俊,二是由郡县推荐的品行良好的下级官吏。前者限定名额 50 人,后者不限名额。其三,在太学受业时间为一年。其四,每年举行一次考试。其五,考试内容为礼乐射御书数六艺。其六,录取标准是至少能通晓其中一艺,否则令其退学。其七,根据考试成绩任官,优秀者可入殿中任郎中,合格者则派往郡国补属员。此外,选拔通晓一艺以上者补左右内史及卒史之职。其八,主考官为太常。

关于太常之试的考试方式,不同于天子之试的对策方式,而是采用类似于当今对考题进行抽签的面试方式,即主考官将有关经学的疑难问题书写在简策上,依难易分为甲乙两科(或甲乙丙三科)。《汉书·萧望之传》颜师古注:"射策者,谓为难问疑义书之于策,量其大小署为甲乙之科。列而置之,不使彰显。"应试者抽取试策解释,中甲科者为郎中,中乙科者为掌故。史称太常之试的这种考试方式为"射策"。

4. 任子与纳资、卖官。

上述汉朝的察举、征辟、超擢等多种选任官吏制度,虽然在选举方式、标准、主持者、对象等方面各有不同,但总的说来,其共同点是都

---

① 《汉书》卷 88《儒林传序》。

要达到选拔出德才兼备的人才的目的，并且都实行一定方式的考核或考试。任子和纳资、卖官与上述选官方式不同的是，不必通过考核或考试，也并不一定要选德才优秀者，而是依据被选者的出身高低或向国家交纳的钱、财、物数量来确定授予官职的高低。

所谓"任子弟"，就是"子弟以父兄任为郎"，[①] 或"大臣任举其子弟为官"。[②] 这种制度在秦朝已经存在。如《睡虎地秦墓竹简》中数处提到"葆子"，亦即任子。《史记·范雎传》载："秦之法，任人而所任不善者，各以其罪罪之。"由此可见，商鞅变法后的秦国，已经开始有了任子制。西汉文景时期，任子正式形成制度。后来继续发展，至东汉更盛。贵族、大臣等保任子弟除了子、弟、孙之外，还扩大到"以族父任"，以宗家任"，以姊任，甚至"门从"、死亡官吏子弟、宦官子弟等。最初，保任所授予官职多为郎官，或者与郎官类似的太子洗马、庶子、舍人等，并进而逐渐升任中央或地方的高级文武官吏。任子的数量，最初是任子弟1人，后来扩大到2至3人。通过任子制度，自然也选拔了少数优秀有作为的官吏，如苏武、霍光、汲黯、辛庆忌、杜延年等，但是，总的来看，这种完全依靠父兄的庇荫而得官的富贵家庭子弟，绝大多数是纨绔子弟，不是庸碌无能之辈，就是奸佞荒淫之徒。如哀帝时的董贤，20多岁时做到大司马，除了迎合哀帝一起寻欢作乐之外，没有其他任何能耐。梁翼的儿子，"面貌甚陋……道路见者，莫不蚩笑"[③]，可是凭借父荫，16岁就当上了河南尹。这些纨绔子弟越来越多地充斥官吏队伍，既挤压了德才兼备者的进身之路，又败坏了吏治，表现出封建官僚世袭制的落后腐朽。

所谓纳资、卖官，顾名思义就是富人通过向国家交纳货币、粮食等而获取官位。这种现象秦汉时期已经盛行。秦朝时，已有纳资买爵的记

① 《汉书》卷72《王吉传》注引张晏曰。

② 《汉书》卷50《汲黯传》注引孟康曰。

③ 《后汉书》卷34《梁统附玄孙梁冀列传》。

载："（始皇四年）天下疫，百姓纳粟千石，拜爵一级。"① 西汉初年，朝廷也有明码标价卖爵的现象："文帝从（晁）错之言，令民入粟边，六百石爵上造，稍增至四千石为五大夫，万二千石为大庶长，各以多少级数为差。"② 到景帝时，就有了以钱财得官的明确记载，如张释之、司马相如、黄霸等，都是以资为郎的。到武帝时期，因与匈奴打仗等原因，国库空虚，财政危机，朝廷通过纳资补官来填补财政赤字已是司空见惯之事。"武帝即位，干戈日滋，财赂衰耗而不赡，入物者补官，选举陵迟，廉耻相冒；兴利之臣，自此始也。其后府库益虚，乃募民能入奴婢，得以终身复，为郎增秩，及入羊为郎始于此。其后四年（元朔五年，《汉书·武帝纪》作元朔六年）置赏官命曰武功爵，大者封侯、卿大夫，小者郎，吏道杂而多端，则官职耗废。（元狩四年）除故盐铁官家富者为吏，吏道益杂，不选而多贾人矣。（元鼎二年）始令吏得入谷补官，郎至六百（石）。（元鼎三年）所忠言，世家子弟、富人或斗鸡走狗马、弋猎博戏，乱齐民。乃召诸犯令相引数千人，命曰'株送徒'，入财者得补郎，郎选衰矣"。③ 不过，汉武帝时期的纳资卖官在很大程度上是为解决财政危机而采取的权宜之计。总的说来，西汉时卖官鬻爵，还没有影响到其他正常的仕进之途。东汉前期选吏尚名节，公开卖官之事很少见于历史记载。中期以后，宦官、外戚轮流擅权造成吏治的日甚一日的腐败，卖官鬻爵遂成为一种公开的权钱交易。桓帝时，"占卖关内侯、虎贲、羽林、缇骑营士、五大夫钱各有差"④。灵帝更把卖官鬻爵作为国家重要的财政收入。光和元年（178），朝廷公开在西园设置卖官的机构，"自关内侯、虎贲、羽林，入钱各有差。私令左右卖公卿，公千万、卿五百万"。⑤ 当时，朝廷"开鸿都门榜卖官爵，公卿州郡下至黄绶各有差。其富者则

① 《史记》卷6《秦始皇本纪》。
② 《汉书》卷24上《食货志上》。
③ 《西汉会要》卷45《鬻官》。
④ 《后汉书》卷7《桓帝纪》。
⑤ 《后汉书》卷8《灵帝纪》。

先入钱，贫者到官而后倍输"。① 这种风气使当时连段颎、崔烈等素有功勋名望的文臣武将，要想得到三公的位置，也得大大破费一番。而有些清廉耿直的大臣，即使才能杰出，德高望重，如不肯花钱，也难以得到晋升。如"灵帝欲以（羊）续为太尉。时拜三公者，皆输东园礼钱千万，令中使督之，名为'左驺'。其所之往，辄迎致礼敬，厚加赠赂。续乃坐使人于单席，举缊袍以示之，曰：'臣之所资，惟斯而已！'左驺白之，帝不悦，以此故不登公位"。② 这种公开卖官鬻爵、权钱交易的结果是进一步败坏了吏治。那些用钱财买到官的人当上官后，就容易利用手中的权力贪污受贿或向百姓敲诈勒索，以攫取比买官时付出的更多钱财。另外，卖官鬻爵挤压了正常的选任官吏制度，使那些德才兼备的贫寒之士无法进入国家管理层，使东汉后期的政治更加腐朽，加速其走向灭亡。

除以上较为广泛常用的选任官吏方式外，还有一些偶尔一用，并非常制，而影响较大的选官方式，如毛遂自荐，上书拜官。由于汉武帝的提倡，在其统治时期，有约千人上书自荐，其中一些人经过审查而被录用授官。当时东方朔、主父偃、终军等有名于时的人物，都是通过这一途径而进入汉朝管理层的。

（三）秦汉选任官吏思想评价

综合考察秦汉的选官思想和制度，有几个方面值得我们注意。其一，对选任官吏较为重视和严格。"秦之法，任人而所任不善者，各以其罪罪之"。③ 汉朝也是如此，选任得人与否，选任者与被选任者都要负连带责任，功罪赏罚相同。汉武帝时，曾颁布诏书，要求郡国必须定期举荐人才。东汉初年，刘秀也一再颁布诏书，以纠正选举不实、官非其人的弊端："自今以后……务尽实核，选择英俊、贤行、廉洁、平端于县邑，务授试以职。有非其人，临计过署，不便习官事，书疏不端正，不如诏书，

---

① 《后汉书》卷 52《崔寔列传》。
② 《后汉书》卷 31《羊续列传》。
③ 《史记》卷 79《范雎列传》。

有司奏罪名，并正举者。"① 明帝在中元二年（57）也下诏指出："今选举不实，邪佞未去，权门请托，残吏放手，百姓愁怨，情无告诉，有司明奏罪名，并正举者。"② 西汉时期，朝廷一些命官，如何武、韩立、张勃、张谭、张当居、刘顺、王勋、杜业等，都曾因选举不实而受到降秩、免官或被刑的惩罚。相反，如果选举得人，则会受到奖赏。其二，朝廷对被选人与考试人的家庭出身、秩级、年龄、资历、才能、学识、体格等有具体的规定。如惠帝、高后时规定，"市井之子孙亦不得仕宦为吏"③，宣帝时规定吏六百石"有罪先请者"不得举，东汉桓帝时规定"臧吏子孙，不得察举"④。对资历的限制，安帝时规定三署郎官必须"视事三岁以上"才得察举。桓帝时又规定百石吏必须有 10 年经历且有"殊才异行"者才能参选。关于年龄与学识的限制，顺帝时规定，"郡国举孝廉限年四十以上"⑤，博士人选必须 50 岁以上。对于身体条件的限制，《后汉书·张酺列传》记载，郡吏王青因为"身有金夷（创伤）竟不能举"。当然，这些规定和限制并非一成不变，随着情况的变化或朝廷的需要，而可以进行变通。如上所述，所谓超擢，就是对有特殊才能的人才打破资格上的限制进行选任。这些限制大多数在当时历史条件下是有积极意义的，从制度方面保证选任来的人在德智体方面是优秀的，对保证当时官吏队伍的纯洁性和高素质有一定的作用。但是，其中一些限制并不是针对选任人才本身而言：如规定商贾子孙不得为官，其实主要是朝廷在宣示重农抑商政策，起到政策导向的作用，对朝廷广泛选拔人才是不利的，并充满了封建等级制度十分落后腐朽的色彩；又如规定犯赃罪官吏子孙不得参加选拔，这是表明汉朝廷对惩治官吏贪污受贿等腐败行为的重视和决心，但对选拔人才本身未必恰当，并且是一种落后的封建株连

---

① 《后汉书》志 24《百官一》注引应劭《汉官仪》。
② 《后汉书》卷 2《明帝纪》。
③ 《史记》卷 30《平准书》。
④ 《后汉书》卷 7《桓帝纪》。
⑤ 《后汉书》卷 6《顺帝纪》。

制度。其三，选举人的资历和地位必须符合规定条件。如西汉规定，郡国守相必须任职满1年才有察举资格。东汉顺帝时取消了资历的限制。从现代的眼光看，一般情况下，有一定的资历条件还是必要的，其实资历条件就是要求要有一定的实践经验。其四，选举必须由法定的机构主持。西汉前期，丞相、太常、光禄大夫为负责选举的主持官员，丞相司直、司隶校尉和刺史为监察选举虚实的官员。武帝建立中朝以后，尚书逐渐参掌选权。东汉时期，尚书逐渐参与选任官吏，权力增大。虽然郎官、博士弟子的选考还由太常和光禄大夫具体负责，但尚书有最后的铨选决定权，地方郡国选举也由三府转归尚书。"旧典选举委任三府，三府有选，参议掾属，咨其行状，度其器能，受试任用，责以成功。若无可察，然后付之尚书。尚书举劾，请下廷尉，覆案虚实，行其诛罚。今但任尚书，或复敕用。如是，三公得免选举之负，尚书亦复不坐，责赏无归，岂肯空自苦劳乎！"① 后世吏部尚书所以位居六部之首，就是因为掌握了中下级官吏的人事大权，其渊源可追溯于此。

西汉时期的选举制度由于选举对象范围较广，察举的科目较多，并且制定有严格的选举措施，加上采取推荐与考试相结合的方式，并对推荐与考试过程进行严密的监控，因此，基本上使这一选任官吏制度处于较好的运作机制下，发挥了应有的选拔人才的作用。尤其在政治比较清明的时期，封建国家能够选拔出较多德才兼备的人才，在管理国家中发挥各自的聪明才智，如汉武帝在位时期是新的选官制度确立的时期，也是选官制度运行较好的时期。当时朝廷求贤若渴，不拘一格选拔人才，所以这一时期涌现出一大批在历史上卓有建树的政治家、军事家、理财家、思想家、文学家、史学家和科学家等，形成了人才辈出的局面，出现了中国封建社会第一次大一统下的盛世气象。班固在《汉书·公孙弘等传》中赞曰："是时，汉兴六十余载，海内艾安，府库充实，而四夷未宾，制度多阙。上（武帝）方欲用文武，求之如弗及，始以蒲轮迎枚生，

---

① 《后汉书》卷78《吕强列传》。

见主父而叹息，群士慕向，异人并出。卜式拔于刍牧，弘羊擢于贾竖，卫青奋于奴仆，日磾出于降虏，斯亦曩时版筑饭牛之朋已。汉之得人，于兹为盛。儒雅则公孙弘、董仲舒、儿宽，笃行则石建、石庆，质直则汲黯、卜式，推贤则韩安国、郑当时，定令则赵禹、张汤，文章则司马迁、相如，滑稽则东方朔、枚皋，应对则严助、朱买臣，历数则唐都、洛下闳，协律则李延年，运筹则桑弘羊，奉使则张骞、苏武，将率则卫青、霍去病，受遗则霍光、金日磾，其余不可胜纪。是以兴造功业，制度遗文，后世莫及。"历史雄辩地证明，中国古代的汉唐盛世与最高统治者对人才的重视选拔密切相关。汉唐在众多领域人才和广大民众艰苦卓绝的奋斗下，创造了辉煌的汉、唐盛世。

当然，另一方面，我们也必须看到，汉代选举官吏制度也存在着一些难以克服的弊端，其中最突出的问题是在选举中，一些权贵官僚为了安插私人，把持选举制度，结党营私。加上东汉末年桓帝、灵帝时公开计钱卖官，使整个选举制度彻底败坏。郡国举孝廉时，权门请托，贵戚书命，成为普遍风气。如当时"河南尹田歆外甥王谌，名知人，歆谓之曰：'今当举六孝廉，多得贵戚书命，不宜相违，欲自用一名士以报国家，尔助我求之。'"①河南尹田歆可谓是少数良心未泯的官吏，既不敢违背权贵请托，又不愿完全屈从他们的意志，只能在力所能及的情况下为国家选上个把称职的人才，以求自己不受良心的谴责。当时三署的郎官选举，也同样为权贵所把持。个别耿直的官吏如违背他们的意旨，则被降秩甚至遭到刑罚，如东汉末年黄琬、陈蕃掌三署选举，因拒绝权贵请托，结果陈蕃被免官，黄琬遭禁锢。时人王符对东汉选官制度的腐败做了辛辣的揭露与批判："今当涂之人，既不能昭练贤鄙，然又却于贵人之风指，胁以权势之嘱托，请谒阗门，礼赞辐辏，迫于目前之急，则且先之。此正士之所独蔽，而群邪之所党进也。"②"群僚举士者，或以顽鲁应

①《后汉书》卷56《种暠列传》。
②《潜夫论》卷2《本政》。

茂才,以桀逆应至孝,以贪饕应廉吏,以狡猾应方正,以谀谄应直言,以轻薄应敦厚,以空虚应有道,以嚚暗应明经,以残酷应宽博,以怯弱应武猛,以愚顽应治剧。名实不相副,求贡不相称,富者乘其财力,贵者阻其势要,以钱多为贤,以刚强为上。凡在位所以多非其人,而官听所以数乱荒也。"① 由此可知,当时选官是权贵请托送礼,对人才的评价是颠倒黑白,结果是当时在位者多非其人。不言而喻,在这样的选官制度下,东汉末年的社会黑暗和民不聊生是不可避免的。

汉代对官吏任职的时间没有明确规定,从大量的史籍记载可以推测,似乎是提倡久任制,任职越久越好。当时,任职 10 年以上的丞相、20 年左右的九卿、郡守不乏其人。如西汉时期的萧何、曹参、公孙贺、张苍、陈平等人任丞相的时间都超过 10 年以上,徐自为、王恬启、张武等任职九卿则超过 20 年以上。东汉时期,冯鲂为魏郡太守 27 年,王霸为上谷太守 20 多年,祭肜为辽东太守近 30 年。一些地方小吏,竟然是父子相传,以致"以官为氏"②,"居官者以为姓号"③ 了。当时,提倡官吏久任制,尤其是地方官久任制的理由是:"太守,吏民之本也,数变易则下不安,民知其将久,不可欺罔,乃服从其教化。故二千石有治理效,辄以玺书勉励,增秩赐金,或爵至关内侯,公卿缺则选诸所表以次用之。是故汉世良吏,于是为盛,称中兴焉。"④

东汉时期,官吏任职长久者虽也不乏其人,但中期以后,外戚、宦官相继擅权,从中央到地方安插自己亲信,调动频繁,任人唯亲,结党营私,把持朝政,由此吏治败坏。如朱浮早在东汉初就指出:"间者守宰数见换易,迎新相代,疲劳道路,寻其视事日浅,未足昭见其职,既加严切,人不自保,各相顾望,无自安之心。"⑤ 左雄在安帝时也指出:"典

① 《潜夫论》卷 2 《考绩》。
② 《汉书》卷 86 《王嘉传》。
③ 《史记》卷 30 《平准书》。
④ 《汉书》卷 89 《循吏传序》。
⑤ 《后汉书》卷 33 《朱浮列传》。

城百里，转动无常，各怀一切，莫虑长久……故使奸猾枉滥，轻忽去就，拜除如流，缺动百数。"①

官吏任职时间长虽然有其优点，可避免官吏短期行为，为了一时的政绩而追求短期效益，或避免地方官将任职某方作为一个升迁的跳板，不好好对此地进行管理经营。但是，官吏久任制也有不可忽视的缺陷，这就是容易使长官与属吏之间结成盘根错节的关系，既容易造成吏治的败坏，又容易形成长官把持一方的局面。

（四）魏晋南北朝九品中正制思想

1. 九品中正制的内容和积极作用。

从西汉武帝推行察举制以后，古代对官吏选任的制度基本确立起来。魏晋南北朝时期，在继承察举制的基础上，创制了九品中正制，使古代选拔任用官吏制度进入一个新的发展阶段。

东汉末年，战乱不断，社会动荡，百姓流离失所，少数垄断乡议的名士，也多播迁外地，汉代察举制的基础"乡举里选"已经无法进行。为了适应这一变化和乡里评议的习惯，曹丕在继任魏王后，采纳吏部尚书陈群的建议，推行九品中正制。

所谓九品中正制，又称"九品官人法"。中正的主要职责是评定本郡国人物的品第，以取代原来的"乡论"②，作为吏部选任官吏的依据。刚实行九品中正制时，只在郡国设中正，后来州与县也设置。郡国中正起初由郡国长官推荐，报请司徒确认并予以任命。担任中正的条件主要有 3 个方面：一是本郡国人士，二是必须是京师现任官员，三是"德充才盛"。③ 郡国中正因为都是京师现任官员，所以均为兼职，其属员有"访问"。④

具体来说，中正评定本郡人物的品第主要包括提供本籍人士 3 个方

---

① 《后汉书》卷 61《左雄列传》。

② 《晋书》卷 36《卫瓘传》。

③ 《通典》卷 14《选举》。

④ 《晋书》卷 50《孙楚传》。

面的资料：一是被评定人的"家世"，又称"簿阀"或"簿世"，包括父祖官爵以及姻亲关系等；二是"状"，即对被评定人的道德、才能的简要评语；三是"品"，即依据"状"，再参考"家世"，对被评人评定品第。中正评定人物品第之后，将其评定结论用黄纸写定，上报朝廷，保存于司徒府以备用。此后，每隔 3 年重新评定 1 次，对品第进行 1 次大的调整。

中正评定的品第共分九品，但大的类别其实只有两等，即"上品"与"下品"，或称为"高品"和"卑品"。早在九品中正制建立之初，朝廷就规定，一品为皇族，是中正无法也不能评议的品级，除了皇族，无人能及，[①] 对于一般贵族和官僚，评定二品、三品就属于上品了。当时中正评定的品第分九品，当时职官官品也分为九品，两者虽然是不同系列，但是，它们之间有一定的关系。吏部委任职官时，官位必须与品第相当，卑品升迁官职时，必须同时提高品第，相反，如果降低品第，也就意味着降低官职。

九品中正制建立后，由于中正必须由现任中央职官兼任，不言而喻，这有利朝廷控制地方官员的选任，加强中央集权制。而且，中正评议虽有"家世""状""品" 3 项内容，但是评议重点在于"人才优劣"，而下是"世族高卑"，[②] 即评议的目的是"不拘爵位，褒贬所加，足为劝励"，故"称犹有乡论余风"。[③] 曹魏时，在评议人物时，遵循曹操"唯才是举"的思想，甚至重视才能超过重视品德，如王嘉为冯翊郡中正，称吉茂"德优能少"，其"状"甚下。[④] 由此可知，即使品德优秀，但是缺乏才能，品级也只能评为下等，可见当时对才能的重视远超过品德。中正评议在一定意义上取代了两汉的乡议，实际上是候补官僚的资格评定，使

① 黄惠贤、聂早英：《魏书官氏志载太和三令初探》，载《魏晋南北朝隋唐史资料》第 11 期。

② 《宋书》卷 94 《恩幸传》。

③ 《晋书》卷 36 《卫瓘传》。

④ 《三国志》卷 23 《魏书·常林传》注引《魏略·吉茂传》。

选任官僚这个环节得以完善。在察举、辟召制暂时停顿时期，它起着郡县向朝廷推荐人才的作用，吏部可以直接从中正评定的人物中选拔官吏。在察举、辟召制恢复时期，又起着制约推举的范围，使其免于流于形式的作用。郡县推举的人才，只能在中正评定的范围内进行选拔。总之，在曹魏前期，九品中正制在强化中央集权制，限制地方势力膨胀方面发挥了一定的作用。

2. 九品中正制的异化和消极作用。

由于郡国中正任职条件是必须为现任的京师职官，而且要"德充才盛"①，因此，从中正品第而言，当然是上品即高品人物。而且司徒在任命中正时，需要征求本郡二品人士的意见，也就是说，二品人士实际上把持了地方郡国推举中正的权力。由于能获得二品或高品的的人士，几乎都是大族名士。这样长此以往，品评人物既然能确定官员的候补资格，那么选任官员的大权自然逐步为门阀世族所掌控。

魏明帝中叶以后，随着皇权的逐渐衰落，地方门阀世族的势力迅速膨胀。齐王曹芳正始元年（240）至嘉平二年（250）间，朝廷增置州中正（又称"大中正"或"州都"）。州中正的权力很大，除了评定本州人物的品第外，还有一定的委任州主簿和从事的权力。它还取代郡国长吏而拥有向司徒府推举郡、县小中正的职能。

西晋统一（280）后，中正评定的三品，日益不受社会人士的重视，实际上已流于"卑品"，只有二品，才是"上品""高品"。而且，在二品中的所谓"精英"，称为"灼然二品"②，即名副其实的二品，有时干脆简称为"灼然"③。

魏晋之际，寒门庶族要上升为"上品"，并非易事。西晋时，品第人物高下的依据有了变化，不再是德、才和家世门第并重，而主要依据为

---

① 《世说新语》下卷上《贤媛篇》注引王隐《晋书》。
② 《晋书》卷 90《邓攸传》。
③ 《晋书》卷 49《阮瞻传》，卷 114《苻坚载记》。

家世门第，构成"状"的德和才，逐渐不被中正们所重视，从而出现了所谓"上品无寒门，下品无势族"①的局面。显然，西晋时期，中正对人物品第的评定，已经不再只是官僚候补资格的确定和对各种途径官僚选拔的决定性影响，而是转变为评定士人们带有世袭性质的崇高社会地位和政治特权，从而在士庶之间明确划定了官僚的培养、选拔、任免，以至于社会生活、婚丧嫁娶等各方面的等级制度，并且为门阀世族制度的确立奠定了政治上的基础。因此，九品中正制已经从强化封建君主专制主义中央集权制转化为门阀世族取得并维护其政治、社会特权的重要手段。

秦汉以来形成的以世袭皇位为特征的君主专制主义"官僚政治"，由于九品中正制的异化和门阀世族制度的确立，使带有世袭贵族特权的门阀世族群体与世袭君主专制结合，使君主专制主义官僚政治变异为君主专制主义世袭贵族政治，从而出现了东晋时期的"王与马""庾与马""桓与马""谢与马"等"共天下"的政治格局。也就是说，东晋王朝是皇族司马氏与当时最大门阀贵族王氏、庾氏、桓氏、谢氏共同主持朝政的王朝。在这一格局中，门阀贵族正是凭借异化了的九品中正制来维持其在政治上、社会上的世袭特权，偏安江左百年的东晋王朝官僚群，除少数是因军功起家者外，一般庶族几乎是见不到了。

3. 九品中正制的衰落。

东晋时，九品中正制达到最为兴盛的时期。中正评定从确定官僚候选资格，到确定士人的社会地位、社会等级，对建立、巩固门阀世族制度发挥了重要的作用。东晋后期，九品中正制的重要性日益减弱，到南北朝时，九品中正制逐步衰落。

随着九品中正制的异化，其本身产生 3 个难以克服的弊端，导致其走向衰落。首先，九品中正制使德才与门第分离，使官职与品第相联系，而品第又取决于门第的高卑。官职、品第与门第的这 3 种关系，使士族

---

① 《晋书》卷 45《刘毅传》。

的进身不必具备管理的德才和中正给予的品第条件，其是否能够"平流进取，坐至公卿"①，甚至于"胎毛未干，已拜列侯"，未离襁褓，就被"冠带"，关键的因素在于自己要有一个"高贵"的血统和出身，即要有显赫的门第和先祖的官爵姻戚。门阀世族为了把持自己的政治、社会特权，垄断仕途，必须防止士庶混淆，维护自己的高贵血统和出身，而最好的办法是辨别姓族，防止庶族寒门假造谱牒，混进门阀世族之中，享受特权。于是，考订宗族的血缘关系和先祖官爵姻亲的"谱牒之学"成为当时的显学。吏部除授官职都以谱牒为准绳，而中正评定品第只是走走过场，无足轻重。谱牒考证实际上取代了中正评定品第，九品中正制丧失了维护门阀士族政治和社会特权的作用。

其次，高官显职与实际权势分离。俗话说，治世重文治，乱世崇武功，这是历史规律。东晋南北朝时，南北对峙，烽火连绵，武功为权力的中心，一切以武力的强弱来决定。但是，南朝门阀世族不愿面对这个现实，仍然自我陶醉在"高贵"的门第中，鄙薄武事，不愿也没有能力"屈志戎旅"②，轻视"将门"。结果是那些庶族寒门出身的将领凭借军功为进身之阶，他们不仅因缘际会，致位通显，甚至拥兵自重，夺取皇位，南朝宋、齐、梁、陈开国皇帝，莫不由此而进。因此，出身庶族寒门的军将，其权势实际上已经大大超过了世家大族，成为实际上的掌权者。那些门阀世族在名义上仍然垄断着包括掌握官员任免大权的吏部尚书在内的一切高官显职，以"家世"门第为标准选拔其继承人。这些继承人凭借其显赫的门第所带来的种种特权，在毫无竞争的环境下，既不需要也不具备应有的才能和品德。他们仍然迷恋于崇尚玄虚，热衷空谈，菲薄吏治，鄙视实务，其结果是将实际统治权让位给了出身卑微但富有实际才干的台阁令史、主书、监帅、典签之类通晓吏治、文法的下级官吏，正是"时俗尚于玄虚，贵为放诞，尚书丞郎以上，簿领文案，不复经怀，

---

① 《南齐书》卷23《褚渊、王俭传论》。
② 《宋书》卷63《王昙首传》。

皆成于令史"①。从而出现了实际权势与高官显职相分离的局面。

最后,中正与州望递置,膏粱与寒庶并进。南朝后期,门阀世族制度已经走到尽头,中正评议人物徒有虚名。萧梁初年,虽然还有中正,但似不再有以九品评定人物的记载。天监中,始复制九品。② 天监五年(506)正月,梁武帝下诏广泛搜罗世族,规定凡"郡国旧族"如没人在朝为官的,要求"选官搜括",务必使"郡有一人"。③ 当然,当时的门阀旧族,已不知时务,朝廷硬性规定每郡至少要有一人在朝为官,只能是装点门面的政治作秀,其实际上还得依靠奋发有为的寒门庶族管理国家。因此,天监七年(508)二月,梁武帝又下诏,州置"州望",郡置"郡宗",县置"乡豪",各一人,"专掌搜荐"④,"无复膏粱、寒素之隔"⑤。"州望"们的推荐,不分士庶,不再有膏粱(高门)和寒素(寒门)的区别,大概就始于此,专事评议门阀的中正终于寿终正寝。

但是,毕竟门阀世族由来已久,根深蒂固,士庶界限一时难以泯灭。太平二年(557)正月,梁敬帝又下诏:诸州各复设中正,"依旧访举",并且具体规定诸州长官推荐选拔,都要经过中正画押后,才能上报吏部;凡未经中正画押的推荐名单,一律无效。⑥ 显然,梁敬帝想借恢复中正制来加强对诸州长官选拔官吏的监督。但是,在梁朝行将覆亡前夕,这一措施已难以见效了,它距离梁武帝置州望、郡宗、乡豪"专掌搜荐"已经整整 50 年了。陈依梁制,置中正,特别重视门第高卑、官职清浊,"从浊官得微清,则胜于转"⑦。但是,当时豪强蜂起,递掌大权,徒有其名的别士庶、分清浊的九品中正制不再为人所重视,只能是回光返照,

① 《梁书》卷 37《谢举、何敬容传论》。

② 曾资生考证,载《中国政治制度史》第三册《魏晋南北朝》,南方印书馆,1947 年,第 352 页,注 2。

③ 《梁书》卷 2《武帝纪》中。

④ 《梁书》卷 2《武帝纪》中。

⑤ 《通典》卷 14《选举二》。

⑥ 《梁书》卷 6《敬帝纪》、《通典》卷 14《选举二》。

⑦ 《隋书》卷 26《百官志上》。

在历史长河中转瞬即逝了。

4. 九品中正制在北魏时期的低落。

北魏是鲜卑贵族建立的政权，开元初，注重从鲜卑贵族中选拔官吏。道武帝天赐元年（404）十一月，由于"姓族难分"，令宗室置"宗师"，八国置"大师""小师"，州郡置"州师""郡师"，分别负责"辨其宗党，品举人才"。魏收认为"宗师"等人"比今之中正"。①

太武帝拓跋焘继位（423）后，以鲜卑部落酋长的首领长孙嵩为司州中正，大约在同时，又以当时汉人士族的首领崔浩为冀州中正。司州治京师平城，是鲜卑宗室、八国酋帅集中的地方；冀州则是中原大州，汉人士族汇聚之地。

当时重视中正人选，"必须德望兼资"②，或者说"德高乡国者充"③，当时，鲜卑酋豪首领长孙嵩、汉人士族首领崔浩正是这样的代表人物。所以当魏孝文帝回顾太武帝任用二人为中正选拔官吏往事时称赞说："世祖时，崔浩为冀州中正，长孙嵩为司州中正，可谓得人。"④ 当时，仅重要州置中正，"其边州小郡，人物单鲜者，则并附他州。其在僻陋者，则阙而不置"⑤。因此，作为冀州中正的崔浩，在神䴥四年（431）一次竟"荐冀、定、相、幽、并五州之士数十人"⑥。崔浩、长孙嵩都身为中正，负有"品举人才"的职权，但由于代表的利益集团不同，所以选拔人才的对象和标准不尽相同。崔浩代表汉人士族，提倡"整齐人伦，分明姓族"⑦，一次就推荐冀、定五州数十名汉人士族。他在政治上"既主张高官博学二者合一之贵族政治"，而排斥"有政治势力而无学术文化"的鲜

① 《魏书》卷 113《官氏志》。
② 《魏书》卷 27《穆崇附子亮传》。
③ 《通典》卷 14《选举二》。
④ 《魏书》卷 27《穆崇附子亮传》。
⑤ 《通典》卷 14《选举二》。
⑥ 《魏书》卷 48《高允传》。
⑦ 《魏书》卷 47《卢玄传》。

卑酋豪，① 从而导致了崔浩与太武帝太子拓跋晃的一次原则性的争辩，最终以崔浩被族诛而告终。

和平三年（462）十月，文成帝诏称：“三代之隆，莫不崇尚年齿。今选举之官，多不以次，令班白处后，晚进居先”，这是一种违背常理的现象，因此，朝廷坚持要论资排辈，“诸曹选补，宜各先尽劳旧才能”。② 这大概就是太武帝以来北魏朝廷选拔官员不同思想主张斗争的结果。从此以后，汉人士族们再也没有人像崔浩一样敢于公开与鲜卑贵族争较雄长了。只有到孝文帝推行汉化政策、重新确立门阀系列时，汉人士族与鲜卑贵族的利益才协调一致起来。孝文帝通过改变中正职能的两点措施，使当权的北魏高官也进入士族，甚至上升为高门右姓，从而协调了鲜卑贵族、汉人士族以及汉人旧门和新贵之间的利益，巩固了北魏王朝的统治。

其一，在确定士族门阀标准时，突出北魏以来的官职爵位，公然摈弃构成“状”的德、才标准，甚至对以往的“阀阅”也仅置于从属的、参考的位置。孝文帝在决定鲜卑“姓族”的诏书中，确定以官爵高卑为顺序，其官爵又区分为北魏开元前是否为部落大人，开元后的官位、爵位，三者综合平衡，然后高者入“姓”，次者入“族”。评定汉人士族的标准为魏晋旧门，入魏仍有官宦，虽官品稍低，仍列于士族；次等士族以及本非士族者，只要入魏官爵显赫，也列入士族，甚至因显赫官爵而上升为高门右姓。“大致先朝与当代兼顾，而以当代为主。”③ 其二，根据以上评定士族新标准，孝文帝凭借皇权威势，强行以法律形式确立四个等级门阀世族系列，即“四海大姓”“郡姓”“州姓”和“县姓”。④

从以上孝文帝评定士族的两点措施可以看出，其改革是以鲜卑当权

---

① 陈寅恪：《金明馆丛稿初编》，生活·读书·新知三联书店，2001年，第136页。

② 《魏书》卷5《高宗纪》。

③ 唐长孺：《论北魏孝文帝定姓族》，载《魏晋南北朝史论拾遗》。

④ 《隋书》卷33《经籍志》。

的贵族官僚为本位的,因此其衡量门阀士族等级的主要标准是当时的官爵,并且士族等级也由朝廷划定,从而实际上取消了中正代表"乡议",按被评人物德才而写出的"状",再结合"阀阅",评定品第的基本职能和权力。因此,孝文帝下诏"诸郡中正,各列本土姓族次第为举选格,名曰'方司格'",上报吏部,作为选补官员的依据。换言之,也就是州郡中正的职能,已经降格为只是单纯根据朝廷原先规定的官爵标准、等级,把本州郡人士的名单编造成"方司格"的册子,上报吏部即可。而这样的工作,已是技术性的工作,没有任何决定权可言,且原先是由中正属员"访问"以下的书吏来完成的。因此,可以说,孝文帝采取的定姓族措施后,北魏的中正已经名存实亡了。

孝文帝钦定门阀的必然结果是:一方面"中正所铨,但存门第;吏部彝伦,仍不才举"[1],于是出现了"以贵承贵,以贱袭贱",[2] 门阀士族世代把持政治和社会特权的局面,门阀等级制度之僵化腐朽达到了前所未有的程度;另一方面是中正丧失了评定人物品第的职能和权力,其地位空前低落。宣武、孝明时期,"州无大小,必置中正","蕃落庸鄙",操铨选举,[3] 中正之职既多且滥,不能发挥实际作用,只是尸位素餐。早在太和十七年(493),朝廷改洛州为司州时,孝文帝就指出:"司州始立,未有僚吏,须立中正,以定选举。"[4] 现在中正只需向朝廷上报"方司格"册,其主要职能逐步转向选拔郡县僚佐方面。北魏后期,朝廷所置州郡中正权力衰微,可有可无,不时被废省。[5] 而州、郡、县又自辟专主推荐本州郡县僚吏的州都和郡县中正。北齐时,州都、郡县中正规定为州、郡、县长吏的僚佐,其品级的确定,在州为别驾、治中之下,在

---

① 《魏书》卷 8《世宗纪》。
② 《魏书》卷 60《韩麒麟附子显宗传》。
③ 《通典》卷 14《选举二》。
④ 《魏书》卷 27《穆崇附子亮传》。
⑤ 《魏书》卷 113《官氏志》、《通典》卷 14《选举》。

郡、县则在丞之下，① 朝廷基本上失去了选拔地方各级官府僚佐的权力。

（五）魏晋南北朝时期选拔官吏思想

魏晋南北朝时期，除入学校、习五经、通过考试、步入仕途外，秦汉以来实行的察举、征召、任子和武举等选拔官吏途径，都仍然存在。不过，由于这一时期战乱不已和门阀制度的制约，上述选拔官吏的途径难免染上了时代的特征。

1. 察举包括诏举（又称特举）贤良方正和岁举孝廉、秀才。

例如，曹魏太和四年（230）十二月丙寅，"诏公卿举贤良"。青龙元年（333）三月甲子，明帝又诏"公卿举贤良笃行之士各一人"②。曹魏这种特诏特科与东汉相比并没有什么变化，但在岁举方面则有些变化。如东汉和帝永元年间（89—105），规定"郡国率二十万口岁举孝廉一人"③。而到了曹魏黄初二年（221）正月乙亥，文帝"初令郡国口满十万者，岁察孝廉一人"④。显然，曹魏黄初二年（221），郡国按人口举孝廉的标准与东汉和帝时相比，总人口数与举孝廉人数比，曹魏比东汉已经提高了1倍。又如黄初三年（222）"始除旧汉限年之制"，"令郡国贡举，勿拘老幼，儒通经术，吏达文法，到皆试用"⑤。所谓"旧汉限年之制"，指的是东汉顺帝阳嘉元年（132）左雄改制时规定的"郡国举孝廉，限年四十以上"⑥。顺帝末，采纳黄琼建议，所举孝廉，除"儒学、文吏"外，"增孝悌及能从政者"，合为"四科"⑦。黄初三年（222）诏，则又退回到"儒学""文吏"二科。

总之，曹魏时期提高举孝廉与当地总人口的比例，废除东汉顺帝时的"限年之制"和减少荐举孝廉的科目，当与东汉末年以来的战乱、地

---

① 《隋书》卷 27《百官志》中。
② 《三国志》卷 3《魏书·明帝纪》。
③ 《后汉书》卷 37《丁鸿列传》。
④ 《三国志》卷 2《魏书·文帝纪》。
⑤ 《通典》卷 14《选举二》。
⑥ 《后汉书》卷 6《顺帝纪》。
⑦ 《后汉书》卷 61《黄琼列传》。

方人口锐减、人才特别是有管理才能的人难得有密切的关系。正由于人口锐减、人才难得，所以曹魏朝廷从选拔人才人数限额、年龄限制和考察科目减小等3个方面降低门槛，以利于广招人才。当时不仅曹魏，孙吴也是如此。孙吴下诏特别强调"选三署郎（即举孝廉为郎）皆依四科，不得虚词相饰"①。但是，由于现实中人才缺乏，只得放宽诏令的"四科"条件，结果是"浮华者登，朋党者进"②，选举不得其人。

西晋时期，诏举的科目增加，除贤良、方正、直言之外，还有勇猛、秀异③、寒素、廉让、冲退、履道、清白、异行④、清节、俊异⑤等科。其中大部分科目的选拔标准虽然各有特色，但还是强调德才并重。如"寒素"一科，要求所举者"禀德真粹，立操高洁，儒学精深，含章内奥，安贫乐道，栖志穷巷，箪瓢咏业，长而弥坚"⑥，简而言之，就是指隐居未仕的儒生。汉制，地方推举上来的孝廉、秀才都要经过考试，才能量才录用。西晋颇重"秀才"之选，规定"举秀才，必五策皆通，拜为郎中；一策不通不得选"可见，对秀才的考试标准和录用条件要求之高。至于孝廉，由于侧重于从孝道品德方面选拔官吏，因此对文化程度方面的要求就放低标准，大概只要通一策就可选补了。因此，当时认为，"举秀才皆行义典，为一州之俊"⑦。但是，西晋实行九品中正制，对策考试合格的秀才、孝廉，吏部在选用时，"必下中正，征其人居及父祖官名"⑧，然后按中正品第，决定是否任用，或任职何官。总而言之，西晋在岁举中，考试与中正品第缺一不可，只有两者都符合条件者，才能入仕为官。

① 许嵩：《建康实录》卷2，中华书局，1986年。
② 《三国志》卷61《吴书·陆凯传》。
③ 《晋书》卷3《武帝纪》。
④ 《晋书》卷94《范粲附子乔传》。
⑤ 《晋书》卷94《任旭传》。
⑥ 《晋书》卷94《范粲附子乔传》。
⑦ 《北堂书钞》卷79《设官部·秀才》引《晋官品令》，学苑出版社，1998年。
⑧ 《通典》卷14《选举二》。

东晋开元后，北方皇室与门阀世族因战乱播迁，百废待兴，急需人才，故察举秀才、孝廉，都"不策试"，普遍授官。大兴二年（319），元帝"申明旧制，皆令试经；有不中科"者，免推荐的刺史、太守官职。次年（320），扬州各郡的秀才、孝廉担心试经不中，连累推荐的长官，"多不敢行"；远州边郡，"冀于不试"，"冒昧来赴"，听说又要策试，"遂不敢会"。元帝被迫准许孝廉推迟 5 年后策试，秀才则仍如前期。① 一直到成帝咸和六年（331），"秀孝策试"仍"乏四科之实"。② 由于不经策试或策试不严，岁举的秀才、孝廉中，滥竽充数者不少，影响了官僚队伍的整体素质。

南朝宋、齐、梁、陈四朝仍行诏举，荐举对象一般还是贤良、方正之类。由于两晋时战乱不断，儒士多隐匿避世，东晋又有大名士谢安"东山再起"③ 的佳话，所以南朝帝王纷纷仿效，诏举"岩穴之士"和"岩穴之士"应举入仕，就成为当时的一种"风尚"。皇帝在诏书中常把隐士与贤良相提并论，④ 如宋明帝泰始五年（469）九月己未诏，要求各级长吏荐举"贞栖隐约，息事衡樊，凿坏遗荣，负钓辞聘，志恬江海，行高尘俗"⑤ 的隐士。

刘宋比较重视秀才、孝廉的岁举，如当时的丹阳、吴、会稽、吴兴四郡为江南人才之薮，朝廷规定这四郡各岁举 2 人，余郡各 1 人。"凡州秀才、郡孝廉，至皆策试。"⑥ 有时皇帝还亲临延贤堂，"策试诸州郡秀才、孝廉"⑦。"公卿所举，皆属于吏部，叙才铨用。"⑧ 朝廷对地方推荐的人才要求严格，如推荐的人才名实不符，必须受到惩罚。如所举之人

① 《晋书》卷 78《孔愉附从子坦传》。

② 《晋书》卷 28《五行志》中。

③ 《晋书》卷 79《谢安传》。

④ 《宋书》卷 6《孝武帝纪》、《宋书》卷 7《前废帝纪》等。

⑤ 《宋书》卷 8《明帝纪》。

⑥ 《通典》卷 14《选举二》。

⑦ 《宋书》卷 3《武帝下》。

⑧ 《通典》卷 14《选举二》。

"不堪酬奉,虚窃荣荐,遣还田里,加以禁锢"①。但是,由于当时门阀制度的影响,刘宋有"限年之制",致使"乡举里选,不核才德,其所进取,以官婚胄籍为先,遂令甲族以二十登仕,后门以三十试吏"②,这些人为的条条框框,大大限制了人才的选拔。泰始三年(467),朝廷讨论《策秀才考格》时,都令史骆宰认为:"五问并得为上,四、三为中,二为下,一不合与第"。尚书殿中郎谢超宗则认为:"片辞折狱,寸言挫众","皆无俟繁而后秉裁",与其五答俱奇,"必使一亦宜采"。由此可见,谢超宗认为,当时对秀才的考试太片面,对选拔人才没有什么可取之处。但是,明帝对其看法不以为然,还是采纳了骆宰的建议。③

萧齐沿袭刘宋的"限年之制",致使社会上士庶皆请托钻营、弄虚作假成风,士人"皆厚结姻援,奔驰造请,浸以成俗",庶族则"增年矫貌以求图进"。和帝中兴二年(502)二月,萧衍上表云:"设官分职,唯才是务",今"甲族以二十登仕,后门以过立试吏",此非"弘奖风流,希向后进"之格,"尤宜刊革"。和帝诏依表施行。④在门阀制度盛行的南朝,萧衍旗帜鲜明地反对"限年之制",主张"唯才是务",这是难能可贵的。

萧梁颇重吏治,为了更好地不拘一格选拔人才,彻底废除了"甲族以二十登仕,后门以三十试吏"之制,明确规定入仕之年为25岁。⑤兼通儒、佛、道的梁武帝,在岁举秀才、孝廉之外,又增置清吏、明经为常选之科。岁贡明经,本是汉制,汉章帝元和二年(85),规定郡国人口"十万以上五人,不满十万三人。"⑥质帝本初元年(146),"举明经,年五十以上、七十以下诣太学。"⑦梁武帝天监四年(505)正月癸卯诏:

---

① 《宋书》卷6《孝武帝纪》。
② 《通典》卷14《选举二》。
③ 《南齐书》卷36《谢超宗传》。
④ 《梁书》卷1《武帝纪上》。
⑤ 《通典》卷14《选举二》。
⑥ 《后汉书》卷3《章帝纪》。
⑦ 《后汉书》卷6《质帝纪》。

"九流常选，年未三十，不通一经，不得解褐。"天监八年（509）五月壬午诏称："其有能通一经、始末无倦者，策实之后，选可量加叙录。"这两个诏书明确硬性地规定了必须"能通一经"者，才有条件入仕任职。这对官员的基本文化水平提出了一个明确的标准。同时，梁武帝特别强调被荐举者"虽复牛监羊肆，寒品后门，并随才试吏，勿有遗隔"。① 梁武帝主张在岁举中，考试重视经义，不通一经者不能入仕为官，而且能打破门阀限制，不抑寒门的做法，使当时以"明经"被荐举入仕者增多。如山阴贺场，以《三礼》传家，齐时"举明经"，梁初为《五经》博士。场"于《礼》尤精，馆中生徒常百数，弟子'明经'对策至数十人"。② 当时，虽"生徒对策，多行贿赂"，③ 选举常出现舞弊行为，所选非有德才之人，但亦不应以此来否定梁武帝重视经义、不抑寒门的思想与实践，其思想与实践在当时门阀世族根深蒂固的社会背景下，尤其显得可贵。

陈承梁制，多无改易。但是，陈朝传统门阀在南朝四朝中影响特别深，选拔官吏制度弛废，因此，"凡选无定时，随缺则补。官有清浊，以为升降。从浊得清，则胜于迁"④。由此可见，陈朝选任官员仍然以清浊为主要根据，官员在仕途上追求的第一目标还是官品的清浊，第二才是品级的升迁。

北朝北魏时仍然有秀才、孝廉的岁举和"才堪军国"之类的诏举。荐举的标准是"门尽州郡之高，才极乡间之选"⑤。显然，北魏选拔官吏首先重门第，其次才重才能。但是，孝文帝钦定门阀之后，实际情况是更加重视门第，而不考虑才能了。韩显宗在太和初，举秀才，对策甲科，除著作郎。随孝文帝南征，兼中书侍郎，迁洛后，曾上书指出："今之州郡贡察，徒有秀、孝之名，而无秀、孝之实"，朝廷考核，"但检其门

① 《梁书》卷 2《武帝纪》。
② 《梁书》卷 48《贺场传》。
③ 《陈书》卷 24《袁宪传》。
④ 《通典》卷 14《选举二》。
⑤ 《魏书》卷 7 上《高祖纪上》。

望"，"校其一婚一宦，以为升降"，至于才、德不实，"不复弹坐"。对此，显宗建议，"如此，则可令别贡'门望'，以叙士人，何假冒秀、孝之名也？"① 他想通过新设"门望"科目来安排显赫的门阀士人，而使这些人不再挤占秀才、孝廉科目的名额。但是他的率直呈奏并没被孝文帝采纳。秀才，孝廉的策试，仍然分为甲、乙两科，策试时以五条策问。孝明帝熙平元年（516）二月癸亥，"初听秀才对策，第居中上以上，叙之"②。这种做法与50年前刘宋时骆宰的主张是基本上相同的。但这时北魏王朝已至末期，制度废弛紊乱，在选拔官吏中举非其人的情况突出，朝廷为了强化荐举制度，制定了对举者、被举者同其赏罚的严格规定。建义元年（528）五月壬午，庄帝下诏求"德行、文艺、政事强直者，得三人以上，县令、太守、刺史赏一阶；举非其人，亦黜一阶"③。天平三年（536）正月戊申，东魏孝静帝"诏百官举士，举不称才者两免之"④。在政制废弛混乱之时，政令不行，再严格的规定也难以实施，只能说明当时正常的荐举制度已成一纸空文。

北齐诏举有其特点，皇帝在诏书中具体规定了荐举者的官资、官阶和被荐举者的人数。⑤ 岁举秀、孝至京，由"中书策秀才，集书策贡士"⑥，常例是秀才策试文学，孝廉则考经学。⑦ 北齐皇帝对荐举十分重视，常常亲自参加，并严格进行考核。史载当时皇帝"常服，乘舆出，坐于朝堂中楹"，秀才、孝廉"各以班草对。字有脱误者，呼起立席后；书有滥劣者，饮墨水一升；文理孟浪者，夺席脱容刀"。如果荐举人所举失实或被荐举者在任期内违法乱纪，荐举人都要受到惩罚。⑧ 当时，地方

---

① 《魏书》卷 60《韩麒麟附子显宗传》。

② 《魏书》卷 9《肃宗纪》。

③ 《魏书》卷 10《孝庄帝纪》。

④ 《魏书》卷 12《孝静帝纪》。

⑤ 《北齐书》卷 6《孝昭帝纪》，《通典》卷 14《选举二》。

⑥ 《通典》卷 14《选举二》。

⑦ 《北齐书》卷 44《马敬德传》。

⑧ 《通典》卷 14《选举二》，"容刀"是一种作为装饰用的刀。

州分为上、中、下3级，上州岁举秀才1人，而下州则3年才举秀才1人。① 西魏大统十年（544），宇文泰命苏绰拟"六条诏书"颁行，其第四条为"擢贤良"，明确规定："今之选举者，当不限资荫，唯在得人"②。

在此，西魏朝廷公开主张在选拔官吏中应当唯才是举，反对依据门第选任官员。尔后，北周的武帝与宣帝时期，朝廷都能打破门阀制度对荐举人才的限制，大力选拔人才充实各级官僚机构。如北周武帝平北齐后，建德六年（577）三月壬午，诏"山东诸州，各举明经干治者二人"。七月己丑，又诏"山东诸州举有才者，上县六人，中县五人，下县四人，赴行在所，共论治政得失"。③ 大成元年（579）八月，宣帝"诏制九条，宣下州郡"，其第八条为"州举高才博学者为秀才，郡举经明行修者为孝廉，上州、上郡，岁一人；下州、下郡，三岁一人"。④ 为了督促荐举人认真负责，秉公推举德才兼备之人，朝廷对荐举人实行奖惩制度。"被举之人，于后不称厥任者，所举官司，皆治其罪。"⑤ "被举之人，居官三年有功过者，所举之人，随加赏罚。"⑥ 选拔官吏废除门第限制和选举制度渐趋严密是南北朝后期的发展总趋势，这预示着，中国古代通过选举、考试选拔官吏的制度正处在走向一次大改革的前夕。

2. 征召是指"特征"和"辟召"两种入仕的途径。

在汉代，特征又称为"征君"，是最尊荣的入仕途径。东汉此风最盛，魏晋南北朝时此制仍然存在。孙吴时，陆瑁好学笃义，名闻乡间，州郡辟举，皆不就。嘉禾元年（232），"公车征瑁，拜议郎、选曹尚书。"⑦ 济南刘兆"博学洽闻，温笃善诱"，从其受业者有数千人。晋武帝

① 《北齐书》卷45《樊逊传》。
② 《周书》卷23《苏绰传》。
③ 《周书》卷6《武帝纪下》。
④ 《周书》卷7《宣帝纪》。
⑤ 《周书》卷3《孝闵帝纪》。
⑥ 《周书》卷8《静帝纪》。
⑦ 《三国志》卷57《吴书·陆瑁传》。

时，"五辟公府，三征博士，皆不就"。①

东晋十六国时期，战乱最频繁，隐士之风最盛，被诏特征者也最多。《晋书·隐逸传》中，临海任旭、广陵韩绩、寻阳翟汤、武昌郭翻、陇西辛谧、天水杨轲、上谷公孙凤、襄平公孙永、中山张忠、敦煌宋纤、略阳郭荷、敦煌郭瑀、酒泉祈嘉、谯国戴逵、武陵龚玄之等都是公车特征过的隐士。北魏也行特征之制，有时甚至带有强制性，公然宣称"礼召赴阙"的"德孝、仁贤、忠义、志信"之类人才，如"不应诏"，即"以不敬论"罪。② 十六国时期的一些小国，也有类似的强制性征召。

东汉时期，辟召已经实行，公府掾属、州郡僚佐，大都由最高长官府主自行辟除。魏晋南北朝时期，辟召又有了进一步的发展，主要表现在4个方面。其一，公府州郡辟除之外，将军、都督开府者，也行自行辟召。而且辟除不按规定，员额过限，所召人员不分良莠。如建兴三年（315），移镇建邺的琅邪王司马睿进位宰相，"招延四方之士，多辟府掾"，员额竟达106人。③ 其二，东汉末年，州郡大吏照例由当地大姓、冠族充任，而大姓、冠族每郡只有数姓，因此州郡大史通常就由地方数姓世代把持，带有很强的世袭性。这就使得地方令、守、刺史有任期，而地方僚佐多世袭，从而地方政权实际上由当地大姓、冠族所掌控，令、守、刺史要依靠他们才能维持统治。这些州郡大姓成为门阀政治的社会基础，分裂割据势力的根源。其三，州郡大姓也需要通过太守、刺史的荐举，才能升任中央官员或者地方长官，从而进一步扩大自己的势力，提高知名度，造成更大的社会影响，成为全国闻名的"四海大族"。其四，公府辟除，可不受州郡地域限制，面向全国辟召，因此，所辟召的对象，多数为全国性的士族或名士。如东晋王述是太原大族，又是"中兴第一"名臣王承的儿子，知名度很高，所以司徒王导以"门地"辟除

① 《晋书》卷91《刘兆传》。
② 《魏书》卷11《前废帝纪》。
③ 《晋书》卷89《虞悝传》。

他为"中兵属"。① 西晋的胡毋辅之曾推荐光逸于太傅司马越，越因光逸"非世家"不召。后经过胡毋辅之再次推荐，这位"八达"之一的大名士，终于受到太傅的辟除。② 魏晋南北朝时由于辟召混乱，中央和地方府主辟除的掾属僚佐良莠不齐，对此，阎缵在晋惠帝时上书为愍怀太子申冤时就曾指出，东宫以及诸王的师、友和文学，那些掾属都出自"膏粱击钟鼎食之家"，因此，"希有寒门儒素"能以"道训"。③ 总之，这一时期的辟召，正是专制主义中央集权削弱、地方大族势力膨胀的重要表现。大批世家大族通过辟召进入仕途，并世代垄断了地方政权，进一步维持、巩固了门阀贵族统治。北朝后期，北齐后主武平年间（565—569），为加强中央集权，将地方公府僚佐任命权收归朝廷。"自是之后，州郡辟士之权，浸移于朝廷。"④ 北齐朝廷选任官吏权力的扩大加强，实开隋唐吏部除授州郡佐吏之先声。这种辟召制度的变迁，反映了北朝后期，地方割据势力削弱、门阀制度正走向衰亡，而统一和中央集权正在形成和发展的历史趋势。

3. 门荫指东晋以来官僚士族按其父祖官资、门户大小确定品第高低，其子弟解褐入仕也就存在等级区别。

东晋时，"名家身有国封者，起家多拜员外散骑侍郎"。如谢弘微，陈郡谢氏，属于"名家"，继父峻，义熙初封建昌县侯，因此，"弘微亦拜员外散骑"。⑤ 萧齐初年，"王侯出身官无定"，一般是按"素姓三公长子一人为员外郎"。明帝建武年间（494—498），豫章王萧嶷第三子萧子操"解褐为给事中，自此齐末皆以为例"。⑥ 宋、齐以来，员额只有4人的秘书郎，"为甲族起家之选"，但是，由于名额少，而要求入仕的"甲

① 《晋书》卷75《王湛附孙述传》。
② 《晋书》卷49《光逸传》。
③ 《晋书》卷48《阎缵传》。
④ 《通典》卷14《选举二》。
⑤ 《宋书》卷58《谢弘微传》。
⑥ 《南齐书》卷22《豫章王萧嶷附子子操传》。

族"子弟多，因此，只好"待次入补，其居职，例数十百日便迁任"①。到了陈朝（557—589），这种从东晋以来习惯上形成的官僚士族子弟依靠父祖出身的起家官，正式用法令的形式明确规定下来："其亲王起家则为侍中。若加将军，方得有佐史；无将军则无府，止有国官。皇太子家嫡者，起家封王，依诸王起家。余子并封公，起家中书郎。诸王子并诸侯世子，起家给事。三公子起家员外散骑侍郎。令仆子起家秘书郎；若员满，亦为板法曹，虽高半阶，望终秘书郎下。次令仆子起家著作佐郎，亦为板行参军。此外，有扬州主簿、太学博士、王国侍郎、奉朝请、嗣王行参军，并起家官，未合发诏。"②

北朝亦是如此。北魏孝文帝钦定门阀之后，对官僚门阀子弟的出身官也按其父祖出身的不同做了明确的规定。宣武帝永平二年（509）十二月诏："其同姓者出身：公，正六下；侯，从六上；伯，从六下；子，正七上；男，正七下。异族出身：公，从七上；侯，从七下；伯，正八上；子，正八下；男，从八上。清修出身：公，从八下；侯，正九上；伯，正九上；子，从九上；男，从九下。可依此叙之。"③ 门荫制由于是按父祖的官资、门户大小来确定官僚贵族子弟出身官等级的高低，因此门阀制是门荫制的基础，南北朝后期，由于门阀制的衰落，门荫制也走向衰败。由于行政的干预，北魏钦定门阀使门荫制更加僵化，加速了其衰亡。

4. 武举之制起源于秦汉时期。

秦置主爵都尉、汉置护军中尉，其职掌大都与武官选举有关，④ 这是中国古代武举的端倪。西汉后期，由于"灾变不息，盗贼众多"⑤，朝廷为了镇压农民武装反抗，诏举"明兵法"或"勇猛之士"。最早见诸记载

① 《梁书》卷 34《张缅附弟缵传》。
② 《隋书》卷 26《百官上》。
③ 《魏书》卷 8《世宗纪》。
④ 曾资生：《中国政治制度史·魏晋南北朝》，第 382 页。
⑤ 《汉书》卷 45《息夫躬传》。

的是西汉成帝元延元年（前12）七月，因"日蚀星陨"，诏"北边二十二郡举勇猛知兵法者各一人"。① 此后，哀帝建平四年（前3）、元寿元年（前2）、平帝元始二年（2），都有类似的诏书。东汉时，安帝建光元年（121）、顺帝阳嘉三年（134）、汉安元年（142），桓帝延熹九年（166）、灵帝中平元年（184）也都发布过举"勇猛"或"知兵法者"的诏令。这些都可视为后世武举的先声。

三国曹魏初年，置护军将军，隶领军，明确规定其职掌"主武官选举"。② 晋泰始五年（269）十二月，武帝"诏州郡举勇猛秀异之才"③，天水六郡豪右李庠，元康四年（294）察孝廉，不就。"后以善骑射，举良将，亦不就"。州以庠"才兼文武，举秀异"，"中护军切征"，"拜中军骑督"。④ 由此可知，西晋武举科目除"勇猛秀异"之外，还有"良将"。东晋南朝仍有武举之制，主持武官选举的除东晋初曾短暂由领军摄武选之外，其余均为护军将军负责。史载武帝曾诏云："中护军职典戎选。"⑤晋元帝永昌元年（322），"省护军，并领军"。明帝"太宁二年复置"。⑥

北朝诸国之间混战，更是崇尚雄武。十六国中后赵，就有"武勇之举"⑦。北魏前期，士庶之分不严，战争频繁，武人通过军功，可以快速得到升迁，拥有很大实权，在朝廷占有重要地位，因此，武人受到重视。北魏统治巩固后，北方获得一时的安定。孝文帝当政后，仿汉制实行改革，钦定门阀，人分士庶，官有清浊，当政者重文轻武，武人受到一定的排斥。但是，孝文帝承袭前期的定制和习惯，选举依然不分文武，均由吏部除授，而且也没明确规定武人不得入清流。到了孝明帝初年，"天

① 《汉书》卷10《成帝纪》。

② 《三国志》卷9《魏书·夏侯玄传》注引《世语》《魏略》。

③ 《晋书》卷3《武帝纪》。

④ 《晋书》卷120《李庠载记》。

⑤ 《通典》卷34《勋官》杜佑注引《晋起居注》。

⑥ 《宋书》卷40《百官下》。

⑦ 《晋书》卷105《石勒载记》。

下无事",武人"进仕路难",甚至"代迁之人,多不沾预"①,因而引起武人愤慨,终于在神龟二年(519)二月,爆发了羽林、虎贲暴动。当时,冀州大中正张彝的长子始均为尚书郎,次子仲瑀上封事,要求"铨别选格,排抑武人,不使预在清品",激起羽林、虎贲的公愤,冲击尚书省,殴打张彝,烧死张始均。② 摄政的灵太后担心事态扩大,为了安抚羽林、虎贲,下令"武官得依资入选"。可是,前尚书李韶仍然坚持要按旧制选拔,"百姓大为嗟怨"。灵太后只得撤换李韶,以崔亮为吏部尚书。崔亮承旨奏行《停年格》,"不问士之贤愚,专以停解日月为断",即一律按年资由吏部除官。此后,甄琛、元修义、元徽"相继为吏部尚书","踵而行之。自是贤愚同贯,泾渭无别"。③ 总之,北魏选官,文武没有区别,均由吏部除授。这表明南朝与北朝在选官制度方面的不同,而且也标志着武选归吏部的制度,肇始于北魏时期。

（六）官员任期与任官限制思想

1. 官员任期思想。

两汉官员任期,史无明文记载,但多重久任。④

东汉后期,吏治腐败,任用制度紊乱,以致"选代交互,令长月易"⑤,"近日所见,或一期之中,郡主易数二千石。云扰波转,溃溃纷纷,吏民疑惑,不知所谓。及公卿尚书,亦复如此"⑥。

晋时刺史、守令等莅民之官,规定任期6年。但早在西晋时,这一规定就未得到严格执行,形成"长吏到官,未几便迁",以致"百姓困于无定,吏卒疲于送迎"。⑦ 会稽主簿虞预也曾指出:"自顷,长吏轻多去

---

① 《魏书》卷81《山伟传》。
② 《魏书》卷64《张彝传》。
③ 《魏书》卷66《崔亮传》。
④ 安作璋、熊铁基:《秦汉官制史稿》下册,齐鲁书社,2007年,第383—387页。
⑤ 《后汉书》卷61《左雄列传》。
⑥ 《全上古三代秦汉三国六朝文》第2册,《全后汉文》卷46《政论》。
⑦ 《晋书》卷47《傅玄附子咸传》。

来，送故迎新，交错道路。"① 由此可以推测，当时地方官任期 6 年的规定普遍没有得到贯彻，以致造成了一些不利的影响，所以才会引起有识之士的关注和批评。当时之所以官吏不想在某一地方久任，主要原因是多数官吏企图通过到任或离任时的迎送来捞钱，从而尽快发家致富。东晋孝武帝时，范宁就指出：当时选任守宰的标准不是德、才，或者"清平"之类，而是"恤贫为先"，因此，"虽制有六年，而富足便退"。② 因为当时作为地方长官，到任或离任时，会收到大量财礼，"受迎者惟恐船马之不多，见送者惟恨吏卒之常少"③，所以地方长官都希望频繁迁转，从而捞到更多的下属吏卒的财礼。

刘宋初年，政局尚未稳定，莅民之官，任职尚无规定期限。文帝时期才明确规定："守宰之职，以六期为断"。刘宋从元嘉二十七年（450）到孝武帝孝建初，"兵连不息"，政制紊乱，④ 守宰任期缩短为 3 年，因此，谢庄上表陈求贤之义，要求恢复 6 年任期制："今莅人之职，宜遵六年之限"。李延寿据此评议说："初，文帝世，限年三十而仕郡县，六周乃选代，刺史或十年余。至是皆易之，仕者不拘长少，莅人以三周为满，宋之善政于是乎衰。"⑤ 可见，李延寿在此将郡县守令任期 6 年视作一种善政。但是，在现实中，当时不要说任期 6 年，即使"三周为满"之制，刘宋都未必能真正实行。

萧齐武帝永明元年（483）三月诏："莅民之职，一以小满为限"。⑥所谓"小满"，就是任期 3 年，即"郡县居职，以三周为小满。"⑦《南史·吕文显传》对南齐官吏任期 3 年制有一简明追溯和概括："晋、宋旧制，宰人之官，以六年为限。近世以六年过久，又以三周为期，谓之

---

① 《晋书》卷 82《虞预传》。
② 《晋书》卷 75《范汪附子宁传》。
③ 《晋书》卷 82《虞预传》。
④ 《宋书》卷 92《良吏传序》。
⑤ 《南史》卷 20《谢弘微附子庄传》。
⑥ 《南齐书》卷 3《武帝纪》。
⑦ 《南齐书》卷 53《良政传序》。

'小满'。而迁换去来，又不依三周之制，送故迎新，吏人疲于道路。"①此语出于永明三年（485）之后，说明它是永明元年（483）"三周为期"规定的重申。这表明，永明元年（483）的"三周为期"之制，并没有得到落实贯彻，所以永明三年（485）才予以重申，强调要予以真正执行。建武三年（496）正月己巳，明帝"诏申明守长六周之制"②。既然"小满之制"都难以贯彻落实，"六周之制"更不用说了，只能是一纸空文。

梁、陈两朝沿袭宋、齐，守宰任期，三周小满，或迁或解。梁武帝天监六年（507），孙谦出为零陵太守，"九年，以年老，征为光禄大夫"③。陈朝天嘉三年（562），到仲举为丹阳尹。这个不理政事，"聚财酣饮"的贪官，天嘉六年（565）"秩满，解尹"。④从史籍记载看，3年任满迁解之制在梁、陈基本上还是得到实施。但是，3年任期对于那些有志于在地方做出一些政绩的官员来说，似乎都觉得任期太短，往往在任满解职之际，有失落遗憾之情。如陈阴铿《罢故章县诗》云："秩满三秋暮，舟虚一水滨；漫漫遵归道，悽悽对别津"；"被里恒客吏，正朝不系民；唯当有一犊，留持赠后人"。⑤

北魏之制，地方守宰，试守为1年，岁满即真。任期为6年，期满则迁转更代。如果在任上政绩突出，可适当延长任期，予以增秩嘉奖。孝文帝延兴二年（472）十二月庚戌诏，"自今牧守温仁清俭、克己奉公者，可久于其任"，并且要求将此规定"著之于令，永为彝准"。⑥如孝文帝时，穆罴为汾州刺史，吐京太守刘升，"在郡甚有威惠"，限满当还都，"胡民"800余人到州请求留任，罴为奏请，孝文准奏。罴在州"威化大行，百姓安之"，孝文帝以罴"政和民悦，增秩延限"。⑦又如房景伯为清

---

① 《南史》卷 77《吕文显传》。

② 《南齐书》卷 6《明帝纪》。

③ 《梁书》卷 53《良吏·孙谦传》。

④ 《陈书》卷 20《到仲举传》。

⑤ 《艺文类聚》卷 50《令长》引。

⑥ 《魏书》卷 7 上《高祖纪上》。

⑦ 《魏书》卷 27《穆崇附罴传》。

河太守,"旧守令六年为限,限满将代",郡民韩灵和等300余人"表诉乞留,复加二载"。① 韦崇仁"乡郡太守,更满应代,吏民诣阙乞留,复延三年,在郡九年"。② 由此可见,当时地方官如要留任延限,不仅要政绩突出,得到民众拥护,还要上奏皇帝批准。

以上魏晋南北朝时期官员的任期之制,主要是指"莅民之官"的州、郡、县守宰,至于朝官和冗散僚佐,见于史籍记载的很少,大概也有任期年限或常例。如秘书郎,"例百日便迁"。不过在门阀制度制约下,这种任期往往只不过是官僚和门阀士族子弟"平流进取"的一个个向上爬升的阶梯罢了。

2. 任用限制思想。

魏晋南北朝时期,地方官任用仍沿袭两汉的"三互法",即地方官不得在本籍为长吏,婚姻之家及两州人士不得交互为官。以下为详细的限制规定。

姻亲宗族限制。如西晋末,刘弘为荆州刺史,执政欲以其婿夏侯陟为襄阳太守,弘以"旧制不得(姻亲)相监临"为由,加以辞谢,执政从之,乃以皮初为襄阳。③ 东晋末,谢裕迁吏部尚书。时,从兄谢混为尚书左仆射,"依制不得相监"。刘裕执政"启依仆射王彪之、尚书王劭前例,不解职"。④ 从这些记载我们可以看出,一方面在两晋时期,"姻亲不得相监临"之制依然存在,而且至南北朝时尚存。北魏孝明帝时,崔光伯为青州别驾。后以族弟崔休为刺史,"遂申牒求解……灵太后令从之"⑤。另一方面从当时破制之例较多可以推断,"服亲不得相临"之制没有得到严格的执行。如执政既明知夏侯陟为刘弘之婿、谢混为谢裕从兄,但是仍然破例予以任命。宋孝武帝甚至还特诏将"二王""两谢"破制事

① 《魏书》卷43《房法寿附族子景伯传》。
② 《魏书》卷45《韦阆附从子崇传》。
③ 《三国志》卷15《魏书·刘馥传》注引《晋阳秋》。
④ 《南史》卷19《谢裕传》。
⑤ 《魏书》卷66《崔亮附光伯传》。

例，作为"故事"，在"三台、五省"推广，"悉同此例"。①

籍贯限制。汉末以来，地方豪强势力膨胀，牧守临州郡，僚佐为本地士族大家的政权组织结构，一直沿袭不变。魏晋之后，不仅州郡僚佐，而且其长官牧守也开始任用本籍人。如东汉末年魏王曹操当权，冯翊高陵人张既，以在京兆尹任上"招怀流民，兴复县邑"有功，出为雍州刺史。曹操谓之曰："还君本州，可谓衣绣昼行矣！"② 北朝时期，本籍人任当地长吏的情况更为多见。如从北魏献文帝皇兴元年（467）至孝文帝太和十五年（491），兖州东平须昌人毕众敬，两度为兖州刺史。毕众敬逝世后，子元宾又刺兖州，"父子相代为本州，当世荣之"③。可见，当时本籍人任当地长吏，不仅不被认为违制，还被视作非常荣耀的事情。当时朝廷任用本籍士族豪右为本地州郡长官，还出于笼络当地有权势的豪强，借他们的势力来维持一方统治，以此作为在兵荒马乱之时统治地方的权宜之计。如北魏孝明帝孝昌末，葛荣兵逼燕赵。渤海蓨人高翼为当地豪强，"朝廷以翼山东豪右，即家拜渤海太守"。翼率乡里徙居河、济间，"魏因置东冀州，以翼为刺史"。④ 北魏孝庄帝永安初（528），赵郡李元忠"家素富实"，乡里"敬重"，朝廷就家拜授他为"南赵郡太守"。⑤ 东魏孝静帝武定五年（547），高欢死前，密令渤海大族封子绘"衔命山东，安抚州郡"。高欢死后，子澄以"子绘为渤海太守，令驰驿赴任"。⑥ 西魏、北周时，由于本籍人出任本地长官可以光宗耀祖，显示"光荣"，因此朝廷将此作为对一些大臣的褒奖优待。如西魏文帝大统十四年（548），武功苏亮出为岐州刺史。"朝廷以其作牧本州，特给路车、鼓吹，先还其宅，并给骑士三千。列羽仪，游乡党，经过故人，欢饮旬日，然后入州。

———————————

① 《宋书》卷 51《宗室·长沙景王道怜附袛传》。
② 《三国志》卷 15《魏书·张既传》。
③ 《魏书》卷 61《毕众敬传》。
④ 《北齐书》卷 21《高乾附父翼传》。
⑤ 《北齐书》卷 22《李元忠传》。
⑥ 《北齐书》卷 21《封隆之附子绘传》。

世以为荣。"① 北周武帝建德二年（573），临洮子城县人刘雄为内史中大夫。武帝谓雄曰："富贵不归故乡，犹衣锦夜游。今以卿为本州，何如？"雄拜谢，遂为河州刺史。"雄先已为本县令，复有此授，乡里荣之"。②

要地限制。南朝以东晋王敦、桓温、陶侃为戒，以"荆州居上流之重，地广兵强，资实兵甲，居朝廷之半，故高祖（刘裕）使诸子居之"③。尔后，以皇帝信任的子弟宗亲镇守国家的军事、政治、经济要地，成为南朝的一项成规，如与荆州相类似的"京口要地，去都邑密迩，自非宗室近戚，不得居之"④。刘宋大明元年（457），孝武帝以刘延孙为南徐州刺史，镇京口。当时彭城刘氏有 4 支，居于彭城县者有绥舆里、安上里和丛亭里三系，合彭城吕县刘延孙一支号为"四刘"。刘裕本居绥舆，与刘延孙"虽同出楚元王，由来（与吕县刘）不序昭穆"。严格说，刘延孙本非同宗，按例不应居此，但刘延孙为孝武帝心腹，孝武帝使其镇守京口要地，以防居广陵之竟陵刘文诞，因而"与之合族，使诸王序亲"。⑤这完全是皇族之间争权夺利，钩心斗角，为了政治目的，可以不择手段，一切成例旧制无不可牵强附会，通过认宗亲联合非宗亲的刘延孙，防范与之竞争的皇族刘文诞。

内职外任限制。晋官场重朝廷内官而轻地方外官，官僚不喜莅民而乐内职。对此现象，"太康八年，吏部郎师袭、向凯上言：'欲使舍人、洗马，未更长吏，不得为台郎；未更吏，不得为主尉'"。⑥ 朝廷也发出诏书，规定："今皆先经外郡治民著绩，然后入为常伯中书郎。"⑦ 在此，不管是师袭、向凯的上言，还是朝廷的诏书，都在强调朝廷重要的职官必须先担任地方长官，甚至还要有显著的政绩，然后才能担任朝廷的这些

---

① 《周书》卷 38《苏亮传》。
② 《周书》卷 29《刘雄传》。
③ 《宋书》卷 51《临川烈武王道规附嗣子义庆传》。
④ 《宋书》卷 78《刘延孙传》。
⑤ 《宋书》卷 78《刘延孙传》。
⑥ 《北堂书钞》卷 78《县令》引《晋起居注》。
⑦ 《艺文类聚》卷 48《中书侍郎》引《晋起居注》。

要职。另一方面，外任的地方长官，由于是直接面对百姓的父母官，更关系到一个王朝统治的民心向背，因此，对其任用也有一定的条件限制。如北朝后期，对外任官也有条格要求。西魏大统十年（544），宇文泰责令苏绰作《六条诏书》，规定牧守令长若不通《六条诏书》及计账者，皆不得居官。① 在中国古代封建社会，各级地方长官最主要工作就是有关钱粮赋税和诉讼刑狱两个方面，因此，地方长官必须熟悉会计账籍等业务知识。这一规定在中国古代会计史上留下光彩的一笔。

年龄学历限制。南朝门阀士族势力强大，为了维持其在政治、社会上的特权，即使在入仕的年龄上，士庶也做了严格的区别，以显示对士族的优待、贵贱等级的不同："甲族以二十登仕，后门以过立试吏。萧齐和帝中兴二年（502）二月，萧衍上表反对，认为"设官分职，唯才是务"。今"甲族以二十登仕，后门以过立试吏"的年龄限制，非"弘奖风流，希向后进"之格，"尤宜刊革"。和帝诏依表施行，采纳了他的建议。② 萧梁天监四年（505）正月，武帝萧衍正式下诏，明确规定在正常情况下："今九流常选，年未三十，不通一经，不得解褐。""若有才同甘、颜，勿限年次"③，即如有优秀的人才，则不受年龄和学历的限制。可见，武帝的这一规定比较有利于人才的选拔，常制之下必须有年龄、学历的条件限制，如是特制，则不受年龄和学历的条件限制。几乎与此同时，北魏则反其道而行之，对庶族入仕的年龄加以严格限制，以维护士族的政治特权。熙平二年（517）八月己亥，孝明帝下诏："庶族子弟年未十五不听入仕。"④ 这大概是孝文帝钦定门阀的进一步直接影响。

出身限制。魏晋南北朝时期，社会上除了士庶身份区别之外，一些被歧视的特殊群体，如当士兵的"士家"、判过刑的"刑家"和当过强盗的"盗家"等，其子弟不得入仕为官。晋赵至因是"士息"，父在不能

---

① 《周书》卷 23《苏绰传》。
② 《梁书》卷 1《武帝纪上》。
③ 《梁书》卷 2《武帝纪中》。
④ 《魏书》卷 9《肃宗纪》。

"荣养",母死不能送葬,其原因就在于他隐藏了自己"士家"的出身而当上了州从事,而当时规定,"士家"是不能入仕的。[1] 吴兴沈劲,父充参加王敦之乱被杀。劲"年三十余,以刑家不得仕进"[2]。后经过司州刺史王胡之上疏恳请,特诏准予入仕。可见,当时"刑家"子弟一般是不能入仕的,但是沈劲因刺史王胡之上疏皇帝为之求情,才被皇帝破例批准入仕。北魏宣武帝时,弘农杨椿为太仆卿,"招引细人,盗种牧田三百四十顷"。永平时,为廷尉劾奏,以为"依律处刑五岁"。而尚书邢峦据《正始别格》,奏杨椿罪应除名为庶人,并"注籍盗门,同籍合门不仕"。宣武帝以《水平新律》已经颁布,"不宜杂用旧制,诏依寺断,听以赎论"。[3] 总之,从以上所举事例看,当时入仕为官对身份的限制还是比较严格的,一般要经过皇帝的特准,才能破例为官。

二、选贤任能思想

(一)陆贾任贤使能思想

陆贾认识到,在国家管理中,统治者用人是否得当关系到国家的兴衰安危,尤其是帝王身边的重臣,更是关系重大。他指出:"昔者,尧以仁义为巢,舜以稷、契为杖,故高而益安,动而益固。处晏安之台,承克让之涂,德配天地,光被八极,功垂于无穷,名传于不朽,盖自处得其巢,任杖得其人也。秦以刑罚为巢,故有覆巢破卵之患;以李斯、赵高为杖,故有顿仆跌伤之祸,何者?所任者非也。故杖圣者帝,杖贤者王,杖仁者霸,杖义者强,杖谗者灭,杖贼者亡。"陆贾指出,尧以仁义为根本,舜以稷、契为辅佐,故能长治久安,功垂后世;而秦以刑罚为根本,以李斯、赵高为辅佐,故秦迅速覆亡。他从这历史正反两面的经

---

① 唐长孺:《晋书赵至传中所见的曹魏士家制度》,载《魏晋南北朝史论丛》,第30—36页。

② 《晋书》卷89《沈劲传》。

③ 《魏书》卷58《杨播附椿传》。

验和教训，得出最高统治者管理国家如能任贤使能，就能使国家强大兴盛，如任用谀、贼之人，就会使国家衰败灭亡的结论。因此，陆贾谏言汉高祖要以仁义为根本，以圣贤为辅佐，就能长治久安。"夫居高者自处不可以不安，履危者任杖不可以不固。自处不安则坠，任杖不固则仆。是以圣人居高处上，则以仁义为巢，乘危履倾，则以圣贤为杖，故高而不坠，危而不仆。"①

陆贾进一步指出，要做到任贤使能，不仅要善于识别人才，还要善于任用贤才，只有知人善任，才能切实施行仁政。"今有马而无王良之御，有剑而无砥砺之功，有女而无芳泽之饰，有士而不遭文王，道术蓄积而不舒，美玉韫椟而深藏。故怀道者须世，抱朴者待工，道为智者设，马为御者良，贤为圣者用，辩为智者通，书为晓者传，事为见者明。故制事者因其则，服药者因其良。"② 他认为，治国者要真正做到知人善任，应当注重用人实效，不必太注重名望。"良马非独骐骥，利剑非惟干将，美女非独西施，忠臣非独吕望。"③ 所用之人只要称职就好，不要追求人的虚名。

陆贾鉴于秦朝因用人不当，谀佞误国的惨痛教训，提醒汉高祖要高度重视谀佞者对国家管理的严重危害："谄佞之相扶，谀口之相誉，无高而不可上，无深而不可往者何？以党辈众多，而辞语谐合。夫众口毁誉，浮石沉木。群邪相抑，以直为曲。视之不察，以白为黑。夫曲直之异形，白黑之殊色，乃天下之易见也，然而目缪心惑者，众邪误之。"④ 因此，要善于识别谀佞者的真面目："谀夫似贤，美言似信，听之者惑，观之者冥。"⑤ 只有真正做到辨惑杜谀，远离谀佞之臣，才能任贤使能，实行仁德之政。

① 陆贾：《新语·辅政》。
② 《新语·术事》。
③ 《新语·术事》。
④ 《新语·辨惑》。
⑤ 《新语·辅政》。

（二）汉武帝选拔人才思想

汉武帝刘彻（前156—前87），西汉第七位皇帝（含前后少帝），政治家。汉武帝在位期间（前141—前87），在政治上，创设中外朝制、刺史制、察举制，颁行推恩令，加强君主专制与中央集权。在经济上，推行平准、均输、算缗、告缗等措施，铸五铢钱，由官府垄断盐、铁、酒的经营，并抑制富商大贾的势力。在文化上，"罢黜百家，独尊儒术"，并设立太学。对外，汉武帝采取治扩张政策，除与匈奴长年交战外，还破闽越、南越、卫氏朝鲜、大宛，又凿空西域、开丝绸之路，并开辟西南夷。此外，还有创设年号、颁布太初历等举措。但他崇信方术、自奉奢侈，兼以穷兵黩武，引发统治危机，晚年爆发巫蛊之祸，后因对外扩张受挫而颁《轮台诏》。后元二年（前87），汉武帝死后谥号孝武皇帝。

首先，在选拔人才方面，汉武帝确立了察举制度，这是中国有系统选拔人才制度的滥觞，对后世影响很大。汉武帝十分重视选用贤良、孝廉之士。他即位当年的十月，就下举荐贤才的诏令："丞相、御史、列侯、中二千石、二千石、诸侯相举贤良方正直言极谏之士。"① 尔后，又数次诏令各地举荐。对于举荐的人才，若他们的对策中展现了重要的经世治国思想和才干，如公孙弘、董仲舒等，武帝就委以重任；如官吏举荐不力，甚至妒能嫉贤，那么必须受到惩处。更为重要的是，武帝还进一步完善这种察举方式，并令其制度化，如规定选士的科目门类以及依照各州各郡的人口数量比例来确定选拔人数。当时的察选制度，对选拔者没有任何财产上的限制，这为广大贫寒之士提供了进入仕途、施展其政治抱负的途径，从而扩大了西汉王朝的统治基础。

其次，汉武帝兴太学培养人才，作为文官的人才储备。董仲舒在《举贤良对策》中提议兴太学，为汉武帝所采纳。自此之后，全国各地的优秀学生，在太学修完学业之后，被朝廷派往各部门和地方各级政府任职。这是把教育与选官制度有机结合起来。与察举制、征召制不同的是，

---

① 《汉书》卷6《武帝纪》。

太学是朝廷通过办学来为政府培养官员，而察举和征召则是朝廷直接从民间选拔官员。兴太学创造了一种"以教为吏"的培养选拔官员的模式，在中国古代选拔官吏制度史上有开创意义。汉武帝通过一系列大胆且行之有效的改革，为各级政府机构输送了大批文官，出现了"公卿大夫士吏彬彬多文学之士矣"① 的局面，为西汉加强大一统政治体制提供了人才和组织上的保证。

再次，汉武帝在选拔人才时能不拘一格，选用各方面的人才，使其为西汉朝廷效劳。如当他见到主父偃力主削弱地方诸侯势力的奏章，及"徐乐、严安亦俱上书言世务"的奏章后，同时召见三人，慨然叹曰："公等皆安在？何相见之晚也！"并拜三人皆为郎中。② 东方朔初次上书，"文辞不逊，高自称誉"，武帝非但没有怪罪他，反而"伟之"。对各种各样的贤能之士，武帝能"程其器能，用之如不及"。如当时黄河水患严重，危及人民的生命财产安全。元光六年（前 129），武帝采纳了大臣郑当时的建议，委派水利专家徐伯治河，征发兵卒数万开凿了漕渠，使自关东（函谷关以东）至长安的农田得到了灌溉，也使关东至长安的漕运时间较之过去节省了一半。又如征和四年（前 89），武帝任命著名农学家赵过为搜粟都尉，负责管理农业生产。赵过在总结了广大农民生产经验的基础上，创造了"代田法"："过能为代田，一亩三甽。岁代处，故曰代田，古法也。"这种新的轮种法，深耕细作，"用力少而得谷多"。"其耕耘下种田器，皆有便巧。率十二夫为田一井一屋，故亩五顷，用耦犁，二牛三人，一岁之收常过缦田亩一斛以上，善者倍之。"③ 武帝有时也能宽容直言敢谏之士，汲黯曾面责他："陛下内多欲而外施仁义，奈何欲效唐虞之治乎？"尽管武帝"变色而罢朝"，但事后仍称赞其为"社稷之臣"。④

---

① 《汉书》卷 88《儒林传》。
② 《汉书》卷 64 上《主父偃传》。
③ 《汉书》卷 24 上《食货志上》。
④ 《汉书》卷 50《汲黯传》。

武帝在不拘一格选人才时甚至还注意网罗天下艺能之士，"博开艺能之路，悉延百端之学，通一伎之士咸得自效，绝伦超奇者为右，无所阿私，数年之间，太卜大集"①。元狩六年（前117），武帝还专门派遣博士6人，"分循行天下"以征召名士。他还专设"公车司马"一职，以掌管"天下上书事"，鼓励吏民上书言事。他十分重视吏民上书，经常不厌其烦地亲自阅览所上奏章。例如，主父偃、朱买臣等人，均因公车上书而被武帝发现而受到重用。

　　总之，正由于汉武帝能加强、完善察举制度，兴太学，培养各种人才，不拘一格选拔，因此，其在位时期，人才辈出。正如班固在《汉书·公孙弘卜式兒宽传》中所指出的："是时，汉兴六十余载，海内艾安，府库充实，而四夷未宾，制度多阙。上方欲用文武，求之如弗及，始以蒲轮迎枚生，见主父而叹息。群士慕向，异人并出。卜式拔于刍牧，弘羊擢于贾竖，卫青奋于奴仆，日磾出于降虏，斯亦曩时版筑饭牛之朋已。汉之得人，于兹为盛。儒雅则公孙弘、董仲舒、兒宽，笃行则石建、石庆，质直则汲黯、卜式，推贤则韩安国、郑当时，定令则赵禹、张汤，文章则司马迁、相如，滑稽则东方朔、枚皋，应对则严助、朱买臣，历数则唐都、洛下闳，协律则李延年，运筹则桑弘羊，奉使则张骞、苏武，将率则卫青、霍去病，受遗则霍光、金磾。其余不可胜纪。是以兴造功业，制度遗文，后世莫及。"此乃中肯之评也。

　　（三）董仲舒选贤授能思想

　　董仲舒认为，以德治国的关键，就是要选拔和任用贤能廉洁之士担任各级政府机构的官吏。他多次强调选贤授能的重要性。"治国者以积贤为道。"②"所任贤，谓之主尊国安。所任非其人，谓之主卑国危。万世必然，无所疑也……是故任非其人，而国家不倾者，自古至今未尝闻也。故吾按《春秋》而观成败，乃切悁悁于前世之兴亡也。任贤臣者，国家

---

　　① 《史记》卷128《龟策列传》。
　　② 《春秋繁露·通国身》。

之兴也。"① 如果任用贤能的人为官吏，国家就会兴盛。否则，如果所任非人，国家就可能危乱覆亡。

在选贤授能思想中，董仲舒特别重视地方郡守、县令父母官的选拔。因为君主的恩泽必须通过郡守、县令布施于天下百姓，如果这些地方官贪得无厌，残害盘剥百姓，百姓就会贫穷孤弱，冤苦无告，朝廷也就无法实现以德治国。因此，选拔和任用廉正贤能之人担任地方官员是实现以德治国的关键所在。

董仲舒还十分重视对才俊之士的培养，通过兴学校来教育培养贤能之才，对国家进行管理，使百姓安居乐业。他主张朝廷兴太学，培养德才兼备之人："太学者，贤士之所关也，教化之本原也。今以一郡一国之众，对亡应书者，是王道往往而绝也。臣愿陛下兴太学，置明师，以养天下之士，数考问以尽其才，则英俊宜可得矣。"②

班固《汉书·五行志》云："景、武之世，董仲舒治《公羊春秋》，始推阴阳，为儒者宗。"董仲舒在《春秋繁露》中引用五行的相生相胜学说对五种朝廷官员的德行做了理论上的阐述，其不一定符合科学原理，但有一定的启发意义。他认为，"五行者，五官也，比相生而间相胜也。故为治，逆之则乱，顺之则治"③。他用五行相生相胜的理论，来解释君主直接管理的五种朝廷重臣。"东方者木，农之本。司农尚仁，进经术之士，道之以帝王之路，将顺其美，匡救其恶。执规而生，至温润下，知地形肥硗美恶，立事生则，因地之宜，召公是也。""南方者火也，本朝。司马尚智，进贤圣之士，上知天文，其形兆未见，其萌芽未生，昭然独见存亡之机，得失之要，治乱之源，豫禁未然之前，执矩而长，至忠厚仁，辅翼其君，周公是也。""中央者土，君官也。司营尚信，卑身贱体，夙兴夜寐，称述往古，以厉主意。明见成败，微谏纳善，防灭其恶，绝

---

① 《春秋繁露·精华》。
② 《汉书》卷56《董仲舒传》。
③ 《春秋繁露·五行相生》。

源塞隟，执绳而制四方，至忠厚信，以事其君，据义割恩，太公是也。"
"西方者金，大理司徒也。司徒尚义，臣死君而众人死父。亲有尊卑，位有上下，各死其事，事不逾矩，执权而伐。兵不苟克，取不苟得，义而后行，至廉而威，质直刚毅，子胥是也。""北方者水，执法司寇也。司寇尚礼，君臣有位，长幼有序，朝廷有爵，乡党以齿，升降揖让，般伏拜谒，折旋中矩，立则磬折，拱则抱鼓，执衡而藏，至清廉平，赂遗不受，请谒不听，据法听讼，无有所阿，孔子是也。"① 董仲舒认为，皇帝身边的这五种官员，如像曾经做过司农的召公、司马的周公、司营的姜太公、司徒的伍子胥、司寇的孔子那样有高尚的德行，那么君主的德行就会得到发扬光大，恩泽就会布施于天下百姓。相反，如这五种君主身边重臣无高尚的德行，根据五行相胜的学说，则有胜之者克之。君主的德行就会被遮蔽，其恩泽也无法布施于天下百姓。"木者，司农也。司农为奸，朋党比周，以蔽主明……则命司徒诛其率正矣。故曰金胜木。""火者，司马也。司马为谗，反言易辞以谮诉人……执法诛之。执法者水也，故曰水胜火。""土者，君之官也，其相司营。司营为神……赋敛无度，以夺民财；多发徭役，以夺民时，作事无极，以夺民力……其民叛，其君穷矣。故曰木胜土。""金者，司徒也。司徒为贼，内得于君，外骄军士，专权擅势，诛杀无罪，侵伐暴虐，攻战妄取……则司马诛之，故曰火胜金。""水者，司寇也。司寇为乱，足恭小谨，巧言令色，听谒受赂，阿党不平，慢令急诛，诛杀无罪……则司营诛之，故曰土胜水。"② 这就是说，如果司农、司马、司营、司徒、司寇五种君主身边重臣能够尚仁、尚智、尚信、尚义、尚礼，就会"比相生"；如果这五种君主身边重臣为奸、为谗、为神、为贼、为乱，就会"间相胜"而被诛杀。董仲舒将对国家的管理比附于五行学说，显然牵强附会，但是他认为君主身边的重臣，其贤明与奸谗是国家是否实现德治与存亡的重要因素，这是

① 《春秋繁露义证·五行相生》。
② 《春秋繁露·五行相胜》。

正确的，因此他指出从中央到地方的各级官员必须德才兼备，吏治清明是实现德治的基础。

董仲舒还认为要充分发挥皇帝身边重臣的积极作用，应该建立良好的君臣关系。要协调好皇帝与身边重臣的关系，首先君主应该做好表率："父不父则子不子，君不君则臣不臣"。① 因此，君主首先要礼贤下士，以礼待臣，以礼使臣。同时，臣要事君以忠，不专权不擅名不犯上，不夺君尊。忠君而不媚主，臣下要敢于进谏，纠正君主的过失。这就是忠臣所为。如果"主所为皆曰可，主所言皆曰善，谄顺主指，听从为比。进主所善，以快主意，导主以邪，陷主不义"②，这就是奸臣所为。

董仲舒在选任贤能之人时，还重视对他们的为官政绩进行考核，循名责实，然后根据考核结果，评定政绩等级，德高才俊者进之，德才不称者绌之，赏罚分明，从而在官吏使用中进一步贯彻选贤授能，使优秀者得到提拔，不称职者降职黜退。"为人君者，其法取象于天。故贵爵而臣国，所以为仁也……任贤使能，观听四方，所以为明也；量能授官，贤愚有差，所以相承也；引贤自近，以备股肱，所以为刚也；考实事功，次序殿最，所以成世也；有功者进，无功者退，所以赏罚也。"③ 董仲舒进一步指出，朝廷在对官吏进行考核时，必须坚持公平公正，尊重事实，实事求是，讲求考核实效，不搞虚名，赏罚分明，这样，对官吏的考核才能起激励的作用，充分调动各级官吏的积极性。"天道积聚众精以为光，圣人积聚众善以为功。故日月之明，非一精之光也；圣人致太平，非一善之功也……考绩绌陟，计事除废，有益者谓之公，无益者谓之烦。挈名责实，不得虚言，有功者赏，有罪者罚，功盛者赏显，罪多者罚重。不能致功，虽有贤名，不予之赏；官职不废，虽有愚名，不加之罚。赏罚用于实，不用于名；贤愚在于质，不在于文。故是非不能混，喜怒不

---

① 《春秋繁露·玉杯》。
② 《春秋繁露·五行相胜》。
③ 《春秋繁露·天地之行》。

能倾，奸轨不能弄，万物各得其冥，则百官劝职，争进其功。"① 同时，考核时不以任职时间长短为依据，应考核官吏实际的才能是否称职；不要以官职高低作为衡量标准，而应考核官吏的德行廉耻。"古所谓功者，以任官称职为差，非谓积日累久也。故小才虽累日，不离于小官；贤才虽未久，不害为辅佐……毋以日月为功，实试贤能为上，量才而授官，录德而定位，则廉耻殊路，贤不肖异处矣。"②

（四）王符选用贤能思想

王符十分重视在管理国家中重用贤能之才，他把重用贤才提高到国家治乱兴亡的高度。贤能之人是国家的栋梁，如任用贤能之人，国家就会得到管理，长治久安；如不任用贤能之人，国家就会陷入混乱，甚至因此而覆亡。他还特别强调，管理国家不任用贤能之人，不是国家没有贤能之人，而是国君不重视不懂得任用贤能之人。王符在《潜夫论·实贡》开篇就云："国以贤兴，以谄衰。"③《思贤》篇则指出："何以知国之将乱也？以其不嗜贤也……乱国之官，非无贤人也。其君弗之能任，故遂于亡也……尊贤任能，信忠纳谏，所以为安也。"④ 因此，他明确提出，治国必须"尊贤任能，信忠纳谏"，国家才能安定。

到了东汉中期，朝政开始渐趋腐败，外戚与宦官交替专权，政纲废弛，有贤能的人不是遭到嫉妒，就是遭到排挤，根本无法在朝廷立足，更遑论能够为管理国家发挥自己的才干。王符对当时这种现象进行揭露："世之所以不治者，由贤难也。所谓贤难者，非直体聪明服德义之谓也。此则求贤之难得尔，非贤者之所难也。故所谓贤难者，乃将言乎循善则见妒，行贤则见嫉，而必遇患难者也。"⑤ 而且，当时朝廷任用官吏是

---

① 《春秋繁露·考功名》。
② 《汉书》卷56《董仲舒传》。
③ 《潜夫论·实贡》。
④ 《潜夫论·思贤》。
⑤ 《潜夫论·贤难》。

"以族举德，以位命贤"①，即根据家族出身和社会地位来作为衡量标准，而不是依据德行与才干，甚至有德行与才干的人还遭到嫉妒与压制排挤，"循善则见妒，行贤则见嫉"，遇贤患难。

王符还从历史上寻找原因，指出从春秋战国以来，在国家管理中就存在着任人唯亲的弊端，不仅英明如武帝者如此，黑暗腐败的东汉中期更甚，贤才不遇在当时成为一种普遍的现象。"自春秋之后，战国之制，将相权臣，必以亲家。皇后兄弟，主婿外孙，年虽童妙，未脱桎梏，由借此官职，功不加民，泽不被下而取侯，多受茅土，又不得治民效能以报百姓，虚食重禄，素餐尸位，而但事淫侈，坐作骄奢，破败而不及传世者也。"② 王符本人因为"独耿介不同于俗，以此遂不得升进"③，使他能以旁观者的冷静眼光来审视现实，提出不同世俗的见解。

为了让君主能真正选拔到贤才，王符提出贤人君子与小人的区别在于"志行"，而不是财富和地位，荣华富贵和贫贱冻馁不能作为评判贤人君子和小人的标准。他认为："所谓贤人君子者，非必高位厚禄富贵荣华之谓也，此则君子之所宜有，而非其所以为君子者也。所谓小人者，非必贫贱冻馁辱厄穷之谓也，此则小人之所宜处，而非其所以为小人者也。"④ 他列举了历史上的人物来论证自己的这一观点："奚以明之哉？夫桀、纣者，夏、殷之君王也，崇侯、恶来，天子之三公也，而犹不免于小人者，以其心行恶也。伯夷、叔齐，饿夫也，傅说胥靡，而井伯虞虏也，然世犹以为君子者，以为志节美也。"由此可见，贤人君子与小人的根本区别在于"志行"，即"志节美"与"心行恶"。因此，他主张，选拔人才、任用人才一定要考察志行，而不必计较其富贵贫贱。"君子未必

---

① 《潜夫论·论荣》。
② 《潜夫论·思贤》。
③ 《后汉书》卷 49《王符列传》。
④ 《潜夫论·论荣》。

富贵，小人未必贫贱。"①　"苟得其人，不患贫贱；苟得其才，不嫌名迹。"②　只有不拘一格地选人、用人，才能真正地选用贤能。

王符在此认识的基础上进一步指出，君主管理国家最急迫的是要知道谁是贤才，而要知道谁是贤才的最佳途径是考核各级官吏。"凡南面之大务，莫急于知贤；知贤之近途，莫急于考功。功诚考则治乱暴而明，善恶信则直贤不得见障蔽，使佞巧不得审其奸矣。"③　君主通过考核，就能知道各级官吏政绩如何，是否尽职，从而使民众的生计乃至整个国家保持稳定有序。君主考核各级官吏的主要内容首先是"利民"和"进贤"，即"君子任职则思利民，达上则思进贤"④。如历史上白起、蒙恬、息夫、董贤之辈，未"利民""进贤"，"虽见贵于时君，然上不顺天心，下不得民意，故卒泣血号咷，以辱终也"⑤。他认为，历史证明，上述这些人即使功劳再大而显赫得宠于一时，但由于没有做"利民""进贤"的事情，最后也不得善终。

其次要看官吏是否忠于职守，是否做到"各居其职，以责其效"。即考核各级官吏是否尽心尽力履行自己的职责，并取得好的成效。"是故世主不循考功而思太平，此犹欲舍规矩而为方圆，无舟楫而欲济大水，虽或云纵，然不知循其虑度之易且速也。"⑥　如果没有通过考核管理官吏，达到天下大治，那犹如没有规矩而要画方圆、没有舟楫而要渡过大江大河那样，是做不到的。

再次要设立考核后的奖惩制度，表彰奖励绩效好的官吏，降黜惩罚奸佞无为之徒。对于"好德""尚贤""有功"的官吏，朝廷应该"则加之赏"；对没有作为的奸佞之徒，则"黜爵""黜地""黜士"，"附下罔上

---

① 《潜夫论·论荣》。
② 《潜夫论·本政》。
③ 《潜夫论·考绩》。
④ 《潜夫论·忠贵》。
⑤ 《潜夫论·忠贵》。
⑥ 《潜夫论·考绩》。

者死,附上罔下者刑,与闻国政而无益于民者斥,在上位而不能进贤者逐"。在此考核、奖惩的基础上,朝廷再选拔出贤能之士,委以重任,协助国君管理民众。"别贤愚而获多士,成教化而安民氓。"①

最后要知人善任,根据不同人的特长优点,把他们安排在合适的岗位上,使每个人的特长优点得到充分的发挥。王符提出,君主在选用贤能时应"各以所宜,量才授任"②,要做到"智者弃其所短而采其所长,以致其功,明君用士亦犹是也。物有所宜,不废其才,况于人乎?"③ 因此,王符主张,在考核官吏时,要实事求是,真实反映官吏的缺点与特长优点,以便于在任用官吏时扬长避短。"是故选贤贡士,必考核其清素,据实而言,其有小疵,勿强衣饰,以壮虚声。一能之士,各贡所长,出处默语,勿强相兼。"④

(五) 崔寔君明臣贤思想

崔寔总结了历史上治乱的经验教训,认为当时社会混乱的根本原因是君主昏庸、臣子奸佞。他指出:"凡天下之所以不治者,常由世主承平日久,俗渐弊而不寤,政浸衰而不改,习乱安危,逸不自睹。或荒耽嗜欲,不恤万机;或耳蔽箴诲,厌伪忽真;或犹豫歧路,莫适所从;或见信之佐,括囊守禄;或疏远之臣,言以贱废。是以王纲纵弛于上,智士郁伊于下。悲夫!且守文之君,继陵迟之绪,譬诸乘弊车矣。"⑤ 他批判了昏庸君王常见的荒耽嗜欲、独断专行、刚愎自用、偏听偏信等行为,其用意在于劝诫君主,使他们醒悟,勉于自励,成为明君。

崔寔进一步指出,如果由一个昏庸君主管理国家,必然会出现官僚贵族贪赃枉法,豪强地主巧取豪夺的严重社会问题。"今官之接民,甚多

---

① 《潜夫论·考绩》。
② 《潜夫论·实贡》。
③ 《潜夫论·实贡》。
④ 《潜夫论·实贡》。
⑤ 《全上古三代秦汉三国六朝文》第一册《全汉文》卷46《政论》,本目引文均见于此。

违理，苟解面前，不顾先哲。作使百工，及从民市，辄设计加以诱来之，器成之后，更不与直。老弱冻饿，痛号道路，守关告哀，终不见省。历年累岁，乃才给之，又云逋直，请十与三。此逋直岂物主之罪邪？不自咎责，反复灭之，冤抑酷痛，足感和气……是以百姓创艾，咸以官为忌讳，遁逃鼠窜，莫肯应募。"在此，他揭露了当时官吏们依仗权势，不顾百姓死活，对百姓进行敲诈勒索，巧取豪夺，"犯王法以聚敛"，从而导致尖锐的社会矛盾。他痛斥这些贪官污吏是"聚敛之臣""贪人败类"，其行为无异于"割胫以肥头，不知胫弱亦将颠仆也"。民众对于这些贪官污吏，唯恐避之不及，"咸以官为忌讳"，见到官员"遁逃鼠窜"。官吏与民众对立严重，加之当时豪强地主骄奢淫逸，带头行奢侈之风，"今使列肆卖侈功，商贾鬻僭服，百工作淫器，民见可欲，不能不买，贾人之列，户踊僭侈矣"，致使社会风气愈益败坏，危机更加严重。

鉴于这种社会危机，崔寔认为应该重新构建君明臣贤的君臣关系，这就是明君掌权，贤臣辅佐，君臣和谐，齐心协力。"自尧、舜之帝，汤、武之王，皆赖明哲之佐，博物之臣。故皋陶陈谟而唐、虞以兴，伊、箕作训而殷、周用隆。及继体之君，欲立中兴之功者，曷尝不赖贤哲之谋乎！"历史上尧、舜、汤、武等明君圣主，正是依靠皋陶、伊、箕等贤臣的辅佐，才成就了伟业；那些"中兴之功"的君主，也都依赖贤哲辅佐，才取得了成功。因此，明君与贤臣缺一不可，互相依存：离开明君，贤臣将发挥不了作用，一事无成；离开贤臣，明君则步履维艰，难有成就。为此，崔寔提出了一个理想的君臣模式："国有常君，君有定臣，上下相安，政如一家……故能君臣和睦，百姓康乐。"具体而言，崔寔强调在管理国家中君主要有崇高的德行和卓越的才干，然后以君主为核心，远斥小人，身边有一群贤臣辅佐。从东汉中期的政治现实来看，崔寔的这一思想是针对当时外戚和宦官专权，一些正直的官员遭到排斥打击的现象而提出的，十分具有现实意义。

当时，由于政治腐败黑暗，官僚集团内部倾轧，"中伤贞良"，许多贤才遭到排挤打击，加之大多数贤士"心平行洁"，不愿亲媚主上、巴结投靠权贵，因此，为"州郡侧目，以为负折"。相反，那些"巧文猾吏"则屡屡受到重用。崔寔认为，要改变这种状况，必须从君主做起。首先，君主要慎重甄别贤才与奸佞。"向使贤不肖相去，如泰山之与蚁垤，策谋得失相觉，如日月之与萤火，虽顽嚣之人，犹能察焉。常患贤佞难别，是非倒纷，始相去如毫厘，而祸福差以千里，故圣君明主其犹慎之。"从而防止贤佞难辨，是非颠倒，埋没贤才，奸佞当道。

其次，君主应该把任用贤才真正落实在行动上。崔寔指出："斯贾生之所以排于绛、灌，吊屈子以摅其愤者也。夫以文帝之明，贾生之贤，绛、灌之忠，而有此患，况其余哉！且世主莫不愿得尼、轲之伦以为辅佐，卒然获之，未必珍也。"因此，要真正辨贤，发挥贤才的作用，朝廷必须定期对贤才进行考评，对政绩显著突出者予以奖励提拔，而对聚敛枉法者予以处罚黜退。"人主莫不欲豹、产之臣，然西门豹治邺一年，民欲杀之；子产相郑，初亦见诅，三载之后，德化乃洽。今长吏下车百日，无他异观，则州郡睥睨，待以恶意，满岁寂漠，便见驱逐。正使豹、产复在，方见怨诅，应时奔驰，何缘得成易歌之勋，垂不朽之名者哉！"在此，崔寔认为，对官吏的考核是一件复杂的长期性的工作，如没有做长期耐心细致的工作，往往会得出与事实相反的结论，把贤才当作奸佞，历史上的西门豹、子产都差一点蒙受不白之冤。因此，在对官吏进行考核时，不能因一时小事就轻易下结论，随意调免，因为一些政绩在短期之内难以显现。如果轻易下结论和随意调免，就会使贤才失去施展才华的机会，也影响了官吏队伍的稳定。

崔寔除提出选任贤才来澄清当时腐败吏治外，还主张通过增益官俸来使官吏廉洁。他指出，自秦以后，一般官吏"俸禄甚薄"，"仰不足以养父母，俯不足以活妻子"官吏之所以聚敛贪污，这是一个重要的原因。东汉时期，奢风盛行，人人"外溺奢风，内忧穷竭。故在位者则犯王法以聚敛，愚民则冒罪戮以为健"。对此，崔寔指出，作为官吏，总是要临财御众的，而令俸禄薄的官吏去"临财御众"，犹之乎"渴马守水，饿犬护肉，欲其不侵，亦不几矣"。崔寔特意开列了一份详细的账单来说明当

时一般官吏官俸薄到生活艰难："百里长吏……一月之禄，得粟二十斛，钱二千。长吏虽欲崇约，犹当有从者一人。假令无奴，当复取客。客庸一月千石，膏肉五百。薪炭盐菜又五百。二人食粟六斛。其余财足给马，岂能供冬夏衣被、四时祠祀、宾客斗酒之费乎！况复迎父母、致妻子哉……迎之不足相赡，自非夷齐，孰能饿死？于是则有卖官鬻狱，盗贼主守之奸生矣！"因此，他建议："古赋禄虽不可悉遵，宜少增益，以赒其匮。使足代耕自供，以绝其内顾念奸之心，然后重其受取之罚。则吏内足于财，外惮严刑，人怀羔羊之洁，民无侵枉之性矣！"从崔寔所列当时一般官吏的收入与支出来看，东汉一般官俸的确存在入不敷出的问题。官俸乃国家的重要财政支出之一，封建朝廷为了保证自身的无度挥霍、穷奢极欲，不惜压低官俸，以至于造成所谓"渴马守水，饿犬护肉"的不正常局面，其实就是间接纵容官吏鱼肉敲诈掠夺百姓。从这个角度看，崔寔增益官俸的建议其实就是在国家财政的再分配上削减朝廷的份额，而适当增加官僚收入的份额，这是合理的。而且他试图一方面通过增加一般官吏官俸，提高一般官吏生活水准，进行增俸养廉；另一方面也加重对贪官污吏的惩罚，从而达到防贪的目的。这种恩威并济、软硬兼施的措施还是有一定效果的。正如他所说的："虽时有素富骨清者，未能百一，不可为天下通率。圣王知其如此……使之取足于俸，不与百姓争利"。崔寔当时对封建官吏整体素质的估计和要求还是比较符合客观实际的，即99％的官吏不可能做到在生活艰难的情况下还能为官清廉，而只能在官俸足以使他们生活富裕的情况下才有可能清廉。基于这种认识，他能兼为一般官吏和民众着想，提出合理且切实可行的增俸严刑的防贪办法，在当时是不可多得的。正如《后汉书》作者范晔评价他"明于政体"，"言当世理乱，虽晁错之徒不能过也"。此为中肯之论也。而稍后于崔寔的仲长统更是推崇其《政论》，建议后世君主将其作为管理国家的座右铭，"凡为人主，宜写一通，置之坐侧"。

（六）荀悦任贤能和君臣一体思想

荀悦主张在管理国家中应注重选贤任能，他列举了东汉后期在宦官

专权的黑暗腐败政治下，在选用人制度上存在的 10 个问题，称其为"十难"："一曰不知，二曰不进，三曰不任，四曰不终，五曰以小怨弃大德，六曰以小过黜大功，七曰以小失掩大美，八曰以讦奸伤忠正，九曰以邪说乱正度，十曰以谗嫉废贤能，是谓十难。十难不除，则贤臣不用；用臣不贤，则国非其国也。"① 荀悦在此列举了 10 种不选用贤才的问题，归纳起来，大致又可以分为 3 类：一是君主不选用贤才，是由于君臣不知道贤才，大臣不推荐贤才，君主不想任用贤才，或君主不自始至终任用贤才；二是君主不选用贤才，是由于君主因为对某贤才有微小的抱怨而没有重视他的大德行，或因为某贤才有微小的过失而没看到他的大功劳，或因为某贤才有微小的缺点而将其很突出的优点忽视了；三是君主不选用贤才，是由于君主信任奸邪之人而伤害了忠正之臣，或因听信邪说而搅乱了正常的制度，或因被嫉妒贤人的谗言所迷惑而废罢了贤能之臣。荀悦将是否选用贤才提高到关系国家安危的高度，认为如果当时东汉朝廷在管理国家中不选贤授能，不改革现存的用人制度，那么这个国家就会危亡。荀悦恤十难而任贤能的思想，反映了东汉后期在宦官专权的黑暗腐败政治下，贤能之士遭受打击排挤的现实状况，具有很强的现实意义。

与荀悦的选贤授能思想关系密切的是他的君臣一体思想。他认为在管理国家中，君主和臣下缺一不可，两者应该形成一个有机体，君主处于领袖地位，臣下处于被支配辅佐的地位，君臣共同管理国家，这样才能把国家管理好，民众才能安居乐业，丰衣足食。"非天地不生物，非君臣不成治。首之者天地也，统之者君臣也哉。"② "天下国家一体也，君为元首，臣为股肱，民为手足。下有忧民，则上不尽乐；下有饥民，则上不备膳；下有寒民，则上不具服。徒跣而垂旒，非礼也。故足寒伤心，

①　《申鉴·政体》。
②　《申鉴·杂言上》。

民寒伤国。"① 他认为在君臣一体管理国家的情况下，君明臣贤是最理想的模式，一方面君主不要操纵一切，另一方面臣下也不要违君专权，要形成君主臣辅的和谐关系。

荀悦在主张君明臣贤的基础上，特别对臣下提出了一些要求，即臣下不是单纯地服从君主，而要发挥应有的辅助作用，坚决执行君主的正确决策，对君主的过失要纠偏补正。"人臣之义，不曰吾君能矣，不我须也，言无补也，而不尽忠；不曰吾君不能矣，不我识也，言无益也，而不尽忠。必竭其诚，明其道，尽其义，斯已而已矣，不已，则奉身以退，臣道也。故君臣有异无乖，有怨无憾，有屈无辱。"这就是说，臣子对君主要竭尽忠诚，不要借口君主很能干，已经不需要自己了，或君主无能，不知道自己的才干，而不对君主竭尽忠诚。臣下应对君主竭力忠诚道义，问心无愧才行，如做不到这点，就不该占着这个职位，应主动辞职。

荀悦反对君主的绝对权威，认为忠臣并不是事事对君主言听计从的人，而是能为君主出谋划策、纠偏补正的人。因此，他指出，"人臣有三罪：一曰导非，二曰阿失，三曰尸宠。以非引上谓之导，从上之非谓之阿，见非不言谓之尸。导臣诛，阿臣刑，尸臣绌。进忠有三术：一曰防，二曰救，三曰戒。先其未然谓之防，发而止之谓之救，行而责之谓之戒。防为上，救次之，戒为下。下不钳口，上不塞耳，则可有闻矣。有钳之钳，犹可解也；无钳之钳，难矣哉！有塞之塞，犹可除也，无塞之塞，其甚矣夫。"② 荀悦认为，臣下如对君主的过错采取放任的态度，那是一种犯罪，必须依据导非、阿失、尸宠三种程度受到不同的处罚。同时，臣下对君主的过错应采取防、救、戒三种进忠之术，帮助君主防范、制止和纠正过错。臣下如因为有钳、塞等客观原因做不到这三种进忠之术，还可扫除这些客观障碍；如非因钳、塞等客观原因而做不到，那就是臣下的主观问题，这就难办了。对君主来说，臣下不仅仅是供其支配的，

① 《申鉴·政体》。
② 《申鉴·杂言上》。

对其还有监督制约作用，臣下应该弥补君主的不足。正由于臣下对君主有这些责任，因此，如何处理好道和君主的关系，就成为一个颇为重要且棘手的问题。对此，荀悦明确指出，当道与君发生矛盾时，臣下应该从道不从君。"违上顺道，谓之忠臣；违道顺上，谓之谀臣。忠所以为上也，谀所以自为也；忠臣安于心，谀臣安于身。故在上者，必察夫违顺，审乎所为，慎乎所安。"① 显然，荀悦主张臣下应当做"违上顺道"的忠臣，有利于君主管理好国家，是"为上也"；而如果"违道顺上"，则成为了保护个人利益的谀臣，即"自为也"。

东汉时期的官俸，大将军、三公奉月三百五十斛，中二千石奉月一百八十斛，二千石奉月一百二十斛，以下递减，斗食奉月十一斛，佐吏奉月八斛，吏禄颇薄，尤其是大官与小吏，相差达三四十倍。吏禄薄的消极影响，就是中下级官吏"侵渔百姓，聚敛为奸"，"通行货赂，割损政令"。② 当时司空见惯的是，各级官吏取民于送迎之际。如张禹父亲张歆终于汲令，去世时，汲吏人赙送前后数百万③；哀帝时大郡二千石官逝世，赋敛送葬，皆千万以上。④ 荀悦目睹当时社会的这种弊端，提出了"禄必称位"的主张，认为官俸应当从丰，以利于养廉。他说："先王之制禄也，下足以代耕，上足以充祀。故食禄之家，不与下民争利，所以厉其公义，塞其私心。"⑤ "公禄贬则私利生，私利生，则廉者匮而贪者丰也。夫丰贪生私，匮廉贬公，是乱也"。⑥ 他认为，历史上君王制定官吏俸禄的原则就是让官吏依靠俸禄收入足以丰衣足食，才不会与民众争利，管理国家会出于公心，而不存在私心。如果俸禄太低，官吏依靠俸禄不足为生，贪者就会通过贪污受贿增加收入，以使自己生活优裕；而廉者

① 《申鉴·杂言上》。
② 《后汉志》志28《百官五》刘昭注引蔡质《汉仪》。
③ 《后汉书》卷44《张禹列传》。
④ 《汉书》卷92《游侠·原涉传》。
⑤ 《前汉纪》卷5《孝惠皇帝纪》。
⑥ 《申鉴·时事》。

如仅依靠俸禄，往生活贫困。这是不公正的社会现象，而且会导致社会混乱。

针对这种现实情况，荀悦提出："时匮也。禄依食，食依民，参相澹，必也正贪禄，省闲冗，与时消息，昭惠恤下，捐益以度。"[1] 在此，他认为，官俸是人民供给的，因此制定俸禄标准，首先必须体恤民情，控制在民众承担得起的范围之内。其次，当时官吏俸禄的确偏低，不足以养廉，因此要适当提高，以纠正贪贿之风。再次，要精简繁冗人员，减少国家官俸开支。最后根据实际需要与可能，调整俸禄标准。由此可见，荀悦的增俸禄思想首先认识到官吏的俸禄是靠广大人民供给的，所以制定俸禄首先要考虑民众的承受能力，这在封建官员中难能可贵！而且他提出的增加官俸养廉的财政支持，很大一部分来源于裁减闲杂多余官吏的俸禄，而不是来源于增加民众的赋税负担。这既精简了当时繁杂臃肿的官僚机构，提高了工作效率，又没有增加民众赋税负担。同时，官吏俸禄适当增加，在一定程度上减少了官吏贪污受贿、盘剥百姓的可能。

荀悦增俸养廉的理论根据，仍然停留在儒家思想的窠臼，即不与民争利的义利观。他的理由是官吏俸禄提高了，生活宽裕，就不会与一般民众争利，而且在义与利的选择中，会"厉其公义，塞其私心"。换言之，就是官吏在管理国家管理民众时，应坚持公心正义，而摒弃私心杂念。历来对贪官污吏贪污受贿、侵渔百姓的治理，单靠增俸养廉是远远不够的，但如果没有适当提高俸禄让官吏生活宽裕、丰衣足食，也是很难让绝大多数官吏廉以自守。荀悦能从人民的利益出发提出增俸养廉的建议，是相当难能可贵的。

（七）仲长统选贤任能思想

仲长统十分重视在管理国家中要选贤任能，而且他认为这是国家管理的关键。他的理由是，君主制定的管理国家的法律，如果是贤能的君

---

① 《申鉴·时事》。

子依据法律来管理国家，就能使天下大治；如果是奸佞的小人依据法律来管理国家，就像是让豺狼看管羊群猪群，让盗跖管理征税，则会使天下大乱。这就是法律相同，但管理国家的官员不同，就会产生截然不同的效果。他说："君子用法制而至于化，小人用法制而至于乱。均是一法制也，或以之化，或以之乱，行之不同也。苟使豺狼牧羊豚，盗跖主征税，国家昏乱，吏人放肆，则恶复论损益之间哉！夫人待君子然后化理，国待蓄积乃无忧患。"①

仲长的统选贤任能思想中最有特色的是主张在全国范围内，从地方最基层自下而上逐级选拔人才。"向者天下户过千万，除其老弱，但户一丁壮，则千万人也。遗漏既多，又蛮夷戎狄居汉地者，尚不在焉。丁壮十人之中，必有堪为其什伍之长，推什长以上，则百万人也。又什取之，则佐吏之才已上十万人也。又什取之，则可使在政理之位者万人也。以筋力用者谓之人，人求丁壮；以才智用者谓之士，士贵耆老。充此制以用天下之人，犹将有储，何嫌乎不足也？故物有不求，未有无物之岁也；士有不用，未有少士之世也。夫如此，而后可以用天性，究人理，兴顿废，属断绝，网罗遗漏，拱押天人矣。"在此，他主张在全国一千万人丁壮内，按 1/10 比率，逐级筛选人才，从而逐级减少到百万人、十万人、万人，这逐级遴选出来的万人，就可作为管理国家的人才。当然，这万人不一定人人都委以官职任用，有的可以作为人才储备，这样管理国家就有了充足的人才资源。仲长统基于这种选贤任能思想，反对东汉后期只看重虚名不注重考察实际才干的选拔人才方式。"今反谓薄屋者为高，藿食者为清，既失天地之性，又开虚伪之名，使小智居大位，庶绩不咸熙，未必不由此也。得拘洁而失才能，非立功之实也。以廉举而以贪去，非士君子之志也"。

仲长统主张人才选拔出来后还要量才录用，这就是要才称其位，胜

---

① 《全上古三代秦汉三国六朝文》第 1 册《全后汉文》卷 88、89《昌言》，本目引文均见于此。

任其职。"一伍之长,才足以长一伍者也;一国之君,才足以君一国者也;天下之王,才足以王天下者也。"而且用人要根据各人的特长,扬长避短,还必须对人才进行深入的了解,与其交谈,对其工作进行考察,才能知道其是否具有真才实干,是否有高尚的品德等。"论道必求高明之士,干事必使良能之人,非独三太三少可与言也。凡在列位者,皆宜及焉。故士不与其言,何以知其术之浅深?不试之事,何以知其能之高下?与群臣言议者,又非但用观彼之志行,察彼之才能也。"只有做到这些,才能对被任用的人适时升降任免,"善者早登,否者早去","下土无壅滞之士,国朝无专贵之人"。这样,不仅使人尽其才,而且使官员队伍不断吐故纳新,保持高素质和活力,保障国家各级政府机构高效运行。

仲长统也主张增官俸养廉,要保障各级官吏的较高物质待遇,才能避免官员贪赃枉法。因为贤能之才往往出身贫寒,又不从事农业生产以自给自足,所得俸禄不足以养活全家老小。他指出:"夫选用必取善士。善士富者少而贫者多,禄不足以供养,安能不少营私门乎?从而罪之,是设机置阱,以待天下之君子也。""君子非自农桑以求衣食者也……俸禄诚厚,则割剥贸易之罪乃可绝也"。因此,国家若增加官吏俸禄就可以达到厚禄养廉的目的。至于达到什么标准才算厚禄,仲长统给出的标准是:"舟车足以代步涉之难,使令足以息四体之役。养亲有兼珍之膳,妻孥无苦身之劳。"这个标准还算适中,因为如与当时的富豪地主相比,还是有天壤之别,但如与一般民众相比,已高出不少了。

三、监察考核官吏思想

(一) 秦汉监察官吏思想

这一时期形成和巩固了统一的封建的中央专制主义制度。皇帝具有至高无上的权力,全国的行政权、军权、财权、司法权都集中于皇帝,一切由其最后裁决。在中央官僚机构中,秦汉实行三公九卿制。丞相承天子之命,督率百官,助理万机,执行政务。太尉协助皇帝掌管军事。

御史大夫是副丞相，掌图籍章奏，监察百官，辅佐丞相处理事务。丞相、太尉、御史大夫后来合称三公，他们之间互相制约，便于皇帝集权于一身。秦始皇统一六国后，实行郡县制，分天下为三十六郡，其后续有增置，达四十多郡。京都和各郡并设监御史，掌监察郡治，又叫郡监。监御史隶属于御史中丞，直属中央，是中央监临地方之官。

西汉时期，御史大夫以副丞相兼全国最高监察官，对监察负总的责任。正如《汉书·朱博传》所称："御史大夫，位次丞相，典正法度。以职相参，总领百官，上下相监临，历载二百年，天下安宁。"御史大夫属官有二丞：一为御史丞，是御史大夫的助理，不另有职务。一为御史中丞，是御史大夫的主要属丞，其禄秩虽不高（仅千石），地位却很重要，被称为"贰大夫"，"在殿中兰台，掌图籍秘书，外督部刺史，内领侍御史员十五人，受公卿奏事，举劾按章"。① 西汉哀帝元寿二年（前1）改御史大夫为大司空，其掌管文书之职被尚书所侵夺，其监察职务，则名副其实地由其属官御史中丞承担。于是中丞代替御史大夫而成为一个专职的监察官，后隶属于少府，其官署"御史台"遂成为我国封建社会专职监察机构的开端。东汉初，监察官居于十分显要的地位，"光武特诏御史中丞与司隶校尉、尚书令会同并专席而坐，故京师号曰：'三独坐'"②。

汉朝初年，废除秦监御史，遣丞相史分刺诸州，但无常官。到汉武帝元封五年（前106），全国分为十三个监察区域，叫十三州部，每州部设刺史一人。刺，谓刺举不法；史，即是使。刺史每年八月巡视所部郡国，"省察治状，黜陟能否，断治冤狱，以六条问事"③，"课第长吏不称职者为殿，举免之"④。他们对于郡国守相的举劾，必须通过年终回京师向朝廷汇报，并经三公审核以后才能作出处理，如《后汉书·朱浮传》曰："旧制，州牧奏二千石长吏不任位者，事皆先下三公，三公遣掾史案

---

① 《汉书》卷19上《百官公卿表》。
② 《后汉书》卷27《宣秉列传》。
③ 《汉书》卷19上《百官公卿表》师古注引《汉官典职仪》。
④ 《后汉书》志28《百官五》胡广注。

验，然后黜退。"征和四年（前89），武帝置司隶校尉。司隶校尉率官徒，"捕巫蛊，督大奸猾。后罢其兵。察三辅、三河、弘农"①，职权同部刺史相似。从西汉元帝开始，刺史制度开始发生一些明显的变化：在机构设置上，刺史创立之初，没有固定的掾属和幕僚，"择所部二千石卒史与从事"②。到元帝时，"丞相于定国条州大小，为设吏员，治中、别驾、诸部从事，秩皆百石"③。从此，刺史正式设置了掾属和幕僚机构，哀帝时刺史的督察范围扩大，从当初规定的二千石守相扩大到六百石以上的长吏。成帝绥和元年（前8），刺史更名为牧，秩由六百石提高到二千石。秦时期的御史监察主要是执掌政治、经济上的督察大权，其中也包括在财经上对各级官府的监督。朝廷掌管国家财政的治粟内史（汉为大农令、大司农）和掌管皇室私人财政的少府，均要受御史大夫的监察。秦朝丞相收阅各地的上计，御史大夫有权复查大臣的上奏和地方的上计。

两汉御史监察在财经方面比较集中的任务仍然是监督上计制度的贯彻执行。每年全国上计时，御史大夫为主持者之一，皇帝诏使御史问郡国上计长史、守丞以政令得失，令御史察计簿，按察虚实真伪。惠帝三年（前192）御史监三辅郡，察以九条④。汉武帝时规定部刺史"以六条问事，非条所问，即不省"⑤。九条和六条中"吏不廉者"，"倍公向私，旁诏守利，侵渔百姓，聚敛为奸"，"通行货赂"，就是监察官吏贪污受贿、营私侵夺等不法行为。而且刺史常以八月巡行所部郡国，岁尽诣京师奏事，其时正当郡国上计之时，故其奏事对于考课郡国有很大作用，借此可以甄别计簿的虚实真伪。如《汉书·召信臣传》云："荆州刺史奏（南阳太守）信臣为百姓兴利，郡以殷富，赐黄金四十斤。"这里，刺史当通过审核计簿得出为百姓兴利、郡以殷富的结论。因为召信臣的政绩

---

① 《汉书》卷19上《百官公卿表》。
② 《汉旧仪》卷上。
③ 《太平御览》卷263引应劭《汉官仪》。
④ 王益之：《西汉年纪》卷3引《汉仪》中华书局，2018年。
⑤ 《汉书》卷19上《百官公卿表》注引《汉官典职仪》。

是"郡中莫不耕稼力田，百姓归之，户口增倍，盗贼狱讼衰止"，而西汉计簿的主要内容就是有关户口、垦田、盗贼等情况。总之，西汉凡郡守治郡，就朝廷来说，要受丞相、御史的考核；就地方来说，要受刺史的监督。

东汉以来，刺史虽然由监察官逐渐变为最高地方行政长官，州成为郡的上级，但对所属郡县仍拥有监察权，其中财经监督也是一个重要的方面。如《后汉书·苏章列传》载："顺帝时，（苏章）迁冀州刺史。故人为清河太守，章行部案其奸臧。乃请太守，为设酒肴，陈平生之好甚欢。太守喜曰：'人皆有一天，我独有二天。'章曰：'今夕苏孺文与故人饮者，私恩也；明日冀州刺史案事者，公法也。'遂举正其罪。州境知章无私，望风畏肃。"又《后汉书·徐璆列传》载："（徐璆）稍迁荆州刺史。时董太后姊子张忠为南阳太守，因势放滥，臧罪数亿。璆临当之部，太后遣中常侍以忠属璆。璆对曰：'臣身为国，不敢闻命。'太后怒，遽征忠为司隶校尉，以相威临。璆到州，举奏忠臧余一亿，使冠军县上簿诣大司农，以彰暴其事。又奏五郡太守及属县有臧污者，悉征案罪，威风大行。"

汉朝京师所在的州置司隶校尉，权力很大，可以纠察包括丞相在内的京师百官。如丞相匡衡"计簿已定而背法制，专地盗土以自益"，被司隶校尉骏、少府忠行廷尉事劾奏，免为庶人。[1] 又如解光为司隶校尉，奏曲阳侯王根"行贪邪，臧累巨万，纵横恣意，大治室第"等，根被遣就国。[2]

汉朝，御史对百官的弹劾有 3 种方式：一为面劾，即当面对当事官吏提出弹劾；二为奏劾，即向皇帝递交弹劾官吏的奏章；三为案劾，即对违法官吏立案调查并提出弹劾。御史虽然可以对失职或违法乱纪的官吏提出惩办的建议，但惩罚的最后决定权在皇帝手里。所以，御史对失

---

① 《汉书》卷 81《匡衡传》。
② 《汉书》卷 98《元后传》。

职或违法乱纪官吏纠弹的效果如何，在很大程度上取决于皇帝是否明断和当时的整个政治环境。

（二）秦汉上计制度中考核官吏思想

秦简中有关秦朝上计的规定，比较具体明确的有两条。

《仓律》云："县上食者籍及它费大（太）仓，与计偕。都官以计时雕食者籍。"

《金布律》云："受衣者"在"已禀衣"之后，"有余褐十以上，输大内，与计偕。"

其规定与古籍所载战国时诸侯国的上计以及两汉的上计均有较大的不同。史籍所载汉朝时的"与计偕"是偕者与被偕者两者都是人，而秦简所载两者都是物。这里有两种可能：一是秦简与古籍所载的两种不同情况战国秦汉时均存在，只是秦简与古籍均有漏载；二是秦朝上计制度与战国时其他诸侯国以及汉朝本来就有所不同，因此秦简与古籍记载当然也就不同。笔者认为第一种的可能性大。秦朝在经济上的考核可分为两个系统。一是都官所主管的各个部门，包括都官本人及其所主管的财物，由朝廷的"大仓"负责考核；二是县级官吏及由县主管的各个部门与财物，则由朝廷的"内史"来考核。有的学者认为，此处内史应指治粟内史，而大仓则是属于王室私产的机构，因此，与古籍记载的两套班子相吻合。但是《仓律》又云："县上食者籍及它费大仓"，《内史杂》云："都官岁上出器求补者数，上会九月内史。"由此观之，县在经济上的开支又得直接向"大仓"上报，都官则向内史上报。这种矛盾说明秦在统一六国之前以及统一六国之初，治粟内史与少府这两套财政系统并没有严格区分和固定化，当是到了秦末，这种区分才逐渐严格和固定化。

汉朝时期，随着统一的中央集权制封建国家的巩固和完善，上计制度更加系统化。汉代的考课，可分为两个系统。一是丞相、御史考课九卿，公府考课掾史。由公卿守相各部门主官考核其掾史属吏，是属于上级长官对下属人员的考核。其考核的主要内容是掾史的能力和功劳，以考核的结果作为升降赏罚的依据，如宣帝就十分重视对中央各部门官吏

的考核："自丞相以下，各奉职奏事，以傅奏其言，考试功能。侍中尚书功劳当迁及有异善，厚加赏赐"①；如班况"积功劳，至上河农都尉，大司农奏课连最，入为左曹越骑校尉"②。对各类无具体职事的散官，依各自情况别立条格进行考核或考试，如光禄勋年终时须以敦厚、质朴、逊让、节俭等所谓四行考察郎官，以三科考察博士等。这是各部门上下级系统的考课，但两汉始终没有形成制度化。

二是中央课郡国，郡国课县，这是中央到地方的系统。后者主要是每年年终由郡国上计吏携带计簿到京师上计，这叫常课。西汉属县上计郡国是每年"秋冬岁尽，各计县户口垦田，钱谷入出，盗贼多少，上其集簿"③。首先，郡国守相依据集簿对其所属县令（长）进行审计考核，如《汉书·萧育传》载："后为茂陵令，会课，育第六。而漆令郭舜殿，见责问，育为之请。扶风怒曰：'君课第六，裁自脱，何暇欲为左右言？'及罢出，传召茂陵令诣后曹，当以职事对。"其次，对于县令（长）之掌管财政或与财政有关的部属也按上计簿进行审计考核，这些人随集簿到郡受课，分别殿最，予以奖惩。史载："丞尉以下，岁诣郡，课校其功。功多尤为最者，于廷尉劳勉之，以劝其后。负多尤为殿者，于后曹别责，以纠怠慢也。"④

属县上计结束后，由郡国进京上计。大约秦时是主管长官自奉计簿送上朝廷。西汉"旧法，当使丞奉岁计"⑤。《汉书·黄霸传》载："（张）敞奏霸曰：'窃见丞相请与中二千石博士杂问郡国上计长吏（'长吏'当为'长史'）守丞，为民兴利除害，成大化，条其对'。"可见，郡国上计工作由守丞，王国由长史担任。每年上计时，守丞、长史还常有僚属，如计掾、计史、计佐。东汉之制，略从简省，一般选派高级属吏如上计

---

① 《汉书》卷8《宣帝纪》。
② 《汉书》卷100上《叙传》。
③ 《后汉书》志28《百官五》胡广注。
④ 《后汉书》志28《百官五》胡广注。
⑤ 《汉书》卷64上《严助传》如淳注。

掾、上计吏、计佐等进京上计。如《后汉书·皇甫规列传》："郡将知规有兵略，乃命为功曹……举规上计掾。"又《后汉书·百官五》载："诸州常以八月巡行所部郡国，录囚徒，考殿最。初岁尽诣京都奏事，中兴但因计吏。"

由于上计事关国家大政，汉朝统治者对此非常重视。在中央，有时甚至由皇帝亲自主持。但是，皇帝亲自受计终归是特例，西汉中央主管上计机关乃是丞相、御史两府。如谷永荐薛宣疏云："宣考绩功课，简在两府"，师古注曰："两府，丞相、御史府也。"① 丞相、御史两府主持上计各有侧重，丞相主要负责岁终课殿最上闻，② 御史大夫主要负责按察虚实真伪③，两府相辅为用。由于丞相、御史大夫事剧务繁，上计的事务则往往另有专人具体负责，如丞相属官计相掌郡国上计。《汉书·张苍传》载："（张苍）迁为计相，一月，更以列侯为主计四岁。是时萧何为相国，而苍乃自秦时为柱下御史，明习天下图书计籍，又善用算律历，故令苍以列侯居相府，领主郡国上计者。"《汉书·匡衡传》则云："衡位三公，辅国政，领计簿"，然而具体治计时又委派集曹掾陆赐主管，"主簿陆赐故居奏曹，习事，晓知国界，署集曹掾"。因为管上计的掾史多，所以还设有专门办事机构计室。《汉旧仪》载："郡国守丞长史上计，事竟遣，君侯出坐庭上，亲问百姓所疾苦，计室掾史一人大音者读敕毕。"

东汉时中央负责上计者通常是尚书、司徒，如蔡质《汉仪》所说尚书"典天下岁尽集课事"④。《后汉书·赵壹列传》载："光和元年，举郡上计到京师。是时，司徒袁逢受计，计吏数百人皆拜伏庭中。"

两汉时上计一般是每年一次，岁终是诸县上计于郡国，郡国上计于中央，古代由于交通工具的限制，边远郡国路途遥远，赴京甚至需要数

---

① 《汉书》卷 83《薛宣传》。

② 《汉书》卷 74《丙吉传》："岁竟，丞相课其殿最，奏行赏罚而已。"

③ 《汉书》卷 8《宣帝纪》载黄龙元年（前 49）诏云："御史察计簿，疑非实者，按之，使真伪毋相乱。"

④ 《后汉书》志 26《百官三》蔡质《汉仪》注。

月，因此，外郡边陲则有三年一上计簿的。《汉书·严助传》载"愿奉三年计最"，沈钦韩注曰："汉法亦以岁尽上计，预岁首大会而遣归。此三年计最，盖远郡如此。"

关于两汉考课之殿最，注释家一般都只笼统说上功曰最，下功曰殿。其实，两汉上计中的考课不只是简单分为殿最两个等级，上引《汉书·萧育传》有"君课第六，裁自脱，何暇欲为左右言？"的记载，可见考课后是把官吏分为许多等级的。据董仲舒《春秋繁露·考功名》所云："考试之法……九分三三列之，亦有上中下，以一为最，五为中，九为殿。"显然，考课分为九个等级：上等最至第三，中等第四至第六，下等第七至殿。萧育被评为第六等，才刚刚好及格，幸免被责罚，可见第六等之下还有不及格的，要受到不同程度的处罚。如按上上、上中、上下、中上、中中、中下顺推，那么中下刚好是第六等，其下则还有下上、下中、下下三等。汉有"九章律""九章算术"，皆以九为数；其后魏晋的九品中正制，北魏对官吏的考课分为九等，可能都源于汉朝。两汉上计中最常见的赏罚是对政绩殿最者实行升降任免，兹举两例："举（朱）博栎阳令，徙云阳、平陵县，以高弟入为长安令。"[1] "后有军发，左内史（兒宽）以负租课殿，当免。"[2] 其次对政绩殿最者实行赏金、罚金：

> 召信臣，"迁河南太守，治行常为第一，复数增秩赐金。"[3]
>
> □□□□□当罚金二千五。[4]
>
> □□□□亡入罚金五千。[5]

汉朝上计中难免存着一些问题。一是上计中弄虚作假、受贿渎职者不乏其人，如贡禹言武帝时郡国"择便巧史书习于计簿，能欺上府者，

---

① 《汉书》卷83《朱博传》。

② 《汉书》卷58《兒宽传》。

③ 《汉书》卷89《召信臣传》

④ 《居延汉简甲乙编》下册，第161页，中华书局，1980年。

⑤ 《居延汉简甲乙编》下册，第161页。

以为右职"①。《汉书·宣帝纪》黄龙元年（前 49）诏也指出："上计簿，具文而已，务为欺谩，以避其课。"有的地方官则通过计吏来贿略京官，如《后汉书·曹腾列传》载："时蜀郡太守因计吏略遗于（宦者）腾"。对此朝廷采取了相应的措施。如西汉制定了上计律，对违反规定者予以惩处。东汉时，为防止计吏与公府属吏串通作弊，曾规定二者不得来往。《太平御览》中《职官部六·司空》载："陈宠为司空，府故事，以计吏至时，自（公）以下皆属籍不通宾客，以防交关。"二是上计经常会流于形式，走过场。如西汉时丞相身为上计的主持者，辅国政，领计簿，有的却糊涂到连关系国家存亡的钱谷一年出入多少都不懂得。文帝"朝而问右丞相勃曰：'天下一岁决狱几何？'勃谢不知。问：'天下钱谷一岁出入几何？'勃又谢不知。汗出洽背，愧不能对。上亦问左丞相平。平曰：'各有主者。'上曰：'主者为谁乎？'平曰：'陛下即问决狱，责廷尉；问钱谷，责治粟内史。'上曰：'苟各有主者，而君所主何事也？'平谢曰：'主臣！陛下不知其驽下，使待罪宰相。宰相者，上佐天子理阴阳，顺四时，下遂万物之宜，外填抚四夷诸侯，内亲附百姓，使卿大夫各得任其职也。'上称善"。②右丞相周勃不懂，愧不能对，尚知错也，而左丞相陈平还理直气壮地进行辩解，实在令人惊讶！从此亦可窥见丞相主计之一斑。三是计吏进京上计，讲究排场，有的还乘机大吃大喝。诸计吏进京"多盛饰车马帷幕"③。《汉书·朱买臣传》载："直上计时，会稽吏方相与群饮，不视买臣。买臣入室中，守邸与共食，食且饱，少见其绶。守邸怪之，前引其绶，视其印，会稽太守章也。守邸惊，出语上计掾吏。皆醉，大呼曰：'妄诞耳！'"

　　综观史籍，秦汉上计是对地方郡县长官进行政绩的考核，即主要审核稽察地方的户口垦田、钱谷入出、盗贼多少，课校其功。每年岁尽县

---

　　①　《汉书》卷 40《贡禹传》。

　　②　《汉书》卷 40《王陵传》。

　　③　《后汉书》卷 83《赵壹列传》。

上计于郡，郡上计于朝廷。这对于加强中央对地方的农业生产、财政收支、司法和社会治安的监控，督促官吏勤于吏治，廉以自守，发挥了较积极的作用。

汉朝廷对地方郡国上计考核不仅起到对各级官吏的督责作用，还是上情下达、下情上达的重要途径。郡国上计吏常驻京师，参加朝会及其他大典，了解朝廷最新颁布的政策法令，同时备询政俗，向朝廷反映郡国的风土人情、地方长官治理政绩、民生疾苦等。例如，西汉宣帝就曾"诏使丞相、御史问郡国上计长吏守丞以政令得失"①，东汉光武帝"尝召见诸郡计吏，问其风土及前后守令能否"②。光和二年（179），巴郡板楯蛮反叛时，灵帝亲自"问益州计吏，考以征讨方略"③。这些记载充分说明当时地方郡国派到朝廷的上计吏，是中央了解地方政情的重要对象。另一方面，地方郡国上计吏也是转达中央政策法令，即上情下达的重要中介。哀帝元寿二年（前1）敕书："丞长史归告二千石，顺民所疾苦，急去残贼，审择良吏，无任苛刻。治狱决讼，务得其中。明诏忧百姓困于衣食，二千石帅劝农桑，思称厚恩，有以赈赡之，无烦扰夺民时。公卿以下，务饬俭恪。今俗奢侈过制度，日以益甚，二千石务以身帅，有以化之。民冗食者请谕以法，养视疾病，致医药务治之。诏书无饰厨传增养食，至今未变，或更尤过度，甚不称。归告二千石，务省约如法。且案不改者，长吏以闻。官寺乡亭漏败，垣墙陁坏所治，无办护者，不称任，先自劾不应法。归告二千石勿听。"④ 当时，御史大夫也是上计主持者之一，曾代表皇帝敕上计吏说："诏书殿下，布告郡国，臣下承宣无状，多不究，百姓不蒙恩被化，守、丞、长史到郡，与二千石同力，为民兴利除害，务有以安之，称诏书。郡国有茂才不显者言上。残民贪污烦扰之吏，百姓所苦，务勿任用。方察不称者，刑罚务于得中，恶恶止

---

① 《汉书》卷89《王成传》。
② 《后汉书》卷31《张堪列传》。
③ 《后汉书》卷86《南蛮列传》。
④ 《汉官六种》，第70页。

其身。选举民侈过度，务有以化之。"① 由上引的这两段资料可以了解到，汉朝中央通过上计吏向地方郡国长官转达政策法令。要求地方郡国长官体恤民生疾苦，平息地方盗贼，为民众提供一个安定的社会环境；重视选任德才兼备的地方官吏，善待广大民众；要求治理民间案件诉讼，必须公正；鼓励农民积极发展农业生产，使之丰衣足食，注意赈济贫困的百姓；要求地方长官应以身作则，提倡节俭，反对奢侈；要求对于百姓疾病，应提供医药治疗；如果地方长官不胜任，应让他们自劾而免职；残民贪污的官吏，一定不能任用。

但是，这种上计中下情上达、上情下达的途径因政治腐败而在某些情况下不能通畅。如一些郡国专门"择便巧史书习于计簿，能欺上府者，以为右职"②，让其伪造计簿，欺骗朝廷。元帝时，京房曾向皇帝提出考功课吏法，希冀挽回颓风，因受到当朝权贵韦玄成、中书令石显和尚书令五鹿充宗的阻挠而作罢。东汉后期，由于地方军阀割据，朝廷失去了权威，对于官吏的考核制度完全废弛，结果是"令长守相不思立功，贪残专恣，不奉法令，侵冤小民。州司不治，令远诣阙上书讼诉。尚书不以责三公，三公不以让州郡，州郡不以讨县邑，是以凶恶狡猾易相冤也"③。

（三）魏晋南北朝监察官吏思想

曹魏时期，御史台长官为御史中丞；其次是治书执法，掌奏劾；治书侍御史，掌律令，并分掌侍御史诸曹。又御史台遣二侍御史居殿中，监察违法者，故称殿中侍御史。蜀、吴亦有中丞。吴还有中执法、左右执法各一人，以及侍御史、督军粮御史及监农御史等。

两晋御史台的机构略有变化，长官御史中丞之下不置治书执法，置治书侍御史、侍御史、殿中侍御史。侍御史诸曹有所扩大，西晋时达十

---

① 《汉官六种》，第73—74页。
② 《汉书》卷72《贡禹传》。
③ 《潜夫论》卷2《考绩》。

三曹之多。除此之外，还有因事临时设置的禁防御史、检校御史等。

南朝齐、梁与北魏、北齐的御史台称南司或南台，北周称宪司，这实际上都是从魏晋以来御史中丞独立为署发展起来的。御史台的长官仍为御史中丞（北魏称御史中尉），职权很大，"自皇太子以下，无所不纠"①。北魏之制，"有公事，百官朝会，名簿自尚书令、仆以下，悉送南台"②。御史中尉威风凛凛，"督司百僚，其出入，千步清道，与皇太子分路，王公百辟，咸使逊避，其余百僚，下马弛车止路傍，其违缓者，以棒棒之"③。

这一时期，御史监察制有两个明显的变化。一是秦和两汉时御史府兼管图书秘籍，不能算为一个专职的监察机构。东汉以来的御史台虽然已是专职的监察机构，但在组织上属少府节制。直到曹魏时，御史台才从少府中分离出来，正式成为一个由皇帝直接掌握的独立的监察机构。二是御史在纠察百官的同时，其本身却受到尚书的纠弹。《晋书·卞壶传》载东晋成帝初，尚书令卞壶弹劾录尚书事王导与御史中丞钟雅事："是时王导称疾不朝，而私送车骑将军郗鉴，壶奏以导亏法从私，无大臣之节。御史中丞钟雅阿挠王典，不加准绳，并请免官。虽事寝不行，举朝震肃。"但是至南朝刘宋之前，尚书令、仆弹劾百官该是不合制度的。刘裕当政初，王弘迁尚书仆射，弹奏世子左卫率康乐县公谢灵运、御史中丞王准之时说："内台旧体，不得用风声举弹，此事彰赫，曝之朝野，执宪蔑闻，郡司循旧，国典既颓，所亏者重。臣弘忝承人乏，位副朝端，若复谨守常科，则终莫之纠正。所以不敢拱默，自同秉彝。违旧之愆，伏须准裁。"刘裕令曰："……端右肃正风轨，诚副所期，岂拘常仪。自今为永制。"④ 正由于尚书令、仆射劾奏百官（包括御史）不符合制度，故王弘在弹劾时多方解释，自称有"违旧之愆"。经刘裕裁定之后，刘宋

---

① 《通典》卷 24《中丞》。

② 《通典》卷 24《御史台》。

③ 《通典》卷 24《中丞》。

④ 《宋书》卷 42《王弘传》。

的尚书令、仆射才正式拥有监察权。除尚书令、仆射有纠弹御史之权外，尚书左丞也可纠弹御史失职者。东汉时，尚书左丞"总典台中纲纪，无所不统"①，但没有监察权。"魏晋以来，左丞得弹奏八座"②。可见，这时尚书左丞纠弹的对象只是台内"八座"，即五曹尚书、二仆射、一令。到了南朝刘宋时，尚书左丞纠弹的对象扩大了，也可纠弹御史失职违法者。刘宋太祖时，御史中丞何承天与尚书左丞谢元素不相善，"二人竞伺二台之违，累相纠奏"③。梁时，刘览为尚书左丞，为官清正，无所私。"姊夫御史中丞褚湮，从兄吏部郎孝绰，在职颇通赃货，览劾奏，并免官。"④

这一时期，御史在经济上的监察仍侧重于财经法纪的审计。如《晋书·顾和传》载：咸康初，顾和为御史中丞，"劾奏尚书左丞戴抗赃污百万，付法议罪，并免尚书傅玩、郎刘佣官，百僚惮之"。有的御史在弹劾中，能不畏权贵，如梁袁昂迁御史中丞，"时尚书令王晏弟翊为广州，多纳赇货，昂依事劾奏，不惮权豪，当时号为正直"⑤。有的御史能不顾情面，拒绝嘱托，秉公弹劾。如南齐王思远为御史中丞，"临海太守沈昭略赃私，思远依事劾奏，高宗及思远从兄晏、昭略叔父文季请止之，思远不从，案事如故"⑥。又如南梁御史中丞陆杲"性婞直，无所顾望。山阴令虞肩在任，赃污数百万，杲奏收治。中书舍人黄睦之以肩事托杲，杲不答。高祖闻之，以问杲，杲答曰：'有之。'高祖曰：'卿识睦之不？'杲答曰：'臣不识其人。'时睦之在御侧，上指示杲曰：'此人是也。'杲谓睦之曰：'君小人，何敢以罪人属南司？'睦之失色"⑦。

御史除了弹劾官吏私赃外，有时也会对财政财务收支不如制进行弹

① 《后汉书》志 26《百官三》注引蔡质《汉仪》。
② 《初学记》卷 11。
③ 《宋书》卷 64《何承天传》。
④ 《梁书》卷 41《刘览传》。
⑤ 《梁书》卷 31《袁昂传》。
⑥ 《南齐书》卷 43《王思远传》。
⑦ 《梁书》卷 26《陆杲传》。

劲。如南朝刘宋时，何承天为御史中丞，"太尉江夏王义恭岁给资费钱三千万，布五万匹，米七万斛。义恭素奢侈，用常不充，二十一年，逆就尚书换明年资费。而旧制出钱二十万，布五百匹以上，并应奏闻，（尚书左丞谢）元辄命议以钱二百万给太尉。事发觉，元乃使令史取仆射孟颛命。元时新除太尉咨议参军，未拜，为承天所纠。上大怒，遣元长归田里，禁锢终身"①。

魏、西晋时期，地方监察仍承汉制，设置司隶校尉或刺史。自汉献帝置司州，以司隶校尉领司州，并察举百官及京师近郡违法者，魏因之。蜀司隶如汉制，督察京畿，不典益州事。吴无司隶。魏置十三州，于各州置刺史，蜀、吴于所辖诸州或置牧或置刺史，掌州事。这一时期，刺史虽然成为地方长官，但其属下设有郡国从事，劾治所部郡县官。如《三国志·吴书·刘繇传》载："州辟（繇）部济南（从事），济南相中常侍子，贪秽不循，繇奏免之。"同书《潘浚传》也载："荆州牧刘表辟为部江夏从事，时沙羡长赃秽不修，浚按杀之，一郡震竦。"上引可以看出，部郡国从事对于所部郡国的贪官污吏，不仅可以弹奏免官，甚至可以按治，直至处死。曹魏沿汉制，刺史巡行所部郡国，亦以六条察事，其内容与汉略有不同。其中两条是"察墨绶长吏以上居官政状"，"察吏不簿入钱谷放散者"②。显而易见，曹魏刺史对地方财政财务的审计职能大大加强。

西晋以中央官员任司隶校尉，统领司州。司隶校尉及其属官司隶都官从事可以纠劾王侯、三公、尚书、九卿等。如《晋书·李憙传》载：司隶李憙上言："故立进令刘友、前尚书山涛、中山王睦、故尚书仆射武陔各占官三更稻田，请免涛、睦等官。"同书《傅咸传》也载："时朝廷宽弛，豪右放恣，交私请托，朝野溷淆。（司隶）咸奏免河南尹澹、左将军倩、廷尉高光、兼河南尹何攀等，京都肃然，贵戚慑伏。"

---

① 《宋书》卷64《何承天传》。
② 《文选·齐故安陆昭王碑文》注。

从东晋开始，地方监察制有所变化。东晋罢司隶校尉，置扬州刺史；又置检校御史，专掌行马外事①。以后历宋、齐、梁、陈无闻其职。后魏、北齐复置检校御史。隋初改为监察御史。

魏晋南北朝时期继承秦汉的传统，对监察人员的选任较严。大士族不得担任御史中丞，以防止株蔓相连、徇私枉纵，还要求监察人员能居正执义，明宪直法，弹纠无所顾望。如刘宋时萧惠开为御史中丞，大明八年（464）入为侍中，诏曰："惠开前在宪司，奉法直绳，不阿权威，朕甚嘉之。可更授御史中丞。"② 又如西晋侯史光为城门校尉，武帝泰始初诏曰："光忠亮笃素，有居正执义之心，历职内外，恪勤在公，其以光为御史中丞。虽屈其列校之位，亦所以伸其司直之才。"③

从总的说来，魏晋南北朝时期，社会动荡不安，政治上亦较黑暗，监察官作用的发挥受到多方面的制约，主要有以下两个方面。

第一，在封建专制主义统治下，最高监察权归于皇帝，监察官对违法官僚贵族提出弹劾，必须奏请皇帝批准才能生效。正如傅咸慨叹曰："故光禄大夫刘毅为司隶，声震内外，远近清肃。非徒毅有王臣匡躬之节，亦由所奏见从，威风得伸也！"④

第二，魏晋南北朝是门阀制度确立鼎盛的时代，门阀士族为保住自己的特权，经常对监察官的监督加以非难、报复和迫害。如刘毅在曹魏末年担任司隶都官从事时，"将弹河南尹，司隶不许，曰：'攫兽之犬，鼷鼠蹈其背。'毅曰：'既能攫兽，又能杀鼠，何损于犬！'"⑤ 这说明监察官员为朝廷"攫兽之犬"，却可能遭到背后"鼷鼠"的暗算。又如南齐建元间，刚任职年余的御史中丞刘休提出辞呈，曰："臣自尘荣南宪，星晷交春，谬闻弱奏，劾无空月，岂唯不能使蕃邦敛手，豪右屏气，乃遗听

---

① "行马外事"指门禁以外的违法乱纪事件。
② 《宋书》卷 87《萧惠开传》。
③ 《晋书》卷 45《侯史光传》。
④ 《晋书》卷 47《傅咸传》。
⑤ 《晋书》卷 45《刘毅传》。

已暴之辜，替网触罗之鸟。而犹以此，里失乡党之和，朝绝比肩之顾，覆背腾其喉唇，武人厉其嘴吻。怨之所聚，势难久堪，议之所裁，孰怀其允。臣窃寻宋世载祀六十，历职斯任者五十有三，校其年月，不过盈岁。于臣叨滥，宜请骸骨。"① 可见，中丞履行职责，纠弹不法，不但没有效用，反而使自己成了众矢之的，遭到权贵的种种攻击。刘宋60年换了53位中丞，更说明在门阀士族把持政权的形势下，监察官难当！

当然，在这一时期，局部地区由于一些监察人员奉法直绳，敢于纠弹，使为非作歹者也有所收敛。如《晋书·载记·石季龙上》载："时豪戚侵恣，贿托公行，季龙患之，擢殿中御史李矩为御史中丞，特亲任之。自此百僚震慑，州郡肃然。季龙曰：'朕闻良臣如猛兽，高步通衢而豺狼避路，信矣哉！'"又如陈朝宗元饶为御史中丞，"性公平，善持法，谙晓故事，明练政体，吏有犯法，政不便时，及于名教不足者，随事纠正，多所裨益。"②

（四）魏晋南北朝考核官吏思想

从总体上看，魏晋南北朝时期对官吏的考课，其制度与实施，其发展趋势是秦汉时期的上计制度逐渐衰亡，某对官吏考核职能逐渐由尚书省下的考功、定课，即后来的吏部负责，其考课的对象基本上是重外官而轻内官。

1. 考课思想的演变。

（1）考课方式思想。曹魏文帝时，考课无常制，大抵据"太祖随宜设辟，以遗来今"③。魏明帝青龙年间（233—237），始议考课之制。中书郎卢毓奏："，今考绩之法废，而以毁誉相进退，故真伪浑杂，虚实相蒙。"④ 明帝对卢毓的意见予以关注，青龙二年（234），使散骑常侍刘劭作"考课法"。景初年间（237—239），刘劭撰《都官考课》72条，又作

---

① 《南齐书》卷34《刘休传》。
② 《南史》卷68《宗元饶传》。
③ 《三国志》卷24《魏书·崔林传》。
④ 《三国志》卷22《魏书·卢毓传》。

《说略》一篇进行疏议，然后上奏明帝，以期"著定典制"①。明帝制下众大臣，进行讨论。杜恕表示支持，认为："使具为课州郡之法，法具施行，立必信之赏，施必行之罚"；即使对于"公卿及内职大臣，亦当俱以其职考课之"，即进行严格考课。②但是，当时反对者更多，他们都以战乱频繁等为理由，坚持认为魏太祖时的"随宜设辟"，不必将考课制度化。如司隶校尉崔林认为，现在军旅事繁，"或猥或卒"，如果按"考课法"来"备之以科条，申之以内外，增减无常"，无法施行。不如仍然按太祖的常规，"随宜设辟"为妥。③司空陈群掾傅嘏也表示反对，理由也是"芟夷遗寇"，"日不暇给"，"以古施今，事杂义殊"，难于行通，不如"随时之宜，以应政机"。④由于因循守旧的习惯观念占优势，加上明帝晚年"宫馆是营"⑤，忽视吏治，故"考课竟不行"⑥。

据《三国志》卷61《吴书·陆凯传》记载，孙权时，"居官者咸久于其位，然后考绩黜陟"，可见，吴国孙权当政时，应是有官员考绩制度的。但是到了孙皓在位时，官员考绩制和任期制都荒废不行，正如当时陆凯所批评的："今州郡职司，或莅政无几，便征召迁转，迎新送旧，纷纭道路，伤财害民，于是为甚"。不过，这里所指只是对地方"州郡职司"的考课，至于对"公卿及内职大臣"，大概孙权时也未必有什么考绩制度。

在曹魏末年司马懿专权时，就注重对官吏的考课。嘉平元年（249）"高平陵之变"后，司马懿杀曹爽，专制朝政，使王昶"撰百官考课事"⑦。其中有关尚书、侍中考课之制有5个方面：一是"掌建六材，以考官人"；二是"综理万机，以考庶绩"；三是"进视惟允，以掌谠言"；

---

① 《三国志》卷21《魏书·刘劭传》。
② 《三国志》卷16《魏书·杜恕传》。
③ 《三国志》卷24《崔林传》。
④ 《三国志》卷21《傅嘏传》。
⑤ 《三国志》卷3《明帝纪》陈寿评。
⑥ 《三国志》卷16《魏书·杜恕传》。
⑦ 《三国志》卷27《魏书·王昶传》。

四是"出纳王命，以考赋政"；五是"罚法，以考典刑"。① 这 5 个方面是对朝廷高级官员的考课，不一定对中下级官吏适用。如前 4 条中考核官吏、辅佐皇帝综理朝政、上奏下达政令等，就不是一般官员的职责。但是，这 5 条比较准确、完整地反映了尚书、侍中之类高级官员的职责，能很好地发挥其作为对此类官员进行考核的标准作用。司马炎以晋代魏之后，泰始四年（268）六月和十二月，武帝先后颁布了两个有关官吏考课的诏令。六月丙申诏主要是要求"郡国守相，三载一巡行属县"，要"见长吏，观风俗，协礼律，考度量，存问耆老，亲见百年"，还要"录囚徒，理冤枉，详察政刑得失"。从此所规定的郡国守相三年一次巡察所属县的工作来看，其中主要就是对属县的文化教育、经济生活和刑狱审判进行考核和监察。十二月的诏书则更直接规定了郡国考绩条格中对郡国长史的 5 个方面考核：一是"正身"，二是"勤百姓"，三是"抚孤寡"，四是"敦本息末"，五是"去人事"。② 这 5 个方面对郡国长官的考课，与汉代对郡国守相的考核相比，显然有所不同。两汉上计主要考核地方郡国的人口、垦田、赋税以及刑狱盗贼 4 个方面，西晋则首先侧重于考察郡国长官个人的品德"正身"，其次关注到地方长官是否劝导百姓勤于耕种、抚恤好孤寡等弱势群体，再次才关注到是否贯彻落实好重农抑商的经济政策，即汉代的垦田、赋税等农业生产和赋税收入等经济问题。但是，由于西晋政治于武帝之后日趋分崩混乱，泰始四年（268）六月和十二月有关郡国考课的规定，事实上不可能付诸实施。

东晋南朝时期，各朝有时亦间有考课黜陟之诏令。如晋元帝曾令"二千石长吏，以入谷多少为殿最"③。刘宋元嘉二十年（443）十二月壬午，文帝诏"考核勤惰，行其诛赏，观察能殿，严加黜陟"④。萧齐永明元年（483）三月癸丑，武帝诏"莅民之职"，"厚加甄异，理务无庸，随

① 《艺文类聚》卷 48《尚书》引王昶"考课事"。
② 《晋书》卷 3《武帝纪》。
③ 《晋书》卷 26《食货志》。
④ 《宋书》卷 5《文帝纪》。

时代黜"。① 萧梁天监十五年（516）正月己巳诏，四方"守宰，若清洁可称，或侵渔为蠹，分别奏上，将行黜陟"②。陈太建四年（572），九月辛亥诏："通示文武，凡厥在位……其莅政廉秽，在职能否，分别矢言，俟兹黜陟。"③ 东晋南朝每个朝代都有此类诏令，除宋文帝、陈宣帝诏令中对考课的对象是及于内外文武百官外，其他都只是针对地方州郡县长吏，即"莅民之官"的，显而易见，其考核是重外官的，而不是朝廷内官。

总的说来，东晋南朝对官吏的考课没有得到很好的推行，其原因主要有两个方面。一是考课受到门阀制度的制约。如东晋的内政方针是"举贤不出世族，用法不及权贵"。在近百年的统治中最著名的宰相几乎都出身于世家大族，如王导、谢安。王导"阿衡三世"，以"政务宽恕，事从简易"自得④，谢安则以"厚德化物，去其烦细"⑤ 著称。即使诏令要求考核王公大臣，但又有谁去进行黜罚！当时的门阀贵族们可以"随牒推移"⑥ "依流平进"⑦，在毫无竞争、不受任何诸如"考绩"之类的"干扰"下"坐致公卿"。可想而知，考课对这一类官居要职、尸位素餐的贵族官僚又有什么作用？而上至尚书令仆、中书监令、门下侍中黄门，下至秘书、著作佐郎，正是内官中最必要进行考课的一类职官。二是吏治的腐败。当时在门阀世族制度下，士族们之所以求为郡县守令，皆因可以靠搜刮民脂民膏致富。孝武帝时，范宁在议论时事时指出：今"守宰之任"，其选举"惟以恤贫为先，虽制有六年，而富足便退"。⑧ 在此，范宁一语道破天机，当时士族争当地方守宰，就是为了发财致富。如晋

---

① 《南齐书》卷 3《武帝纪》。

② 《梁书》卷 2《武帝纪》。

③ 《陈书》卷 5《宣帝纪》。

④ 《世说新语》上卷下《政事篇》注引徐广《历纪》。

⑤ 《世说新语》上卷下《政事篇》注引《续晋阳秋》。

⑥ 《晋书》卷 43《王衍传》。

⑦ 《南史》卷 22《王骞传》。

⑧ 《晋书》卷 75《范汪附子宁传》。

末，豫章罗企生为佐著作郎，"以家贫亲老，求补临汝令"①。刘宋时，琅琊王僧达，与兄锡不和，"诉家贫，求郡"，文帝拟以为秦郡太守。② 由此可见，作为门阀士族子弟的罗企生、王僧达赤裸裸地表明，因家中不够富裕，必须求得地方守令之官，就能搜刮致富。更有甚者，琅琊王秀之，出为晋平太守，至郡仅一年，就搜刮得满载而归，洋洋得意自称："此郡丰壤，禄俸常足"，我"山资已足"，上表请代。③ 这虽然是刘宋顺帝升明年间（477—479）之事，但恰恰印证了范宁所揭露了当时官场"富足便归"的贪腐风气。南朝诸朝的许多皇帝，如宋孝武帝、明帝、后废帝、齐武帝、郁林王等，向刺史、郡守强索"奉献"。④ 因此，当时从皇帝到州郡县长吏，几乎无人不贪，地方长官的考课又如何进行。从皇帝到刺史守令都在拼命聚敛钱财，而刺史守令正是外官中最主要的考课对象。所以，当时除了争权夺利、互相倾轧之外，确属为了澄清吏治、解民倒悬的黜罚事例十分罕见。

北朝与南朝相比，在对官吏的考课方面较有一定的成效。北魏太武帝太延元年（435）十二月甲申诏，发调"计资定课""九品混通"，"刺史明考优劣，抑退奸吏，升进贞良，岁尽举课上台"。⑤ 文成帝和平二年（461）正月乙酉诏："刺史牧民，为万里之表，自顷每因发调，逼民假贷，大商富贾，要射时利，旬日之间，增赢十倍……为政之弊，莫过于此。其一切禁绝，犯者十匹以上皆死。"⑥ 并派黄卢头等考课诸州。孝文帝延兴二年（473）⑦ 十二月庚戌诏："自今牧守温仁清俭，克己奉公者，可久于其任，岁积有成，迁位一级。其有贪残非道、侵削黎民者，虽在官甫尔，必加黜罚。著之于令，永为彝准。"五年（475）二月癸丑，又

① 《晋书》卷 89《忠义·罗企生传》。
② 《宋书》卷 75《王僧达传》。
③ 《南齐书》卷 46《王秀之传》。
④ 《中国政治制度史·魏晋南北朝》，第 330—331 页。
⑤ 《魏书》卷 4 上《世祖纪上》。
⑥ 《魏书》卷 5《高宗纪》。
⑦ 延兴二年为 472 年，但农历十二月庚戌，已是 473 年。

"诏定考课，明黜陟"①。从上述可知，北魏从太武帝到孝文帝时，其对官吏的考课对象还是针对地方长吏刺史守令等外官，其考课的主要内容则是侧重于：地方长官个人，即属于"奸吏"还是"贞良"；官员离任前夕，是否对政绩进行弄虚作假，虚增业绩；地方长吏在任上是"温仁清俭，克己奉公"，还是"贪残非道，侵削黎民"，然后根据考课的结果予以奖惩、陟黜。

北魏孝文帝时期，在对官吏的考课中，还特别注意到对官吏考核后奖惩制度的规范，从而使考课制度更加趋于健全。在孝文帝改制之前，太和十五年（491）十一月乙亥，"大定官品"；戊寅，"考诸牧守"；丁亥，孝文帝下诏："二千石考在上上者，假四品将军，赐乘黄马一匹；上中者，五品将军；上下者，赐衣一袭。"② 可见，孝文帝起初对地方长官牧守的考绩奖惩，是分三等九级，而对上等的奖励，主要是荣誉上的赐戎号。孝文帝在迁都洛阳部署妥帖后，太和十八年（494）九月壬申，在平城宫正式颁布百官考绩诏，规定："三载一考，考即黜陟，欲令愚滞无妨于贤者，才能不壅于下位。各令当曹考其优劣，为三等。六品以下，尚书重问；五品以上，朕将亲与公卿论其善恶。上上者迁之，下下者黜之，中中者守其本任。"③ 可见，仅经过 3 年，孝文帝又对考课后官吏的奖惩进行改革，即不是荣誉上的赐戎号，而是对考课后的官吏依据其 3 种等级，分别予以上等升迁，下等降黜，中等保持原官位的奖惩。而且明确规定：考课官吏制度要定期常态化，3 年一考核；考核的对象不再限于地方长官，而是遍及"百官"，即地方外官和朝中内官；考核后随即就进行奖惩；六品以下官由朝廷高级官员尚书主持，五品以上官则由皇帝亲自与公卿们讨论决定。这次改革显然大大加强了对官吏考课的激励和惩戒作用。

---

① 《魏书》卷 7 上《高祖纪上》。
② 《魏书》卷 7 下《高祖纪下》。
③ 《魏书》卷 7 下《高祖纪下》。

北魏孝文帝特别重视对地方长官的考课。太和十九年（495）十月定都洛阳后，他在新都下诏："诸州牧精品属官，考其得失，为三等之科以闻，将亲览而升降焉"。① 他重申了朝廷必须重视对"州牧"得失的考核，并将考核结果评定为 3 个等级，自己还要亲自予以审核并做出升迁或降黜的赏罚。

北魏宣武帝时，进行过景明二年（501）正月、正始二年（505）七月、永平四年（511）十二月、延昌三年（514）八月 4 次考课地方长官或地方、中央百官。从他在位时这么频繁地考课官吏来看，其对考课官吏是相当重视的。在永平四年（511）考课时，高阳王元雍上奏疏，提出了两点改革建议，目的是使考课后的奖励更加公平合理。一是"任事上中者，三年升一阶，散官上第者，四载登一级"，而散官"任官外戍，远使绝域；催督逋悬，察检州镇"，均"充剧使"。考陟时却"排同闲伍"，属于不等不均。当时朝廷对考核后官吏的奖励有考虑官吏任职时所负责事务的多少，事务多的任事官如考核只要是上中等级，就可 3 年升一级，而事务少的散官，如考核是上第，则要 4 年才能升一级。元雍认为这种规定有不合理、不公平的地方，就是那些在外保卫边疆、出使边远地区，或负责催督欠交赋税和监察州镇的散官，工作相当艰苦和繁重，奖励时如按一般工作清闲的散官一样 4 年才升一级，显然是很不合理、不公平的。二是文官在直、武夫赋闲，"致使近侍禁职，抱樜屈之辞；禁卫武夫，怀不申之恨"，而现在这些武人是羽林、虎贲或随从，他们过去"累纪征戍"，"带甲连年"，现年老伤残，考课时"责其如初"，"退阶夺级"，于"理未通"。② 元雍认为那些保卫皇帝、京师的羽林、虎贲或随从等武官，过去战争年代南征北战、出生入死，现在年纪老了又负过伤，如对他们进行考课时还是按年轻时的标准，如考核结果属于下等，就予以降黜他们的官阶和等级，显然是于情于理都说不通的，还会招致他们的怨

---

① 《魏书》卷 7 下《高祖纪下》。

② 《魏书》卷 21 上《高阳王元雍传》。

恨。总之，元雍为"散官"和"羽林、虎贲"在考课中所受到不合理、不公平的待遇抱不平是合理合情的，暴露了考课制度的一些弊端，对改进当时对官吏考核后的奖励标准是有积极作用的。

与此差不多同时，尚书右仆射郭祚也两次上奏疏，对当时考课中的一些问题提出改进意见。第一次他指出，景明、正始与永平考绩升迁的具体规定不一致，请求诏旨划一。第二次提出 10 年通考，"寡愆为最，多戾为殿"，"未审取何行是寡愆，何坐是多戾"。① 郭祚当时作为尚书右仆射参预考课众官，因此希望朝廷应比较具体地明确考绩标准中"寡愆"和"多戾"的界定，以便在考核官吏中易于准确操作。考课是事关每个官员升迁降黜的大事，涉及每个人的切身利益，因此必须慎之又慎，准确把握考核标准。郭祚作为一个具体主持考核的高级官员，提出划一考核标准，明确具体考核标准的界定，是很有见地和必要的。他的建议得到了宣武帝的重视，并亲自下诏书答复。②

宣帝延昌二年（513）准备大考绩时，员外散骑常侍崔鸿认为《考令》于体例不通，提出谏议："景明以来考格，三年成一考，一考转一阶。贵贱内外，万有余人，自非犯罪，不问贤愚，莫不上中，才与不肖，比肩同转。"他认为，考核官吏，如果只要不违法乱纪，不分为官德才差别，都评为上中，这样就会导致干得好的与干得坏的都一样升迁，那就不会起到激励的作用，必然使考绩流于形式，甚至还会起负面的影响，所以必须改革。但是，崔鸿的主张没有得到宣帝的支持，第二年大考绩时，众多官员照样都得到升转，考核没有起到应有的作用。

北魏孝明帝神龟二年（519）二月，由于朝廷在对官吏的考课中"铨别选格，排抑武人，不使预在清品"③，引起了军队将士的愤恨，京师洛阳终于爆发了羽林千余人的暴动，严重威胁了北魏王朝的统治。朝廷为

---

① 《魏书》卷 64《郭祚列传》。
② 《魏书》卷 64《郭祚列传》。
③ 《魏书》卷 64《张彝传》。

挽救这一统治危机，任命崔亮为吏部尚书，改革官吏考课制度。崔亮推行《停年格》，"不问士之贤愚，专以停解日月为断。虽复官须此人，停日后者终于不得；庸才下品，年月久者灼然先用"①。也就是说，考核任用官吏主要以年限为依据，只要任职年限到了，不管德才优劣，年限久者优先，均予以升转。显然，崔亮的这种改革，使考课失去了激励惩戒的作用，"沉滞者皆称其能"②，只能是走走过场而已。

从总体上来说，南北朝前期，北朝北魏太和定官制，"百司位号，皆准南朝"③，但是，在对官吏考课方面，北魏太和前后《职令》，专以门阀为重。而南朝梁武《职令》，清官中文、武各有其系列，此可说明萧梁在考课制度设计上优于北魏。因此，萧梁在考课中懂得如何安抚武职官员，故动乱不在朝廷内部，而是起于外部的侯景之乱。北魏由于在考课中重文抑武，故动乱不在外部，而起于因代迁而引起的朝廷内部的羽林虎贲暴动。此暴动最终导致《停年格》的施行，不分文武内外，以年资顺秩升迁，使考课官吏制度成为形式，并使武职官员在统治集团中势力增强。

北朝东魏、北齐，起于朔北军镇。初时，战马风云，军功为崇，其升迁似因袭北魏《停年格》，以资历为尚。北齐后主临朝，政治腐败，卖官鬻爵及于州郡僚佐，不言而喻，百官考绩之制，自然无从说起。西魏、北周，其执政虽亦北镇豪强，但兵力弱于关东，较重文治。西魏文帝大统（535—551）初，荥阳郑孝穆行岐州刺史，"每岁考绩，为天下最"。④从"每岁考绩"可以看出，当时官吏考绩之制，尚能较好坚持。大统十年（544）七月，苏绰遵照宇文泰之命，将前后所颁24条及12条新制，"总为五卷，颁于天下"。次年三月，又下令云："诸在朝之士，当念职事之艰难，负阙之招累，夙夜兢兢，如临深履薄。才堪者，则审己而当之；

---

① 《魏书》卷66《崔亮传》。

② 《魏书》卷66《崔亮传》。

③ 《通典》卷19《职官一》，《魏书》卷63《王肃传》。

④ 《周书》卷35《郑孝穆传》。

不堪者，则收短而避之。"① 次年三月之令，应用贯彻"总为五卷"中的考课官吏新制，其总目标就是通过考课官吏，使"在朝之士"能者上，不能者下。

考课后黜陟赏罚思想：魏晋南北朝时期，按照常制，在对官吏进行考课后，到一定时间（3 年或者 6 年）就要进行一次对官员的黜陟赏罚。在通常情况下，和考课方式一样，考课后的黜陟赏罚也是有制度规定的。考课后的升陟，有平迁、稍迁和超迁 3 种。其中最常见的是考课后的平迁，即按正常程序的升迁。如北朝时，北魏明帝初，裴延俊为幽州刺史，"在州五年，考绩为天下最"，征至京，拜太常卿。② 西魏时，行岐州刺史郑孝穆，"每岁考绩，为天下最"，受到宇文泰赏识，"征拜京兆尹"。③ 南朝萧齐时，临淮刘玄明，历任山阴、建康令，"政常为天下第一"，以司农卿终。④

比平迁稍微延长一些时间或升迁级别稍微低一些的升迁谓稍迁。早在晋武帝时，因官员"等级繁多"，同班官员又有级、阶差别。正如李重在其所奏中所说的"宜大并群官等级，使同班者不得复稍迁"⑤ 的这个"稍迁"即是。北魏景明元年（500），宣武帝颁布的后《职令》中，除九品均有正、从、第四品正、从之外，又分上阶、下阶，这与晋武帝时"等级繁多"是一致的。永平四年（511），宣武帝下诏："考（绩）在上中者，得泛以前，有六年以上迁一阶；三年以上迁半阶；残年悉除。"⑥ 这里的"三年以上迁半阶"，自然就是属于"稍迁"了，即因年限没有达到 6 年迁一阶的规定，年限只有 6 年的一半，即 3 年，因此只能属于稍迁，"迁半阶"。

---

① 《周书》卷 2《文帝纪下》。
② 《魏书》卷 69《裴延俊传》。
③ 《周书》卷 35《郑孝穆传》。
④ 《南史》卷 70《循吏·傅琰附刘玄明传》。
⑤ 《晋书》卷 46《李重传》。
⑥ 《魏书》卷 64《郭祚传》。

　　所谓超迁，顾名思义就是超级提拔。北魏天安元年（466）七月辛亥，献文帝诏书中提道："诸非劳进超迁者，亦各还初。"① 这里要清理的是"非劳进"的"超迁"，换言之，如果是"劳进"者，那按法令规定应当是予以"超迁"的。当时，考课官吏后的一条升迁规定是"官以劳升"②。延兴三年（473）二月甲戌，作为太上皇的献文帝又下了一道诏令："县令能静一县劫盗者，兼治二县，即食其禄；能静二县者，兼治三县，三年迁为郡守。二千石能静二郡、上至三郡，亦如之，三年迁为刺史。"③ 北魏虽有 3 年升迁之制，但治理郡县优秀者，能兼治二县、三县、二郡、三郡，在俸禄上既能"食其禄"，即兼得"治二县"的俸禄，那么在官职的升迁上，似乎理应也有获得"超迁"的奖励。至于"超迁"的实例，在东晋南北朝时期也屡见不鲜。如东晋时韩伯康为吏部尚书，吴隐之"遂阶清级，解褐辅国功曹"④。傅琰为山阴令，"县内称神明，无敢复为偷盗"。升明二年（478），萧道成执政，"擢为益州刺史、宋宁太守"⑤。梁武帝时，何远为武康令，"正身率职，民甚称之"。武帝闻其能，擢为宣城太守。"自县为近畿大郡，近代未之有也"⑥。显然，从一个一般的县令一下子提拔为一个近京师大郡的太守，这是不同寻常的一种超迁。

　　官吏政绩考课优秀，除了升迁晋级之外，更多的是予以赏赐。赏赐的方式多种多样，主要有以下数种。一是加秩，即增加俸禄。如吴兴太守王韶之，积年良守，"加秩中二千石"⑦。梁豫章内史萧颖达为官有政绩，"加秩中二千石"⑧。二是加成号，即给予某种将军荣誉称号。如刘宋元嘉初，陈、南顿二郡太守李元德，"清勤均平，奸盗息止"，文帝诏进

---

① 《魏书》卷 6《显祖纪》。

② 《魏书》卷 7 上《高祖纪上》。

③ 《魏书》卷 7 上《高祖纪上》。

④ 《晋》卷 90《良吏·吴隐之传》。

⑤ 《南齐书》卷 53《良政·傅琰传》。

⑥ 《梁书》卷 53《良吏·何远传》。

⑦ 《宋》卷 60《王韶之传》。

⑧ 《梁书》卷 10《萧颖达传》。

元德为宁朔将军。北谯、梁二郡太守申季历，政绩突出，"进号宁朔将军"。三是赐钱、帛、谷、役等。刘宋文帝赐彭城内史魏子恭绢 50 匹、谷 500 斛，铜阳令李熙国等绢各 30 匹、谷 200 斛。[1] 萧齐永明七年（489）正月诏："诸大夫年秩隆重，禄力殊薄"，"可增俸，详给见役"。[2] 建武元年（494），明帝以张瑰为给事中，"月加给钱二万"。[3] 此外，还有给田的，赐书的，赐鼓吹、乐器、宅第、车马，甚至女妓、阉人等，[4] 真是无奇不有。而北魏前期，赐奴婢、隶户之例更多。

官吏经过考课，如果政绩差，也有降罚的。降官别称甚多，由于古人以右为大为上，左为小为下，故降官或称"左迁"，或称"左降""左转"，有时亦单称"贬""降"。汉有"左迁法"，曹魏沿袭此法。东晋元帝时，应詹曾提及《左降旧制》，大约制订于西汉宣帝时。其基本内容是："二千石免官，三年乃得叙用，长史六年，户口折半，道里倍之。"这就是说：如果州刺史这一级的官员被免职，要过 3 年后才能予以重新任用；如果是郡太守这一级官员被免职，必须经过 6 年后才能予以重新任用。而且免官期限满后再予以任职，其所再任职的州郡，必须与原任职的州郡相比，户口要减半，距离京师的路程要加倍。因此，应詹主张"今宜峻《左降旧制》"，使天下知"官难得而易失"，而"人慎其职，朝无惰官"。[5] 他在此点出了官吏考核后对政绩差的官员进行免职，并且在一定期限内（如 3 年到 6 年之内）不能再任职的惩罚，其目的在于使官吏知道为官之不易，因此在任职期间一定要谨慎其职，勤于政事，从而做出政绩。

西晋时，山涛也在《山涛启事》一文中提到此制，认为"晋制，诸

① 《宋书》卷 92《良吏·江秉之传》。
② 《南齐书》卷 3《武帝纪》。
③ 《南齐书》卷 24《张瑰传》。
④ 朱铭盘：《南朝宋会要》，上海古籍出版社，2006 年；《南史》卷 77《恩幸·茹法亮传》。
⑤ 《晋书》卷 70《应詹传》。

坐公事者，皆三年乃得叙用"，其法似有不妥之处，因为"其中多有好人"，如果让他们赋闲在家，而又官须其人，不如对《左迁法》稍作改动，"随资才减"，降级使用，"亦足惩戒"。武帝认为此议很好。① 南朝梁沈约立《左降诏》："减秩居官，前代通则；贬职左迁，往朝继轨。自今内外群司有事者，可开左降之科。"② 从西晋到萧梁，官吏政绩差者，其处分惩罚较之两汉都有宽容。《山涛启事》和沈约《左降诏》都体现这种宽容的思想，其目的在于在当时动荡的时代，教育荒废，人才缺乏，如让一些官员因公事免职而必须数年后才能再任职，未免是对人才的一种浪费，故建议采用宽容之法，降级任职，使人才尽量得到使用。

2. 上计与内官考课思想。

魏晋循汉旧制，仍有上计之余风。县上计之情况，史籍没有明确的记载，大概是循汉旧法，县上计于所属郡国。三国、晋各郡属官皆有上计掾或上计吏。如《三国演义》作者罗贯中笔下叱咤风云的人物司马懿、邓艾、姜维、甘宁、皇甫规等，在发迹之前都曾当过上计掾，还有三国时文学家韦诞、孙该，晋竹林七贤之一山涛，也都曾作过上计吏。郡国计吏于岁末入京上计，如曹魏刘寔"以计吏入洛"③。《晋书·礼下》记晋元会仪亦云："百官及受赉郎官以下至计吏皆入立其次"，"乃召诸郡计吏前，受敕戒于阶下。"魏晋承东汉刺史之制，地方行政系统为州郡县三级制，魏刺史每岁遣计吏诣京师奏事。

魏晋时期上计的内容与汉代略同，仍然是以考核地方户口、垦田、赋调、盗贼情况为主。如曹魏时刘廙主张恢复汉朝上计制度，"岁课之能，三年总计，乃加黜陟。课之皆当以事，不得依名。事者，皆以户口率其垦田之多少，及盗贼发兴，民之亡叛者，为得负之计"④。郑浑为阳平、沛郡二太守，"比年大收，顷亩岁增，租入倍常……转为山阳、魏郡

---

① 《通典》卷19《职官一》，杜佑自注引《山公启事》。

② 《梁文记》卷7，沈约《立左降诏》，台湾商务印书馆影印文渊阁四库全书本。

③ 《晋书》卷41《刘寔传》。

④ 《三国志》卷21《魏书·刘廙传》松之注引。

太守，其治放此。"明帝"下诏称述，布告天下"。① 西晋时王宏为汲郡太守，"督劝开荒五千余顷，而熟田常课顷亩不减"，被称为"殊绩"。武帝下诏"赐宏谷千斛，布告天下，咸使闻知"②。

但是，这一时期军阀称雄，朝廷衰微，地方忠则上计，叛则不上。崔林就指出："案《周官》考课，其文备矣，自康王以下，遂以陵迟，此即考课之法存乎其人也。及汉之季，其失岂在乎佐吏之职不密哉？方今军旅，或猥或卒，备之以科条，申之以内外，增减无常，固难一矣。"③晋愍帝建兴四年（316），天下大乱，但凉州刺史张寔仍"送诸郡贡计，诏拜寔都督陕西诸军事，以寔弟茂为秦州刺史"④。可见这时各州绝大部分已不上计，凉州上计，则受嘉奖。到南北朝初期，史籍中有关上计的记载已十分少见，以后逐渐绝迹。

魏晋南北朝时期，随着三省六部制的逐渐形成，对官吏的考课制度发生了一定的变化，这些对隋唐考课有直接的影响。

这一时期，县、郡考课与汉相同，仍由郡守、刺史负责。如曹魏郑袤"出为黎阳令，吏民悦服。太守班下属城，特见甄异，为诸县之最"⑤。西晋泰始四年（268）正月，守河南尹杜预为"黜陟之课"。杜预认为"魏之考课"失之于细密。因此，他提出"在官一年以后，每岁言优者一人为上第，劣者一人为下第，因计偕以名闻。如此六载，主者总集采案：其六岁处优举者超用之，六岁处劣举者奏免之，其优多劣少者叙用之，劣多优少者左迁之"。他认为这种"每岁一考，则积优以成陟，累劣以取黜"的考课法，是简而易行的最佳选择。⑥ 但是，由于西晋政治于武帝之后动荡不安，有关郡国考课的好建议，都不可能付诸实施。北魏孝昌元

① 《三国志》卷16《魏书·郑浑传》。
② 《晋书》卷90《王宏传》。
③ 《三国志》卷24《魏书·崔林传》。
④ 《资治通鉴》卷89。
⑤ 《晋书》卷44《郑袤传》。
⑥ 《晋书》卷34《杜预传》。

年（525）二月，诏曰："劝善黜恶，经国茂典。其令每岁一终，郡守列令长，刺史列守相，以定考课，辨其能否。若有滥谬，以考功失衷论。"①隋开皇年间，吏部尚书牛弘曾问刘炫："魏、齐之时，令史从容而已，今则不遑宁舍，其事何由？"炫对曰："……往者州唯置纲纪，郡置守丞，县唯令而已。其所具僚，则长官自辟，受诏赴任，每州不过数十。今则不然，大小之官，悉由吏部，纤介之迹，皆属考功，其繁二也。"②由此可知，一直到隋朝，县令郡守之考课才归中央吏部主管。

这一时期，中央考课由尚书台（省）总之，即"台阁临下，考功校否"③，"岁终台阁课功校簿而已"④。北魏太武帝太延元年（435），刺史"岁尽举课上台"⑤。尚书省下具体负责考课的部门略有变化，曹魏考功、定课二曹，主管官吏考课。晋无定课、考功郎，《唐六典》卷一《尚书都省左右司郎中》注曰："（晋氏）无农部、定课、考功"，考课当由吏部负责。北魏、北齐中央考课皆由考功郎中主持。南朝吏部统吏部、删定、三公、比部四曹，据此推测，州郡之考课当由吏部负责。

这一时期，内官考课制度逐渐系统化。秦汉时期，地方官的考课已逐渐完善，但内官考课一直未形成完备的制度，内官一般由主管长官自课下属。曹魏时，杜恕主张实行考课之制，考课当分为课州郡和课公卿及内职大臣。⑥王昶曾受诏作《百官考课事》，也比较具体地提出了内官考课的一些规定。⑦但是，这些规定都未能实行，至晋代仍是由各主管长官考其下属，未见中央对内官统一进行考课。如《晋书·荀勖传》云：勖"及在尚书，课试令史以下，核其才能，有暗于文法，不能决疑处事者，即时遣出"。见于史籍，最早记载内官考课的是北魏太和十五年

① 《魏书》卷9《肃宗纪》。
② 《隋书》卷75《儒林》。
③ 《三国志》卷9《魏书·夏侯尚附玄传》。
④ 《晋书》卷46《刘颂传》。
⑤ 《魏书》卷4上《世祖纪上》。
⑥ 《三国志》卷16《魏书·杜恕传》。
⑦ 《艺文类聚》卷48。

（491），广陵王羽奏疏云：“去十五年中，在京百僚，尽已经考为三等”①，至太和十八年（494），规定内官三年一考，考即黜陟。此后，内考又有执事官、散官之分。高阳王雍上疏云：“任事上中者，三年升一阶；散官上第者，四载登一级。”② 总之，众内官由中央统一考课完备于北魏。

魏晋南北朝时期官吏考课的品第和赏罚有了进一步的发展。北魏太和年间，史籍明确记载考课官吏按其政绩分为三等，每等复分三品，共三等九品。《魏书·郭祚传》云：“考察令：公清独著，德绩超伦，而无负殿者为上上，一殿为上中，二殿为上下，累计八殿，品降至九。”太和十八年（494）诏云：“上上者迁之，下下者黜之，中中者守其本任。”③隋唐考课，百官品第为九，即取法于北朝。

官吏考课品第既定，即须行其赏罚。魏晋考课的赏罚办法与汉代基本一致，没有一套统一固定的标准。至北魏时，赏罚的办法前进了一大步。北魏宣武帝朝，官吏考课之赏罚，始与官品、阶结合起来。北魏规定：官分为九品，品分正、从二级。正四品以下，每级复分为上、下二阶，共九品三十阶。官吏考为上等者，即以升阶赏之。宣武帝曾诏曰：“考在上中者，得泛以前，有六年以上迁一阶，三年以上迁半阶，残年悉除。考在上下者，得泛以前，六年以上迁半阶，不满者除。其得泛以后，考在上下者，三年迁一阶”④。可见，升阶是考课中通常的奖赏办法。反之，如考为下第者，则以降阶为罚，如李彦为谏议大夫，“后因考课，降为元士”⑤。按《魏书·官氏志》中《前职员令》记载，谏议大夫为正四品下阶，元士为从四品上阶，二者相差一阶。总之，这一时期，中央考课由吏部专职负责，内官考课逐渐系统化，考课政绩分为三等九品，考后以升降阶为赏罚，再以阶授官，所有这些均为隋唐所取法。

---

① 《魏书》卷 21 上《广陵王传》。

② 《魏书》卷 21 上《高阳王传》。

③ 《魏书》卷 7 下《高祖纪》。

④ 《魏书》卷 64《郭祚传》。

⑤ 《魏书》卷 27《李宝附彦传》。

第六章
秦汉魏晋南北朝军事管理思想

　　秦汉时期结束了春秋战国以来群雄割据的局面，建立了封建专制主义中央集权的统一帝国。多民族统一国家的形成，促进了社会经济繁荣发展。在这新的历史条件下，军事领域也发生了一些前所未有的变化并有了一定的发展。随着生产力水平的提高，冶铁炼钢技术的进步，秦汉时期武器装备有了长足进步，刀、剑、矛、戟等主要兵器已基本由钢铁制成。戈、殳、钺等兵器因不合时宜逐渐被淘汰，弓、弩等远距离杀伤武器在很大程度上得到改良。秦汉时期，统治集团内部争夺政权斗争激烈，地主与农民两大阶级矛盾对抗尖锐，汉民族与周边民族矛盾有所激化，建立及巩固多民族统一国家的过程中也爆发了一系列重要战争，规模较大的如秦末农民起义战争、楚汉战争、反击匈奴之战、绿林赤眉起义战争、黄巾军起义战争等。在这些战争中涌现出一大批杰出军事将领、统帅，如项羽、韩信、刘彻、霍去病、刘秀等人。

　　本时期在专制主义中央集权政治制度建立的同时，在军事上也确立了以皇帝为首领的体制，建立了以皇帝为最高统帅的全国统一军队，皇帝掌握一切军务最后决断权。战时皇帝亲自下令调兵并临时指派将军统领，事毕即解除兵权回归朝中。这一制度为后来诸朝继承发展，成为中国帝制时代军制的核心。兵制方面，秦和西汉时期基本上沿袭战国郡县征兵制，以年龄为界定，凡适龄男子均须服兵役。征兵制由于兵源无法保证而衰落，募兵制兴起并成为兵制的主导形式。东汉末年还出现了父

死子继、世代为兵的世兵制。军队一般分为中央军、地方军和边防军三大部分，步兵、骑兵为主要兵种，水（军）兵、车兵为辅助兵种。长沙马王堆曾出土一幅汉初绘制的军阵图，这是目前已知世界上最早的实用军事地图，反映了本时期中国军事地图的绘制水平。

魏晋南北朝长期军阀割据，战乱不已，军队具有特别重要的作用。一支政治势力，一个政治集团，甚至一个大家族，是否能够在社会中得以生存，无不与它是否直接拥有一支武装力量有关。因此，在这个一度从政治统治向军事统治转轨的过渡时期，从军队的领导体制来看，必然表现为多元化。除了民间普遍存在的"家兵"和"部曲"外，军队主要是由各王朝直接控制的所谓"中央军"和由地方控制指挥的"州郡兵"组成的。

第一节　军队领导体制思想

一、秦汉皇帝掌握最高军队指挥权

秦汉是我国古代专制主义中央集权制的国家，皇帝具有至高无上的权力，这种至高无上的权力，就是以拥有最高的军队指挥权作为基础的。秦汉王朝为了维护对幅员辽阔的统一多民族的封建帝国的统治，都建立了庞大的武装部队，组织起一个复杂的军事统驭系统。皇帝是军队的最高统帅，拥有对全国军队的最高控制权和指挥权。军队的最高将领，从秦朝的国尉到两汉的太尉、大司马、大将军一直至各类型的将军和位为列卿的卫尉、中尉，直至各郡的郡尉等高级军官，都由皇帝亲自任免。

秦汉皇帝还牢牢掌握军队的指挥权，军队的调动更必须出于皇帝的命令。秦朝延续战国的制度，只有皇帝才有权调发 50 人以上的部队用于

军事行动。同时，军队调动还必须严格执行玺符制度，玺为皇帝的御印，只有盖了皇帝御玺的军令才有效。符即虎符，是发兵信物，一分两半，一半由皇帝命专人保管，一半发给统兵将领或官吏，调动军队时，由皇帝遣专使持符验合，必须完全无误才可领命；节是皇帝颁发的出军信物，远程军队调动须持节才能一路畅通无阻，玺、符、节三者缺一不可。两汉时期的军队调动也大体上承袭了秦朝的玺、符、节制度。

秦汉政府直接掌管军事最高长官的是太尉，由皇帝直接任命，负责全国军政和统领全国军队，但只有带兵权，无调兵权和发兵权。太尉属下的高级军官是郎中令、卫尉、中尉。战时皇帝直接任命作战统兵将领，事毕即回朝交出兵权。因此，秦代除统军屯守边塞的大将之外，其余将领均不专兵。秦朝地方军队由郡尉负责。郡守为行政长官，郡尉掌全郡军政，均由皇帝直接任命。郡下设县，由县尉掌管军政。县下设乡，由游徼掌管军政、治安。这种高度集权化的军事领导体制使全国军事力量最终都归由皇帝一人掌管。

秦汉时期，决定战和的大权也掌握在皇帝手中。对于战争，朝廷在进行重大军事行动前，一般都要召开御前会议，听取众臣的意见，但最终的决定由皇帝作出。如秦汉对匈奴的数次战争，其决策都由皇帝最终作出。当汉高祖决定对匈奴开战时，尽管娄敬提出了中肯的正确意见，但汉高祖还是一意孤行，最终遭到白登之围的惨败，刘邦差一点成为匈奴军队的俘虏。汉武帝决议改变对匈奴的和亲政策，对匈奴开战时，有不少臣子持反对意见。但当汉武帝力排众议，最后决定对匈奴开战时，臣子们还是毫无条件地服从汉武帝的决定，并义无反顾地率领军队奔赴战场。

汉朝一些皇帝还亲自率领大军，到前线指挥战斗。汉朝开国之君刘邦一生几乎都是在战场上度过的。他亲冒矢石，出生入死，多次中流矢，直至晚年，仍然亲自指挥平定英布叛军的战斗。刘秀为创建东汉皇朝更是经历了数百次战斗，即位皇帝后，仍多次御驾出征。即使一些非创业之君，也是牢牢掌握军队指挥之权，亲自决定和战之策。如汉元帝接受

呼韩邪单于的请求，停止了对匈奴的战争，恢复"和亲"政策，实现了汉匈关系史上具有重大历史意义的转折。两汉时期的军队调动仍然承袭秦朝的制度，以虎符为凭，而虎符则由皇帝指定的近臣亲信掌管，听命于皇帝的指令。如吕后死后，诸吕欲发动政变，丞相陈平、太尉周勃决定先发制人，以武力捕杀诸吕。为此，陈平、周勃必须先控制北军，掌握主动权。但由于手中无虎符，无法进入北军营垒。正好此时掌管虎符的大臣纪通投靠周勃，才使陈平、周勃得以持虎符，假朝廷之命顺利控制北军，从而成功地平定了诸吕叛乱，恢复了刘氏皇统。

二、秦汉中央军队指挥思想

秦汉时期的军队大体上分成中央军与地方军两个指挥系统。秦朝中央军队指挥系统由皇帝根据实际需要随时任命的将军及其幕僚组成。如秦灭六国时派出的军队都由临时任命的大将军及其幕僚负责组织、指挥，讨伐楚的 60 万大军由王翦指挥，平定百越的 50 万大军由屠睢指挥，北伐匈奴的 30 万大军由蒙恬指挥。这些将军一旦受命，就握有战场指挥的全权。而如失去皇帝的信任，一纸撤职查办的命令，又可立即使之变为一介平民，甚至沦为待罪的囚徒。

西汉早期，太尉虽然已经是"金印紫绶"的三公级的朝廷高级武官，但其实际上的职责不过是皇帝的高级军事顾问，既不是一个常设的官职，也没有什么军政实权。汉武帝时，改太尉为大司马，其性质不过是加官，仍然没有什么军事实权。后来，不少大司马、大将军领、平、视、录尚书事，即兼管全国行政事务，成为中朝官，进入决策机构，权力才大起来，成为全国政务和军事的实际负责人，地位凌驾于百官之上，如霍光、王莽等。东汉光武帝时，将大司马、大将军恢复太尉名称，其实际权力进一步加大。太尉既是皇帝的军事顾问，又负责管理全国的军政事务，实际权力超过丞相，太尉府替代了丞相府。

两汉时期的中央军事指挥系统基本上承袭秦制，皇帝根据实际情况需要直接任命各类将军及其幕僚班子。自汉武帝以迄东汉，由于大司马大将军基本上都录尚书事，成为中朝的最高长官，因而在权势和地位上都超过丞相，东汉时更是位居上公。另外，与大将军平起平坐的还有不常设的骠骑将军，其次是车骑将军和前、后、左、右将军等重号将军。他们作为皇帝麾下的最高级别武官，经常率领一批"杂号将军"从事征战。如汉武帝时大将军卫青、骠骑将军霍去病都是著名的征伐匈奴的军事统帅，每次出征一般统帅三五个不等的将军与匈奴进行战争；又如武帝元狩四年（前119），"大将军卫青，将四将军出定襄"①；东汉大司马大将军吴汉经常率九将军或十二将军出征。西汉时期，见于史籍记载的杂号将军名称很多，大多数都是根据临时军事需要而设置的，如汉武帝在从事对匈奴的战争中任命李广为骁骑将军，韩安国为护军将军，公孙贺为轻车将军，李息为材官将军，公孙敖为骑将军，路博德为伏波将军，杨仆为楼船将军，李广利为贰师将军，赵破奴为浚稽将军等。这些将军，或以征伐的地名、对象，或以其所率领军队的兵种，或以其所担任的特别职务，确定将军的名称。他们出则握有军权，领兵打仗；入则解除军权，另有任用。

东汉时期，朝廷军队同样是"前、后、左、右杂号将军众多，皆主征伐，事讫皆罢"②。根据《东汉会要》卷19的记载，各类将军的名号达40个之多。比将军级别低一点的武将则单称将，如重将、厩将、城将、弩将、右林将等。高级武将之下的中级武官是校尉和都尉。"校者，营垒之称，故谓军之一部为一校"③。西汉朝廷特设的校尉和都尉级别都相当高，其秩二千石或比二千石，官阶相当于列卿。《汉书·百官公卿表》所列的校尉有十多个，即司隶校尉、城门校尉以及中垒、屯骑、步兵、越骑、长水、胡骑、射声、虎贲等八校尉。外有西域都护、西域副校尉和

---

① 《汉书》卷6《武帝纪》。
② 《后汉书》志24《百官一》。
③ 《后汉书》志24《百官一》。

戊已校尉等。东汉时期，保留了西汉的司隶校尉和城门校尉，将西汉的八校尉合并成屯骑、越骑、步兵、射声、长水五校尉。见于《后汉书》记载的则有上军、中军、下军、典军、助军左、助军右、左、右等所谓八校尉。各类将军在指挥作战时，都会组织自己的幕府，配备各类文武职的参谋人员以助理军务，形成一个阵前军队指挥组织。

校尉以下的基层军官，秦汉两朝略有不同。秦朝校尉以下的军官依次是（部）司马、（曲）候、（官）长、（队）头、（长）火子、（列）头等。两汉时期的校尉以下军官依次是（部）军司马、（曲）军候、（屯）长、（队）率、队史、（什）长、（伍）长等。

总之，秦汉时期中央军队组织比较严密有序，形成了一个从上到下有效的指挥系统，在许多战役中，甚至在数十万军队的对峙战斗中，显示其有条不紊、迅速高效、灵活机动的指挥机制和高超深厚的军事指挥思想和素养。

秦汉时期，封建国家为确保皇帝与首都的安全，非常重视保卫皇帝和首都安全部队的组成和驻戍。秦朝的中央卫戍部队由皇帝的警卫部队、首都卫戍部队组成。其中皇帝的警卫部队又分为两部分：一部分是由郎中令统帅的皇帝贴身侍卫组成，成员全部是军官，负责禁中（省内）宿卫；另一部分是由卫尉统帅的皇帝亲军组成，称卫士或卫卒，分八屯驻扎于皇宫四周，负责宫门守卫及昼夜巡逻的任务。首都的卫戍部队由中尉统帅，分驻京城内外各重要关口，负责首都的安全和各重要中央官僚机构、仓库的守卫任务，并带有国家战略机动部队的性质，是秦军最精锐的部队和主力。

西汉时期，中央军是皇帝的禁卫军，亦分两部分。一部分屯驻长安城区南部的未央宫，称为南军。南军中又分为两支部队，一支由卫尉统帅的兵卫，担任宫殿外门署的警卫；另一支由郎中令（后改称光禄勋）统帅的郎卫，负责宫殿门户和宫殿内部的警卫。这两支军队互不统属，但在执行任务时则彼此协同行动。禁卫军另一部分屯驻长安城区北部，称北军。北军由中尉（后改称执金吾）统帅，担任首都长安及周围三辅

地区的警卫，兵员较南军多。西汉南军北军征调士兵的地区也有讲究，南军士兵多征自国内地方郡县，而北军士兵由征自三辅地区的正卒组成。守卫京师的中央军之所以分为两支，并且其成员分别来自不同的地区，显然是为了使之互相牵制。宋朝人山斋易氏对西汉朝廷的良苦用意作了如下分析：

> "汉之兵制莫详于京师南北两军之屯，虽东西两京沿革不常，然皆居重驭轻，而内外自足以相制，兵制之善者也。盖是时兵农未分，南北两军实调诸民，犹古者井田之遗意。窃疑南军以卫官城，而乃调于郡国；北军以护京城，而乃调之于三辅，抑何远近轻重之不伦耶？尝考之司马子长作《三王世家》，载公户满意之言曰：'古者天子必内有异姓大夫，所以正骨肉也；外有同姓大夫，所以正异族也。'……郡国去京师为甚远，民情无所适莫，而缓急为可恃，故以之卫官城，而谓之南军；三辅距京师为甚迩，民情有闾里墓坟族属之爱，而利害必不相弃，故以之护京城，而谓之北军，其防微杜渐之意深矣。"①

汉武帝时期，为了加强封建君主专制的中央集权和对匈奴战争的需要，朝廷进一步扩大和加强了南北军。南军增加了期门军，士兵成员为河西六郡的良家子弟，人数多达千人，主要任务是充当皇帝的扈从。又增加羽林军和羽林孤儿两千多人，作为皇帝的宿卫和仪仗部队。期门军和羽林军地位比其他部队高，士兵皆为职业兵和贵族兵。汉武帝时，北军则增加了八校尉统帅的终身为伍、不轮番服役的职业兵。八校尉为：统管北军营垒日常事务的中垒校尉，负责训练骑兵的屯骑校尉，统驭上林苑屯兵的步兵校尉，负责训练才力超群的骑士组成的越骑校尉，负责训练管理降汉匈奴骑兵的胡骑校尉，管训弓弩部队的射声校尉，训管车兵部队的虎贲校尉。元鼎四年（前113）增设京辅、左辅、右辅三都尉，征和二年（前91）又增设了城门校尉。西汉时期的南北军，将士素质好，

---

① 《文献通考》卷150《兵考二》。

武器装备精良，人数众多。他们屯驻首都及其周边地区，自然形成了居重驭轻、强干弱枝之势，对于加强封建君主专制的中央集权、维护全国的统一和稳定发挥了重大的作用。

东汉时期的中央军虽然在形式上仍然沿袭西汉时期的南北军制，但实际上已经发生了变化。虽然光禄勋和卫尉等武职官员仍然存在，但是南军的名称已取消了。东汉皇宫的宿卫部队由两部分组成。一部分由光禄勋统帅，下设七署。五官中郎将和左、右中郎将所统驭的郎官，为皇帝的侍从文官。虎贲中郎将所统帅的虎贲郎约1500人，为皇帝的侍从武官。羽林中郎将所统帅的羽林郎128人，为皇帝的宿卫侍从。羽林左、右监所统帅的羽林左骑800人、羽林右骑900人，担任皇帝的宿卫侍从和"出充车骑"，有时也出征作战。皇宫宿卫的另一部分由卫尉统帅，下设南宫卫士令、北宫卫士令、左右都候和七宫门司马，所统驭的士兵共有2000多人，负责各宫门和宫内的守卫。东汉的北军也分成两部分：一部分主要由缇骑（骑兵）和执戟（步兵）组成，由执金吾统帅，负责首都洛阳城内宫廷以外地区的巡逻、警卫，并负责皇帝出巡时的护卫和仪仗队；另一部分为五校尉（即屯骑、越骑、步兵、长水、射声）所统帅的北军主力，负责京城周围的守备以及扈从车驾，有时也要出征。五校尉互不统属，都直接听命于皇帝指挥和调遣。东汉时期五校尉所统领的士兵共约有5000人，与西汉时期八校尉统帅数万人士兵相比，力量已大大削弱了，并且东汉时的中央军士兵均来自洛阳及附近地区，自东汉安帝以后又大量招收商贾惰游子弟，在身体素质、吃苦耐劳上远不如在田间耕作的农家子弟，因此其战斗力远不如西汉中央军。

东汉除驻防首都的中央军外，还在一些重要军事地区驻扎中央直辖军，如黎阳营，以幽、冀、并三州的步、骑兵组成，屯驻黎阳（今河南浚县东），由谒者监军，负责黄河北岸的防守，构成洛阳北面的屏障。雍营驻雍（今陕西凤翔），又称扶风都尉部，负责三辅皇陵的守备。长安营，又称京北虎贲都尉部，驻长安。以上两营构成洛阳西边的屏障。另外，全国重要的边郡守兵和关隘守兵，也归属东汉朝廷直接管辖和指挥。

光武帝以后，朝廷出于军事上的需要，又新设了几支中央直辖的常备部队。其中有明帝时在五原曼柏（今内蒙古东胜东北）设置的为隔绝南北匈奴的度辽营，和帝时为镇抚南蛮反叛而设置的象林（今越南广南）营，为对付鲜卑族的南侵而设置的渔阳（今北京密云西）营和扶黎（今辽宁义县东）营等。中平五年（188），由于北军日益衰弱，加之宦官和外戚之间的矛盾逐步加剧，于是又在五校尉所统帅的部队之外增设了由宦官控制的西园八校尉，统由上军校尉蹇硕指挥。后因蹇硕被杀，西园八校尉的所属部队先后转入何进、董卓统驭，东汉至此也走向了灭亡。

三、秦汉地方与边境地区军事指挥思想

秦朝地方实行郡县制，地方部队分驻在各郡县，由郡守、郡尉、县令长和县尉统辖。地方部队除负责本地区的治安外，平时的主要任务是训练，以便源源不断地为中央军提供兵源。由于秦的地方军处于分散和互不统属的状态下，而且只经过初步的选择，兵员素质良莠不齐，所以其战斗力远逊于中央军。秦末农民战争爆发时，陈胜、吴广领导的起义军能够迅速发展，后来刘邦领导的起义军能够在黄河以南胜利进军，一个很重要的原因是因为没遇到秦的强有力的中央军。当然，秦朝的某些郡守因治兵有方，训练的士卒比较有战斗力，如三川守李由指挥的郡兵就曾把吴广一军挡在荥阳一线，而南阳守指挥的郡兵也曾使刘邦一军在坚城面前无可奈何。

西汉的地方部队是郡国兵，其统辖长官是郡太守和都尉，以专职武官都尉为主。县级统辖长官是县令长和县尉，以专职武官县尉为主。诸侯王国的相与中尉辅佐诸侯王管理军事。西汉的郡太守和诸侯王权力虽然很大，但没有任意调兵的权力。调遣军队时，必须有皇帝的命令，并且要以虎符和竹使符为凭。特别是景帝平定七国吴楚之乱后，诸侯王的权力大大被削弱，地方军队的调遣权力完全收归中央掌控。西汉建立初期，"高祖命天下，选能引关蹶张材力武猛者，以为轻车、骑士、材官、

楼船……平地用车骑，山阻用材官，水泉用楼船"①。即朝廷根据各郡国的不同地理环境，因地制宜，发展不同的兵种，以适应当地的需要。

东汉初年由于光武帝刘秀推行"省兵减政"措施，取消了地方各郡国的都尉官和其他武职官员，废除了郡国常备兵以及郡国对丁男的定期军事训练和都试制度，使地方无常驻之兵，各郡国长官无军事权力。后来，随着国内社会矛盾的激化与边境地区民族关系的紧张，东汉朝廷又走向另一个极端，赋予刺史、太守较大的军事权力，以维持地方的安定。但是，事与愿违，由于朝廷的衰微，对地方的控制力大大削弱，使刺史、太守大力组织自己私人的军队，军事力量迅速膨胀，终于形成了东汉末年军阀割据混战的局面。

秦汉两朝作为中国封建社会最早的大一统王朝，幅员辽阔，因此十分重视维护边疆地区的安定，在边境地区设置了不同于内地的军事指挥系统。秦朝的边防戍守部队是每百里设一都尉，重要边塞还设关都尉，属吏也较内地为多。

西汉时期的边防守兵分为边郡兵、屯田兵和属国兵3类。由于边郡大多负有防备少数民族侵扰的重要职责，所以军事活动就成为日常工作的重要内容。每个边郡都有一支较内地郡人数多、质素优良的常备兵，作为保卫边疆的主要力量。郡太守是边郡兵的统帅，具有临事独断的大权，下属有长史、司马、候等多至数百甚至上千的官吏。边郡的指挥系统一般是太守—都尉—候官—障尉—候长—队长。汉朝屯重兵边境，由于路途遥远，边军粮草供给困难，因此，在边境地区设屯田兵，进行农业屯田生产，以解决粮草供给困难问题。西汉从文帝开始"移民实边"，实行屯垦。到武帝时，由于对匈奴的战争，屯田规模扩大，以供给远征匈奴的重兵。当时在张掖、酒泉、上郡、朔方、西河、河西6郡共有屯田士卒60万人。宣帝时，为了对羌人作战，又派士卒到湟中（今青海湟水两岸）屯田。元帝时，设戊己校尉，屯田车师。后来，在冯奉世平定

---

① 《文献通考》卷150《兵考二》。

陇右羌人的反抗后，也留下许多士卒在当地屯田。对于这些有屯田兵的边郡，朝廷都特设农都尉，建立一个专门管理边郡士卒屯田事务的系统。西汉在武帝击败匈奴的战争之后，不断有归附的匈奴军民进入边境郡县居住。汉政府为了收容安置他们，特别在边境地区划出一些地方让其居住生活。这些地方遂称为属国。西汉设典属国作为管理他们的官员。武帝时共设陇西、北地、上郡、朔方、云中5个属国，宣帝时又在金城郡设置金城属国收容西羌归附的军民。朝廷在这些属国中都建立了由少数民族组成的属国兵，他们除了协助边郡兵巩固边境安全外，有时也随汉军出征。属国兵归设在朝廷的典属国总统帅，而在每个边郡的具体属国中，则设立以属国都尉为首的统帅系统。

东汉时期，由于刘秀取消了地方常备兵，造成边防兵力量削弱。后来因边境形势紧张，除了由朝廷派遣军队常驻边境戍守外，又仿西汉在金城和伊吾卢增设屯田兵，并多次赦免刑徒，迁徙他们去边郡承担戍守边防的任务。此外，朝廷还以归附的南匈奴兵代守边防。对这些边郡兵的管理基本上都由边郡的行政系统兼任，或由中央常驻边境部队的指挥系统兼任。

秦汉作为中国古代史上最早的两个封建专制主义大一统王朝，十分重视维护幅员辽阔的全国统一局面，其中在地方军事指挥系统的设置上，尤其在边境地区军事指挥系统的设置上，朝廷直接牢牢掌握地方和边境部队的组织、训练、统御、作战等权力，地方和边境部队的指挥系统必须按照朝廷规定的制度和发布的命令行动。但是，另一方面，古代由于交通工具和通信系统的限制，为了迅速处置一些瞬息万变的突发事件或应对战争形势，朝廷又必须根据需要对制度作灵活的变通，如对边境地区的郡守和都尉赋予较内地的郡守和都尉更大的军事权力，在少数民族居住地区组织少数民族军队并赋予其较独立的权力等。

四、魏晋南北朝军事指挥权

（一）中央军的演变

中央军有时也称"台军"：一部分负责京师的卫戍，称之为"禁军"或"中军"；一部分由朝廷派遣，屯驻于军事要地或重镇，称之为"方镇兵"或"外军"。这一时期，总领"中军""外军"的通常是皇帝，但有时不是皇帝，而是由重臣或权臣充任的"都督中外诸军事"。如曹魏时的曹真和司马懿父子，东晋初年的王导，晋末的刘裕，宋末的萧道成，南齐末的萧衍，梁末的陈霸先，北魏末年的尔朱荣、尔朱兆，东魏的高欢、高澄和西魏的宇文泰，他们都称为"都督中外诸军事"。从这一时期重臣或权臣手握朝廷军事大权可以看出，在封建专制主义君主政体之下，作为最高统治者的皇帝，必须亲自手握军事大权，才能保证这个王朝的长治久安。如果军事大权旁落，被重臣或权臣掌控，皇权就会受到极大的威胁，直至被重臣或权臣篡夺，从而改朝换代。以上所列举的魏晋南北朝时期的这些重臣或权臣，几乎无一例外地导演着一幕幕相似的历史剧。

内军（禁兵）的演变：曹魏"中军"的主力，是从建安年间曹操的相府宿卫亲兵发展而来的。建安四年（199），曹操以韩浩为护军，史涣为领军。《晋志》说，护军和领军"非汉官也"①。建安十二年（207），曹操"改护军为中护军，领军为中领军，置长史、司马"②。韩浩迁中护军，史涣任中领军，"皆掌禁兵"③。从建安二十年（215），曹操降张鲁，取汉中，以曹休为中领军④。直至此时，无论护军、领军，还是中护军、中领军，都不是东汉朝廷的职官，而只是把持朝政的权臣司空或丞相曹操府内宿卫亲兵。延康元年（220），曹丕代汉称帝，以曹休为领军将军，"主

---

① 《晋书》卷 24《职官志》。
② 《宋书》卷 40《百官志下》。
③ 《三国志》卷 9《魏书·夏侯惇附韩浩、史涣传》。
④ 《三国志》卷 9《魏书·曹休传》。

五校、中垒、武卫三营"①，成为曹魏禁军的最高统帅。

曹魏禁军的最高长官是"中领军"，资历高的称之为"领军将军"，第三品，总领京师宿卫军诸营；副长官是"中护军"，资历高的称之为"护军将军"，第四品，"主武官选"，自领本营兵，隶属于领军将军。② 领军将军所主掌的"五校"，也就是东汉时"北军中候"所统率的五营校尉，即屯骑、步兵、射声、越骑和长水校尉，主"五校"营，当然是继承了汉制。还有"中垒""武卫"二营，是曹操时新建立的相府宿卫兵营，实力最强的是"武卫营"。曹丕称帝后，武卫营统属领军将军曹休，成为禁军中最亲近、最重要的宫殿宿卫军。

"高平陵之变"后，司马氏专权，尤其是司马师当政时期，对军队加强控制，内削弱曹魏禁军，外削弱曹魏边防和方镇兵，用以扩充和加强司马氏的实力，特别是大将军府的宿卫军。从此时起，直至司马炎代魏称帝，西晋的"中军"与曹魏相比，发生了很大的变化。首先，"左卫营""右卫营"成为西晋宿卫兵的中坚。左、右卫之分，始于晋武帝初年，其前身是司马昭相魏时的相府"中卫军"。《宋书》卷40《百官下》称："晋文帝为相国，相国府置中卫将军。武帝初，分中卫置左、右卫将军。"《通典》卷28《职官·武官上》亦云："二卫各领营兵，每暮一人宿直。"二卫属下的宫殿宿卫武官，有前驱、由基、强弩三部司马，员10人，"各置督史"。左卫将军又领"熊渠虎贲"，右卫将军又领"佽飞虎贲"。③ 此外，还有羽林、殿中冗从虎贲、殿中虎贲、持锥斧武骑虎贲、持钑冗从虎贲、命中虎贲和常从、武骑等名目繁多的宿卫兵。

西晋的"左右二卫"，地位相当于曹魏时的"武卫"，而且两者的演变也基本相同。具体而言，就是从权臣的私人保卫部队，因权臣篡夺了帝位，变成宫殿的卫戍部队。"武卫"是曹操为汉丞相的相府亲兵，曹丕

---

① 《宋书》卷40《百官志下》，《晋书》卷25《职官志》。

② 《晋书》卷24《职官志》，《宋书》卷40《百官志》。

③ 《晋书》卷24《职官志》。

称帝时取代东汉末"五营"的地位，成为曹魏王朝最重要的宿卫宫殿武装。"二卫"是晋王的王国宿卫兵，司马炎代魏称帝，也取代了曹魏的"武卫"地位，成为晋王朝最重要、最亲近的宿卫军。

魏晋时期，禁军空前兴盛。西晋时，京师中军数量激增，从城内驻扎到城外，使禁军在管理上发生了相应的变化。曹魏时，禁军以武卫营为主，既强又精，几乎全部驻扎在城内。"高平陵之变"时，除中领军曹羲有"别营"屯驻城外伊阙之南外，所有禁军都驻防京城内。司马氏专政，司马氏控制的相府、王国宿卫军扩大，到晋初禁兵多达 36 军，除负责宿卫之营驻扎城内外，其余禁军多屯驻城外。由于洛阳城内外禁军甚多，中领军（或称中军将军、北军中候、领军将军）总领城内诸军，专主宿卫，而中护军不再隶属领军①，除自领营兵、主武官选举外，还负责"统城外诸军"②。西晋禁军在京师洛阳城内城外的不同统属，显然与曹魏时的不同，更有利于禁军的互相制衡和协同。

强大的禁军不仅为司马氏夺取曹魏政权提供了武装力量，也为宫廷斗争和政变埋下了祸根，其中最为著名的就是"二卫"及其属下的"三部司马"等，在"八王之乱"中扮演了非常重要的角色。胡三省就指出："诛杨骏、废贾后、诛赵王伦、齐王冏及讨成都王颖，及羊后、太子覃屡废屡立，皆殿中人为之。"③ 西晋庞大的禁军，经历 16 年大动乱后，实力大为削弱。及刘聪入洛，石勒大败晋军于宁平城，西晋禁军全部被歼灭。真可谓西晋王朝成也禁军，败也禁军也。

西晋禁军虽然被全歼，但它确立的禁军领导体制被沿袭了下来。东晋南朝因皇权的强弱不同而或有增省，但其基本格局不变。

东晋皇权削弱，对禁军进行改革和裁减。领军"不复别置营，总统二卫、骁骑、材官诸营；护军犹别有营"。永昌元年（322），元帝"省护

① 《宋书》卷 40《百官志下》。
② 《晋书》卷 40《贾充传》。
③ 《通鉴》卷 87"晋怀帝永嘉三年三月"条胡注。

军并领军"，改领军为"北军中候"，寻复为领军。"二卫"是西晋禁军之主力，置长史、司马、功曹、主簿，"江左无长史"。游击、"四军""五校"，"魏晋逮于江左，初犹领营兵，并置司马、功曹、主簿，后省"。其实所省者不仅是司马等僚佐，实际上包括"营兵"。虎贲中郎将等"三将"，在东晋哀帝时亦省，而"武卫将军"，至"晋氏不常置"。① 总之，东晋时期，禁军不断裁减，实力大为削弱。

南朝刘宋时皇权有所加强。其禁军以"北府兵"旧部为骨干，亦有增强。宋置"领军将军一人，掌内军"，"护军将军一人，掌外军"。② 刘宋时的"内军""外军"，并不是指汉、魏时期的卫戍京师的禁军与派驻要冲或重镇的方镇兵，而是如西晋时领军总统京城内宿卫之兵，护军则总统京城"城外诸军"。所以《唐六典》卷24"领军卫大将军"注云：宋、齐之领军"掌内禁兵"。萧齐禁军诸营，与刘宋全同。萧梁时期，禁军制度基本沿袭宋、齐，而略有变革，使领军将军的崇高权力和地位确立起来。如天监七年（508）萧景迁左骁骑将军，兼领军将军，"领军管天下兵要，监局官僚，旧多骄侈，景在职峻切，官曹肃然"。③ 大同二年（536），臧盾迁中领军，"领军管天下兵要，监局事多。盾为人敏赡，有风力，长于拨繁，职事甚理"④。《通典》卷28《职官·武官上》称："梁领军将军，管天下兵要，谓之'禁司'，与左右仆射为一流，中领军与吏部尚书为一流。"所谓"为一流"指同班次，即领军与仆射同为15班，中领军与吏部尚书同为14班。陈承梁制，"皆循其制官"。其中领军、护军为其统帅（尤其是领军）和"二卫"为禁军的主要骨干这一基本格局，南朝时期一直沿袭而无变化。

北魏拓跋起于塞北，依靠强大的武力而入主中原。所以北魏王朝重视武职，尤其重视宿卫武职官。其宿卫禁军武官，种类繁多，而且品秩

① 《宋书》卷40《百官志下》。
② 《宋书》卷40《百官志下》。
③ 《梁书》卷24《萧景传》。
④ 《梁书》卷42《臧盾传》。

偏高，以此来笼络这些武职将士，来巩固自己的统治。北齐置领军府、护军府，其中领军府负责宫殿禁卫，南朝一切禁卫军武官几乎都隶属于它。天保年间（550—559），高归彦以讨侯景功，"除领军大将军，领军加大，自归彦始"。领军大将军"总知禁卫"，自称"六军百万众，悉由臣手"①，足见其作为领军大将军权势之大。宇文泰于西魏大统十四年（548）建立府兵制，②府兵制从建立伊始，就具有"宿卫""禁旅"的性质。建德三年（574），周武帝下令"改诸军军士并为侍官"③，此后北周的府兵就名副其实地成为皇帝的侍卫禁军了。

禁军从西晋时扩大，在东晋虽一度因皇权衰落而削弱，但南北朝各政权基本上都依靠武力而取代前朝，因此都十分重视武装力量，极力扩大禁军，以巩固自己的统治。到北齐、北周时，大体上又恢复到禁军是常备军中最主要、最基本的两汉格局。但是，其中护军的发展与领军的几乎相反。从曹魏自领本营驻京师内，为领军之制，兼掌武官选举；到西晋领本营，统城外禁军；刘宋时统率"外军"；北齐时"掌关中四津"，已经逐渐超出京师的范围，"诸领关尉、津尉"，更成为全国治安"总监"。护军实际上逐渐远离君主，日益从"禁军"中游离出去。④

外军的演变："外军"（方镇军）的长官，是各方镇的"都督诸军事"。封建君主之所以派遣都督统率一支中央军屯驻军事要地和重镇，其目的或是为了戍守边防，或是为了震慑一方民众，巩固封建王朝对地方的统治。东汉建安二十一年（216），曹操征讨孙权还，以伏波将军夏侯惇都督二十六军，留守居巢。⑤这种都督率军临时驻扎防守某个地区，其所率领的部队当然属于中央军。大约在延康元年（220）前，以各种将军称号充任的都督已经制度化。黄初元年（220）至二年（221），已经有4

① 《北史》卷51《齐宗室诸王·平秦王归彦传》。
② 《周书》卷16《赵贵等传后论》。
③ 《周书》卷5《武帝纪》。
④ 《中国政治制度通史》第4卷，第341页。
⑤ 《三国志》卷9《魏书·夏侯惇传》。

个都督，其所具衔都是"使持节、都督、督军"，其本官也都是征、镇将军。

曹魏时，仅在边州置都督，以成卫边防，都督兼领刺史的很少见，一般都是军事与行政分开，都督与刺史并列，各用其人。如桓范为都督青、徐诸军事，另有徐州刺史负责行政事务，同治于下邳。[①] 太和三年（229），满宠以前将军代都督扬州诸军事，与扬州刺史王凌共事不平，凌表毁满宠而明帝召之。[②] 所以，《宋书》卷39《百官上》载："魏文帝黄初二年，始置都督诸州军事，或领刺史"。从"或领刺史"文义可知，都督一般是不兼任刺史的，如"或领"兼任刺史，则属特例。都督、刺史虽在同一治所，由于各用其人，职责不同，各不统属，所以方镇兵与地方武装之间的界限是清楚的。明帝太和五年（231），吴将孙布遣人诣扬州求降，刺史王凌信以为真，而都督满宠则以为诈，王凌于都督府索兵不得，"乃单遣一督，将步骑七百人往迎"[③]。显然，这700多兵不是都督所率领的"外兵"，而是刺史所统领的地方武装。

魏晋之际，全国形成了10个或6个相对稳定的都督区。其中特别重要的有镇许昌的都督豫州诸军事、镇长安的都督关中雍凉诸军事和镇邺城的督邺城守诸军事。这三大方镇，西晋时期都以宗王出镇、充任都督。西晋初，诸王的封国与方镇并不重叠一致，而且都督所统辖的十大或六大军区，一般也不由都督兼任驻地的州刺史。因此，都督所统辖的军队仍然是单一的、属于中央指挥的野战军，即"方镇兵"，或称"外兵"，与地方武装属于不同指挥系统，互不统属。这有利于双方互相制衡，防止军阀割据。

与此同时，在十大都督区之外的边州都督，则往往兼任驻戍当地的刺史。如卫瓘于泰始年间（265—274），除任征北大将军，都督幽州诸军

---

① 《三国志》卷9《魏书·曹爽传》注引《魏略》。
② 《三国志》卷26《魏书·满宠传》。
③ 《三国志》卷26《魏书·满宠传》。

事，还兼任幽州刺史，[①] 军政、行政合一，大权独揽。泰始初，高密王司马泰迁使持节，都督宁、益二州诸军事、安西将军，领益州刺史。[②] 泰始九年（273），朝廷以下邳王司马晃为使持节、都督宁、益二州诸军事、安西将军，领益州刺史。[③] 这种边州都督兼任驻戍当地的刺史，使其具有更大的军事和行政、财政权力，更能集中调配军事力量和军队财力、物力的后勤供给，从而保证取得战争的胜利。这种制度安排，使边州都督所统帅下的军队，除一部分是中央军外，应当还有一部分是地方部队。咸宁二年（276）之后，随着"移封就镇"[④] 和都督兼任驻戍当地刺史的普遍化，（即所谓都督、刺史"并任"）出镇的宗王，既是当镇"外军"的统帅，又是"州兵""国兵"的长官，从而使中央驻戍当地的野战军与地方部队之间的界限日益模糊。历时 16 年之久的"八王之乱"中，参加大动乱的各王所统率的军队，已经很难分辨哪些是方镇兵，哪些是"州兵"或"国兵"了。

魏晋南北朝的都督诸军事，与汉之刺史、元之行省相同，都是由中央官逐渐转化为地方官。魏晋时期正是都督制由成立到转化的时期。这种转变是历史发展的必然，是由历史客观条件决定的，而不是由人们的思想观念决定的。当时"随着军势的稳定，都督设置的制度化，屯驻地逐渐固定，军队也逐渐地方化"[⑤]。换言之，西晋及其之前的都督，作为朝廷派驻地方的军事长官，起初，他们率领的军队其实类似于当代的野战军，是属于中央军的"外军"，以区别于驻戍京师的"内军"。西晋之后，都督区在全国范围内逐渐固定化、制度化，都督兼领地方行政长官州刺史也逐渐普遍化，从而使都督成为州以上的一级地方行政长官，独

---

① 《晋书》卷 36《卫瓘传》。

② 《晋书》卷 37《宗室·高密文献王泰传》。

③ 《晋书》卷 37《宗室·下邳献王晃传》。

④ 唐长孺：《西晋分封与宗王出镇》，载《魏晋南北朝史论拾遗》，第 123—140 页。

⑤ 唐长孺：《魏晋州郡兵的设置和废置》，载《魏晋南北朝史论拾遗》，第 141—150 页。

揽一方军政大权。他们所统率的中央军与地方武装混淆不清，最终从中央军中脱离出来，成为实际上的地方武装。

（二）州郡兵的演变

魏晋时期的真正地方武装是州郡兵。东汉末年，"董卓之乱"时，关东州郡乘机扩军，各地豪强也纷纷组织私人武装，致使当时州郡乃至县乡，到处都是兵，拥兵割据，全国已无统一军制可言。

曹操在统一北方过程中，不仅通过战争打败各地割据军阀，而且大力改编地方割据武装，以铲除阻碍统一的社会基础。建安十二年（207）前后，曹操改编地方割据武装取得了成功，全国基本上不存在"州郡兵"之类的地方武装，而是由其派遣将领驻戍各地，从而牢固控制了其统治区。

建安中期以后，曹操采纳了司马朗的建设，在其控制区有区别地允许一些州郡领兵。到了曹魏明帝太和年间（227—233），在其统辖的 12 州内，缘边的荆、扬、青、徐、幽、并、雍、凉 8 州，皆拥有州兵；不置兵者，仅腹心之地兖、豫、司、冀 4 州。[①] 而即使在不置兵的 4 州中，兖州和豫州的刺史，有时也领有地方武装，从事征讨和戍守，[②] 只是置兵的郡并不多。

西晋太康三年（282），武帝在"江表平定"，天下合一，在"韬戢干戈"、与民休息的思想指导下，下诏改革军制。改革军制的主要内容有 3 个方面：一是"诸州无事者罢其兵"（或作"罢州郡兵""普减州郡兵"）。[③] 二是刺史只作为监司，"罢刺史将军官"[④]，不领兵，也不兼领兵的校尉官。三是实行军民分治。军事与行政分列，互不统属，"都督知军

---

① 《三国志》卷 16《魏书·杜畿附子恕传》。

② 《三国志》卷 23《魏书·裴潜传》、卷 28《魏书·王凌传》、卷 15《贾逵传》。

③ 《后汉书》志 28《百官五》"刺史"条刘昭注引晋武帝太康初诏书，《晋书》卷 43《山涛传》、卷 57《陶璜传》。

④ 《北堂书抄》卷 72《设官·刺史》引王隐《晋书》。

事，刺史治民，各用人"①，即都督、校尉负责军事，刺史、太守负责行政，各不相属。这3个方面的改革，在晋武帝统治时期，基本上得到了贯彻实行。最迟至惠帝元康六年（296），朝廷开始打破这3个方面的规定，加刺史军号、领兵。② 也就是说，从太康三年（282）至元康元年（291）的10年中，在西晋统治区内，州郡基本上不置兵。

西晋惠帝元康之后，经历东晋、南朝，都督的设置已经制度化，都督区也已固定，都督已不再是朝廷派遣驻戍地方的军事长官，而成为最高一级的地方长官，总揽某一地区的军事、行政大权。他们所统帅的军队，包括都督府兵和州郡兵，实际上都成为地方的武装，成为各地割据势力的武装基础。

东晋皇权衰弱，孝武帝即位前，不仅荆州强蕃，不受朝廷节制，而且连徐、兖重镇，朝廷也无精兵把守，扬州王畿禁军亦不足以宿卫。这种局势致使王敦两度东下，桓温控有荆、扬以专国政。故东晋前期，扬州无力与荆州争夺江州，其当务之急在于加强禁军，以巩固徐、豫。面对权臣拥兵自重，东晋元帝曾试图努力改变这种局面。太兴四年（321）五月庚申，元帝诏"免中州良人遭难为扬州诸郡僮客者，以备征役"。同年七月甲戌，以尚书戴若思为征西将军、都督司、兖、豫、并、冀、雍6州诸军事、司州刺史，镇合肥；丹阳尹刘隗为镇北将军、都督青、徐、幽、平4州诸军事，镇淮阴。③ 镇守淮阳、合肥，也就是加强徐、豫两镇，"外以讨胡，实御（王）敦也"④。元帝的这些举措激怒了琅邪王氏为首的南北大族。王敦乘机举兵武昌，顺流东下，兵临建康城下。义兴周礼开石头城门相迎。元帝加强朝廷直接控制军事力量的意图没能实现，在"下陵上辱"的困境中"忧愤告谢"。⑤

① 《南齐书》卷16《百官志》。
② 《华阳国志》卷8《大同志》，巴蜀书社，2008年。
③ 《晋书》卷6《元帝纪》。
④ 《晋书》卷98《王敦传》。
⑤ 《晋书》卷6《元帝纪》。

东晋孝武帝太元初年，广陵相谢玄在京口、广陵募集北方的流民，组建了一支能够拱卫建康的中央军——北府兵，其主要驻扎在广陵、京口，有时也北据淮阴与彭城。[①] 北府兵建成后，成为东晋王朝军事力量的中坚，不仅在淝水之战和镇压孙恩、卢循战争中起到关键的制胜作用，而且从根本上改变了荆扬之争中扬州常处劣势的军事局面。

南朝各朝代君主除了加强中央军、削弱方镇兵外，还着力于控制方镇，从而强化本王朝的统治。从刘宋开始，历经萧齐、萧梁，都极力恢复西晋宗王出镇的旧制，从而以皇族宗室控制方镇，铲除地方割据势力。但是宗王出镇方镇，君主们也不放心，又以亲近侍从充典签等以行监督。方镇屡经强化控制，但仍然无法消除分裂割据，有的甚至还引起伺机起兵反叛。萧道成以外戚疏亲，乘刘宋宗室骨肉相残之机，以"南兖都督"进加"领军"，据重兵，终移国柄，建立萧齐。萧衍以齐高帝之族弟，为"雍州都督"，起兵襄阳，竟下建康而取得皇位，建立萧梁。梁武帝太清二年（548），"侯景之乱"，建康城破，台城被围，君国危在旦夕，而前来勤王的平北将军、都督南北兖北徐青冀东徐谯7州诸军事、南兖州刺史萧会理（武帝第四子萧绩之子），轻车将军、东扬州刺史、临城公萧大连（皇太子萧纲之子），中卫将军、南徐州刺史、邵陵王萧纶（武帝第六子）等，他们虽然身为皇室至亲，位居都督，拥有重兵，但都屯兵城下，竞相劫掠，并不积极攻城解围。这清楚地表明，当时的都督兵，即使由至亲宗王统帅也无济于事，起不了拱卫皇室的作用，只能与东汉末年"董卓之乱"时关东纷起"群雄"一样，已不是朝廷可以调遣的军队，而是一支支只会与朝廷异心，拥兵自重，割据称雄的地方武装。

北朝时期的"外军"地方化并与"州郡兵"混合的总趋势是与南朝一致的，但它在具体演变过程中则具有自己的特点。其一，"外军"在北魏前期长时间存在。北魏由鲜卑拓跋族建立，拓跋珪以平城为京师，其"甸服"地区被作为"国土"，在这里居住的百姓视为"国人"；而对此外

---

① 《晋书》卷84《刘牢之传》。

的广大北方地区，派遣"行台""都督""镇将"进行军事管制。早在道
武帝天兴元年（398），就曾于邺、中山置"行台"，统领军队驻戍。① 太
武帝延和初稍前，李顺以"都督秦、雍、梁、益四州诸军事""长安镇都
大将"② 的身份，率军镇守长安。他们所统帅的军队都是中央军，驻戍
邺、中山和长安等地，自然属于"外军"。军队是中央派遣的野战军，
"行台""都督""镇将"则是派遣军的长官，是代表北魏皇帝行使权力的
将领，而原有的州、郡、县行政组织，或设职而不任人（如郡太守），或
3 人并任、2 人"对置"，有点类似于临时性政权，基本上不属于正式的
地方政权。这种情况一直到孝文帝迁都洛阳后才有所改变。其二，"外
军"的地方化。北魏后期，"外军"开始地方化，一些都督统率"外军"，
职兼文武，"外军"与地方军队混淆不清，逐渐地方化。武泰元年（528）
四月，尔朱氏"河阴大屠杀"后，驻戍地方的行台逐渐增多，一批比较
稳定的地方行台区出现，行台、刺史往往同时除授，一如都督诸州军事
例兼驻戍地州刺史一样，地方行台长官也例兼行台治所的州刺史。行台
一职，逐渐与都督诸军事、驻戍地刺史相结合，使之事实上成为职兼文
武、权总军事、行政的最高地方常设的军政长官。在此统率下的原"外
军"与地方州郡兵以及节度辖区的诸将，也就逐渐成为界线难分的地方
武装了。

五、秦汉军事领导体制思想的评价

武装力量既是国家存在的最根本基础，又是国家机器的重要组成部
分。它的存在和强大且由皇帝牢牢掌握，是一个封建王朝能够长治久安
的不可或缺的条件。秦朝、西汉和东汉三个王朝都是通过腥风血雨的武
装斗争建立起来的封建王朝，其开国皇帝都深刻体会到军队对一个王朝

---

① 《魏书》卷 2《太祖纪》。
② 《魏书》卷 36《李顺传》。

存在的重要性。

为了达到皇帝直接掌握军权的目的，秦汉皇帝主要从两个方面着手，确保军权牢牢掌握在自己手中而不旁落。其一是全国统领军队的所有权力必须掌握在皇帝手中。秦朝前期，立有战功的武将在军队中占据举足轻重的作用，但是当统一战争结束后，都被一一解除兵权，如著名将领蒙恬、白起、章邯等。西汉刘邦之所以能够在楚汉战争中由弱变强、由小变大而打败项羽建立西汉王朝，一个很重要的因素是任用了韩信、彭越、英布、周勃等勇敢善战、足智多谋的将领。但是当西汉王朝建立巩固之后，朝廷就开始削夺这些将领的军权，甚至以谋反为名，铲除了这些异姓王诸侯，并立下规矩，非刘氏者不能称王，彻底解决了有功将领在战争结束后继续拥有军权威胁皇权的问题。其二是皇帝之下的全国军事机构实行多头、多级、多层次的统率管理体系，下属的军事机构和将领必须互不统属、互相制约，如秦朝的中央军分别由郎中令、卫尉、中尉等统率和管理，西汉的中央军则分为负责保卫宫廷的南军和负责戍守首都的北军。其中南军又分为两部分，一是由卫尉统帅的兵卫，担任宫殿外面的门署警卫；另一是由郎中令（后改光禄勋）统帅的郎卫，负责宫殿门户和宫殿内部的警卫。武帝时又增加了直接对皇帝负责的八校尉（中垒校尉、屯骑校尉、步兵校尉、越骑校尉、长水校尉、胡骑校尉、射声校尉、虎贲校尉）。西汉时北军则由中尉（后改称执金吾）统帅，负责首都长安及周边三辅地区的警卫。他们统帅的部队互不统属，都直接听命于皇帝。东汉的中央军在初期则分别由光禄勋、卫尉、执金吾、五校尉等统帅，其他黎阳营、雍营、长安营以及边防、关隘兵和后来设置的西园八校尉则分别由校尉、都尉之类的武官统帅管理。他们之间也彼此相互制约，对皇帝负责。

秦汉时期的地方军队分别由郡太守、郡尉和县令长、县尉管理。无论是中央军还是地方军，无论是在和平时期还是在战争时期，将、校以下都以部、曲、屯、队、什、伍等的多层次进行统率和管理。

总之，军权集中于皇帝是中国历代王朝存在和长治久安的重要基础，

而军事机构和将领的互相制约是达到军权集中于皇帝的重要手段。只有在制度上保证军队的支配权牢牢地控制在皇帝手中，这种作用才能实现。秦汉的历史告诉我们，秦和西汉时期由于军权较牢固地被皇帝掌握，所以封建专制主义中央集权的大一统局面基本上得到维护。但是，到了东汉后期，当这种制度遭到破坏，地方武装力量迅速强大，而东汉朝廷又无法制定出一套使地方军阀就范的制度和措施之时，军权一旦旁落，立即危及东汉朝廷政权的存在，东汉王朝最终在地方军阀割据和混乱中覆亡。

第二节　征兵募兵思想

一、秦西汉征兵制

秦朝因袭战国时秦国兵制，实行普遍征兵的郡县征兵制，规定凡成年男子都必须服兵役。秦代规定男子到 17 岁都须亲自到乡政权机构专门登记注册，称为"傅籍"。登记内容主要有姓名、年龄、是否残疾、有无疾病等。傅籍之后即开始服兵役及徭役。傅籍者一律服兵役 2 年，称为"正卒"，1 年在本郡，接受军训，并执行本郡防卫、治安任务，再到京师咸阳或边疆服兵役 1 年。秦代还规定成年男子除服 2 年兵役外，还需在本郡县服役 1 个月，修筑城垣、道路、宫殿及运输等，到期更换，称为"更卒"。秦代止役年龄视有无爵位而定，商鞅变法以来实行按军功授爵的制度，共 20 等。有爵位者 56 岁免役，无爵者为士伍，60 岁乃免役；爵位在不更（第四等）以上者可以免役。到止役年龄，须本人提出申请，经批准后方可免役，否则要受到惩罚。这种按年龄在全国范围内普遍征发的征兵制，对后代影响很大。但是，秦代并未严格执行上述征兵制度。

西汉基本沿袭秦代的郡县征兵制，规定凡适龄男子均须服兵役。汉初规定男子 17 岁始役，60 岁止役。景帝时规定 20 岁始役。昭帝时提高到 23 岁，止役年龄降为 56 岁。此后基本沿袭不变。西汉规定适龄男子都要为正卒 2 年，1 年在本郡充任郡国兵，一般充材官、骑士或楼船；1 年必须到首都警卫部队去做卫士，或去边防戍守部队中做戍卒。1 年服役期满后，就转为近似现代的预备役，直到止役年龄。在此期间，除了每年应服 1 个月劳役之外，无偿修路架桥、凿渠治河、筑垒建城、漕运转输等，到期更换，所以也称"卒更"。不愿服此役者也可交钱代役，称"践更"。服役者还必须随时准备应征入伍，与现役常备军一同出征作战。时间以战争的长短来决定，一般来说，中途不得更换。不愿戍边者可出钱由官府雇人代役，称"过更"或"更赋"。西汉的免役制度，除规定男子满 56 岁即可免役外，还有复身制度和复家制度。复身即免除本人兵役劳役，西汉规定凡县乡之三老、刘邦原从亲随将士、孝悌力田者、身有残疾疾病者、博士弟子或精通一经者，以及向国家捐纳车马、奴婢、粮草及以钱资买得高级爵位者，均可复其身。复家即免除全家兵役劳役，规定凡皇族贵族功臣之家及其子孙之家，刘邦故乡丰沛居民，曾从刘邦入蜀的二千石吏，爵位在五大夫以上的军吏，因战乱逃离家园还归者，家有 90 岁以上老人民户，正在生育或居丧民户，为国家牧养马匹牧户，徙边屯垦民户，均可相应短期或永久性复其家。

除实行郡县征兵制外，为了弥补正卒的不足，还采用谪发及征调内附少数民族兵之法。谪发是征发刑徒罪犯为兵，始于秦代。秦有七科谪，征发官吏有罪者、亡命者、赘婿、贾人、曾有市籍者、父母曾有市籍者以及祖父母曾有市籍者等七类人为兵。秦始皇在南征百越、北击匈奴时，都曾征发大量刑徒、奴隶及商贾等为兵。刘邦建汉后继续推行这一做法，高祖十一年（前 196）淮南王英布反，刘邦不仅征诸侯兵，还赦天下死罪以下皆令从军，并最终打败英布。武帝时也广泛采用这种征发罪徒补兵及七科谪形式，且规模增大。虽然西汉时期曾频繁征调罪徒补兵，但并未正式形成制度，仅为临时需要迅速组军并弥补正卒不足采取的权宜之

计。这一征兵方法在一定程度上扩充了兵源，减轻了普通民众的兵役负担。因为这种被谪发的罪徒及奴隶希望在战后重获自由，那些被征发的商贾、恶少也大都任侠好武、重利轻生，他们在战争中多勇猛剽悍，故战斗力强，这也是西汉谪发罪徒、恶少充军的重要原因。此外，西汉时期还常征调少数民族兵，有内附的胡、义渠、蛮夷之兵，有羌胡、夫余、南越、西南夷及西域诸族兵，有丁零、乌桓、高句丽之兵。因为这种征调并无一定之规，滥征使得各少数民族苦不堪言，甚至激起这些少数民族的反抗。

二、两汉募兵制

西汉兵役制度到武帝时期出现新变化。一方面由于武帝连年用兵造成许多小农破产流亡，而豪强富户又多纳钱免役，加上七级爵位以上的富室豪强享有免役的特权，因而造成兵源日缺，郡县征兵制渐趋废弛，募兵制产生并逐渐流行起来。另一方面随着土地兼并日趋严重，大量失地农民变为游民，这就为实行募兵制提供了条件。武帝时，北军八校尉所统士卒大多为招募汉族、匈奴族之兵，这是西汉募兵制的开始。此后，朝廷经常使用募兵这一形式组军，并形成制度。一般情况下，朝廷先颁布诏令，然后通过地方兵役征集机构招募士兵。为了提高军队战斗力，西汉时还对应募者进行选拔，选取健壮彪悍、勇武有力、智技超强者组成精锐部队，其名称亦各不同，如闻命奔走以应急难之需者称"奔命"，健壮习射者称"伉健"，勇猛无敌不畏死者称"勇敢士"，还有壮士、锐士、猛士、先登等名称，战斗力极强。募兵制在武帝时期产生并推行，极大地提高了军队的战斗力。昭宣时期募兵更为频繁，规模也增大。与郡县征兵制相比，募兵制能很快招募到战争所需的大量兵卒，解决了战时兵源紧缺、战斗骨干匮乏的问题，也提高了战斗力。但募兵制士兵一切费用须由国家支付，也加重了民众负担。

另外，武帝时还组建少数民族兵。来自边境地区的不少民族兵成为

北军的一部分，而在战争中因功封侯的少数民族军官不下 20 人。由此可见少数民族兵被重视的程度。汉代还曾发奴为兵，如文帝时曾免官奴婢为庶人，发边境戍守。王莽时因兵源枯竭，而对匈奴的战争又急需大量兵员，于是大募天下丁男和死囚、吏民奴，称之为"猪突豨勇"。

东汉初年，刘秀推行罢兵政策，兵役制度随之发生了重要变化。西汉时期的屯田兵至东汉虽未废止，但在规模上已远逊于西汉。而谪兵和少数民族兵的数量超过了西汉，成为兵员的重要来源之一。秦及西汉的郡县征兵制逐步被取消，募兵制代之而起并逐渐盛行起来。东汉中央军、临时组建的地方部队及长期屯兵大多采用募兵形式招募，长安营、象林营、雍营、渔阳营等部队士卒均自招募而来。与西汉相比，东汉募兵制发生了很大的变化。西汉募兵制作为郡县征兵制的辅助手段，虽招募士兵不多，但都经过严格挑选，素质很高，战斗力极强。东汉募兵制是主要兵役形式，士兵来源复杂，对应募对象不再高标准严要求，以社会散闲人员及无业游民为主，也包括农民、商贾、少数民族子弟，甚至还有刑徒囚徒，素质远不及西汉时期，战斗力低下，军纪较差。东汉初年主要以财物引诱募兵，刘秀最先采用这种手段。刘秀刚起兵时因兵少问计于任光，任光建议："可募发奔命，出攻傍县，若不降者，恣听掠之。人贪财物，则兵可招而致也。"[1] 这一思想对东汉后来的统治者产生了重要的影响，为了吸引更多人应募，他们常纵容甚至支持士卒劫掠民财，应募从军者也多着意掠夺钱财无心为战。东汉还以免除赋役为条件招募士卒，汉末孙策初入江东，即以"乐从军者，一身行，复除门户"为条件募兵，"旬日之间，四面云集，得见兵二万余人，马千余匹，威震江东，形势转盛"[2]。东汉时期地主豪强土地兼并极其严重，大量农民破产流亡，他们为了生存往往应募入伍，这就为募兵制的广泛推行提供了兵源保证。之所以募兵战斗力差，不仅因为这些应募的士兵来源复杂、素质低、军

---

① 《后汉书》卷 21《任光传》。
② 《三国志》卷 46《吴书·孙策传》注《江表传》曰。

纪差，而且有时往往应急临时招募，他们应募之前未经训练，不习骑射，虽充任长期屯守职业军人，甚至终身从军，所谓"十五从军征，八十始得归"①，但缺乏战斗力，军中多有病老羸弱之卒。因此，东汉中后期无论对外作战，还是对内镇压反抗，往往胜少负多，王旅不振。正如应劭所指出的："自郡国罢材官、骑士之后，官无警备，实启寇心。一方有难，三面救之，发兴雷震，烟蒸电激，一切取办，黔首嚣然。不及讲其射御，用其戒警，一旦驱之以即强敌，犹鸠鹊捕鹰鹯，豚羊弋豺虎，是以每战常负，王旅不振。"②

东汉前期，在一定程度上加强了中央集权，募兵须由中央下令，地方将官拥兵较少。东汉中期以后随着皇权衰弱，募兵盛行，各地军政长官多自行招募兵卒组建、扩充军队。到了汉末，这些应募而成的军队都成了私家武装，军阀拥兵自重、割据称雄的时代到来。尤其是黄巾起义爆发，鉴于官军兵源不足、军费匮乏、战斗力弱的情况，东汉朝廷允许各地豪强地主组织私人武装投入镇压，这样豪强地主的家兵从此成为公开常设有组织的私人军队，在镇压黄巾起义过程中发挥了重要作用。但随着黄巾起义被镇压下去，这些私人军队就成为中央集权的对立物，成为军阀武装割据的重要力量，严重削弱了本已脆弱的中央集权。正因为秦和西汉实行的征兵制在东汉处于被废止的状态，而募兵成为主要的来源，致使兵、民合一制度遭到破坏。兵民分离，职业民代替义务兵，一方面增加了社会动乱的因素，另一方面又使地方的州牧郡守通过大量募兵成为割据一方的军阀，从而为东汉末年的混战和国家的分裂埋下了祸根。

三、魏晋南北朝士家制度和部落兵制

魏晋南北朝时期战乱不已，军队甚多，兵源不足，除了募兵制、征

---

① 郭茂倩编：《乐府诗集》卷 25《梁鼓角横吹曲》，中华书局，2017 年。
② 《后汉书》志 28《百官五》，应劭引《汉官》注。

兵制、谪兵制之外，还有具有时代特色的士家制度和部落兵制两种。

（一）士家制度

士家制度是世兵制的一种，其特点是兵与民界线分明，兵家子孙世代为兵。士家制形成于东汉末建安年间，三国时普遍实行，两晋时是其兴盛期，南朝宋齐间开始衰微，北朝北魏期间也较普遍，直至隋朝统一全国后，才被征兵制所取代。

东汉中叶以后，地方豪强势力发展，拥有大量的依附人户，平时使其耕田种地，征收高额的地租，称为"田客"，战时则驱使其拿起武器作战，称为"私兵部曲"。董卓之乱后，群雄纷起，许多地方豪强、官僚招募私人武装，拥兵自重，成为割据一方的军阀。曹操就是其中之一，在中平至建安年间（184—196），为巩固自己拥有一支私人武装，通过招募、收编豪强武装和强迫改编黄巾降部等，组织了一支归自己统率的军队。曹操为了强制这些人长期为自己打仗卖命，保证有稳定的兵源，采取豪强对"田客"的方式，通过屯田，不仅控制士兵本人，还效法豪强对"家兵部曲"的管理，直接控制士兵的家属，从而形成了"士家制度"。所谓"士家"，"士"即指士兵，"家"即指士兵的家属，士兵子孙世代为兵，使军队有相对稳定兵源的兵制。

士家制作为一种兵制，其主要特点有 5 个方面。其一，兵民分离，兵民分籍管理。曹魏时期，把人口分为 3 大类：一是由州郡县管理的编户，对官府承担田租、户租和徭役；二是由典农中郎、典农校尉统领下的屯田民，他们是官府的佃客，专事屯田，向官府交纳 50％以上的田租；三是由军府营署统率的兵户，主要承担兵役，征战戍守。从身份、社会地位来看，编户为自由民，屯田民为国家佃客，近似农奴，而兵户则子孙世代为兵。由此可见，编户地位最高，其次是屯田民，最低者为兵户。三国时魏、蜀、吴都有分离于"民户"之外的"兵户"，两晋南朝相沿不变，仍有分离于编户之外的士家户籍，称为"兵籍"。士家与编户分开管理，兵户不隶属于郡县行政系统，而由军府或营署统率，故又称之为"营户"或"府户"。北魏前期也有"营户"，但主要从事军事性的劳役，

大多数还不算是士兵，至少不是当时军队的主力。孝文帝迁都洛阳后，随着汉化、门阀化的推行，士兵身份日益低贱，成为不准迁移、不能充当清官的世袭兵户，称为"府户"。① 其二，世代为兵，子孙相承。从三国经两晋南朝，士家的世袭制度一直沿袭。这就是所谓的父兄亡故，"兵例须代"。② 当时之所以历朝都长期维持兄终弟及、父死子承的世袭兵制，主要原因是这一时期战乱频繁，保持一支强大的武装力量是维护王朝统治的重要基础，而世袭兵制是保证有稳定兵源的较佳选择。其三，兵役、杂役繁重。作为士家制之下的士兵，"出战入耕"，已经是"常制"。③ 曹丕称帝后，又推行士家屯田，从而把豪强地主对待依附民的统治方法，即战时是家兵部曲，平时是佃客，全面继承了下来。兵役年龄一般是 17至 50 岁。④ 兵役之外，还有各种杂役，役使繁重。杂役的服役年龄，小至七八岁的儿童，长至七八十岁的老人，都在"役令"之中。其四，妻子营居，加强控制。士家士兵家属随军，集中居住管理。曹操时，大批士家集中在邺城及其周围郡县。曹丕时，又成批迁往洛阳一带。毋丘俭镇淮南，其"将士父母妻子皆在内州"⑤。士兵如果逃亡，妻子家属就会沦为官奴婢。⑥ 西晋初年，实行"错役制"，有意使士兵戍守、作战的地区，与家属居留地交错分开，以便控制。即使到了皇权衰弱的东晋时期，驻屯荆州的将士，其家属则留在京城建康附近。这种"妻子营居"⑦，交错服役的制度，加强了对士家的严密控制。其五，身份低贱，近似奴僮。法令规定：士家不准读书，不准做官，世代为兵，不准转业。士家的子

① 《北齐书》卷 23《魏兰根传》。

② 《晋书》卷 36《张华附刘卞传》。

③ 《晋书》卷 26《食货志》。

④ 《文馆词林》卷 662，晋咸宁五年（279）伐吴诏，台湾商务印书馆影印文渊阁四库全书本。

⑤ 《三国志》卷 13《魏书·王朗附子肃传》。

⑥ 《三国志》卷 24《魏书·高柔传》。

⑦ 《宋书》卷 64《何承天传》。

女不能与非士家子女通婚，士兵去世，妻子由官府婚配。[1] 士兵只有积战功封侯后，才能免除妻子由官府婚配的耻辱。[2] 官府甚至还可以把士家作为礼物赏赐给功臣。[3] 南朝后期，皇帝在诏书中更是把士兵和奴婢相提并论。[4]

（二）部落兵制

十六国和北魏是在中原地区和北方地区建立的游牧民族君主制政权。他们主要依靠本族的军事力量，实行本族青壮年男子都是战士的制度，以弥补因人口少而兵源不足的问题。他们往往通过战争，分得一部分战利品，即奴婢和牲畜。这是一种游牧民族由兵牧合一的部落兵制沿袭下来的"世兵制"。由于其士兵皆是统治族的自由民，这种"世兵"的身份不仅是自由的，而且往往高于汉族的编户齐民，这点正是它不同于汉族"士家制"的"世兵制"的根本特征。

孝文帝改革前后，鲜卑族由于封建化、汉化的加深而使军队中士兵的情况迅速发生了深刻的变化，主要表现在北魏王朝从汉族百姓中征兵和鲜卑族士兵地位的普遍下降。到了北魏末年，无论是鲜卑族还是其他族（主要是汉族）士兵，都"号曰府户，役同厮养"[5]，与魏晋南朝士家制下的兵户一样，比一般编户齐民的身份还低下。

西魏大统十四年（548），宇文泰对当时的兵制进行改革，创立"府兵制"。其主要内容有两个方面。一是改革军队编制，按照鲜卑八部的旧制，正式建立了以"八柱国"为首的"府兵制"。八柱国大将军是宇文泰、元欣和赵贵、李虎、李弼、于谨、独孤信、侯莫陈崇。其中，宇文泰以都督中外诸军事总统诸军，是西魏实际上的最高军队统帅。元欣是西魏皇室，但仅有虚名。赵贵等其他 6 人分别统率 6 军。这 6 位柱国大将

---

① 《三国志》卷 3《魏书·明帝纪》注引《魏略》。
② 《三国志》卷 13《魏书·钟繇附子毓传》。
③ 《三国志》卷 55《吴书·陈武附弟表传》。
④ 《梁书》卷 2《武帝纪中》。
⑤ 《北齐书》卷 23《魏兰根传》。

军每人分别统率 2 个大将军，共 12 大将军；每个大将军又统 2 个开府，共 24 开府；每个开府统 2 个仪同，共 48 仪同。每个仪同领率士兵千人，共计有府兵 48000 人。二是维持士兵和军官之间的密切关系，提高战士的地位。大统十五年（549），宇文泰除利用西魏文帝时已是鲜卑复姓者（如侯莫陈、独孤）外，对已采用汉姓或本是汉人的高级将领，先后赐给鲜卑复姓，① 如李虎赐姓大野，李弼赐姓徒何，杨忠赐姓普六茹，赵贵赐姓乙弗等。恭帝元年（554），宇文泰又令有功将领“继承”鲜卑 36 国、99 姓之后，并任命他们充当本姓的“宗长”，下令鲜卑和汉族士兵们皆以其主将的姓氏为姓氏。② 于是，将领与士兵之间建立起了旧日酋长与部落民之间的“血缘”关系。

宇文泰的府兵制改革，其目的是通过恢复氏族关系来组织府兵，从而改善士兵的待遇以提高其战斗力。这种恢复氏族关系的做法虽然不符合历史发展的趋势，但是能切实提高府兵的地位，改善士兵与将领的关系，提高军队的战斗力。而且通过诏书或命令（实际上是法律）形式，巩固确立了六镇鲜卑、关陇豪右组成的府兵地位。

北周取代西魏之后，周武帝于建德三年（574）下诏：府兵“诸军军士”，都改称“侍官”，③ 由统属相府的武装，改为名副其实的宿卫皇宫禁旅。而且，把府兵的基础，从六镇鲜卑、关陇豪右，逐步扩大到以均田民中“六户中等以上、家有三丁者，选材力一人”④ 来进行补充，并且以“除其县籍”“无他赋税”为条件，号召均田民来充当府兵。迨至北周末年，已是“夏（汉）人半为兵矣”⑤。

西魏时，开始在以长安为中心的关陇地区，设置数“不满百”⑥ 专注

---

① 《北史》卷 5《两魏文帝纪》。

② 《周书》卷 2《文帝纪下》。

③ 《周书》卷 5《武帝纪上》。

④ 《玉海》卷 138《兵制》引李繁《邺侯家传》。

⑤ 《晋书》卷 26《食货志》。

⑥ 《玉海》卷 138《兵制》引李繁《邺侯家传》。

军籍的军府，其后逐渐发展，最终到隋代，府兵"垦田籍账，一与民同"①，兵士原则上是军府驻地均田制下农民中财富力强之人。从北朝两魏至隋的这一演变趋势，从某种意义上说，恢复到秦汉编户征兵的旧制，即兵农合一的兵制。

四、魏晋南北朝募兵制、征兵制和谪兵制

魏晋南北朝时期，除了"士家制"和"部落兵制"两种不同性质世兵制以外，还同时存在着募兵制、征兵制和谪兵制等，其中，募兵制在南朝中后期还是十分重要的兵役制。

（一）募兵制

东汉末年，群雄并起，各割据势力为壮大自己的力量，均通过招募来增加士兵的数量。当时曹操、刘备、孙权莫不如此。但他们占据了稳定的地盘，对士兵和家属加强了控制，从而建立了保证稳定兵源的"士家制"。从曹魏到西晋，朝廷用于宿卫、征战、戍守的中军、外军以至州郡兵等"常备军"，绝大多数来自"士家制"下的士兵。

三国魏蜀吴为了壮大自己的军队实力，除以士家制下的士兵为主要兵力外，也都实行募兵制。但是，当时由于"士家制"在兵制中占统治地位已久，人们的传统观念只知有"士家"，而将募兵视为违背"常典"予以反对。如晋泰始（265—274）中，晋武帝派马隆出征凉州，隆请招募勇士3000名西行。群臣反对，认为当时"六军既众，州郡兵多，但当用之，不宜横设赏募以乱常典"②。

西晋经过"八王之乱"和"永嘉之乱"之后，统治集团内部的互相争斗残杀，使禁军、方镇兵和地方州郡兵，所剩无几，官府控制的"士家"也大大减少。两晋之际，朝廷开始较普遍地采取招募方式，广开兵

①　《隋书》卷2《高祖纪下》。
②　《晋书》卷57《马隆传》。

源，补充士兵的不足。如石超募兵于荥阳，苟晞招募于高平，祖逖募勇于长江北岸。特别是孝武帝太元初，谢玄于广陵招募居广陵、京口的北方流民，组建成精锐的"北府兵"①，内抗桓玄，外敌苻秦，成为东晋王朝的中坚力量，充分显示了募兵制的长处。

两晋的募兵不是终身兵，更不是子孙相袭的"世兵"。西晋"八王之乱"中，赵王伦称帝，成都王颖响应齐王冏发兵讨伦，从"义"者甚众，称为"义募"。后来，"留义募将士既久，咸怨旷思归，或有辄去者，乃题邺城门云：'大事解散蚕欲遽。请且归，赴时务。昔以义来，今以义去。若复有急更相语。'颖知不可留，因遣之，百姓乃安"②。

南朝的募兵沿袭魏晋。随着士家制的衰落，募兵制在南朝渐成主流兵制。元嘉二十七年（450），宋、魏大战，刘军的军队，就主要依靠招募来补充兵员。南齐时期，"淮北常备"，也主要仰仗招募。③ 萧衍起兵雍州，其主力部队也来源于招募。而陈霸先更是依赖募兵起家而建立陈朝。

南朝由于募兵普遍化，因此有了初步的专门机构和制度规定。如刘宋初年，朝廷设有"台坊"专管士兵的招募，并拟定有"募制"，规定募兵服役期限，期满后就可免除当兵的义务。④ 这些制度在南朝各朝代都得到不同程度的实行。

南朝募兵的来源，主要是农村丧失了土地、流离失所的农民，即所谓"逋逸""亡窜"，⑤ 或称之为"逋逃""亡命"。⑥ 这些破产农民的社会地位比子孙相袭为兵的"士家"为高，其应募为兵所组成的军队，战斗力较强，因此，在战争年代的南朝，募兵起而取代"士家制"下的"世兵"，成为历史发展的趋势。

---

① 《晋书》卷 84《刘牢之传》。
② 《晋书》卷 59《成都王颖传》。
③ 《南齐书》卷 27《李安民传》。
④ 《宋书》卷 9《后废帝纪》。
⑤ 《南齐书》卷 2《高帝纪下》。
⑥ 《梁书》卷 1《武帝纪上》。

北朝北魏时也有募兵制。太和十九年（495）孝文帝下诏"选天下武勇之士十五万人为羽林、虎贲，以充宿卫"①。这次大规模扩展禁军，虽称之为"选"，其实也在招募选拔保卫皇帝宫殿的艺高勇敢的士兵。但是，北朝的募兵不常见，其作为游牧民族，主要还是实行部落兵制。

（二）征兵制

编户征兵制是秦汉时期的主要征兵制。魏晋时期虽然以实行"士家制"为主，但并没有完全废止编户征兵制，在发生重大事件时，还要从编户中征发民丁以充军役。当时这种从编户中征兵，通常称为发"良人"兵，② 以区别于从"士家"中征集的士兵或"发奴为兵"的兵。

南朝时社会仍然动荡不安，朝代更迭频繁，战乱纷起。各统治集团为了本王朝的统治，不断发动对外战争，企图打败对手，或者为了镇压民众的武装反抗斗争，因此征发民丁为兵的事日益增多。后来，此现象发展到即使在和平时期也征发民丁为兵戍守地方。③ 南朝时这种征兵制的重新兴起，反映了"士家"多被放免，一般的士兵身份都有所提高。从编户中征发的兵，与被放免的"士家"兵以及招募来的兵的身份，三者已经逐渐接近，不易再一一区分了。这是南朝时期兵役制的进步和士兵身份提高的表现，具有历史积极意义。

北朝北魏孝文帝迁都洛阳后，从编户中征兵日益明显，尤其是"番兵"的出现。这种自带资绢、番上服役的兵士，④ 更说明了编户征兵制在北魏也被采用。

（三）谪兵制

晋宋时期的"谪兵"，就是用罪犯补兵。其内容主要有两个方面。其一，谪兵制根据罪犯所犯罪行的轻重，处以不同年限、罪犯不同范围的家人罚为士兵。如果所犯罪行稍轻，便处以"谪止一身"，即只罪犯1人

---

① 《魏书》卷 7 下《高祖纪下》。

② 《晋书》卷 73《庾亮附弟翼传》。

③ 《梁书》卷 8《昭明太子传》。

④ 《魏书》卷 47《卢玄附曾孙昶传》。

当兵；如果罪行严重，便要"举户从役"，即全家人都要当兵或从事与军事有关的劳役。① 见于史籍，如是犯了重罪，往往一家人甚至连坐同宗人都要当兵或服苦役，如处以"家口令补兵""带户从役""阖宗代补""同籍期亲补兵"等，均当"付营押领"。② 其二，一些王朝由于急需补充兵员，在实行谪兵制时多违法制执行，扩大谪补范围。如或本非"期亲"，而以母属"期亲"，扩大谪补对象，强使子随母补；③ 或者本属"小事，便以补役"，轻罪重罚，致使"一愆之违，辱及累世，亲戚旁支，罹其祸毒"。④ 总之，晋宋之际，长期的动乱，使兵源枯竭，官府为了强行维持身份低下的"士家制"，寻找各种借口，费尽心机地把无罪或偶有小过失的平民百姓冤屈成"罪犯"，通过谪兵，将其作为"兵户"。这种"压良为兵"的做法，其目的是通过维持过时的"士家制"，来保证王朝赖以生存的基础——军队的兵源。

北朝北魏文成帝以来，朝廷把恕死刑徒谪戍北蕃，⑤ 显然，这也是一种谪兵制。北朝由于游牧民族基本上实行部落兵制，士兵的身份高于一般编民，而谪兵制则将罪犯强制为兵，这与部落兵制士兵身份高于编民是相矛盾的，因此，谪兵制在北朝不常见。

（四）私兵部曲官府化思想

魏晋南北朝是一个割据、动乱的时代。在门阀士族制度下，地方豪强纷起，家族私兵部曲甚多。一些有统治经验的政治人物，利用各种方式，巧妙地变私兵部曲为官兵，从而扩大了自己的军事力量，其中较突出的有 3 种类型。

1. 曹魏的家兵部曲"士家化"。

东汉末年，"并土新附"，魏将梁习以别部司马领并州刺史。其时，

---

① 《宋书》卷 3 《武帝纪》。
② 何兹全：《魏晋南朝的兵制》，载《读史集》，上海人民出版社，1982 年。
③ 《宋书》卷 64 《何承天传》。
④ 《晋书》卷 75 《范汪附子宁传》。
⑤ 《魏书》卷 41 《源贺传》。

割据称雄于并州的，是领有"部落"和"胡狄"的酋帅及拥有私兵的豪右"兵家"。梁习主政并州后，首先是"诱谕招纳"，礼召酋帅和豪右入其幕府，使酋帅、豪右与部落、私兵相分离，然后利用"大军出征"的时机，发其丁壮为"义从""勇力"，将部落民和私兵转化为官兵，最后在"豪右已尽""吏兵已去"的情况下，"稍移其家，前后送邺，凡数万口"①，并通过控制士兵家属，来加强对士兵的直接约束。正是在这个基础上，严科禁，编兵籍，形成了一代兵制——士家制。

由于曹魏皇帝采取朝廷直接控制士兵及其家属的方式，禁止将领拥有私兵，因此，专制主义中央集权制度强大有力，对军队能够进行绝对领导，做到令行禁止，指挥若定，最后终于击败蜀、吴两国，统一北方。

2. 孙吴的将领世袭领兵制。

孙吴的军队将领几乎都出自豪强大族，而且这些"名宗大族皆有部曲"。他们所领的兵，一般是自己庄园内的佃客，有时竟直呼为"部曲"。② 士兵作为将领的私兵，父子相承，已成惯例。将领死后，虽"子弟幼弱"，仍应承袭。③ 这样，世袭领兵成为一种权利享受，并不一定都要负责统兵打仗、戍守。如果朝廷将死去将领所领之兵改属他人，就会被当作是对已故将领的无故废黜而遭到责难，甚至会激起兵变。因此，在孙吴，父子世袭领兵，士兵是领军将领的私兵，不仅得到朝廷的认可，而且已经形成一种约定俗成的制度，即将领世袭领兵制。

在孙吴的将领世袭领兵制中，士兵和将领之间存在着世袭依附的关系，士兵不仅个人终身依附于将领，而且士兵的子弟也依附于将领及他们的子弟。因此，将领不仅控制着士兵个人，也控制着士兵全家。孙吴士兵"妻子营居"，就是将领直接控制"士家"的具体形式。

孙吴将领世袭领兵制是一把双刃剑，具有集权和分权的二重性质。

---

① 《三国志》卷 15《魏书·梁习传》。
② 《三国志》卷 52《吴书·诸葛瑾传》。
③ 《三国志》卷 54《吴书·吕蒙传》。

作为朝廷认可的一种制度，它把孙吴中央政权和地方势力较好地协调起来，豪强成为朝廷的将领，"家部曲"成为官军，从这个效果看，它发挥了积极的集权作用，使孙吴内部较为稳定，成为雄踞东南一方的重要基础。但是，世袭领兵制本身承认地方豪强对部曲的世袭统治权。从而从制度上来巩固士兵对将领的依附关系，其潜在的分权因素也相当强。以今天的眼光来看，孙吴的将领世袭领兵制是朝廷和地方豪强相互博弈的结果，最后达到了一种纳什均衡，既巩固了孙吴政权，又维护了地方豪强的利益。

3. 广募关陇豪右和西魏初期的府兵。

北魏孝武帝永熙三年（534），东、西魏分裂，西魏所占据的"三州六镇"之众少于东魏。大统八年（542）三月，宇文泰"初置六军"。四月，即与东魏会战于马牧。九年（543）三月，又与高欢大战于邙山。经过马牧会战与邙山之役，西魏损失督将400余人，军士被俘斩者6万人，原来组建的六军所剩无几。因此，要重建府兵，就迫切需要大量吸收关陇豪右，改编整顿关陇乡兵来补充自己的军队兵员。大统九年（543），宇文泰"广募关陇豪右以增军旅"①，目的在于通过招募豪右从军，然后利用他们招致宗亲、乡党、宾客前来当兵，从而迅速扩大自己的军队。这一措施一直到北周武帝建德三年（574）仍然继续实行。②

宇文泰的这一扩军措施，抓住了当时北方社会的特征，因此迅速收到了效果。当时的关陇豪右多是当地"乡兵"的首领。乡兵早在北魏末年就已广泛出现。东、西魏分裂后，洛阳附近的州郡"乡兵"更是风起云涌。这些乡兵都是社会基层的地主武装，其中一些有钱有势、富有才干的豪右是首领，他们手下的私兵部曲则是骨干，组织了一支包括大量的宗族、乡党、宾客以及所谓"义从"的队伍，其中有地主，更多的则是农民。宇文泰只要将其豪右首领招募到他的麾下，就能整批整批地将

---

① 《北史》卷 5《魏文皇帝本纪》。
② 《周书》卷 5《武帝纪》。

其属下的乡兵纳入其六柱国系统，从而迅速达到扩军和整军的目的。换言之，这样既笼络了豪强势力以扩充军队，又使原来的地方武装转变为由朝廷直接控制的军队。在此基础上，朝廷进一步采取了一系列的措施，从而实现了地方豪右军队的中央化。其主要措施有 4 个方面。

一是把乡兵纳入六柱国系统，采用官方军队的大都督、都督等统一官号。二是选择所谓"乡望""首望"做乡帅，率领本乡兵，如当时的"帅都督"郭彦、柳敏，起初都是以"当州首望"的身份，统率乡兵，而被朝廷任命为"帅都督"的。① 三是督将、乡帅可由朝廷官员兼任，② 并接受六柱国系统将领统率。四是乡兵不必驻在本土，可以随时奉命出征，长期流移在外。③ 这 4 个方面措施的核心是使地方豪右武装纳入六柱国的统领系统，接受六柱国系统将领统率，随时受命出征。由朝廷认可的"乡望""首望"充任乡帅，就可以加强豪右们的向心力，促使乡兵逐步中央化。总之，宇文泰广募、改造豪右私兵部曲，使之成为朝廷直接控制的"府兵"的措施，不仅可以防止地方割据势力的发展，而且可使地方武装受到朝廷的直接指挥和军纪的约束，逐步走向中央化的道路。

第三节　军兵种建置思想

随着秦汉时期战争发展的需要，各兵种建置更加合理。步兵、骑兵成为主要兵种获得独立发展，特别是骑兵在汉武帝反击匈奴过程中获得长足发展，战斗力大为提高，成为朝廷军队最主要的兵种。水军亦有很大发展，在秦军南攻百越及东汉初年的灭蜀战争中都作为重要战争力量

---

①　《周书》卷 37《郭彦传》、卷 32《柳敏传》。

②　《周书》卷 39《韦瑱传》。

③　《周书》卷 23《苏绰附弟椿传》。

使用。但是，本时期车兵由于其作战特点而逐渐降为次要兵种，主要用于后勤补给及伤员输送等工作。这样的兵种建置和构成，成为后来中国历代诸朝兵种的基本结构模式。

一、秦朝军兵种建置思想

秦朝军队分为中央直属军队（简称"中央军"）和地方郡县军队（简称"地方军"）两大部分。中央军包括皇帝侍从警卫部队、京师卫戍部队和边疆戍守部队三部分。郎中令、卫尉分别统领皇帝侍从警卫部队。郎中令统领皇帝贴身侍从郎官，主要负责禁中宿卫及皇帝出巡时作为侍从仪仗；卫尉统领皇帝亲军，分八屯驻守皇宫内四周，负责宫门守门及巡逻皇宫。中尉统领京师卫戍部队，分驻京师咸阳城内外要地。作为秦军主力，中尉不仅负责卫戍京师及各官署、重要仓库等的守卫，而且具有国家战略机动部队性质。都尉分领边疆戍守部队，通常百里设一都尉驻守边塞要地，保卫秦朝边疆。地方军由郡尉、县尉统领，平时接受军事训练和维护地方治安，是中央军的补充和预备部队。中央军主要成员都是从地方军训练期满考核合格后选调，并根据需要随时听从中央调遣宿卫京师、出征作战、戍守边塞，战斗力很强。

秦朝军队建制与战国时秦国相同，分陆军、水军 2 个军种。陆军又分车兵、步兵、骑兵 3 个兵种。车兵、骑兵统称"骑士"，或"轻车""车骑"。秦朝时车兵作用比战国时的秦国有所减弱，但仍然担负重要任务。作为一个兵种，车兵的主要作用是进攻时冲陷敌阵、搅乱敌军战阵，防御时布成阵垒、阻滞敌军冲击。秦朝车兵编制基本上沿战国时秦国制度，通常分御手、乘车士兵和车属徒兵 3 部分，车兵以乘为单位，一般每车配备 3 个士兵，其中 1 个驭手和 2 名武士。驭手驱车，乘车 2 名武士配备弓、弩、矛、钺等兵器在距敌远时用弓、弩射杀敌人，在近战时用矛、钺等刺杀，车属徒兵紧随战车并密切配合战车战斗，提高战力，扩大战果。秦朝以步兵为主要兵种，也称"材官"，多为勇敢健壮、能踏张

强弩的士兵，基本都是在各自郡县经过严格训练的正卒。根据武器装备，秦朝步兵分为轻装步兵和重装步兵：轻装步兵下穿铠甲并持弓弩等兵器，战时居前排以弓弩放箭杀伤远距离之敌；重装步兵身着铠甲，战时先居轻装步兵之后，待敌人接近时以戈、矛、钺、殳、铍等长兵器拼杀。这种分设是中国古代军制史上的一种进步。秦朝骑兵虽在战国时就很精良，但由于当时还未发明马镫，骑士两脚悬空，没有着力点，不利于马上的激烈格斗，而且由于未发明适于马上斩劈的厚背长刀之类武器，因此这时骑兵还处在发展的初期阶段，所配武器仅为弓箭之类，主要不是冲锋陷阵，而是与车兵、步兵配合射杀远距离之敌，故不能独立完成作战任务。秦统一六国后，秦朝水军在原秦国水军的基础上收编了吴、楚、越等国水军及舰船，有了很大的发展，规模更大，战斗力更强。始皇三十三年（前214），国尉屠睢所率南征百越的50万大军主力就是水军。可见，当时水军规模之大，也能独立完成作战任务。

秦朝军队作战多采用以步兵为主的车、步、骑诸兵种混合编队，相互协同作战，不仅弥补各兵种缺陷，也可发挥各种兵器长处，这种混合编队列阵是战国时出现的先进阵法。秦军战时编组实行部曲制，以步兵建制为例：五人设一伍长，五十人设一屯长，一百人设一百将，五百人设一五百主，一千人设一二五百主，五千人为一曲设一军候，五曲为一部设一校尉，若干部由一将军统领，将军之上即为皇帝任命的统军大将。此外，各级军将还可拥有直属卫队，通常为所统兵力的十分之一，如五百主卫队50人，以此类推。从郡县抽调的地方部队，仍由相应郡县的郡尉、县尉统领。秦朝军队武器装备由国家统一配备，设有专门保管兵器的仓库，实行严格的武器装备保管制度，普遍使用的武器有矛、戈、钺、箭、殳、钩、剑、镖等。战国时出现的弩机这时更完善，威力更大，小弩射程150米，大弩射程达900米；矛长达630厘米，剑长超过90厘米。将士身穿由金属扎叶制成的甲衣，不同兵种穿不同款式的甲衣，可见秦军组织装备已非常完善。

二、西汉军兵种建置思想

西汉军队亦分中央直辖军和地方郡国军两大部分,中央直辖军是核心部分,兵力曾有六万余人,分为皇帝侍从郎卫、南军、北军3个部分。作为皇帝侍从郎卫的禁军负责把守宫殿门户、警卫殿内廊署兼充仪仗,由郎中令统领,无固定员额,常多至千人。入选为郎者或为2000石以上官吏子弟,或由文学、技艺入选,或因捐纳资财入充,他们俸禄高,接近皇帝,升调机会较多,是官员仕进的重要途径,西汉前期文武大臣多出仕为郎。武帝为了加强中央集权及对匈奴作战需要,增设建章营骑和期门,选拔陇西、天水、安定、上郡、北地、西河六郡良家清白强壮勇力、武技精通、长于骑射子弟入营。建章营骑因宿卫建章宫得名,后更名羽林骑,取为国羽翼如盛林之意,分为左、右两骑营,由羽林中郎将统领,兵员员额不定,随需要有增减。因武帝喜微服出行,期门特指令卫士相约在某门下等候扈从得名,有时多达千人,平帝时更名虎贲郎,由虎贲中郎将统领。武帝时还在羽林骑军中附设羽林孤儿,由战死将士子弟组成,不固定编制。他们幼时即被收养在军中并教以矛、戟、弓、剑、戈等诸种兵器,严格训练,长成后编成羽林孤儿营,所担负任务与羽林相近。羽林郎、期门郎和羽林孤儿统一由郎中令统领,父死子继,具有世袭兵性质,不更代,其待遇地位与郎同,优秀者可升任他官,西汉中后期名将多由此仕进显达。

南军由卫尉统领,也属皇帝禁军,因其屯驻长安城南皇宫得名,指挥部设在宫墙内,兵卫们分若干屯沿宫墙内驻守,担负宫门禁卫及宫内巡察。西汉前期,南军卫士多时达两万人,武帝时缩编至万余人。兵卫都是京畿三辅以外的内地郡国中的正卒,每年定期更代,卫士往返路费、服役期间生活费由朝廷统一下发。西汉朝廷很重视南军卫士迎送,丞相亲自迎劳到京卫士,岁终罢遣举行会餐时皇帝还亲临慰勉。南军兵卫协同郎卫执行任务,但各自独立,互不隶属。

北军由中尉统领，为守卫京师的常驻部队，因其多屯驻在长安城北得名，兵员多，武器装备也精良，战斗力强于南军；平时负责警卫京师长安及三辅地区，每月三次巡察皇宫，与南军互为表里，战时部分或全部随将军出征。北军兵卫征调自京兆尹、左冯翊、右扶风三辅正卒，亦每年定期更代，是皇帝亲自掌握的一支重要军力。武帝时进一步扩充北军，增建了屯骑、步兵、越骑、长水、胡骑、射声、虎贲七部兵，每部约 1000 人，分由校尉统领。这七部兵中长水、胡骑多为降汉的匈奴兵，余者多为汉人，多募自三辅地区，他们一生为伍不轮替，具有世兵性质。武帝时还增设城门屯兵，由城门校尉统领，负责守卫京城十二城门，兵源与南军相同。北军中还设有一支装备精良的骑兵部队，被称为"缇骑"，主要负责京城巡察任务。

南军和北军在文帝即位时曾由原代国中尉卫将军宋昌统一指挥，后来也曾由周亚夫以车骑将军身份统一指挥过，其余时间基本各自独立，互不统属，有时甚至互相制衡。南宋易祓《汉南北军始末序》曰："汉之兵制，莫详于京师南北军之屯，虽东西两京沿革不常，然皆居重驭轻，而内外自足以相制，兵制之善者也。盖是时兵农未分，南北两军，实调诸民，犹古者井田之遗意。窃疑南军以卫宫城，而乃调之于郡国；北军以护京城，而乃调之于三辅。抑何远近轻重之不伦邪？尝考之司马子长作《三王世家》，载公户满意之言曰：'古者天子必内有异姓大夫，所以正骨肉也；外有同姓大夫，所以正异族也。'盖同姓，亲也，于内为逼，故处于外，而使之正异族；异姓，疏也，于亲为有间，故处于内，而使之正族属。南北军调兵之意，殆犹是欤！郡国去京师为甚远，民情无所适莫，而缓急为可恃，故以之卫宫城，而谓之南军；三辅距京师为甚迩，民情有闾里、墓坟、族属之爱，而利害必不相弃，故以之护京城，而谓之北军。其防微杜渐之意深矣。"①

西汉地方郡国军分别由各郡郡守（太守）、郡尉及诸王国的中尉（都

---

① 《文献通考》卷 150《兵考二》，中华书局，1986 年。

尉）统领，主要驻守各郡郡治、国都及都尉治所，各县也有少量驻军，士兵都征募自本郡国适龄男子，服役1年。郡国兵平常军训，维持地方治安，战时接受征调出征。每年八、九月举行都试，也称"秋射"，领军太守、都尉等都到场检阅，士兵经课殿最划分等级。一年服役期满即回乡成为预备兵，遇战事随时应征入伍。郡国军征发等权力属于朝廷。西汉初年诸王权力较重，甚至可以调发本王国军队，王国兵也相对独立于中央。吴楚七国之乱后，景帝极大幅度削弱了王国兵的独立性。武帝时进一步加强中央集权，真正统一了全国军事指挥权，这样才有效掌控了郡国军。西汉郡国兵训养多根据各地自然条件不同因地制宜。西汉军队仍分为轻车（车兵）、骑士（骑兵）、材官（步兵）、楼船（水军）4个兵种，通常情况下车兵主要在平原诸郡国训练，骑兵数西北、北方诸边郡及三辅地区最精锐，步兵多在西南及各平原地区受训，水兵主要受训于东南沿海水乡泽国。

西汉的军兵种与秦朝大致相同，但也发生若干的变化。西汉的步兵称材官，是兵力最多的一个兵种，如刘邦北击匈奴时就曾率步兵32万人，吴王刘濞发动叛乱时率步兵20多万人，由此可见其规模之大。与秦朝相比，西汉轻车和骑士变化最大，骑兵称"骑士"，数量仅次于步兵，在楚汉战争中已显示出强大威力，交战双方都曾大力发展骑兵。西汉前期，骑兵多屯于三辅和边郡，用于对少数民族军队的作战。骑兵和车兵基本还是配合作战，如文帝十四年（前166）匈奴入侵，"文帝以中尉周舍、郎中令张武为将军，发车千乘，骑十万，军长安旁以备胡寇"[①]，可见此时车兵骑兵并重。车兵称"车士"，因受地形与气候的影响较大，又欠灵活，西汉时已经处于被淘汰之势，只在特殊情况下才被使用。如文帝曾用其防守长安以备匈奴，卫青出塞作战时曾用武刚车作营垒进行防守等。武帝时期，随着与匈奴交战越来越频繁，汉军车兵与匈奴骑兵相比愈显现出笨拙、迟缓的弱点，于是武帝下令大力发展骑兵，并成为可

---

① 《史记》卷110《匈奴传》。

单独完成作战任务的独立兵种。如：在对匈奴具有决定意义的 3 次大规模战役中，汉军每次均出动了数万以上骑兵千里奔袭；尤其是武帝元狩四年（前 119）的漠北之战，出动十多万骑兵远距离奔袭匈奴骑兵，取得了胜利。而这时的车兵、步兵基本不再担任战争主角，多承担后勤运输。西汉骑兵分为重骑兵和轻骑兵。重骑兵马匹体型高大，骑士披甲持长矛类武器冲锋陷阵，冲击力强；轻骑兵马匹体型较小，骑士不披甲持弓弩等武器长途奔袭，机动灵活，快速敏捷。其装备也比秦朝骑兵有较大改善，已经使用适于马上斩劈的环柄长铁刀，还有矛、剑、弓弩、盾牌等兵器。但此时马鞍、马镫仍未出现，影响了骑兵战斗力的提升。车兵虽在武帝之后的战争中逐渐淘汰，但地方仍有车兵训练，平时用作仪仗，战时担负后勤运输及运送伤员，宿营时用其构成军垒，甚至平原地区作战仍在使用。西汉步兵与秦朝步兵相比变化不如车兵、骑兵大，但随着冶铸锻造技术水平提高，兵器质量数量均发展很大，西汉初期铜、铁兵器并用，中期以后铁制兵器大大增加并逐渐占据主导地位，钢制兵器也逐渐增多。

西汉水兵称"楼船兵"，水军与秦朝水军相比有较大发展，已建成比较完备的水军体系，建造了类型多样、用途各异的船舰，有楼船、戈船、下濑等战舰。楼船高大，船上建楼，可以射远；戈船配备戈类长兵器，用于近战；下濑轻便，可在水流湍急或有碛石的江河中航行。西汉水军数量庞大，江淮以南就有楼船水军十多万人。一次战役能出动战舰二千余艘二十万士兵，武帝元鼎五年（前 112）平定南越赵氏割据政权就以水军为主。此外，西汉还建置了既能水战又能陆战的楼船材官军，类似于现代的海军陆战队。东汉时期的军兵种与西汉的基本相同，兹不赘述。

三、东汉军兵种建置思想

西汉后期随着土地兼并日趋严重，大量小农经济破产，使得原来建立在小农经济基础上的旧兵制破坏严重。因此，东汉建立后刘秀采取一

系列措施对旧兵制进行改革，东汉军兵种建置也与西汉时有不小变化。

东汉时期，中央直辖部队虽然还沿袭西汉南、北军制，却发生了很大变化。一是禁军中虽有光禄勋、卫尉等编制，但已无南军之称。二是全国各要地设置的常备屯兵，其中有一些如黎阳营、雍营、长安营直属中央统领，而不仅是京畿驻军直属中央。三是由于取消地方郡国兵，中央军成为全国战略机动部队，凡较大战争都要出动中央军。四是禁军人数较西汉大为压缩。刘秀在罢省地方郡国兵的同时对中央禁军实行"内省营卫之士、外罢徼候之职"①的措施，削减禁军。"内省营卫之士"即缩减光禄勋、卫尉所统领的郎卫、卫士员额。据南宋陈傅良《历代兵制》云："光禄勋省户、骑、车三将及羽林令，都尉省旅贲卫士，领于太尉。"②户是主户卫的户郎，骑是主出入骑从的骑郎，车是主御车的车郎。户郎、骑郎、车郎及羽林兵主将都被罢省，员额肯定压缩不少；卫尉属官中罢省旅贲令，卫士也相应缩减。"外罢徼候之职"即裁减北军编制。《历代兵制》云："北军并胡骑、虎贲二校为五营，置北军中候，易中垒以监之，领于大将军。"③西汉时期北军八营，东汉时期胡骑并入长水，虎贲并入射声，以北军中候代替中垒校尉，候监军而不领兵，罢省原中垒校尉统领的本营兵。这样北军仅剩五营，兵员被大幅缩减。

光禄勋"掌宿卫宫殿门户，典谒署郎更直执戟，宿卫门户"④，所统中央禁军部队有3种：一是虎贲中郎将统领的虎贲郎1500人，"无常员，多至千人"⑤，"皆父死子代"⑥；二是羽林中郎将所统羽林郎128人，无常员⑦，刘秀时"以征伐之士劳苦者为之"⑧，后多选汉阳、陇西、安定、

---

① 陈傅良：《历代兵制》卷2《东汉》，台湾商务印书馆影印文渊阁四库全书本。
② 《历代兵制》卷2《东汉》。
③ 《历代兵制》卷2《东汉》。
④ 《后汉书》志25《百官二》。
⑤ 《后汉书》志25《百官二》注引蔡质《汉仪》。
⑥ 《后汉书》志25《百官二》注引荀绰《晋百官表注》。
⑦ 《后汉书》志25《百官二》注引蔡质《汉仪》。
⑧ 《后汉书》卷6《质帝纪》注引《汉官仪》。

北地、上郡、西河六郡良家子弟入军；三是羽林左、右监所统羽林左骑800人、羽林右骑900人，一般从北军五营中选拔兵员，待遇略低于前二种。卫尉"掌宫门卫士，宫中徼循事"①，所统中央禁军部队有南宫卫士令统领员吏95人，卫士537人②；北宫卫士令统领员吏72人，卫士471人③；右都候统领员吏22人，卫士416人④；左都候统领员吏28人，卫士383人⑤；七宫掖门七位司马下属约700人⑥，卫尉统领员吏、卫士共约2700人，比西汉南军卫士一两万人差距不少。⑦ 东汉卫士多来自洛阳附近的"商贾惰游子弟，或农野谨钝之人"⑧，不同于西汉时期由地方郡国兵轮流服役。卫士役期满后，皇帝也亲临赐宴慰勉。东汉执金吾（中尉）统领"缇骑二百人，持戟（步卒）五百二十人"⑨，其职责"月三绕行宫外，及主兵器"⑩，即警卫宫城之外，洛阳城门以内，"卫尉巡行宫中，则金吾徼于外，相为表里，以擒奸讨猾"⑪。缇骑多为富家子弟，执行任务时"舆服导从，光满道路，群僚之中，斯最壮矣"，为时所羡。连光武帝刘秀都曾感慨云："仕宦当作执金吾。"⑫ 持戟多出身寒门，不如缇骑显耀。缇骑、持戟均属招募编成，这也不同于西汉。

东汉北军已从西汉武帝时的八校尉军压缩为五营，分由五校尉统领，约三千人，远不及西汉有数万人之多。其中，屯骑校尉统领员吏128人、卫士700人，越骑校尉统领员吏127人、卫士700人，步兵校尉统领员吏

---

① 《后汉书》志25《百官二》。
② 《后汉书》志25《百官二》注引《汉官》。
③ 《后汉书》志25《百官二》注引《汉官》。
④ 《后汉书》志25《百官二》注引《汉官》。
⑤ 《后汉书》志25《百官二》注引《汉官》。
⑥ 《后汉书》志25《百官二》注引《汉官》。
⑦ 《后汉书》志25《百官二》注引《汉官》。
⑧ 《三国志·魏书》卷13《王朗传》注引《魏名臣奏》。
⑨ 《后汉书》志27《百官四》注引《汉官》。
⑩ 《后汉书》志27《百官四》。
⑪ 《后汉书》志27《百官四》注引胡广语。
⑫ 《后汉书》志27《百官四》注引《汉官》。

73人、卫士700人，长水校尉统领员吏157人，乌桓胡骑736人，射声校尉统领员吏129人、卫士700人。①北军中候监督该五营。北军五营兵卫最初由刘秀原从兵卫改编，之后父死子继。安帝时因国用不足，"令吏人人钱谷，得为关内侯、虎贲羽林郎、五大夫、官府吏、缇骑、营士"②，这样北军中又增加了许多"商贾惰游子弟"③，多是洛阳人，这也与西汉北军多选自三辅地区不同。因此，东汉中央禁军不仅兵员比西汉时期缩减许多，且素质也下降不少，战斗力远不及西汉。

东汉灵帝中平元年（184），黄巾起义爆发，起义势力迅速发展至全国范围。灵帝急忙以何进为大将军率领左右羽林五营士屯都亭，"修理器械，以镇京师"④，并临时设置八关都尉一职，领军驻守洛阳四周的函谷、广城、伊阙、大谷、辕辕、旋门、小平津、孟津等八关，直接受中央指挥防守洛阳外围。中平五年（188），随着中央军势力日颓以及宦官、外戚争夺兵权激烈，东汉朝廷又增设了一支由宦官小黄门蹇硕统领的西园军，由八校尉分统担负洛阳防卫及出征。西园军士兵多募自洛阳及附近地区，这是因为当时东汉王朝势力日衰，仅能直接控制洛阳及附近地区。西园军设置后，宦官、外戚各掌控部分军权，斗争更激烈。中平六年（189），蹇硕被何进派人诛杀，西园军也被何进控制。但不久何进被宦官张让袭杀。随后董卓进京统领原何进所属部曲，东汉政权也名存实亡。

地方军兵种建置方面。东汉初年经过长期战乱，人口锐减，社会经济遭到严重破坏。为了稳定社会秩序，恢复和发展生产，刘秀决定减政省兵，大规模裁减地方郡国兵：一是建武六年（30）罢省郡国专职武官都尉一职，将其职权合并给郡太守或相国，同时取消各郡都试，即地方郡国兵每年秋后的军事演习；二是建武七年（31）罢省郡国常备军轻车、骑士、材官、楼船士等，将这些士兵全部复员还乡，全部废止西汉正卒

---

① 《后汉书》志27《百官四》注引《汉官》。
② 《后汉书》卷5《安帝纪》。
③ 《三国志》卷13《魏书·王朗传》注引《魏名臣奏》。
④ 《后汉书》卷69《何进列传》。

制度；三是建武二十二年（46）罢省诸边郡亭候吏卒，全部废止西汉戍卒制度。这些改革节约了军费支出，减轻国家军赋负担，使东汉兵力形成居重驭轻的分布格局，地方没有实力反叛中央。但也带来不少消极后果：一是罢省都尉后，郡太守职权缺乏制衡机制，从此独揽一郡军政大权，容易出现割据势力；二是取消地方都试虽然减轻了服役士兵负担，但是也降低了部队素质，削弱了军队战斗力；三是取消正卒、戍卒制度，使郡国无常备军，遇到战事无法快速征调军队，边境无戍卒把守，遇到外敌入侵也很难迅速组织有效抵御。

为了弥补上述不足，刘秀及其后诸帝采取了一些补救措施。一是在各战略要地长期设置屯兵，代替从前番上的正卒。如刘秀设黎阳营于黄河北岸黎阳，由谒者统领屏卫京师洛阳。明帝设度辽营于五原曼柏，隔绝南北匈奴。和帝设象林营于象林，镇压南蛮。安帝设长安营驻守长安、雍营屯守雍，防卫长安及三辅地区。安帝又设渔阳营，防卫鲜卑侵犯，设扶黎营于辽东属国之扶黎，驻守辽东。顺帝时，沿海暴动，加强了沿海地区守备兵力；西羌暴动，于魏郡、赵国、常山、中山设 616 坞，河南通谷冲要设置 33 坞，扶风、汉阳、陇道设 300 坞，分兵驻守。造成各地屯兵大增，军费开支也随之大增，地方军费开支甚至超过西汉，远非刘秀减政省兵初衷。二是调发刑徒戍守，代替之前的边防戍卒。明帝以后东汉边境多事，多次下诏调发罪徒戍边，有时甚至让他们携家前往，兵器衣粮都由国家供给。三是利用匈奴兵守边，此举始于刘秀。建武二十四年（48）南匈奴呼韩邪单于请求内附，"愿永为藩蔽，捍御北虏"[①]，刘秀同意其请。此举颇有成效："（建武）二十五年春，（呼韩邪单于）遣弟左贤王莫将兵万余人击北单于弟薁鞬左贤王，生获之；又破北单于帐下，并得其众，合万余人，马七千匹、牛羊万头。北单于震怖，却地千里……北部薁鞬骨都侯与右骨都侯率众三万余人来归南单于，南单于复

---

① 《后汉书》卷 89《南匈奴列传》。

遣使诣阙，奉籓称臣，献国珍宝，求使者监护，遣侍子，修旧约。"[①] 建武二十六年（50），"复诏单于徙居西河美稷，因使中郎将段郴及副校尉王郁留西河拥护之，为设官府、从事、掾史……自后以为常，及悉复缘边八郡。南单于既居西河，亦列置诸部王，助为捍戍。使韩氏骨都侯屯北地，右贤王屯朔方，当于骨都侯屯五原，呼衍骨都侯屯云中，郎氏骨都侯屯定襄，左南将军屯雁门，栗籍骨都侯屯代郡，皆领部众为郡县侦罗耳目。北单于惶恐，颇还所略汉人，以示善意。"[②]

虽然东汉初年刘秀推行罢省地方郡国兵政策，但实际上地方上仍驻扎着一些取消不了的部队，如各要地的长期屯兵，且每逢战事时还经常征发郡国兵。东汉中期以后随着社会矛盾有所激化，各地反抗时有发生，为了镇压这些反抗，一些地方遂经常保留部分驻军，这些驻军逐渐变成地方常备军。东汉末年，随着皇权的衰落，地方州郡长官不断发展其掌控的地方武装，使之成为私人部曲，终于造成军阀割据的局面。

四、魏晋南北朝军兵种建置思想

曹魏在三国中实力最为强大，最多时拥有 50 多万军队，兵力雄厚，兵种主要有步兵、骑兵及少量水军。曹魏军队初期主要是步兵，骑兵不足千名。后来曹操先后平定袁绍、消灭乌桓、平定关中，收编了许多善于骑射的少数民族骑兵并缴获大量马匹，骑兵数量剧增。曹操还攻取了西北凉州等产马地区，为骑兵发展提供了有力支持。曹操统一北方后，其骑兵已在军中占很大比重，虽数量不及步兵，但已成为军队两大主要组成部分。由于当时骑兵作战优势，有时在曹魏军中的作用甚至超过步兵。此后，曹魏出兵通常步骑配合协同作战。建安十三年（208）曹操就在邺城训练水军，占领荆州后还收编了荆州水军大部。但后来曹操赤壁

---

① 《后汉书》卷 89《南匈奴列传》。
② 《后汉书》卷 89《南匈奴列传》。

之战大败，水军全军覆没。曹操、曹丕父子为了对付东吴军队都着力建设水军。但从整体看，曹魏水军在军队总数量上占比很小，远不及步、骑二军，也不是军队主力。

蜀汉在三国中实力最弱，总兵力仅有 10 万余人，主要有步兵、水军、骑兵、弩兵、车兵等。步兵是蜀汉主要兵种，刘备自荆州入川时仅统"步卒数万人"①，步兵始终是蜀汉军队主体。水军也是蜀汉军队主要兵种，刘备在荆州时手下就有"关羽水军精甲万人"②，后来刘备攻取益州也以水师主力溯江西上。虽然之后连遭荆州、夷陵两大失败，水军几乎覆没。但经数年经营，又建起一支规模不小的水军。蒋琬继任尚书令时就曾"多作舟船，欲由汉、沔袭魏兴、上庸"③。骑兵虽是蜀汉军队主要兵种之一，但整体上占蜀汉军队比例不大，远不及步兵和水军。弩兵是诸葛亮为抗击强大的曹魏骑兵而建，多由今云、贵、川等地少数民族兵士组成，为蜀军精锐，战斗力极强。诸葛亮专为弩兵设计了一种连弩，"谓之元戎，以铁为矢，矢长八寸，一弩十矢俱发"④。蜀汉还建有少量车兵，诸葛亮八阵图实即步、弩、车、骑 4 兵种编组而成的方阵。

东吴军力逊于曹魏而强于蜀汉，总兵员有 20 余万，主要有步兵、骑兵和水军。步兵骑兵都是东吴主要兵种，孙策时就曾以"兵才千余，骑数十匹，宾客愿从者数百人"开创基业⑤。后平定扬州招降其军，"得见兵二万余人，马千余匹"，遂"威震江东，形势转盛"⑥。此后步兵、骑兵一直作为东吴主要兵种。但由于东吴地处江南，境内众多江河湖泊适合舟师往来，故水军成为东吴最发达的军种。其最盛时有战舰 5000 余艘，大者长达 20 余丈，能载将士六七百人。孙权曾造大船"长安舰"，能载

① 《三国志》卷 32《蜀书二·先主传》。
② 《资治通鉴》卷 65《汉纪五十七》，中华书局，1956 年。
③ 《三国志》卷 44《蜀书·蒋琬传》。
④ 《三国志》卷 35《蜀书·诸葛亮传》注引《魏氏春秋》。
⑤ 《三国志》卷 46《吴书·孙破虏讨逆传》。
⑥ 《三国志》卷 46《吴书·孙破虏讨逆传》注引《江表传》。

将士 3000 余人。东吴设置典船都尉一职执掌造船事宜，在侯官等地建造船厂，造船规模巨大，技术先进，还在濡须口、西陵建有水军基地，以保障长江中下游航运安全。其水军战船之多，装备之精，以及将士训练之优良，远在魏蜀水军之上，故战斗力非常强。东吴水军航行技术之先进甚至可以完成远洋航行任务。

两晋军队总兵员前后差异较大。西晋初约有 50 万人，灭吴后总兵员达到 70 万人。但是惠帝时期发生了"八王之乱"，西晋军力受到极大的削弱，加之各地都督所统外军不完全服从朝廷调遣，使得朝廷能够直接指挥的军队仅有 10 万余人。之后羯人石勒全歼西晋主力，失去军事支柱的西晋王朝很快就被匈奴汉国所灭。东晋初年总兵员只有 20 万人，且大多为地方都督控制，朝廷能够调遣的军队数量非常有限。两晋建有步兵、骑兵、水军等兵种。西晋步兵数量最多，是最基本兵种。骑兵数量少于步兵，但因其战斗力远胜步兵而成为西晋军队主力。水军也是西晋主要兵种。西晋初年曾利用灭蜀之后据有长江上游的有利条件，令王濬在益州训练水师修治战船，"武帝谋伐吴，诏濬修舟舰。濬乃作大船连舫，方百二十步，受二千余人。以木为城，起楼橹，开四出门，其上皆得驰马来往。又画鹢首怪兽于船首，以惧江神。舟楫之盛，自古未有"①。灭吴战争中王濬指挥这只七八万人的水师大军顺江东下势如破竹，很快攻取了吴都建康。灭吴之后又收编了东吴水军，实力剧增。东晋仍以步兵、骑兵及水军为主，因立足江南，水军占三军比例大于西晋。两晋还有少量车兵，但占比很小。

十六国各政权都是以武力取得的政权，几个主要政权甚至拥有数十万军队，多者近百万，主要是骑兵和步兵。作为北方游牧民族建立的政权，各政权建立初期一般只有骑兵。但是随着后来经略中原需要，更适合攻城的步兵逐渐发展起来成为军队主要力量，数量甚至超过骑兵。此后，这些政权多以步、骑配合出征作战。后赵皇帝石勒曾命石季龙"率

---

① 《晋书》卷 42《王濬传》。

步骑四万讨徐龛"，又遣季龙"统中外步骑四万讨曹嶷"，亲"统步骑四万赴金墉"。① 前秦皇帝苻坚"遣其子征南睿及冠军慕容垂、左卫毛当率步骑五万救襄阳"，淝水之战前苻坚遣苻融等"率步骑二十五万为前锋"②。这些少数民族政权的骑兵虽少于步兵，但战斗力很强，是军队主力。少数政权也拥有少量水军。后赵石季龙曾"以桃豹为横海将军，王华为渡辽将军，统舟师十万出漂渝津"③。淝水之战前，苻坚命"蜀汉之军顺流而下，幽、冀之众至于彭城，东西万里，水陆齐进。运漕万艘，自河入石门，达于汝、颍"④。

南朝军队主要是水、步、骑等兵种。南朝地处江南，江河湖泊星罗棋布，航运通便。为抵御北方进攻，南朝四朝先后以黄河、淮水、长江天险为守，水军是主要兵种且极为发达。不仅战船种类明显增多，而且所用进攻器具比前代进步不小。南朝水师战船有平虏、金翅、青龙等大型战舰及蒙冲、斗舰等各种小型战船，甚至还有拍舰、水车、水舫等多种专用战船。大型战舰又称楼船，上面一般建有三层重楼，高达十余丈，四周建造了开有弩窗矛孔的防护女墙，并在甲板上设置了可以抛掷垒石等攻击物的抛车。因为楼船不仅可以远攻而且可以近搏，威力巨大。小型蒙冲战船专门用来冲锋陷阵，上以生牛皮蒙体能防卫矢石攻击，船仓开设掣棹孔以便水手皆在舱内划船，左右前后都设有弩窗矛穴，敌不能近，防卫性能极好且速度快，冲锋陷阵常让敌人猝不及防。斗舰专用与敌舰正面冲杀，上有多重防护女墙，还有多种用途各异、名称不一的小型战船。侯景之乱，叛军侯子鉴等"率步骑万余人于岸挑战，又以鹢艒千艘并载士，两边悉八十棹，棹手皆越人，去来趣袭，捷过风电"⑤。可见鹢艒属于轻型战船。拍舰是一种可以发射远兵器的炮舰，火舫、火车

---

① 《晋书》卷 105《石勒载记下》。
② 《晋书》卷 114《苻坚载记下》。
③ 《晋书》卷 106《石季龙载记上》。
④ 《晋书》卷 114《苻坚载记下》。
⑤ 《梁书》卷 45《王僧辩传》。

等属于火攻类战船。南朝水军武器也有不小进步，已在战船上广泛使用矛、弩等，最主要的新武器是"拍"的普遍使用。陈代初年平定留异叛乱，将军侯安都"引船入堰，起楼舰与异城等，放拍碎其楼雉"①。之后，陈将侯瑱受陈文帝之命平定王琳叛乱的芜湖之战，"将战，有微风至自东南，众军施拍纵火。定州刺史章昭达乘平虏大舰，中江而进，发拍中于贼舰，其余冒突、青龙，各相当值。又以牛皮冒蒙冲小船，以触贼舰，并熔铁洒之。琳军大败"②。再后来陈平华皎之乱，"淳于量、吴明彻等募军中小舰，多赏金银，令先出当贼大舰，受其拍。贼舰发拍皆尽，然后官军以大舰拍之，贼舰皆碎，没于中流"③。据文献记载，"拍"即利用杠杆原理建造而成的抛射石块等物的抛石机，拍舰实即当时的炮舰。水军广泛使用"拍"而使得其战斗力得到很大提升。南朝步兵也是主要兵种，在军队体系中占有极为重要的地位，宿卫守边攻伐征战都需要步兵，有时水军弃舟登岸即为步兵。南朝骑兵虽然也是军队主要兵种，但总体上不是很强大，不及水、步二军发达。因为南方大部地区不产战马，即使兵马大镇雍州，在萧衍起兵时仅有战马千余匹，而战船有 3000 艘④。因此，南朝各代常以骑兵配合水、步二军作战。

北朝军队主要是骑、步二军，以骑兵为主。北魏为游牧民族拓跋氏建立的政权，其前期军队全是擅长骑射的骑兵。早在北魏建立之前，拓跋部就有"控弦之士数十万，马百万匹"⑤。孝文帝改革前的北魏军队也都是骑兵。之后经过孝文帝改革，汉人正式承担兵役，加之北魏领土向南拓展，虽然骑兵野战冲击力极强，但攻城略地缺点明显，这样步兵在北魏军队中逐渐增多。到北魏后期，步、骑两军协同作战渐多，骑兵单独作战渐少，步兵比例甚至超过骑兵。但骑兵由于强大的战斗力仍是北

① 《陈书》卷 8《侯安都传》。

② 《陈书》卷 9《侯瑱传》。

③ 《陈书》卷 20《华皎传》。

④ 《梁书》卷 1《武帝纪上》。

⑤ 《魏书》卷 24《燕凤传》。

魏军队主力。东魏北齐军队主要包括鲜卑兵和汉人兵，20万鲜卑兵几乎全是骑兵，故骑兵所占比例很大，其主管部门也因此称为骑兵省。汉人兵主要是步兵，其主管部门则称为步兵省。其中军即宿卫军，多为鲜卑骑兵；外军包括州兵和部分镇戍兵，主要是汉人步兵。若有大规模军事行动则步、骑两军配合作战。西魏、北周亦以步、骑为主要兵种，骑兵也同样占比较大，出征作战也常以步、骑两军协同作战。北朝除了步、骑两军之外，还建有一定数量的水军，但在军队中占比较小。北魏神廳三年（430），拓跋焘为阻止刘宋北进，就下诏"冀、定、相三州造船三千艘，简幽州以南戍兵集于河上以备之"①。北魏孝明帝时，扬州刺史李崇为防卫萧梁北侵，"密装船舰二百余艘，教之水战，以待台军"②。可见北魏在与南朝交界的边防地带建有一支战斗力不小的水军。但基于游牧民族特点、北方地理环境及北朝整体军事形势等因素，北朝水军不发达，远不及水军在南朝军队体系中占有的地位重要。

第四节　军队后勤补给管理思想

秦汉时期军队后勤补给主要包括屯田备粮和军马牧养。其中，屯田是本时期保障军粮供应的创造性举措，被后来多个朝代继承和发展。

一、屯田思想

粮食是战争的物质基础，要保证战争中粮草的供应，发展农业生产是非常重要的手段。中国古代的一些战争往往持续很长时间，甚至可能

---

① 《魏书》卷4《世祖纪》。
② 《魏书》卷66《李崇传》。

陆续长达数十年。为了在这种旷日持久的战争中长期有效地保障粮食供应，有必要建立稳定的粮食生产基地。这种基地最好建在交战区附近，这样才能有效减少粮食运输途中的损耗。这种方法就叫屯田。通常认为，秦代以前的战争持续时间都不是很长，不必建立粮食生产补给基地。到了秦代，秦朝军队在与匈奴交战时遇到了这个问题，"始皇帝使蒙恬将十万之众北击胡，悉收河南地。因河为塞，筑四十四县城临河，徙适戍以充之"①。这应该是中国古代最早的屯田。

西汉边疆的威胁主要来自匈奴，西北边防直接关系到西汉政权的安危。面对匈奴的强大威胁，汉初以来主要采取忍让妥协的和亲政策，但这并不能阻挡匈奴骑兵南下侵袭，反而受其轻视，且更为骄横。文帝时随着国力逐渐恢复，军力也有所增强，于是采纳晁错建议采取积极防御政策，推行募民实边措施，招募内地流亡人员赴边垦殖来加强边疆防卫，但因河套地区被侵占，可垦边地有限。武帝时随着土地兼并加剧及对外战争频繁，许多失地农民成为无业流民，加之随着对匈奴战争的屡屡取胜，边境土地大为拓展，屯军逐渐增多，由内地供应边防部队的粮草经过长途辗转，不仅损耗巨大，而且费时长久，造成部队粮草供应不稳定。为了解决这类矛盾，也为在西北边境建立长期的防御体系，原先募民实边措施遂逐渐发展为规模系统的屯田制度。

西汉屯田有民屯和军屯两种。民屯是以内地贫民徙边垦殖生产。"汉兴至于孝武，事征四夷，广威德，而张骞始开西域之迹。其后骠骑将军击破匈奴右地，降浑邪、休屠王，遂空其地，始筑令居以西，初置酒泉郡，后稍发徙民充实之，分置武威、张掖、敦煌，列四郡，据两关焉"②。元朔二年（前127），西汉军队收复河南地之后，募民徙朔方十万口③。元狩四年（前119），"山东被水灾，民多饥乏，于是天子遣使虚郡国仓廪

---

① 《史记》卷110《匈奴传》。
② 《汉书》卷96上《西域传上》。
③ 《汉书》卷6《武帝纪》。

以振贫。犹不足，又募豪富人相假贷。尚不能相救，乃徙贫民于关以西，及充朔方以南新秦中，七十余万口"①。元狩五年（前118），又"徙天下奸猾吏民于边"②。可见当时移民实边规模很大。这些移民由政府派官员护送至驻屯边地，政府为他们建造房屋，并为他们提供公田、耕牛、农具等，初到时的生活资料也由政府供给，等他们有收成后向国家交纳租税。垦民通常按照原先的伍、里、连、邑等编成基层组织，农忙时耕作，农暇时军训，与驻边部队配合保家卫国。

军屯由戍边士兵和驻防西域的各诸侯国吏卒垦田生产。军屯始于武帝元狩、元鼎年间，"汉度河自朔方以西至令居，往往通渠置田官，吏卒五六万人……地接匈奴以北"③。元鼎六年（前111），"南粤反，西羌侵边。天子为山东不澹，赦天下囚，因南方楼船士二十余万人击粤，发三河以西骑击羌，又数万人度河筑令居。初置张掖、酒泉郡、而上郡朔方、西河、河西开田官，斥塞卒六十万人戍田之。"④太初四年（前101），李广利攻下大宛后，"于是自敦煌西至盐泽，往往起亭，而轮台、渠犁皆有田卒数百人，置使者校尉领护，以给使外国者"⑤。昭帝以后，由于边境战线向外推，西域屯田有所发展。昭帝始元二年（前85）冬，"发习战射士诣朔方，调故吏将屯田张掖郡"⑥。元凤四年（前77），应鄯善国王尉屠耆请求，"遣司马一人、吏士四十人田伊循以填抚之"⑦。宣帝地节三年（前67），"侍郎会稽郑吉与校尉司马喜，将免刑罪人田渠犁、积谷，发城郭诸国兵万余人与所将田士千五百人共击车师，破之……吉、喜即留一候与卒二十人留守王，吉等引兵归渠犁。车师王恐匈奴兵复至而见杀也，乃轻骑奔乌孙。吉即迎其妻子，传送长安……而郑吉始使吏卒三百人往

① 《汉书》卷24下《食货志下》。
② 《汉书》卷6《武帝纪》。
③ 《汉书》卷94上《匈奴传上》。
④ 《汉书》卷24下《食货志下》。
⑤ 《汉书》卷96《西域传》。
⑥ 《汉书》卷7《昭帝纪》。
⑦ 《资治通鉴》卷23。

田车师地以实之"①。当时从东起罗布泊北，南到伊循，北到车师，西到姑墨乃至赤谷的广大西域地区都有西汉军屯。西汉军屯不仅密切了与西域的联系，也切断了匈奴右臂，而且生产的粮食还满足了驻军及使者的往来之需。

除在西北边疆大规模屯田外，西汉还在西部边疆有大规模屯田。如宣帝神爵二年（前60），赵充国在金城郡临羌东至浩亹之间，以一万余卒屯垦羌人故田及公田二千余顷②；元帝永光二年（前42），冯奉世在陇西一带屯田"备要害处"以御西羌③。西汉政府通过大规模推行屯田政策，极大加强了西北防卫力量，在很大程度上解决了边防军队军粮的供应问题，甚至有时还将屯田收获的粮食调往其他地方济荒，而且屯田也将内地先进的生产工具和技术推广到边疆少数民族地区，从而促进了这些地区的经济发展，甚至匈奴也学习汉法，一度在西域地区屯田。

西汉政府为管理屯田建立了一套较为完备的屯田官吏系统。朝廷设大司农统管，边郡置隶属大司农并受郡守节制的农都尉；边郡郡都尉也有兼管屯田的，在其职衔上加"将兵护屯田"或"将屯"等字样；下设有护田校尉、守农令（候农令）、部农长丞、劝农掾、农亭长、田长、水长、仓长、仓佐（仓曹吏）、别田令史、事田等职。西域轮台、渠犁等地屯田，由驻扎此地的屯田校尉管理，开始时独立行使职权，宣帝以后为西域都护的属官。军屯士卒内部分工也比较细致，有田卒、河渠卒、郭卒、守谷卒、亭卒等各司其职。士卒每人垦田约20亩，屯田所需农具、耕牛及粮料等也都由国家供给，收获全部上交屯地指定仓库保管。军屯除士卒外，还有许多刑徒及地位稍高的免刑罪人（称弛刑士）。随军士卒家属也参与屯垦，通常按民屯办法管理。

东汉续推屯田政策，在北方及西北地区大规模屯田。王莽篡汉，贬

---

① 《资治通鉴》卷25。
② 《汉书》卷69《赵充国传》。
③ 《汉书》卷79《冯奉世传》。

低西域各王称号，激起西域诸部反抗。始建国五年（13），由于王莽对匈奴、西域措施失当，与匈奴等的关系恶化："单于死，弟乌累单于咸立，复与莽和亲。莽遣使者多赍金币赂单于，购求陈良、终带等。单于尽收四人及手杀刀护者芝音妻子以下二十七人，皆械槛车付使者。到长安，莽皆烧杀之。其后莽复欺诈单于，和亲遂绝。匈奴大击北边，而西域亦瓦解。焉耆国近匈奴，先叛，杀都护但钦，莽不能讨。"① 天凤三年（16），"（王莽）乃遣五威将王骏、西域都护李崇将戊己校尉出西域，诸国皆郊迎，送兵谷，焉耆诈降而聚兵自备。骏等将莎车、龟兹兵七千余人，分为数部入焉耆，焉耆伏兵要遮骏。及姑墨、尉犁、危须国兵为反间，还共袭击骏等，皆杀之……数年莽死，崇遂没，西域因绝。"② 公元25年刘秀称帝，由于国力未复，推行弃西域、闭玉门关的政策，西域屯田也停止。明帝即位后，随着国力的恢复，决心经营西域。永平十五年（72），明帝遣奉车都尉窦固、骑都尉耿忠率一万二千骑兵出平城塞至天山，"击呼衍王，斩首千余级。呼衍王走，追至蒲类海。留吏士屯伊吾卢城"③，之后陆续在金满城、柳中、楼兰推广屯田。永元三年（91），应南单于请兵北伐，和帝命车骑将军窦宪出塞北击匈奴，"（窦宪）分遣副校尉阎盘、司马耿夔、耿谭将左谷蠡王师子、右呼衍王须訾等，精骑万余，与北单于战于稽落山，大破之，虏众崩溃，单于遁走，追击诸部，遂临私渠比鞮海"④。北匈奴大部西迁，东汉遂在北方推广屯田。永元十六年（104），和帝命班超率36人出使西域。班超到达西域后，以其大勇奇计先后征服鄯善、于阗、月氏、龟兹、焉耆，威震西域，先后在高昌壁、固城、伊吾卢、疏勒、于阗等处推广屯田⑤。延光二年（123），安帝命班超儿子班勇为西域长史。班勇"将兵五百人出屯柳中"，先后降服鄯善、

---

① 《汉书》卷96下《西域传下》。
② 《汉书》卷96下《西域传下》。
③ 《后汉书》卷23《窦固列传》。
④ 《后汉书》卷23《窦宪列传》。
⑤ 《后汉书》卷47《班超列传》。

龟兹、姑墨、温宿；延光四年（125），班勇率部大破匈奴。顺帝永建元年（126），车师六国悉平，之前停止的屯田再次展开。①

二、军马牧养思想

历史上的秦是一个擅长养马的民族，其祖先非子掌管犬丘时，由于"好马及畜，善养息之"，被周孝王召去"使主马于汧渭之间"，结果"马大蕃息"。② 之后，养马始终是秦人社会经济生活的重要内容。秦朝建立后，秦朝军队建立了强大的车兵、骑兵，秦军各色骏马很是令人注目。"四牡孔阜，六辔在手。骐骝是中，騧骊是骖。龙盾之合，鋈以觼軜"③，就是描写秦军战马战车的威武雄壮。到了战国，秦军骑兵战车战马之良居七国首位："秦带甲百余万，车千乘，骑万匹，虎贲之士，跿跔科头，贯颐奋戟者，至不可胜计。秦马之良，戎兵之众，探前趹后，蹄间三寻腾者，不可胜数。"④

秦统一后，在全国建立了一套军马牧养机构，并颁行了一系列军马牧养的政策法规，太仆（九卿之一）是中央主管马政的最高官吏，下设副手丞二人。京师附近设有若干牧养机构，如大厩、左厩、中厩、宫厩等，饲养着大量马匹。这些马匹就是供宫廷和战争之用的。秦朝还在西北边境游牧区域设置了六牧师令掌管国家牧场牧师苑，每个牧师令管理若干牧场，牧养军马。内地各县由县司马负责马政，其属吏有司马令史、司马令史掾等；边郡各县有县属牧苑和马厩，由县属吏苑啬夫或厩啬夫主管，规模较小。秦朝规定地方官马都要烙印标记、造册登记并定期上报数目，民间私马也要定期查验造册登记，统计数目错计一匹为"大

---

① 《后汉书》卷47《班勇列传》。

② 《史记》卷5《秦本纪》。

③ 《诗经·秦风·小戎》，影印《十三经注疏》本，中华书局，1980年。

④ 《史记》卷70《张仪列传》。

误"，须受处罚。① 对工作不力，致使马匹生长状况不好、繁殖率低或批量死亡的官吏要给予严厉处罚甚至治罪。秦朝严格考核上交的军马：凡上交车骑部队的军马均须身高五尺八寸以上，奔跑羁系要得心应手，跋涉驮乘要有耐力，否则主管官吏即被视为训练调教不力而受到处罚，且在军马考核中成绩落后的主管官吏也要受到惩罚甚至革职。② 秦法对军马管理也出台了一些具体规定，如厩养军马饲料来源、马病预防与治疗、对盗马者处罚等。秦朝军马牧养的机构设置及相关法律法规保证了骑兵、车兵、邮驿对军马的需求，初步估计秦朝军马总数在 20 万匹左右。

西汉骑兵比秦代发展更加迅速、规模更大，军马牧养制度也比秦代的更为完备。西汉初年，由于经过长期战争，经济凋敝，百废待兴，马匹也很少。"汉兴，接秦之敝，诸侯并起，民失作业，而大饥馑。凡米石五千，人相食，死者过半。高祖乃令民得卖子，就食蜀汉。天下既定，民亡盖臧，自天子不能具醇驷，而将相或乘牛车。"③ 马价奇高，于是刘邦令萧何在秦代《厩苑律》基础上制定了《厩律》，鼓励民间发展养马业。但由于社会经济基础薄弱，养马业发展较慢。吕后时期又明令禁止母马外流，杜绝军资遗敌。文帝时期，随着社会经济恢复和匈奴侵扰加剧，对军马的需求更加紧迫。文帝前元二年（前 178），朝廷采纳了晁错建议，颁行《马复令》："今令民有车骑马一匹者，复卒三人"④，即养军马 1 匹，免除百姓家庭 3 人徭役。这就极大提高了民众养马的积极性。之后景帝、武帝继续推行这项措施。武帝时期民间养马遍及城乡千家万户，乡野马群随处可见。景帝时期为了抗击匈奴侵袭，西汉政府扩大官马牧养规模，在秦代边郡牧马苑基础上，"益造苑马以广用，而宫室列观舆马益增修矣"⑤。《汉旧仪》云："太仆帅诸苑三十六所，分布北边，以郎为

---

① 《睡虎地秦墓竹简》，第 125 页。
② 《睡虎地秦墓竹简》，第 132 页。
③ 《汉书》卷 24《食货志》。
④ 《汉书》卷 24《食货志》。
⑤ 《史记》卷 30《平准书》。

苑监，官奴婢三万人，分养马三十万头，择取给六厩牛羊无数，以给牺牲。"① 同时在京师设大厩、未央、承华、騊駼、骑马、路軨六厩，每厩养马多达万匹，这样西汉养马业规模获得很大的发展。为了保证官马数量和质量，景帝曾严令"马高五尺九寸以上，齿未平，不得出关"②。武帝时期不仅军马数量大为增加，养马制度也更为完备，从而保证了骑兵部队的军马需求。

西汉马政与秦代一样由九卿之一的太仆统管，且这时太仆已成为皇帝的心腹近臣。太仆直接管理天子六厩和京师其他官厩，助手有两丞，"属官有大厩、未央、家马三令，各五丞一尉。又车府、路軨、骑马、骏马四令丞；又龙马、闲驹、橐泉、騊駼、承华五监长丞；又边郡六牧师菀令，各三丞；又牧橐、昆蹄令丞皆属焉。中太仆掌皇太后舆马，不常置也。武帝太初元年更名家马为挏马，初置路軨"③。朝廷还经常派遣护苑使者到各官厩视察。武帝时期设置水衡都尉一职掌管部分皇室财政，上述天子六厩也转属水衡都尉掌管，太仆不再管理。为了提升养马效率，武帝还根据需要不时任命养马官吏，如金日磾输黄门养马"肥好"，"拜为马监，迁侍中、驸马都尉、光禄大夫"④。西汉郡县马政由马丞负责，封国由仆及其属吏厩长厩丞负责，平时养训军马并为驿传提供快马，战时按朝廷命令如数供给军马，否则有关官吏要受到处罚。边防驻军也设有马厩，按照相应需求牧养军马。

西汉政府重视牧养军马，不断发展完善马政，军马牧养业也发展很快。武帝时期厩马已扩充到40万匹。元狩三年（前120），霍去病出征漠北，一次动员战马竟达20万匹，规模之大前所未有。但连续对匈奴的战争导致军马消耗极大，如元狩四年（前119），卫青、霍去病分击匈奴，

① 《艺文类聚》卷49《职官部五》。
② 《汉书》卷5《景帝纪》。
③ 《汉书》卷19《百官公卿表》。
④ 《汉书》卷68《金日磾传》。

"两军之出塞，塞阅官及私马凡十四万匹，而后入塞者不满三万匹"①。为了补充被战争消耗的战马，武帝推行战时马政，如元狩二年（前121）推行"从民贳马"政策，从民间征马以补战马不足。但有的民众不愿交出马匹，武帝愤怒，"欲斩长安令"，因汲黯及时营救得免②。元狩五年（前118）推行"平牡马"政策，将每匹雄马每匹10万～15万钱提高为每匹20万钱，鼓励民间养雄马③。元鼎四年（前113）下令："民得畜边县，官假马母，三岁而归，及息什一"④，即百姓可到北方边县养马，官府借给母马，3年归还，十母马还官府一驹（息什一）。元鼎五年（前112）下令："封君以下至三百石吏以上差出牝马天下亭，亭有畜字马，岁课息。"⑤ 即封君以下至三百石吏以上，都要将所牧养母马送到相应的亭集中喂养，亭内养有公马，以促进马的繁育，生下的马驹每年上交一次。太初二年（前103）下令"籍吏民马，补车骑马"⑥，即将民马登记造册之后征用，用来补充战马的不足。这些政策措施的推行，有效保障了对匈奴战争所需军马的供应。新莽时期"匈奴寇边甚"，王莽下令："公卿以下至郡县黄绶皆保养军马，多少各以秩为差。"⑦ 即从中央到地方各级官吏按级别高低饲养军马，听候征用。

东汉初年，南匈奴内附，之后北匈奴处在东汉与南匈奴的夹击之中被迫西迁，直至最后消失在中国历史中。与西汉相比，由于匈奴威胁大为减少，东汉军马需求也极大减少，官方养马业大为衰落。《后汉书》云："旧有六厩，皆六百石令，中兴省约，但置一厩。后置左骏令、厩，别主乘舆御马，后或并省。又有牧师菀，皆令官，主养马，分在河西六

---

① 《汉书》卷 55《卫青霍去病传》。
② 《汉书》卷 50《汲黯传》。
③ 《汉书》卷 6《武帝纪》。
④ 《汉书》卷 24 下《食货志下》。
⑤ 《汉书》卷 24 下《食货志下》。
⑥ 《汉书》卷 6《武帝纪》。
⑦ 《汉书》卷 99 下《王莽传下》。

郡界中，中兴皆省，唯汉阳有流马菀，但以羽林郎监领。"① 汉和帝永元五年（93）"诏有司省减内外厩及凉州诸苑马"②，这一普遍推行的措施极大削减了东汉官马业。虽然安帝元初六年（119）"诏越巂置长利、高望、始昌三苑，又令益州郡置万岁苑，犍为置汉平苑"③，顺帝汉安元年（142）"始置承华厩"④，但这种个别地方兴建马厩未能重振东汉养马业。由于受西汉民间养马业兴盛的影响，东汉民间养马业也很繁荣，政府需要马匹多从民间选取。如灵帝光和四年（181），"初置骒骥厩丞，领受郡国调马。豪右辜榷，马一匹至二百万"⑤。中平元年（184）爆发了黄巾军起义，"诏公卿出马、弩，举列将子孙及吏民有明战阵之略者，诣公车"⑥，紧接着又下诏"厩马非郊祭之用，悉出给军"⑦。东汉末年战乱频仍，马匹减少，人们开始使用牛车和驴车。《晋书》云："古之贵者不乘牛车……自灵献以来，天子至士遂以为常乘，至尊出朝堂举哀乘之。"⑧之后群雄逐鹿，战乱愈频，官民马匹基本都供给军用，其余用途的马匹就更少了。

第五节　汉魏军律思想

汉魏制定有严厉的军队纪律，将士违反军律者，动辄处以极刑，幸免遇赦者，也得免去官爵。汉代军律，见于史书者，大致有以下 9 个

---

① 《后汉书》志 25《百官二》。
② 《后汉书》卷 4《和帝纪》。
③ 《后汉书》卷 5《安帝纪》。
④ 《后汉书》卷 6《顺帝纪》。
⑤ 《后汉书》卷 8《灵帝纪》。
⑥ 《后汉书》卷 8《灵帝纪》。
⑦ 《后汉书》卷 8《灵帝纪》。
⑧ 《晋书》卷 25《舆服志》。

方面。

其一，惩罚擅发兵。汉承秦制，皇帝掌握着军队的统率权和指挥权。调动军队必须要有皇帝的诏书、虎符，否则属于擅发兵，这是严重的犯罪，有图不轨之嫌，动辄就要处以极刑。如《后汉书·袁安列传》载：袁安"乃劾（窦）景擅发边兵，惊惑吏人，二千石不待符信，而辄承景檄，当伏显诛"。因为擅发兵者往往有谋反动机，所以如被别人告发，就只好自尽。"弓高侯告胶西王卬曰：'未有诏虎符，擅发兵，击义国。以此观之，意非徒欲诛错也。'乃出诏书为王读之，曰'王其自图之。'王曰'如卬等死有余罪。'遂自杀。"① 即使擅发兵属于保卫边疆行为，没有不轨之图，也得免去官职。如元狩二年（前121），从平侯公孙戎奴，"坐为上党太守发兵击匈奴，不以闻，免"。② 轪侯黎扶，"元封元年（前110），为东海太守行过擅发卒为卫，当斩，会赦，免"。③

其二，惩罚军士逃亡。古代兵士待遇低，加上将帅军官克扣军饷、虐待兵士等，士兵处境不好，发生士兵逃亡是经常的事情。汉魏时期对军士逃亡往往也是处以极刑，甚至连坐妻子。如《汉书·高五王传》载：在一次酒宴上，"高后令（刘）章为酒吏。章自请曰：'臣，将种也，请得以军法行酒。'高后曰：'可。'……顷之，诸吕有一人醉，亡酒，章追，拔剑斩之，而还报曰：'有亡酒一人，臣谨行军法斩之。'""旧法，军征士亡，考竟其妻子。太祖患犹不息，更重其刑……柔启曰：'士卒亡军，诚在可疾，然窃闻其中时有悔者。愚谓乃宜贷其妻子，一可使贼中不信，二可使诱其还心。'"④ 东汉末年，军阀割据，战争不断，征役频繁，民众不堪奴役驱使，不愿上战场为统治者送死卖命，故纷纷采用逃亡的方式予以反抗。对此，曹魏"重士亡法"，对士兵逃亡实行残酷的连

① 《汉书》卷 35《吴王刘濞传》。
② 《汉书》卷 17《景武昭宣元成功臣表》。
③ 《汉书》卷 16《高惠高后文功臣表》。
④ 《三国志》卷 24《魏志·高柔传》。

坐法进行镇压。"时天下草创，多逼逃，故重士亡法，罪及妻子"。① 时有"亡士妻白等，始适夫家数日，未与夫相见，大理奏弃市"。卢毓虽然引经据典作了反驳，反对连坐新婚还未见到丈夫的妻子，但是仍然认为："白等皆受礼聘，已入门庭，刑之为可，杀之为重。"② 一个刚进门尚未与夫君见面的媳妇，就要根据"重士亡法"，连坐被刑，可见当时对逃亡士卒之惩罚是相当严酷的。

其三，惩罚将领擅自离职。对此类违反军律行为，处罚较轻，往往处以免职或赎免。如元光二年（前133）嗣侯缯它"坐射擅罢，免"。师古注曰："方大射而擅自罢去也。"③ 征和四年（前89），嗣侯多卯，"坐与归义赵文王将兵追反虏，到弘农擅弃兵还，赎罪免。"④

其四，惩罚将领亡失士卒。将领率军队打仗，如发生手下士卒逃亡，数量较多者，将领往往要处以极刑。例如，骑将军公孙敖"出代，亡卒七千人，当斩，赎为庶人"，后"再出击匈奴，至余吾，亡士多，下吏，当斩"⑤，又如李广将军在与匈奴军队作战中失败，"吏当广亡失多，为虏所生得，当斩，赎为庶人"⑥。

其五，惩罚行军失期。失期，也就是部队超过规定的时间到达。早在先秦时期，军队行军没按规定时间到达，就要处以极刑。如《荀子·君道篇》引《尚书》曰："不逮时者，杀无赦。"《史记·陈涉世家》也记载：陈胜戍边因雨误期，按秦朝规定，失期法斩。汉沿秦制，军队调动、行军，如没有按规定时间到达，往往要处以极刑。如汉代公孙敖"以将军出北地，后票骑，失期当斩，赎为庶人"。⑦ "（庞）参以失期军败抵

---

① 《三国志》卷22《魏志·卢毓传》。
② 《三国志》卷22《魏书·卢毓传》。
③ 《汉书》卷16《高惠高后文功臣表》。
④ 《汉书》卷17《景武昭宣元成功臣表》。
⑤ 《汉书》卷55《公孙敖传》。
⑥ 《汉书》卷54《李广传》。
⑦ 《汉书》卷55《公孙敖传》。

罪"。① 部队行军后期之罪至曹魏时期仍然继续存在。如《三国志·魏书·鲍勋传》载："会郡界休兵有失期者，密敕中尉奏免勋官。"《三国志·魏书·郭淮传》载："黄初元年，奉使贺文帝践阼，而道路得疾，故计远近为稽留。及群臣欢会，帝正色责之曰：'昔禹会诸侯于涂山，防风后至，便行大戮。今溥天同庆而卿最留迟，何也？'"后由于郭淮回答得体，文帝高兴，他才免遭刑辟。这说明"后至者斩"这一军律，在魏仍然存在。曹魏时，"（曹）休犹挟前意，欲以后期罪（贾）逵"。②

其六，偷盗战利品、谎报战功，重者处死，轻者削去爵位。"宣帝时，（车千秋子顺）以虎牙将军击匈奴，坐盗增卤获，自杀"。③"宜冠侯高不识，坐击匈奴增首不以实，当斩，赎罪，免"。④ 东汉时，中郎将赵序，坐"诈增首级，征还弃市"。⑤ 西汉文帝时，"云中守尚坐上功首虏差六级"，但比较幸运，只"下之吏，削其爵"。⑥

其七，惩罚偷盗武库兵器。西汉武库在未央宫，以储藏兵器。封建王朝为防止民众武装起义，对武器管制十分严厉，偷盗者动辄处死。如西汉规定，盗武库兵器者要处死。《盐铁论·刑德》谓，盗武库兵而杀之。汉成帝鸿嘉三年（前 18），广汉钳子"盗库兵……伏诛"。⑦

其八，惩罚行军打仗混乱行伍阵列。古代行军打仗讲究纪律严明，行伍阵列整肃。如果行伍阵列混乱，那么乱行者、有关责任人就会被处以极刑，以此来整肃军容军纪。这条军纪春秋时期就已出现。《左传·襄公三年》载："晋侯之弟杨干乱行于曲梁，魏绛戮其仆。"杜预注："仆，御也。"魏绛因杨干为晋侯之弟而不敢杀他，仅把杨干驾车的士兵处死。曹魏时仍然沿用了春秋时期晋国的这条古老军法。魏文帝即王位，贾逵

① 《后汉书》卷 117《西羌传》。
② 《三国志》卷 15《魏书·贾逵传》注引《魏书》。
③ 《汉书》卷 66《车千秋传》。
④ 《汉书》卷 17《景武昭宣元成功臣表》。
⑤ 《后汉书》卷 38《滕抚列传》。
⑥ 《汉书》卷 50《冯唐传》。
⑦ 《水经注》卷 17《渭水》。

"迁魏郡太守。大军出征，复为丞相主簿祭酒……从至黎阳，津渡者乱行，辄斩之，乃整"。① 由此可见，古代对乱行者的处罚是非常严厉的。

其九，惩罚乏军兴。古代乏军兴罪指战时不能按期完成封建官府或军队将领所指令的各项任务，如耽误军用物资的供给、人员的征集及调拨等，都可属于乏军兴之罪。在战争中，军队物资的供给、人员的调拨往往关系到战争的胜负，因此这种犯罪处罚也很重，动辄处死。汉朝规定："军兴而致缺乏，当死刑也。"② 曹魏沿袭汉制，在《乏留律》中设有乏军兴之罪。此外，魏律还有"乏徭稽留""储峙不办"，也都属乏军兴之类。

---

① 《三国志》卷 15《魏书·贾逵传》。
② 《后汉书》卷 3《章帝纪》。

主要参考文献

一、古籍

1. 司马迁：《史记》，中华书局，1959 年。

2. 班固：《汉书》，中华书局，1962 年。

3. 范晔：《后汉书》，中华书局，1965 年。

4. 陈寿：《三国志》，中华书局，1959 年。

5. 司马光：《资治通鉴》，中华书局，1956 年。

6. 房玄龄：《晋书》，中华书局，1974 年。

7. 沈约：《宋书》，中华书局，1974 年。

8. 萧子显：《南齐书》，中华书局，1972 年。

9. 姚思廉：《梁书》，中华书局，1973 年。

10. 姚思廉：《陈书》，中华书局，1972 年。

11. 魏收：《魏书》，中华书局，1974 年

12. 李百药：《北齐书》，中华书局，1972 年。

13. 令狐德棻等：《周书》，中华书局，1971 年。

14. 魏徵等：《隋书》，中华书局，1973 年。

15. 李延寿：《南史》，中华书局，1975 年。

16. 李延寿：《北史》，中华书局，1974 年。

17. 戴德：《大戴礼记》，中华书局，1985 年。

18. 贾思勰：《齐民要术》，中华书局，1940 年。

19. 颜之推：《颜氏家训》，中华书局，2016 年。

20. 赵翼：《廿二史札记校正》，中华书局，1984年。

21. 长孙无忌：《唐律疏议》，中华书局，1983年。

22. 李林甫等撰，陈仲夫点校：《唐六典》，中华书局，2014年。

23. 张鷟：《朝野佥载》，台湾商务印书馆影印文渊阁四库全书本。

24. 《李卫公问对》，台湾商务印书馆影印文渊阁四库全书本。

25. 杜佑：《通典》，中华书局，1988年。

26. 马端临：《文献通考》，中华书局，1986年。

27. 李昉：《太平御览》，中华书局，1985年。

28. 刘义庆撰，刘孝标注，王根林校点：《世说新语》，上海古籍出版社，2012年。

29. 严可均：《全上古三代秦汉三国六朝文》，中华书局，1958年。

30. 王钦若：《册府元龟》，中华书局，1989年。

31. 朱熹：《四书章句集注》，中华书局，2018年。

32. 林尹注译：《周礼今注今译》，书目文献出版社，1985年。

33. 苏舆撰、钟哲点校，董仲舒：《春秋繁露义证》，中华书局，2018年。

34. 陈立撰、吴则虞点校，班固：《白虎通疏证》，中华书局，2018年。

35. 王符，汪继培笺、彭铎校正：《潜夫论笺校正》，中华书局，2018年。

36. 王利器撰，陆贾：《新语校注》，中华书局，2018年。

37. 阎振益、钟夏校注，贾谊：《新书校注》，中华书局，2018年。

38. 诸葛亮：《诸葛亮文集译注》，巴蜀书社，2011年。

39. 王夫之：《读通鉴论》，中华书局，1975年。

40. 桓宽，王利器校注：《盐铁论校注》，天津古籍出版社，1983年。

41. 孙星衍等辑、周天游点校：《汉官六种》，中华书局，1990年。

42. 张烈点校，荀悦、袁宏：《两汉纪》，中华书局，2020年。

43. 王弼，楼宇烈校释：《王弼集校释》，中华书局，1980年。

44. 何宁撰：《淮南子集释》，中华书局，2018年。

45. 黄晖撰，王充：《论衡校释》，中华书局，2018年。

46. 刘向：《古列女传》，台湾商务印书馆影印文渊阁四库全书本。

47. 黎翔凤撰，梁运华整理：《管子校注》，中华书局，2018年。

48. 徐干：《中论》，台湾商务印书馆影印文渊阁四库全书本。

49. 连云港市博物馆等编：《尹湾汉墓简牍》，中华书局，1997年。

50. 睡虎地秦墓竹简整理小组编：《睡虎地秦墓竹简》，文物出版社，1978年。

二、今人著作

1. 赵靖主编，石世奇副主编：《中国经济思想通史（第三卷）》，北京大学出版社，1997年。

2. 冯友兰：《中国哲学史新编（第四册）》，人民出版社，1986年。

3. 张国刚主编，王利华：《中国家庭史·第一卷　先秦至南北朝时期》人民出版社，广西人民出版社，2013年。

4. 白钢主编：《中国政治制度通史》，人民出版社，2010年。

5. 胡寄窗：《中国经济思想史》（上、中、下），上海人民出版社，上、中册1978年，下册1981年。

6. 曹德本：《中国政治思想史》，高等教育出版社，2004年。

7. 何炼成主编，王一成副主编：《中国经济管理思想史》，西北大学出版社，1988年。

8. 叶世昌：《古代中国经济思想史》，复旦大学出版社，2003年。

9. 吴照云：《中国管理思想史》，经济管理出版社，2017年。

10. 张晋藩：《中国法制通史》，法律出版社，1999年。

11. 侯外庐等：《中国思想通史》，人民出版社，1959年。

12. 刘泽华、葛荃主编：《中国古代政治思想史》，南开大学出版社，2001年。

13. 苏东水：《东方管理》，山西经济出版社，2003年。

14. 颜世富：《东方管理学》，中国国际广播出版社，2000年。

15. 史孝贵：《古今家训新编》，华东师范大学出版社，1992年。

16. 常建华：《中华文化通志·宗族志》，上海人民出版社，1998年。

17. 周一良：《周一良集》，辽宁教育出版社，1998年。

18. 上海社会科学院经济研究所经济思想史研究室：《秦汉经济思想史》，中华书局，1989年。

19. 龚贤：《秦汉管理思想》，经济管理出版社，2010年。

20. 钟尉：《兵家战略管理（第二版）》，经济管理出版社，2017年。

21. 吴通福：《中国古典管理哲学》，经济管理出版社，2016年。

22. 孙文学、刘佐主编：《中国赋税思想史：2005年版》，中国财政经济出版社，2006年。

23. 张再林：《治论：中国古代管理思想》，北京燕山出版社，2017年。

24. 张分田：《民本思想与中国古代统治思想》（上、下），南开大学出版社，2009年。

25. 陶希圣：《中国政治思想史》，中国大百科全书出版社，2009年。

26. 葛兆光：《中国思想史》，复旦大学出版社，2009年。

27. 孙培青主编：《中国教育管理史》，人民教育出版社，1996年。

28. 张文昌、于维英编著：《东西方管理思想史》，清华大学出版社，2007年。

29. 陆进、孙晔：《中国传统管理思想概论》，中国书籍出版社，2008年。

30. 曹峰主编：《中国公共管理思想经典：1978－2012》，社会科学文献出版社，2014年。

31. 蔡一：《管见录：中国传统文化管理思想探析》，南京大学出版社，2017年。

32. 杨随平：《中国古代官员选任与管理制度研究》，中国社会出版社，2010年。

33. 方宝璋：《中国审计史稿》，福建人民出版社，2006年。

后　记

　　终于可以松口气了，三百多万字的先秦、秦汉魏晋南北朝、隋唐五代、宋、元、明、清时期管理思想史校样稿终于寄往鹭江出版社。拙著历经二十年的时间，如果说长，也真够长了，人生能有几个二十年的时间？但如果说短，也真够短的，单单春秋战国、秦汉、隋唐、宋、元、明、清等十余个主要朝代，一个朝代仅花费约两年的时间草就书稿，从收集资料、整理资料到拟订提纲、撰写书稿，实在是太仓促了！但是，拙稿作为国家社会科学基金重大项目"中国古代管理思想通史"的成果之一，只能在极其有限的规定时间里尽可能把它做好。这套系列专著是我走上治学道路后近四十年来所出版字数最多、卷帙最浩繁的书稿。按照常理来说，我接受这一任务时，已过耳顺之年，应该退休养老、颐养天年了，却不知老之已至，不自量力地自讨苦吃，从此继续焚膏继晷，恪勤朝夕。听说著名学者冯友兰先生八十多岁才开始动笔撰写《中国哲学史新编》，那我在甲子之年动笔写先秦至清管理思想史，也只能说是小巫见大巫了！幸运的是，上天关照了我，二十年来没病没灾，让我得以顺利地进行这项浩大的工程。天道酬勤，现在终于完成了。

　　是书在撰写期间，我也经历了人生的退休过程。退休对我来说，是一件好事，意味着可以无拘无束地进入"自由王国"，自由自在地支配自己的生活，不必勉强自己去参加那些毫无意义的会议，不必去跟那些自己不喜欢的人打交道，可以去践行陶渊明"不为五斗米折腰"的生活。

　　退休将届之际，我做出了一个选择，回家乡莆田生活，开始了人生的一个新阶段。我在临退休的时候，接受莆田学院的邀请，作为特聘教授在莆田学院商学院任教。从此，我就长住在莆田学院校园内的东道德楼。我祖籍莆田，但从来没有在家乡长期生活过，没想到晚年却回到家

乡，真应了"叶落归根"这句老话。

我小时候，暑假时经常跟着舅母到莆田外婆家里，那里有我熟悉的乡土气息：空气中弥漫着烧稻草夹杂着牛粪的气味，成群的八哥在田间地头飞翔鸣叫；晚上，打谷场的戏台上锣鼓喧天，台下人头攒动。现在虽然住在校园内，但周边仍然有小块的菜地，还能闻到农民施肥的气味，偶尔仍然能见到几只八哥停在校园的房顶鸣叫。逢年过节，学校周边的官庙里，仍然会搭起戏台演戏，莆仙戏唱腔不绝于耳，格外亲切。我恍惚间返璞归真，又回到童年的故乡。莆田的气候比福州更为温暖宜人，海产品和水果新鲜丰富。学院从领导到普通教师、学生，对我都十分友好尊重。我在这样的环境中工作、生活，觉得十分惬意。这五年多来，我在学术上完成了国家社科基金重大项目"先秦秦汉魏晋南北朝隋唐五代元明清管理思想"部分的撰写，并成功申请到国家社科基金一般项目"政策工具视角下的古代政府治理思想及其当代价值研究"。随着自己年纪渐大，我努力放慢生活节奏，一天伏案工作五六个小时，晚上散步后回到家练练书法。

拙稿的完成，得益于许多相识或不相识的人的帮助，在此必须表达我的感恩之情。一是拙著之所以在短短近二十年的时间里得以顺利完成，一个很重要的因素是参考了许多学者的研究成果，主要者已在每册参考文献中列出，在此还要特别提出的是：冯友兰著的《中国哲学史新编》、赵靖主编的《中国经济思想通史》、白钢主编的《中国政治制度通史》、侯外庐主编的《宋明理学史》、曹德本主编的《中国政治思想史》、高锐主编的《中国军事史略》、王曾瑜著的《宋朝军制初探》、汪圣铎著的《两宋货币史》、冯尔康著的《中国宗族史》、赵华富著的《徽州宗族研究》、王利华著的《中国家庭史》第一卷《先秦至南北朝时期》等。我就是在前人研究的基础上，再阅读了各朝代大量的第一手史料，从而形成对古代管理思想的全面系统的看法，最终完成拙著的撰写。如果没有前人成果的参考借鉴，一切都从第一手史料做起，那么可能就要花费三四十年的时间才能完成。尤其明清时期史料浩如烟海，粗略浏览一遍就要

一二十年的时间。二是在拙著的撰写过程中，得到了几位教授的支持与帮助。首先，我在江西财经大学工作期间得到副校长吴照云教授的提携，加入他主持的中国管理思想史研究团队，从而使一些早期成果得以顺利地在经济管理出版社出版。退休后我来到莆田学院，承蒙校长宋建晓教授和商学院院长林鸿熙教授的支持，为我排除了许多杂事的干扰，能够有充足的时间撰写书稿。宋校长对中国古代管理思想颇感兴趣，晚上经常与我一起散步，切磋古代管理思想的学术问题，留下了许多难忘的美好回忆。三是众所周知，当前国内发表学术论文、出版学术专著难，鹭江出版社副总编辑余丽珍编审得知我正在撰写这一系列专著，帮助申请福建省优秀出版项目资助，使拙著在即将完稿之际就解决了出版问题。余编审与责任编辑梁靓、金月华、杨玉琼、黄孟林等还为拙著的出版做了大量的编辑和审校工作，付出了艰辛的劳动。在此，本人向以上提及的认识或不认识的人，还有大量未提及的人，致以深深的谢意！

现代学术讲究道德规范，反对剽窃，这是很好的。因此，我对拙著中的注引问题做一简单说明。世界上的任何学术专著，或多或少都是在前人研究成果的基础上进行创新深化并提高发展的。拙著中的文字主要由三种类型的表述构成：第一种也是最多的一种，基本上是属于原创性的，即笔者通过收集整理研读原始资料，然后得出自己的见解而写成的。这种文字采取仅注原始资料出处的做法。笔者粗略估计，这种文字至少占全套书一半以上。第二种是有些文字在参考前人专著论文成果的基础上，根据自己的理解，做了改写。中国古代管理思想史内容丰富，涉及面十分广泛，仅凭一己之力，很难面面俱到，因此必然要参考前辈的学术成果。如拙著中的自我管理部分，其实是属于中国哲学史的范围，而仅中国哲学史的研究，就让人一生难以穷尽了。因此，这一部分几乎是参考了前人的著述。但是笔者在参考前人著述的基础上，根据自己的理解并从管理思想的角度尽可能做了新的表述。由于与参考的前辈著述观点或多或少有所不同，所以不便一一注出，只在参考文献中开列有关作者和著作，一些参考较多的著作在后记中特别予以致谢。第三种是有些

文字或观点完完全全就是前人的成果，这类文字不多，但往往都是很经典的，笔者很难对此再进行提高和改写，因此就予以引注，采取与引用原始资料相同的引注方式。

中国正快速进入多元化、老年化社会，人们的物质生活水平提高，思想观念也发生了深刻的变化。有的人退休后，生活安排得丰富多彩。与我同龄的许多老年人，每天养养鸟，栽栽花，钓钓鱼，去各地旅游观光……生活过得开心惬意。这无可非议。我们这一代人有太多的磨难、坎坷，现在已到了夕阳西下的年龄，再不开心玩一玩、乐一乐，那更待何时！现在大多数老人的观念是活在当下、快乐开心，但我却不改初衷。我平时生活太有规律，出门旅游会打乱了规律，极不习惯，感觉难受，所以对旅游只能望洋兴叹，心有余而力不足。现在，我每天刷一个小时的手机，看一些感兴趣的信息，与亲友们通通声气，还是挺愉快的。每年两三次的同学聚会，吃吃饭，叙叙旧情，开心温馨。除此之外，每天阅读一些图书、报刊，散步时思考思考，然后提笔写一些感想，生活宁静充实，自得其乐。我觉得自己快到古稀之年了，趁着身体还没什么大毛病，继续努力笔耕吧。自 1977 年恢复高考之后，命运之神眷顾了我，使我跨入大学的门槛，有了一个治学的好环境。每当我想起这些，就倍加珍惜，不但要让自己活得开心健康，还应当让自己活得更充实更有意义些。

方宝璋匆草于莆田学院万贤斋

2020 年秋分

图书在版编目（CIP）数据

秦汉魏晋南北朝管理思想史 / 方宝璋著. —厦门：鹭江出版社，2021.12
（中国管理思想史）
ISBN 978-7-5459-1922-6

Ⅰ.①秦… Ⅱ.①方… Ⅲ.①管理学—思想史—中国—秦汉时代－魏晋南北朝时代 Ⅳ.①C93-092

中国版本图书馆 CIP 数据核字（2021）第 226889 号

中国管理思想史

QIN-HAN-WEI-JIN-NAN-BEI CHAO GUANLI SIXIANGSHI

秦汉魏晋南北朝管理思想史

方宝璋　著

出版发行：鹭江出版社

地　　址：厦门市湖明路 22 号　　　　　　**邮政编码**：361004

印　　刷：福建新华联合印务集团有限公司

地　　址：福州市晋安区福兴大道 42 号　　**联系电话**：0591－88208488

开　　本：700mm×1000mm　1/16

插　　页：4

印　　张：45

字　　数：625 千字

版　　次：2021 年 12 月第 1 版　　　2021 年 12 月第 1 次印刷

书　　号：ISBN 978-7-5459-1922-6

定　　价：155.00 元